Klaus Stocker

Management internationaler Finanz- und Währungsrisiken

Klaus Stocker

Management internationaler Finanz- und Währungsrisiken

Mit Übungen und Lösungen

2., vollständig überarbeitete Auflage

GABLER

Bibliografische Information Der Deutschen Bibliothek
Die Deutsche Bibliothek verzeichnet diese Publikation in der Deutschen Nationalbibliografie;
detaillierte bibliografische Daten sind im Internet über <http://dnb.ddb.de> abrufbar.

Professor Dr. Klaus Stocker, mit langjähriger internationaler Bankerfahrung, lehrt als Leiter des
Studiengangs „International Business" Internationale Finanzierung und Außenwirtschaft an der
Fachhochschule Nürnberg. Er ist außerdem Berater zahlreicher internationaler Banken und
Unternehmen.

1. Auflage März 1997 (Unter dem Titel: Internationales Finanzrisikomanagement.
Ein praxisorientiertes Lehrbuch. Mit Übungen und Lösungen)
2., vollständig überarbeitete Auflage April 2006

Alle Rechte vorbehalten
© Betriebswirtschaftlicher Verlag Dr. Th. Gabler | GWV Fachverlage GmbH, Wiesbaden 2006

Lektorat: Jutta Hauser-Fahr / Walburga Himmel

Der Gabler Verlag ist ein Unternehmen von Springer Science+Business Media.
www.gabler.de

Umschlaggestaltung: Ulrike Weigel, www.CorporateDesignGroup.de
Druck und buchbinderische Verarbeitung: Wilhelm & Adam, Heusenstamm
Gedruckt auf säurefreiem und chlorfrei gebleichtem Papier
Printed in Germany

ISBN-10 3-409-22608-7
ISBN-13 978-3-409-22608-0

VORWORT

Das Buch baut auf der 1997 erschienenen Ausgabe „Internationales Finanzrisikomanagement" auf, berücksichtigt aber in wesentlich stärkerem Umfang Währungs- und Wechselkursprobleme, die heute in einem nie da gewesenen Ausmaß zum Risiko geworden sind. Auch wenn der klassische Bereich Außenhandelsfinanzierung gerade für ein Exportland wie Deutschland nach wie vor von tragender Bedeutung ist, so muss doch der Tatsache Rechnung getragen werden, dass der Bereich Import/Export heute nur noch rund 2% der globalen Finanzströme verursacht. Diese Entwicklung hat enorme Konsequenzen nicht nur für den „Global Player", sondern auch auf kleine und mittlere Unternehmen, die nur gelegentlich exportieren oder sich sogar auf die Binnenwirtschaft beschränken. Wenn beispielsweise ein riesiges Land wie China über lange Zeit seinen Wechselkurs offensichtlich unterbewertet hält und damit durch Kauf von Dollars das US-Leistungsbilanzdefizit finanziert, ist dies keine Frage mehr für akademische Zirkel, sondern eine Tatsache, die real spürbare Auswirkungen auf die internationale Konkurrenz, auf Arbeitsplätze und unternehmerische Risiken hat. Der gestiegenen Bedeutung dieses Bereiches wurde vor allem durch eine wesentlich stärkere Integration der Bereiche Währung, Wechselkurssicherung und der Diskussion politischer Risiken im Zusammenspiel der globalen Finanzkräfte und des IWF Rechnung getragen.

Das Buch sieht die Probleme vor allem aus Sicht des auslandsorientierten Unternehmens. Kernfrage ist, welche Risikoprobleme entstehen einem durchaus auch kleinen und mittleren global agierenden Unternehmen in einer Welt, deren Rahmenbedingungen sich durch das Auf und Ab von Länderrisiken, vagabundierende Finanzströme, globale Kostendifferenzen und wirtschaftliche Krisen ständig ändern: Nach der Klärung der Begriffe Finanzierung und Risiko (Kapitel I) sowie der Beantwortung der Frage, warum das Gebiet Finanzierung im internationalen Bereich eine Sonderrolle spielt, wird zunächst das gesamte Risikoszenario eines internationalen Unternehmens durchleuchtet: Die Arten der Risiken (Geschäftsrisiko, Länderrisiken, Währungs- und Zinsrisiken), die Möglichkeiten, diese Risiken zu umschiffen sowie die Informationsinstrumente werden hier dargestellt (Kapitel 2). Im Kapitel 3 wird der klassische Bereich Außenhandelsfinanzierung mit den zur Verfügung stehenden Kreditformen und der Ausfuhrrisikoversicherung besprochen und mit einer ausführlichen Fallstudie abgeschlossen. Kapitel 4 befasst sich mit Währungs- und Wechselkursrisiken auch anhand von jüngsten Währungskrisen und dem Zusammenspiel mit IWF und anderen internationalen Akteuren, in den zwei Kapiteln 5 und 6 werden dann traditionelle und innovative Instrumente der Wechselkursabsicherung erörtert. Nach einem kurzen

Ausflug zu den Zinsrisiken (Kapitel 7) werden im letzten Kapitel (8) dann vor allem Strategien vorgestellt, die dem Management bei der Bewältigung internationaler Finanzrisiken zur Verfügung stehen.

Das Buch ist über einen längeren Zeitraum im fallstudienbezogenen Lehrbetrieb wie auch im Kontakt mit Unternehmen und Banken gewachsen. Es setzt sich zum Ziel, die scheinbar einfachen internationalen Zusammenhänge, die jeder gerne als Schlagwort im Munde führt, gründlich und nachvollziehbar zu erklären. Neben der Schaffung einer bewussten Einstellung zum Risiko ist es ein Hauptanliegen des Buches daher, das internationale Instrumentarium Schritt für Schritt zu erarbeiten und mit Übungsfragen und Fällen am Ende eines jeden Kapitels dem Leser eine Überprüfung seines Verständnisses zu ermöglichen. Diese Übungen sind nicht nur für Studierende gedacht, auch Manager können hier ihr Wissen überprüfen und ergänzen. Lösungshinweise finden sich entweder als Seitenverweis oder als direkter Lösungshinweis am Ende des jeweiligen Fragenkapitels. Großer Wert ist nicht nur auf praxisorientiertes Wissen gelegt worden, sondern auch darauf, dass Zusammenhänge zwischen dem Finanzbereich und den anderen Funktionen des Unternehmens erkennbar werden. Diesem Ziel dienen vor allem auch zwei ausführliche Fälle zum Thema Außenhandelsfinanzierung (am Ende von Kapitel 3) und zum operativen Risiko (eine Investition in Mexiko) in Kapitel 8. Zahlreiche kleinere Fälle runden dieses Bild ab. Eine ganze Reihe Studierender hat durch konstruktive Kritik zum Gelingen das Buches beigetragen, besonders bedanken möchte ich mich hier bei Denise Heising, Ekaterina Kazmina, Carola Kenngott, Patrick Schaible und Miriam Söllner.

Englisch ist heute die weltweite lingua franca (nicht nur) der Wirtschaft. Das mag man bedauern und als eine der beklagenswerten Konsequenzen der Globalisierung empfinden. Tatsache ist, dass es ohne Kenntnis der wichtigsten englischen Begriffe gar nicht mehr möglich ist, an der Diskussion internationaler Währungs- und Finanzfragen teilzunehmen, geschweige denn im Devisenhandelsraum einer Bank auch nur einen einzigen Satz zu verstehen. Viele Tabellen und die meisten Grafiken sind daher bewusst in Englisch gehalten, um bei den wichtigsten Begriffen Zweisprachigkeit herzustellen.

Für Anregungen, Verbesserungsvorschläge und natürlich auch Fragen stehe ich unter klaus.stocker@fh-nuernberg.de gerne zur Verfügung.

Nürnberg, im März 2006

Klaus Stocker

Kapitelübersicht

INHALTSVERZEICHNIS

1   Finanzierung im globalen Handel

1.1   Finanzierung als Überbrückung von Zeiträumen

Finanzierung bedeutet im Grundsatz die Beschaffung von Geld. Da Geld, das nur für eine theoretische Sekunde zur Verfügung steht, keinen Wert hat, ist die Frage, wie lange das Geld zur Verfügung steht enorm wichtig: Finanzierung ist die **Beschaffung von Geld auf Zeit,** wobei der Begriff "Geld auf Zeit" Kapital bedeutet.[1] Kapital ist Geld, das dem Empfänger entweder als Eigenkapital oder Fremdkapital zur Verfügung gestellt wird. Die Begriffswelt der Finanzierung stammt aus der Beschaffungsseite, die Verwendungsseite, also die Bindung von Kapital, wird normalerweise mit dem Begriff "Investition" umschrieben, wobei dies - vor allem im Auslandsgeschäft - keineswegs immer nur langfristige Anlageninvestitionen sein müssen. Zum einen gibt es hohen Finanzierungsbedarf für immaterielle Investitionen, die etwa dann anfallen, wenn ein neuer Markt erschlossen werden soll, zum anderen erfordert auch eine Lieferung von Waren häufig die Bereitstellung von Kapital, wenn entweder die Lieferzeit sehr lange ist oder wenn der Empfänger nicht über abrufbereite Devisenbestände verfügt.

Finanzierungsmaßnahmen haben die wichtige Aufgabe, **Zeiträume zu überbrücken,** dies trifft in besonderem Maße auf das internationale Geschäft zu. Hier sind aber nicht nur die Zeiträume länger, bis eine Ware ihr Ziel erreicht und der erwartete Geldbetrag auf dem Konto eingegangen ist. Auch das Spektrum unwägbarer Ereignisse in diesem Zeitraum ist breiter und facettenreicher, sowohl die gelieferten Waren als auch der gegenläufige Geldstrom müssen jeweils mindestens zweimal eine Landes-, Rechts- und Währungsgrenze überschreiten. Vor allem auch durch die verschiedenen Währungen kommt eine Dimension ins Spiel, die im Inland nicht existiert. Eine Investition in Euro, finanziert durch einen Kredit in Yen, bei der die späteren Einnahmen überwiegend in US $ anfallen, zeigt diese Dimensionen auf und stellt gleichzeitig die Frage nach dem finanziellen Management einer solchen Maßnahme, d.h. wie eine solche Vielfalt an Währungen sinnvoll eingesetzt werden kann bzw. ob diese Vielfalt in einem speziellen Fall sinnvoll sein kann.

---

[1] Vgl dazu. u. a.Witte, Eberhard: Finanzplanung der Unternehmung, Opladen 1983, S. 13ff.

Die Zeit, in der das Geld für ein verkauftes Produkt zurückfließt und mehr noch die Zeit, in der ein Investitionsgut das investierte Geld "zurückbringt", muss durch Finanzierung, also Beschaffung von Kapital, überbrückt werden. Dabei umfasst der Begriff "Beschaffung" nicht nur die rein technisch-logistische Frage des woher und zu welchen Bedingungen, sondern auch und vor allem die **Lenkung** der Geldströme, d. h. **Finanzplanung- und Disposition,** wozu insbesondere auch die **Vorsorge** gegen den Verlust von vereinbarten Beträgen gehört („Risikomanagement", siehe Kapitel 2).

Die finanzwirtschaftliche Betrachtungsweise ist **liquiditätsorientiert,** d. h. man denkt in der Kategorie Einnahmen /Ausgaben (bzw. Einzahlungen/Auszahlungen) und nicht so sehr in den Kategorien Kosten/Erlöse. Ertragsgesichtspunkte sind zwar - bei den Finanzierungskosten - von Bedeutung, im Finanzbereich aber zunächst zweitrangig, da die Erhaltung der Liquidität eines Unternehmens dessen primäre Aufgabe ist.

1.2 Handelsfinanzierung und internationale Finanzströme

Meist spricht man hier von **Exportfinanzierung,** obwohl der Begriff „Export" für ein globales Unternehmen, das in vielen Ländern aktiv ist, eigentlich antiquiert ist. Dennoch, auch wenn ein Unternehmen in 50 Ländern vertreten ist und ein Produkt sozusagen im „Hause" von der Niederlassung in Kanada an die Filiale in Mexiko schicken will: Es handelt sich sowohl rechtlich wie auch finanzierungstechnisch um einen Export, weil hier nicht die vielleicht grenzenlose Welt des Unternehmens tangiert ist, sondern die durchaus noch real existierende Welt der Landes-, Rechts- und Währungsgrenzen. **Importfinanzierung** fristet dagegen eher ein Schattendasein, obwohl der Finanzbedarf ja beim Käufer bzw. Importeur entsteht. Dies ist dann aber eine Inlandsfinanzierung, d.h. der Importeur bekommt von seiner Bank zum Kauf eines Gutes (oder einer Dienstleistung) einen Kredit, für den er meist eine inländische Sicherheit leisten muss. Exportkredite haben sich trotzdem wesentlich stärker eingebürgert: Dies hat verschiedene Ursachen, zum einen die Tatsache, dass vom Exporteur auf Käufermärkten erwartet wird, dass die Finanzierung Teil seines Angebots ist, zum andern, weil sich eine ganze Reihe von staatlichen und halbstaatlichen Institutionen herausgebildet hat, welche über Finanzierungshilfen und Exportkreditversicherungen den Export der eigenen Wirtschaft unterstützen.

In den meisten Unternehmen hat sich auch noch eine spezielle Art der Exportfinanzierung etabliert, nämlich die **Projektfinanzierung,** meist als „non recourse" – Finanzierung durchgeführt, d.h. als (auf den Kreditnehmer) rückgriffslose Finanzierung eines Projekts. Das Projekt selbst bzw. der aus ihm generierte Cashflow dient als Sicherheit. Da sich mangels Rückgriffsmöglichkeit eine Bank hier wesentlich stärker in das jeweilige Vorhaben einbringen muss, um dessen finanzielle Machbarkeit überprüfen zu können, entstehen hier wesentlich höhere Anforderungen auf die Vorbereitung einer meist langfristigen Finanzierung. Daher ist diese Unterscheidung auch meist sehr sinnvoll.

Zur **Außenhandelsfinanzierung** gehören also **Export-, Import- und Projektfinanzierung**. Daneben gibt es aber eine ganze Reihe anderer Ursachen für internationale Kapitalbewegungen. Die Zahlungen aus Handelsgeschäften, also Importen und Exporten, sind heute nur noch für ca. 1,3% (!) der weltweiten Kapitalbewegungen verantwortlich[2]. In einer Art Schneeballeffekt kann aber ein einfaches Handelsgeschäft letztlich über das Bemühen der Banken, ihre Gesamtposition abzusichern, zu Kapitalbewegungen führen, die das Mehrfache des ursprünglichen Handelsgeschäfts ausmachen. Daher muss sicherlich über die mageren 1,3% hinaus ein weiterer Anteil der Kapitalbewegungen letztlich auch auf den Welthandel zurückgeführt werden. Wenn ein Exporteur eine US $-Forderung von beispielsweise US $ 1 Mio durch US $-Verkauf auf Termin absichert, seine Bank diese Position aber durch $-Kauf auf Termin „gegenabsichert" (hedgt), die zweite Bank es vielleicht auch opportun findet, die Position weiter zu „hedgen", so hat sich aus der ursprünglichen Handelsposition bereits der dreifache Betrag entwickelt. Nun kann es aber durchaus vorkommen, dass es sich die beteiligten Banken während der Laufzeit des ursprünglichen Devisentermingeschäfts (eingebunden in ein Bündel gleichlaufender Positionen anderer Kunden) mehrfach anders überlegen und wieder gegenläufige Geschäfte ausführen, vielleicht auch noch einen dritten, vierten oder fünften Teilnehmer einschalten, vielleicht auch die ursprüngliche Devisenterminposition durch eine Option oder einen Future „hedgen" usw. Am Ende kann sich die ursprüngliche Handelsposition verzehn- oder verzwanzigfacht haben, ohne dass man überhaupt noch nachvollziehen kann, auf welchen Ursprung jetzt ein einzelnes isoliertes Devisentermingeschäft zurückzuführen ist Da vor allem im Interbankenbereich keineswegs der Originalbetrag von einer Million, sondern nur die Differenzbeträge verrechnet werden, die normalerweise nur ein paar Prozent davon ausmachen, sehen also die insgesamt offenen Positionen wesentlich dramatischer aus, als dies wirklich der Fall ist. Eine statistische Erfassung wird aber sicherlich schwierig sein, so wie es auch nicht immer möglich sein wird, ein Geschäft exakt danach einzuordnen, ob es nun Investitions- oder Spekulationszwecken dient oder ob eine Investition Portfolio- oder Direktinvestitionscharakter hat. Diese Problematik wird auch zunehmend bei der Erstellung der Zahlungsbilanz einer Volkswirtschaft deutlich, wo der ursprünglich einmal relativ unbedeutende Anteil der Dienstleistungen - zu dem auch Zinszahlungen gehören - immer höher wird.

Internationale Kapitalbewegungen können eine Reihe von anderen Ursachen haben, die nicht spekulativ sein müssen: Zins- und Dividendenzahlungen, Aus- und Rück-

---

[2]   Bank für Internationalen Zahlungsausgleich (BIZ): Triennial Central Bank Survey of Foreign Exchange and Derivatives Market Activity, Basel 2004 (2004 a), S. 1ff. (und statistischer Anhang S.13) sowie IMF: International Financial Statistics Yearbook, 2003, pp.81.Siehe auch Kapitel 4

zahlungen von Krediten, Investitionen in Wertpapieren (Portfolioinvestitionen) und Direktinvestitionen, Wechselkurssicherungsgeschäfte gehören dazu. (Tabelle 1-1). Dazu kommen Spekulationsgeschäfte, d.h. die Anlage eines Geldbetrages in einem anderen Land, um beispielsweise von einer möglichen Wechselkursänderung zu profitieren. Aber auch einige andere der oben angeführten Geschäfte können spekulativer Natur sein, wenn der Ausführende damit beabsichtigt, aus einer nicht sicheren Wertentwicklung einen Gewinn zu erzielen. Im Gegensatz dazu stehen wiederum Arbitragegeschäfte, die Kursdifferenzen an verschiedenen Standorten ausnutzen, die aber vorher bekannt und daher nicht spekulativ sind.

Tabelle 1-1 : Beweggründe internationaler Geld- und Kapitalbewegungen

Clearinggeschäfte	Kreditgeschäfte	Spekulationsgeschäfte
Ausgleich von Salden, meist zwischen Banken	Kreditaufnahmen, Tilgungen und Zinszahlungen von Unternehmen, Staaten, Versicherungen	Optionen, Futures, Kassakäufe bei Erwartung einer Auf- oder Abwertung
Wechselkurssicherungsgeschäfte	**Arbitragegeschäfte**	**Globale Investitionen**
Devisentermingeschäfte Optionen Futures	Ausnutzen von örtlichen Preisunterschieden aufgrund lokaler Angebots-/Nachfrageunterschiede oder der Zeitdifferenz zwischen weltweiten Handelsplätzen	**Portfolioinvestitionen:** Investition in Aktien, Rentenpapiere und **Direktinvestitionen** sowie damit zusammenhängende Geschäfte: Zinszahlungen, Ertragstransfers.

1.3 Ursachen der Sonderolle der internationalen Finanzierung

Wir gehen hier wie auch in den folgenden Kapiteln von einem Unternehmen aus, das weltweit mit Waren oder Dienstleistungen handelt, Kredite aufnimmt oder zurückzahlt oder im Ausland direkt investiert und das dabei versucht, Währungsrisiken abzusichern. Dass das Management dabei gelegentlich spekuliert, mag vorkommen, sollte aber hier nicht als primärer Beweggrund angesehen werden. Als Beweggrund des Managements soll daher immer die Absicherung und nicht das Offenlassen von Finanzrisiken unterstellt werden. Zunächst einmal soll aber die Frage geklärt werden, was denn so Besonderes an der Finanzierung sei, was die getrennte Behandlung von internationalen Fragestellungen in der Finanzierung rechtfertigt bzw. was Finanzrisiken von **internationalen** Finanzrisiken unterscheidet. Hier gibt es eine ganze Reihe von Gründen.

1.3.1 Zeitliche Barriere

Wir hatten am Anfang die Rolle der Finanzierung vor allem in der Überbrückung von Zeiträumen gesehen. Bis ein Gut den Empfänger erreicht und ggf. eine Nachricht (z. B. die erfolgte Abnahme im Land) wieder zurück ist, vergeht in der Regel eine **längere Zeitspanne als im Inland**. Aber nicht die Entfernung spielt dabei die Hauptrolle: Es ist vor allem der Eintritt in ein anderes Hoheits- und Kulturgebiet mit einer anderen Sprache, d. h. es entstehen weitere Hindernisse wie Zollformalitäten, Importvorschriften und damit verbunden ggf. auch noch Übersetzungsprobleme und Missverständnisse, die Zeit verlängernd wirken. Sicherlich sind diese Probleme innerhalb der Länder der sich immer mehr harmonisierenden Europäischen Union oder auch der NAFTA, des MERCOSUR oder von ASEAN nicht mehr so gravierend und in der Tat gehen ja auch über die Hälfte der deutschen Exporte in EU- Länder. Dennoch sollte man sie nicht unterschätzen: Auch in EU-Ländern bleibt die andere Sprache und - immer noch - ein anderer Hoheitsbereich mit vielleicht ähnlichen, aber dennoch anderen Gesetzen und Handelsusancen, die auch im Zeitalter modernster Kommunikationstechniken in der Tendenz Zeit verlängernd wirken und dadurch einen zusätzlichen Finanzierungsbedarf generieren.

1.3.2 Mentale Barriere

Die Andersartigkeit des Auslandes, die für den Deutschen schon in Frankreich und für den Franzosen schon in Deutschland beginnt und die in weiter entfernten Kulturkreisen noch weiter vom Gewohnten abweicht, führt dazu, dass sich ein Auslandsmanager auf ungewohntem Terrain bewegen muss, vor allem hinsichtlich:

- ◆ Unbekannter Geschäftsbräuche.
- • Anderer rechtlicher Verhältnisse, z. B. Wechselrecht, geringere Abstraktheit von Forderungen, andere Usancen beim Immobilienerwerb, arbeitsrechtlicher Besonderheiten, anderer Auslegung von Rechtsnormen.
- ◆ Anderer Sprache, anderer "Signale": Z. B. kann ein Geschäftspartner auch im persönlichen Gespräch nicht zuverlässig beurteilt werden.
- ◆ Faktischer Nichtdurchsetzbarkeit von Ansprüchen vor Gericht wegen mehrjähriger Dauer und damit verbundener inflationärer Entwertung von Forde-

rungen, in einigen Ländern (besonders in den USA) auch oft hohe Gerichts-
und Anwaltskosten.

Was hat dies mit Finanzierung zu tun? Aus diesen Tatsachen heraus entwickelten sich
die besonderen Formen des kurzfristigen Auslandszahlungsverkehrs (Akkreditiv,
Dokumenteninkasso) sowie kurzfristige Kreditformen (z. B. Akkreditivkredit, aber
auch Factoring und Forfaitierung). Aber auch andere Phänomene, wie z. B. die Ausfuhrrisikoversicherung haben ihren Ursprung auch in der Unbekanntheit von Land
und Partner. Interessanterweise hat sich das Verhalten der Menschen trotz der verbes-
serten Kommunikationswege noch nicht verändert. Dies liegt aber nicht an den Menschen, sondern an den Kommunikationsmethoden: Fax und E-Mail, in Sekunden-
schnelle bis in die entlegendsten Gebiete der Welt möglich, transportieren nicht alle
Informationen, die man bei der persönlichen Kommunikation erhält.

1.3.3   Die Währungsbarriere

Dieses im Inland vollkommen unbekannte Phänomen hat inzwischen eine Bedeutung
erlangt, die bei international orientierten Unternehmen - und das sind heute alle größeren und viele mittlere und kleinere Firmen - auf das Inlandsgeschäft ausstrahlt:
Zulieferungen z. B. in der Automobilindustrie kommen heute meist zu mehr als der
Hälfte aus dem Ausland, andererseits setzen dieselben Unternehmen oft bis zu 70% in
ein fremdes Währungsgebiet ab, von wo sich ein Umsatzeinbruch etwa aufgrund
plötzlicher Aufwertung der Heimatwährung kostenprogressiv auf die Gesamtproduk-
tion auswirkt (und umgekehrt).

Bei der Frage der unterschiedlichen Währungen werden übrigens zwei grundsätzlich
verschiedene (wenn auch in ihren Ursachen möglicherweise verwandte) Aspekte angesprochen:

♦   Die Frage der **Konvertierbarkeit** der Währung: Auslandswährung kann zwi-
    schen **Vertragsabschluß und Zahlungstermin** inkonvertibel gestellt werden.

♦   **Wechselkursschwankungen:** Schwankungen des Wechselkurses einer Ver-
    tragswährung können zu Verlusten (aber auch Gewinnen) führen.

Während es für die **Absicherung des Konvertierungsrisikos** eigentlich letztlich nur
das oft nicht verlässliche Instrument der Länderrisikoeinschätzung oder - sofern sie zu
bekommen ist - einer Exportkreditversicherung gibt, haben sich bei der **Wechselkursabsicherung** eine ganze Reihe von sehr speziellen Techniken entwickelt. Von diesen
Techniken wird in den Kapiteln 5 und 6 die Rede sein.

1.3.4   Finanzierung als Marketinginstrument

Finanzierung ist auch im Inland ein Marketinginstrument (z. B. beim Autokauf), aber im Ausland ungleich bedeutender, und zwar aus zwei Gründen:

(1) Wegen der längeren Lieferzeiten.

(2) Wegen der **Nichtverfügbarkeit von Devisen**. Davon sind besonders Entwicklungsländer und osteuropäische Länder betroffen.

Besonders bei den Geschäften, die **langfristiger Natur** sind, also im Anlagenbau, hat ein Anbieter heute wenig Chancen, wenn er seine Finanzierung nicht mitbringt. Immer wieder wird von der deutschen Industrie beklagt, dass vor allem die Exporteure Englands und Frankreichs wesentlich stärker mit langfristigen Finanzierungshilfen des Staates rechnen können[3]. Der Exporterfolg der deutschen Wirtschaft spricht allerdings eher gegen dieses Argument. Im Übrigen wäre es aus marktwirtschaftlichen Erwägungen heraus sicherlich sinnvoller, solche Instrumente eher abzubauen als im Gegenzug weiter zu verstärken.

Es haben sich hier eine ganze Reihe spezieller Finanzierungstechniken - vom Bestellerkredit über die Forfaitierung bis zum Kompensationsgeschäft – entwickelt, die vorwiegend im Auslandsgeschäft üblich sind. Eine neuere Version stellt das so genannte "BOT-Modell" (Build-Operate-Transfer) und die darauf basierenden Modelle dar. Hier betreibt die verkaufende Firma oft im Rahmen eines Konsortiums die Investition (z.B. ein Schiff, eine Brücke, eine Autobahn oder Fabrik) eine Reihe von Jahren in Eigenregie, und übergibt sie an den ursprünglichen Käufer, nachdem sie Kosten plus einen angemessenen Gewinnanteil wieder zurück gewonnen hat. Auch grenzüberschreitende Leasing Modelle (z.B. Cross-Border-Leasing), Factoring sowie die Verbriefung von Auslandsforderungen („Asset Backed Securities") gehören zu diesem Instrumentarium, das sich aus dem Bedürfnis nach angepassten Finanzierungstechniken vor allem von globalen Anlageninvestitionen entwickelt und immer weiter verfeinert hat. Die verschiedenen Instrumente der Außenhandelsfinanzierung werden in Kapitel 3 vorgestellt und ein klassisches Anlagenexportgeschäft wird hier anhand eines Falles auch praktisch durchgespielt.

---

[3] Vgl. Schill, Jörg, Internationale Wettbewerbsfähigkeit des deutschen Anlagenbaus. Ein Problem verzerrter Exportfinanzierungsstrukturen, in: Die Betriebswirtschaft, 1/1991, S. 16f (S. 7-19)

2 Internationale Finanzrisiken

2.1 Risiko, Chance und Wahrscheinlichkeit

Der in der betrieblichen Praxis verwendete Risikobegriff ist sehr weit von der in der Literatur diskutierten Begriffsvielfalt entfernt. Eine Auseinandersetzung mit den Begriffen Risiko, Chance und Wahrscheinlichkeit lohnt sich aber schon alleine deshalb, weil dadurch Erwartungen und Zielvorstellungen in der strategischen Planung des Managements klarer und widerspruchsfreier formuliert werden können.

Dass der Begriff "Risiko", gleichbedeutend mit "Wagnis, Gefahr" bereits im 16. Jahrhundert aus dem Italienischen[1] ins Deutsche gelangte, zeigt, dass es sich auch damals schon um ein durchaus internationales Phänomen handelte. **Risiko stellt einen der Grundpfeiler des marktwirtschaftlichen Denkens** dar. Die Belohnung für eingegangenes Risiko ist ein Gewinn, der im Gedankengebäude der Marktwirtschaft mit der Höhe des Risikos steigen sollte. Es gibt aber auch Strafen: Die Wirtschaftsgeschichte ist voll von Geschäftszusammenbrüchen als Folge zu hoher eingegangener Risiken. Schumpeter hat wohl als einer der ersten auf die Wichtigkeit eben des "Pionierunternehmers" hingewiesen[2], ohne den eine Marktwirtschaft nicht funktionieren würde. Erst mit dem Aufkommen der Entscheidungstheorien innerhalb der Wirtschaftswissenschaften wurde der Begriff Risiko systematischer untersucht. Hier unterscheidet man folgende grundsätzliche Situationen:

1. Eine Entscheidung unter **Sicherheit**, also mit vorhersehbarem Ergebnis. Einige Autoren sehen ein solches „deterministisches Entscheidungsmodell" als nicht von praktischer Relevanz, da sich in der Wirtschaft Ereignisse...nicht mit Sicherheit voraussagen lassen."[3] Diese Ansicht wird nicht generell geteilt: „Such situations are rare, but there are some investments which are reasonable approximations to certainty, for example, lending to reputable governments by purchasing three months treasury bills."[4]

---

[1] Vgl. Drosdowski et. al.: Herkunftswörterbuch der deutschen Sprache, S. 595 Mannheim 1989
[2] Vgl. Schumpeter J.: Theorie der wirtschaftlichen Entwicklung (Nachdruck), Berlin 1987
[3] Vgl. u. a. Korndörfer: Unternehmensführungslehre, Wiesbaden 1985, S. 66; Engel, Entscheidungsorientierte Finanzierung, Stuttgart 1981, S. 23ff.

[4] Arnold, Glen: Corporate Financial Management, 3rd ed., London, 2005, p. 215

2. Entscheidung unter **Risiko bzw. Unsicherheit**: Risk is "the probability that actual realized returns will not equal expected returns. This is often measured by the standard deviation of expected returns.."[5]. Oder noch einfacher: „Risk describes a situation where there is not just one possible outcome.."[6]. Das Risiko ist also umso höher, je größer die möglichen Abweichungen des Ergebnisses sind. Diese Abweichungen werden oft mit der statistischen Größe der Standardabweichung gemessen. Diese Operation ist aber nur sinnvoll, wenn es zum einen eine gewisse Mindesthäufigkeit gleicher Entscheidungssituationen gibt und wenn zum andern die Situation in der Zukunft vergleichbar mit der Vergangenheit ist, wenn also der „Blick in den Rückspiegel" etwas über die Gefahren des weiteren Weges aussagt. Den inversen Begriff, nämlich die Wahrscheinlichkeit des Eintretens eines erwünschten Ereignisses, stellt die **Chance** dar.

Häufig werden bei Fall (2) noch die Begriffe „Risiko" und „Unsicherheit" unterschieden, wenn die entscheidende Person keinerlei Vorstellung über das Eintreten eines bestimmten Ergebnisses hat (objektive Ungewissheit[7]). Normalerweise ist aber auch diese Situation quantifizierbar, es sei denn, man weiß noch nicht einmal, welche Art von Ergebnis überhaupt eintreten kann. Eine vollständige Unsicherheitssituation ist durch gleiche (meist subjektive) Wahrscheinlichkeiten aller möglichen Resultate gekennzeichnet, also bei zwei denkbaren Ergebnissen "50:50", bei dreien jeweils 1/3:1/3:1/3 usw. Wenn ich also nicht weiß, ob der der US $ steigt oder fällt, würde man umgangssprachlich von einer „fifty-fifty"-Situation sprechen. Das sieht aber schon in dem Moment anders aus, in dem die Frage anders formuliert wird, z.B. wie wahrscheinlich denn ein Ansteigen um mehr als 10% in drei Monaten ist. Da also der Übergang zwischen subjektiver und objektiver Ungewissheit fließend ist, erscheint diese Unterscheidung akademisch und es soll hier grundsätzlich von einer „Entscheidung unter Risiko" gesprochen werden.[8]

Beispiel 2-1: Wie formuliert man eine Wahrscheinlichkeit bzw. ein Risiko?

Ein europäischer Maschinenbauer erhält einen Auftrag über US $ 10 Millionen von einer großen Verarbeitungsfirma für Reis aus Bangladesch. Wie soll das Risiko dieses Geschäfts formuliert werden? In der täglichen Praxis verwendet man umgangssprachliche Ausdrücke wie etwa „das Geschäft ist schwierig", „das Land zeigt Schwächen", „der Kunde steht gut da, das Land ist kritisch zu sehen" oder „das Wechselkursrisiko ist beträchtlich". Spätestens dann, wenn eine Entscheidungsvorlage für ein Gremium zu erstellen ist, werden

---

5   Buckley, Adrian: Multinational Financing, New York usw. 1992, S. 692
6   Arnold, G. (2005), p.215
7   Vgl. Busse von Colbe, W., Laßmann G.: Betriebswirtschaftstheorie, Band 1 ,Berlin usw. 1988, S. 35
8   Vgl. auch Arnold, G., (2005), p.205

solche Formulierungen nicht mehr ausreichen. Vorstände und Direktoren entscheiden heutzutage nicht mehr aus dem „Bauch" heraus, sie wollen Zahlen oder noch besser Charts sehen.

Am einfachsten haben es dabei die Vertreter des Portfolioansatzes, bei denen sich alle Probleme der Welt auf zwei Achsen auftragen lassen: Gewinnerwartung als Funktion des Risikos und vice versa. Das könnte auch hier versucht werden, indem der mögliche Verlust (vermutlich maximal US $ 10 Mio.) in Beziehung zum Gewinn gesetzt wird. Das scheitert aber in der Regel daran, dass man keinen sinnvollen Wert für die Volatilität des Geschäfts ermitteln kann, weil wegen der fehlenden großen Zahl gleich gelagerter Geschäfte nicht wie bei einer Aktie die Standardabweichung der vergangenen Kursentwicklung ermittelt werden kann. Das in Lehrbüchern gern verwendete Normalverteilungs-Chart ist selten verlässlich ermittelbar. Außerdem verfügt die Firma nicht über ein Portfolio von genügend Aufträgen, die sich gegenseitig kompensieren können (wie das bei einem Aktienportfolio der Fall ist), sondern das Geschäft soll sich nach Möglichkeit alleine tragen.

Es muss aber keine Portfolioanalyse sein, denn quantifiziert werden kann ein Risiko auch durch eine Rangreihe oder eine Klassifizierung (Scoring). Gibt man sich mit Rangplätzen oder Risikoklassen zufrieden, ist eine subjektive Schätzung durchaus möglich, wenn der Exporteur nicht völliges Neuland betritt. Oft können aus historischen Erfahrungswerten (vielleicht auch bei der Konkurrenz) Variablen isoliert werden, wie z.B. Land, Branche, Unternehmensgröße oder Laufzeit, die auf erhöhte Ausfallwahrscheinlichkeit schließen lassen (so genannte „Risikotreiber").[9] Landesspezifische Werte können auch von Kreditversicherern erhalten werden. Vielleicht kann man auch unterschiedliche Risiken wie z.B. Länder-, Kunden-, Wechselkursrisiko isolieren und einzeln je nach Problematik absichern. Dieses Risiko oder vielleicht auch die Teilrisiken können dann entweder auf einer Skala etwa von 1-100 oder in Kategorien von z.B. 1-5 aufgetragen und zum Gewinn bzw. zur Rendite in Beziehung gesetzt werden. Eine allerdings schon relativ differenzierte Skala für eine Klassifizierung bietet sich durch die von internationalen Wirtschaftsprüfern verwendete Standarklassifizierung von AAA bis D z.B. „Standard and Poors"-Skala, ähnlich auch Moody's und Fitch).

So könnte man beispielsweise zu einem Chart wie in Abbildung 2-1 gelangen. Hier wäre das Vorhaben „Reismühle Bangladesch" etwa in Kategorie BB- eingeordnet. Wenn man davon ausgeht, dass das Management der Firma eine gewisse Vorstellung über einen Mindestgewinn in Relation zum Risiko hat („Benchmark"), so könnte das Vorhaben überleben,

---

9   Eine sehr interessante Betrachtung zu diesem Thema bringt Rieder in: Markus A. Rieder: Bayesanisches Kredit-Scoring zur Messung des Ausfallrisikos, in: Frank Romeike, Modernes Risikomanagement, Weinheim 2005, S. 185-200

wenn es wie Projekt A oberhalb der für die Kategorie BB-10 geforderten Rendite von 18%
liegt. Ein darunter liegendes Projekt würde abgelehnt werden. Allerdings muss sich das
Management der erwähnten Problematik bewusst sein, dass eine hohe Rendite nichts
nützt, wenn das Geschäft zum Ausfall wird und dabei die kompensierende Masse anderer
Geschäfte mit ähnlich hoher Rendite fehlt. Deshalb ist es unter Umständen notwendig,
eine absolute Risikoobergrenze einzuführen, die etwa darin besteht, dass z.B. ab „B-„ ein
Projekt unabhängig von der Rendite überhaupt nicht mehr durchgeführt wird. Auch ist es
üblich, ähnlich wie bei einem Portfolio von Wertpapieren eine Obergrenze für den Anteil
von riskanten Papieren einzuführen, d.h. dass beispielsweise nicht mehr als 10% des Um-
satzes in Projekte investiert werden, die als spekulativ eingeordnet und schlechter als
BBB- kategorisiert werden.

Abbildung 2-1: Risikoklassifizierung und Rendite

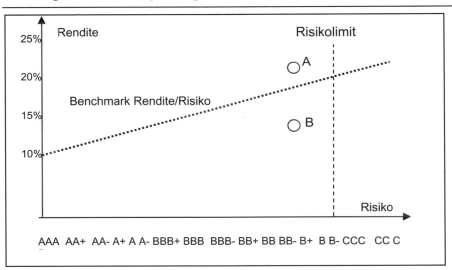

Die Beschäftigung mit der Frage des Risikos in der betrieblichen Praxis hat nur dann
einen Sinn, wenn sie zu **konkreten Entscheidungen** führt. Diese konkreten Entscheidungen können nicht nur „ja/nein" heißen, sondern sie können sich auch wie hier in
der aus dem Portfolioansatz stammenden Forderung nach einer bestimmten Mindest-
rendite für ein bestimmtes Risiko niederschlagen. Sie kann aber auch, wie wir weiter
unter noch sehen werden, in der Forderung nach einer Verminderung des Risikos etwa durch Ausfuhrkreditversicherung, Absicherung das Wechselkurses oder auch et-

---

10   BB- gehört bereits dem „speculative grade" an, d.h. Zins und Tilgungsrückstände bei negati-
      ven Entwicklungen gefährdet, vgl. dazu, Ottmar Schneck, Paul Morgenthaler, Muhammed
      Yesilhark: Rating, München 2003, S. 61, siehe auch http://www2.standardandpoors.com

wa einer Erhöhung der Anzahlung resultieren. Und sie kann firmenindividuell tatsächlich auch zu einem nein führen, wenn die Tragweite eines Verlustes so hoch ist, dass das Unternehmen bei einem „worst case" in finanzielle Schwierigkeiten gerät. Die Tatsache, dass ein „worst-case" firmenindividuell verschiedene Konsequenzen haben kann, wird weder durch die gängigen Risikoklassifizierungen noch durch den gängigen Risikobegriff erfasst.

2.2 Dimensionen des Risikos

2.2.1 Tragweite, Unsicherheit und Erwartungswert

Im obigen Beispiel wurde es schon angesprochen, dass es beim Verhältnis Gewinnerwartung/Unsicherheit keine Risikokompensation ins Unendliche geben kann: Ein extrem hohes Risiko kann nicht mehr durch einen auch noch so hohen Gewinn kompensiert werden, wenn die Folgen des Scheiterns zu schwerwiegend sind.

Abbildung 2-2: Komponenten des Risikos

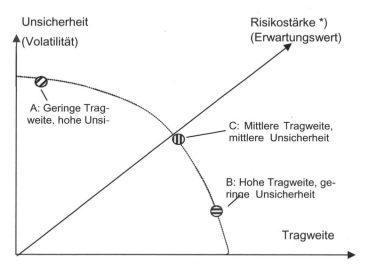

* Die Risikostärke wird durch die Fläche Unsicherheit x Tragweite dargestellt

Die Schwere des "Risikos" hängt also nicht nur von der Wahrscheinlichkeit eines negativen Resultats, sondern auch von der "Negativität" dieses Ereignisses, also von seiner **Tragweite** ab (Abbildung 2-2). Diese Tragweite ist **relativ** zu sehen, denn für ein Großunternehmen wäre ein Verlust von einer Million Euro betrüblich, aber zu verschmerzen, für einen Mittelständler wäre dies möglicherweise Existenz bedrohend, ganz zu schweigen von einer Privatperson. Die statistische Begriffsdefinition von Risiko als bloßem Wahrscheinlichkeitsbegriff ist für das Risikomanagement in der internationalen Wirtschaft ungeeignet, sie bedarf einer Erweiterung:

Der Begriff Risiko beinhaltet zwei Komponenten:

- Die **Unsicherheit über den Eintritt eines (un)erwünschten Ereignisses**, wobei es nicht entscheidend ist, ob diese Unsicherheit als „Volatilität„ quantitativ messbar oder nur subjektiv schätzbar ist.

- Die für den Betroffenen relative **Tragweite** der Konsequenzen, die in der Regel als Geldbetrag oder noch aussagefähiger als Prozentwert beispielsweise des Eigenkapitals quantifizierbar ist.

Das Gesamtergebnis aus Unsicherheit x Tragweite ist die „**Stärke des Risikos"**: Je weiter also ein Projekt vom Ursprung in Abbildung 2-1 entfernt ist, desto höher ist das Risiko. Bei den dort gezeigten drei Fällen wären das beispielhaft drei alternative Projektê mit gleich hoher Risikostärke, aber charakterisiert durch eine geringe Tragweite und hoher Unsicherheit (A) bis hin zu schwerwiegenderen Folgen, aber geringerer Unsicherheit (B).Die Risikostärke wird auch als der **Erwartungswert** des Risikos bezeichnet.[11] Dieser Wert kann im Prinzip auch wie ein Erwartungswert errechnet werden, also beispielsweise:

- Projekt A hat ein Verlustpotential von € 10 Mio (T) bei einer Verlustwahrscheinlichkeit p von 5%, also liegt der Erwartungswert bei $T \cdot p = -€\,0,5$ Mio.

- Projekt B käme beispielsweise mit einem maximalen Verlustpotential von € 2 Mio, aber einem p von 25% ebenfalls auf den Wert von $T \cdot p = -€\,0,5$ Mio

- Projekt C läge bei Tragweite und Verlustwahrscheinlichkeit etwa in der Mitte, beispielsweise mit T = € 5 Mio und p = 10%, was ebenfalls einen Erwartungswert von - € 0,5 Mio ergäbe.

- Sofern die Daten hinreichend genau ermittelt werden können, lassen sich die Erwartungswerte nach Wahrscheinlichkeit einzelner Werte stärker differenzieren, z.B. wenn ein Verlust T= -10 Mio eine Wahrscheinlichkeit (p) von 2% aufweist, ein T von -5 Mio ein p von 8% und ein T = -2 Mio ein p von 10%, dann läge der mittle-

---

11 Romeike, Frank: Risikokategorien im Überblick, S. 27, in: Romeike, (2005), S. 17-32

re (Verlust)-Erwartungswert bei E_v = -10 ·0,02 - 5 ·0,08 - 2 ·0,1 = -0,8 (Mio Euro).

Die „Relativität" der Tragweite bzw. des Erwartungswertes kann entweder durch eine absolute Obergrenze gemessen werden oder der Verlust kann etwa in Prozentwerten des Eigenkapitals einer anderen sinnvollen Größe (Gewinn, Umsatz) ausgedrückt werden. Bei dieser Überlegung muss aber **von der Tragweite, also vom maximal möglichen Verlust** (hier € 10 Mio) ausgegangen werden, denn alle anderen Werte verschleiern letztlich das Gefahrenpotential. Weist das Unternehmen vielleicht nur ein Eigenkapital von € 5 Mio aus, so wäre ein Verlust von 10 Mio Euro Existenz bedrohend, auch wenn der Erwartungswert des Verlustes nur bei € -0,5 Mio liegt. Die Frage wäre dann, ob man wenigstens die Wahrscheinlichkeit eines Totalverlustes (T=-10) durch eine Absicherung gegen Null bringen kann.

Es gibt auch noch einen **Gesamterwartungswert**, der die möglichen **Gewinnsituationen** und deren Wahrscheinlichkeiten mit einbezieht. (Z.B. E= -10 ·0,02 - 5 ·0,08 - 2 ·0,1 + 0,2 ·5 + 0,6 ·10= +6,2 Mio €). Dieser wird in der Regel für Projektvergleiche heranzuziehen sein, am besten in Form eines diskontierten Barwertes, weil dann Projekte mit unterschiedlichem Finanzvolumen besser verglichen werden können.

Wie differenziert Unternehmen solche Überlegungen durchführen, bleibt dahingestellt. Hier gibt es sicherlich verschiedene Strategien. Die vermutlich häufigste und einfachste Strategie wird sein, dass ein Unternehmen Risiken absichert (davon wird weiter unten noch ausgiebig die Rede sein), ohne sich allzu tief in detaillierte Rechnungen und Analysen zu stürzen. Dies wird vor allem dann der Fall sein, wenn sich Wahrscheinlichkeiten nur sehr grob schätzen lassen. Allerdings sollten vor allem mittelständische Unternehmen, die aus Mangel an Ressourcen komplizierte akademische Übungen gerne vermeiden, an das zunehmend im Bankenbereich geltende Regelwerk der so genannten Basel II-Vereinbarungen erinnert werden. Dieses Regelwerk wirkt sich über die zwingende Risikokategorisierung von Bankkrediten auch auf die Kreditnehmer aus und zwar nicht zuletzt über „die gemeinsame Risikosprache, die nun gesprochen wird".[12] Die professionelle Dokumentation von Projekten einschließlich einer Risikoevaluierung stellt sich nicht selten gerade bei Mittelständlern als ein Kredithindernis heraus, dieser Zusammenhang wird sich mit „Basel-II" mit Sicherheit eher verschärfen.

2.2.2 Finanzrisiken

Die Ausführungen gelten prinzipiell für alle Risiken. Allerdings wollen wir uns hier weniger mit Markt- oder Produktionsrisiken oder mit Risiken des Personalbereichs befassen, sondern mit internationalen Finanzrisiken. Ein **Finanzrisiko** ist dabei ein Risiko, das sich direkt auf den finanziellen Bereich des Unternehmens, also die Einnah-

---

[12] Gerhard Hofmann (Hrsg.), Basel II und MAK: Regulatorische Vorgaben, bankinterne Verfahren, Bewertungen, 2.Aufl., Frankfurt 2004, S.1

men- und Ausgabenströme auswirkt. Der Begriff "direkt" schränkt die Risiken auf solche ein, die sich nach der hier zugrunde gelegten Definition (Kapitel I) auf die Beschaffung von Kapital auswirken, also letztlich alle Risiken, die mit der vereinbarten oder zu vereinbarenden Zahlung von Geldbeträgen zusammenhängen. **Internationale Finanzrisiken** wiederum entstehen durch die Existenz **grenzüberschreitender Einnahmen- und Ausgabenströme.** Dabei muss der Begriff des Risikos wiederum so eingegrenzt werden, wie er in der Finanztheorie verwendet wird, nämlich als Unsicherheit: Wenn im Folgenden also von Risiko gesprochen wird, so ist zunächst einmal der Grad der Unsicherheit einer Situation gemeint, weil man die individuell unterschiedliche Tragweite nicht allgemeingültig messen kann. Soll die Tragweite einbezogen werden, wird von Risikostärke oder Erwartungswert gesprochen.

Beispiel 2-2: Information reduziert das Risiko zunächst noch nicht

---

Wenn das in Beispiel 2-1 genannte Exportunternehmen sich über das Länderrisiko Bangladeschs und gleichzeitig über die Bonität des Kunden dort informiert, ändert sich an der Höhe des aktuell bestehenden Risikos damit noch nichts, nur "der Nebel" hat sich etwas gelichtet. Das Unternehmen kann jetzt seine Risikosituation gezielt verbessern, es sieht die Hindernisse klarer und weiß jetzt, ob und mit welchen Partnern es das Risiko eingehen kann und es kann nun auch Maßnahmen ergreifen, die es ihm ermöglichen, die Tragweite eines Fehlschlags zu reduzieren: Eine Ausfuhrrisikoversicherung würde ihm beispielsweise noch den Selbstbehalt belassen, der bei Hermes in Deutschland zwischen 5% und 15%, sie wäre aber wahrscheinlich teurer als etwa ein von einer internationalen Bank bestätigtes Akkreditiv. Es kann auch die wahrscheinlich noch teurere Forfaitierung wählen und vor allem, es kann die Kosten derjenigen Absicherungsalternative, die mit den geringsten Kosten noch akzeptabel erscheint, auf den Angebotspreis aufschlagen. Grenzen werden allerdings hier durch die Wettbewerber und deren Fähigkeit gezogen, entweder das Risiko besser einschätzen zu können oder deren Bereitschaft, mehr zu riskieren. Ein zentraler Punkt internationalen Risikomanagements ist es, hier die richtigen Grenzen zu finden. Die Information zur besseren Einschätzung eines Risikos wird nur in Ausnahmefällen zu einem „nein" führen, sie kann aber helfen, die richtige Form einer Risikoabsicherung herauszufinden und gegenüber Entscheidungsträgern im Management und ggf. auch vor den Aktionären zu begründen.

2.3   Risikokategorien im Auslandsgeschäft

Risiken lassen sich nicht nur nach Tragweite und Wahrscheinlichkeit, sondern auch nach ihrer Quelle kategorisieren (Abbildung 2-3). Diese Einteilung kann dabei helfen, ein Risiko möglichst bereits an der Quelle auszuschalten. Außerdem gibt es für bestimmte Risikokategorien auch bestimmte Instrumente der Bewältigung, die sich teilweise aus historischen Entwicklungen ableiten lassen.

Abbildung 2-3: Internationale Finanzrisiken

2.3.1 Das Geschäftsrisiko („wirtschaftliches Risiko")

Das Geschäftsrisiko ist durch Zahlungsunfähigkeit oder Zahlungsunwilligkeit des ausländischen Partners verursacht, d. h. die Ursache ist im Geschäftsbetrieb des Partners zu finden und nicht etwa bei der Zahlungsunfähigkeit des Staates.

In der (deutschsprachigen!) Praxis wird vor allem die Terminologie der Hermes-Versicherung verwendet, die dieses Risiko als „wirtschaftliches Risiko" bezeichnet, manchmal auch als „ökonomisches Risiko".[13] Sicherlich mögen dabei auch (versicherungs)rechtliche Gründe eine Rolle gespielt haben; begrifflich sauber ist diese Bezeichnung so jedoch nicht: So ist beispielsweise ein Risiko, das durch eine Überschuldung eines Staates und nachfolgendem Moratorium zustande kommt, sicherlich auch auf wirtschaftliche Gründe zurückzuführen. Auch das Wechselkursrisiko ist ein wirtschaftliches Risiko. Daher soll hier das, was allgemein als wirtschaftliches Risiko beschrieben wird, in Anlehnung an die angelsächsische Literatur ("Business Risk")[14] als Geschäftsrisiko bezeichnet werden.

---

13   Vgl. Jahrmann, Fritz Ulrich: Außenhandel, 11. Auflage, Ludwigshafen 2004, S. 293
14   Vgl. u.a. Arnold, G. (2005), p. 640; Neale, Bill, McElroy, Trevor: Business Finance. A Value Based Approach, London 2004, p.34

Wenn ein Geschäftspartner nicht bezahlen kann oder will, können folgende Gründe vorliegen:

- Konkurs, Liquiditätsengpass. Die letzten beiden Jahrzehnte haben dabei gezeigt, dass auch große, renommierte Unternehmen und Banken auch in Industrieländern davon nicht unbedingt ausgenommen sind. Umso mehr besteht die Gefahr bei kleinen, unbekannten Firmen in kritischen Ländern.

- weil er ein Betrüger ist oder weil bereits ein rechtskräftiges Urteil gegen ihn vorliegt, aufgrund dessen ein eingehender Geldbetrag arrestiert werden kann,

- weil er es sich anders überlegt hat, etwa weil ein günstigeres Angebot vorliegt oder weil in der Zwischenzeit der Wechselkurs der Vertragswährung so stark angestiegen ist, dass der Besteller sich nicht mehr in der Lage sieht, die Ware zum höheren Preis im Lande weiter zu verkaufen. Das kann in allen Phasen des Geschäfts geschehen, bereits zwischen Vertragsunterzeichnung und Anzahlung, aber auch in späteren Phasen, etwa nach der Verschiffung der Waren,

- weil er - berechtigt oder unberechtigt - Mängel an der Ware geltend macht (Schluss- oder Zwischenzahlung). Auch andere vermeintliche oder reale Vertragsverletzungen müssen oft als Grund für ein Ausbleiben der Zahlung herhalten, insbesondere Lieferverzögerungen.

Das Geschäftsrisiko liegt auch im Inland vor. Im Ausland ist es aber gravierender, weil sich ein Exporteur oder Investor auf ein Feld begibt, in dem unbekannte Spielregeln herrschen, insbesondere durch unbekannte Geschäftsbräuche, andere rechtliche Verhältnisse bis hin zur faktischen Nichtdurchsetzbarkeit von Ansprüchen vor Gericht aus Zeit- und Kostengründen. (vgl. Kapitel 1).

Mit dem Geschäftsrisiko setzt man sich vorwiegend in den Bereichen auseinander, die man als „Außenhandelsfinanzierung" oder „international trade finance" bezeichnet (siehe Kapitel 3). Hier haben sich auch die klassischen Instrumente wie Akkreditiv, Dokumenteninkasso, Wechsel und Forfaitierung entwickelt, sehr viel später kam noch die Exportkreditversicherung dazu. Eine sehr treffende Beschreibung der als „trade dilemma" beschriebenen Situation eines Exporteurs bzw. Importeurs findet sich bei Eiteman et al.:

„..imagine an importer and an exporter who would like to do business with one another. They live in different countries far apart. They have never met. They speak different languages. They worship different gods...They come from cultures that have different standards for honoring obligations to other persons and different ways to settle disputes. They both know that if they default on an obligation, the other party will have a hard time catch-

ing up to seek redress. Although it might be very harsh to say they don't trust one another, each has perfectly valid reasons for being very cautious in dealing with the other."[15]

2.3.2 Das politische Risiko

Politische Risiken entstehen durch Einflussnahme des Staates, seiner Institutionen und seiner Bevölkerung, in dem der Vertragspartner (oder die eigene Niederlassung) ihren Geschäftssitz hat. Die Ursachen für solche Risiken liegen nicht beim Vertragspartner und sie können vom Vertragspartner normalerweise auch nicht beeinflusst werden. Es gibt zahlreiche Klassifizierungsmöglichkeiten[16] für das sehr weit reichende politische Risiko, sinnvoll erscheint eine Aufteilung in die drei in Abbildung 2-3 gezeigten Hauptgruppen „Makrorisiko, kulturelles Risiko und Mikrorisiko:

2.3.2.1 Makrorisiken

Makrorisiken sind Risiken, die mit der Volkswirtschaft des Landes (Makroökonomie) zusammenhängen, oft auch als "wirtschaftliches Länderrisiko" bezeichnet. Die Frage, wie stark sich einzelne Risiken auf ein global agierendes Unternehmen auswirken, hängt vom Grad des Engagements in dem betreffenden Land ab und wird sich für einen Direktinvestor anders stellen als für einen Exporteur. Die Hypothese dürfte sicherlich nicht zu gewagt sein, dass Makrorisiken mit der Dauer eines Engagements in einem Land steigen und mit dem Stand der Entwicklung eines Landes fallen. Grundsätzlich laufen aber die meisten offenen Fragen eines globalen Unternehmens in diesem Bereich auf die Frage nach der **Fähigkeit eines Landes** hinaus, seinen **Zahlungsverpflichtungen nachzukommen und seine Währung konvertibel** zu halten.

Die internationale Zahlungsfähigkeit eines Landes hängt davon ab, ob es über genügend Devisen besitzt, die eigene Währung zurückzukaufen (vgl. Kapitel 4). Devisen können langfristig nur über einen Exportüberschuss bei Waren und Dienstleistungen (Leistungsbilanz) kurz- und mittelfristig über Schuldenaufnahme (Kapitalbilanz). ins Land kommen. Der Prozess der Zahlungsunfähigkeit läuft in der Regel folgendermaßen ab: Ein Land hat ein Leistungsbilanzdefizit über mehrere Jahre, die Devisenreserven gehen zur Neige, es versucht, die Devisen durch Kreditaufnahme bei Geschäftsbanken zu bekommen, was in der Anfangsphase auch gelingt. Auch Sonderziehungsquoten und sonstige Kreditranchen beim IWF werden ausgeschöpft (vgl. dazu auch Kapitel 4), wichtige Infrastrukturprojekte werden über Entwicklungshilfekredite ("soft loans") etwa der Weltbank finanziert. Bleibt jedoch die Leistungsbilanz im Defizit, müssen die Kredite weiter erhöht werden, was aber mittelfristig Kapitalbilanz und Leistungsbilanz belastet und zu weiterer Kreditaufnahme führt. Defizite der Leis-

---

15 Eiteman, David, K. Stonehill, Arthur, Moffet, Michael H.: Multinational Business Finance, Pacific Palisades u.a., 2004, p. 714

16 Eine ausführliche Übersicht über die verschiedensten Ansätze zum politischen Risiko findet sich in Bouchet M., Clark E.: Groslambert B.: Country Risk Assessment, London 2003, p. 16ff.

tungsbilanz können eine gewisse Zeit durch zufließendes Kapital (Kapitalbilanz) ausgeglichen werden, das klassische Beispiel dafür sind die USA. Allerdings ist es ein Unterschied, ob (wie in den USA) das Kapital freiwillig durch Investoren zufließt oder ob das Kapital über Kredite geliehen ist. Irgendwann wird das Land zahlungsunfähig, wenn es nicht gelingt, die Leistungsbilanz ins Positive zu bringen. Hier liegt dann ein "strukturelles Zahlungsbilanzdefizit" vor und man bezeichnet die damit zusammenhängenden Maßnahmen als "structural adjustment" (Strukturanpassung).

Zusätzliche Probleme in dieser Situation stellen dabei die illegalen Devisentransfers dar, die meist um so bedeutender werden, je mehr die drohende Inkonvertibilität "in der Luft liegt" und auch die Spekulation, die meistens die ohnehin schwierige Situation dadurch verschärft, dass gegen die Währung des Landes spekuliert wird, (Kassaverkäufe der Währung oder Leerverkäufe auf Termin), was den Kurs weiter nach untern treibt und der Zentralbank vielleicht die letzten Devisenreserven bei dem Versuch entlockt, die Währung zu stabilisieren. Wenn es also nicht der Zentralbank mit Unterstützung der internationalen Banken gelungen ist, durch die oben genannten Maßnahmen die Situation zu stabilisieren (wie es z.B im Fall Mexikos im Jahr 1995 und in Brasilien in 2002 jeweils nach massiver Abwertung und ebenso massivem Einsatz von internationalen Krediten gelang), wird ein Moment kommen, in dem das Land auch durch zusätzliche Kreditaufnahme seine Auslandsverpflichtungen nicht mehr erfüllen kann bzw. in dem es seine eigene Währung als nicht mehr umtauschbar erklären muss, weil es sie mangels Devisen nicht mehr zurücktauschen kann.

Wenn dieser Punkt gekommen ist, kann ein Vertragspartner (oder eine eigene Niederlassung) das im Land verdiente Geld nicht mehr in Devisen umtauschen, d. h. internationale Verträge nicht mehr erfüllen. Es ist dabei gleichgültig, ob man einen Vertrag mit Zahlung in Rupien, € oder $ abgeschlossen hat: Auch ein Vertrag in Hartwährung hilft nicht, weil normalerweise der Vertragspartner nicht mehr an Devisen kommt. Ausnahmen sind unter Umständen Vertragspartner, die eigene Devisen erwirtschaften, wie Ölgesellschaften, Fluglinien, Reedereien, evtl. auch internationale Hotels.

Typische Beispiele für solche Entwicklungen stellen die großen Krisen dar: Argentinien, Brasilien und Mexiko (in den 80er Jahren), Mexiko (1995), Asien (1997), Russland (1998), Brasilien (1998) und Argentinien (2004). Daneben gab es aber auch kleinere Krisen, von denen kleinere Entwicklungsländer meist im Zuge der großen Krisen betroffen waren (z.B. die Länder Zentralasiens nach der Russlandkrise). Meist handelt es sich dabei nicht um arme Länder, sondern um Länder mit mittlerem Einkommen, weil nur diese überhaupt die Kreditwürdigkeit besaßen, sich so hoch zu verschulden. Man unterscheidet hierbei folgende Einzelbegriffe:

- **Transferprobleme**: Die Zentralbank akzeptiert den Geldbetrag eines Schuldners in Inlandswährung, kann ihn aber mangels Devisen gar nicht transferieren oder setzt ihn auf eine Warte- oder Prioritätenliste. Dies kann fatale Folgen für einen Exporteur haben, wenn sich die Währung während der Wartezeit drastisch entwertet, was in einem solchen Fall nicht unwahrscheinlich ist.

- **Konvertierungsprobleme**: Jegliche Konvertierung der Inlandswährung ist eingestellt. Die Unterscheidung der beiden Begriffe Transfer- bzw. Konvertierungsrisiko hat im Alltagsgeschäft und bei der Risikovorsorge keine Bedeutung. Lediglich bei der Vertragsgestaltung taucht die Frage, wann eine Zahlung als "schuldbefreiend" gilt, hin und wieder auf.

- Totale **Zahlungsunfähigkeit** (Default): Das Schuldnerland stellt offiziell seine sämtlichen Zahlungen ein. Dies bedeutet in jedem Fall eine totale Aufhebung der Konvertierbarkeit.

- **Partielle Zahlungsunfähigkeit**: Nicht wenige Länder haben sozusagen auf „leisen Sohlen" während der drei prinzipiell zusammenhängenden Krisen in Asien, Russland und Brasilien die Konvertierbarkeit ihrer Währung zeitlich oder (und) mengenmäßig beschränkt. Dies geschah offiziell mit dem Argument (z.B. bei Malaysia 1997), man wolle den Spekulanten den Boden entziehen, was sich in einigen Fällen durchaus als sinnvoll erwiesen hat. Sehr häufig ergibt sich auch eine zeitlich befristete Zahlungsunfähigkeit, zum Beispiel während der Dauer von Umschuldungsverhandlungen (Moratorium) und als Konsequenz derer möglicherweise eine andere Art der partiellen Zahlungsunfähigkeit resultiert: Zahlungen nach "Warteliste" oder nach einer Liste prioritärer Güter. Als Konsequenz wird ein Exporteur nicht selten mindestens eine Prüfung seiner Zahlungsansprüche auf „Geldwäsche- oder Spekulationsverdacht" mit entsprechender Verzögerung zu erdulden haben.

An sich finden 80% des Welthandels in Ländern statt, in denen das Transfer- und Konvertierungsrisiko gegenwärtig (!) nicht besteht. Betroffen sind Entwicklungsländer und die so genannten Transformationsländer der früheren Sowjetunion, also andererseits auch wieder rund 80% der Weltbevölkerung. Industrieländer sind aber von makroökonomischen Krisen ausgeschlossen. Krisen wie in Japan nach dem Erdbeben von Kobe, die Ölpreisentwicklung nach dem Hurrikan von New Orleans oder der Anschlag auf das World Trade Center „9/11" zeigen, dass die Weltwirtschaft verwundbar ist. Ein globales Übergreifen eines Zusammenbruchs regionaler Wirtschaften, vielleicht auch in Zusammenhang mit terroristischen oder kriegerischen Aktionen kann durchaus Weltwirtschaftskrisen verursachen, die auch entwickelte Länder in die Zahlungsunfähigkeit treibt. Auch England und Frankreich haben in den 70er Jahren die volle Konvertierbarkeit ihrer Währungen beschränkt und Italien war Mitte der 90er Jahre nahe dran. Auch der Ausstieg Großbritanniens aus dem Europäischen Währungssystem Anfang der 90er Jahr war eine Folge stark spekulativer Angriffe.

2.3.2.2 Kulturelles Risiko

Kulturelle Risiken entstehen durch das andersartige Umfeld im Lande, und zwar insbesondere durch folgende Gegebenheiten[17]:

---

[17] Vgl.Eiteman D.K. et al, (2004), pp.453

- Unterschiede in personellen Normen („human resource norms)
- Religiös bedingte Unterschiede im Wertesystem und im Alltagsleben
- Nepotismus und Korruption

Tabelle 2-1: **Transparency International Korruptionsindex (Auswahl)**[18]

	TI Corruption Perceptions Index 2004							
Country Rank	Country	2004 CPI Score	Country Rank	Country	2004 CPI Score	Country Rank	Country	204 CPI Score
1	Finland	9,7	42	Italy	4,8	97	Serbia Montenegro	2,7
2	New Zealand	9,6	44	South Africa	4,6	97	Philippines	2,6
3	Denmark	9,5	47	South Korea	4,5	97	Vietnam	2,6
5	Singapore	9,3	49	Greece	4,3	102	Zambia	2,6
6	Sweden	9,2	51	Czech Republic	4,2	102	Libya	2,5
7	Switzerland	9,1	54	El Salvador	4,2	108	Ecuador	2,4
8	Norway	8,9	54	Bulgaria	4,1	112	Honduras	2,3
9	Australia	8,8	59	Slovakia	4	112	Uzbekistan	2,3
10	Netherlands	8,7	59	Brazil	3,9	112	Venezuela	2,3
11	United Kingdom	8,6	62	Colombia	3,8	112	Zimbabwe	2,3
12	Canada	8,5	62	Cuba	3,7	122	Bolivia	2,2
13	Austria	8,4	64	Ghana	3,6	114	Kazakhstan	2,2
15	Germany	8,2	67	Mexico	3,6	114	Niger	2,2
16	Hong Kong	8	67	Thailand	3,6	114	Ukraine	2,2
17	Belgium	7,5	67	Croatia	3,5	124	Cameroon	2,1
17	Ireland	7,5	67	Peru	3,5	124	Iraq	2,1
17	USA	7,5	67	Poland	3,5	124	Kenya	2,1
20	Chile	7,4	67	Sri Lanka	3,5	129	Pakistan	2,1
22	France	7,1	71	China	3,4	129	Cote d´Ivoire	2
22	Spain	7,1	71	Saudi Arabia	3,4	129	Georgia	2
24	Japan	6,9	77	Turkey	3,2	129	Indonesia	2
26	Israel	6,4	82	Madagascar	3,1	129	Tajikistan	2
27	Portugal	6,3	85	Senegal	3	133	Turkmenistan	2
31	Botswana	6	85	Iran	2,9	140	Azerbaijan	1,9
31	Estonia	6	90	Romania	2,9	140	Paraguay	1,9
31	Slovenia	6	90	India	2,8	142	Chad	1,7
35	Taiwan	5,6	90	Russia	2,8	142	Myanmar	1,7
37	Jordan	5,3	90	Tanzania	2,8	144	Nigeria	1,6
39	Malaysia	5	97	Algeria	2,7	145	Bangladesh	1,5
39	Tunisia	5	97	Macedonia	2,7	145	Haiti	1,5
42	Hungary	4,8	97	Nicaragua	2,7			

Auch hier wird ein Unternehmen, das vor Ort direkt investiert, stärker betroffen sein als ein Exporteur. Aber vor allem **Korruption** ist ein Problem, das auch einen „Nur"-

---

18 Transparency International, http://www.transparency.org/ (8.9.2005).

Exporteur betreffen kann. Die Absicherung solcher Risiken muss firmenindividuell geschehen, sie sind zu divers, um allgemeine Regeln aufstellen zu können.

Einen Anhaltspunkt über den Grad der Korruption, aber und vermutlich auch einen Indikator für das Risiko in einem Land ergibt der von der Organisation „Transparency International" ermittelte Korruptionsindex (Tabelle 2-1). Transparency International gibt bis zu 18 Quellen an, aus denen es seine Informationen bekommt, wobei pro Land in der Regel 9-10 Quellen verwendet werden[19].

2.3.2.3 Das Mikrorisiko

Mikrorisiken werden gelegentlich auch Dispositionsrisiken genannt; sie ergeben sich aus einer **Beeinträchtigung der laufenden Geschäftsaktivitäten** der Unternehmung im Ausland durch **Gesetze oder Maßnahmen der Regierung** oder auch **Unterschiede in der Unternehmenskultur**.[20] Es handelt sich hier um Probleme aus dem nichtfinanziellen Bereich, die jedoch durchaus Ursachen finanzieller Risiken darstellen können. Das Mikrorisiko könnte man auch als ein Unterform des kulturellen Risikos sehen, es gibt hier naturgemäß starke Gegenwirkungen zwischen kulturellen und staatlich-institutionellen Ursachen. Beim Mikrorisiko sollen aber noch einmal gezielt Einflüsse herausgestellt werden, die sich direkt auf das **operative Management** eines Betriebs, eines Projekts oder einer Kooperation auswirken. Eine Enteignung wäre dabei die letzte und extremste Form, aber ein Mikrorisiko kann bereits wesentlich früher auftreten. Sicherlich dürfen Verhältnisse, die lediglich aus der Andersartigkeit eines Landes resultieren, nicht schon unter dem Begriff Risiko eingeordnet werden. Nicht jede von mitteleuropäischen Vorstellungen abweichende Rechtsnorm ist gleich ein Risiko. Sie kann aber zum Risiko werden, wenn beispielsweise einem Investor oder Exporteur nicht klar ist, dass es im Lande keine an internationalen Normen orientierten Bilanzvorschriften gibt und er deshalb eine Bilanz oder einen Wirtschaftsprüferbericht mit anderen Maßstäben messen muss als zu Hause oder in seiner Welt der International Acounting Standards (IAS). Ähnlich kann etwa das im internationalen Vergleich sehr protektiven deutsche oder französische Arbeitsrecht für eine amerikanische Firma zum Risiko werden, wenn sie sich nicht genügend informiert und dann im Ernstfall feststellt, dass ein „hire and fire" wie in den USA nicht möglich ist, wenn das Geschäft einbricht. Typische Mikrorisiken sind in Tabelle 2-2 dargestellt.

---

[19] Genannt werden: Business Environment and Enterprise Performance Survey, Columbia University, Economist Intelligence Unit, Freedrom House, Nations in Transit
Information International, World Competitiveness Report of the Institute for Management Development, Multinational Development Banks, Merchant International Group, Political and Economic Risk Consultancy, Hong Kong, Gallup International on behalf of Transparency International, Global Competitiveness Report of the World Economic Forum, World Markets Research Centre

[20] Vgl. Haan, Horst de: Die Risikopolitik der internationalen Unternehmung, Gießen 1984, S. 34

Tabelle 2-2 Mikro- oder Dispositionsrisiken

Marketingbereich:	- Staatlich fixierte Preise - Importverbote-/Beschränkungen - Werbeverbote-, beschränkungen - Vorgeschriebene Vertriebswege (Alleinimporteure)
Beschaffungsbereich:	- CKD-Vorschriften (Zusammenbau von Maschinen und Fahrzeugen im Zielland)[21] - Local Content-Vorschriften: Einheimisch hergestellter Anteil an Teilen vorgeschrieben - Staatlich fixierte Rohstoffpreise
Produktionsbereich:	- (Verminderter) Schutz intellektueller Eigentumsrechte - CKD/local content Vorschriften - Eingeschränkte Maschinenlaufzeiten
Personalbereich:	- Quoten für lokale Angestellte - Besondere Häufigkeit von Streiks - Stark protektiver Arbeits-/Kündigungsschutz - Arbeitszeitbeschränkungen
Finanzbereich:	- Für Ausländer diskriminierende Steuern oder Abgaben - Zinsverbot - Beteiligungsvorschriften für Einheimische - Unzureichende „Accounting Standards" - Einschränkung des Gewinntransfers - Enteignung

Oft sind allerdings unbekannte Verhältnisse für ein Unternehmen per se ein Risiko, weil trotz der bekannten Umfeldfaktoren das Handlungsfeld trotzdem neu ist und weil man die Andersartigkeit zwar kennt, aber in ihren Auswirkungen unterschätzt. So berichtete ein deutsches Unternehmen in einem asiatischen Land, dass man das Problem der mangelnden Ausbildung von Facharbeitern zwar kannte, es aber durch geeignete Ausbildungsmaßnahmen zu Hause und im Zielland beheben zu können glaubte. Leider wurden die teuer in Deutschland ausgebildeten Fachkräfte sehr bald nach ihrer Rückkehr von anderen Unternehmen für wesentlich bessere Gehälter abgeworben oder machten sich mit ihrer Qualifikation als „international" ausgebildete Spezialisten sogar selbständig.

Die problematischsten Mikrorisiken entstehen aber meist dann, wenn die Regierung eines Landes zu einsamen und plötzlichen Entscheidungen neigt (Diktaturen) oder wenn die gesamte politische Situation instabil ist, d. h. möglicherweise ein Regierungswechsel mit einer drastischen politischen Richtungsänderung bevorsteht. „Po-

---

[21] Abkürzung aus "Completely knocked down": also Einfuhr eines Geräts/Fahrzeugs in zerlegter Form

tential investors don't want flexibility, they want fixed rules of the game."[22] In vielen Fällen geht der Einfluss über die bloße kulturelle Dimension hinaus und wird zur handfesten Interessenpolitik. In den 90er Jahren tauchte der Begriff „good governance" auf, der mehr oder minder die Verlässlichkeit und Fairness der Regeln eines Staates beurteilt. „The term governance, as generally used, encompasses all aspects of the way a country is governed, including its economic policies and regulatory framework."[23]

Beispiel 2-3: Das Mikrorisiko in China

Das Mikrorisiko existiert weltweit, auch in entwickelten Ländern und in besonderem Maße, wenn starke Interessen berührt werden, wie etwa in der Öl-, der Energie oder der Kommunikationsbranche. Man braucht sich nur etwa an öffentlich geäußerte Gegnerschaft der deutschen Bundesregierung gegen die Übernahme der Mannesmann-Tochter D2 durch Vodaphone zu erinnern. Auch in Frankreich gibt die Regierung offen zu, dass sie zugunsten französischer Firmen interveniert und auch beispielsweise die Kultur zu schützen vorgibt, indem sie einen Mindestanteil französischsprachiger Songs im Radio vorschreibt. Ein immer wieder in die Schlagzeilen rückendes Land stellt aber in diesem Zusammenhang China dar, wo die Vorstellung eines „gelenkten Kapitalismus" zu einer regen und direkten Intervention in die Firmenpolitik führt.

Bereits in den 80er Jahren sollte der technisch vollkommen überholte chinesische Jeep mit einem Joint Venture aus American Motors Corporation (AMC) und Beijing Automotive Works modernisiert und ersetzt werden. Dies sollte ein „Flaggschiffprojekt" der chinesisch-amerikanischen Zusammenarbeit werden. Auch die Armee hatte sich Hoffnungen gemacht, aber vermutlich um den zivilen Charakter des Projekts hervorzuheben, sollte der Jeep chinesischen Käufern angeboten werden. AMC hatte sich große Hoffnungen auf die billigen chinesischen Löhne gemacht und hatte große Pläne, das Auto nicht nur in China, sondern in ganz Asien sozusagen vor den Toren des Erzrivalen Japan zu verkaufen. Die erste Enttäuschung kam aber bereits, als man feststellte, dass die Ausbildungsniveau der chinesischen Arbeiter und die Produktivität des Joint Venture Partners wesentlich niedriger waren, als man sich das vorgestellt hatte. Auch stellte sich heraus, dass die im Lande hergestellten Teile abgesehen von Zubehörteilen nicht verwendbar waren, so dass Zulieferungen aus den USA selbst für technisch einfache Teile wie für Windschutzscheiben oder Reifen zurückgegriffen werden musste. Es wurde de facto ein Modell des amerikanischen Cherokee Jeeps lediglich montiert. Nun kam aber die zweite Enttäuschung: Weil der Anteil der importierten Teile deutlich höher als vereinbart war, verfügte die chinesische Regierung, dass der Jeep von den Käufern zur Hälfte in US $ bezahlt werden sollte. Dies wäre praktisch das Aus für das Projekt gewesen und es konnte letztlich erst durch Regierungs-

---

22 Shapiro, Alan C.: Multinational Financial Management, Boston, London, Sydney, Toronto.1992, p. 503

23 IMF: The IMF and Good Governance, A Factsheet, Washington 2003, p.1 (http://www.imf.org/external/np/exr/facts/gov.htm, 13.9.2005)

intervention vermieden werden, weil wohl auch die chinesische Seite den Symbolwert dieser Zusammenarbeit hoch genug einschätzte, um das Projekt nicht scheitern zu lassen. AMC durfte den Jeep für Yuan Renminbi verkaufen und den Gewinn –allerdings für einen sehr schlechten Wechselkurs- in US $ umwechseln.[24] Nicht viel später kam VW mit seinem ebenfalls in einem Joint Venture in China gefertigten Santana auf den Markt, ein Projekt, bei dem man sich offensichtlich wesentlich langfristigere Ziele gesetzt hatte.

Enteignung ist schließlich die extremste Form innerhalb des Mikrorisikos, sie hat mehrere Formen:

- Volle Enteignung mit Entschädigung
- Konfiszierung, d. h. entschädigungslose Enteignung
- Zwischenformen, wie etwa die plötzliche Forderung, den Staat oder einen Einheimischen als Partner mit aufzunehmen, oft teilweise mit Entschädigung, teilweise gegen Ausgabe staatlicher Wertpapiere, deren Wert aber zweifelhaft ist, da sie meist nominell in einer recht schwachen Währung ausgestellt sind.

Enteignet werden können nicht nur Direktinvestoren, auch Waren, die im Zielland lagern, sind von diesem Schicksal schon betroffen worden.

Das Mikrorisiko ist ein individuelleres Risiko als das Makrosrisiko: Während von letzterem meist alle betroffen sind, mag eine Einschränkung der Dispositionsfreiheit auf bestimmte Branchen oder bestimmte Unternehmensformen beschränkt bleiben. Auch zeitlich gibt es Unterschiede und man wird gut daran tun, folgenden Satz zu beherzigen:

"The major benefits to a host country from a foreign investment appear usually at the beginning. Over time the incremental benefits become smaller and the costs more apparent. Unless the firm is continually renewing these benefits, by introducing more products, say, or by expanding output..., it is likely to be subject to increasing political risks. The common attitude of governments is to ignore the past and ask what a firm will do for it in the future " [25]

2.3.3 Das Wechselkursrisiko

Das Wechselkursrisiko ist das augenfälligste Risiko des Außenhandels und das einzige, das im Inlandsgeschäft überhaupt nicht auftritt. Daher sind auch diesem Risiko die ausführlichen Kapitel 4-6 gewidmet. Das Wechselkursrisiko ist - anders als das Konvertierungsrisiko - ein "graduelles Risiko" d. h. während es beim Konvertierungsrisiko ein eindeutiges Ja oder Nein (mit einigen Zwischenstufen) gibt, kann ein Wechselkurs sich stärker oder schwächer ändern und auch einmal zugunsten eines der beiden Partner umschlagen. Es ist bei "exotischeren" Währungen stärker ausgeprägt, bei der wich-

---

[24] Mann, Jim: Bejing Jeep: The short, unhappy romance of American Business in China, New York 1989
[25] Shapiro (1992) p. 530

tigen Währung US $ auch nicht gerade unbedeutend und auch im Euro-Raum beginnt man zu begreifen, dass Wechselkursschwankungen des Euro etwas durchaus Normales sind.

Für ein Unternehmen besteht zwar zunächst das Risiko eines einzelnen Geschäfts, wichtiger ist aber das Gesamtrisiko, die „exposure" eines Unternehmens in einer bestimmten Währung. Forderungen und Verbindlichkeiten in ein und derselben Währung können voneinander abgezogen werden, wenn sie zum selben Zeitpunkt fällig sind. Dabei bleibt es aber in der Regel nicht, denn es gibt auch Risiken, welche Operationen betreffen, die heute noch nicht festliegen, die aber aufgrund von heute bereits gefällten Entscheidungen das Unternehmen irgendwann tangieren können. Im allgemeinen unterscheidet man vor allem **drei Risikovarianten**, die aus dem Wechselkursrisiko hervorgehen:

1. **Transaktionsrisiko (Transaction Exposure)** ist das klassische Risiko, das aus bestehenden Forderungen und Verbindlichkeiten in Auslandswährung durch eine Wechselkursänderung entstehen kann; ein Exporteur, der eine Forderung, ein Importeur, der eine Verbindlichkeit in Fremdwährung offen hat, gehören dazu. Das Transaktionsrisiko ist das am unmittelbarsten wirksame und sichtbare Risiko und hier ist es auch am ehesten möglich, einen Manager zur Verantwortung zu ziehen.

2. **Operationsrisiko (Operating Exposure)** stellt das Risiko dar, das in der Zukunft durch Wechselkursänderungen entstehen kann, ohne dass bereits jetzt konkrete Positionen entstanden sind. Dieses Risiko kann etwa dadurch entstehen, dass die Hauptabsatz- oder Zuliefermärkte eines Unternehmens etwa im US $- oder im Yen-Raum liegen oder etwa Tochterunternehmen in bestimmten Währungsräumen gegründet worden sind. Ein Unternehmen, das zu Zeiten eines hohen US $-Kurses einen Fertigungsbetrieb in den USA gebaut hat und dann in Zeiten eines schlechteren US $-Kurses damit Einnahmen erzielt, wird möglicherweise nicht die erwartete Rendite aus dieser Investition erwirtschaften. Das Operationsrisiko ist langfristiger, weniger konkret quantifizierbar und auch kaum absicherbar. Es betrifft langfristig den Shareholder-Value, d.h. den Nettowert des künftigen Cashflows eines Unternehmens. Es wirkt langfristiger, aber nicht weniger kräftig als das Transaktionsrisiko.

3. **Das Bilanzrisiko (Translation oder Accounting Exposure)** entsteht Hand in Hand mit den anderen Risiken, wenn zu einem späteren Zeitpunkt Forderungen oder Verbindlichkeiten oder auch Bilanzen von Tochterunternehmen in Fremdwährung in die Jahresabschlüsse des Heimatunternehmens übernommen werden müssen. Abgesehen davon, dass zur Zeit der Bilanzerstellung sicherlich schon andere Wechselkurse herrschen, lassen die Bilanzierungsvorschriften in den verschiedenen Ländern nicht immer eine wirtschaftlich sinnvolle „Übersetzung" von Beträgen zu. Auch eine nachträgliche Änderung von Abschreibungsbeträgen, die bilanzrechtlich meist nicht und steuerrechtlich fast nirgends zulässig ist (z.B. Abschreibungen zum Wiederbeschaffungswert), wäre bei gravieren-

der Änderung von Wechselkursen sinnvoll. Ein extremes Beispiel stellen etwa russische Atomkraftwerke dar, deren ursprünglicher Bilanzwert von annähernd einer Milliarde US $ pro Kraftwerk wenige Jahre nach dem Wirtschaftszusammenbruch nur noch ein paar tausend Dollar zählte. Konsequenz ist ein extrem niedriger Strompreis, der momentan zwar kostendeckend ist, aber der keine Chance zur Generierung eines Cashflows zur Wiederbeschaffung oder Modernisierung enthält. Russland in den 90er Jahren mag hier ein Extrembeispiel sein, aber ähnliche Situationen entstehen überall dort, wo es abrupte Wechselkursänderungen gibt, wie in Brasilien zu Zeiten der Hyperinflation oder in Indonesien oder Thailand nach der Asienkrise. Auch die Tatsache, dass eine Investition eines Europäers etwa in den USA bei sinkendem Dollarkurs trotz gleich bleibendem Gewinn in US $ in Euro gerechnet eine geringere Rendite in Relation zur ursprünglichen Investitionssumme ergibt, gehört zu diesem Risikotyp. Ein nicht korrekter und vielleicht sogar durch Vorschriften begünstigter oder gar erzwungener Bilanzausweis kann im Extremfall eine Zahlungsunfähigkeit verstecken, die irgendwann real wird. Dies kann auch zu unternehmerischen Fehlentscheidungen führen, wenn beispielsweise aufgrund zu niedriger Abschreibungen ein zu niedriger Preis kalkuliert wird und irgendwann einmal Kredite nicht zurückgezahlt oder Investitionen nicht mehr finanziert werden können.

Ein Unternehmen mit entsprechender Verhandlungsmacht kann de jure das einige Wechselkursrisiko umgehen, indem es Verträge nur in seiner eigenen Währung abschließt. Bei einer sehr starken Aufwertung der Vertragswährung kann der Fall eintreten, dass das Geschäft für den Partner uninteressant wird, d. h. er kann oder will die Ware nicht mehr abnehmen, weil er selbst keine Abnehmer mehr findet. Aus einem Wechselkursrisiko ist dann ein Zahlungsrisiko geworden, das selbst bei einer Hermesdeckung aufgrund des bis zu 15%-igen Selbstbehaltes wahrscheinlich gravierender ist als die Wechselkursänderung und mit Sicherheit wesentlich teurer als es ein Devisentermingeschäft gewesen wäre. Auch kann hier noch nachverhandelt werden, das bedeutet aber dann, dass der Exporteur eben letztlich dann doch einen Teil des Wechselkursrisikos übernehmen muss.

Die meisten Verträge werden international in einer Handvoll Währungen abgeschlossen: $, €, £, Yen stellen die wichtigsten Weltwährungen dar. Gewisse Währungen haben auch eine lokale Bedeutung, so etwa der Singapur-$ oder HK $, der chinesische Yuan in den angrenzenden Ländern, der früher an den französischen Franc und heute an den Euro gebundene "CFA" der meisten ehemaligen französischen Kolonien in Afrika, der Singapur $ und der malaysische "Ringgit" in Südostasien.

2.3.4 Das Zins- und Inflationsrisiko

Ein dem Wechselkursrisiko verwandtes Problem ergibt sich aus einem möglichen Zinsänderungsrisiko. Verwandt ist es deshalb, weil Zinsänderungen und Wechselkursänderungen meist dieselbe Ursache haben: Die Verteidigung eines bestimmten Wechselkurses erfordert nicht selten von der Zentralbank einen hohen Zinssatz. Das gleiche gilt für die Inflation in einem Land: Ein Land mit hohen Inflationsraten muss zwangsläufig auch entsprechend hohe Zinsen aufweisen, wenn nicht Spargelder ins Ausland oder auf einen Schwarzmarkt gedrängt werden sollen. Für einen Kreditnehmer aus dem Ausland ist hier das Dreieck „Zins- Inflation- Wechselkurs" von Bedeutung, es kommt also letztlich auf die Realzinsen und nicht auf die Nominalzinsen an. Der Realzins i_r im jeweiligen Land ergibt sich aus der Division des nominalen Zinses (i) mit der Inflationsrate p (Formel I). Für den ausländischen Anleger oder Exporteur ist die Inflationsrate im Zielland weniger interessant, in diesem Fall ist die Änderung des Wechselkurses (e_0/e_t) im relevanten Zeitraum von Bedeutung (Formel II). Dieser Wert muss dann jeweils mit dem Realzins bzw. der Inflationsrate in seinem Heimatland verglichen werden.

$$(I) \quad i_r = \frac{1+i}{1+p} - 1 \qquad (II) \quad i_r = \frac{1+i}{\left(\frac{et}{eo}\right)} - 1$$

e_0 / e_t = Wechselkurse zum Zeitpunkt 0 bzw. t in Mengennotierung (also z.B. 1,20 \$/€)

Beispiel 2-4: *Realzinsen aus inländischer und ausländischer Sicht*

Fall 1: Ein Investor zahlt etwa in Indonesien 60% Zinsen p.a. für einen dort zur Finanzierung von Lagerbeständen aufgenommenen Kredit. Die Inflationsrate betrug im abgelaufenen Jahr 55%. Unter der Voraussetzung, dass die Inflationsrate gleich bleibt, beträgt der Realzins i_r:

$$(I) \quad i_r = \frac{1,60}{1,55} - 1 = 0,032 = 3,2\%$$

Wenn in Europa 1% Inflation herrscht und ein Kredit 4,5% p.a. kostet, so wäre dort der Realzins 3,46%, also trotz der exorbitant anmutenden Zinsen in Indonesien wäre der indonesische Kredit geringfügig günstiger. Allerdings muss auch beachtet werden, dass es sich bei dem angegebenen Inflationswert um einen Blick in „den Rückspiegel" handelt, d.h. die Inflationsraten für den Zeitraum, in dem der Kredit aufgenommen wird, lassen sich erst im nachhinein genau feststellen. Oft sind in Ländern mit sehr hoher Inflation Anpassungsklauseln üblich, die sich an einer offiziellen Inflationsrate (Konsumgüter oder Großhandelspreise) orientieren, nach denen Zinsen nach unten wie nach oben angepasst werden.

Fall II: Legt ein Investor aus Europa einen Geldbetrag auf einem amerikanischen Konto zu i_{usa} = 5% p.a. an, so interessiert ihn in erster Linie, was er in einem Jahr in Euro dafür be-

kommt. Hier wäre Formel II anzuwenden. Verbessert sich der Kurs des US $ (verschlechtert sich also der €-Kurs) z.B. von 1,20 (eo) auf 1,15 (et) gilt[26]:

$$(II) \quad i_r = \frac{1,05}{(1,15/1,20)} - 1 = \frac{1,05}{0,9583} - 1 = 0,0956 = 9,56\%$$

Der europäische Anleger, der in den USA in dieser Zeit einen Betrag in US $ anlegt, erhält also in € gerechnet effektive Zinsen von 9,6% p.a. Der Ausdruck real ist hier nicht üblich, auch wenn es sich um dasselbe Prinzip handelt. Um „seinen" echten Realzins zu ermitteln, müsste er diesen Wert mit der Inflationsrate in Europa abdiskontieren und dann mit einer europäischen Anlage vergleichen. Bei einer 1%igen Inflation hätte er immer noch 1,096/1,01-1= 8,5% reale Zinsen verdient, sicherlich im Vergleich kein schlechtes Ergebnis. Allerdings sähe die Rechnung natürlich anders aus, wenn der US $ beispielsweise auf 1,25 gefallen wäre. Dann hätte er effektiv nur einen Zins von 0,8% verdient. Für die Rechnung des Investors kommt es aber grundsätzlich darauf an, was er mit dem Geld macht. Lässt er das Geld in den USA und investiert es dort weiter, so wäre für ihn nicht die Wechselkursentwicklung, sondern die Inflationsrate in den USA so lange maßgeblich, bis er es in € transferiert. Tut er das nicht und setzt sich irgendwann in den USA zur Ruhe, so spielt der Wechselkurs keine Rolle. Auch beim Investor in Indonesien (Fall 1) ist es wichtig zu wissen, wo er das geliehene Geld investiert: Wenn er mit dem Geld etwa einen Import von Rattanmöbeln nach Deutschland finanziert, die er dort vermarktet, so ist wiederum die indonesische Inflation unwichtig, hier zählt nur, was er am Tag der Fälligkeit in € bezahlen muss. Hier wäre dann auch Formel II anzuwenden.

In beiden Fällen besteht insbesondere das Risiko, dass weder Inflationsraten noch Wechselkursentwicklungen vorher bekannt sind. Zwar gibt es Zusammenhänge zwischen Inflationsraten, Zinsen und Wechselkursänderungen (Hohe Inflation = hoher Zins = Tendenz zur Abwertung), da aber über hohe Zinsen auch Wechselkurse für einige Zeit stabil gehalten werden können (siehe Beispiel 2-5), stimmt das eben wie so vieles nur in der Tendenz aber nicht für eine gerade am 1. Februar fällige Forderung oder Verbindlichkeit.

Bei instabilen Währungen ist es häufig üblich, Kredite in Landeswährung auszuzahlen, aber auf Dollar- oder auch Eurobasis einschließlich des jeweils geltenden Wechselkurses zu berechnen. Dies war beispielsweise in der Zeit von der Einführung des Real in Brasilien üblich, wo es Inflationsraten bis zu 500% im Jahr gegeben hat.

Für Welthandelsgüter gibt es auch so etwas wie eine **„Weltinflation"**, die für global tätige Firmen relevant ist und die aus Güterpreisen ermittelt wird, die für international gehandelte Güter und Rohstoffe sowie für Konsumgüter bezahlt werden. Der IWF

---

[26]   Die Wechselkurse und sind hier in der in diesem Buch durchgängig verwendeten Mengennotierung angegeben. Entsprechend ist auch Formel II darauf ausgelegt. Vgl. Kapitel 4

veröffentlich Werte für Konsumgüter, Produzenten- und Großhandelspreise, Arbeits-kosten sowie für die meisten Rohstoffe von Aluminium über Öl bis Zink. [27]

Hier unterscheidet sich übrigens ein deutscher Bauunternehmer, der für die Finanzie-rung einer Baumaschine einen günstigen Kredit in Schweizer Franken oder Yen auf-nimmt von einem Exporteur, der dies im Zielland tut. Warum ? Der Bauunternehmer behält das Risiko, seine Tilgungen eines Tages zu einem unbekannten Wechselkurs leisten zu müssen. Der Exporteur –hier lernen wir ein wichtiges Prinzip kennen- hat die offene Position des Kredit dadurch geschlossen („gehedgt"), dass er seine Schul-den durch den Betrag bedienen kann, den er von seinem Kunden in Landeswährung bekommt. Sofern sie nicht einen Festzins vereinbart oder einen Cap erworben haben, bleibt für beide noch das reine Zinsrisiko.

Ein Unternehmen kann Forderungen in einer bestimmten Währung ganz oder zum Teil dadurch neutralisieren, dass es auch entsprechende Verbindlichkeiten aufnimmt. Forderungen und Verbindlichkeiten werden sich meist nicht vollständig ausgleichen lassen, und zwar einmal wegen der **Asymmetrie der Höhe** und zum zweiten wegen der **Asymmetrie der Laufzeit**. Beispielsweise werden bei einem Exporteur eher die kurzfristigen Auslandsforderungen überwiegen, während die kurzfristigen Auslands-verbindlichkeiten aufgrund von Zulieferungen sicherlich niedriger sind. Langfristige Investitionskredite in Fremdwährung aufzunehmen, ist wiederum sowohl wegen des Zins- wie auch Wechselkursrisikos problematisch. Aus diesen unterschiedlichen Zu-sammensetzungen von Aktiv- und Passivseite der Bilanz entsteht das so genannte „Zinsstrukturrisiko". Auch hier gibt es Absicherungsmöglichkeiten (vgl. Kapitel 7). Entscheidend ist, dass im internationalen Kontext unter Zinsrisiko immer eine Kombi-nation aus Zins-, Wechselkurs- und Terminkursschwankungen von Fremdwährungen gesehen werden muss, die nicht parallel zur Heimatwährung und auch bei unter-schiedlichen Fristigkeiten derselben Währung nicht parallel erfolgt. Die Kenntnis die-ser Zusammenhänge ist in einer Zeit zusammenwachsender Finanzmärkte auch kein Luxus mehr, sondern ein Erfordernis, das durch den internationalen Wettbewerb ent-steht. Ein Wettbewerber kann sich durch geschicktes "financial engineering" einen sehr entscheidenden Vorteil erarbeiten.

Beispiel 2-5: Zins- und Wechselkursrisiken bei einer Direktinvestition

---

Eine "verlängerte Werkbank" eines deutschen Textilherstellers in der Türkei, wurde zur Senkung der Produktionskosten vor einigen Jahren errichtet. Der Hersteller hatte sich Lohnkostenersparnisse von knapp 70% errechnet, dies sollte zu einer Gesamtkostener-sparnis pro hergestelltem Kleidungsstück ab Werk von 25% führen. Tatsächlich existierte in der Türkei eine Inflationsrate von rd. 90% p .a., in derselben Weise gingen die Löhne in die Höhe: Das Lohnkostenniveau lag also nach zwei Jahren im Vergleich zum Anfang bei 360% (1,9 ·1,9= 3,61).

---

[27] IMF International Financial Statistics Yearbook, Washington 2003, pp. 75

Aus "verschuldungstaktischen" Gründen und teilweise, um IWF-Auflagen zu erfüllen, versuchte die Zentralbank, den Wert der türkischen Lira durch extrem hohe Zinsen gegenüber westlichen Währungen relativ stabil zu halten. Der Wechselkurs der türkischen Lira verschlechterte sich daher im selben Zeitraum wesentlich weniger stark als die Preissteigerungsrate dies verlangt hätte. Der errechnete Lohnkostenvorteil in € schmolz von ca. 1:3 auf weniger als 1:2 zusammen, dazu kamen höhere Kosten für Rohstoffe und lokale Zulieferungen sowie den Kredit, so dass nach drei Jahren fast keine Ersparnisse gegenüber der ursprünglichen Kostensituation in Deutschland mehr zu verzeichnen waren. Davon betroffen waren auch lokale Kredite, welche die Firma in der Türkei zur Finanzierung insbesondere des Umlaufvermögens in der Hoffnung aufgenommen hatte, dass durch die hohe Inflation sich die Realzinsen entsprechend günstig gestalteten. Bei Fortsetzung dieser Politik drohte sogar eine Verteuerung. Erst im vierten Jahr nach Beginn der Investition kam es zum Dammbruch: Der Wechselkurs der türkischen Lira brach im Zuge einer internationalen Finanzkrise zusammen und das Problem entschärfte sich für die Textilfirma.

2.4   Alternativen des Risikomanagements

Ein verantwortungsvolles Management wird nur ein Risiko eingehen, dessen Folgen nicht die Existenz der Firma kosten kann, dessen Tragweite also im Extremfall nicht zu gravierend ist. Man spricht in solchen Fällen oft von einem **"kalkulierbaren Risiko"**, aus Gründen der begrifflichen Klarheit erscheint es jedoch besser, von einem **"vertretbaren oder tragbaren Risiko"** zu sprechen: Ein unbekanntes Risiko mag man durch zusätzliche Informationen kalkulierbarer gestalten, tragbarer wird es nur durch zusätzliche Absicherungsmaßnahmen. Ein Unternehmen kann Finanzrisiken aus dem globalen Geschäft zunächst **vermeiden**, indem man auf ein riskant erscheinendes Einzelgeschäft verzichtet. Wer dies zu oft macht, geht ein anderes Risiko ein, nämlich das, Chancen anderen zu überlassen und vielleicht dann, wenn aus dem riskanten Auslandsmarkt ein prosperierendes Umfeld geworden ist, das Nachsehen zu haben. Risiken können aber auch **abgesichert** werden, indem sie beispielsweise auf einem Markt gegen eine entsprechende Prämie verkauft „werden" (z.B. Forfaitierung, Devisentermingeschäft) oder indem eine Versicherung einen Großteil des Risikos ebenfalls gegen Gebühr abnimmt (z.B. Hermes). Schließlich gibt es auch noch die Möglichkeit, Risiken zu **streuen oder zu teilen**, indem man Lieferkonsortien bildet oder auch seine Geschäfte nach Branche, Region und Größe streut.

2.4.1   Risikovermeidung

Die absolute Risikovermeidung durch Verzicht auf ein Projekt ist ein Grenzfall, die ein Unternehmen sich nur in Fällen leisten kann, in denen entweder von vornherein die

Wahrscheinlichkeit eines Verlustes sehr hoch ist oder in denen die Tragweite für das Unternehmen fatale Folgen haben kann.

Ob ein Risiko vermieden werden kann, muss immer auch aus der Sicht der Möglichkeiten betrachtet werden, ein Vorhaben abzusichern. Insofern besteht eine direkte Abhängigkeit der drei Bereiche Risikovermeidung, -absicherung und –streuung (Abbildung 2-4)

Abbildung 2-4: Risikovermeidung, -absicherung und -streuung

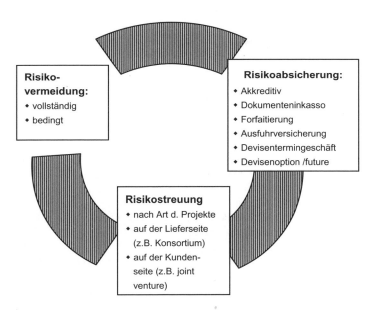

Bei dem Punkt Risikovermeidung ist zunächst die Frage zu beantworten, ob mangelhafte Bedingungen **nachgebessert** werden können, d. h.

- Welche Punkte (ggf. in einer Sensitivitätsanalyse) als besonders kritisch herausgefunden wurden
- Ob diese Punkte nachbesserungsfähig sind
- Ob der Geschäftspartner darauf eingeht

Solche Nachbesserungen können sich auf alle Teile eines Auslandsprojekts beziehen, also beispielsweise auf den Preis, die Vertragswährung, die Bestätigung eines Akkreditivs oder die Stellung einer Garantie durch eine international anerkannte Bank, die Höhe der An- und Zwischenzahlungen oder auch die Zahlungsfristen, was im Extremfall bis zur Vorauszahlung gehen kann. Bei einer Vorauszahlung –ggf. gegen die Erfüllungsgarantie einer Bank- dürfen wohl für den Exporteur alle Risiken ausgeschlossen sein. Die Frage ist in solchen Fällen, ob der Partner sich auf solche Bedingungen einlässt. Hier wird ein erfahrenes Auslandsmanagement möglicherweise auch Punkte finden müssen, in denen es seinerseits dem Partner entgegenkommen kann, wie z.B. beim Preis oder Lieferumfang, der Vertragswährung oder den Garantieleistungen.

Ziel einer solchen Strategie muss es sein, Geschäfte durch den Einbau zusätzlicher Sicherungsmaßnahmen noch zu retten (**bedingte Risikovermeidung**). Erst wenn es sich herausstellt, dass das nur zu unakzeptablen Bedingungen möglich ist, oder dass selbst trotz aller Maßnahmen das Restrisiko immer noch zu hoch ist, wird ein Verzicht, also die „Vermeidung", die Folge sein.

2.4.2   Risikoabsicherung

Hier gibt es eine ganze Reihe von Möglichkeiten. Zunächst einmal gehören dazu die "kommerziell" gegen Prämie angebotenen Möglichkeiten, von denen in den nachfolgenden Kapiteln 3 (Außenhandelsfinanzierung) sowie 5 und 6 (Wechselkurssicherung) sowie 7 (Zins) noch die Rede sein wird:

- Akkreditiv, Dokumenteninkasso
- Ausfuhrrisikoversicherung (Hermes o. ä.)
- Devisentermingeschäfte bzw. Optionen
- Forfaitierung, Factoring
- Bestellerkredit (i. d. R. mit Ausfuhrrisikoversicherung)
- Cap, Floor, Forward Rate Agreement

Alle diese Alternativen haben ihren Preis und man muss immer abwägen, ob sich eine "bezahlte" Absicherung auch wirklich bezahlt macht. Auf der einen Seite stehen hier die klassischen Alternativen der Absicherung wie etwa das Akkreditiv/Dokumenteninkasso oder auch - bei gängigen Währungen - der Devisenterminmarkt, deren Kosten von meist unter einem Prozent des Vertragswertes durchaus in einem eher bescheidenen Verhältnis zu den dadurch abgesicherten Risiken stehen. Dazwischen steht die Ausfuhrrisikoversicherung, die von relativ geringen Beträgen bei kurzfristigen Geschäften bis auf einige spürbare Prozentpunkte des Vertragswertes bei längerfristigen Zahlungszielen und kritischeren Ländern kommen kann. Auf der "teureren" Seite steht die Forfaitierung, das Factoring und auch die Devisenoption: Dies soll nicht generell heißen, dass davon abzuraten ist: Forfaitierung und Devisenoption stellen sozusagen „Luxusmodelle" der Absicherung von Risiken dar und kann durchaus Situationen geben, in denen dieser Luxus sich lohnen kann. Es ist Aufgabe des internationalen Finanzmanagements, die Alternativen und ihre risiko- und kostenmäßigen Konsequenzen aufzuzeigen, eine "Cost-Benefit" -Analyse der Instrumente und ihrer Kosten aufzuzeigen. Gut "gepolsterte" Risikoabwälzungsinstrumente sind konsequenterweise teurer als einfachere, die Abwälzung eines riskanten Geschäfts ist ebenso teurer wie etwa der Weiterverkauf einer „AAA-Forderung".

Der klassische Zusammenhang ist in Abbildung 2-5 dargestellt. Mit zunehmender Absicherung von Auslandsprojekten entstehen immer höhere Absicherungskosten, denen eine vermutlich immer geringere Schadenssumme für schief gegangene Vorhaben entspricht. Irgendwo in der Mitte wird sich das Kostenminimum befinden. Allerdings ist dieser Zusammenhang zunächst nur theoretisch, ein exaktes Minimum wird sich nicht feststellen lassen, obwohl es sicherlich für ein Unternehmen sinnvoll ist, auch einmal Blicke in die Vergangenheit zu werfen und zu analysieren, wo sich Absicherungen möglicherweise nicht gelohnt haben.

Abbildung 2-5: Zusammenhang zwischen Absicherungsniveau und Kosten

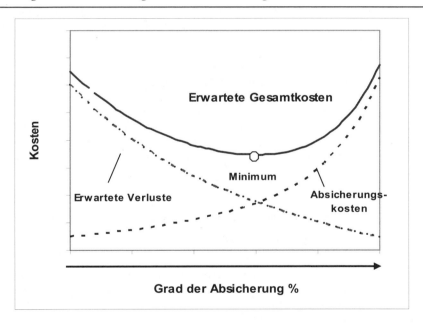

2.4.3   Risikostreuung

Risikostreuung kann man betreiben nach Art und Größe der jeweiligen Projekte, durch Beteiligung von anderen Lieferanten und auf der Kundenseite:

- Regional: Streuung nach Ländern und Regionen
- Nach Größe des Geschäfts/ Projekts
- Streuung nach Abnehmern und Branchen

- Bildung eines Lieferkonsortiums durch Splittung eines Auftrags auf mehrere Partner
- durch direkte vertragliche Beteiligung von Unterlieferanten
- Mischung von Aufträgen nach Risiko

Die Streuung von Geschäften in regionaler und branchenmäßiger Hinsicht gehört zu den längerfristigen strategischen Aufgaben des Top-Managements: Wenn eine Region als zu unsicher gilt, so ist es sicherlich sinnvoll, Markterkundung, Akquisition und Werbung in bisher vernachlässigten Regionen zu verstärken.

Auf der Kunden- bzw. Länderseite kann durch Beteiligung lokaler Partner oder auch Aufnahme von Krediten bei einheimischen Banken das Eigeninteresse des Landes an einem Projekterfolg gestärkt werden.

Generell gilt für ein Auslandsengagement: Je stärker die Beteiligten in einem aufnehmenden Land in ein Vorhaben eingebunden sind und je mehr sich damit auch zwangsläufig ein Unternehmen in das Land bzw. die Region integriert, desto geringer ist das Risiko, bei ungünstigen politischen Entwicklungen (Enteignung, Moratorium) betroffen zu werden. Ein fast "machiavellistisch" anmutendes Beispiel einer solchen Absicherung bringt Shapiro mit dem chilenischen Beispiel "Kennecott Copper", wo lokale Firmen, internationale Banken und Organisationen in einer dermaßen geschickten Weise mit einer im amerikanischem Besitz befindlichen Kupfermine verflochten werden, dass es der Regierung Allende unmöglich war, sie - anders wie alle anderen Kupferminen- zu verstaatlichen[28]. Es gibt sicher noch neuere Beispiele, die aber naturgemäß selten an die Öffentlichkeit dringen, da sie meist im Grenzbereich zwischen legitimer Interessenvertretung und Korruption angesiedelt sind.

2.5 Die Beschaffung von Information zur Abschätzung von Risiken

Bevor ein Unternehmen sich über die Tragweite im klaren sein kann, muss es zunächst die Unsicherheit reduzieren: „Given that risk is made up of uncertainty, information is thus a key input in accurate risk measurement"[29] Vergleichbar dem Autofahrer im Nebel muss es also zunächst dafür sorgen, dass das Umfeld besser erkennbar wird. Erst danach kann man sinnvoll entscheiden, wie man sich verhalten soll und welche "Ausrüstung" man braucht: Reicht ein Dokumenteninkasso, bedarf es eines womöglich sogar bestätigten Akkreditivs, muss bzw. kann eine Ausfuhrkreditversicherung abgeschlossen werden, ist es sinnvoll, Devisen auf Termin zu (ver)kaufen oder soll man aufgrund der speziellen Lage der Dinge eine Devisenoption erwerben? Ist das Geschäft vielleicht von der Tragweite her potentiell so Existenz bedrohend für das Un-

---

[28] Vgl. Shapiro (1992), p. 489 ff.
[29] Bouchet M., Clark E., (2003), p. 222

ternehmen, dass man Begleiter etwa in Form eines (lokalen) Partners oder eines Konsortiums braucht? Mangelnde Information kann zweierlei Risiken hervorrufen: Das klassische Risiko, dass man sich unwissend, aber vielleicht unnötig, einer Gefahr aussetzt, die eigentlich zu hoch für das Unternehmen ist („Alpha-Risiko"), aber auch das vielleicht nicht ganz zu gravierende Risiko, dass ein Management sich übermäßig absichert und damit unnötige Kosten verursacht („Beta-Risiko").

In diesem Abschnitt wird zunächst einmal die Frage der Informationsbeschaffung und der möglichen Quellen besprochen. Für die Reduzierung der Tragweite gibt es aufgrund der langen Tradition des Außenhandels ein fest gefügtes Instrumentarium, das aber gerade in den letzten Jahren in vielen Bereichen einen beträchtlichen Innovationsschub durchlaufen hat. **Mit diesem Instrumentarium der Risikoreduzierung** - im Sinne der Tragweite - wird sich der gesamte Rest dieses Buches nach diesem Kapitel befassen.

2.5.1   Kenntnis des Geschäftsrisikos

Die Kenntnis des Geschäftsrisikos kann - wie im Inland - dadurch verbessert werden, dass Informationen über den Partner und dessen Umfeld eingeholt werden. Diese Auskünfte können entweder selbst beschafft werden oder durch einen Dritten, in der Regel ein professionell auf diesem Gebiet tätiges Institut, d. h. eine Auskunftei, eine Bank oder ein Versicherungsunternehmen. Je größer dabei das Vorhaben in Relation zur eigenen Unternehmensgröße ist, desto eher wird es sich auch lohnen, eigene Auskünfte einzuholen, wobei aus ökonomischen Gründen wie bei jeder Informationssuche bei Sekundärdaten begonnen wird, also bei den Informationen, die "vom Schreibtisch" aus zu erhalten sind. Es ist international absolut üblich, dass bei Erstkontakten mit unbekannten Unternehmen Bankauskünfte eingeholt werden.

Ob man diese Informationssuche ad hoc betreibt oder ob dabei eine eigene Stabsabteilung Hilfsdienste leistet, mag von der Unternehmensgröße abhängen. Ein kleines Unternehmen mit weltweiten Geschäftsverbindungen und vielen wechselnden Geschäftspartnern wird sich eine solche Informationspolitik nicht leisten können und sich vielleicht auf externe „Ratings" verlassen oder vielleicht seine Auslandsforderungen einer Factoring-Gesellschaft übergeben, die ihrerseits einen Spezialisierungseffekt erzielen kann (vgl. Kapitel 3). Für Unternehmen, die längerfristige Geschäftsbeziehungen anstreben, wird sich eine eigene und ggf. extern durch Auskunfteien unterstützte Informationspolitik eher lohnen. Die folgenden Merkpunkte mögen als Checkliste dienen, die im konkreten Fall ausgiebiger oder weniger ausgiebig durchgegangen werden:

- Einsicht in **Geschäftsberichte** des Partners, möglichst auf der Basis testierter Bilanzen; Entwicklung über die letzten (zwei bis drei) Jahre. Bei Umsatzzahlen in Landeswährung muss ggf. eine Inflationsbereinigung durchgeführt werden.

- **Bankauskünfte**: Meist wird dies über die eigene Hausbank und deren ausländische **Korrespondenzbank** geschehen, da ausländische Banken Auskunftsaufträge von Unbekannten nicht oder nur ungern entgegennehmen und im Zweifel bei der Auskunft zurückhaltender sein werden. Bankauskünfte haben ihre eigene Sprache und in der Regel wird eine Bank nie etwas Negatives über einen Kunden sagen.[30].

- Auskunfteien und Exportkreditversicherungen: Führende **Auskunfteibüros** bieten Standardauskünfte für weniger als hundert Euro pro Fall an, die meist über ein Netz von Korrespondenzauskunfteien eingeholt werden. Eine Mitgliedschaft mit Zugang zu diesen Informationen kostet für mittelständische Unternehmen auch nur einige hundert Euro pro Jahr. Das gleich trifft für **Exportkreditversicherungen** zu, in deren eigenem Interesse es im Übrigen liegt, vor dubiosen und bereits auffällig gewordenen Unternehmen zu warnen. Bei der Firma Creditreform (dem Marktführer in Deutschland vor den Firmen Bürge und Schimmelpfeng) gibt es beispielsweise eine Einteilung nach „Schulnoten" und eine Gewichtung (siehe Abbildung 2-6), die ein Ranking von 100 (beste Note) bis 600 (schlechteste Note) ergibt und anhand derer man ziemlich offen erkennen kann, wie es um eine Firma steht. Auf der Basis dieses Rankings wurden Erfahrungswerte von mehreren hunderttausend Fällen gewonnen und die Wahrscheinlichkeit eines Zahlungsausfalls ermittelt. Bei einem Wert von 100-150 liegt die Ausfallwahrscheinlichkeit bei 0,34%, zwischen 250 und 300 bei 1,41% und sie steigt bei 300-350 auf knapp 9,85% und über 350 auf 20,85%. In 16 vorwiegend europäischen Ländern kann man diese Auskünfte –als Mitglied- online abrufen, bei den anderen Ländern dauert es einige Tage und die Auskunft wird über Korrespondenzauskunfteien eingeholt.[31]

Die früher übliche Zurückhaltung bezüglich negativer Auskunft ist dadurch entfallen, denn das Ranking gibt eigentlich relativ deutlich die risikomäßige Einordnung der jeweiligen Firma wieder.

- Beim deutschen Kreditversicherer Euler-Hermes gibt es einen so genannten „Bonitätscheck", der für Kunden zur Verfügung steht und der auch die Kreditwürdigkeit eines Geschäftspartners laufend überwacht. (http://www.eulerhermes.com/risk/ger/).

---

[30] Hier soll es aber auch schon Ausnahmen von führenden Bankern gegeben haben, beispielsweise bei dem gerichtsaktenkundig gewordenen Fall des Medienunternehmers Kirch gegen die Deutsche Bank

[31] Telefonische Auskunft der Firma Creditreform am 14.9.2005

Abbildung 2-6: Bonitätsindex der Firma Creditreform[32]

Die Ermittlung des Bonitätsindex

Beispiel:

Rechtsform: GmbH

Branche: Hoch- / Tiefbau

Unterneh.-Entw.: konstant (Klasse3)

Auftragslage: zufriedenstellend (Klasse 3)

Zahlungsweise: wie vereinbart (Klasse 2)

Krediturteil: Verbindung zuverlässig (Klasse 2)

Risikofaktoren	Gewichtung in%	1	2	3	4	5	6
Zahlungsweise	20		40				
Krediturteil	25		50				
Untern.-Entw.	8			24			
Auftragslage	7			21			
Rechtsform	4				16		
Branche	4		8				
Untern.-Alter	4		8				
Umsatz	2			6			
Umsatz/Mitarb.	4			12			
MA-Anzahl	2		4				
Eigenkapital	4		8				
Kapitalumschlag	4		8				
Zahl.-verh. d. Untern.	4		8				
Zahl.-verh. d. Kunden	4		8				
Bilanzdaten	4		8				
Summe	100		150	63	16		
Bonitätsindex			229				

- Befragung befreundeter Unternehmen zum Partner. Dies geht aber nur, wenn sich die jeweilige Firma nicht in einem Konkurrenzverhältnis befindet, obwohl es auch hier Ausnahmen gibt. Nicht selten gibt es zwischen Firmen, die sich auf dem europäischen Markt erbittert bekämpfen, "in der Fremde" eine zumindest anfängliche Solidarität. Oft haben auch Unternehmen vor- oder nachgelagerter Branchen (Zulieferer, Spediteure, Reedereien und andere Dienstleistungsunternehmen) bereits gute oder schlechte Erfahrungen in dem betreffenden Land gemacht. In diesem Zusammenhang sei an eine gute und leider in Deutschland kaum noch übliche handelsgeschichtliche Tradition erinnert: So genannte Handelshäuser in den Kolonialzeiten, die über gute Ländererfahrung verfügten, nahmen oft Neulinge mit komplementären Güterangeboten "unter ihre Fittiche", indem sie sie mit Informationen versorgten und auch bestimmte Dienstleistungen für sie durchführten. Die-

---

[32] http://www.creditreform.de (12.9.05) bzw. firmenwissen.de. Um eine Auskunft zu bekommen, muss man Mitglied sein. Die Firma bietet auch teilweise über Korrespondenzfirmen im Ausland Inkassodienste an

se klassische Variante der Zusammenarbeit tritt heute in einer globaleren Form wieder unter dem Nahmen "strategische Allianzen" auf. Es ist eine Praxis japanischer Handelshäuser ("sogo sosha"), die den westlichen Unternehmen hierin als Vorbild dient.

Als zeitlich gesehen letzter Schritt kann ein **persönlicher Besuch** gesehen werden. In nicht wenigen Fällen ist zunächst einmal die bloße Prüfung der Existenz von Geschäftsräumen (und nicht bloß eines Briefkastens) nicht unbedeutend. Die persönlichen Eindrücke von dem Unternehmen und seinen Mitarbeitern - natürlich immer auf der Basis einer vorherigen Prüfung der "Papierform" des Partners - stellen eine wichtige Ergänzungsinformation dar. Ausgedehnte Geschäftsessen mögen aus nüchterner mitteleuropäischer Sicht als Zeitverschwendung abgetan werden, sie dienen aber nicht zuletzt dem Zweck, die vielleicht von nüchternen Zahlen nicht erfassbare "Aura" des Gegenübers gefühlsmäßig zu erfassen, seine Herkunft, seinen gesellschaftlichen und bildungsmäßigen Hintergrund zu erkennen und mit seinem auf der Visitenkarte aufgedruckten Status zu überprüfen. Bei der vermeintlichen Überprüfung des künftigen Partnerunternehmens darf nicht vergessen werden, dass dabei auch das eigene Unternehmen in einer solchen Situation einer Prüfung unterzogen wird.

Bei dieser Gelegenheit bieten sich auch andere Institutionen im Gastland an: Deutsche bzw. europäische Auslandskammern bieten ein kostenloses Erstgespräch an, präzisere Auskünfte werden berechnet, wobei die Kammern auch meist Berater oder Rechtsanwaltskanzleien empfehlen können, die als seriös gelten können.

Bei **größeren Vorhaben**, insbesondere bei der Erstellung ganzer Anlagen, Eisenbahnstrecken oder etwa bei Schiffen oder Flugzeugen werden meist längerfristige Zahlungsziele gewährt und die Rückzahlung hängt nicht selten von der Ertragskraft der gelieferten Anlage ab (Projektfinanzierung). Hier wird man vielleicht auch den jeweiligen Absatzmarkt des Kunden im Lande zumindest oberflächlich zu prüfen, oft liegt auch bereits eine Marktstudie des Kunden vor.

Es ist grundsätzlich notwendig, bei diesen Rechnungen auch bereits **Wechselkursaspekte** mit zu berücksichtigen, Aus einer Abwertung der Partnerwährung kann auch für ein Lieferunternehmen, das in seiner Heimatwährung fakturiert, ein Risiko entstehen, wenn sich das Produkt im Lande nicht mehr weiterverkaufen lässt.

2.5.2 Die Kenntnis des Länderrisikos

Während ein Unternehmen bei der Analyse des Geschäftsrisikos mehr oder weniger auf sich allein gestellt ist, stehen beim Länderrisiko alle an einem Engagement in dem jeweiligen Land interessierten - also potentiell exportierenden oder investierenden - Unternehmen vor ähnlichen Fragestellungen, auch wenn es Unterschiede zwischen einzelnen Branchen geben mag.

Information über mögliche Risiken bieten Länderanalysen oder Länderrisikoanalysen.[33] Allerdings ist ein Land mit all seinen sozioökonomischen, kulturellen, geographischen und historischen Eigenarten zu komplex, als dass man die daraus resultierenden Aussagen als wissenschaftlich gesichert im engen Sinne betrachten könnte. Man wendet so genannte heuristische[34] Methoden an, d.h. es werden Indikatoren ermittelt, die auf bestimmte Folgewirkungen hindeuten, aber es besteht kein ursächlich zwingender Zusammenhang etwa zwischen einem Leistungsbilanzdefizit und einer drohenden Zahlungsunfähigkeit eines Landes: Wir messen also nicht das, was wir wirklich wissen wollen (**Validitätsproblem**), sondern beispielsweise den Handels- und Leistungsbilanzsaldo, die Verschuldung, das Wirtschaftswachstum und schließen daraus etwa auf die Wahrscheinlichkeit einer Zahlungskrise des Landes. Neben dem Validitätsproblem weisen Ländevaluierungen aber auch noch ein **Komplexitätsproblem** auf. Das Zusammenwirken verschiedener Indikatoren weist zu viele Freiheitsgrade auf, als dass die Indikatoren eindeutige Schlussfolgerungen zuließen. Beispielsweise wäre ein Handelsbilanzdefizit wie in den USA für Argentinien absolut unzulässig, ein Wachstum wie in Deutschland wäre für ein Schwellenland disqualifizierend und ein Negativsaldo der Kapitalbilanz wird in Industrieländern als willkommener Kapitalexport durch Direktinvestitionen beurteilt, in Entwicklungsländern als Kapitalflucht. Den verwendeten Indikatoren fehlt auch das Merkmal der **Äquidistanz**, d.h. niemand weiß, ob eine Erhöhung der Auslandsverschuldung von 10% auf 20% des BSP genau so schlimm ist wie von 20 auf 30% oder gar wie viel Verschuldungsverschlechterung mit wie viel Wachstum kompensiert werden kann, damit das Land im „Ranking" nicht abrutscht. Diese multiplen Deutungsmöglichkeiten führen auch immer wieder dazu, dass sich Journalisten und Interessengruppen gerade den Indikator heraussuchen, den sie sie für ihre Zwecke gebrauchen können. Außerdem gibt es kaum ein Gebiet, in dem sich die akademische Welt mit gleichzeitig so wenig Erfolg so intensiv abmüht: „Each type of of crisis induced an explosion of papers that tried to explain ex post the causes of the foregoing events"[35] Nicht immer ist dabei klar, woher die originären Daten kommen und wer von wem abschreibt, denn nicht selten wiederholen sich Urteile über bestimmte Länder: Nur ganz wenige Außenseiter haben etwa vor der Asienkrise die so genannten „Tigerstaaten" auch einmal kritisiert.[36]

Diese kritischen Betrachtungen bedeuten nicht, dass Länderanalysen wertlos sind. Es sollte hier vor allem auf die Gefahren hingewiesen werden, die vor allem darin bestehen, insbesondere Rankings blind zu vertrauen. Wenn man sich dieser Grenzen bewusst ist, so können die Informationen als das angenommen werden, was sie sind:

---

33 Eine Länderanalyse bezieht sich auf allgemeine (wirtschaftliche Daten) zum Land, eine Länderrisikoanalyse misst das Risiko, das ein investierendes oder exportierendes Unternehmen dort antrifft

34 Heuristik (griechisch) kann man etwa mit „Ratekunst" umschreiben. Heuristische Methoden werden in Wissenschaft wie Praxis angewandt, wenn die Bestimmung einer optimalen Läsung nicht oder nicht mit vertretbarem Aufwand möglich ist. Sie führen zu Lösungen, die nicht notwendigerweise optimal sind. Vgl. Dinkelbach, Werner, Entscheidungsmodelle, Berlin New York 1982

35 Bouchet, M.H. et al, (2003), p. 15

36 Vgl. dazu Krugman, Paul: Pop Internationalism, Boston 1996, pp.180

Hinweise auf möglicherweise drohende Gefahren und Hinweise auf bestehende Chancen im jeweiligen Land. Es soll im Folgenden ohne Anspruch auf Vollständigkeit ein kurzer Überblick über die gängigen Verfahren gegeben werden. [37].

2.5.2.1   Eigene Analyse

Die erste Möglichkeit ist, aus den von Banken, Instituten und aus dem Internet verfügbaren Informationen eine eigene Länderstudie oder ein Länderprofil zusammenzustellen. Informationen aller Art über einzelne Länder und Regionen finden sich auch im Internet. In der Regel kosten gute und aktuelle Informationen aber Geld, daher sollte man bei kostenlos im Internet abrufbaren Länderinformationen vorsichtig sein. Meist bekommt man mit hohem Zeitaufwand eher weniger und oft schlechtere Informationen als man sie in Lexika finden kann, die für ein paar Euro in jedem Buchladen zu bekommen sind.[38]

Eine sehr **verlässliche und allgemein zugängliche** Quelle stellt die **Weltbank** dar (http://www.worldbank.org bzw. den in Tabelle 2-3 angegebenen link): In Tabelle 2-3 wird (als Auswahl, nicht vollständig) etwa das Pro-Kopf-Einkommen der drei Ländergruppen „lower, upper middle und higher income" gezeigt. Dies stellt nur eine kleine Auswahl dar. Hier erhält man **Daten zu über 70 Parametern** von Kindersterblichkeit über Zahl der Fernseher oder Mobiltelefone, Energieverbrauch, Wachstum. Straßennetz, Zugang zu sauberem Trinkwasser, Einschulungsquote, CO_2-Emissionen, Export und Importdaten, Zahlungsbilanz, Sektoraufteilung der Wirtschaft und vieles andere. Daten gibt es für viele Jahre und auch für einzelne Regionen, so dass man beispielsweise ein ausgewähltes Land mit seiner jeweiligen Region vergleichen kann. Der einzige Nachteil bei der Weltbank ist, dass die Daten meist schon zwei Jahre alt sind. Man kann aber aus den Daten vieler Jahre einen Trend herausrechnen.

Die Daten der **Weltbank** eignen sich vermutlich nicht für eine Analyse der Zahlungsfähigkeit eines Landes, wenn es um die Auswirkungen von Effekten aus den letzten Monaten geht (hier ist man auf Daten professioneller Dienste angewiesen, die aber auch oft nur geschätzt sind), aber sie eignen sich sehr gut dafür, wenn man ein Land oder eine Region charakterisieren will. Eine gut und preiswert zugängliche Quelle stellen auch die drei letzten Seiten der Zeitschrift **„Economist"** dar. Hier werden getrennt nach Industrieländern und Schwellenländern („emerging markets") für die wichtigsten Länder relativ neue Daten zu Wachstum BSP, Zins, Inflation, Zahlungsbilanz, Aktienmarkt, Industrieproduktion und Arbeitsmarkt veröffentlicht.[39] Hier gibt

---

[37]   Siehe u.a. Bouchet (2003), Coface (Hrsg.), The Handbook of Country Risk, London 2002 (erscheint jährlich), Moran, H. Theodore (ed.): International Political Risk, Washington 2001. Eine Übersicht über insgesamt 36 Ansätze des politischen Risikos in der Literatur von 1973 bis 2000 gibt Bouchet (2003), S. 11 ff

[38]   z.B. Fischer Welt-Almanach, Spiegel Almanach, Economist „Pocket World in Figures", jeweils neueste Ausgabe

[39]   Vgl. z.B. The Economist, Aug 20-26th, 2005, pp. 72-74

es auch eine eigene Vorhersage verschiedener Wert durch den „Economist poll of forecasters".

Tabelle 2-3: 2003 GNI (gross national income) pro Kopf in US $ (Auswahl)

Lower income		Upper middle		High income	
Angola	760	Argentina	3,840	Australia	21,960
Bangladesh	400	Botswana	3,530	Austria	26,810
Burkina Faso	300	Chile	4,360	Belgium	25,760
Burundi	90	Costa Rica	4,310	Canada	24,470
Cambodia	300	Croatia	5,370	Denmark	33,580
Cameroon	640	Czech Rep.	7,190	Finland	27,060
Congo, Dem. Rp.	100	Dominica	3,380	France	24,750
Congo, Rep.	650	Estonia	5,380	Germany	25,270
Ethiopia	90	Gabon	3,340	Greece	13,230
Ghana	320	Hungary	6,360	Iceland	30,910
Haiti	400	Latvia	4,420	Ireland	27,020
India	540	Lebanon	4,320	Italy	21,570
Kenya	400	Libya	4,400	Japan	34,190
Malawi	160	Lithuania	4,540	Korea, Rep.	12,050
Moldova	590	Malaysia	3,880	Luxembourg	45,750
Mongolia	480	Mexico	6,290	Netherlands	26,240
Nepal	240	Poland	5,280	New Zeald.	15,530
Nigeria	350	Saudi Arabia	9,170	Norway	43,400
Pakistan	520	Slovak Rep.	4,970	Portugal	11,810
Senegal	540	Uruguay	3,770	Spain	17,040
Sudan	460	Venezuela,	3,470	Sweden	28,910
Uzbekistan	420			Switzerland	40,680
Vietnam	480			U.K.	28,320

Source: *World Development Indicators* database; http://devdata.worldbank.org/data-query/

Für eine **eigene Analyse** sollte man die Werte mehrerer Jahre ansehen und diese auch mit Durchschnittswerten der verschiedenen Ländergruppen vergleichen (z.B. Malaysia mit südostasiatischen Ländern oder mit Ländern der oberen /mittleren Einkommensgruppe). Wichtige **Risikokennwerte**, die es meist auch direkt in Weltbankdaten oder vergleichbaren Quellen gibt, sind die folgenden:

1. Die **Schuldendienstquote** (debt service ratio). Hier gibt es zwei verschiedene Typen: Die Schuldendienstquote in Relation zu den Exporten von Gütern und Dienstleistungen (Schuldendienstquote I) bzw. zum Bruttosozialprodukt (Schuldendienstquote II). Schuldendienst bedeutet dabei die in einem Jahr zu leistenden Tilgungen ("Repayment of principal") plus die Zinszahlungen ("interest payments"). Die Schuldendienstquote sagt etwas über den Grad der Verschuldung eines Landes aus und setzt diese Relation über den Vergleich mit den Exporterlösen bzw. das BSP gleichzeitig in Relation zur Wirtschaftskraft des Landes. Beachtet werden muss, dass die Exporterlöse nicht voll für

den Schuldendienst zur Verfügung stehen, da es ja sicherlich auch noch Importe gibt. Auch die Frage, ob die Auslandskredite für investive Zwecke oder eher zur Finanzierung eines überhöhten Privat- oder Staatskonsums oder vorwiegend für Waffenimporte verwendet werden, müsste genauer geprüft werden.

2. Bei der **Schuldenquote** (debt export ratio) wird die absolute Schuldenhöhe in Beziehung zu den Exporterlösen gesetzt. Dieser Indikator macht isoliert gesehen - außer vielleicht im Ländervergleich - nicht viel Sinn, hier ist die Schuldendienstquote aussagefähiger, auch wenn wahrscheinlich beide miteinander korrelieren. Die Schuldendienstquote gibt aber Ländern, die bei gleicher Exportkraft kürzere Kreditlaufzeiten aufweisen, also schneller tilgen, "schlechtere Noten". Vor allem **Umschuldungen** kann man als Außenseiter durch einen Vergleich der beiden Indikatoren Schulden- und Schuldendienstquote schnell erkennen: Hier reduziert sich die **Schuldendienstquote**, was aber nicht unbedingt bereits einer Verbesserung der wirtschaftlichen Situation entspricht. Da die **Schuldenquote** gleich bleibt, wird in einem solchen Fall durch diesen Indikator ein realistischeres Bild gezeigt.

3. Die **Entschuldungsdauer** gibt durch das Verhältnis Gesamtverschuldung / Jährliche Tilgungsleistungen die Anzahl der Jahre an, in der ein Land bei gleichbleibender Tilgung (ohne Berücksichtigung von Neuverschuldung) seine Schulden zurückzahlen würde. Dies ist sicherlich ein rein theoretischer Wert, der in der Praxis durch Neuverschuldung und Umschuldungen immer wieder geändert wird, er gibt aber gerade wegen seiner Einfachheit ein ausgezeichnetes "erstes Bild" über die Schulden eines Landes, vor allem auch im Zeitvergleich. Es besteht logischerweise ein negativer Zusammenhang mit der Schuldendienstquote, denn schnelle Tilgung bedeutet bei gleicher Schuldenhöhe eine höhere Schuldendienstquote, aber niedrigere Entschuldungsdauer. Folglich wird ein Land, das schnell seine Schulden zurückzahlt, durch den Index "Entschuldungsdauer" besser beurteilt als durch die Schuldendienstquote.

4. Die **Außenabhängigkeit** eines Landes wird durch die Relation **Exporte/Bruttosozialprodukt** angegeben. Obwohl das Exportvolumen beider Länder in einer vergleichbaren Größenordnung liegt, sind die USA mit einer Export/BSP-Relation von 7% deutlich weniger außenabhängig als Deutschland mit inzwischen noch ca. 20%. Interessant wird aber - vor allem bei den kritischeren Entwicklungsländern - die Zusammensetzung der Exporte. Länder mit sehr preisabhängigen Exporten (Rohstoffen) und einer wenig diversifizierten Exportgüterstruktur sind von Preis- und Nachfrageeinbrüchen auf dem Weltmarkt sehr stark gefährdet, daher ist eine hohe Außenabhängigkeit bei wenig diversifizierter Exportstruktur grundsätzlich als kritisch zu werten.

5. Die **Importdeckung** (import coverage) gilt als ein klassischer Wert, der auch von vielen Banken als Standardmeßgröße angewandt wird. Die Importdeckung (ID) wird in Monaten, angegeben, d. h.

$$ID = \frac{Devisenreserven}{Importe} \cdot 12$$

Diese Zahl sollte am besten zusammen mit der Schuldendienstquote kommentiert werden: So haben Industrieländer häufig eine sehr kurze Importdeckung, aber (netto) keine Auslandschulden. Es sollte dabei bedacht werden, dass die Devisenreserven heute bei den meisten Ländern - auch den Industriestaaten - in Relation zu den Handels- oder gar Kapitalströmen vergleichsweise gering sind, so dass die Importdeckung - anders als die Schuldenindikatoren - eher eine kurzfristige Aussagekraft besitzt.

6. **Importsubstitutionsfähigkeit:** Im Zusammenhang mit der Importdeckung, der Schuldendienstquote und der allgemeinen Beurteilung der "sustainability" einer außenwirtschaftlichen Situation muss besonders bei kritischen Ländern die Frage gestellt werden, ob es überhaupt möglich ist, die Importe noch zu reduzieren. Dies hängt von der Art der importierten Waren und deren Substitutionsmöglichkeit ab und erfordert **ein etwas genaueres Studium der Situation** eines Landes: Werden überwiegend Konsumgüter oder Waffen importiert oder müssen bereits Grundnahrungsmittel eingeführt werden? Auch Ersatzteile für Maschinen oder Investitionsgüter zur Erneuerung eines Maschinenparks sind sicherlich wichtig. Ist ein Land bereits so weit abgerutscht, dass nur noch das dringendste importiert werden darf, hilft auch keine Währungsabwertung mehr und es sind härtere Maßnahmen zu erwarten, d. h. eine unter IWF-Regie durchzuführende Umstrukturierung der Wirtschaft.

7. **Allgemeine Wirtschafts- und Strukturdaten:** Diese Daten dienen zur Abrundung des Bildes, in ihrem Zusammenhang kann man auch die oben genannten Werte meist besser interpretieren. Normalerweise wird man bei einer Länderanalyse mit solchen allgemeinen Daten beginnen und sich dann zu den spezifisch außenwirtschaftlichen und finanziell bedeutenden Werten durcharbeiten. Geht man umgekehrt vor, ist allerdings die Gefahr einer Verzettelung geringer, deshalb werden sie hier am Ende genannt. Ausgehend von den außenwirtschaftlich-finanziellen Daten ist es einfacher, dann noch die wirklich im Einzelfall wichtigen allgemeinen Daten heranzuholen. Dazu zählen in der Regel:

- Bevölkerungswachstum
- Inflation
- Wirtschaftswachstum
- Pro-Kopf (Brutto- oder Netto-) Sozialprodukt und Wachstum
- Ausstattung des Landes mit Infrastruktureinrichtungen (Straßen, Häfen, Telefonnetz, Eisenbahn, Transportkapazitäten usw.).

- Ausstattung des Landes mit "human resources" (also insbesondere: Ausbildungsstand der Menschen, Einschulungsquote, Schulbildung im sekundären Sektor, Analphabetenrate).

- Drohende "Altlasten" aus nicht bewältigten Umweltproblemen (z. B. drohende Bodenerosionen, Überschwemmungen etwa aufgrund übermäßiger Abholzung)

- Industrialisierungsgrad, insbesondere aber auch: Anteil "modernerer" Exportgüter gegenüber Rohstoffen sowie landwirtschaftlichen Gütern, insbesondere Preisempfindlichkeit dieser Güter auf dem Weltmarkt; Entwicklung des Dienstleistungssektors

- Politische Stabilität (z. B.: Zahl der Regierungswechsel, Kriminalität, ethnische Spannungen, Pressefreiheit, Unabhängigkeit der Justiz).

- Verteilungsgerechtigkeit von Einkommen und Ressourcen (Anteil der untersten/obersten 10 bzw. 20% am gesamten Einkommen) und daraus unter Umständen sich ergebende soziale Spannungen.

2.5.2.2 Länder-Rating

„Rankings" und „Ratings" in allen möglichen Variationen sind eine zunehmende Erscheinung in allen Bereichen, seit die Globalisierung von Wirtschaft und Gesellschaft lange bewährte nationale Standards infrage gestellt hat. Auch wenn die beiden Begriffe nicht immer sauber getrennt werden, sollte der Unterschied klar sein: Beim **Ranking** werden Länder in eine Reihe mit verschiedenen Plätzen eingeteilt, beim **Rating** werden Klassen oder Gruppen gebildet. Bei beiden Methoden wird versucht, einem Land oder verschiedenen Aspekten eines Landes eine Bewertung zu geben. Dies kann als Schulnote, als Prozentwert (meist von 100%), als Punktwert, als Rangreihe (1-100) oder auch als Klassifizierung (AAA bis D) geschehen. Dies geschieht wiederum durch zwei Methoden:

a.) Die „**objektive**" Analyse, Bewertung und Gewichtung von Daten (wobei gerade bei der Gewichtung und Summierung von Daten wie z.B. Wachstum plus Schuldendienst plus Inflation usw.) die oben genannten Schwächen auftreten.

b.) **Subjektive** Verfahren in Form von so genannten Experten-Ratings, das sind individuelle Wertungen beispielsweise von global erfahrenen Managern zu verschiedenen Ländern.

Es gibt auch noch Kombinationen aus beiden Methoden. Diese Verfahren werden meist von Firmen gegen teilweise recht erhebliche Gebühren angeboten. Dazu gehören:.

1.) Internationale Wirtschaftsprüfungsgesellschaften: Moody's, Standard & Poors, Fitch.

2.) Exportkreditversicherer (COFACE, ECGD, Euler-Hermes usw.).

3.) Private und öffentliche Forschungsinstitutionen (z.B. Business Environment Risk Intelligence, BERI; Political Risk Services, PRS; International Country Risk Guide, ICRG).

4.) Zeitschriften oder Ausgründungen von Zeitschriften (Economist Intelligence Unit, EIU; Euromoney; Institutional Investor).

Die Zeitschrift "Institutional Investor" führt ein subjektives Expertenrating durch: "The country by-country ratings developed by *Institutional Investor* are based on...leading international banks. Bankers are asked to grade each of the countries on a scale of 0 to 100, with 100 representing those with the least chance of default. ...The names of all participants in the survey are kept strictly confidential. Bankers are not permitted to rate their own home countries. The individual responses are weighted using an *Institutional Investor* formula that gives more importance to banks with greater worldwide exposure and more sophisticated country analysis systems."[40] Bei den subjektiven reinen Rankings nach Rangplatz wie dem Institutional Investor ist der Aussagewert eines bestimmten Rangplatzes relativ gering, es sind eher die Veränderungen im Zeitablauf, die interessant sind.

Euromoney führt eine Mischform zwischen Experten-Rating und objektiver Bewertung durch. Die französische Kreditversicherung „COFACE" bietet ebenfalls einen Service über das Internet an, bei dem man sich gegen eine relativ geringe Gebühr Informationen holen kann. Hermes teilt die Länder in sieben Risikoklassen ein, die über das Internet abrufbar sind (siehe Kapitel 3).

Die Hauptkriterien, die bei den so genannten objektiven Verfahren angewandt werden, sind[41]:

- Politisches und soziales Risiko (intern und extern)
- Makrorisiko (Binnenwirtschaft, Fiskalpolitik, Bankwesen und Geldpolitik, externes Gleichgewicht)
- Verschuldung im Ausland (Verschuldungskennzahlen, Art und Fristigkeit der Verschuldung, „Track record", d.h. Zahlungsprobleme der Vergangenheit)
- Zahlungsbilanz

Neben den genannten Unzulänglichkeiten stellt eines der Hauptprobleme der so genannten objektiven Verfahren die relativ späte Verfügbarkeit verlässlicher Daten dar: „At the time of the July 1997 abrupt devaluation of the Thai Bath, the World Bank's World Debt Tables had released end of 1995 external data, while BIS had only available end-1996 liabilities to external banking institutions."[42] In EIU-Auswertungen

---

[40] Institutional Investor, März 1993, S. 93. Die Methode ist seither prinzipiell die gleiche geblieben.

[41] Vgl. Bouchet (2003), p. 109 f.

[42] Bouchet et al. (2003), p.224

sind diese Daten meist etwas neuer, allerdings sind sie geschätzt. Inzwischen gibt es regelmäßigere „Updates".

2.5.2.3 Mathematische und ökonometrische Verfahren

Mathematische und ökonometrische Verfahren (im folgenden der Kürze wegen mathematische Verfahren genannt) können auch in eigenen Analysen verwendet werden und es ist durchaus möglich, dass sie auch in Ratings als Grundlage verwendet worden sind. Mathematische Modelle arbeiten mit Regressions- und Varianzanalyse sowie Simulationen. Sie befassen sich überwiegend mit dem Makrorisiko bzw. im engeren Sinne meist mit dem Transfer- und Konvertierungsrisiko, denn auf diesem Gebiet gibt es nicht nur das höchste Interesse nach einer möglichst „mathematisch verlässlichen" Aussage, sondern auch die aktuellsten Zahlen. Es sollte trotzdem in Erinnerung gebracht werden, dass gerade komplexe mathematische Modelle durch ihre scheinbar präzise Formulierung den Außenseiter darüber hinwegtäuschen, dass auch ein mathematisches Modell nur so gut sein kann, wie es die Aktualität und Verlässlichkeit seiner Zahlen und (!) die Validität der untersuchten Werte im Hinblick auf das Informationsziel. Im folgenden wird versucht, ohne mathematische Herleitung kurz den Wesensgehalt der verschiedenen Verfahren zu charakterisieren:

1. **Diskriminanzanalyse**: Als erstes werden Länder in unterschiedliche Gruppen geteilt, z.B. Länder, die in den letzten Jahren Umschuldungsprobleme hatten und solche, die keine Probleme hatten. Dann wird mit Hilfe mathematischer Verfahren versucht, diejenigen Faktoren herauszufinden, bei denen sich die beiden Gruppen voneinander unterscheiden. Die erste Analyse dieser Art[43] wurde 1971 mit 26 Ländern durchgeführt. Die Autoren versuchten, Parameter herauszufinden, die Länder hinsichtlich der Wahrscheinlichkeit voneinander trennen, eine Umschuldung vornehmen zu müssen. Sie fanden die Parameter Schuldenquote (Auslandsschulden zu Exporten), Importdeckung (Importe zu Devisenreserven) und inverse Fälligkeitsdauer der Auslandskredite als diejenigen Faktoren heraus, welche die beiden Gruppen wesentlich voneinander unterschieden. Solche Kenntnisse können auch für die Prognose von Risiken hilfreich sein, da man weiß –oder zumindest vermuten kann- dass bestimmte Indikatoren eines Landes sich für die Vorhersage beispielsweise von Verschuldungsproblemen eignen. Es wir ein „Z-Wert" mit einer kritischen Untergrenze ermittelt (z.B. Schuldenquote < 100%), ab dem die Länder getrennt werden.

2. **Logit- und Probit Modelle** sind vergleichbar mit der Diskriminanzanalyse, beziehen sich aber auf so genannte dichotomische Variablen, d.h. die Frage ob ein Zustand eintritt (1) oder nicht (0). Auch hier werden –mit unterschiedlichen statistischen Ansätzen- Variablen gesucht, die ein bestimmtes Ereignis wie z.B. Zahlungsunfähigkeit wahrscheinlich machen. Auch hier wurden bei-

[43] Frank CR., Cline WR.: Measurement of Debt Servicing Capacity, An application of discriminant Analysis, Journal of International Economics 1 (1971) , p.327-344

spielsweise Parameter wie Pro Kopf Einkommen, Exportwachstum, Import-deckung, Schuldendienstquote (jährliche Rückzahlungen +Zinsen in Relation zu den Exporten eines Landes) als korrelierend mit Zahlungsproblemen herausgefunden.[44] Ähnlich arbeiten Modelle, die auf der Basis von Regressionsanalysen aufgebaut sind.

3. Die **Monte-Carlo-Methode** stellt ein für wirtschaftliche Prognosen häufig verwendetes Verfahren dar, das durch Zufallsvariablen versucht, eine Simulation der unsicheren Wirklichkeit herbeizuführen und eine Wahrscheinlichkeitsverteilung für ein bestimmtes Ereignis zu ermitteln. In Abbildung 2-7 wird in einem stark vereinfachten Modell versucht, dies zu erläutern.

Abbildung 2-7: Einfluss mehrerer Parameter auf ein Investitionsprojekt

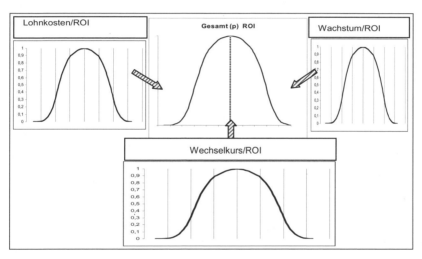

Nehmen wir an, ein europäischer Autobauer möchte einen Teil der Produktion nach China auslagern („Projekt"). Man stellt fest, dass das Länderrisiko hauptsächlich von drei Faktoren abhängt, das seien Lohnkosten (L), Wirtschaftswachstum (W) und Wechselkursentwicklung (E) jeweils in den nächsten zehn Jahren (siehe Abbildung 2-7). Für jeden dieser Faktoren gibt es eine Vorstellung, in welcher Bandbreite und mit welcher Wahrscheinlichkeit (Normalverteilung) jeder einzelne dieser Faktoren einen Einfluss auf die Rendite („Return of Investment"= ROI) hat. Diese drei Faktoren wiederum haben einen bestimmten Einfluss auf die Gesamtrendite und damit den Ge-

---

44   Vgl. Feder, G., Just RE.: A Study of Debt Servicing Capacity Applying Logit Analysis, Journal of Development Analysis, 4 (1977), p. 25-49

samterfolg des Projekts, beispielsweise 50% für L, 30% für W und 20% für E (der Einfluss kann aber auch als nichtlinear angenommen werden).

Dann lässt man mit Hilfe des Computers, der Zufallszahlen ermittelt, verschiedene Szenarios anhand der angegebenen Wahrscheinlichkeiten durchrechnen und ermittelt dann eine Gesamtkurve für das Ergebnis, in diesem Fall den „ROI" des Projekts.

Man braucht für die Monte Carlo Methode zunächst ein Modell, das aussagt, welche Faktoren relevant sind, wie stark diese Faktoren schwanken können, welchen Einfluss sie auf das Projekt haben und wie sie zusammenwirken. Eine vereinfachte Methode entwickelte Hertz: Hier reicht es aus, wenn man die Faktoren, den Erwartungswert und den jeweils unteren und oberen möglichen Wert kennt.[45] Der Vorteil der Monte Carlo-Methode gegenüber den bisher genannten Verfahren ist vor allem, dass sie auch Interdependenzen zwischen den verschiedenen Einflussfaktoren berücksichtig, sofern –das ist allerdings eine wichtige Voraussetzung- diese Interdependenzen bekannt sind und damit das Modell richtig aufgestellt ist. Die Monte-Carlo Methode ist eine reine Rechenmethode, die nur das auswerten kann, was an Daten vorher eingegeben worden ist.

Die grundsätzlichen Schwächen der mathematischen Modelle wurden schon erwähnt: Ohne verlässliche Informationen sind sie genauso wertlos wie alle anderen Methoden. Es wohnt ihnen sogar die eine besondere Gefahr inne, dass sie für den Laien sehr präzise aussehen, obwohl häufig das Fundament sehr bröckelig ist, auf dem sie stehen. Das heißt nicht, dass sie wertlos sind: Wenn man sich aber diese Schwächen klarmacht, wenn man die Formelwelt hinter sich lässt und sich das grundlegende Funktionieren der jeweiligen Methode klarmacht, können komplexe Zusammenhänge viel besser als nur mit verbalen Mitteln dargestellt werden. Dann wird auch klar, dass mathematische Methoden bei relativ geringer Information wichtige Strukturen aufzeigen können, die einem vielleicht sonst verborgen bleiben. Beispielsweise kann man bei wenig Information auch einmal die Eingabe und das Ergebnis umdrehen, um die grundsätzliche Antwort darauf zu erhalten, ob sich ein Projekt selbst bei extrem optimistischen Annahmen überhaupt jemals lohnen kann oder welcher Verlust denn bei allerschlimmsten Voraussetzungen droht (Best-/ worst-case) oder auch, welche der Faktoren denn den entscheidenden Einfluss haben (Sensitivitätsanalyse).

Weiterentwicklungen mathematischer Methoden stellen spieltheoretische Verfahren, nicht lineare Schätzmethoden und künstliche neuronale Netzwerke dar[46]. Hier werden insbesondere komplexere, nicht lineare oder dichotomische Zusammenhänge untersucht, allerdings ist kein Verfahren bekannt, das bereits über das Stadium akademischer Erörterungen hinaus Zugang in die praktische Welt der Analyse von Länderrisi-

---

[45] Hertz, DB.: Uncertainty and Investment Selection, in JF Weston and MB Goudzwaard, The Treasurers Handbook, Homewood Il., 1976, p. 376-420

[46] Vgl. Bouchet, M.H., et al, (2003), pp. 125; Tkacz, G., Non-parametric an Neural Network Models of Inflation, Bank of Canada Working Paper, 7/2000

ken gefunden hätte. Beispielsweise untersucht Moran[47] die Methoden, wie große Exportkreditversicherungen zu einer Einschätzung des politischen Risikos für ihre Preisgestaltung kommen und stellt dabei etwas ernüchtert einfachste Prinzipien fest. „Risk modeling is still in its infancy in our area of the insurance market"[48]

2.5.2.4 Risikoorientierte Methoden

Risikoorientierte Methoden sind eine Mischform aus mathematisch-statistischen Verfahren, die überwiegend im Investmentbanking entwickelt wurden und dort wiederum insbesondere bei der Bewertung von Risiken bei Aktienportfolios. In vielen Fällen bewerten sie auch im Bereich des Länderrisikos Kennzahlen, die sich auf den Wertpapiermarkt des jeweiligen Landes beziehen. Der Begriff Volatilität (Standardabweichung) von Währungen und Wertpapieren spielt hier meist eine wichtige Rolle. Da es bei diesen Verfahren eine große Anzahl von Sonder- und Mischformen gibt und viele Banken auch ihre hausgemachten Methoden anbieten, sollen im folgenden nur einige wichtige Grundmodelle erörtert werden:

1. **Historische „default" Werte**: Unter default versteht man die Nichtrückzahlung eines Kredits, unter „default probablity" die Wahrscheinlichkeit, dass ein Schuldner (in diesem Fall ein Land) eine vereinbarte Zahlung nicht leistet. Ähnlich wie im Beispiel der privaten Auskunftei „Creditreform (S. 39), die solche Wahrscheinlichkeiten für private Firmen je nach „Rating" ermittelt, werden hier aus Vergangenheitsdaten solche Wahrscheinlichkeiten für Länder errechnet. Dabei gibt es prinzipiell zwei Methoden, nämlich zum einen die Ermittlung der Wahrscheinlichkeit für ein bestimmtes Land, in Zukunft zahlungsunfähig zu werden. Es ist nachvollziehbar, welche Nachteile eine solche bloße Fortschreibung der Vergangenheit hat. Eine andere Möglichkeit ist es, die Wahrscheinlichkeit zu ermitteln, dass eine bestimmte „Rating-Kategorie" zahlungsunfähig wird: So schätzt etwa Standard and Poors die Wahrscheinlichkeit, dass ein „AAA" Land innerhalb von 3 Jahren nicht zahlen kann, mit 0,04% ein, während bei einem CCC-Land dieselbe Wahrscheinlichkeit bei 42% liegt.[49]

2. **Zinsspannen als Qualitätsmerkmal**: In der internationalen Finanzwelt ist es üblich, sich an Werten Werte wie LIBOR (London Inter Bank offered Rate)oder dem Euro-Gegenstück EURIBOR zu orientieren. Diese Zinsen bekommt ein Schuldner mit erstklassiger Qualität, meist ein Staat („sovereign risk") oder eine erstklassige Bank. Je weiter der Schuldner von dieser Qualität entfernt ist, desto höhere Zinsen muss er zahlen. Dies kann man auch für Länder so sehen, zumal Kredite größeren Ausmaßes in der Regel bekannt

---

[47] Moran, Theodore H. Moran, Cooperation: Competition and the Science of Pricing in the Political Risk Insurance Marketplace: **Overview**, in Moran (2001), p. 165-169

[48] James, David: Cooperation, Competition and the Science of Pricing in the Political Risk Insurance Marketplace, in: Moran (2001), p. 170-179

[49] Vgl. Bouchet, M.H. (2003), p.134

werden, man kann aber auch begebene Anleihen eines Landes als Indikator nehmen. Daraus kann man einfach eine Reihenfolge aufstellen und damit ein Ranking selbst erstellen. Es gibt auch Versuche, über die Differenz zum Bestwert zu „Default"-Wahrscheinlichkeiten zu gelangen, die hier aber nicht vertieft werden sollen, da diese eher für die Evaluierung von Unternehmen und nicht von Staaten als Schuldner entwickelt wurden. Außerdem besteht die Gefahr von Zirkelschlüssen und sich selbst erfüllenden Prophezeiungen.

3. Die **Value at Risk Methode** (VaR-Methode) ist von dem Banker J.P. Morgan ursprünglich eingeführt worden, um das tägliche Risiko am Schluss eines Geschäftstages in seiner Bank in einer kurzen Zusammenfassung erkennen zu können: „Value at risk (VAR) is a single number estimate of how much a company can loose due to the price volatility of the instruments it holds."[50]

Abbildung 2-8: Standardabweichung mit Randwahrscheinlichkeiten ±5%

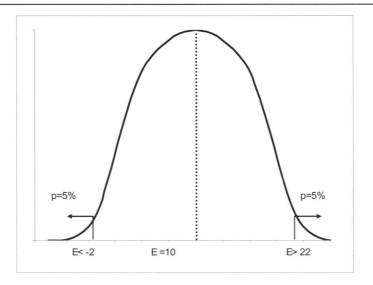

Das Instrument, das auch für Wechselkurs- und Zinsrisiken Anwendung findet, verwendet **Volatilitäten,** d.h. die Standardabweichungen z.B. der Aktienmärkte eines Landes als Ausgangspunkt. VaR stellt die Frage, **wie hoch ein Verlust mit einer vorgegebenen Wahrscheinlich von beispielsweise 5% ist.** Abbildung 2-8 stellt schematisch eine Investition in einem fremden Land dar, deren erwarteter Erlös z.B. € 10 Mio ist. (Erwartungswert E_o)

---

50   A Buckley, Adrian: Multinational Financing, London, 2000, p.204

Mit Hilfe von Volatilitäten stellt man in Abbildung 2-8 z.B. fest, dass die Wahrscheinlichkeit, dass das Projekt ein Ergebnis von weniger als -2 Mio erwirtschaftet, = 5% ist (E_{-05}=-2), ebenso die Wahrscheinlichkeit eines Gewinns von mehr als € 22 Mio (E_{+05}=22). VaR ist, wie die meisten der Risikomethoden, auf dem Wertpapiermarkt entwickelt worden, wo es kein Problem ist, Volatilitäten und die zugehörigen Normalverteilungskurven aus Vergangenheitswerten zu ermitteln. Bei einem Export- oder Investitionsprojekt fehlen meist diese statistischen Erfahrungswerte, außerdem dürfte hier die Verteilung nicht symmetrisch sein. In Kapitel 3 werden aber auch noch Möglichkeiten aufgezeigt, wie man den Grundgedanken von „value-at-risk" bei anderen Verteilungen anwenden kann. Doch darum geht es in Abbildung 2-8 noch nicht. Beim Länderrisiko eines Exporteurs oder eines Direktinvestors stellt sich zunächst die Frage, ob man durch value-at-risk einen Indikator zur Risikobewertung finden kann: Kann man etwa ein **Länderrisiko dadurch simulieren**, dass man die **Volatilität des gesamten Wertpapiermarktes** eines Landes in der Annahme zugrunde legt, dass diese Schwankungen etwa das politisch/wirtschaftliche Risiko des Landes widerspiegeln? Es ist möglich, aber es ist interpretationsbedürftig, wie das Beispiel 2-6 zeigt:

Beispiel 2-6: **Value at Risk Berechnung des Länderrisikos**

Nehmen wir eine Investition im Aktienmarkt Thailands oder alternativ Indonesiens von € 10 Mio an, die ein Jahr gehalten werden sollen. Die Volatilität des Marktes sei 28%, (σ t) in Indonesien betrage sie 42% (σi). Ein Einblick in eine Normalverteilungstabelle sagt, dass das einseitige 5% Konfidenzintervall eine 1,65-fache Abweichung vom Mittelwert (von 10 Mio) bedeutet, also kann man den wahrscheinlichen Verlust E_{-05} folgendermaßen errechnen: $Eo5$= σ t $\cdot 1{,}65 \cdot 10 = 0{,}28 \cdot 1{,}65 \cdot 10 = 4{,}62$ (Mio €) (Thailand) bzw. E_{-05}= $\sigma i \cdot 1{,}65 \cdot 10 = 0{,}42 \cdot 1{,}65 \cdot 10 = 6{,}93$ (Mio €) (Indonesien)[51]. Die Verluste wären also relativ hoch anzusetzen. Teilt der Investor den Betrag auf die beiden Länder auf, so reduziert sich der erwartete Verlust um mehr als die Hälfte (siehe Abschnitt 2.5.2.5). Das ist allerdings hier nicht das Thema, da es zunächst um die Bewertung eines Landes geht.

Ein Verlust von rund der Hälfte des investierten Geldbetrags auch mit einer Wahrscheinlichkeit von 5% wäre doch recht hoch. Andererseits muss man sich darüber im klaren sein, dass dieser Wert –der ja das Risiko des Wertpapiermarktes in dem betreffenden Land widerspiegelt- zunächst nur ein Indikator ist, der nicht das individuelle Risiko eines Einzelprojekts wiedergibt. Man könnte nun die

---

51 Bei einer geringeren Laufzeit ist die Standardabweichung mit der Quadratwurzel der Zeit zu multiplizieren, so dass sich das Risiko nicht um die Hälfte reduziert. So würde bei einem Horizont von einem halben Jahr etwa in Thailand gelten:

$$Eo5 = \sqrt{\sigma t} \cdot \sigma t \cdot u \cdot E = \sqrt{0{,}5/1} \cdot 0{,}28 \cdot u = 0{,}707 \cdot 0{,}28 \cdot 1{,}65 = 3{,}27$$

Das umgekehrte gilt bei einer Verlängerung der Laufzeit

Analyse ergänzen durch Erfahrungswerte aus der eigenen Projektvergangenheit aus bestimmten Ländern oder auch die Zahlen von Kreditversicherern. Auch Änderungen der Volatilitäten eignen sich als Indikator für die Änderung des Länderrisikos.

Dies sind alles noch weitgehend Gedankenspiele, die in der Praxis noch nicht ausgereift sind, obwohl sehr viel über Volatilitäten gesprochen wird. Im Ländervergleich eignen sich Volatilitäten allenfalls, um eine grobe Länderrisikoeinteilung zu erstellen. Für den mittelständischen Betrieb wird sich aber vermutlich der Rückgriff auf bestehende Risikoeinordnungen (z.B. bei Hermes) als wesentlich weniger aufwendig und genauso aussagekräftig anbieten.

2.5.2.5 Portfolioanalyse

Eine Erörterung von finanziellen Risiken wäre unvollständig, ohne zumindest die „**Portfolioanalyse**" zu erwähnen, die einen der Eckpfeiler der modernen Finanztheorie darstellt und im Prinzip auch den risikoorientierten Methoden angehört. Wegen ihrer speziellen Bedeutung ist ihr ein eigener Abschnitt gewidmet. Die Portfoliotheorie geht auf Markowitz zurück[52] und befasst sich mit Wertpapiermärkten, zunächst noch nicht mit Märkten unterschiedlicher Länder und auch nicht mit den Risiken eines Direktinvestors. Insofern sind die Ergebnisse nicht übertragbar, aber die Portfoliotheorie ermöglicht ähnlich wie die mathematischen Modelle, Kenntnisse über Zusammenhänge abzuleiten, die auch in anderen Bereichen gelten. Es gibt zwei wichtige Grundaussagen der Portfoliotheorie:

1. Eine höhere Rendite ist mit einem höheren Risiko im Sinne von Unsicherheit verbunden, wobei das Risiko (in der Vergangenheit) mit der Standardabweichung der Kurse gemessen wird.

2. Durch Diversifizierung eines Portfolios kann man das Risiko reduzieren. Auch wenn das Risiko der zusätzlichen Investition höher ist als das Gesamtrisiko, reduziert sich das Risiko. Dies gilt allerdings nur dann, wenn die Korrelation zwischen dem bestehenden Portfolio und dem neu aufgenommenen Papier nicht zu hoch ist. (Das zusätzliche Risiko wird über die Kovarianz gemessen).

Das **Risiko** wird dabei grundsätzlich durch die **Volatilität** gemessen, d.h. die aus Vergangenheitswerten ermittelte Standardabweichung des Wertes eines bestimmten Papiers. Je höher die Schwankungen, desto höher das Risiko. Prinzipiell besteht zwischen dem Risiko **einer** Investition und der Rendite ein positiver Zusammenhang („Efficient Market Line"), d.h. die Rendite steigt bei steigendem Risiko. Investitionen, die

---

[52] Markowitz, H.: Portfolio Selection, Journal of Finance 7/(1),1952, p. 77-91. Eine ausführliche Beschreibung der Portfoliotheorie findet sich (u.a.) in: Garz, Hendrik; Günther, Stefan; Moriabadi, Cyrus, Portfoliomanagement, Theorie und Anwendung, Frankfurt am Main, 2002

unterhalb der Efficient Market Line sind, die also eine niedrigere Rendite bei gleich hohem Risiko erwirtschaften, gelten als nicht effizient. Markowitz stellt einen nicht linearen Zusammenhang fest, der durch die Mischung eines Portfolios aus mehreren Papieren entsteht. Diese Linie wird als „Efficient Frontier[53]" bezeichnet, d.h. wenn man einmal in Abbildung 2-9 Punkt A betrachtet, dann liegt dieser bei einer Volatilität von 20% bei einer Rendite von etwa 2% p.a.

Abbildung 2-9:Portfolioanalyse: Efficient Frontier

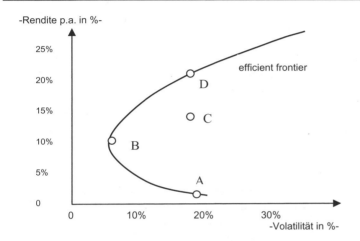

Der Anleger kann aber in diesem Stadium durch den Kauf zusätzlicher Papiere –mit besserer Rendite- nicht nur seine Rendite erhöhen, sondern auch sein Risiko mindern. Bei der richtigen Mischung könnte er beispielsweise Punkt B erreichen, d.h. eine Rendite von 10% bei einer Volatilität von nur noch ca. 7%. Ist er aber bereit, eine Risikospanne von 20% zu akzeptieren, so könnte er etwa Punkt C erreichen, d.h. eine noch bessere Rendite. Diese Rendite wäre aber angesichts des Risikos noch nicht optimal, denn er könnte sogar Punkt D durch die richtige Portfoliomischung erreichen, das wäre in diesem konstruierten Beispiel eine Rendite von 20%. Es sollte bedacht werden, dass die Verminderung der Volatilität bei zunächst sogar steigender Rendite alleine durch Diversifizierung erreicht werden kann. Wenn man bedenkt, dass hier in erster Linie Risiken diskutiert werden, die auf ein internationales Engagement durch einen

---

53 Die efficient market line wäre im Gegensatz zur efficient frontier eine vom Ursprung nach rechts oben gezeichnete Linie (meist wird sie als 45 Grad Linie gezeichnet, sie kann aber auch konvex sein). Sie ist hier nicht eingezeichnet, weil das zu Verwirrungen führt. Die hier gezeigte efficient frontier ist eine Linie, die von der Zusammensetzung eines Portfolios abhängt, während die efficient market line den Zusammenhang zwischen Volatilität und Rendite einer einzelnen Investition aufzeigt

Export oder eine Direktinvestition zurückgeht, dann sind die Ergebnisse selbst wie auch bei der value-at-risk Analyse nicht übertragbar, weil weder ein Exporteur noch ein Investor genügend viele Möglichkeiten in der Hand hat, sein Portfolio nach Belieben zu diversifizieren, dieses Problem kennen wir ja bereits von oben diskutierten Methoden. Was kann dann **die Portfoliotheorie hinsichtlich des Länderrisikos aussagen**?

Wie schon bei einigen oben genannten Methoden erbringt die Portfoliotheorie Erkenntniszugewinn hinsichtlich wichtiger Zusammenhänge, die auch bei der Länderrisikobewertung eine Rolle spielen:

1. Dem Länderrisiko wird auch in der Portfolioanalyse eine hohe Bedeutung zugemessen: „Choosing the right country is more crucial than picking the best stock, bond or currency"[54] Es wird auch hier gesehen, dass das Gesamtrisiko eines Auslandsengagements in ein Geschäftsrisiko, ein politisches und ein Wechselkursrisiko aufzusplitten ist, die nicht notwendigerweise miteinander korrelieren.[55]

2. Eine wichtige Erkenntnis der Portfolioanalyse ist, dass ein Engagement in einem anderen Land das Gesamtrisiko mindern kann, obwohl das neue Land vielleicht sogar einzeln riskanter ist als das bisherige Portfolio. Allerdings setzt dies voraus, dass die Korrelation unter den Ländern nicht zu hoch ist. Hier gibt es unterschiedliche Auffassungen, die damit beginnen, dass es sogar zwischen Ländern der Euro-Zone noch große Unterschiede gäbe, die auf kulturelle, rechtliche und politische Besonderheiten zurückzuführen sind.[56] Andere Autoren kommen in einem IWF-Arbeitspapier zu einem gegenteiligen Ergebnis:"…by the mid-1990s, the correlation between changes in US and European share price movements was estimated at around +0,4 ;Wall Street movements would explain 40% of movements in the main European indices[57] …."rapid technical and institutional change had raised this correlation to 0,8 by 2000."[58] Es ist trotzdem anzunehmen, dass außerhalb der Aktienmärkte die Unterschiede noch groß genug für eine erfolgreiche Diversifizierungsstrategie sind, auch wenn viele Krisen inzwischen

---

54 Bouchet, M.H. (2003), p. 155
55 Vgl. Godfrey S., Espinosa, R.: A Practical Approach to Calculating Costs of Equity for Investments in Emerging Markets, Journal of Applied Corporate Finance, Fall 1996, p. 80-89. Beide Autoren waren Analysten der Bank of America und vertreten einen speziellen Ansatz dieser Bank
56 Barnes M.A., Bercel, A., Rothman S.H.: Global Equities, Do Countries Still Matter?, Journal of Investing, Fall 2001, p. 43-49
57 Neale, B.(2004), p. 173
58 Brooks, R., Cateo I.: The New Economy and Global Stock Returns, IMF Working Paper 216, Dec. 2000;

weltweit auftreten. Im Ergebnis bedeutet dies, dass Länderrisiken durch **Diversifizierung** gemindert werden können.

3. Eine wichtige Information in der Portfolioanalyse bzw. der auf ihrer Basis entwickelten Capital Asset Pricing Model (CAPM) stellt der „Betawert" dar. In der Rohform (es gibt inzwischen verschiedene Ableitungen) ist Beta das Verhältnis aus der Standardabweichung eines Einzelwertes oder Landes (σ_i) zu Standardabweichung des Gesamtmarktes oder auch einer gesamten Region(σ_m):

$$\beta = \frac{\sigma_i}{\sigma_m}$$

Das Risiko des Gesamtmarktes nennt man „systematisches 'Risiko", während die Variation des Einzelwertes sich aus dem systematischen Wert plus (oder minus) der Variation des Einzelwertes zusammensetzt. Ein Beta unter 1 bedeutet einen risikoarmen (konservativen) Einzelwert, ein Beta über 1 einen riskanteren („agressiven") Einzelwert. Auch dies stellt letztlich nur „Information über Zusammenhänge" dar, aber auch bei Ländern kann versucht werden (und dies wird auch von Rating Agenturen versucht), einen Betawert zu ermitteln, um das Gesamtrisiko zu ermitteln und mit anderen Ländern zu vergleichen. Erinnert werden muss aber an den zentralen Punkt der Portfoliotheorie: Auch ein Land mit hohem Beta kann über den Diversifizierungseffekt zu einer Reduzierung des Risikos (also des „Gesamtbetas des Unternehmens") beitragen. Es gibt ein „International Capital Asset Pricing Model", das als zusätzlichen Risikofaktor das Wechselkursrisiko mit einbezieht. [59] Es wird hier aber in Übereinstimmung mit dem oben gesagten als sinnvoller erachtet, das Währungsrisiko als eigenen Risikofaktor isoliert vom Länderrisiko zu betrachten. Die Portfolioanalyse kann übrigens wie auf Wertpapiere auch auf Wechselkurse angewandt werden.

2.5.3 Die Kenntnis des Wechselkursrisikos

2.5.3.1 Kurz und langfristige Wechselkursprognose

Einer **Absicherung zugänglich** sind schon allein aus Kostengründen meist nur kurz- bis mittelfristige Risiken aus dem Transaktionsrisiko. Bei den anderen Wechselkursrisiken ist der Exporteur, Importeur oder Investor auf eine wenigstens ungefähre Ein-

---

[59] Solnik, B.: An Equilibrium Model of the International Capital Market, Journal of Economic Theory, Aug. 1974, p. 500-524

schätzung der weiteren Entwicklung angewiesen. Wie schwer diese fällt, sieht man sofort, wenn man auf die jahrelangen Schwankungen der Währungen der wichtigsten Industrieländer schaut. Es gibt kaum Analysten, die größere Währungsprobleme erkannt haben: Den Dollaranstieg von 1,80 auf bis zu DM 3,47 Mitte der 80er Jahre hat niemand vorausgesagt, auch wann und ob der Dollar wieder auf sein vorheriges Niveau zurückkehren würde, wurde nicht wirklich klar gesehen. Den enormen Kursrückgang des Euro nach seiner Einführung haben viele Pessimisten vorhergesagt, obwohl es von den Zins- und Inflationsdifferenzen nicht unbedingt absehbar war. Dass er sich Anfang 2001 wieder erholte, das mögen viele geahnt haben, aber wer hat schon gewusst, wann dies passieren würde? Auch im Falle Russlands in den 90er Jahren ahnte man, dass der Rubel nach der Freigabe des Wechselkurses an Wert verlieren würde, dass sich aber der Wert von ursprünglich einmal mehreren Dollars pro Rubel auf Größenordnungen im Tausendstelbereich eines US $ praktisch „pulverisieren" würde, hat niemand gesehen. Im nachhinein tauchen zwar immer wieder Einzelstimmen auf, die eine Entwicklung angeblich gesehen haben wollen, aber wer will im Chor der vielen Stimmen da ex ante erkennen, welche die richtige ist?

Allerdings muss man hier differenziert vorgehen: Ein **längerfristiger Trend**, der insbesondere hinsichtlich des Operationsrisikos von Bedeutung ist, scheint einfacher zu prognostizieren zu sein als eine **punktuelle Vorhersage** zu bestimmten Terminen. Auch bei offensichtlichen Ungleichgewichten insbesondere in Ländern mit krisenanfälligen Währungen sind (negative) Prognosen eher möglich. So war lange vor der Abkoppelung des brasilianischen Real aus der (gleitenden) Bindung zum US $ ziemlich deutlich zu sehen, dass die Kaufkraftparität zwischen beiden Währungen zunehmend ins Ungleichgewicht geriet und eine Korrektur nur eine Frage der Zeit ist.

Eine Trendprognose von Wechselkursen ist durchaus möglich, wenn man die Beschränkungen respektiert, dass keine Prognose eine 100%-ige Eintrittswahrscheinlichkeit besitzt und dass keine Punktgenauigkeit möglich ist. Auch muss man sich der nicht unerheblichen „marktpsychologischen" Kräfte bewusst sein, die hier frei werden und die unter Umständen auch zu einer Vorwegnahme einer Prognose führen können. Wenn ein bestimmter Präsidentschaftskandidat in einem wichtigen Land gewinnt und der „Markt" dies vorher schon gewusst hat, wartet man am Wahltag vergeblich auf ein Ansteigen des Wechselkurses, denn dieser ist schon vorweggenommen worden. In Zeiten, in denen die Märkte nicht sicher über die Bewertung einer Währung sind, spielen auch oft die absonderlichsten Gerüchte und Nachrichten eine Rolle. Zwar waren die finanziellen Daten Mexikos 1994/95 nicht wirklich rosig, aber vermutlich war dann die Ermordung eines Präsidentschaftskandidaten in Mexiko der Funke, ohne den es niemals zur so genannten „Tequila"-Krise gekommen wäre. (vgl. Kapitel 4).

Ein älterer Börsenprofi soll einmal etwas genervt einem etwas altklugen jungen Analysten laut zugerufen haben: „Wenn Sie so schlau sind, warum sind Sie dann eigentlich noch nicht reich?" Diese einfache, aber sehr weise Philosophie sollten wir vor Augen haben, wenn wir uns über Wechselkursprognosen unterhalten. Wenn jeder wüsste, wo der € in zwei Monaten steht, wäre aber trotzdem keiner reich, weil die Prognose bereits von allen vorweggenommen worden wäre und es nichts mehr zu verdienen gäbe. Wenn jeder genau wüsste, wie sich eine Währung entwickelt, dann gäbe es keine

Spekulation mehr. Also müssen wir im Umkehrschluss folgern: **Solange es Spekulation** gibt, besteht auch **Unsicherheit über die Entwicklung** eines Kurses.

2.5.3.2 Bestimmungsgründe der Wechselkursentwicklung

Wegen der Bedeutung der Wechselkursschwankungen für das Risikomanagement und der großen Bandbreite von Absicherungsmöglichkeiten sind dem Wechselkursrisiko die Kapitel 4 bis 6 gewidmet. Dort werden auch die wichtigsten Theorien zum Verständnis der Wechselkursentwicklung vorgestellt und genauer beschrieben. Grundsätzlich sind dies die folgenden Ansätze:

- Die **Kaufkraftparitätentheorie**, welche die Wechselkurse verschiedener Länder dadurch erklärt, dass Güterkörbe aus verschiedenen Ländern miteinander verglichen werden. Verkürzt gesagt: Wenn ein Güterkorb in Europa 100 Euro und in den USA 120 Dollar kostet, dann ist der „Kaufkraftwechselkurs" = 1 Euro = 1,20 US $. Der tatsächliche Wechselkurs muss nicht identisch mit dem Kaufkraftkurs sein, aber eine Abweichung ist ein Zeichen für eine Über- oder Unterbewertung. In der Praxis werden vor allem Änderungen der Kaufkraftparität verfolgt. Anpassungsprozesse finden aber sehr langfristig statt und Ungleichgewichte können relativ lange existieren, weil zum einen Güterpreise sich sehr langsam anpassen und weil es zum zweiten einen durchaus nennenswerten Bereich nicht handelbarer Güter („non tradables") wie Mieten, Bahnfahrten, frische Brötchen, Friseurleistungen oder Restaurantessen gibt, die von Preisabweichungen mangels internationaler Konkurrenz nicht betroffen sind.

- Die **Zinsparitätentheorie,** die Wechselkursänderungen –auch wieder verkürzt- auf Änderungen der Zinsen einzelnen Länder erklärt. Hohe Zinsen können in gewissem Umfang einen hohen Wechselkurs stabilisieren, obwohl von der Kaufkraft her eine Abwertung erforderlich wäre.

- Ein nicht nur von diesen beiden Theorien unabhängiges, sondern vollständig „theorieloses" Instrument stellt die „**technische Analyse**" oder auch „Charttechnik" genannt dar, bei der es sich um heuristische Verfahren handelt, die aus der rein technischen Analyse von vergangenen Entwicklungen versuchen, Trends abzuleiten.

Diese Instrumente, die im Kapitel 4 detailliert vorgestellt werden, stellen noch keine eigentlichen Prognose-, sondern eher Analysewerkzeuge dar, mit denen man (leider oft erst ex post) feststellen kann, warum etwas so und nicht anders passiert ist und es handelt sich um „Navigationsinstrumente", die dem „Seefahrer" im Meer der Währungen zwar einen Sturm vorhersagen können, aber merkwürdigerweise oft nicht, ob dieser Sturm heute schon oder erst in einer Woche, in einem Monat oder einem Jahr über ihn hinweg ziehen wird. Aber das Entscheidende ist, dass aufgrund der Erkenntnis, dass irgendwann ein Sturm kommen wird, auch jetzt schon Vorsorge getroffen werden kann.

Zwar kann hinsichtlich des Transaktionsrisikos die Auffassung vertreten werden, dass durch Absicherung des Wechselkursrisikos die **Beschäftigung mit Prognosetheorien überflüssig** sei, dies gilt aber **nicht für das längerfristige Operationsrisiko.** Hier kann eine Analyse der Währung eines Landes wertvolle Hinweise darauf geben, in welcher Kosten/Ertragssituation man sich etwa bei der Investition in einem Land in einigen Jahren unter Umständen befinden kann. Es ermöglicht eine „worst-case" Analyse, die einem Investor nicht nur ungefähr signalisieren kann, was passieren kann, sondern die auch Handlungsmöglichkeiten rechtzeitig aufzeigt. Abgesehen davon lohnt die Beschäftigung mit diesem grundlegenden Wissen auch aus einem anderen Grund: Die Zeitungen sind voll von den absurdesten Spekulationen über Währungsentwicklungen, und schon allein um hier die Spreu vom Weizen trennen zu können, sollte man dem ein wenig eigenes Wissen entgegensetzen können.

Ein weit verbreiteter **Irrtum zur Wechselkursprognose** sollte aber noch im Vorfeld ausgeräumt werden: Nicht selten wird dem **Devisenterminkurs** die Rolle eines Vorhersageinstruments zugemessen. Es gibt empirische Studien dazu, die das im allgemeinen nicht bestätigen[60,] aber wenn man der simplen Logik der Finanzmärkte folgt, die einen eindeutigen Zusammenhang lediglich zwischen Zinsniveaus der Länder und den Terminkursen zwingend nachweist, so hätte man sich diese Studien sparen können: Dem Terminkurs kommt in der Regel keine eigenständige „Prognoseeigenschaft" zu, da er sich zusammen mit dem Kassakurs verändert. Gesamtwirtschaftliche oder politische Entwicklungen schlagen sich immer erst im Kassakurs nieder, der Terminkurs verändert sich dann mehr oder minder parallel.[61] In Kapitel 4 wird der Zusammenhang etwas näher erläutert, aber als Vorhersageinstrument kann man den Terminkurs getrost vergessen.

---

[60] Vgl. Eiteman, D. et al, 2004, p. 152f.
[61] Vgl. dazu auch Fischer Erlach, Peter: Die Auswirkungen von Wechselkurserwartungen auf die Kassa- und Terminkurse, in: Zeitschrift für das gesamte Kreditwesen, 1997, S. 416

2.6　　Fragen zu Kapitel 2

(Hinweise zu angegebenen Seitenzahlen: In der Regel kann die Antwort auf der angegeben Seite gefunden werden, gelegentlich zieht sich eine Erläuterung auch über mehrere Seiten hin, so dass die Seitenzahl nur einen Hinweis darstellt)

1.　Wie sieht die internationale Standardklassifizierung von Risiken aus? Für welche Risiken wird diese Klassifizierung verwendet? (S. 10, Beispiel 2-1)

2.　Von welchen Dimensionen hängt die Schwere eines Risikos ab? Spielt hier nur die Unsicherheit eine Rolle? (S.13)

3.　Machen Sie sich den Unterschied zwischen dem maximal möglichen Verlust und dem Erwartungswert eines Verlustes klar (S. 14). Welcher der beiden Werte muss zur Beurteilung der Tragweite eines Risikos herangezogen werden? (S. 14f.)

4.　Welche internationalen Finanzrisiken gibt es? (S. 17)

5.　Wovon hängt die internationale Zahlungsfähigkeit eines Landes primär ab? (S. 19)

6.　Suchen Sie die Homepage von Transparency International auf (http://www. Transparency.org) und vergleichen Sie das Korruptionsniveau in verschiedenen Länder. Welche Quellen verwendet Transparency International? (siehe auch S. 22)

7.　Nennen Sie typische Mikrorisiken (S.24)

8.　Welche Länder wurden bisher am ehesten von Verschuldungskrisen betroffen: Entwickelte Länder, Schwellenländer oder arme Entwicklungsländer? (S. 19f.)

9.　Erklären Sie den Unterschied zwischen Transaktions- und Operationsrisiko. (26 f.)

10.　Ein Investor zahlt in Indonesien 60% Zinsen p.a. für einen dort zur Finanzierung von Lagerbeständen aufgenommenen Kredit. Die Inflationsrate betrug im abgelaufenen Jahr 55%. Wie hoch sind die Realzinsen? (S. 29).

11.　Erklären Sie den Begriff „Weltinflation" (S.31)

12. Wie können Punkte bei einem Auslandsprojekt nachgebessert werden? (S.32f.). Erklären Sie in diesem Zusammenhang den Begriff „bedingte Risikovermeidung" (S. 30)

13. Welcher Zusammenhang besteht zwischen einem erwünschten Absicherungsniveau und den Kosten? Aus welchen Komponenten bestehen diese Kosten? (S. 35)

14. Wie kann ein Unternehmen Risiken streuen? Was ist der Unterschied zur Risikoabsicherung? (S. 35f.)

15. Erläutern Sie die Möglichkeiten und Methoden, wie Auskunfteien zur Einschätzung eines Geschäftsrisikos herangezogen werden können. (S. 39)

16. Suchen Sie die Daten-Homepage der Weltbank auf (http://www.worldbank.org bzw. http://devdata.worldbank.org/dataquery und stellen Sie Unterschiede bei Länderdaten zwischen Ihrem Heimatland und z.B. den USA und China bei Daten wie Bruttoinlandsprodukt, Energieverbrauch, Wachstum, Straßennetz Analphabetenrate, Kindersterblichkeit usw. fest.

17. Erläutern Sie die Unterschiede zwischen objektivem und subjektivem Länder-Rating und nennen Sie Quellen für beide Verfahren. (S. 46f.)

18. Erläutern Sie die Funktionsweise der Monte-Carlo Methode (S. 49)

19. Wie lautet die typische Grundaussage der value-at-risk Methode? (S. 52) Lässt sich die value-at-risk Methode ohne weiteres auf eine Länderrisikoeinschätzung übertragen?(S. 53)

20. Nennen Sie die zwei Grundaussage der Portfolioanalyse (S. 54) und erklären Sie den Begriff „Efficient Frontier". (S. 55)

21. Was sagt der Wert „Beta" in der Portfolioanalyse aus? (S. 56)

22. Können Devisenterminkurse zur Vorhersage der Devisenkursentwicklung verwendet werden? (S. 56)

3 Das Management von Risiken bei der Außenhandelsfinanzierung

3.1 Risiken des Außenhandelsgeschäfts

Trotz des enormen Bedeutungszuwachses der rein finanziellen Sphäre an der Weltwirtschaft, die statistisch gesehen inzwischen 98% der weltweiten Finanzströme verursachen (siehe Kapitel 4), sind es immer noch die **Handelsbeziehungen**, die für das global agierende Unternehmen im Mittelpunkt stehen. Auch die Finanzströme zwischen Banken und Finanzierungsgesellschaften sind zu einem großen Teil auf Industrie und Handel gebaut: Wechselkursabsicherungen (und Gegenabsicherungen) von Banken gehen häufig auf die Deckung von Risiken aus Exporten zurück, Käufe von Wertpapieren und Dividendenzahlungen wären kaum denkbar, wenn nicht ein produzierendes Unternehmen dahinter steckt, dasselbe gilt für Kreditvergaben und alle damit zusammenhängenden Zahlungen. Länder, deren Außenhandel schwach ausgeprägt ist, stellen mit Ausnahme einiger Steueroasen auch meist finanziell schwache Länder dar.

Beim klassischen Außenhandelsrisiko denkt man zunächst an das „**Geschäftsrisiko**", das daraus entsteht, dass der Handelspartner nicht bezahlt und dass das Ganze durch die große Entfernung und den unterschiedlichen Rechts- und Kulturkreis zu einem wesentlich größeren Problem wird, als dies „zu Hause" der Fall wäre. Tatsächlich sind auch die meisten Techniken in diesem Bereich dem Geschäftsrisiko gewidmet, weil es statistisch am häufigsten auftritt: Der Anteil „wirtschaftlicher" Schäden an den Gesamtschäden in Deutschland beläuft sich zwischen 2002 und 2004 auf etwa ¾ aller Entschädigungszahlungen beim deutschen Kreditversicherer Euler-Hermes.[1] Allerdings ist auch das politische Risiko durchaus ein wichtiger Faktor bei der Entscheidung über die Aufnahme einer Geschäftsbeziehung, wenn auch dieses Risiko in den entwickelten Ländern[2] kaum auftritt, sondern hauptsächlich im Bereich der Ent-

---

[1] Vgl. Hermes Jahresbericht 2004, Ausfuhrgarantien der Bundesrepublik Deutschland, S.2: Dabei muss allerdings berücksichtigt werden, dass Wechselkursrisiken durch Hermes nicht mehr gedeckt werden und daher auch in der Statistik nicht enthalten sind

[2] Die Frage ist schwierig, welche Länder man zu den „entwickelten" Ländern zählen möchte zumal es sich um eine politisch nicht immer korrekte Klassifizierung handelt. Geographische Bezeichnungen wie Westen oder Norden sind nicht vollständig. Auch die oft übliche Abgren-

wicklungs- und „Transformationsländer[3]" (frühere „Ostblockländer") auftritt. Auch das Wechselkursrisiko, das erst in den nächsten Kapiteln ausführlich besprochen wird, wird bereits beim Abschluss eines Geschäfts zu berücksichtigen sein, weil die Zahlungsfähigkeit eines Geschäftspartners gefährdet sein kann, wenn sich seine vielleicht schon erkennbar schwache Währung bis zur Lieferung und Bezahlung stark abwertet. Man kann vereinfachend feststellen, dass die Risiken des Außenhandels sich primär in der Situation des Handelspartners widerspiegeln (also im Geschäftsrisiko), dass dabei aber auch der Wechselkurs und die politische Problematik eine große Rolle spielen (Abbildung 3-1).

Abbildung 3-1: Geschäftsrisiko als zentrales Risiko des Außenhandels

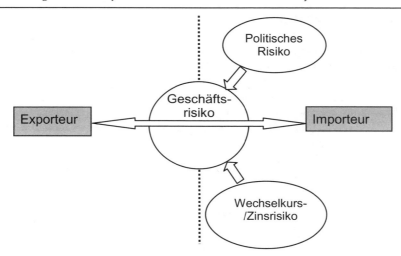

Es wird im Außenhandel auch bei kleineren Lieferungen seltener als im Inland gegen offene Rechnung geliefert, sofern es sich nicht um ein geographisch und kulturell sehr nahes Land handelt. Der typische **Ablauf eines Export**- bzw. (aus Sicht des Käufers) **Importgeschäfts** ist in Abbildung 3-2 dargestellt. Wie bereits im ersten Kapitel festgestellt wurde, spielt die **Zeit** im Außenhandel eine sehr starke Rolle: Die Dauer kann sich von vielleicht einem Monat bei einfachen Liefergeschäften bis zu mehreren Jahren bei der Lieferung und Montage ganzer Industrieanlagen hinziehen (Pfeil in Abbildung 3-2). Außerdem spielen sich die Abläufe auch auf mehreren Ebenen ab, einer „Ver-

---

    zung über OECD Länder, zu denen auch kritischere Länder wie Mexiko gehören, aber nicht alle EU-Länder, ist nicht verlässlich. Am ehesten dürfte die Weltbankabgrenzung der „high income" countries" (Kapitel 2) für diese Definition zutreffen.

3   Übliche Bezeichnung der Länder Osteuropas und der früheren Sowjetunion durch die internationalen Organisationen („transformation economies")

tragsebene", einer physischen Ebene (Produktion, Versand und eventuell Montage) und schließlich auf der den Finanzbereich besonders stark interessierenden „Zahlungsebene".

Bei einem Auslandsgeschäft ist eine Vorauszahlung oder eine einmalige Zahlung gegen offene Rechnung die Ausnahme: Meist wird eine **Anzahlung** geleistet, der eine oder mehrere **Zwischenzahlungen** folgen, die wichtigste und meist auch höchste Zwischenzahlung erfolgt in der Regel bei Lieferung gegen Einreichung der Verschiffungs- oder Lieferdokumente (insbesondere in Verbindung mit einem Akkreditiv), oft auch bei Übernahme und einer **Schlusszahlung,** die oft auch an das Ende einer Gewährleistungsfrist gebunden ist.

Abbildung 3-2: Ablauf eines klassischen Exportgeschäfts

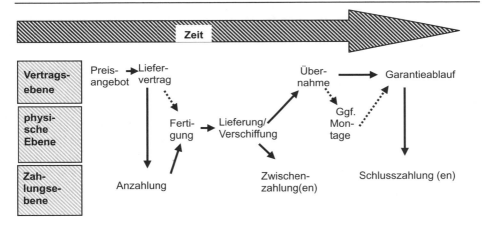

Je größer das Projekt, desto mehr Zwischenzahlungen, die z.B. an bestimmte Baufortschrittsphasen gebunden sind, wird es geben. Alle drei Ebenen sind eng miteinander verknüpft:

- Der Vertrag selbst löst alle physischen und geldmäßigen Ereignisse des gesamten Ablaufs aus und bestimmt die Art und Zahl der Dokumente, die eingereicht werden müssen, um eine Zahlung zu bewirken.

- Das Exportgut muss beispielsweise vom Ladeführer bestätigt „physisch" im Schiff verstaut sein, vor Versand muss der Inhalt auf Vollständigkeit geprüft werden und im Zielhafen wird eine Bestätigung darüber ausgestellt, wann das Gut den Hafenkai erreicht hat oder beim Importeur angekommen ist.

- Die Erfüllung des vertraglichen „Liefertatbestandes" (physische Ankunft auf dem Hafenkai oder dem Werkstor) löst eine bestimmte Zahlung in einer bestimmten Währung auf ein bestimmtes Konto oder gegen Wechsel aus.

Wichtig ist es, zu verstehen, dass ein Vertragsentwurf nicht erst dann beginnt, wenn ihn die Hausjuristen in den Händen haben, sondern weit vorher. Bei der Formulierung des Vertragstextes müssen Techniker und Kaufleute den Juristen sagen, was erforderlich ist bzw. was aus den Vertragsverhandlungen inhaltlich herausgekommen ist. Juristen können nur das in einen Vertragstext umsetzen, was auch durch Ingenieure und Kaufleute kommuniziert wird.

Diese Regelungen sind im **Auslandsgeschäft ausführlicher, komplizierter** und sie berühren Länder, in denen **unterschiedliche Gesetze** gelten, deshalb werden mehr vertragliche Sicherungen eingebaut als im Inland. Jeder solche Vertragsbestandteil löst wiederum mehrere Aktionen der Prüfung, Ausführung und Zahlung auf den verschiedenen Ebenen aus und meist sind auch mehr Akteure damit betraut. Der Zeitbedarf ist daher schon alleine für das normal ablaufende Geschäft höher. Es kann aber auch leichter zu Missverständnissen kommen, die eine Zahlung mindestens einmal verzögern können. Aus diesen Gründen spielen Finanzierungsaspekte –die Überbrückung von Zeit- eine besonders wichtige Rolle, auch bereits bei einem Zeitbedarf von vielleicht nur zwei Wochen.

Über diese Finanzierungsaspekte soll im Folgenden gesprochen werden, **beginnend bei der Abwicklung des Zahlungsverkehrs über** kurz-, mittel und langfristige **Finanzierungen** sowie über **Projektfinanzierungen**. Einen besonderen Raum wird dann das Thema **Exportkreditversicherung** sowie besondere Formen der Auslandsfinanzierung wie **Forfaitierung und Factoring** einnehmen. Am Ende dieses Kapitels (Abschnitt 3.9.3) wird dann noch ein Fall die gesamte Palette des Risikomanagements im Bereich Außenhandel abrunden.

3.2   Absicherung des Zahlungsverkehrs

Bei der **Absicherung des Zahlungsverkehrs** geht es bei einem Auslandsgeschäft um die Überbrückung der Unsicherheit, die durch den langen Versandweg einer Ware entsteht. Der Importeur möchte nicht bezahlen, bevor er sicher ist, dass er die Waren so wie bestellt auch bekommt, der Exporteur will verhindern, dass die Ware aus seinem Kontrollbereich entschwindet, ohne dass er eine Sicherheit der Zahlung hat (vgl. Kapitel 2). Diesen Bedürfnissen werden die beiden Zahlungsformen **Dokumenteninkasso und Akkreditiv** in unterschiedlichem Ausmaß gerecht, und zwar vor allem dadurch, dass ein Dritter in Form einer Bank eine Art Mittlerrolle übernimmt, die beim Akkreditiv sogar zu einer Garantenrolle erweitert wird.

3.2.1 Vorauszahlung und Bankgarantie

Die zunächst einmal einfachste Möglichkeit einer Absicherung eines Exports stellt eine Vorauszahlung auf einem Konto des Exporteurs oder auch einem Treuhandkonto dar. Da dies einseitig den Exporteur begünstigt und ein entsprechendes enges Vertrauensverhältnis voraussetzt, empfiehlt es sich, hierbei eine **Bankgarantie** zugunsten des Importeurs einzubauen, die dieser "auf erste Anforderung hin" oder vielleicht auch unter bestimmten Umständen ziehen kann, ein Treuhandkonto ohne Garantie würde auf dasselbe hinauslaufen. Beides ist allerdings wenig befriedigend: Darf der Importeur ohne Angabe von Gründen die Garantie ziehen, besteht die Einladung zum Missbrauch („unfair calling"). Bedarf es des Nachweises etwa bestimmter Mängel an der Ware oder eines Lieferverzuges, bevor die Bank die Garantiesumme auszahlt, entsteht sofort die Frage der Durchsetzbarkeit dieser Ansprüche in einem dem Importeur fremden Rechtskreis. Bei einem Treuhandkonto, bei dem der Exporteur den einwandfreien Empfang der Ware durch den Importeur nachweisen muss, besteht dasselbe Problem wiederum für den Exporteur. Dies alles mag der Grund sein, dass sich Vorauszahlungen im internationalen Handel kaum durchgesetzt haben und auch Bankgarantien und Treuhandkonten nur in ganz bestimmten und eng umgrenzten Bereichen - z. B. als Anzahlungsgarantie - üblich sind. Es gibt aber Instrumente, die ohne Vorauszahlungen letztlich genau denselben Zweck erfüllen und die sich in vielen Jahrzehnten bewährt haben, nämlich das Dokumenteninkasso und das Akkreditiv.

3.2.2 Dokumenteninkasso

Beim Dokumenteninkasso liegt ein Auftrag des Exporteurs an seine Bank vor, bestimmte Dokumente (mit denen das Recht an einer Ware und/oder die Zusicherung bestimmter Eigenschaften verbrieft ist), also Ladeschein, Frachtbrief, Konossement, Importgenehmigung, Abnahmezertifikat u. ä. erst gegen **Zahlung** (documents against payment) oder **Akzeptleistung** (documents against acceptance) auszuhändigen. Der Auftrag kann auch an eine im Importland ansässige Bank direkt oder über die Hausbank erteilt werden. Die Kosten liegen bei 0,2 bis 0,4% des Inkassowertes. Die Rolle der Bank ist dabei mehr oder weniger auf eine Inkassofunktion beschränkt: Weigert sich der Importeur zu bezahlen oder ist er inzwischen in Konkurs gegangen, so bleibt dem Exporteur eigentlich nur der Rückversand seiner Waren, was bei einem hohen Transportkostenanteil auch empfindliche Verluste verursachen kann. Ist das Produkt auf den Kunden maßgeschneidert, wird es noch teurer, so dass in einem solchen Fall ein Dokumenteninkasso keine sinnvolle Lösung darstellt.

3.2.3 Akkreditiv

Ein (Dokumenten-)Akkreditiv ist „die Verpflichtung einer Bank, dem Auftraggeber selbst oder einem Dritten bei einer anderen Bank einen bestimmten Geldbetrag zur Verfügung zu stellen... unter der Voraussetzung, dass bestimmte Bedingungen erfüllt sind."[4] Im englischen gilt der Ausdruck „letter of credit", der meist als „L/C" abgekürzt wird. Im klassischen Fall wird ein Akkreditiv folgenderweise abgewickelt:

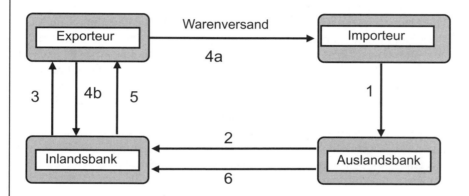

(1) Der Importeur einer Ware (etwa in den USA) beauftragt seine Bank (Auslandsbank), ein Akkreditiv zu eröffnen.

(2) Die Auslandsbank (Akkreditivbank) schickt das Akkreditiveröffnungsschreiben an die Bank des Exporteurs (Inlandsbank): Damit gibt sie das Versprechen ab, bei Vorlage der vereinbarten Dokumente an die Inlandsbank zu zahlen.

(3) Die Inlandsbank "avisiert" dem Exporteur die Eröffnung des Akkreditivs, ggf. bestätigt sie es auch (in letzterem Falle ist sie selbst im Obligo) oder verlangt von einer dritten Bank eine Bestätigung.

(4) Nach Versand der Ware (4a), evtl. auch bei Erfüllung bestimmter Zusatzbedingungen, legt der Exporteur seine Dokumente (die mit denen im Akkreditiv genannten übereinstimmen müssen) der Inlandsbank vor (4b).

(5) Diese prüft die Dokumente, zahlt und fordert dann (6) bei der Auslandsbank den entsprechenden Gegenbetrag an. Der Exporteur bekommt u. U. - je nach Form des Akkreditivs - sein Geld auch erst später z. B. 60 oder 90 Tage danach (deferred payment), ggf. auch gegen Akzept der Hausbank auf die vor-

---

4 Peter Rösler, Thomas Mackenthun, Rudolf Pohl: Handbuch Kreditgeschäft, 6. Auflage, Wiesbaden 2002, S. 294

gelegte "Nachsichttratte". Auch weitere Banken können noch eingeschaltet sein.

Während beim Dokumenteninkasso nur eine Serviceleistung einer Bank vorliegt, die von der Exporteurseite ausgeht und bei der ein Nichtabnahmerisiko vorliegt, wenn der Importeur sich beispielsweise nicht mehr meldet, liegt beim Akkreditiv eine **Zusicherung einer Bank** vor. Das Akkreditiv gilt nach allgemeiner Rechtsauffassung auch als abstraktes, also vom Grundgeschäft losgelöstes Instrument, wobei es in exotischen Ländern Ausnahmen geben mag. Die Mehrheit der Länder hält sich dabei an die von der Internationalen Handelskammer herausgegebenen „Einheitlichen Richtlinien für Dokumentenakkreditive"[5] . Die Initiative geht in der Regel vom Importeur und dessen Hausbank aus, die das Akkreditiv eröffnet. Die vorzulegenden Dokumente können sich nicht nur auf die üblichen Verschiffungspapiere beschränken, es kann auch eine technische Abnahmebestätigung, ein TÜV-Gutachten, ja sogar ein "performance bond" (Leistungsgarantie) einer Bank des Exporteurs gefordert werden. Mängel an der Ware können also durchaus im Voraus geprüft werden, wenn dies gewünscht wird.

Der wesentliche Unterschied zum Dokumenteninkasso ist also ein etwas weitergehender **Grad an Abstraktheit** des Akkreditivs, der dadurch entsteht, dass die Bank bei Vorlage der Dokumente unabhängig vom Grundgeschäft zahlen muss. Der Exporteur bekommt auch dann sein Geld, wenn beispielsweise die Ware nicht abgeholt wird. Die Qualität eines Akkreditivs hängt in erster Linie von der Bonität der ausstellenden Bank und deren Heimatland ab; so wird ein Akkreditiv bei einem plötzlich verhängten Transferverbot der Währung des Partnerlandes meist nicht honoriert werden. Hier kann der Exporteur sich nur durch die **Bestätigung des Akkreditivs** durch eine möglichst international anerkannte Bank zusätzliche Sicherheit verschaffen, was aber nicht ohne zusätzliche Kosten geht und bei kritischen Ländern vielleicht auch gar nicht mehr möglich ist.

Seit der Neufassung der Einheitlichen Richtlinien für Dokumentenakkreditive im Jahre 1993 gilt das Akkreditiv **grundsätzlich als unwiderruflich**, wenn nicht ausdrücklich die Widerrufbarkeit erwähnt ist, so dass diese Unterscheidung heute nicht mehr vorrangig ist. Bereits erwähnt wurde die Bedeutung eines bestätigten Akkreditivs, ansonsten spielt noch die Übertragbarkeit eine Rolle. Übertragbare Akkreditive können zur Finanzierung weitergegeben werden und dann durch die finanzierende Bank direkt eingelöst werden. Das komfortabelste Instrument dazu ist der im angelsächsischen Bereich verbreitete Handelskreditbrief ("commercial letter of credit"), der direkt an den Begünstigten adressiert ist und auch von anderen Banken nutzbar ist.

Die Kosten für ein Akkreditiv betragen 0,5% bis 1,2% des Akkreditivbetrages, bei nicht bestätigten Akkreditiven wird meist eine feste Avisierungsgebühr (€ 30-50) sowie eine Abwicklungsgebühr von rd. 0,3% erhoben; bei Deferred Payment Versionen etwa 1,8%, bei riskanten Ländern ist diese Skala nach oben offen. Dabei wird aber eine Ver-

---

5   Letzter Stand: International Chamber of Commerce (ICC)- Publikation Nr. 500, 1994

teuerung weniger durch einen bloßen Aufschlag auf die Prämie wirksam als vielmehr durch zusätzliche von den Banken geforderte Sicherheiten wie etwa einem Aval einer dritten oder/und einer Bestätigung von einer vierten Bank, einer zusätzlichen Sicherung durch Wechsel oder auch einer Einschränkung der abgedeckten Risiken etwa durch die Forderung nach sehr weitgehenden Versicherungen. Ein Akkreditiv ist prinzipiell eine **Dienstleistung einer Bank, kein Kreditgeschäft**, kann aber zusätzlich mit der Vergabe eines Kredits (meist im Rahmen eines bestimmten Kreditrahmens), eines so genannten Akkreditivkredits oder eines Rembourskredits zusammenhängen. Sonst müsste der Importeur den Betrag vor oder bei Eröffnung auf das Konto seiner Bank einzahlen. Es kann aber auch ein so genanntes **Deferred Payment-Akkreditiv** abgeschlossen werden, bei dem die Zahlung eine vereinbarte Zeitperiode nach Einreichung erfolgt. In diesem Fall ist der Exporteur der Kreditgeber. Akkreditive sind **kurzfristige Instrumente** mit Laufzeiten von meist maximal einem Jahr, seltener 720 Tagen, also zwei Jahren.

3.2.4   Risikominimierung durch dokumentäre Zahlungsformen

Akkreditiv oder Dokumenteninkasso schützen den Exporteur zunächst einmal nicht gegen einen Zahlungsausfall **vor Verschiffung** der Ware etwa durch ein Moratorium des Importlandes oder durch Konkurs des Importeurs. Eine hohe Anzahlung hilft bei der Finanzierung der Zuliefer- und Lohnkosten, deckt aber nicht den Verlust ab, wenn ein solcher Fall kurz vor oder nach dem Verlassen des Produkts aus dem Werk eintreten sollte. Bei langer Fertigungszeit empfiehlt sich daher der Abschluss einer Fabrikationsrisikoversicherung (siehe Kapitel 3.4). Auch **Wechselkursschwankungen** können nicht kompensiert werden. Die politischen Risiken können nur beim Akkreditiv und nur dann wirksam ausgeschaltet werden, wenn zumindest die bestätigende Bank in einem sicheren Land ihren Sitz hat. Sind solche Probleme bei Eröffnung des Akkreditivs aber schon zu sehen, so wird es auch schwierig und teuer werden, eine das Akkreditiv bestätigende Bank zu finden.

Aus der **Sicht des Importeurs** garantierten beide Instrumente vor allem die ordnungsgemäße Versendung der Ware, sofern er bei den zu überprüfenden Punkten keinen Fehler gemacht hat und sich dann in den ordentlich verpackten und verladenen Kisten auch wirklich die bestellten Maschinen der gewünschten Bauart befinden.

Wie Tabelle 3-1 zeigt, sind die Risikoabsicherungsfunktionen dieser Instrumente keineswegs so weit reichend, wie man dies angesichts der Verbreitung dieser Zahlungsformen im Außenhandel eigentlich erwarten würde. Dokumenteninkassi und mehr noch Akkreditive sind Instrumente, welche in erster Linie eine ordnungsgemäße Abwicklung mit Hilfe eines neutralen Dritten sicherstellen, sie stellen (für den Importeur) den ordnungsgemäßen Versand der Waren bei gleichzeitig Zug um Zug zu leistender Bezahlung (für den Exporteur) sicher. Durch die Einschaltung erfahrener Banken wird die Wahrscheinlichkeit von Formalfehlern reduziert, außerdem kann man davon ausgehen, dass ein Akkreditiv einer guten Bank nur eine Firma bekommt, bei der mehr als ein Briefkasten existiert und die im Land des Importeurs ein gewisses "Standing" hat. Firmen, denen Banken Akkreditive zur Verfügung stellen, haben also zumindest eine rudimentäre Form einer Bonitätsprüfung hinter sich. Auch Banken, die Akkreditive eröffnen oder Dokumenteninkassi durchführen, stehen innerhalb der sehr rigorosen Gemeinschaft internationaler Banken auf dem Prüfstand: Erweist sich eine Bank als unzuverlässig, wird sie sehr schnell von dieser Gemeinschaft ausgeschlossen und eine Bestätigung würde in einem solchen Fall verweigert werden. Von daher stellen diese Instrumente eine **Grundsicherung** dar, auf die in vielen Fällen nicht verzichtet werden kann.

Tabelle 3-1: Risikoabsicherung bei den dokumentären Zahlungsformen

	Dokumenten-inkasso	Akkreditiv	Bestätigtes Akkreditiv
Geschäftsrisiko	Teilweise	Weitgehend	Ja
Politische Risiken	Nein	normalerweise nicht	Ja wenn bestätigende Bank nicht im Land des Importeurs ist
Wechselkurs/ Zinsrisiko	Nein	Nein	nein

3.3 Die klassische Exportfinanzierung

Akkreditive und die verwandten Instrumente sind Instrumente des Zahlungsverkehrs, hiermit ist noch kein Kredit verbunden. Immerhin kann der Exporteur aber, sofern es sich nicht um ein Deferred Payment Akkreditiv handelt, den auslandsüblichen Zeitrahmen von drei bis sechs Monaten überbrücken. Was nun aber, wenn der Importeur nach einem längeren Zeitraum verlangt, weil er die Waren erst verkaufen will oder weil er mit dem Investitionsgut selbst Produkte herstellen oder Dienstleistungen erbringen will, mit dem er dann erst den zur Rückzahlung notwendigen Cashflow generieren kann? Finanzierung wird in diesem Fall als Marketinginstrument eingesetzt, weniger als Überbrückung des Lieferzeitraums und auch weniger aufgrund der

Unbekanntheit des Geschäftspartners. Wie schon in Kapitel 1 erwähnt, müssen Finanzierungen sehr häufig „mitgebracht" werden und sind Teil des Verhandlungspakets. Warum eigentlich? Zum einen gibt es hier eine gewisse „Geschäftsüblichkeit" ähnlich dem Lieferantenkredit im Inland (meist auf Wechselbasis), nur dass die Fristen in vielen Ländern gewohnheitsmäßig länger sind. Zum zweiten leiden vor allem Entwicklungsländer und osteuropäische Länder an chronischer Kapitalknappheit.

Was macht nun ein mittleres europäisches Unternehmen, das einen profitablen Auftrag aus Thailand über einen Betrag von € 5 Mio. unter der Bedingung erhalten kann, dass es einen dazu passenden Kredit mit einer Laufzeit von vier Jahren anbieten oder zumindest vermitteln kann? Der Laie stellt sich das sehr einfach vor, denn er wird in der Regel antworten: Die Firma geht zu ihrer Bank und nimmt einen Kredit. Dies ist leider nicht ganz so einfach, es sei denn, das Unternehmen verfügt noch über Sicherheiten und nimmt damit den Kredit restlos auf eigenes Risiko. Dazu wird es aber meist nicht in der Lage sein, weil es nicht über Sicherheiten in der Höhe des Auslandsumsatzes verfügt. Andererseits wird auch eine Bank nicht unbedingt gerne ein Kreditrisiko an einen unbekannten Geschäftspartner in einem fremden Land auf sich nehmen. Die Firma wird am Ende ihren Kredit bekommen, aber sie wird bei der Konstruktion des Kredites stärker beteiligt und sie muss sich mit wesentlich mehr Details befassen, als dies bei einem Inlandskredit der Fall ist.

Beispiel 3-1: **Der Kreditrahmen bei Exportkrediten**

Als Musterbeispiel sei ein fiktives mittelgroßes europäisches Unternehmen Dupont & Schmid (D&S) genommen, das bei einem Umsatz von € 500 Mio. p.a. einen Gewinn vor Steuern von € 30 Mio. (Umsatzrendite 6%) erwirtschaftet. Weiterhin sei ein Exportanteil von 50%, also € 250 Mio. angenommen, davon die Hälfte (€ 125) Mio. mit Zahlungszielen über sechs Monaten. Die Bilanzsumme betrage € 200 Mio., das Eigenkapital liege mit € 75 Mio bereits über dem (deutschen) Durchschnitt von knapp 30% der Bilanzsumme. Das Fremdkapital beträgt also € 125 Mio. Wenn man weiter annimmt, dass das Anlagevermögen, das zur Besicherung von Krediten zur Verfügung steht, bei € 150 Mio. liegt, so bleibt für diese Besicherung bestenfalls ein Kreditspielraum von € 150 - € 125 Mio. = € 25 Mio. , also ein Fünftel des jährlichen Kreditbedarfs. Bestenfalls deshalb, weil Banken je nach dem realistischen Wert des Vermögens meist nur etwa bis zu 80% des bilanziellen Wertes solcher Positionen finanzieren (siehe Abbildung 3-3). Wenn der Anteil von Zahlungszielen von über einem Jahr ansteigt, ist der Kreditbedarf noch höher, weil diese Kredite nach einem Jahr noch nicht zurückgezahlt sind. Wie soll D&S, stellvertretend für viele solcher Firmen, diese Kredite besichern?

Wegen dieser Problematik haben sich in allen Ländern Sonderformen für Exportkredite entwickelt, aber auch Institutionen, die solche Kredite vergeben bzw. beim Aufbau solcher Kredite mithelfen. Kurzfristige Kredite werden meist im Rahmen der Kreditlinie finanziert, bei mittel- und langfristigen Exportkrediten gibt es im Prinzip drei Möglichkeiten, die später noch diskutiert werden: (1) Eine Exportkreditversicherung, die das Risiko auch für die Bank soweit abdeckt, dass der Kreditspielraum ohne Bedenken erweitert werden kann, (2) eine Abtretung der Exportforderung über Forfaitierung oder Factoring und (3) eine so genannte „Non-Recourse" –Finanzierung vor allem bei Projekten, bei denen das Exportgeschäft eine sich selbst tragende und vom Unternehmen losgelöste Einheit bildet.

Abbildung 3-3: Kreditspielraum und Auslandsumsatz

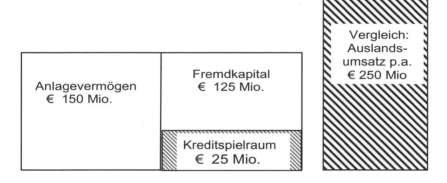

Die wesentlichste Unterscheidung bei Exportkrediten ist die der Fristigkeit bzw. Laufzeit. Bei den kurzfristigen Krediten gibt es einige relativ standardisierte Formen, bei den längerfristigen Darlehen neben einigen Standardformen sehr viel mehr individuell zugeschnittene Formen, bei denen die gesamte Bandbreite des „Financial Engineering" zum Einsatz kommt. Die Zeitgrenzen fließen hier etwas, denn zwar werden als kurzfristige Kredite etwa von der Bundesbank wie auch den meisten Banken nur Kredite mit einer Laufzeit von bis zu einem Jahr gesehen[6], gleichzeitig gibt es aber durchaus (typischerweise kurzfristige) Wechsel- und Akzeptkredite bis zu zwei Jahren. Bei vielen finanziellen Institutionen (z.B. der Hermes-Kreditversicherung wie auch der Ausfuhrkreditanstalt) werden eher zwei Jahre die entscheidende Grenze gesehen. Als langfristig gelten Kredite mit einer Laufzeit ab fünf Jahren.[7] Hier treten aber gegenüber den mittelfristigen Krediten keine wesentlichen Unterschiede mehr auf. Deshalb

---

6 Vgl. u.a. Büschgen, a.a.O., S. 37, Deutsche Bundesbank, Zahlungsbilanzstatistik, Sept. 2001, S. 54, Die Bundesbank kennt nur kurz- und langfristige, keine mittelfristigen Kredite. Hier beginnen langfristige Kredite und Bankguthaben bei einer Laufzeit von über einem Jahr
7 Deutsche Bundesbank: Zahlungsbilanzstatistik, Sept. 2001, S. 54

soll hier nur zwischen **kurzfristigen Krediten** (bis zu zwei Jahre) und **„längerfristigen" Krediten** unterschieden werden, also Kredite mit mehr als zwei Jahren Laufzeit.

3.3.1 Kurzfristige Exportkredite

3.3.1.1 Kontokorrentkredite

Im Rahmen des im obigen Beispiel noch vorhandenen Kreditspielraums kann für Auslandsgeschäfte eine eigene Kreditlinie eingeräumt werden (Kontokorrentkredit bzw. overdraft). Eine solche Linie ist häufig auf bestimmte Länder beschränkt oder gibt Höchstgrenzen für kritische Länder vor, auch soll eine gewisse Frist nicht überschritten werden. Kontokorrentkredite sind teurer als andere Kredite, andererseits wird auch nur der tatsächlich in Anspruch genommene Spielraum bezahlt und es muss keine Bereitstellungsprovision entrichtet werden.

3.3.1.2 Euro-Festzinssatzkredite

Zur kurzfristigen Finanzierung von Außenhandelsgeschäften können Exporteure und Importeure am Euromarkt Kredite von einem bis zwölf Monaten Laufzeit aufnehmen. Der Mindestbetrag liegt mit ca. 250 000 € oder dem Gegenwert der jeweiligen Währung relativ hoch, auch an die Bonität des kreditnehmenden Unternehmens werden hohe Anforderungen gestellt. Ähnlich wie bei Kontokorrentkrediten wird ein solcher Kredit nur im Rahmen der Kreditwürdigkeit bzw. der Kreditlinien eines Unternehmens gewährt, damit ist das obige Problem einer Erweiterung des Kreditspielraums noch nicht gelöst. Es geht bei dieser Kreditform eher um die Ausnutzung von Zinsdifferenzen am Euromarkt und auch unter Umständen um die Vermeidung eines Währungsrisikos, wenn die Währung des Kredits mit der Währung der Exportforderung synchronisiert werden soll, vor allem bei £, SKr oder auch US $.

3.3.1.3 Export- oder Importvorschüsse

Export- oder Importvorschüsse sind ähnlich wie Kontokorrentkredite ohne formellen Rahmen gewährte Kredite, im Unterschied zu diesen werden als *Sicherheit die exportierten Waren* bzw. die damit verbundenen Dokumente eingesetzt. Dies bedeutet, dass solche Vorschüsse wegen des normalerweise baldigen Übergangs der Rechte auf den Handelspartner nur sehr kurzfristig sein können, also etwa im Rahmen eines Akkreditivs bis zum Eingang des Gegenwertes durch die akkreditiveröffnende Bank. Banken finanzieren dabei auch keineswegs den vollen Warenwert, weil ja im Ernstfall dieser Wert kaum zu erzielen wäre und mit erheblichen Nebenkosten des Verkaufs einer solchen Ware zu rechnen ist. Auch hier spielt letztlich die Bonität des Exporteurs oder

Importeurs eine Rolle. Dennoch kann hier aufgrund der Sicherheit der Waren unter Umständen bereits eine feste Kreditlinie überschritten werden und es eröffnet sich damit zusätzlicher Kreditspielraum.

3.3.1.4   Wechsel-, Diskont- und Akzeptkredite

Wechselkredite (bill of exchange credits) basieren auf einem vom Importeur akzeptierten Wechsel, der möglicherweise auch von seiner Bank unterzeichnet ist (Akzeptkredit/banker's acceptance oder eligible bill). Der Unterschied zu anderen Formen ist die Abstraktheit einer Wechselforderung, die unabhängig vom Grundgeschäft ist. Außerdem können Handelswechsel, sofern sie gewisse Formalerfordernisse aufweisen, von den Geschäftsbanken bei der Zentralbank zum Diskont eingereicht werden, hier spricht man dann von Diskontkrediten. Ein weiterer Unterschied besteht auch darin, dass bei Wechselkrediten der Zins nicht auf den geschuldeten Betrag aufgeschlagen wird, sondern durch Auszahlung eines diskontierten (und nicht des vollen) Betrages vorweg abgezogen wird. Akzeptkredite gibt es in verschiedenen Formen mit teilweise recht komplizierten Konstruktionen: Als einfacher Akzeptkredit, als Rembourskredit, als Negotiationskredit. Auf Details soll hier nicht eingegangen werden,[8] wesentliches Charakteristikum der Familie der Akzeptkredite ist es, dass eine Bank (ggf. auch mehrere Banken) durch die Unterschrift unter einen Wechsel (Akzeptanz) dem Kreditnehmer „ihren Kredit leihen", den Wechsel dadurch bonitätsmäßig besser stellen als einen einfachen Handelswechsel und ihn damit für die Refinanzierung (ggf. auch Forfaitierung, siehe weiter unten) durch weitere Institutionen quasi „salonfähig" machen. Durch die Akzeptanz mehrerer Banken wird unter Umständen auch ein Risiko unter den Banken aufgeteilt.

3.3.2   Mittel- und langfristige Finanzierungsformen

Da die Unterteilung in lang- und mittelfristige Krediten eher hinter anderen Unterscheidungsmerkmalen zurücktritt, soll wie schon erwähnt der Terminus „mittelfristig" weitgehend ignoriert werden und von einer **„längerfristigen Finanzierung"** dann gesprochen werden, wenn immer es sich um Finanzierungen von über zwei Jahren handelt, die typische Merkmale eines nicht kurzfristigen standardisierten Kredits enthält. Bei längerfristigen Krediten wird dem Zinssatz mehr Beachtung geschenkt, auch die sonstigen Konditionen wie Finanzierungshöhe, Auszahlungsraten, Freijahre, Besicherung, Einbindung des Importeurs, Kreditversicherung sind ein wichtiger Bestandteil dieser meist individuell zugeschnittenen Kreditkonstruktionen. Hier spielt auch die in Beispiel 3-1 angesprochene Frage einer Erweiterung des Kreditspielraums eine große Rolle, weil besonders ein global aktives Unternehmen mit einem hohen

---

8   Einzelheiten dazu: vgl. Büschgen, Hans E.: Internationales Finanzmanagement, Frankfurt 1997, S. 42ff.

Exportanteil gar nicht die Sicherheiten in der dafür erforderlichen Höhe aufbringen kann.

Die Auszahlung längerfristiger Kredite erfolgt in der Regel **„pro rata Lieferung und Leistung"**, das heißt, sie orientiert sich an den im Liefer- oder bei Serviceleistungen im Leistungsvertrag festgelegten Zahlungsterminen: Diese können etwa lauten: 20% Anzahlung (wird in der Regel nicht refinanziert), 50% des Vertragswertes bei Verschiffung, 20% bei „Abnahme" des Exportgutes am Zielort durch den Importeur und 10% bei Inbetriebnahme oder vielleicht auch bei Ablauf der Garantieperiode bei einem Investitionsgut. Pro rata –Lieferung bedeutet, dass die Auszahlung der Kreditbeträge genau nach diesen Terminen geleistet wird. Möglich, wenn auch weniger üblich, sind Vorfinanzierungen etwa durch Auszahlung der Kreditbeträge **nach Kostenanfall** beim Exporteur. („Auszahlung nach Kostenfortschritt"). Diese Variante ist dem tatsächlichen Cash-Flow beim Exporteur angepasst und verursacht dementsprechend geringere Zwischenfinanzierungskosten.

Den „**originären" Kreditbedarf** hat der Exporteur, der die Produktion, also die Löhne, Gehälter und Zulieferungen finanzieren muss. Daher wird er sich erst einmal an seine Bank wenden, also prinzipiell Kreditnehmer sein. Man kann auch den Standpunkt vertreten, schließlich will der Importeur etwas kaufen, also möge er sich um eine Finanzierung bemühen. Dies entspricht aber nicht den meist vorherrschenden Marktverhältnissen eines Käufermarktes, d.h. eines Marktes, auf dem der Käufer seine Lieferanten auswählt und nicht umgekehrt. Gleichgültig, ob der Kredit an den Importeur (Bestellerkredit) oder den Exporteur (Herstellerfinanzierung) ausbezahlt wird, so wird meist der Exporteur derjenige sein, der als Teil seines Marketinginstrumentariums die Frage eines Investitionskredits mit im Angebot hat. Das wichtigste Unterscheidungsmerkmal bei längerfristigen Auslandskrediten ist aber vor allem für die Bank die Unterscheidung nach dem Kreditnehmer, denn es spielt eine große Rolle, ob die Verantwortung für die Rückzahlung im Inland oder im Ausland liegt. Andererseits ist jeder Exporteur im Gegensatz zu seiner Bank wiederum eher daran interessiert, einen Kredit und das damit verbundene Risiko an den Importeur abzuwälzen und nebenbei seinen Kreditspielraum nicht anzutasten. Hierzu haben sich zwei unterschiedliche Kreditformen entwickelt:

3.3.2.1 Herstellerfinanzierung und Lieferantenkredit

Bei einem Lieferantenkredit stundet der Exporteur dem ausländischen Besteller die Bezahlung der gelieferten Maschinen und Anlagen und trägt die mit diesem Kredit verbundenen Zahlungsrisiken selbst.[9] Das funktioniert zwar wie der klassische Lieferantenkredit im Inland, überschreitet in der Regel aber den im Inland üblichen Zeitraum von drei Monaten wesentlich. Etwas unscharf wird die Bezeichnung dann, wenn mit Lieferantenkredit die Refinanzierung der Bank an den Exporteur gemeint ist, weil

---

[9]   Hermes-Merkblatt zu „Lieferanten- und Bestellerkredite", Hamburg 2004, S.1

man in der Fachterminologie damit eigentlich den (kurzfristigen) Kredit des Lieferanten (also des Exporteurs) an seinen Kunden meint. Deshalb soll hier der Begriff **Lieferantenkredit** nur für den Kredit des **Exporteurs an den Importeur** verwendet werden, aber für die Refinanzierung dieses Kredits durch die Bank der Begriff **Herstellerfinanzierung**[10] oder **Herstellerkredit**. (Abbildung 3-4)

Abbildung 3-4: Refinanzierung eines Lieferantenkredits

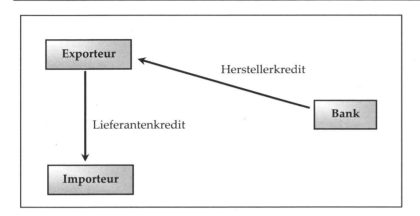

Die Refinanzierung eines Herstellerkredits kann in unterschiedlichsten Formen ablaufen: Auf Wechselbasis mit dann allerdings nicht mehr zentralbankfähigen, weil langfristigen Wechseln, auf einfacher Bankkreditbasis (mit der Sicherheit etwa einer Grundschuld), auf der Basis einer Exportkreditversicherung, als „non-recourse-financing", also mit lediglich der Erwartung auf die Ertragskraft des Projektes selbst, vielleicht sogar als gewagte Version eines BOT-Modells[11] mit oder ohne Kreditversicherung. Wird der Kredit ohne banktübliche Sicherheit gewährt, also entweder als **Non-Recourse –Alternative** oder mit der Deckungszusage einer **Kreditversicherung** oder auch über eine **Forfaitierung,** ist eine besonders sorgfältige Projektdokumentation einschließlich eines plausiblen Nachweises der finanziellen Tragfähigkeit des Exportprojekts erforderlich. Dazu gehört eine Cashflow Aufstellung mit einer Berechnung des Kapitalwertes (net present value) oder der internen Verzinsung (Internal Rate of Return), meist auch auf „worst-case"-Basis, um sicherzustellen, dass auch in ungünstigen Fällen die Bedienung des Kredits sichergestellt ist.

---

[10] Vgl dazu auch Jahrmann (2004), S. 484. Hier wird allerdings auch der Begriff Lieferantenkredit verwendet, ähnlich wie dies auch bei Hermes etwas unscharf der Fall ist

[11] BOT= Build, operate, transfer: Bei diesem Modellen, die es in mehreren Variationen gibt, wird der an den Besteller gewährte Kredit durch Einnahmen aus dem Betrieb des Projekts direkt an den Lieferanten (und Betreiber der Anlage) bezahlt. Vgl. dazu Abschnitt 3.3.4.2

3.3.2.2 Bestellerkredite

Ein für den Exporteur sehr **komfortables Modell** stellt der Bestellerkredit dar, der allerdings meist nur bei einer Absicherung durch eine Exportkreditversicherung oder allenfalls bei wirklich herausragender Bonität des Kunden im Ausland von einer Bank gewährt werden wird, häufig mit einem Risikozuschlag. Die Auszahlung des Kreditbetrages erfolgt an den Exporteur, der Kreditnehmer ist aber der Importeur. Damit erlöschen nach Erledigung der Lieferung die Verpflichtungen des Exporteurs (Abbildung 3-5), weil ein Kreditverhältnis nur noch zwischen Importeur und der Bank besteht. Dies wirkt nicht nur Bilanz entlastend, der Exporteur hat keinerlei Verpflichtung aus dem Kreditvertrag mehr, es sei denn, er hat eine Exporteursgarantie oder eine ähnliche Form der „Rückversicherung" gegenüber der Kredit gebenden Bank geleistet. Es ist verständlich, dass diese Form vom Exporteur vorgezogen wird und tatsächlich ergibt sich auch aus den meisten Statistiken, dass sich diese Form zunehmend durchsetzt (siehe Abschnitt 3.3.3.1).

Abbildung 3-5: Bestellerkredit

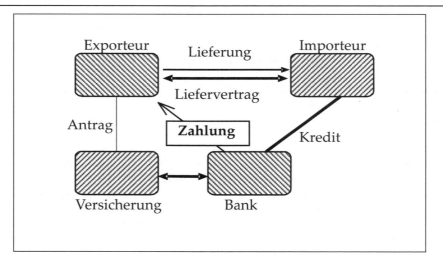

3.3.2.3 Kreditformen, Sicherheit und Erweiterung des Kreditspielraums

Tabelle 3-2 zeigt im Überblick verschiedene längerfristige Kreditformen im Hinblick auf die wichtigen Kriterien Sicherheit und Erweiterung des Kreditspielraums.

Tabelle 3-2: Längerfristige Kreditformen im Außenhandel und Erweiterung des Kreditspielraums

Typ der Sicherheit	Kredit	Erweiterung des Kreditspielraums
Sicherheit des Exporteurs	„Normaler" Lieferantenkredit in verschiedenen Formen	Nein
Sicherheiten des Importeurs	Bestellerkredit	Beim Exporteur : volle Höhe; ggf. abzüglich Garantien für Restrisiken (z.B. Selbstbehalt Hermes)
Sicherheit durch Pfandrechte an Waren	„Normaler" Lieferantenkredit mit verschiedenen Formen	Ja, aber deutlich reduzierte Kredithöhe
Sicherheit durch Exportkreditversicherung	kreditversicherter Exporteur- oder Bestellerkredit	ja: 70-90% des Exportwertes
„Non recourse" Finanzierungen (Projektfinanzierung)	Projektfinanzierung	ja: 70-90% des Projektwertes
Sicherheit durch Verkaufsrechte an produzierten Waren oder Dienstleistungen	Betreibermodell (z.B. BOT), ggf. auch kreditversichert	ja: Bis zu 100% des Projektwertes (aber gegen weitgehendes Projektrisiko)

Grundsätzlich erweitert im Gegensatz zum Bestellerkredit ein Lieferantenkredit (Herstellerfinanzierung) den Kreditspielraum eines Exporteurs nicht.

Es gibt aber durchaus Erweiterungsmöglichkeiten. Das wichtigste Instrument einer solchen Erweiterung, aber auch meist eine Voraussetzung für einen Bestellerkredit ist eine Exportkreditversicherung (siehe Kapitel 3.4). Um die einzelne Hausbank vor untragbaren Risiken bei der Exportfinanzierung zu schützen, wurden schon früh so genannte Sonderkreditinstitute (Abschnitt 3.3.3) geschaffen, die hinter den Geschäftsbanken stehen und die durch ihre Mitfinanzierung ebenfalls einen Kreditspielraum für den Exporteur ermöglichen, der einer normalen Hausbank bei Anwendung banküblicher Risikovorsorgeregeln nicht möglich wäre. Daneben gibt es zwar noch andere Möglichkeiten, wie etwa eine Non-Recourse (Projekt)-finanzierung (Abschnitt 3.3.4), bei der die Ertragskraft eines Projekts als Sicherheit dient, hinter der aber nicht selten eine Bürgschaft des Exporteurs steht. Eine Sonderform der Projektfinanzierung stellen in der Regel relativ riskante Betreibermodelle dar (Siehe Abschnitt 3.3.4.2). Alle diese Varianten werden im Folgenden näher erläutert.

3.3.3 Finanzierungsquellen bei längerfristigen Exportfinanzierungen

3.3.3.1 Ausfuhrkreditgesellschaft (AKA)

Die aus den nicht ausreichenden klassischen Sicherheiten resultierende Risikoproblematik für die einzelnen Banken führte schon 1952 zur Gründung der AKA (Ausfuhrkreditgesellschaft m.b.H.), die anders als ihr etwas behördlich anmutender Name keineswegs ein Staatsinstitut, sondern eine Gemeinschaftsgründung von inzwischen 24 deutschen Banken und Landesbanken ist (Stand 2005). Die Finanzmittel dieses Instituts stammen aus vier "Plafonds" A bis E, von denen der Plafond B für Kredite an Entwicklungsländer inzwischen geschlossen wurde. Das Geschäft der rd. 70 Mitarbeiter beschäftigenden Institution ist in den letzten Jahren leicht zurückgegangen, im Jahr 2004 betrugen die Neuzusagen rund € 2,2 Mrd. bei einem ausstehenden Kreditvolumen von € 6,1 Mrd. [12] Die Summe der Neuzusagen macht weniger als ein halbes Prozent des deutschen Exportvolumens aus. Die AKA hat also keineswegs mehr die Bedeutung wie das vielleicht einmal in den Jahren des deutschen Wiederaufbaus der Fall war. Die Geschäftsbanken verwenden die Institution, weil sie eine Möglichkeit zur Kofinanzierung bietet, aber ob sie heute ähnlich wie in der Nachkriegszeit wirklich dringend notwendig ist, darf angesichts eigener internationaler Verflechtungen der großen Banken in Zweifel gezogen werden.

Kennzeichnend für jede AKA-Finanzierung ist dabei die enge Zusammenarbeit und Mitwirkung einer oder mehrerer ihrer Gesellschafterbanken. Ein Kredit muss also **über die Hausbank des Exporteurs** kommen, die außer bei Plafonds E ein Mitglied der AKA sein muss und es wird i.d.R. vorausgesetzt, dass die Hausbank sich auch am Gesamtkredit beteiligt. Dieses Hausbankprinzip entspricht auch genau der Philosophie der AKA, weil es sich dabei um die Finanzierung eines Projekts handeln soll, das die Hausbank mit einem ihr bekannten Kunden bereits vorbesprochen und für geeignet befunden hat.

97% (!) der Zusagen der AKA sind mit steigender Tendenz[13] Bestellerkredite, ein kleiner Rest entfällt auf Herstellerfinanzierung. Bei Laufzeiten von über zwei Jahren und in fast allen Fällen bei den Bestellerkrediten wird eine Hermesdeckung (Finanzkreditdeckung) verlangt. Es gibt - bis zu zwei Jahren- auch so genannte **Globalkredite**, die

---

[12] AKA-Geschäftsbericht 2004; siehe auch http://www.akabank.de/ 17.10.05)
[13] AKA Geschäftsbericht 2004, S. 16 (Bereits 1992 betrug der Anteil von Lieferanten- bzw. Herstellerkrediten noch 8%).

aber wiederum nur als Herstellerkredite vergeben werden. Sie haben jedoch den Vorteil, dass sie im Regelfall revolvierend gewährt werden, nicht fall- bzw. geschäftsbezogen sind und damit sozusagen eine Art Grundstock zur Vorfinanzierung laufender Exportgeschäfte darstellen. Kreditplafonds können untereinander und mit Krediten der Hausbank oder anderer Banken kombiniert werden, allerdings wird die AKA nur in Ausnahmefällen einer Gesamtfinanzierung von mehr als 80-85% des Vertragswertes zustimmen. Mit inzwischen 90% Anteil an den AKA-Krediten hat sich Plafonds E durchgesetzt, [14] auch wenn hier die Bedingungen in der Regel etwas härter sind: So kann nicht gemäß Baufortschritt ausgezahlt werden, sondern nur "pro rata Lieferung", der Exporteur muss also bei längeren Fertigungszeiten seinen Finanzbedarf vorfinanzieren, außerdem ist auch bei kürzeren Laufzeiten immer eine Hermesdeckung erforderlich.

Für Entwicklungsländer gibt es verbesserte Zins- und Laufzeitkonditionen, die so genannten **„CIRR"-Sätze**: CIRR steht für Commercial Interest Reference Rate und ist ein Mindestzinssatz, den die OECD ihren Mitgliedern für die Gewährung an bestimmte Ländergruppen vorschreibt, um versteckte Exportförderungen durch die Regierungen zu unterbinden. Diese Zinssätze sind für Entwicklungsländer gestaffelt nach Wohlstandsniveau niedriger, die Laufzeiten länger: Die Differenz zu Marktzinssätzen wird in Deutschland durch die öffentliche Hand aus so genannten ERP-Mitteln[15] getragen.

Die Übernahme eines 5%-igen nicht abwälzbaren Selbstbehalts, der von Hermes normalerweise vom Exporteur gefordert wird (siehe Kapitel 3.4), lässt sich die Bank bei Bestellerkrediten möglicherweise durch einen zusätzlichen Risikozuschlag entgelten. Daneben ist eine "**Exporteurserklärung**" abzugeben, in welcher im Wesentlichen die Haftung für Forderungen übernommen wird, die aus mangelhafter Vertragserfüllung entstehen. Auch muss der Exporteur für Hermesgebühren aufkommen, die nicht vom Besteller bezahlt werden.

3.3.3.2 Geschäftsbanken

Außenhandelskredite, die von Geschäftsbanken vergeben werden, unterscheiden sich nicht wesentlich von Krediten mit AKA-Beteiligung. Überwiegend handelt es sich auch hier um Bestellerkredite, die in Einzelfällen hinsichtlich von Konditionen wie Finanzierung von Vorauszahlungen und „local costs" etwas flexibler gehandhabt werden können, die hinsichtlich anderer Kriterien wie beispielsweise der Forderung nach einer unwiderruflichen Garantie einer Bank im Lande des Importeurs oft auch

---

[14] Zu den Plafonds im Einzelnen siehe http://www.akabank.de/. Diese Plafonds haben in erster Linie historische Bedeutung, auch wenn sie mit etwas unterschiedlichen Bedingungen ausgestattet sind.

[15] ERP = European Recovery Program, das sind zurückgezahlte Mittel aus dem ehemaligen Marshallplan, die noch durch die AKA und die KfW verwaltet werden

wieder rigider sind.[16] Fast immer wird auch eine Exportkreditabsicherung gefordert, international als „ECA"-Finanzierung (ECA=Export Credit Agency) bezeichnet.

Abbildung 3-6: Klassische Bedingungen bei Krediten im Außenhandel

---

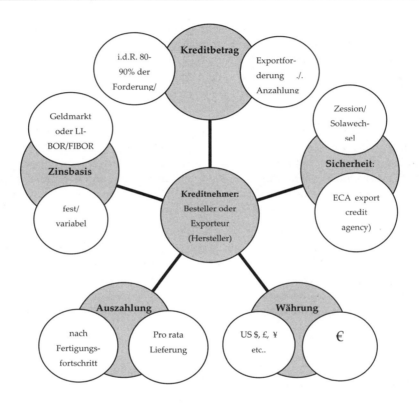

Abbildung 3-6 stellt eine Zusammenfassung wesentlicher Grundkriterien von Exportkrediten dar, die auf AKA-Kriterien zurückgehen, die aber auch generell **für den „klassischen Exportkredit"** gelten: Dabei spielen neben der Frage des Kreditnehmers (Besteller oder Exporteur) wichtige Kriterien wie Auszahlung eines Kredits, Besicherung (überwiegend exportkreditversichert), Währung und Zinsbasis eine Rolle. Fast immer gilt der Grundsatz, dass die Aus- und Rückzahlung eines Kredites möglichst eng an das Grundgeschäft anzulehnen ist, meist mit einer gewissen Sicherheitsmarge. Eine Anzahlung von 10-20% ist auch im Inland banküblich und wird auch von Ex-

---

[16] Vgl. Jahrmann, (2004), S. 480

portkreditversicherern verlangt. Die Anzahlung ist nicht als bürokratische Bedingung zu sehen, die dient der Sicherheit, da im Konkursfall meist nur ein Teil des Wertes eines Exportgutes etwa durch Versteigerung wieder gewonnen werden kann. Deshalb werden auch Geschäftsbanken davon nur abgehen, wenn es dafür eine andere Sicherheit gibt.

Teil eines Kreditantrags sowohl bei der AKA wie auch bei einer normalen Geschäftsbank ist daher immer ein **Finanzierungsplan,** an dem sich dann auch die Finanzierungslinie (Aus- und Rückzahlung) des Kredits orientiert. Ein solcher Finanzierungsplan (Tabelle 3-3) ist ebenfalls nicht als lästiger Antragsbestandteil zu sehen, er dient auch der Cashflow Planung des eigenen Unternehmens.

Tabelle 3-3: Klassischer Finanzierungsplan[17]

Monate ab Kreditvertragsabschluß	Aufwendungen	./. Zahlungseingänge aus Liefervertrag ("Exporterlöse")	=Nettoeingänge = B-C (Cashflow I)	Kreditauszahlung	Tilgung	Projekt Cash-Flow II (vor Zinnsen)	kumulativer Kreditbetrag
	in 1000 €	in 1000 €	in 1000 €	in 1000 €	in 1000 €	in 1000 €	in 1000 €
A	B	C	D	E	F	G	H
			B+C			D+E+F	E, F bzw. G kumuliert
1	-150	50	-100			-100	
2	-200		-200			-200	
6	-300		-300	350		50	-350
9	-100		-100			-100	-350
12	-100	100	0	500		500	-850
18		85	85		-85	0	-765
24		85	85		-85	0	-680
30		85	85		-85	0	-595
36		85	85		-85	0	-510
42		85	85		-85	0	-425
48		85	85		-85	0	-340
54		85	85		-85	0	-255
60		85	85		-85	0	-170
66		85	85		-85	0	-85
72		85	85		-85	0	0
Summe	-850	1000	150	850	-850	0	

Adaptiert von: AKA akabank.de/mustfipl.htm

Als erstes wird ein dem Zahlungsfortschritt entsprechender Zeitplan in Tagen, Wochen, Monaten, Quartalen oder Jahren aufgestellt (Spalte A). Entsprechend werden dann die eigenen Aufwendungen (Spalte B) und die geplanten Zahlungseingänge aus An- und Zwischenzahlungen (Spalte C) aufgeführt, die sich zu den gesamten Zahlungseingängen (Nettoeingänge „Spalte D) summieren. Dieser erste **Projekt-Cashflow (I) in Spalte D** ist der Planungsausgangspunkt für seine Finanzierung und stellt einen

---

[17] Der Finanzierungsplan stammt ursprünglich aus einem AKA-Musterbeispiel, das unter akabank.de/mustfipl.htm zu finden ist. Das Beispiel wurde aber nach Diskussionen mit Bankern mehr den klassischen Bedingungen einer modernen Geschäftsbank angepasst.

wichtigen Meilenstein bei der Projektplanung dar. Dieser erste Cashflow sollte zeitlich so angelegt sein, dass (1) der Importeur auch in der Lage ist, die Zahlungen aus dem Projekt oder aus seinen sonstigen Einnahmen zu leisten und (2) dass die technisch-wirtschaftliche Lebensdauer des gelieferten Gutes nicht überschritten wird. In diesem Plan sind übrigens noch keine Zinsen enthalten, die natürlich auch noch zur Belastung entweder des Exporteurs (Herstellerfinanzierung) oder Importeurs (Bestellerkredit) hinzukommen. Generell werden maximal 85% bis 90% des Auftragswertes finanziert, der Rest ist entweder aus einer Anzahlung oder, falls 10-15% Anzahlung nicht durchsetzbar sind, aus eigenen Mitteln des Exporteurs zu finanzieren. 85% stellen normalerweise einen oberen Grenzwert dar, der sowohl von ECA's als auch innerhalb des OECD-Konsensus gefordert wird, bei entsprechenden Garantien z.B. des Staates oder bei Geschäftsüblichkeit gibt es sicherlich auch Ausnahmen. In Spalte wird schließlich der Projekt Cash-Flow (II) ausgewiesen, der die Liquidität einschließlich der Kreditaus- und Rückzahlungen wiedergibt.

3.3.3.3 Kreditanstalt für Wiederaufbau

Als eine weitere wichtige Finanzierungsinstitution steht die **Kreditanstalt für Wiederaufbau** (KfW) zur Verfügung, die im Gegensatz zur AKA eine öffentlich rechtliche Bank mit einem Sonderstatus auf der Basis eines eigene "KW-Gesetzes" ist. Dies lässt sich aus ihrer Geschichte als eine derjenigen Institutionen zurückführen, die nach dem 2. Weltkrieg so genannte ERP-Mittel (siehe S. 81) zum Wiederaufbau der deutschen Wirtschaft durchleiteten. Diese Mittel sind inzwischen von € 3,3 Mrd. auf über € 10 Mrd. angewachsen, sie spielen aber im Vergleich zu den von der KfW in eigener Regie aufgenommenen Marktmittel (i.d.R. Schuldverschreibungen) von rund € 265 Mrd. eine eher untergeordnete Rolle.[18]

Die KfW wurde 2004 entsprechend ihrer verschiedenen Aufgabenstellungen in folgende Bereiche bzw. Teilbanken gegliedert[19]:

- KfW-Ipex Bank : Alle Aktivitäten, in denen die Bank im Wettbewerb mit anderen Banken steht, insbesondere Projekt- und Unternehmens- sowie Exportfinanzierung. (Neuzusagen 2004: € 11,8 Mrd., davon Exportfinanzierung € 6,1 Mrd.)

- KfW-Entwicklungsbank: Zusammenarbeit mit Entwicklungsländern im Auftrag der Bundesregierung (Zusagen 2004: € 1,94 Mrd.)

- KfW-DEG: für privatwirtschaftliche Investitionen in Entwicklungsländern (Zusagen 2004: 0,56 Mrd.)

---

[18] Vgl. KfW-Geschäftsbericht 2004, S. 122
[19] Zahlen stammen aus dem KfW-Geschäftsbericht 2004 (siehe auch http://www.kfw-bankengruppe.de/), 22.10.04

- KfW-Mittelstandsbank: Finanzierung, Existenzgründung und Innovation

- KfW-Förderbank: Bauen, Wohnen, Infrastruktur, Bildung und Soziales

In den beiden letztgenannten Bereichen leitet die Bank vor allem staatliche Mittel aus Förderprogrammen der Bundesregierung durch. Das klassische Exportkreditgeschäft wird von der Ipex-Bank durchgeführt. Spielten hier früher die ERP-Mittel vor allem bei Finanzierungen in Entwicklungsländern eine große Rolle, so betragen die öffentlichen Mittel heute nur noch 5% des Exportfinanzierungsvolumens. Es gibt auch hier Besteller- und Lieferantenkredite, allerdings hat sich wie auch bei der AKA eine starke Verlagerung in Richtung auf die Bestellerkredite ergeben. Da die KfW kein eigenes Filialnetz unterhält, finanziert sie Projekte überwiegend über die Hausbank eines Exporteurs, auch mit AKA und Geschäftsbanken zusammen, aber prinzipiell auch alleine. Daneben stellt eine KfW-Zusage oft auch ein "Vehikel" dar, auf dessen Basis sich auch andere Banken bei einem risikobehafteten Vorhaben mit engagieren. Allerdings werden auch von der KfW Kredite insbesondere in riskantere Entwicklungsländer überwiegend nur bei Deckung durch eine Exportkreditversicherung vergeben.

Weitergehende **Risikoentlastungsfunktionen** werden durch eine Reihe von Sonderprogrammen wahrgenommen, wie etwa dem Mittelstandsprogramm Ausland oder ein Programm zur Technologieförderung („ERP-Startfonds). Ihre Bedeutung bleibt trotz der Tatsache, dass sie sich sehr gut nach außen darstellen lassen, volumenmäßig eher gering.

Daneben ist die KfW die deutsche **Entwicklungsbank**, die ein Volumen von rd. € 2 Mrd. an Zusagen für Entwicklungshilfekredite ("Finanzielle Zusammenarbeit") aus Bundesmitteln nicht nur durchleitet, sondern auch deren entwicklungspolitische Sinnhaftigkeit prüft und überwacht sowie eine Art Oberaufsicht über die Durchführung solcher Projekte übernimmt. Anträge auf die Finanzierung werden auf bilateraler Regierungsebene vom jeweiligen Land gestellt. Die Projekte selbst werden dann - teilweise an Lieferungen aus Deutschland gebunden - ausgeschrieben und es steht jedem Unternehmen offen, an diesen **Ausschreibungen** teilzunehmen.

Für die Finanzierung von Beteiligungen (joint-ventures) steht die ursprünglich selbständige Teilbank der KfW, die **DEG** in Köln zur Verfügung. Ihre Aufgabe konzentriert sich auf „privatwirtschaftliche Investitionen in Entwicklungsländern". Interessant ist hier die Schwerpunktsetzung auf riskantere Länder und die Tatsache, dass man bereit ist, sich an einem Risiko zu beteiligen. Projekte werden sowohl unter Risiko- wie auch unter entwicklungspolitischen Kriterien geprüft, es wird im positiven Fall ein Kredit an die neu gegründete Gesellschaft vergeben, unter gewissen Voraussetzungen erfolgt auch eine Beteiligung der DEG. Die Gesellschaft unterhält aus Mitteln des Ministeriums für wirtschaftliche Zusammenarbeit und Entwicklung auch in einigen Entwicklungsländern Beratungsdienste, die vor allem Unternehmen zur Verfügung stehen, die an Partnerschaften mit einer einheimischen Firma interessiert sind.

3.3.3.4 Internationale Finanzierungsinstitutionen

Dasselbe Prinzip der Projektgestaltung wie bei der KfW und auch der DEG gilt auch bei der Weltbank (International Bank for Reconstruction and Development, IBRD) und anderen internationalen Finanzierungsinstitutionen wie etwa die vier regionalen Entwicklungsbanken in Abidjan (Afrikanische Entwicklungsbank), Manila (Asiatische Entwicklungsbank), Washington (Amerikanische Entwicklungsbank), London (Osteuropabank) sowie den europäischen Institutionen wie Europäische Kommission in Brüssel (z.B. Joint Venture Programm) oder die Europäische Investitionsbank in Luxemburg. Die Weltbank ist wiederum in drei „Unterbanken" gegliedert, die „International Development Agency" IDA, die Kredite zu äußerst günstigen Bedingungen an die ärmsten Entwicklungsländer vergibt, die eigentliche „IBRD", deren Kreditbedingungen für weniger arme Länder je nach Entwicklungsstand gestaffelt sind und die IFC („International Finance Corporation"), die ähnlich der deutschen DEG Kapitalbeteiligungen an Projekten eingeht. Diese Institutionen sind primär der Unterstützung von Entwicklungs- und Transformationsländern gewidmet und nicht der Exportfinanzierung. Auch gelten günstige Kreditbedingungen meist nur für die Empfängerstaaten, an die durchführenden Institutionen oder Firmen werden die Kredite zu marktüblichen Bedingungen weitergeleitet. In vielen Ländern ist es aber wegen des hohen Projektrisikos kaum oder gar nicht möglich, eine Finanzierung eines größeren Projektes anders aufzubringen als im Rahmen eines Entwicklungsprojektes.

3.3.4 Finanzierung von Projekten

Ein Projekt kann man in der Regel definieren als:

- zeitlich, finanziell und von den Beteiligten her klar abgrenzbares Vorhaben,
- Ein Vorhaben mit längerfristiger Finanzierungs- bzw. "pay-back" Periode, in der das Projekt Gewinne abwirft,
- Ein Vorhaben, das einen hohen Kapitalbedarf verursacht. Hier ist keine Grenze nennbar, in der Regel handelt es sich um (Millionen-) Beträge, welche den normalen banküblichen Finanzierungsrahmen eines Einzelunternehmens im Rahmen seiner Kreditlinien überschreiten.

3.3.4.1 Non-Recourse Finanzierung

Bei der Projektfinanzierung handelt es sich um die Kreditgewährung für ein Investitionsvorhaben (Projekt), das als sich **selbst tragende Wirtschaftseinheit konzipiert** ist und häufig von einer rechtlich selbstständigen und eigens zu diesem Zweck gegründeten Projektgesellschaft durchgeführt und betrieben wird. Die Kreditvergabe basiert entscheidend auf der Erwartung, dass das Projekt einen Cashflow realisiert, der mindestens zur Deckung der Betriebskosten und des Schuldendienstes ausreicht.

Der Kreditentscheidung geht eine sorgfältige und intensive Prüfung der technischen und wirtschaftlichen Durchführbarkeit des Projektes, der Tragfähigkeit der Besicherungskonstruktion und der Genehmigungen der zuständigen Verwaltungen voraus. Projektfinanzierungen werden in der Regel als so genannte **„non-recourse"** oder „**limited recourse"**-Finanzierungen abgewickelt, was bedeutet, dass der Kreditgeber nicht auf die Bonität und die Haftung der jeweiligen Muttergesellschaft eines Projekts zurückgreifen kann. Dazu ist meist die Gründung einer speziellen Projektgesellschaft erforderlich, die dann auch Kreditnehmer ist. Solche Finanzierungen sind für Banken zwar risikoreicher, andererseits wäre eine Finanzierung oft gar nicht möglich, weil der Kreditspielraum der Muttergesellschaft vor allem bei Großprojekten bereits ausgeschöpft ist. Andererseits: Sollte die Mutterfirma Konkurs anmelden, so bleibt das Projekt und der daraus resultierende Cashflow erhalten und geht nicht in die Konkursmasse ein. Es soll schon Banken gegeben haben, die nach Analyse der finanziellen Lage der Mutterfirma auf die Gründung einer eigenen Projektgesellschaft gedrungen haben. Bedingt durch die Tatsache, dass zur Bedienung des Schuldendienstes einzig und allein die Einnahmen aus dem Projekt zur Verfügung stehen, muss eine sehr detaillierte Cashflow-Vorschau mit meist mehreren Szenarien vorgelegt werden. Projektgesellschaften werden auch häufig in Konsortialform organisiert und dabei fungiert eines der beteiligten Unternehmen als Konsortialführer, manchmal ist es auch ein Consultant, der mit dem Projektmanagement betraut ist.

Der **Finanzierungsspielraum** eines Projekts wird mit $L = C \cdot \varphi$ angegeben, wobei L der maximale Darlehensbetrag, C der Projekt-Cashflow und φ eine Art Sicherheitskonstante darstellt, die kleiner als 1 ist und die den Prozentsatz der Deckung eines maximalen Kredits beschreibt.[20] Dieser Parameter ist zwar ins Belieben der finanzierenden Banken gestellt, allerdings gilt er international als relativ konstant, d.h. er liegt etwa bei 80-90%. Eine wesentlich dehnbarere Steuerungsgröße stellt der Projekt-Cashflow dar, denn hier handelt es sich ja nicht um fest vereinbarte Rückzahlungsraten wie etwa bei einem Exportkredit, sondern um Projekteinnahmen und -ausgaben, die von vielen Variablen abhängen, wie beispielsweise der Nachfrage- und Preisentwicklung, den Produktionskosten und die der einer ganzen Palette der Risiken von Wechselkursfluktuationen bis zu politischen Problemen ausgesetzt sind. Eine realistische Schätzung des Projekt-Cashflows stellt eine der anspruchsvollsten Aufgaben bei der Projektplanung dar, denn dieser sollte weder optimistisch überhöht noch zu vorsichtig angenommen sein (Beispiel 3-2).

Beispiel 3-2: Ölpreisentwicklung

Im Jahre 1999 wurde in Indonesien eine Papierfabrik geplant, welche die Bagasse nahe liegender Zuckerfabriken als Rohstoff zur Herstellung von Zellstoff verwenden sollte, der

---

20　Vgl. Pollio Gerald: International Project Analysis and Financing, London 1999, p. 1

in der eigentlichen Papierfabrikation dann zu Papier umgewandelt wird. Marktstudien ergaben eine hohe Nachfrage nach lokal hergestelltem Papier und auch nach Zellstoff. Bagasse ist das Überbleibsel, das nach dem Auspressen der Zuckerrohre übrig bleibt, es wird traditionell im relativ energieintensiven Raffinerieprozess von Zucker als Brennstoff verwendet, so dass die Zuckerfabriken nur zum Anheizen des Prozesses Energie von Außen benötigen. Es wurde daher mit den Zuckerfabriken ein Vertrag geschlossen, der für die gelieferte Bagasse einen entsprechenden Ausgleich durch die Lieferung von Schweröl vorsah. Die Liefermenge wurde durch den entsprechenden Kalorienwert der Bagasse und des Schweröls bestimmt. Es war offensichtlich, dass der Ölpreis eine wesentliche Bestimmungsgröße des Projekterfolgs sein würde, denn bei einem Ansteigen würde die Produktion deutlich teurer werden, ohne dass dies auf die Papierpreise weitergegeben werden konnte. Indonesien produziert zwar selbst Öl und ist auch ein Mitglied der OPEC, in der Folge der Asienkrise wurden aber gemäß Auflagen des IWF auch die lokalen Öl- und Benzinpreise auf Weltmarktniveau angehoben. Die Projektstudien rechneten mit einem „worst-case" Ölpreis von 50 US $ pro Barrel, ab dem das Projekt unrentabel werden würde. Die „pay-back"–Periode war mit 10 Jahren, also beginnend 2001 bis 2011 angesetzt. Schätzungen des Ölpreises variierten damals zwischen 25 und 45 Dollar, so dass die Prognose als durchaus seriös, ja sogar fast als pessimistisch angesehen werden konnte.

Tatsächlich kam es zu Beginn des Jahre 2005 zu einem Ölpreis von 60 $/Barrel, der sogar zeitweise an die 70 US $ herankam. Das Projekt konnte nur aufrechterhalten werden, indem der Schuldendienst ausgesetzt wurde. Bleibt der Ölpreis auf derselben Höhe, wird es vermutlich sinnvoller sein, die Fabrik zu schließen oder sie auf einen anderen Rohstoff umzustellen, was aber in jedem Fall einen großen Verlust für die Geldgeber des Projekts bedeuten würde.

Beispiel 3-2 zeigt ein wenig das Umfeld, in dem sich Projektfinanzierungen bewegen. Ölpreise für das Jahr 2000 wurden beispielsweise in der Dekade vorher (1983-91) von durchaus seriösen Quellen irgendwo zwischen 30 und 75 US $/Barrel geschätzt:[21] Ein viel zu weiter Spielraum, um darauf eine vernünftige Prognose für ein Projekt aufzubauen, dessen Input im Wesentlichen aus Öl besteht. Eine der Schwachpunkte des Konzepts in Beispiel 3-2 war ja auch, dass kaum Möglichkeiten vorhanden waren, Preiserhöhungen weiterzugeben, weil die Konkurrenz andere Inputs nutzt. Es muss nicht immer so ein „exotisches" Projekt sein, auch Projekte etwa im Hotel- und Tourismusbereich, bei Flugzeugen und Schiffen oder auch im Rohstoffbereich weisen über genügend Unsicherheiten auf, die es zu berücksichtigen gilt. Eine seriöse Beurteilung muss dabei auf zwei Seiten abgesichert sein, d.h. einerseits dürfen die Parameter des Vorhabens nicht übermäßig optimistisch sein, andererseits macht es aber auch wenig Sinn, ein Projekt durch eine Kumulierung pessimistischer Annahmen zu „killen". Sinnvoll ist es dabei, im Rahmen einer Sensitivitätsanalyse diejenigen Variablen her-

---

[21]   Thackeray: Opec's Future Rests on Asian Tigers Return to Growth, Petroleum Review, July 1998

auszuarbeiten, die einen besonders starken Einfluss auf den Projekterfolg haben und vielleicht auch Szenarien herauszuarbeiten, ob es beispielsweise überhaupt wahrscheinlich ist, dass negative oder positive Annahmen kumuliert auftreten. Auch Strategien für den Fall eines Misserfolgs sollten hier bereits diskutiert werden, z.B. inwieweit eine Laufzeitverlängerung für die Kredite oder auch eine technische Änderung ein Projekt noch retten kann.

Bei Projektfinanzierungen taucht häufig auch der Begriff **„strukturierte Finanzierung"** auf. Der Unterschied zur Projektsicht besteht im Wesentlichen darin, dass hier die Sichtweise der Finanzierungsseite und nicht der Verwendungsseite eingenommen wird. Strukturierte Finanzierungen stellen eine Kombination aus verschiedenen Kapitalmarktinstrumenten dar. Dazu gehören z.B. aus Haftungs- und Steuergründen gewählte Leasing-Strukturen (operating leasing, sale and lease back), aber auch das relativ neue Instrument der "Asset Backed"-Finanzierung. Dabei werden z.B. Flugzeuge nicht nur über Bankkredite finanziert, sondern auch durch die Ausgabe von Schuldverschreibungen, die am Flugzeug besichert sind ("Asset Backed Securities"). Um die Platzierbarkeit solcher Wertpapiere zu verbessern, ist eine Bank als Käufer oder Garant solcher Wertpapiere dazwischen geschaltet.

Wesentlich ist allen Projektfinanzierungen, dass sie den Kreditspielraum des Investors erweitern, weil das Projekt als eigenständige Wirtschaftseinheit allenfalls in Form einer Beteiligung in der Bilanz erwähnt wird. Nicht selten tangieren Projekte aber über begebene Bürgschaften dennoch den Kreditspielraum, weil sie als Eventualverbindlichkeiten in der Bilanz aufgelistet werden müssen.

3.3.4.2 Betreibermodelle

Unter einem Betreibermodell ist eine Finanzierungsform zu verstehen, bei dem das exportierende Unternehmen seine Einnahmen aus dem Betrieb einer erstellten Anlage bis zu einem gewissen Zeitpunkt erhält. Hier kommen Infrastruktureinrichtungen, (Straßen, Brücken, Eisenbahnen, Telefonnetze), Schiffe, Flugzeuge und Industrieanlagen in Frage, die langfristig finanziert werden und deren Hauptsicherheit wie bei allen Projektfinanzierungen aus den erwarteten Einnahmen besteht. Auch Hotels sind bereits als Betreibermodell geplant und betrieben worden (vgl.Beispiel 3-3).

Beispiel 3-3: Ein Hotel als Betreibermodell

Eines der bekanntesten Modelle in diesem Bereich stellt das Hotel „Balschugg-Kempinski" in Moskau dar, wo ein deutsches Baukonsortium ein altes Stadtschloss restauriert und zunächst ein luxuriöses Geschäftshotel daraus gemacht hat. Das Baukonsortium hat sich klugerweise mit der erfahrenen Hotelgruppe Kempinski zusammen getan. Das Grundmodell beruhte darauf, dass das Hotel-Bau-Konsortium das Hotel mit sämtlichen Kosten und

Einnahmen für eine bestimmte Zahl von Jahren zur Deckung der Baukosten betreiben durfte und dann an den Auftraggeber für einen Restkaufpreis zu übergeben hatte (Einzelheiten des Vertragswerkes wurden nicht nach außen weitergegeben). Ein besonderes Kuriosum dieses Hotels mitten in Moskau war, dass sämtliche Preise einschließlich der Speisekarten in DM und später in € quotiert waren. Man konnte zwar in Rubel bezahlen, aber diese wurden zum jeweils geltenden Wechselkurs entgegengenommen.

Das Grundmodell, das auch im Beispiel 3-2 verwirklicht worden ist, stellt das so genannte "BOT-Modell" (Build-Operate-Transfer) dar, bei dem die verkaufende Firma meist im Rahmen eines Konsortiums die Investition für eine Reihe von Jahren in Eigenregie betreibt, und nachdem sie Kosten plus einen angemessenen Gewinnanteil wieder zurück gewonnen hat, an den ursprünglichen Käufer übergibt. Voraussetzung ist allerdings meist, dass die Währung des Käuferlandes frei konvertierbar ist, oder dass der Betreiber zumindest die Einnahmen in Devisen bekommt, wie dies etwa bei einem Schiff oder Flugzeug der Fall ist. Grundsätzlich sind diese Modelle unter entsprechenden formalen Voraussetzungen auch bei Exportkreditagenturen versicherbar.

Ähnlich wie bei Barter Modellen handelt es sich hier eigentlich nicht primär um eine Risikobegrenzungsmaßnahme, sondern um ein eigenes Finanzierungsmodell, das **viele Teilrisiken letztlich eher erhöht**. Diese Modelle stellen aber im internationalen Wettbewerb vor allem in ärmeren Ländern eine Realität dar und können nicht einfach ignoriert werden. Problematisch ist vor allem das Know-how, denn ein Hersteller von Turbinen verfügt meist nicht über das Wissen und die Erfahrung eines Betreibers von Kraftwerken und Stromnetzen bis hin zum kleinsten Haushalt. Nicht selten müssen sich hier auch Firmen aus verschiedenen Branchen zusammentun, wie etwa die Baufirma und die Hotelkette oder der Flugzeugbauer und die erfahrene Fluglinie. Problematisch sind auch mangelnde Kenntnisse des rechtlichen Umfeldes wie z.B. das fehlende Wissen eines Kraftwerksbetreibers in Russland darüber, dass es dort sogar per Verfassung untersagt ist (war), einen nicht zahlenden Stromkunden vom Netz abzuklemmen.

Beispiel 3-4: Mautautobahn in Kroatien: BOT-Modell und „sructured finance"[22]

Die Bundesregierung unterstützt in Kroatien die Rehabilitierung und den Ausbau einer 59 km langen Autobahnstrecke von Zagreb nach Macelj mit einer kombinierten Ausfuhr- und Finanzkreditdeckung sowie einer Direktinvestitionsgarantie für ein beteiligungsähnliches Darlehen. Dem gelungenen Zusammenspiel der beiden Deckungsinstrumente kam bei der Sicherstellung der Finanzierung durch ein internationales Bankenkonsortium unter Federführung der Hypovereinsbank und der HSH Nordbank erhebliche Bedeutung zu. Die neue Strecke setzt den Ausbau der kroatischen Verkehrsinfrastruktur weiter fort. Nach der Erneuerung der inländischen Autobahnverbindungen zwischen Zagreb und den

---

[22]   Quelle: Euler-Hermes Jahresbericht 2004, S. 32

Adriahäfen werden jetzt die Routen zu den Nachbarstaaten für den grenzüberschreitenden Verkehr rehabilitiert und ausgebaut. Kroatien als europäisches Transitland und als aussichtsreicher Kandidat für eine Mitgliedschaft in der EU erfüllt damit die Pläne der EU-Kommission zur Entwicklung des europäischen Fernstraßennetzes. Die kroatische Regierung setzt aufgrund der angespannten Haushaltslage verstärkt auf die privatwirtschaftliche Finanzierung von Verkehrsprojekten auf Basis von Mauteinnahmen (BOT-Modelle). Deshalb wurde 2003 entschieden, den seit mehreren Jahren geplanten Ausbau der Autobahnstrecke zwischen Zagreb und Macelj an der nördlichen Grenze zu Slowenien im Wege einer Projektfinanzierung zu realisieren. Dieses Infrastrukturprojekt wurde nach dem Public-Private- Partnership-Ansatz strukturiert, an dem sich zwar private Investoren auf Basis der erwarteten Mauteinnahmen beteiligen, der Staat aber gleichzeitig umfangreiche Verpflichtungen übernimmt. Den Zuschlag für die Konzession zur Finanzierung, zum Bau und zum Betrieb des Projekts für einen Zeitraum von 28 Jahren erhielt die Autocesta Zagreb Macelj d.o.o. Die Bauausführung erfolgt durch die DYWIDAG International GmbH, München, gemeinsam mit der Strabag International GmbH, Köln. Die bauausführenden Unternehmen sind überdies mit 51% an der Projektgesellschaft beteiligt.

3.4   Exportkreditversicherungen (ECA's)

Es gibt inzwischen weltweit etwa 70 Exportkreditversicherungen, die alle Mitglieder der Dachorganisation Berner Union sind. Im Bankerjargon werden sie als ECA's (export credit agencies) bezeichnet. Durch ECA's werden knapp US $ 700 Mrd. im Jahr gedeckt, das sind etwa 7% des Welthandelsvolumens in Höhe von US $ 9 100 Mrd.[23] Die Unterschiede in den einzelnen Ländern sind beträchtlich: Während in Japan 45%, in Frankreich und England 35% der Exporte gedeckt werden, sind es in Deutschland weniger als 3%.[24] Trotz der Harmonisierungsbestrebungen der Berner Union und der OECD („Konsensus") und auch der Versuche der EU, ungerechtfertigte Exportsubventionen zu unterbinden, sind die Angebote der verschiedenen Länder alles andere als vergleichbar. In den meisten Ländern liegen Finanzierung und Versicherung bei einer Institution, auch die Höhe und der Charakter der versicherten Risiken unterscheiden sich und Länder wie Japan exportieren beispielsweise deutlich mehr Güter in kritische Entwicklungsländer als Deutschland, wo mehr als die Hälfte ohnehin in europäische Länder geliefert wird. In den wichtigsten Exportländern gibt es folgende Institutionen:[25]

---

[23] Vgl. Berne Union Yearbook 2005, p. 32 http://www.berneunion.org.uk/publications.htm 24.10.05

[24] Vgl. Jahrmann (2004), S. 360

[25] Für eine vollständige Liste siehe das Berne Union Yearbook 2005 oder auch Stephens, Malcolm, The changing role of export credit agencies, Washington 1999, pp. 119

- COFACE (Compagnie Francaise d'Assurance pour le Commerce Extérieur),

- ECGD (Export Credits Guarantee Departement, UK)

- Exportkreditbank (EXIM-Bank), Foreign Credit Insurance Association (FCIA) und Overseas Private Insurance Corporation (OPIC), USA

- Export Insurance Division (EID) des Ministry of Trade and Industry (MITI), Japan

- SACE (Sezione Speciale per l'Assicurazione del Credito all'Exportatione, Italien

- The People's Insurance Company of China (PICC)

Auch Schwellen- und Entwicklungsländer wie Argentinien, Indien, Malaysia, Korea, Indonesien und viele andere unterhalten ECA's, die häufig zur Unterstützung des Exports durch öffentliche Finanzmittel unterstützt werden.

3.4.1 Das Angebot in Deutschland

In Deutschland gibt es die folgenden größeren Anbieter, die Risiken eines Auslandsexports absichern:

- Euler-Hermes-AG, früher als „Hermes" bekannt

- Allgemeine Kreditversicherungs- AG (fusioniert mit der französischen staatlichen Exportkreditversicherung „Coface")

- Spezielle Kreditversicherungs AG des Gerling Konzerns

- Züricher Kautions- und Kreditversicherungs-AG mit Filiale in Frankfurt

Die **privaten Anbieter** (alle außer Euler-Hermes) hatten aber keine wesentliche Bedeutung, denn sie sichern meist kein politisches Risiko ab und beschränken die Deckung auf kürzere Laufzeiten und ausgewählte und relativ sichere Länder. Dem entspricht auch eine EU-Direktive, nach der ab Januar 2005 (mit gewissen Übergangsfristen) die Deckung von Exporten mit einer Zahlungsfrist von unter zwei Jahren in EU-Länder und Kernländer der OECD durch staatliche Institutionen untersagt ist, weil sie die Risiken auch in den neuen Beitrittsländern für marktfähig hält.[26] Wesentlicher Exportkreditversicherer in Deutschland ist aber nach wie vor die die Euler-Hermes AG, die selbst eine private Gesellschaft ist, die aber die Exportkreditversicherung im Auftrag der Bundesregierung betreibt. Voraussetzung ist daher auch die Förderungswürdigkeit, d.h. insbesondere, dass ein Geschäft wichtigen Interessen der Bundesrepublik Deutschland nicht entgegenstehen darf und dass die Lieferungen und Leistungen

---

[26] Vgl. Hermes Jahresbericht, 2004, S. 24;

überwiegend aus Deutschland stammen. Stammen Lieferungen aus mehreren Ländern der EU, so können sich auch mehrere Versicherungen zu einem Konsortium zusammenschließen, was schon andeutet, dass es in einem solchen Fall eine nicht unerhebliche „Papierarbeit" für den Exporteur geben wird.

Wichtige Grundinformationen über die Bedeutung und die Rolle von Hermes gehen komprimiert aus Tabelle 3-4 hervor.

Tabelle 3-4: Wichtige Daten zur deutschen Exportkreditversicherung (Euler Hermes)

Euler- Hermes-Kenndaten		Durchschnitt 2002-04
Ermächtigungsrahmen	Mio €	117.200
Deckungsanträge (Anzahl)		28.156
in % des deutschen Exportvolumens		2,6
davon entfallen auf den Mittelstand in % [1]		75
Gedeckte Exporte	Mio €	17.830
Zuwachs gedeckte Exporte 02-04		28%
davon entfallen auf Entwicklungsländer in %		75,8
Mittel-/osteuropäische Länder in %		17,3
Industrieländer in %		6,9
Gedeckte Exporte in % des Gesamtexports		**2,6**
Entgelte	Mio €	418,3
Rückflüsse [2]	Mio €	**882,5**
auf politische Schäden	Mio €	683,8
auf wirtschaftliche Schäden	Mio €	198,6
Entschädigungen		**587,1**
in % der gedeckten Exporte [3]		**3,3%**
für politische Schäden	Mio €	135,7
pol. Schäden in % aller Schäden		23%
für wirtschaftliche Schäden	Mio €	449,5
wirtsch.Schäden in % aller Schäden		77%
Wechselkursschäden (aus Altdeckungen) Mio €		1,9

1) Mitarbeiteranzahl <500
2) auf politische und wirtschaftliche Schäden und im Rahmen von Umschuldungen
3) Die Prozentzahl ist insofern nicht ganz genau ermittelbar, als die Schäden überwiegend Deckungen aus den Vorjahren betrifft, stellt aber einen Anhaltspunkt dar

Zunächst einmal verwundert der relativ bescheidene Anteil der Hermesdeckungen am deutschen Export: Relativ zur deutschen Ausfuhr ist er von ca. 5% in den 80er und 90er Jahren auf rund 2,6% zurückgegangen. Auch wenn es im Jahre 2004 eine beträchtliche Steigerung gegeben hat, so bleibt der Anteil vergleichsweise bescheiden, vor allem wenn man an dies mit den oben genannten 45% in Japan und dem Weltdurchschnitt von 7% vergleicht. **Aber nach wie vor führt dieser Vergleich in die Irre**: Zum einen muss man nämlich berücksichtigen, dass ca. 80% der Exporte im Bereich mit unter zwei Jahren Zahlungsfrist zu finden sind, für die es einfache und meist auch preiswerte Alternativdeckungen wie etwa Akkreditiv oder Dokumenteninkasso gibt. Des weiteren sind gerade die risikoreicheren Entwicklungsländer zum Großteil in der Hermesdeckung erfasst und vermutlich wäre ohne sie ein Export in dieses Länder für viele Unternehmen viel zu riskant. Wie auch aus Tabelle 3-4 hervorgeht, macht der Anteil der Industrieländer an den Deckungen nur noch knapp 7% aus, der Rest geht in Entwicklungsländer und mittel- und osteuropäische Länder. Hermes übt also eine wichtige Funktion bei der Deckung risikoreicher Exportforderungen aus: In Risikoländer und im längerfristigen Bereich wäre sonst sicherlich mancher Export nicht möglich.

Wirtschaftliche Schäden (Geschäftsrisiko), früher mit einem Anteil von unter 3% (Durchschnitt 92-95) nahezu bedeutungslos, sind inzwischen **auf etwa zwei Drittel** der Schadensfälle angewachsen. Dies liegt sicherlich auch daran, dass der Anteil der „Staatswirtschaften" weltweit abgenommen hat und besonders in Osteuropa, aber auch in zahlreichen Entwicklungsländern in der letzten Dekade viele Staatsunternehmen in nicht immer sehr tragfähige private Unternehmen umgewandelt worden sind.

Eine bereits 1994 durchgeführte Gebührenreform hat bewirkt, dass - zusammen mit rückläufigen Schadensmeldungen - das früher sehr hohe Defizit zurückgegangen ist. Seit 1999 wird sogar ein Überschuss erwirtschaftet: Zwar decken die Prämienzahlungen noch nicht die Schadensfälle, aber zusammen mit den erheblichen Rückzahlungen aus früheren Schäden wird insgesamt ein Überschuss erzielt.

Im Folgenden sollen die Deckungsformen durch Hermes besprochen werden. Dies geschieht nicht in allen Einzelheiten, aber doch relativ ausführlich. Der Grund für diese Ausführlichkeit liegt nicht darin, den Leser oder die Leserin zu Experten für Prämienberechnungen bei Hermes zu führen, sondern darin, dass die Beschäftigung mit dem Ablauf einer Exportversicherung eine sehr willkommene Gelegenheit bietet, sich mit den einzelnen **Risiken und Problemen, die im Verlauf eines Ausfuhrgeschäfts auftreten können**, etwas genauer zu befassen. Dies fängt bei der Vertragsgestaltung an, berührt Themen der Kostenkalkulation, des Länderrisikos und schließlich auch dem ungemein facettenreichen Risikokatalog von Embargos über Terrorgefahren auf der politischen Ebene und Kategorien wie Nichtabnahme (Protracted Default), Unfair Calling einer Garantie, Fabrikations- und Ausfuhrrisiko und anderes mehr auf der Geschäftsrisikoebene. Neben „Euler-Hermes" wird auch der in der Wirtschaft fest geprägte Begriff „Hermes" verwendet werden, zumal nicht sicher ist, ob es nicht bald schon wieder eine neue Fusion und eine neue Bezeichnung gibt.[27] Im übrigen bezieht sich der Begriff „Hermes" im engeren Sinn auf das so genannte „Mandatargeschäft", das durch die Bundesregierung bestimmt wird, während die Aktivitäten von Euler Hermes wesentlich breiter gestreut sind.

---

[27] Hermes ist gegenwärtig sowohl mit der Allianz Gruppe als auch mit Price Waterhouse (PW&C) verbunden, so dass eine Namensänderung durchaus nicht ausgeschlossen ist.

3.4.2   Länderkategorien

Im Jahre 1998 wurde infolge einer auf OECD - Ebene erzielten Einigung über harmonisierte Entgelte im Bereich der Exportkreditversicherung[28] ein noch immer geltendes Preissystem eingeführt, das insbesondere die Länderrisiken bei der Prämiengestaltung stärker berücksichtigt.

Das Länderrisiko wird in **sieben** Kategorien klassifiziert, wird regelmäßig angepasst und ist im Gegensatz zur früher herrschenden Geheimniskrämerei in der Hermeshomepage (http://www.agaportal.de/pages/aga/) im Internet einsehbar. Für die einzelnen Besteller gelten je nach Charakter (vor allem staatlich oder privat) verschiedene Zuschläge, von denen weiter unten noch die Rede sein wird.

3.4.3   Deckungsformen

Eine grundlegende Voraussetzung für die Deckung eines Exportgeschäfts bei Hermes ist der Abschluss eines **Liefervertrages zu branchenüblichen Bedingungen**. Insbesondere dürfen die Zahlungsbedingungen nicht gravierend von den für vergleichbare Geschäfte geforderten Zahlungszielen abweichen. Hier ist vor allem der OECD-Konsensus zu beachten, der gewisse Höchstlaufzeiten festlegt und andere Bedingungen festlegt[29]: Abweichungen sind nicht generell verboten, müssen aber im so genannten **Notifikationsverfahren** gemeldet werden und, falls die Zustimmung der Partnerländer verweigert wird, muss die Deckung zurückgenommen werden. Der Konsensus erfasst aber **nur Geschäfte mit Kreditlaufzeiten von mehr als zwei Jahren.** Es gibt die Möglichkeit des **"Matching"**, d.h. ein Land kann mit Bedingungen eines anderen Landes gleichziehen, auch wenn diese dem Konsensus widersprechen.[30]

Deckungen werden sowohl für Lieferantenkredite übernommen, die der Lieferant dem ausländischen Besteller gewährt hat (Herstellerfinanzierung) als auch für Bestellerkredite, wenn der Kredit auf eine Bank übergegangen ist, d.h. die Bank direkt dem ausländischen Besteller einen Kredit gewährt hat. Ein solcher Bestellerkredit wird bei Hermes aber nur mit Mitwirkung des Exporteurs gedeckt und umgekehrt ist eine Hermesdeckung in aller Regel die Voraussetzung dafür, dass eine Bank einen solchen Kredit überhaupt gewährt.

Es gibt vor allem zwei Hauptformen der Deckung sowie einige Ergänzungsformen, die sich im Laufe der Jahre als notwendig erwiesen haben:

---

28   Hermes, AGA Report Nr. 71, April 1998
29   Euler-Hermes: Exportförderung mit staatlichen Garantien und Bürgschaften – Hermesdeckungen, Hamburg 2004 (Stand 2002) („Exportförderungen") (http://www.hermes.de/aga/pdf/Hermes_infobro.pdf)
30   Vgl. dazu: Euler-Hermes, (2004) Exportförderung, S. 18

3.4.3.1 Gedeckte Risiken

Hermes unterscheidet zwischen **politischen und wirtschaftlichen Risiken**, wobei der Begriff wirtschaftliche Risiken nicht ganz korrekt ist, denn auch ein Forderungsverlust aufgrund einer Zahlungsunfähigkeit des Landes ist ein wirtschaftliches Risiko (vgl. Kapitel 2). Hier haben wir das wirtschaftliche Risiko in Anlehnung an die angelsächsische Praxis als Geschäftsrisiko bezeichnet. Es ist nicht auszuschließen, dass sich mit zunehmender Internationalisierung auch dieser Begriff einmal durchsetzt, aber zunächst haben sich in der Hermes-Terminologie die genannten Begriffe nun einmal eingebürgert und sollen deshalb verwendet werden:

Politische Risiken bei Hermes sind:

- Forderungsausfälle durch gesetzgeberische oder behördliche Maßnahmen sowie Verluste von Ansprüchen aus nicht möglicher Vertragserfüllung aus politischen Gründen

- kriegerische Ereignisse, Aufruhr oder Revolution im Ausland

- Schadenfälle aus nicht durchführbarer Konvertierung und Transferierung der vom Schuldner in Landeswährung eingezahlten Beträge durch Beschränkungen des zwischenstaatlichen Zahlungsverkehrs

- Verluste von Waren vor Gefahrübergang infolge politischer Umstände (Ware ist beim Käufer z.B. wegen Beschlagnahme, Zerstörung etc. nicht eingetroffen)

Wirtschaftliche Risiken bei Hermes sind:

- Forderungsausfälle im Nichtzahlungsfall (protracted default)

- Forderungsausfälle durch Konkurs, amtlichen oder außeramtlichen Vergleich

- erfolglose Zwangsvollstreckung und Zahlungseinstellung

Abbildung 3-7: Deckungs- und Risikoformen bei Hermes

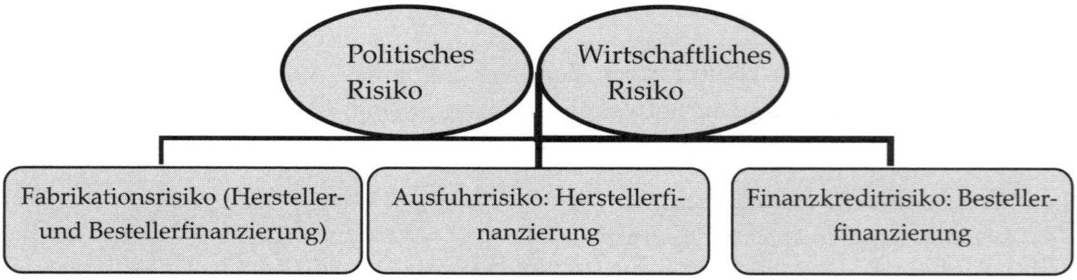

Neben der Risikoeinteilung gibt es auch noch weitere Klassifizierungen des Deckungsumfangs: Fabrikationsrisiko und das Ausfuhrrisiko beziehen sich auf die Phase, in dem sich ein Projekt befindet. **Fabrikationsrisiko** („pre shipment risk cover") ist das Risiko, das bis zur Lieferung entsteht und das je nach Vertragskonstruktion am Werkstor oder auch in Ausnahmefällen im Zielland enden kann. Die tatsächlichen Selbstkosten müssen im Schadensfall nachgewiesen werden. Das **Ausfuhrrisiko** beginnt in der Regel bei Ausfuhr, also dann, wenn das Fabrikationsrisiko endet. Hier ist der gesamte, im Vertrag genannte Auftragswert Basis der Deckung, also auch enthaltene Gewinne. Bei der Art des Deckungsnehmers unterscheidet man dann noch die „**Ausfuhrde-ckung**" und die „**Finanzkreditdeckung**". Erstere bezieht sich auf einen Herstellerkredit, bei dem sich nur der Hersteller versichert, letzteres auf einen Bestellerkredit, bei dem sich letztlich die Bank versichert. Die Zusammenhänge sind in Abbildung 3-7 skizziert.

Entsprechend der Deckungs- und Risikoform entscheidet sich auch, wie hoch im **Schadensfall der Selbstbehalt** ist, den das Unternehmen selbst tragen muss. Hauptsächlich aufgrund der stärkeren Verantwortlichkeit des Unternehmens bei wirtschaftlichen Risiken und der geforderten Sorgfaltspflicht der Auswahl des Geschäftspartners ist der Selbstbehalt beim wirtschaftlichen Risiko mit 15% höher, bei allen anderen Risiken und Deckungsformen mit 5% niedriger, also beim Fabrikationsrisiko, der Finanzkreditdeckung und generell beim politischen Risiko. Auch bei der Finanzkreditdeckung wird aufgrund der Einschaltung einer Bank eine höhere Sorgfalt bei der Auswahl der Geschäftspartner unterstellt. Der Selbstbehalt soll das Eigeninteresse der Beteiligten daran offen halten, keine untragbaren Risiken einzugehen. Er bemisst sich zunächst am gedeckten Wert abzüglich bereits geleisteter Zahlungen des Importeurs. Die Berechnung des Selbstbehalts ist in Beispiel 3-5 dargestellt.

Beispiel 3-5: Selbstbehalt bei Hermes:

Angenommen sei ein Liefervertrag über € 10 Mio. über eine Karosseriepresse, bei dem € 1,5 Mio bei Vertragsabschluss angezahlt werden sollen, das Geld aber erst im Laufe der Fertigungszeit beim Hersteller eintreffen wird. Die Selbstkosten der Presse für den Hersteller ab Werk betragen € 8 Mio. Eine weitere Zwischenzahlung in Höhe von € 5 Mio. erfolgt drei Monate nach Verschiffung, die Schlusszahlung bei Abschluss der Montage im Werk des Importeur etwa 12 Monate nach Auftragserteilung. Tritt beispielsweise eine Zahlungsunfähigkeit des Importeurs oder seines Landes bereits kurz nach dem Vertragsabschluss ein und hat die Fertigung noch gar nicht begonnen oder ist erst im Anfangsstadium, so wird die Entschädigung bei der Fabrikationsrisikodeckung entsprechend niedriger sein. Nach Erhalt der Zwischenzahlung von € 5 Mio. reduziert sich der gedeckte Wert auf € 3,5 Mio und entsprechend der Selbstbehalt auf € 0,525 Mio. (15%), bei Eintritt eines politischen Schadensfalls auf € 0,175 Mio. (5%). Erfolgt die komplette Schlusszahlung bereits bei Verschiffung, etwa über ein Akkreditiv, so ist möglicherweise gar keine Ausfuhrrisikodeckung erforderlich. Dies wäre vor allem bei kleineren Lieferungen ohne

Montage ein häufiger Fall. Damit ergeben sich die folgenden maximalen Selbstbehalte (jeweils in Mio. €)

	Fabrikationsrisiko	Ausfuhrrisiko (wirtschaftlich)	Ausfuhrrisiko (politisch) sowie Finanzkreditdeckung
Selbstkosten/Vertragswert	8	10	10
Anzahlung	1,5	1,5	1,5
= gedeckter Wert[31]:	8,0	8,5	8,5
Entschädigung maximal	7,6	7,225	8,075
= Selbstbehalt	0,4	1,275	0,425
in %	5%	15%	5%

3.4.3.2   Kosten und Bedingungen der Fabrikationsrisikodeckung

Mit einer Fabrikationsrisikodeckung sichert ein deutscher Exporteur seine Produktionskosten für ein Ausfuhrgeschäft ab. Absicherungsfähig sind hier Einzel- wie kalkulatorische Gemeinkosten, aber kein kalkulatorischer Gewinn. Die Fabrikationsrisikodeckung bietet Schutz vor einem Produktionsabbruch, insbesondere aufgrund:

- der Insolvenz des ausländischen Bestellers

- der Lossagung vom Vertrag oder schwerwiegender Vertragsverletzungen

- staatlicher Maßnahmen und kriegerischer Ereignisse

- von in der Bundesrepublik Deutschland geltender Embargomaßnahmen oder am Exportgeschäft beteiligter Drittländer

- der Nichtzahlung von Stornierungskosten bzw. Teilvergütungsansprüchen nach einer berechtigten Kündigung durch den Besteller[32]

Der Schadenfall tritt grundsätzlich bereits dann ein, wenn die Durchführung des Vertrages - und damit die weitere Fertigung oder Versendung aus den oben genannten Bedingungen geregelten Gründen unmöglich oder unzumutbar geworden ist.

Aus Tabelle 3-5 gehen die Kosten der Fabrikationsrisikodeckung hervor. Nehmen wir einmal an, der Geschäftspartner des Exporteurs in Beispiel 3-5 lebt in einem Land der Risikoklasse 3 (z.B. – Stand 2005 - Indien, Mexiko, Südafrika), so kostet das –bei Einschluss aller Risiken- und einem Zeitraum von unter einem Jahr 0,78% · € 8,5 Mio =

---

[31]   Es kommt bei der Fabrikationsrisikodeckung auf den exakten Zeitpunkt der Anzahlung und das Risiko an: Sofern der Hersteller erst dann mit der Fertigung beginnt (und auch Unteraufträge unter Vorbehalt erteilt), wenn die Anzahlung definitiv eingegangen ist, kann er die Anzahlung aus der Deckung herausnehmen und nur € 6,5 Mio versichern. Im Schadensfall erhält er dann aber auch nur 95% davon, also € 6,175 Mio.

[32]   Hermes Merkblatt zur Fabrikationsrisikodeckung, Stand Okt. 2003, S. 1

€ 66 300. Hätte er das Pech, mit einem Importeur aus einem Land der Kategorie 7 abgeschlossen zu haben (z.B. Turkmenistan, Syrien, Malawi oder auch Kuba) so würde ihn die Absicherung 2,33%, also € 198 050 kosten.

Tabelle 3-5: Kosten der Fabrikationsrisikodeckung (in % der gedeckten Selbstkosten)

Länder-kategorie	Einschluss aller deckungsfähigen Risiken		Beschränkung auf politische Risiken	
	Fabrikationszeit		Fabrikationszeit	
	<1 Jahr	> 1 Jahr	<1 Jahr	> 1 Jahr
1	0,33	0,41	0,25	0,30
2	0,56	0,70	0,42	0,50
3	0,78	0,98	0,59	0,70
4	1,00	1,25	0,75	0,90
5	1,44	1,80	1,08	1,30
6	1,89	2,36	1,42	1,70
7	2,33	2,91	1,75	2,10

Quelle: Exportkreditgarantien der Bundesrepublik Deutschland. Merkblatt Entgelt, Stand Okt. 2003, www.exportkreditgarantien.de (25.10.05)

3.4.3.3 Ausfuhrrisiko- und Finanzkreditdeckung

Das Ausfuhrrisiko umfasst das „normale" politische Risiko sowie das Geschäftsrisiko („wirtschaftliches Risiko") ab dem Zeitpunkt der Lieferung bzw. der Verschiffung (supplier credit risk cover). Der normale Lieferantenkredit, d. h. das vom Exporteur an den Importeur gewährte Zahlungsziel wird ja - unabhängig davon, ob der Exporteur für seine eigene Refinanzierung einen Kredit benötigt - von der **Ausfuhrkreditversicherung** abgedeckt.

Wie oben bereits erwähnt (vgl. Abbildung 3-7), dient die **Finanzkreditdeckung** zur Absicherung des Risikos bei einem Bestellerkredit, d. h. einem Kredit, der dem Importeur durch eine Bank - meist im Lande des Exporteurs - gewährt wird (Credit Risk Cover). Form und Kosten der Finanzkreditdeckung entsprechen der Ausfuhrrisikodeckung[33]: Die Finanzkreditdeckung deckt das Risiko der Bank ab, die den Bestellerkredit an den ausländischen Importeur gewährt. Wesentlicher Unterschied ist, dass bei der Ausfuhrrisikodeckung die wirtschaftlichen Schadensfälle mit 15% Selbstbehalt belegt sind, bei der Finanzkreditdeckung gilt generell der geringere Selbstbehalt von 5%. (siehe Beispiel 3-5, S. 97). „Die im Kreditvertrag aufgeführten Zinsen werden – bis zur vereinbarungsgemäßen Fälligkeit der jeweiligen Kreditraten- in die Deckung einbezogen, ohne dass hierfür ein gesondertes Entgelt erhoben wird".[34]

---

[33] Zu den Bedingungen siehe: http://www.ausfuhrgewaehrleistungen.de/ 25.10.05

[34] Euler-Hermes, http://www.agaportal.de/pages/aga/download-center.html/ Finanzkreditdeckung, S. 2 (Stand Jan. 2004/ 15.11.05)

Als Grundregel gilt, dass aufgrund des Garantiefalles, der zuerst eingetreten ist, entschädigt wird. Sind ein wirtschaftlicher und ein politischer Garantiefall gleichzeitig eingetreten, wird nach dem politischen Garantiefall entschädigt.

Der Selbstbehalt von 5% bei der Finanzkreditdeckung kann bzw. soll von der Bank nicht mehr abgewälzt werden. Eine Mithaftung des Exporteurs ist für bestimmte Tatbestände wie etwa Zahlungsverweigerung aufgrund von Mängelrügen möglich. Dazu muss eine so genannte Exporteurserklärung abgegeben werden, die neben dem Ausschluss der Bank- bzw. Versicherungshaftung bei selbstverschuldetem Handeln auch eine vollständige Informationspflicht des Exporteurs im Schadensfall vorsieht. Inwieweit die Bank sich beim Kunden ggf. noch zusätzliche Sicherheiten erbringen lässt, wird von Hermes zwar ex ante nicht geprüft, allerdings kann dies im Schadensfall ex post dazu führen, dass die Bank die gesamte Deckung verliert. Zusätzliche Sicherheiten müssen mit Hermes außerdem in der Relation 95:5 zugunsten von Hermes geteilt werden, so dass dies für die Bank unattraktiv wird. Bei riskanteren Vorhaben ist es aber durchaus üblich, dass die Bank entweder die Deckung ablehnt oder eine zusätzliche Risikoprämie auf den Zins aufschlägt bzw. als eine Art vorher zu bezahlender Risikogebühr erhebt..

Die **Prämienberechnung** ist etwas komplexer als bei der Fabrikationsrisikodeckung. Da sie aber sehr realitätsnah die **tatsächlichen Risikoverhältnisse** wiedergibt, soll sie zumindest in ihren Grundzügen hier durchgesprochen werden. Parameter der Prämiengestaltung sind (1) Länderrisiko, (2) Laufzeit der Forderung und (3) Kundenrisiko. Länderrisiko und Laufzeit sind für die kurzfristigen Zahlungsziele unter zwei Jahren in Tabelle 3-6, für die längerfristigen Zahlungsziele in Tabelle 3-7 angeführt.

Tabelle 3-6: Hermesprämien für Deckungen bis 23 Monate (in % des gedeckten Betrags)

Laufzeit in Monaten:	Länderkategorie						
	1	2	3	4	5	6	7
< 1	0,30	0,50	0,70	0190	1.30	1,70	2,10
1	0,31	0,51	0,72	0,93	1.34	1,76	2,18
2	0,32	0,52	0,74	0,96	1.38	1,82	2,26
3	0,33	0,53	0,76	0,99	1.42	1,87	2,34
4	0,34	0,54	0,78	1,02	1,46.	1,93	2,42
5	0,35	0,55	0,80	1,05	1.50	1,99	2,50
6	0,36	0,56	0,82	1,08	1.54	2,05	2,58
9	0,39	0,59	0,88	1,17	1.66	2,22	2,82
12	0,42	0,62	0,94	1,26	1.78	2,39	3,06
18	0,48	0,68	1,06	1,44	2.02	2,74	3,54
23	0,53	0,73	1,16	1,59	2,22	3,02	3,94

Bei einer Laufzeit („**Risikolaufzeit**") von mehr als zwei Jahren ist ein wenig Rechenarbeit erforderlich, ansonsten steigen auch hier die Prämien je nach Laufzeit und Länderkategorie. Die Formel 0,100 * RLZ + 0,349 in Tabelle 3-7 beispielsweise für Länderkategorie 1 ist versicherungsmathematisch errechnet: RLZ bedeutet Risikolaufzeit und bedeutet die Laufzeit von Beginn bis zum Ende des Ausfuhrrisikos, also meist von Lieferbeginn bis zur vereinbarten letzten Zahlungsrate. In der Regel werden Zahlungstermine an die Bank mit Zahlungsterminen des Importeurs synchronisiert. Weicht das Rückzahlungsprofil von einer Halbjahresstruktur ab, ist zuvor eine Normierung zur Ermittlung der RLZ durchzuführen.[35]

Tabelle 3-7: Hermesprämien für Deckungen ab 24 Monate

Länderkategorie	Berechnungsformel für 95 % Deckungen[36]
1	0,100 * RLZ + 0,349 (RLZ= Risikolaufzeit)
2	0,224 * RLZ + 0,348
3	0,386 * RLZ + 0,394
4	0,575 * RLZ + 0,491
5	0,766 * RLZ + 0,786
6	0,931 * RLZ + 1,176
7	1,098 * RLZ + 1,764

Zuschläge werden für das Kundenrisiko erhoben. Das Kundenrisiko wird nach der Rechtsform des Importeurs und der Frage, ob eine Bankgarantie vorliegt, auf die ermittelte Prämie aufgeschlagen (Tabelle 3-8). Exporteure in die Länder der besten Risikoklasse 1 müssen seit 2005 mit einem sehr deutlichen kräftigen Aufschlag rechnen, wenn der Kunde nicht ein Rating in eine der besseren Risikoklassen (AA- bis Aa3) aufweisen kann: Eine erste sichtbare **Konsequenz der Basler Grundsätze**.

In der Tat gibt es Überlegungen, den Zuschlag, der jetzt in der Länderkategorie I erhoben wird, auch auf andere Ländergruppen auszudehnen, wie dies bereits zahlreiche ausländische ECA' s tun. Dies führe, wie Hermes beklagt, zu einer Schwächung der Wettbewerbsfähigkeit deutscher Exporteure. Mit der Einführung differenzierter Zuschläge je nach Bonität bzw. Rating des ausländischen Käufers bei allen Ländergruppen ist also zu rechnen. Dabei soll die Veränderung der Entgeltsystematik insgesamt aufkommensneutral sein; eine Erhöhung des gesamten Entgeltaufkommens ist nicht beabsichtigt. Die Umsetzung der neuen Entgeltberechnung soll 2006 erfolgen.[37]

---

[35] Hermesdeckungen spezial, S. 3 http://www.agaportal.de/pdf/hermesdeckungenspezial/ entgeltberechnung.pdf (30.10.05)

[36] Diese Bemessung orientiert sich an der Höhe beim politischen Risiko, ist also in der Regel 5%, d.h. die Deckung beläuft sich auf 95%. Dies bedeutet trotzdem, dass bei einem wirtschaftlichen Risikofall nur 85% erstattet werden. Für spezielle Fälle (insbesondere „Rückversicherungsdeckungen" mit ausländischen Projekten) gibt es auch eine 100%-Deckung

[37] Euler-Hermes: AGA-Report Nr. 122, Juni 2005, S. 3

Tabelle 3-8: Zuschläge nach Art des Bestellers/Importeurs

	Deckungen bis 23 Monate	Deckungen ab 24 Monate
Staatlicher Besteller/ Garant (Zentralbank oder Finanzministerium):	kein Zuschlag	Kein Zuschlag
Sonstige staatliche Besteller/ Garanten	+5%	+5%
Privater Besteller mit Garantie einer akzeptierten Bank:		
Kategorie 1 (Rating AA- /Aa3 und besser)	+10%	+35%
Kategorie 1 (Rating A+/A1 und schlechter)	+10%	+105%
Kategorie 2-7	+10%	+ 10%
Privater Besteller ohne Bankgarantie:		
Kategorie 1 (Rating AA- /Aa3 und besser)	+35%	+35%
Kategorie 1 (Rating A+/A1 und schlechter)	+35%	+105%
	+10%	+ 10%
Länderkategorie 1 – 3	+35%	+35%
Länderkategorie 4	+30%	+30%
Länderkategorie 5-7	+25%	+25%

Ein grundsätzlicher Unterschied, den Hermes zwischen Bürgschaften und Garantien macht, spielt prinzipiell bei der Prämienberechnung keine Rolle mehr, da ja bereits bei der obigen Tabelle entsprechende Zuschläge berücksichtigt werden. Die Unterscheidung hat historische Gründe und beruht auf der – nicht immer ganz zutreffenden These- dass staatliche Institutionen nicht bankrott gehen können und daher kein Insolvenzrisiko, sondern nur ein „Nichtzahlungsrisiko" bestehen kann.

3.4.3.4 Beispiele zur Berechnung der Ausfuhrrisikodeckung:

Hermes bietet in seinen Broschüren bzw. seiner Homepage einige Beispiele zur Berechnung von Deckungsprämien. Einige davon sind mit einigen zusätzlichen Rechenerläuterungen im Folgenden dargestellt. [38] Bei der Berechnung muss beachtet werden, dass bei der Berechnung der Zuschläge mit Prozentzahlen gerechnet wird und der Endwert dann auf zwei Stellen hinter dem Komma auf- oder abgerundet und dann erst die Prämie in Euro errechnet wird (etwa im unteren Fall 1b im Beispiel 3-6 : 1,107% auf 1,11%).

Für Geschäfte dieser Größenordnung fallen zusätzlich 1.000 EUR Antragsgebühren sowie 250 EUR Ausfertigungsgebühren für die Deckungsurkunde an (alle hier gezeigten Fälle):

---

[38] Euler-Hermes, (2004) Exportförderung , S.26 http://www.agaportal.de/pages/aga/download-center.html#entgelt 1.11.05

Beispiel 3-6: Prämienberechnung zur Ausfuhr/-Finanzrisikodeckung (kurzfristig)

Fall 1a:
Auftragswert: 1 Million EUR
Gedeckter Forderungsbetrag: 850.000 EUR
Risikolaufzeit: sechs Monate
Staatlicher Besteller
Lieferung in ein Land mittlerer Risikokategorie (Kategorie 3)
0,82%*850000€= 6 970 € (0,82% vom Forderungsbetrag)

Fall 1b:
Auftragswert: 1 Million EUR
Gedeckter Forderungsbetrag: 850.000 EUR
Risikolaufzeit: sechs Monate
Privater Besteller ohne Bankgarantie
Lieferung in ein Land mittlerer Risikokategorie (Kategorie 3)
Kosten der Absicherung: 9.435 EUR/ 1,11 % vom Forderungsbetrag
0,82%*1,35 =1,107% =1,11%: also 1,11% v. 850 000= 9 435 €

Beispiel 3-7: Prämienberechnung zur Ausfuhr/-Finanzrisikodeckung (längerfristig)

Fall 2a:Längerfristige Zahlungsziele
Auftragswert: 1 Million EUR
Gedeckter Forderungsbetrag: 850.000 EUR
Risikolaufzeit: fünf Jahre
Staatlicher Besteller
Lieferung in ein Land mittlerer Risikokategorie (Kategorie 3)
0,386 * RLZ + 0,394 = 0,386* 5+0,394 = 2,324 = 2,32% vom Forderungsbetrag
Kosten der Absicherung: 850 000* 2,32% =19.720 EUR

Fall 2b:
Auftragswert: 1 Million EUR
Gedeckter Forderungsbetrag: 850.000 EUR
Risikolaufzeit: fünf Jahre
Privater Besteller ohne Bankgarantie
Lieferung in ein Land der Entgeltkategorie 4
0,575 * RLZ + 0,491 * Zuschlag = (0,575 * 5 +0,491)*1,30 = 4,3758= 4,38% vom Forderungsbetrag
Kosten der Absicherung: 850 000* 4,38% =EUR 37 230

Bei größeren Projekten wird **zwischen der Lieferung** und dem **Beginn der eigentlichen Laufzeit** der Zahlungsverpflichtung des Importeurs noch eine gewisse Zeit verstreichen, und zwar meist aus zwei Gründen: Entweder die Lieferung erfolgt (1) in mehreren Teilen oder es wird (2) vor Ort noch eine Leistung erbracht (z.B. Montage), nach der sich auch die Zahlungstermine bei einem Geschäft richten würden, das bar bzw. „pro rata"-Lieferung und Leistung bezahlt wird. Diesen Zeitraum bezeichnet Hermes als „**Vorlaufzeit**", d.h. die Zeit vom Lieferbeginn bis zum eigentlichen Beginn der Kreditlaufzeit (starting point). Aus Risikosicht verläuft hier ein Exportgeschäft in drei Phasen: Die Zeit von Vertragsabschluß und Anzahlung bis zum Lieferbeginn (normalerweise die Fertigungszeit, Phase 1), die Zeit vom Lieferbeginn bis zum Lieferende oder bis zum Abschluss der Montage, d.h. normalerweise: Betriebsbereitschaft (Vorlaufzeit, Phase 2) und die Zeit, in der die Zahlungen fällig sind, also die eigentliche Laufzeit des Hersteller- oder Bestellerkredites (Phase 3). In der ersten Phase wirkt normalerweise die Fabrikationsrisikodeckung, in Phase 2 und 3 die Ausfuhrrisikodeckung (Abbildung 3-8).

In Abbildung 3-8 verlängert sich die Zeit der Ausfuhrrisikodeckung um ein halbes Jahr von 5 auf 5,5 Jahre, die „Risikolaufzeit" für die Prämienberechnung wäre dann 5,25 Jahre, weil Hermes für die Vorlaufzeit nur die Hälfte der Zeit berechnet. Entsprechend würde sich auch die Prämie gegenüber einer Laufzeit mit direkter Lieferung etwas erhöhen.

Abbildung 3-8: Zeitablauf und Risikolaufzeit eines Exportgeschäfts

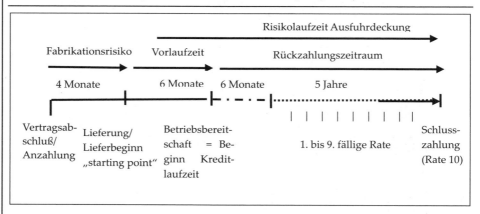

Die Berechnung basiert auf regelmäßigen Tilgungszahlungen. Sicherlich kann die Vorlaufzeit auch länger sein und sich beispielsweise an der Ankunft oder sogar der Inbetriebnahme einer Anlage orientieren. Es gibt auch Teillieferungen, die einzeln abgesichert werden können und es gibt noch zusätzliche Sonderformen der Deckung. Im Allgemeinen gilt aber die „Geschäftsüblichkeit", d.h. es werden keine gravierend von der Norm abweichenden Bedingungen in Deckung genommen wie etwa ein Beginn der Rückzahlung nach fünf Jahren oder eine Tilgung im Zweijahresabstand.

Unregelmäßige Tilgungen werden nur unter bestimmten Voraussetzungen akzeptiert und allgemein gilt der Grundsatz, dass sich die Zahlungen am physischen Projektfortschritt orientieren sollen.

3.4.4 Ablauf im Schadensfall

Laut Hermes läuft das Procedere im so genannten Schadensfall folgendermaßen ab:

„Wird die Auslandsforderung nicht vertragsgemäß beglichen, reicht der Exporteur oder die Bank einen Entschädigungsantrag bei der Kreditversicherung ein. Im Entschädigungsverfahren überprüfen die Mandatare, ob die Abwicklung des Exportgeschäfts bedingungsgemäß erfolgte. Innerhalb eines Monats nach der Schadenberechnung erhält der Deckungsnehmer die Entschädigung. Damit geht die Forderung in Höhe der Entschädigung auf die Bundesrepublik über. In Höhe der Selbstbeteiligung verbleibt sie beim Exporteur bzw. der Bank. Nur rechtsbeständige Forderungen können Gegenstand einer Entschädigung sein. Bestreitet ein ausländischer Schuldner seine Zahlungsverpflichtung, kann der Bund seine Entschädigung bis zur Klärung zurückstellen. Bei drohenden Schäden gelingt es im Zusammenspiel von Bundesregierung, Exporteur, finanzierender Bank und der Kreditversicherung häufig, wirtschaftlich instabil gewordene Projekte zu stabilisieren und Entschädigungen – zumindest teilweise – zu vermeiden. Hierbei werden Restrukturierungen meistens in Form von Prolongationen vorgenommen. Die Bundesregierung beteiligt sich an den Kosten, z. B. bei Gerichtsverfahren oder Einschaltung eines Rechtsanwalts. Bei politischen Schäden versucht die Bundesregierung in der Regel im Zuge einer Umschuldung, eine Rückzahlung der entschädigten Forderungen zu erlangen." [39]

3.4.5 Sonderformen

Es gibt noch eine Reihe von Ergänzungsformen der Deckung, auf die hier nicht näher eingegangen wird[40], beispielsweise eine Beschlagnahmedeckung, eine Deckung von Leasingverträgen, für Lieferungen an Tochterfirmen, bei Betreibermodellen, Forderungen oder Forderungsteile aus Sichtakkreditiv, eine Einlagerungs-, Ersatzteillager- oder Bevorratungsdeckung, eine Gerätedeckung sowie Gegenabsicherung von Exporteurgarantien insbesondere mit Deckung gegen "unfair calling" , d.h. das unberechtigte Ziehen einer Bankgarantie.

Es gibt auch individuelle Berechnungen des Risikos und der Prämie bei **strukturierten Finanzierungen** und **Projektfinanzierungen:** Hier werden förderungswürdige Projekte auch in Ländern akzeptiert, „deren Wirtschaftslage die Indeckungnahme von kon-

---

[39] Euler-Hermes, (2004) Exportförderung, Hamburg 2002, S.26
[40] Hermesdeckungen Entgelt Stand: 01. Oktober 2003 Merkblatt, S. 5 f.

ventionellen Geschäften nur in geringem Maße zulässt. Bei Projekten in Ländern mit erheblichen Transferrisiken kommt es maßgeblich darauf an, dass die Devisenerlöse des Projekts direkt auf Konten außerhalb des Projektlandes anfallen. Zu den Projektfinanzierungen gehören auch Geschäfte nach dem so genannten BOT-Modell.[41]

3.4.6   Pauschale Deckungsformen

Im kurzfristigen Bereich und insbesondere bei kleineren Beträgen gibt es die so genannte **revolvierende Deckung**, d. h. die Deckung häufig wiederkehrender Lieferungen an **einen Kunden** bis zur Höhe eines vereinbarten Obligos. Eine Erweiterung dieser Form stellt die **Ausfuhrpauschalgewährleistung** dar, d. h. bestimmte Ländermuster werden gedeckt, wobei zwischen OECD und Nicht-OECD-Ländern unterschieden wird. Der Exporteur hat hier nur eine relativ eingeschränkte Wahlmöglichkeit, d. h. er kann nicht ohne weiteres nur die schlechten Risiken Hermes andienen. Die Abwicklung kann auch „online" geschehen. Vorteile der **Ausfuhrpauschalgewährleistung sind:**

- Insgesamt von der Prämie billiger
- Einzelantrag entfällt (bürokratischer Aufwand geringer)
- Keine Antragsgebühren
- Sicherheit der Indeckungnahme eines Risikos z. B. bei Verhandlungen im Ausland

Ausfuhrpauschalgewährleistungen werden aber nur für nur Geschäfte bis zu zwei Jahren Zahlungsziel gewährt.

Im Jahre 2003 wurde eine neue Deckungsform zur pauschalen Absicherung von kurzfristigen Zahlungsrisiken eingeführt, die so genannte **Ausfuhrpauschalgewährleistung** (APG) **light**. Dieses Produkt ist (laut Hermes) „einfach, unbürokratisch und preiswert für den Mittelstand zu nutzen", darüber hinaus wurden weitere Verbesserungen eingeführt, beispielsweise wurde die Leasingdeckung durch Senkung des Selbstbehalts wesentlich attraktiver.

3.4.7   Entscheidungsablauf

Es entscheidet der „Interministerelle Ausschuss" (IMA), ein aus Ministerien, Bankvertretern und Vertretern der Wirtschaft zusammengesetztes Gremium, das in 14-tägigem Abstand tagt. Falls ein Unternehmen bereits vor Vertragsabschluss die Zusicherung braucht, dass Hermes auch deckungsbereit ist, kann sich das Management eine

---

[41]   Hermesdeckungen (2003), S. 6

"**grundsätzliche Stellungnahme**" einholen, die dann auch eingehalten wird, sofern der Vertrag nicht gravierend vom vorgelegten Muster abweicht oder sich die politischen Bedingungen in der Zwischenzeit drastisch geändert haben.

3.4.8 Projektbeispiele

Größere Projekte werden von Hermes –mit Zustimmung des Exporteurs- veröffentlicht: Die Liste ist im Internet[42] aktuell abzurufen und geht von der Erweiterung von Abwasseranlagen, Bau von Stahlwerken, Ausrüstung für ein Zementwerk, Lieferung einer Gepäckförderanlage für einen Flughafen, der Errichtung von Solaranlagen bis zur Lieferung von Großflugzeugen. Zwei ausgewählte Projekte sollen im Folgenden kurz beschrieben werden, aber Leserin oder Leser sollten sich in diesen link einmal einklicken, denn es lohnt sich, die unterschiedlichen Projekt anzusehen. Es handelt sich aber jeweils um größere Projekte und niemand sollte daraus den Schluss ziehen, ein ganz normales Projekt einer mittelständischen Firma werde nicht in Deckung genommen.

Beispiel 3-8: Beschreibungen einzelner Projekte[43]

Mehr Service für Bankkunden: Wincor Nixdorf liefert 400 Geldautomaten nach Kasachstan

In der Zeit von Februar 2005 bis März 2006 lieferte die Wincor Nixdorf International GmbH, Paderborn, 400 Geldautomaten und das entsprechende Zubehör an eine kasachische Leasingfirma. Die Selbstbedienungsterminals werden im Süden des Landes, in der früheren Hauptstadt Almaty und deren Umgebung, aufgestellt. Die neuen Geldautomaten sind ein wesentlicher Bestandteil beim Ausbau und der Modernisierung der Bankwirtschaft und des Zahlungsverkehrs vor allem für Privatleute. Wincor Nixdorf ist einer der weltweit führenden Anbieter von IT-Lösungen für Retail-Banken und Handelsunternehmen. Gerade bei weitverzweigten Filialunternehmen können Geschäftsprozesse erheblich optimiert werden: Kosten und Komplexität lassen sich reduzieren und der Service für Endkunden wird verbessert. Die Bundesregierung unterstützt dieses 9,9 Mio. US-Dollar teure Vorhaben mit einer Ausfuhrgarantie für die Wincor Nixdorf International GmbH und durch eine Finanzkreditgarantie für die Commerzbank AG, Frankfurt/Main, die dieses Exportgeschäft finanziert. (24.05.2005)

---

[42] Unter http://www.agaportal.de/pages/aga/ grundzuege/projektinformationen
[43] Quelle: Euler-Hermes, (24.10.05), teilweise gekürzt,
http://www.agaportal.de/pages/aga/grundzuege/projektinformationen/einzelprojekte

Bund fördert erneuerbare Energien weltweit: Hermesdeckung für Windpark in Taiwan

Am 3. Februar hat der für die Vergabe von staatlichen Exportkreditgarantien zuständige Interministerielle Ausschuss die Übernahme einer Bundesdeckung, allgemein bekannt als Hermesdeckung, für die Errichtung eines Windparks in der taiwanesischen Provinz Miaoli beschlossen. Die Bundesregierung verfolgt damit konsequent die Zielsetzung der "Exportinitiative Erneuerbare Energien" und unterstützt aktiv den weltweiten Export von Technologien und Anlagen zur Nutzung regenerativer Energien. Die in Aurich ansässige ENERCON GmbH übernimmt im Auftrag von InfraVest Wind Power Corp., Taipeh, den Bau von 25 Windenergieanlagen. Die Absicherung dieses Exportgeschäfts durch den Bund erfolgt erstmals in Form einer neu konzipierten und seit Juli 2004 verfügbaren Lokalwährungsdeckung. Mit der bereitgestellten Deckung werden Lieferungen im Umfang von 43 Mio. Euro abgesichert. Finanzkreditgeber sind die KfW IPEX-Bank und die IKB, die in Kooperation mit der ANZ den Lokalwährungskredit bereitstellen. Entwicklung, Finanzierung und Realisierung dieses ersten kommerziellen Windparkprojektes in Taiwan stehen in der Verantwortung der deutschen InfraVest GmbH aus der VWind AG Gruppe, die neben Projekten in Deutschland auch Windparks in China, Frankreich, Schweden, Spanien, Brasilien, Türkei und Off-shore plant und realisiert. Im vorliegenden Projekt kooperiert InfraVest mit der WPD AG, dem führenden Fondsanbieter im Windkraftbereich in Deutschland. Die Windenergieanlagen stellen eine Gesamtleistung von fast 50 Megawatt bereit.

3.5 Forfaitierung

Unter einer Forfaitierung ("Finanzierung à forfait") wird der "regresslose" Ankauf von Forderungen verstanden, die zu einem späteren Zeitpunkt fällig werden. Die Laufzeiten liegen i.d.R. zwischen 180 Tagen und fünf Jahren. Es werden vom **Forfaiteur** (dem Käufer der Forderung) abstrakte, vom Grundgeschäft losgelöste Forderungen angekauft. Ganz überwiegend wird das Instrument zur Finanzierung von Exporten gebraucht.[44] Der Preis für die Bereitstellung der Mittel wird vorweg in Abzug gebracht, wobei die Forfaitierung - dies macht sich beim Forfaitierungsdiskont ganz deutlich bemerkbar - eine **Finanzierungsfunktion und** eine **Risikoübernahmefunktion** hat. Bei der Forfaitierung wird ein Risiko praktisch vollkommen auf den Käufer abgewälzt, wobei eigentlich nur dann noch Forderungen auf den Verkäufer zukommen können, wenn dieser einen Formfehler bei der Vertragsgestaltung oder bei der Abtretung begangen hat. Das Risiko ist nicht mehr in der Bilanz zu sehen, entlastet damit auch die

---

[44] Rösler, Mackenthun, Pohl (2002), S. 324

Kreditlinien des Exporteurs und verbessert die Eigenkapitaldeckung und damit ein eventuelles Rating.

Normalerweise werden Wechsel abgetreten, wobei sich der vom Exporteur gezogene Wechsel nach deutschem Recht (und dem Recht des Genfer Abkommens) wegen der Ausstellerhaftung für eine rückgriffslose Übertragung nicht eignet: Ein Haftungsausschluss gilt –wechselrechtlich- als nicht geschrieben (dies wäre beispielsweise ein Formfehler). Aus diesem Grund werden meist (Sola)-Wechsel verwendet, die vom ausländischen Käufer ausgestellt sind. Auf jeden Fall muss zusätzlich ein Regressverzicht vereinbart werden. Im englischen heißt dieser Zusatz "**without recourse**", im deutschen Rechtsraum nennt man den Zusatz "ohne Regress" (nach § 15 Wechselgesetz) auch "Angstklausel". Es können aber auch Buchforderungen oder kurzfristige deferred-payment Akkreditive abgetreten werden, wobei es wiederum je nach Rechtslage notwendig ist, sich die Abtretung vom Schuldner genehmigen zu lassen. Es empfiehlt sich aber ohnehin, einen Geschäftspartner nicht dadurch zu verärgern, dass eine Forderung an ihn über vielfältige Umwege möglicherweise zu einem Gläubiger oder in ein Land kommt, von dessen Seite es ihm vielleicht nicht angenehm ist.

Spezialkreditinstitute vor allem in der Schweiz und in Großbritannien haben in den letzten Jahren den Handel mit Forfaitierungen bzw. deren Vermittlung besonders intensiv betrieben, auch in Deutschland ist dieses Instrument in den 90er Jahren wieder beliebter geworden. Wer allerdings glaubt, er könnte nun seine besonders risikobehafteten Forderungen forfaitieren, wird sehr schnell ernüchtert werden: An die Sicherheit von zu forfaitierenden Forderungen werden hohe Anforderungen gestellt, ist der Aussteller nicht „von zweifelsfreier Bonität, so muss er eine Sicherheit meist in Form eines Avals einer international akzeptierten Bank beibringen.[45] Es hat sich allerdings auch eine Art "Junk-Bond"-Forfaitierungsmarkt herausgebildet, dessen Abschläge naturgemäß sehr hoch sind und der sich eigentlich mehr als eine Art letzter Rettung vor dem Totalverlust einer Forderung eignet und weniger als eine von vornherein in Anspruch zu nehmende Alternative der Risikoabsicherung. Dieser Markt für risikobehaftete Forfaitierungen ist sehr von Zufälligkeiten bestimmt, d. h. insbesondere davon, ob eben gerade ein Aufkäufer einer Forderung vorhanden ist, der z. B. zum selben Zeitpunkt eine Zahlungsverpflichtung im selben Land hat und dem es vielleicht sogar gelingt, seinen Gläubiger durch die Weiterabtretung der Forderung zu kompensieren. Unabhängig davon sind solche Wechsel, vor allem wenn es sich um eine zweifelhafte Währung handelt, nur mit hohem Abschlag forfaitierbar.

Generell können bei der Forfaitierung drei wesentliche Unterschiede zum ECA-gedeckten Bestellerkredit gesehen werden:[46]

- Etwas kleinere Beträge und in der Regel kürzere Laufzeiten

- Deutlich höhere Anforderungen an die Bonität des Schuldners

---

[45] Rösler, Mackenthun, Pohl (2002), S. 325
[46] Telefonische Befragung von drei Frankfurter Banken im Nov. 2005

- Wegen der Erfordernis der Weiterverkäuflichkeit ist eine stärkere Standardisierung der Bedingungen (z.B. Tilgungsraten) zumindest von Vorteil.

3.5.1 Die Berechnung der Kosten einer Forfaitierung

Die Kosten in Form eines Diskonts richten sich zunächst nach dem normalen **Marktzins** in dem Währungsraum der geschuldeten Währung und zusätzlich einem **Risikoaufschlag** für das jeweilige Länder- und Schuldnerrisiko. Dieser Risikoaufschlag kann bei unsicheren Forderungen vor allem im langfristigen Bereich progressiv steigen. Wie bei Wechselfinanzierungen üblich, wird hier nicht der Zins auf den geschuldeten Betrag aufgeschlagen, sondern vorweg abgezogen und nur ein abdiskontierter Betrag ausbezahlt. Wegen der statischen Methode der Abdiskontierung darf man auch Marktzinsen nicht ohne weiteres mit einem Diskont vergleichen (siehe Tabelle 3-9) Folgende Nebengebühren werden noch erhoben:

- Eine **Bereitstellungsprovision** von (je nach Zeitraum) etwa 1% für eine vorherige feste Zusage,
- ggf. eine **Vermittlungsprovision** von ca. 1/8% ,
- eine Avalprovision von 1-2%.

Die Provisionen sind einmalig zu entrichten, allerdings werden bei längeren Laufzeiten meist auch etwas höhere Provisionen erhoben.

Tabelle 3-9: **Errechnung einer Forfaitierung**

Jahr	Halb-jahr n	Rück-zahlung: a_i € Mio.	Forfaitierung*) $a_n \cdot (1 - (i \cdot t))$	Diskontierter Betrag € Mio	Restschuld in € Mio.
1	0,5	-1	1,0•(1-(0,08•0,5))	=0,96	10
	1	-1	1,0•(1-(0,08•1,0))	=0,92	9
2	1,5	-1	1,0•(1-(0,08•1,5))	=0,88	8
	2	-1	1,0•(1-(0,08•2,0))	=0,84	7
3	2,5	-1	1,0•(1-(0,08•2,5))	=0,80	6
	3	-1	1,0•(1-(0,08•3,0))	=0,76	5
4	3,5	-1	1,0•(1-(0,08•3,5))	=0,72	4
	4	-1	1,0•(1-(0,08•4,0))	=0,68	3
5	4,5	-1	1,0•(1-(0,08•4,5))	=0,64	2
	5	-1	1,0•(1-(0,08•5,0))	=0,60	1
		10		**7,8000**	
*)a_n = Tilgung; i = Diskont;			1/8% Provision	-0,0125	
t = Zeitpunkt (hier Halbjahr)			1% Aval	-0,1000	
			ausbezahlt:	7,6875	

In Tabelle 3-9 ist das Beispiel eines Betrages von € 10 Mio. aufgeführt, rückzahlbar in 10 halbjährlichen Raten (a_n) beginnend z.B. 6 Monate nach Verschiffung (a_1 bis a_{10}), diskontiert mit i= 8%.

Diese Forderung besteht in dieser Weise vom Exporteur an seinen Kunden und sie ist bzw. wird durch Ausstellung entsprechender Wechsel abgesichert. Eine eventuelle Anzahlung bleibt unberücksichtigt. Wenn sich der Exporteur also entschließt, diese Forderung durch eine Forfaitierung vorzufinanzieren, so würde er € 7,6875 Mio. sofort ausbezahlt bekommen.

Die Diskontmethode ist eine statische Berechnungsmethode und damit eine etwas „geschönte" Form der „Preisauszeichnung": Würde man eine halbjährliche Zahlungs-reihe von 10 ·1 Mio. € wie oben dargestellt mit einem „echten" Zins von 8% auf dyna-mische Weise abdiskontieren, so würde man einen Barwert von € 8,14 Mio bekom-men[47].

Unter der Voraussetzung regelmäßig anfallender Beträge lässt sich die Berechnung des Forfaitierungswertes etwas vereinfachen:

Beispiel 3-9: Formelmäßige Errechnung einer Forfaitierung

Im Beispiel aus Tabelle 3-9 hatten wir es mit einer gleichmäßigen Annuität von a zu tun. Hier kann man zunächst die so genannte mittlere Laufzeit errechnen:

$T_m = \dfrac{(n + \frac{1}{z})}{2}$ *also* : $Tm = \dfrac{5 + \frac{1}{2}}{2} = 2,75\,(Jahre)$

T_m = Mittlere Laufzeit
n = Gesamtlaufzeit in Perioden
z = Zahl der Tilgungen pro Periode
a = Annuität (regelmäßige Zahlung)
K = Forderungswert
i = Diskont
F_0 = Forfaitierungswert

Daraus kann der Forfaitierungswert F_0 ermittelt werden:

$F_0 = K \cdot [1-(i \cdot T_m)]$ also etwa für einen Diskont von i =8% (0,08) und K= 10 Mio. €: $F_0 =10 \cdot (1-(0,08 \cdot 2,75) = 7,80\ (Mio €)$. Natürlich kann auch ohne den Zwischenschritt über die Größe T_m der Forfaitierungswert in einer Formel errechnet werden:

$$Fo = K \cdot (1 - (i \cdot \frac{n + \frac{1}{z}}{2})) = 10 \cdot (1 - (0,08 \cdot \frac{5,5}{2}) = 7,8\ [Mio\,€]$$

Von dieser Summe müssen nun noch die Bankgebühren, d. h. in diesem Fall 1/8% Provisi-on und Avalgebühr abgezogen werden, da diese Gebühren sofort fällig sind:

---

[47] $Barwert = \sum_{j=0}^{n} \dfrac{a_j}{(1+i)^j}$

Forfaitierungswert:	€ 7 800 000
Provision 1/8%:	€ 12 500
Avalgebühr: 1%:	€ 100 000
Forfaitierungswert netto:	€ 7 687 500

Die Formel ist nur bei Annuitäten anwendbar, die sowohl in der Höhe als auch vom Zeitabstand her gleichmäßig sind.

3.5.2 Vergleich einer Forfaitierung mit einem Exportkredit

Mit welcher Alternative vergleicht man eine Forfaitierung? Einem Exporteur steht als Alternative entweder ein (ECA-gedeckter) Hersteller- oder Bestellerkredit zur Verfügung, wobei hinsichtlich des Risikos zwar am ehesten ein Bestellerkredit mit Hermesdeckung vergleichbar ist. Da aber beim Bestellerkredit der Importeur Zinsen und Tilgung übernimmt, wäre hier eine Forfaitierung durch den Exporteur nur während der Fabrikations- und Lieferzeit sinnvoll. Deshalb ist es besser, zunächst eine Herstellerfinanzierung mit der Forfaitierung zu vergleichen (Tabelle 3-9).

Tabelle 3-10: Zins-Cash-Flow eines Bankkredits (Herstellerfinanzierung)[48]

Jahr	Halbjahr	Rückzahlung: a_n	Zahlung des Importeurs	Restschuld	Zinsen Mio. €	Cashflow (Zins+ Kredit)	diskontiert mit	
					6.00%		6.00%	10%
		Mio. €	Mio. €	Mio. €	Mio. €	Mio. €	Mio. €	Mio. €
0	0				0,000	10,000	10,000	10,000
1	0,5	-1	1	10	-0,300	-0,300	-0,291	-0,286
	1	-1	1	9	-0,270	-0,270	-0,255	-0,245
2	1,5	-1	1	8	-0,240	-0,240	-0,220	-0,208
	2	-1	1	7	-0,210	-0,210	-0,187	-0,174
3	2,5	-1	1	6	-0,180	-0,180	-0,156	-0,142
	3	-1	1	5	-0,150	-0,150	-0,126	-0,113
4	3,5	-1	1	4	-0,120	-0,120	-0,098	-0,086
	4	-1	1	3	-0,090	-0,090	-0,071	-0,061
5	4,5	-1	1	2	-0,060	-0,060	-0,046	-0,039
	5	-1	1	1	-0,030	-0,030	-0,022	-0,019
		10	10		-1.650	8.35	8.53	8.63
		Barwert der Forfaitierung				7.69	7.69	7.69
		Differenz:				0.66	0.84	0.94

Es ist hier das in Tabelle 3-9 angegebene Forfaitierungsbeispiel zugrunde gelegt und weiterhin unterstellt, dass die Tilgung des Bankkredits genau parallel zu den Zahlun-

---

[48] Diskontierung: (letzte beiden Spalten): $\tilde{a}_n \cdot \dfrac{1}{(1+i)^n}$ a_n = Rückzahlung. i = Diskontierungszins

gen aus der Forderung erfolgt. Auf eine weitere zeitliche Aufteilung hinsichtlich des Zeitraums der Fabrikation soll zunächst verzichtet werden, die Leser finden aber am Ende des Kapitels dazu noch einen etwas ausführlicheren Fall (Kapitel 3.9.3, Seite 132).

Die Unterstellung einer **parallelen Rückzahlung des Bankkredits** sorgt (in Tabelle 3-10) dafür, dass in der Rechnung sich die Tilgungen neutralisieren und letztlich nur die Zinsbeträge berechnet werden. Die Fragestellung lautet: Ich (Exporteur) bekomme heute von der Bank € 10 Mio. ausbezahlt, dafür muss ich in der Zukunft jedes halbe Jahr einen bestimmten Zinsbetrag entrichten, für die Tilgung des Kredits sorgt der Importeur. Diesen Zinszahlungsstrom (Spalte Zinsen) ziehe ich von den heute erhaltenen € 10 Mio. ab und erhalte damit einen Betrag von € 8,528 Mio. (Spalte: Cashflow).

Es ist hier übrigens nicht verwunderlich, dass der Barwert höher ist, wenn der Abzinsungsfaktor höher wird, weil ja in der Zukunft liegende (negative) Zahlungen umso weniger wert sind, je höher der Wert des geliehenen Geldes ist, also je höher der Diskontierungsfaktor ist. Im Fall einer Diskontierung mit 10% ist der Barwert des Bankkredits um rund € 0,099 Mio höher als der Wert, der bei einer Forfaitierung ausbezahlt wird.

Exkurs 3-1: Verwendung der Barwertformel

Es gibt auch die Möglichkeit, in diesem Fall den Barwert (Ao) über die Kapitalwertformel auszurechnen. Dies geht aber nur, wenn Kalkulationszinssatz (i) und Bankzins identisch sind und wenn es konstante Rückzahlungsraten gibt:

$$Ao = a_j \cdot \frac{1-(1+i)^{-n}}{i} = 1 \cdot \frac{1-(1,03)^{(-10)}}{0,03} = 8,53 \quad a_n = \textit{Rückzahlung; } i = \textit{Diskontierungszins}$$

Die Zinsen (hier das Beispiel mit 6% p.a.) müssen hier jeweils auf Halbjahreswerte (3%) umgerechnet werden. Wegen dieser Rechenaktion ist übrigens der Ergebniswert nach der dritten Stelle nicht exakt identisch mit dem in Tabelle 3-10 errechneten Wert.

Der Vergleich zwischen Forfaitierung und Kredit hinkt aber wegen des hohen Risikos des Bankkredits noch sehr stark: Die Kosten einer ECA-Deckung, müssen mindestens in die Rechnung einbezogen werden, wobei der Bestellerkredit wegen der weitgehenden Abwälzung des Risikos auf die Bank und des generell geringeren Selbstbehaltes (den aber hier auch die Bank trägt) durchaus mit der Forfaitierung zu vergleichen ist. Es sei angenommen, dass es sich bei dem betreffenden Land um ein Land der Risikokategorie IV bei Hermes und einen privaten Besteller ohne Bankgarantie handelt (Tabelle 3-11). Die Prämienberechnung wurde bereits in Beispiel 3-7 als Muster gezeigt. Bei einer anderen Länderkategorie wäre auch mit anderen Risikozuschlägen bei der Forfaitierung zu rechnen. Dabei wird - aus Gründen der exakten Vergleichbarkeit-

von einer offenen Forderung von € 10 Mio. ausgegangen, eine Anzahlung von z.B. € 2 Mio. ist also bereits geleistet und wird auch nicht in die Fabrikationsrisikodeckung einbezogen. Die Kreditlaufzeit soll mit der Lieferung beginnen, die Rückzahlung dann wie bei der Forfaitierung ein halbes Jahr nach Lieferung einsetzen, so dass sich eine Risikolaufzeit von 5 Jahren bei Hermes ergibt, von einer Fabrikationszeit und einer Fabrikationsrisikodeckung wird zunächst einmal abgesehen. Damit ergibt sich folgender Vergleich:

Tabelle 3-11: Vergleich Forfaitierung mit Kredit + Hermes (Länderkategorie IV)

Abgezinster Erlös des Bestellerkredits: (10%)		8,627
Risikolaufzeit Jahre	5	
Finanzkreditdeckung % (0,575 ·5 +0,491)	3,366	
Zuschlag privat ohne Garantie 30%, ergibt:	4,38% · € 10 Mio=	-0,438
Nettoerlös:		**8,189**
Barwert der Forfaitierung		7,688
Differenz		**0,501**

Der Kostenvorteil des Bankkredits mit Hermesdeckung mit rund € 501 000 ist doch noch deutlich, dies kommt aber auf den Einzelfall an. Die getroffenen Annahmen dienen der besseren Vergleichbarkeit zwischen beiden Kreditformen, in der Praxis wird es, auch wenn das gleiche Grundgeschäft damit finanziert wird, meist zeitliche und auch betragsmäßige Abweichungen geben. Beispielsweise wäre es auch möglich, die gesamte Forderung bereits vor Beginn der Anzahlung zu forfaitieren und alternativ auch so abzusichern.

Gegenüber einer Herstellerfinanzierung wäre die Forfaitierung risikomäßig sicherlich deutlich günstiger, gegenüber einem versicherten Bestellerkredit lohnt sich vermutlich ein Preisunterschied von einer halben Million nicht. Ob vielleicht aufgrund der Liquiditätslage des Exporteurs die Forfaitierung einen besseren Cashflow ergibt, muss im Lichte der Vorteile, der Preiskalkulation, des Risikos und natürlich auch der Gesamtsituation des Unternehmens, wie etwa dem Umfang bereits eingegangener Risiken beurteilt werden. Dabei sind die Risiken immer noch nicht gleich: Zwar besteht auch bei der Forfaitierung das Risiko von Einwendungen aus mangelnder Vertragserfüllung des Exporteurs, dieses ist aber generell abstrakter als beim durch die Exporteurserklärung gesicherten Bestellerkredit. Bei einem in € abgeschlossenen Kredit besteht zudem ein Wechselkursrisiko, wenn die zugrunde liegende Forderung in Fremdwährung lautet.

Übrigens spielt auch noch die **Fabrikationszeit** eine Rolle, wie wir im Fall „Klassische Exportfinanzierung" (Abschnitt 3.9.3, S. 132) noch sehen werden, denn Bankkredite werden in der Regel pro rata- Lieferung/Leistung oder bestenfalls nach Produktionsfortschritt ausbezahlt, während bei der Forfaitierung über den Betrag meist sofort verfügt werden kann: Bei einem Liefervolumen von € 10 Mio. und einem kalkulatorischen Unternehmenszins von 10% macht bereits ein halbes Jahr eine halbe Million Euro an Zinsunterschied aus, so dass bei längerer Fabrikationszeit das Pendel auch zugunsten der Forfaitierung umschlagen kann.

3.5.3 Vor- und Nachteile der Forfaitierung

Der zunächst ins Auge springende **Nachteil** der Forfaitierung sind die meist höheren Kosten. Die zunächst höheren Kosten können sich aber bei genauer Betrachtung des Nettobarwerts als geringer herausstellen, wenn der Zeitrahmen günstiger gestaltet werden kann als bei einem ECA-gedeckten Bankkredit. Es gibt aber noch ein anderes Argument: Kreditversicherungen sind staatliche oder staatsnahe Organisationen, die auf Marktänderungen eher träge reagieren, der Forfaitierungsmarkt ist schneller. Daher entstehen oft in bestimmten Ländern Chancen, die sich aus der schnellen Reaktion dieses Marktes ergeben und es kann vorkommen, dass für ein bestimmtes Land und eine bestimmte Währung eine Forfaitierung unschlagbar günstig ist.

Daneben stellen Forfaitierungen hohe Anforderungen an die Qualität des Schuldners und/oder des Projekts. Die Frage, ob eine Forderung überhaupt forfaitiert werden kann oder vielleicht auf dem „junk-bond"-Markt landet, wird vor allem von folgenden Kriterien abhängig sein:

- Bonität des Schuldners und ggf. seiner (avalierenden) Bank
- Risikoeinschätzung des Schuldnerlandes
- Risiko der Vertragswährung
- Kosten konkurrierender Absicherungsmöglichkeiten
- Üblichkeit der Forfaitierung in der jeweiligen Branche und in den jeweiligen Ländern (erhöht die Marktliquidität für Forfaitierungen)
- Zinsen im Land der Vertragswährung
- Risiko und Wirtschaftlichkeitserwartungen des Projekts selbst

Sofern die Kosten der Forfaitierung höher sind als die anderer Lösungen, muss das Management abwägen, ob die unten erwähnten Vorteile ihren Preis wert sind:

- Bilanzentlastung und damit keinerlei Einschränkung des Kreditspielraums (gegenüber Herstellerkredit), Verbesserung der Bilanzkennzahlen und ggf. der Rating-Einordnung.
- Meist volle Finanzierung eines Kreditbedarfs
- Sofortige Auszahlung gegenüber einer Kreditauszahlung nach Projektfortschritt beim klassischen Bankkredit, die meist ungünstiger ist. Dadurch

schnellere Verfügbarkeit von Finanzmitteln, was bei einer engen Liquiditätssituation, aber auch bei einem hohen unternehmensinternen Kalkulationszinssatz einen oft entscheidenden Vorteil aufweist.

- Keine Selbstbeteiligung und keinerlei Beschränkung auf „versicherte Risiken"

- Ausnutzungsmöglichkeit von Zinsdifferenzen ohne Wechselkursrisiko bei
  der Wahl anderer Vertragswährungen. Allerdings könnte die Zinsdifferenz
  auch ohne Forfaitierung durch Kreditaufnahme im Ausland (Zinsarbitrage)
  ausgenutzt werden, sofern die Vertragswährung damit identisch ist.

- Wahrnehmungsmöglichkeit kurzfristiger günstiger Marktentwicklungen

- Ein Wechselkursrisiko kann vermieden werden, wenn Vertragswährung und
  Forfaitierungswährung die gleichen sind.

- Ein Zinsänderungsrisiko bei (üblicher) variabler Zinsfestlegung entfällt (auf
  der anderen Seite entfällt auch die Chance einer Zinssenkung).

- Einfache administrative Abwicklung.

3.6 Exportfactoring

Exportfactoring ist der „laufende Verkauf von kurzfristigen Exportforderungen an
eine Factoringgesellschaft (dem Exportfaktor)."[49] Es ist also ein sehr kurzfristiges
Finanzierungsinstrument: Im Allgemeinen sollte eine Forderung 180 Tage nicht überschreiten.[50] Der wesentliche Unterschied zur Forfaitierung ist der, dass ein Factor **keine Einzelforderungen** ankauft, sondern nur **den gesamten Forderungsbestand**, i. d.
R. Inlands- und Auslandsforderungen, häufig auch bestimmte Forderungsgruppen,
z.B. nur Forderungen bis zu einer bestimmten Laufzeit oder nur Forderung bis zu
einer bestimmten Einzelhöhe oder vielleicht auch nur Forderungen in OECD-Länder.
Je weniger eingeschränkt dieser Katalog sein soll, desto teurer wird die Gebühr für die
Übernahme der Forderungen. Factoring weist drei Funktionen auf:

1. Die Finanzierungsfunktion,

2. die Funktion der Übernahme des Risikos (Delkrederefunktion),

3. die Übernahme der Verwaltung der Forderungen (Dienstleistungsfunktion).[51]

Nicht immer werden alle Funktionen ausgeübt, auch das ist eine Frage des Preises:
Wird die Delkrederefunktion nicht ausgeübt, handelt es sich um unechtes Factoring,

---

49 Häberle, Siegfried G: Einführung in die Exportfinanzierung, München 2002, S. 246
50 Vgl. Häberle, Siegfried G.: Handbuch der Außenhandelsfinanzierung, München 2002, S. 672
51 Vgl. Rösler, Mackenthun, Pohl (2002), S. 377

wird die Dienstleistungsfunktion nicht beansprucht, so spricht man von „inhouse"-Factoring (auch „bulk-facturing"). „Standardfactoring" oder einfach Factoring bedeutet, dass alle drei Funktionen angeboten werden. Wechselkursrisiken werden aber in der Regel nicht übernommen. Auch das politische Risiko wird meist ausgeschlossen.[52] Einheitliche Richtlinien sowie Empfehlungen zu verschiedenen Regelungen zum Abtretungsverbot in verschiedenen Ländern wurden durch ein Harmonisierungsabkommen zum Internationalen Factoring (Ottawa-Konvention oder Unidroit- Übereinkommen) im Jahre 1998 auch in Deutschland ratifiziert.

Die **Vorteile** des (Standard-)Factoring allerdings nur im kurzfristigen Exportgeschäft liegen auf der Hand:

- Bilanzentlastung und wie bei der Forfaitierung eine Erhöhung des gesamten Kreditspielraums und ggf. besseres Rating.

- Aufgrund der wesentlich höheren Zahl von Forderungen kann der Faktor einen Spezialisierungseffekt erzielen, z.B. bei der Bonitätsprüfung, der Einholung von Auskünften, der Verwaltung und schließlich der Rechtsverfolgung. Dieser Vorteil kann sich auch für den Kunden Kosten mindernd auswirken.

Die Frage, ob Factoring sich für einen Exporteur lohnt, lässt sich anhand der zu erwartenden Kosten, seiner Ersparnisse und seiner Risikominderung beantworten. Der Faktor wird beim echten Factoring folgende Kosten übernehmen:

1. Bonitätsüberwachung

2. Buchhaltung, Mahnwesen und Rechtsverfolgung

3. Zahlungsausfälle

4. die Finanzierungskosten

Wenn die einzelnen Kosten für den Exporteur höher sind als die Factoring-Gebühren, lohnt sich das Factoring. Dabei gibt es einen Unsicherheitsfaktor, aber zunächst kann man ja die Zahlungsausfälle aus der Vergangenheit und die Kosten des Mahnwesens und der Fakturierung als Grundlage nehmen. Es ist zu erwarten, dass die Zahlungsausfälle für den Faktor aufgrund seines Know-hows und vielleicht auch seiner weltweiten Präsenz niedriger sind als sie beim Exporteur gewesen wären. Es ist nachvollziehbar, dass eine große Factoringgesellschaft mit weltweiter Präsenz und einem hohen Auftragsvolumen hier erhebliche Kostenersparnisse realisiert, die sie wenigstens teilweise an den Auftraggeber weiterleiten kann. Insgesamt dürfte sich Auslandsfactoring am ehesten für einen Betriebstypus lohnen, bei dem mehr als eine der folgenden Bedingungen erfüllt sind:

- Kleinere und mittlere Betriebsgröße.

---

[52] Ebenda, S. 325

- Geographisch sehr weiträumig verteilte Kunden, deren Bonitätsüberwachung zeitaufwendig ist.

- Saisonal stark schwankendes Exportgeschäft, bei dem der Aufbau eines ganz-jährig zu unterhaltenden Personalapparats zu aufwendig wäre.

- Eher kurzfristige Zahlungsziele bis 180 Tage.

3.7 Cross-Border Leasing

Es gibt viele Spielarten von Leasing und es soll nicht der Frage nachgegangen werden, welche der Spielarten nun internationalen Charakter hat und welche nicht. Es soll hier von „**Cross-Border Leasing**" gesprochen werden, wenn Verkäufer (Exporteur) und Käufer einer Ware (Importeur) ihren Sitz in verschiedenen Ländern haben und es sich um das „leasen" (= mieten) eines Investitionsgutes handelt. Am Ende der vereinbarten Nutzungszeit bietet der Leasingvertrag meist den Kauf zu einem dann festzulegenden Restkaufpreis an. Das Grundmodell ist in Abbildung 3-9 aufgezeigt. Die Frage, wo die Leasinggesellschaft ihren Sitz hat, ist zweitrangig, denn sie wird sehr häufig ihren Sitz in einem dritten Land haben, das sich in steuerlichen Fragen aufgeschlossen zeigt.

Abbildung 3-9: Grundmodell des Cross-Border Leasings

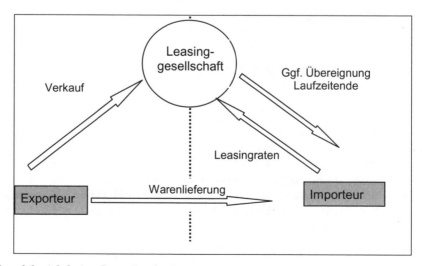

Es handelt sich beim Cross-Border Leasing um eine Variante der Exportfinanzierung, bei der entweder ein Vorteil darin besteht, dass die Leasinggesellschaft einen **besseren**

Zugriff auf den Importeur hat, weil sie selbst oder über eine Repräsentanz in dessen Land einen Sitz hat, oder (und) weil die **steuerlichen Rahmenbedingungen** im Ausland Ersparnisse ermöglichen. Der Vorteil des besseren Zugriffs und andererseits der (steuerlichen) Beweglichkeit gilt auch bei Flugzeugen und Schiffen und dies dürfte auch ein Grund für die Verbreitung von Leasing bei diesen Gütern sein.

Beim so genannten **Sale-Lease-Back-Verfahren** verkauft der Importeur das Investitionsobjekt an eine Leasinggesellschaft im Importland und least es gleichzeitig von ihr zur eigenen Nutzung. Der Kaufpreis, den der Importeur von der Leasinggesellschaft erhält, dient zur Bezahlung des Kaufpreises an den Exporteur. Eine besondere Form sind die so genannten „**Asset-Backed-Securities**": Bei diesem Modell werden Leasingforderungen über eine dazu gegründete Zweckgesellschaft verbrieft und auf dem Finanzmarkt emittiert.

Beim **Finanzierungsleasing** wird ein Gut für eine relativ lange Laufzeit gemietet, der Vertrag ist eigentlich von einem Bestellerkredit nur hinsichtlich der Eigentumsübertragung zu unterscheiden. Viele Finanzbehörden, (u.a. auch die IAS 17 Regelung), werten daher das Finanzierungsleasing als Kauf.[53] Anders ist dies beim „**Operate-Leasing**", wo das Gut nur für einen Zeitraum vermietet wird, der deutlich unter seiner Lebensdauer liegt. Allerdings kommt hier der Begriff technische und wirtschaftliche Lebensdauer ins Spiel: Eine Computeranlage mag nach drei Jahren noch lange technisch nutzbar sein, wirtschaftlich gesehen ist sie wahrscheinlich bereits so alt, dass sie allenfalls zu einem sehr viel geringeren Wert weitervermietet oder verkauft werden kann.

Leasingverträge zwischen Exporteur und Leasinggesellschaft können als Forfaitierung, als Bargeschäft oder auch als (eher kurzfristiger) Bestellerkredit ausgelegt sein. Leasing kann auch über Hermes gedeckt werden (s.u.).

Leasing erlangte gerade im so genannten „big-ticket-Bereich", also beim Verkauf von Flugzeugen, Satelliten, Schiffen oder Hotels eine beachtenswerte Bedeutung. Die Vorteile liegen - bei Existenz einer Leasinggesellschaft - in einer weitgehenden Weitergabe von Risiken an die Leasinggesellschaft, einer Bilanzentlastung und in den meisten Fällen einer 100%-igen Finanzierung. Export mit Hilfe eines Leasingangebots erleichtert in vielen Fällen den Markteinstieg.

Eine **Leasingdeckung durch Hermes** steht sowohl deutschen Produzenten, die direkt mit einem Leasingnehmer im Ausland Leasingverträge abschließen (Hersteller- bzw. direktes Leasing), als auch deutschen Leasinggesellschaften, welche die Ware von einem deutschen Exporteur zum Zwecke des grenzüberschreitenden Leasings erwerben (indirektes Leasing), zur Verfügung. Dies bedeutet aber, dass die Leasinggesellschaft in Deutschland ansässig sein muss. Gedeckt wird im Prinzip nach denselben Grundsätzen wie bei der Deckung des Ausfuhrrisikos, also bei Insolvenz des Leasing-

---

53 Vgl. Arnold, Glen, Corporate Financial Management, London 2005, p. 604,

nehmers oder Nichtzahlung der Leasingforderung (protracted default).[54] Im Endeffekt fallen wie beim Factoring oder der Forfaitierung die Funktionen der Finanzierung und der Risikoübernahme sowie bestimmte Dienstleistungsfunktionen an, die auch bezahlt werden müssen.

Leasingverträge sind hinsichtlich ihrer Kosten oft äußerst schwierig mit konventionellen Angeboten vergleichbar: Dies liegt an ihrer oft komplizierten Konstruktion, unterschiedlichen "front-end fees" in Form von Anzahlungen und Restwerten (die oft auch einer nachträglichen Revision unterliegen) und nicht zuletzt je nach betrieblicher Situation des Exporteurs **sehr unterschiedlichen Steuerersparnissen**. Gerade die Steuerersparnisse liegen meist nur in einer Verlagerung der Gewinne - üblicherweise nach hinten -, so dass es dabei sehr auf die Gewinnsituation des Unternehmens ankommt, ob sich eine bestimmte Konstruktion lohnt: Bei einem im Aufbau befindlichen Exportunternehmen, das in den ersten Jahren keinen Gewinn erwartet, ist eine vollkommen andere Leasing-Konstruktion empfehlenswert als bei einem bereits etablierten Betrieb. Bevor also hier eine Entscheidung getroffen wird, sollten - ggf. in mehreren Szenarien - mögliche Alternativen hinsichtlich der Kostensituation mit dynamischen Methoden (Kapitalwert oder interne Verzinsung) überprüft und hinsichtlich der übernommenen Risikofunktionen mit Alternativen verglichen werden.

Bei der Würdigung von Leasingverträgen sollte daran erinnert werden, dass gerade das „Cross-Border Leasing" in europäischen Ländern eine sehr unrühmliche Geschichte aufzuweisen hat, als infolge einer US-Steuervorschrift reihenweise Bürgermeister oft kleiner Gemeinden sich durch Sale and Lease-Back- Arrangements auf teilweise recht fragwürdige Verträge mit Gerichtsstand in den USA eingelassen haben. Das Instrument eröffnet erhebliche Manipulationsmöglichkeiten im Hinblick auf eine Verschleierung der Vermögensverhältnisse durch betrügerische Leasinggesellschaften. Aber nicht nur Dorfbürgermeister wurden dadurch getäuscht, wie etwa der Fall des Zusammenbruchs der Firma Enron im Jahre 2001 gezeigt hat, die kurz vorher auf der Fortune Liste der „Most Admired American Companies" gelistet worden war.[55] All dies mag einem erfahrenen Auslandsmanagement ohne eigene betrügerische Absichten nicht passieren, es sollte aber dennoch als Warnung dienen, nicht aus Gründen vielleicht kurzfristiger Steuerersparnisse klassische Vorsichtsregeln außer acht zu lassen.

Vorteile gegenüber der traditionellen Refinanzierung sind bzw. können daher sein:

- Ein langfristiges Exportgeschäft wird zum risikofreien (Inlands-)-Bargeschäft, die Leasinggesellschaft hat einen besseren Zugriff auf den Kredit- bzw. Leasingnehmer

---

[54] Hermes Produktinformation „Leasingdeckung", Stand Okt. 2003, S. 2 (http://www.agaportal.de/pages/aga/, 1.11.05)

[55] Erben, Roland F.: Enronie des Schicksals, Das Enron Debakel- Lessons Learned, in: Romeike (2005), S. 269 f. (269-279)

- Der Exporteur hat keine Selbstbeteiligung zu tragen

- Die Forderung verschwindet wie bei der Forfaitierung und beim Besteller-kredit aus der Bilanz

- Ggf. können –je nach Situation- Steuervorteile entstehen, die aber hinsichtlich ihrer Nachhaltigkeit sorgfältig zu prüfen sind.

3.8 Die Bedeutung der Dokumentation für das Financial Engineering

Anträge bei Banken und natürlich insbesondere bei Institutionen wie AKA oder KfW sowie auch den internationalen Institutionen wie EIB, EU-Kommission oder IFC bedürfen einer umfangreichen Dokumentation. Dies wird sich im Zuge der Durchsetzung der Basel II Kriterien mit Sicherheit verschärfen, da die Banken ihrerseits Rechenschaft über das Risiko ihrer ausgelegten Kredite ablegen müssen und da es außerdem im Interesse des Kreditkunden sein muss, in eine möglichst günstige Risikoklassifizierung zu erhalten. Unternehmer, die aus „dem Bauch heraus" entscheiden, ob ein Projekt gut ist, werden es vermutlich schwerer haben. Es ist sicherlich auch sinnvoll, sich in die Situation des jeweiligen Gesprächspartners bei der Bank zu begeben, der die Kreditvergabe gegenüber den Vorgesetzten, anderen Abteilungen des Hauses, Aufsichtsräten und bei staatlicher Refinanzierung auch gegenüber Behörden vielleicht vor Kreditvergabe, sicherlich aber bei Eintritt eines Problemfalls rechtfertigen muss. „Während in den Basler Eigenkapitalvereinbarungen von 1988 die Unterlegung der Kreditrisiken relativ grob in Abhängigkeit von der Art des Kreditnehmers und dem jeweiligen Sitzland festgelegt wurde, hängt der Kapitalbedarf künftig primär von der Bonität des Kreditnehmers ab."[56] Dasselbe gilt auch für die Bonität eines Projekts, wenn ein Exportvorhaben im Rahmen einer „Non-Recourse" -Finanzierung als selbständiges Projekt finanziert werden soll. In der Regel sind die folgenden Informationen erforderlich:

- Wirtschaftliche Verhältnisse des Exporteurs (Jahresabschlüsse, Umsatzzahlen, Exportanteil, Exporterfahrung). Bei internationaler Finanzierung größerer Projekte wird nicht selten auch ein den amerikanischen Bilanzrichtlinien angepasster (ggf. testierter) Jahresabschluss verlangt.

- Wirtschaftliche Verhältnisse des Importeurs (ggf. auch Jahresabschlüsse je nach Größe der Finanzierung).

---

[56] Schmidt, Andreas: Interner Rating Ansatz einer Geschäftsbank, S. 96, in: Hofmann, Gerhard, Basel II und MAK, Frankfurt 2004, S.94-109

- Beschreibung des Exportgeschäfts: Auftragswert, Währung, Zeitplan, Zahlungsbedingungen und Liefertermine, wesentliche Bestimmungen des Exportvertrages.

- Bei Lieferung von Investitionsgütern und entsprechenden längerfristigen Zahlungszielen: Rechnung bzw. Betrachtung über die wirtschaftlichen Ergebnisse der Investition (Kosten-Erlös bzw. Liquiditätsbetrachtung), aus der die Bank plausibel ersehen kann, wie der Importeur und Kreditnehmer den Schuldendienst erbringen kann. Bei größeren Projekten und bei Non-Recourse Finanzierungen wird häufig auch vorausgesetzt, dass eine Marktstudie erstellt worden ist.

- Genehmigungen etwa für Ausfuhr oder Einfuhr, Investition, Management und Betrieb im Zielland und ähnliches, soweit dies notwendig ist.

Banker beklagen sich häufig darüber, dass viele der wichtigen Informationen meist recht schwierig zu bekommen sind, vor allem von mittleren und kleineren Unternehmen, die nicht das entsprechend qualifizierte Personal haben, um diese in ihren Augen lästige Schreibtischarbeit zu erledigen. Bei den internationalen Institutionen kommen noch Sprachprobleme hinzu.

Die gute **Präsentation des eigenen Unternehmens** und des **jeweiligen Vorhabens** ist Teil des **"Financial Engineering"** und stellt dabei eine wichtige Vorbedingung dar, mit der man neue Finanzierungsquellen erschließen kann. Seit der Einführung des Euro sind die Finanzmärkte größer geworden, aber Finanzierungsangebote etwa bei einer spanischen oder französischen Bank können nur wahrgenommen werden, wenn das Unternehmen sich als unbekannte Firma dem Institut auch vorteilhaft präsentieren kann.

3.9   Fall: Risikostrategien bei der Finanzierung des Außenhandels

Beim Außenhandel treten im Prinzip sowohl Geschäfts-, wie auch politisches, Wechselkurs- und Zinsrisiko auf (vgl. Kapitel 3.1), wobei das dominierende Risiko das Geschäftsrisiko darstellt.

Eine Vermeidung eines Risikos wird wohl nur bei besonders dramatischen Risiken infrage kommen. Bei hohen Risiken wird man entweder versuchen, hinsichtlich der Bedingungen **nachzubessern** (z.B. durch höhere Anzahlung, einen höheren Preis, eine Bankgarantie) oder dann **abzusichern** (Hermes, Forfaitierung) und, wenn das Risiko immer noch zu hoch erscheint, beispielsweise durch Bildung eines Lieferkonsortiums zu **streuen**. Kern des Risikomanagements wird zunächst die Absicherung sein, wobei hier auf die Kosten-/Nutzen Relation geachtet werden muss: Ebenso wie eine zu geringe Absicherung kann auch eine zu hohe Absicherung zu Problemen führen, weil sie Kosten verursacht und die Konkurrenzfähigkeit schwächt. Die Alternativen und die Problematik des Risikomanagements wurden bereits ausführlich in **Kapitel 2** diskutiert, auch das Kostenargument. Im **vorliegenden Kapitel** sind die **speziellen Instrumente** dargestellt worden, mit denen die Risiken abgesichert werden können. Dieses Wissen soll nun vertieft und ergänzt werden, in dem ein konkreter Fall diskutiert wird, bei dem die klassischen Risiken eines Exportgeschäfts auftauchen.

Die im Folgenden getroffenen Annahmen über Kreditbedingungen stammen aus konkreten Beispielen aus der Exportpraxis, diese Bedingungen bleiben aber nicht stabil und sie treffen auch nicht für alle Regionen der Welt zu: So kann es durchaus vorkommen, dass Forfaitierungen auch einmal zu günstigeren Bedingungen gewährt werden, weil der Markt besonders liquide ist oder dass ein Bestellerkredit nicht möglich ist, weil der Importeur ein zu schlechtes Risiko darstellt. Der Fall soll vor allem als Anregung dazu dienen, dass die Gestaltung von Auslandsverträgen durchaus auch eine kreative Angelegenheit sein kann und Leser und Leserin dazu ermuntern, über das bloße Errechnen eines Gewinns hinaus auch strategisch zu denken. Es gibt auch eine ganze Reihe von Punkten, die bewusst offen gelassen worden sind und die sich damit zum weiterdenken und weitermachen eignen sowie auch solche, die zur Diskussion anregen sollen. Hierzu gehört vor allem der Teil, der sich dem Titel des Buches Rechnung tragend mit dem Thema Risikomanagement und Einschätzung des Risikos befasst.

3.9.1 Teil A: Kalkulation des Cashflows mit Exportkredit

Die deutsche Firma „Citopack", Hersteller von Verpackungsmaschinen, steht vor Abschluss eines Vertrages mit einem privaten Besteller, der großen Fracht- und Seespedition LAT-Trans aus Südafrika. Der Liefervertrag über einen **Wert von € 6 Mio.** sieht vor, dass moderne Verpackungsmaschinen geliefert und dort montiert werden. Die Maschinen werden nach 6 Monaten verschifft, wobei Lieferzeit und Montage weitere 6 Monate in Anspruch nehmen und die Betriebsbereitschaft 12 Monate nach Abschluss des Vertrags vorgesehen ist. LAT-Trans will das Geld erst durch entsprechende Aufträge verdienen und weist auf Konkurrenzangebote hin, bei denen mehrjährige Lieferantenkredite gewährt werden. Die Firma gilt laut Bankauskunft als solide, auch liegt eine Marktstudie vor, wonach sie über genügend Aufträge verfügt, um einen Lieferantenkredit zu bedienen. Südafrika wird von Hermes in Länderrisikoklasse 3 eingeteilt, vergleichbar mit Costa Rica, Thailand, Tunesien, Zypern, Indien (jeweils Stand 2005). Es sind folgende Konditionen vorgeschlagen:

- **Vertragswert € 6 Mio,** dabei **€ 1 Mio. Anzahlung** nach Vertragsabschluß gegen Anzahlungsgarantie. Die Anzahlung wird nach In-Kraft Treten des Vertrages etwa Ende des ersten Quartals eingehen.

- Ein halbes Jahr nach Betriebsbereitschaft (also 18 Monate nach Abschluss des Vertrags) soll die Rückzahlung des dem Importeur gewährten **Lieferantenkredits in acht halbjährlichen Raten zu jeweils 625 000 €** beginnen

- Zeitablauf in Monaten: Vertragsabschluß Monat 0, Verschiffung Monat 6, Betriebsbereitschaft Monat 12; Fälligkeit der Rückzahlungsraten ab Monat 18 nach Vertragsabschluss.

Die „**Selbstkosten**" betragen **€ 5,2 Mio.** Das Management von Citopack erwartet eine **Verzinsung** von mindestens **10%** bei Projekten dieser Art.

3.9.1.1 Vorüberlegungen

Um die Situation des Exporteurs in seinem Umfeld zu begreifen, sollten Sie erst einmal einige Vorüberlegungen anstellen:

a. Identifizieren Sie Risiken und Probleme des Projekts. Halten Sie eine Verzinsung von 10% p.a. angesichts der Risiken für ausreichend? Welche Lösungen schlagen Sie vor?

b. Welche Finanzierungsinstrumente werden hier zum Einsatz kommen? Eignet sich z.B. ein Akkreditiv?

3.9.1.2 Refinanzierung eines Lieferantenkredits durch eine Hermesdeckung (ECA-Deckung)

Die Hausbank erklärt sich in Verbindung mit der AKA und auf der Basis einer Deckung durch eine ECA (Euler-Hermes) zu folgenden Konditionen bereit: Der Auftragswert abzüglich der Anzahlung in Höhe von **€ 5 Mio.** wird im Rahmen eines Herstellerkredits finanziert, die etwa nach Lieferfortschritt (siehe Tabelle 3-12, S. 125) in zwei Tranchen (Monat 6, € 2 Mio und Monat 12, € 3 Mio) ausgezahlt werden und die parallel zur Rückzahlung des Importeurs in acht Raten á 625 000 € beginnend 18 Monate nach Auftragserteilung an die Bank zurückzuzahlen sind. Der Exporteur entscheidet sich anstelle eines variablen Zinssatzes (4%) für einen **Festzinssatz von 4,5%** p.a. In Tabelle 3-12 (Cashflow-Hilfsblatt) sind die Zahlungsströme, der geschätzte Anfall der Kosten und der Kreditauszahlungen übersichtlich dargestellt. Gehen Sie nun der Reihe nach vor, indem Sie folgende Fragen beantworten:

c. Wer sind bzw. werden die Teilnehmer („players") in einer solchen Situation außer dem Lieferanten bzw. Exporteur (Citopack) und dem Besteller bzw. Importeur („LAT-Trans")

d. Skizzieren Sie einen Zeitplan, der Liefer- und Zahlungstermine enthält

e. Stellen Sie den Cashflow des Projekts (Muster in Tabelle 3-12 und Tabelle 3-13) dar. Der Kostenverlauf beim Exporteur ist in Tabelle 3-12 angegeben.

f. Erläutern Sie, was der „Cashflow" besagt: Welche Größen sind hier enthalten oder nicht enthalten, und was sagt eine Cashflow-Rechnung dem Management?

g. Die Absicherung von Fabrikations- und Ausfuhrrisiko kostet bei Hermes einschließlich der „Ausfertigungsgebühr" (€ 1500) insgesamt € 179 560 (siehe Anlage 3-1, S. 142). Errechnen Sie durch Abzinsung den Barwert dieses Geschäftes und stellen Sie fest, ob der vom Management vorgegebene Wert von 10% erreicht wird. (Hilfsblatt/Kopfzeile in)Tabelle 3-13.

Tabelle 3-12:Cashflow-Übersicht: (Hilfsblatt):

Monate/ Jahre Months/ Years		Aufwen-dungen / Cost	Exporterlöse /payments from client	=Netto-eingänge /project cash flow	Kredi-taus-zahlung / loan dis-burs-ment	Tilgung /Repay-ment	Cash-Flow vor Zinsen/ before interest
		1.000 €	1.000 €	1.000 €	1.000 €	1.000 €	1.000 €
A	B	C	D	E =C+D	F	G	
0	0,00	-260		-260			
3	0,25	-1560	1000	-560			
6	0,50	-1560		-1560	2000		
9	0,75	-1300		-1300			
12	1,00	-520		-520	3000		
18	1,5		625	625		-625	
24	2,0		625	625		-625	
30	2,5		625	625		-625	
36	3,0		625	625		-625	
42	3,5		625	625		-625	
48	4,0		625	625		-625	
54	4,5		625	625		-625	
60	5,0		625	625		-625	
		-5200	6000	800	5000	-5000	

Tabelle 3-13: Hilfsblatt (Kopfzeile) zur Abzinsung des Cashflows (Herstellerkredit)

Zeit/ time		Cashflow (Übertrag)	kumulativer Kredit-betrag /Total loan outstanding	Zinsen/ Interest[57]	Netto (net)-Cashflow C+E	Barwert (Net present value) - Cashflow
		1.000 €	1.000 €	1.000 €	1.000 €	1.000 €
A	B	C	D	E	F	G

---

[57] Zinsen werden in der Fertigungsphase vierteljährlich, danach halbjährlich berechnet. Kredit-raten werden jeweils am Ende der Periode ausbezahlt und getilgt

h. Identifizieren Sie den „Value at Risk", d.h. die Summe, die schlimmstenfalls für Citopack „auf dem Spiel steht". Der „Value at Risk" stellt normalerweise aber nicht den schlimmstmöglichen Fall dar, sondern einen Fall, der mit einer vorgegebenen Wahrscheinlichkeit eintritt. Wie könnte der Exporteur in diesem Fall zu einer Abschätzung der Wahrscheinlichkeit kommen, dass die Rückzahlung des vereinbarten Wertes aus welchen Gründen auch immer ausfällt?

3.9.2   Lösungshinweise zum Teil A:

Zu 3.9.1.1: Vorüberlegungen

Zu a.): Identifizieren Sie Risiken und Probleme des Projekts. Halten Sie eine Verzinsung von 10% p.a. angesichts der Risiken für ausreichend? Welche Lösungen schlagen Sie vor?

Es liegt ein klassisches Exportrisiko vor, das hauptsächlich aus dem Geschäftsrisiko und dem politischen Risiko besteht. Ein Wechselkursrisiko liegt für Citopack zumindest oberflächlich nicht vor, da der Vertrag in Euro abgeschlossen werden soll. Angesichts der langen Laufzeit kann jedoch auch ein indirektes Wechselkursrisiko auftreten, da LAT-Trans, wie im internationalen Transportwesen üblich, seine Einnahmen in US $ erzielt. Angesichts der langen Laufzeit, der großen geographischen wie kulturellen Entfernung des Landes und eines mindestens mittleren Länderrisikos bestehen aber auch beträchtliche Geschäfts- und politische Risiken. Angesichts der Risiken erscheint eine Rendite von 10% als nicht angemessen, aber möglicherweise ist das die falsche Frage, denn auch eine höhere Rendite würde dem Exporteur nicht helfen, wenn das Geld ausbleibt: Handelt es sich um ein kleineres Unternehmen, wäre ein solcher Verlust vielleicht gar nicht tragbar. Nur wenn Citopack ein hohes Exportvolumen aufweist und die € 6 Mio. nur ein kleiner Teil davon sind, kann es darauf hoffen, dass bei Ausfall des Geschäfts andere Geschäfte diesen Verlust ausgleichen (Portfolioansatz). Dann wäre aber vermutlich eine höhere Rendite erforderlich: Der Hinweis auf mögliche Konkurrenten schränkt allerdings diese Überlegungen bereits wieder ein. Daher gehen Lösungsansätze eher in Richtung einer besseren Absicherung: Eine ECA-gedeckte Finanzierung (in diesem Fall Hermes)[58], ggf. auch eine Forfaitierung. Ein Offenlassen der Forderung wäre sehr risikoreich.

Zu b): *Welche Finanzierungsinstrumente werden hier zum Einsatz kommen? Eignet sich z.B. ein Akkreditiv?*

---

[58] Sofern es sich um ein Gemeinschaftsprojekt mit anderen Ländern mit einem hohen Zulieferanteil handelt, sind auch so genannte „strukturierte Finanzierungen" mit Beteiligung von Exportkreditversicherungen aus den beteiligten Ländern denkbar

Ein Akkreditiv ist eine kurzfristige Form des Zahlungsverkehrs und eignet sich bei einem Kredit mit fünf Jahren Laufzeit nicht. Zum Einsatz können kommen: Herstellerkredit, Bestellerkredit, Forfaitierung. Denkbar wären auch Formen des Leasing, während Factoring im Rahmen einer Deckung aller Forderungen von Citopack bereits aus Gründen der langen Laufzeit ausscheidet. Denkbar wäre auch eine Projektfinanzierung, die das Ganze als eigenes Projekt sieht. Hier müssten Sicherheiten aus dem Projekt heraus gestellt werden, die aber vorzugsweise vom Besteller unabhängig sind, da die Verpackungsmaschinen vermutlich keinen abgetrennten Teil von LAT-Trans Bestellerfirma darstellen, also beispielsweise als Projektgesellschaft, die Verpackungsleistungen für LAT-Trans herstellt. Bei einer Reederei würde es aber auch nahe liegen, Sicherheiten an Schiffen oder auch Abtretungen von künftigen Aufträgen zur Verfügung zu stellen. Dies stellt die mögliche Palette der Alternativen dar. Für die Gründung einer eigenen Projektgesellschaft würde man im Allgemeinen aber ein Projekt in einer anderen Kostendimension erwarten[59]. Aufgrund dieser Tatsache und eines noch vergleichsweise sicheren Abnehmers wie wird man aber wohl am ehesten eine klassische Form der Finanzierung wählen.

Zu 3.9.1.2: Refinanzierung eines Lieferantenkredits durch eine Hermesdeckung (ECA-Deckung)

Zu c: Teilnehmer („players"):

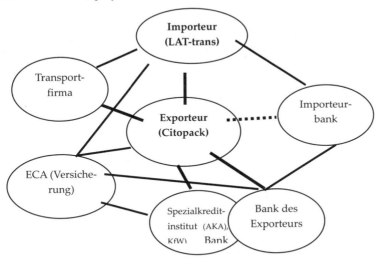

---

[59] Es gibt da keine festen Größenordnungen, aber bei der Gründung einer Projektgesellschaft fallen normalerweise neben den Gründungskosten noch die Kosten des Managements und der Verwaltungsaufwand eines unabhängigen Unternehmens an. Normalerweise würde man etwa vom 5 bis 10 fachen Auftragsvolumen ausgehen, wenn nicht sicherheitsbedingte und auch gelegentlich steuerliche Gesichtspunkte für eine geringere Größe sprechen.

zu d: Zeitplan:

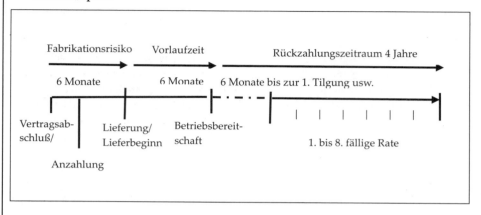

zu: e: *Stellen Sie den Cashflow des Projekts (am besten nach dem in Tabelle 3-12 an-gegebenen Muster) dar. Siehe dazu die Antwort zu Frage f.* Der undiskontierte Cashflow und das Ergebnis steht in Spalte F von Tabelle 3-14.

Zu f: *Erläutern Sie, was der „Cashflow" besagt…:*

Es werden nur Einzahlungen und Auszahlungen erfasst, insbesondere keine Ab-schreibungen oder kalkulatorische Kosten. Im Cashflow sind insbesondere die Kredittilgungen enthalten, die keine Kosten und kein Aufwand sind. **Der Cash-flow gibt Auskunft darüber, wann ein Betrag ein- oder ausgeht und wann eine Finanzierungslücke entsteht.** Die Auskunft über den Zeitpunkt ist aber auch wichtig, um die Frage zu beantworten, was denn dieser Betrag heute wert ist, denn es ist ein großer Unterschied, ob der Betrag sofort oder erst in fünf Jahren eingeht, weil dadurch erhebliche Zinskosten entstehen. Um dies zu beurteilen, werden die Cashflow-Beträge abdiskontiert. Dabei muss der Abdiskontierungs-zeitraum nicht mit dem Bankzins identisch sein, er wird es sogar in der Regel nicht sein, weil das Unternehmen eine höhere Verzinsung des eingesetzten Kapi-tals erwartet (s.u.).

Zu g: *Die Absicherung von Fabrikationsrisiko und Ausfuhrrisiko kostet bei Hermes insgesamt € 179 560. Errechnen Sie durch Abzinsung den Barwert dieses Geschäftes und stellen Sie fest, ob der vom Management vorgegebene Wert von 10% erreicht wird.*

Tabelle 3-14: Diskontierter Cashflow (Herstellerfinanzierung)

Monate/ Jahre Months/ Years	Cashflow (Übertrag)	kumulativer Kreditbetrag /Total loan outstanding	Zinsen/ Interest a)	Netto (net)- Cashflow C+E	Diskontierter Netto Cashflow (disc. net-cash-flow)
	1.000 €	1.000 €	1.000 €	1.000 €	1.000 €
A B	C	D	E	F	G
			4,50%		10%
0 0,00	-260	0	0,0	-260,0	-260,0
3 0,25	-560	0	0,0	-560,0	-546,8
6 0,50	440	2000	0,0	440,0	419,5
9 0,75	-1300	2000	-22,5	-1322,5	-1231,3
12 1,00	2480	5000	-22,5	2457,5	2234,1
18 1,5	0	4375	-112,5	-112,5	-97,5
24 2,0	0	3750	-98,4	-98,4	-81,4
30 2,5	0	3125	-84,4	-84,4	-66,5
36 3,0	0	2500	-70,3	-70,3	-52,8
42 3,5	0	1875	-56,3	-56,3	-40,3
48 4,0	0	1250	-42,2	-42,2	-28,8
54 4,5	0	625	-28,1	-28,1	-18,3
60 5,0	0	0	-14,1	-14,1	-8,7
800			**-551,3**	**248,8**	**221,2**

Hermesdeckung:	179,6
Wert (unabgezinst) nach Hermes:	69,2
Barwert nach Hermes (IRR = 21,37%)	41,6

a)Kredit am Ende d. Periode ausbezahlt und getilgt, Zinsberechnung nachschüssig

Der genaue Barwert beträgt 41 640 €. (Formel s. Fußnote 48, S. 112 u. Tabelle 3-10)

Zu h: *Identifizieren Sie den „Value at risk", d.h. die Summe, die schlimmstenfalls für Citopack „auf dem Spiel steht". Der „Value at risk" stellt normalerweise aber nicht den schlimmstmöglichen Fall dar, sondern einen Fall, der mit einer vorgegebenen Wahrscheinlichkeit eintritt. Wie könnte der Exporteur in diesem Fall zu einer Abschätzung der Wahrscheinlichkeit kommen, dass die Rückzahlung des vereinbarten Wertes aus welchen Gründen auch immer ausfällt?*

Maximales Risiko:

(1) Fabrikationsrisiko (Berechnungsbasis: Selbstkosten)	5.200.000 €
⇨ a) 5% der Selbstkosten minus Anzahlung	210.000 €
⇨ b) 5% der Selbstkosten vor Eingang der Anzahlung	260.000 €
(plus evtl. entgangener Gewinn und plus Hermesgebühren)	
(b) plus Hermesgebühren 179 560 € (Risiko vor Verschiffung)	**436.560 €**
(2) Ausfuhrrisiko: Vertragswert-Anzahlung	5.000.000 €
Selbstbehalt 15%:	750.000 €
+ Hermesgbühren 179 560 € = Maximaler Gesamtverlust	**929.560 €**

Der schlimmstmögliche Fall ist der Ausfall der Forderung zwischen Lieferung und Rückzahlung der ersten Rate etwa durch Zahlungsunfähigkeit des Kunden oder des Landes, weil hier mit € 5 Mio. der höchste Betrag aussteht. Dieser Wert ist durch die Hermesabsicherung gedeckt, es verbleiben noch 750 000 € Selbstbehalt, einschließlich der Hermesgebühr € 929 560. Das ist der („worst case")- Betrag, der im Höchstfall auf dem Spiel steht. Diese Summe ist höher als der kalkulierte Gewinn nach Zinsen und würde einen realen Verlust für Citopack für das Projekt bedeuten: Ein reines value-at-risk (VAR) Verfahren kann nur bei einer Normalverteilung durchgeführt werden, die hier schon alleine deshalb nicht vorliegt, weil das Risiko nach unten und nach oben nicht symmetrisch ist. Das Risiko reduziert sich vom Beginn der ersten Rückzahlung jedes Halbjahr um 15% von € 750 000 (929 560 inklusive volle Hermesgebühr) und ist damit asymmetrisch (siehe Exkurs 3-2). Auch wenn man bei der bereits **bezahlten Hermesgebühr** argumentieren könnte, dass sie eine Art „sunk cost" darstellen, so müssen sie dennoch beim Risikovergleich mit anderen Alternative (z.B. der Forfaitierung) als Kostenfaktor gesehen werden.

Exkurs 3-2: Cash-Flow at risk- Verfahren

Für Cashflows anstelle von Bestandsgrößen wurde u.a. ein „Cashflow at risk"- Ansatz anstelle des bankenbezogenen value-at-risk –Modells entwickelt.[60] Voraussetzung dafür ist, dass es Schätzwerte zu **Länder**- und das **Kunden-Rating** gibt. In Kapitel 2 ist etwa zu den Ratings der Firma Creditreform folgendes angemerkt: „Bei einem Wert von 100-150 liegt die Ausfallwahrscheinlichkeit bei 0,34%, zwischen 250 und 300 bei 1,41% und sie steigt bei 300-350 auf knapp 9,85% und über 350 auf 20,85%. In 16 vorwiegend europäischen Ländern kann man diese Auskünfte –als Mitglied- online abrufen, bei den anderen Ländern dauert es einige Tage und die Auskunft wird über Korrespondenzauskunfteien eingeholt".[61] Dies wäre eine Möglichkeit, wobei sicherlich auch andere Auskunfteien sowie auch die klassischen Wirtschaftsprüfer wie Moody's oder Standard and Poors sowie auch Hermes selbst zur Verfügung stehen: Bei Hermes kann man auch Ausfallraten in bestimmten Ländern erfragen, die man aber vorsichtig interpretieren und über mehrere Jahre beobachten muss, denn es ist fraglich, ob der Durchschnittswert der Kreditausfälle in Südafrika, der vielleicht auch aus ganz anderen Branchen stammt, mit dem Risiko einer international tätigen südafrikanischen Reederei übereinstimmt. Besser ist es sicherlich, wenn LAT-Trans selbst bereits über ein Rating verfügt und es ist abzusehen, dass auch ECA' s wie Hermes wie auch Banken im Zuge von „Basel-II" in Zukunft die Tatsache eines guten Ratings einer ausländischen Firma honorieren.

---

[60]   Hager, Peter: Was ist der Cashflow at Risk, in: Risknews 03/04, S. 40-41,
[61]   Telefonische Auskunft der Firma Kreditreform am 14.9.2005; vgl. Kapitel 2

Nehmen wir einmal an, die Firma Citopack ermittelt eine Ausfallwahrscheinlichkeit von 1% für jedes der fünf Jahre. Dann beträgt die Gesamtwahrscheinlichkeit, dass der Betrag nicht (in voller Höhe) eingeht, 5%, die Wahrscheinlichkeit, dass der Betrag voll eingeht, 95%. Das maximale Risiko von 929 560 € besteht aber zwischen Lieferung nach einem halben Jahr und Eingang der ersten Rückzahlungsrate nach anderthalb Jahren. Danach reduziert sich das Risiko jedes halbe Jahr um 93 750 € (15% von 625 000 €), vorher besteht das Fabrikationsrisiko, das wegen des geringeren Selbstbehalts geringer ist (vgl. dazu Abbildung 3-10).

Abbildung 3-10: Abnehmendes Restrisiko (1000 €)

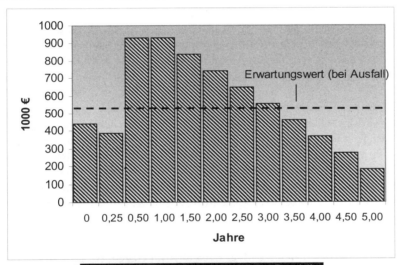

Jahr	Restrisiko 1.000 €	Restrisiko 1.000 €
	ohne Hermes-gebühr	mit Hermes-gebühr
0,00	260,0	439,6
0,25	210,0	389,6
0,50	750,0	929,6
1,00	750,0	929,6
1,50	656,3	835,8
2,00	562,5	742,1
2,50	468,8	648,3
3,00	375,0	554,6
3,50	281,3	460,8
4,00	187,5	367,1
4,50	93,7	273,3
5,00	0,0	179,6
Summe	**4125,0**	**5920,6**
gewichteter Durchschnitt	**363,3**	**527,9**

Der gewichtete Mittelwert, also der „Erwartungswert" liegt bei 527 900 €. Es besteht also ein Risiko von 5%, dass ein Betrag von 527 900 € ausfällt, wobei ein (Maximal)-risiko von 1% besteht, dass € 929 600 ausfallen. Beide, sowohl maximales Risiko (hier für p=1%) wie Erwartungswert (hier für p=5%) sind wichtige Kennwerte bei der Einschätzung eines Risikos. Der Erwartungswert gibt nicht das wirklich existierende Risiko wieder, er stellt nur einen Durchschnittswert dar. Das Management kann sich nun aussuchen, welche der beiden Werte (1% oder 5%) es als das wichtigere Beurteilungskriterium heranziehen will, wobei im Bankenbereich bereits offizielle Grenzwerte (meist eher 1%) zur Eigenkapitalbemessung im Zuge von „Basel II" in Diskussion sind[62], die möglicherweise auch auf indirekte Weise auf die Bankkunden übertragen werden.

Was kann das Management nun damit anfangen? Zunächst können die beiden Cashflow at Risk- Werte mit anderen Projekten verglichen und zum Gesamtrisiko der Firma (Gesamt Cashflow at Risk) addiert werden: Vielleicht steht ja parallel noch ein ähnlicher Export nach Thailand (x), nach China (y) und nach Brasilien (z) zur Diskussion und es muss entschieden werden, ob alle vier Projekte zusammen noch akzeptabel sind oder ob sie das **Gesamtrisiko** bereits überschreiten, und zwar sowohl vom Gesamterwartungswert (527 900 € + $x_e + y_e + z_e$, z.B. € 1,8 Mio.) wie auch vom „worst case" aller Werte (929 560 € + $x_w + y_w + z_w$, z.B € 3 Mio.). Auch wenn der schlimmste Fall eines Ausfalls aller Zahlungen unwahrscheinlich ist, so muss das Management zumindest die „total exposure" des Unternehmens kennen. Falls das tragbare Gesamtrisiko mit 1,8 bzw. 3 Mio € überschritten wird, müsste man nun als Konsequenz aus der Betrachtung das riskanteste der vier Projekte vielleicht aus Risikogesichtspunkten ablehnen oder durch ein besseres Risikoinstrument (z.B. durch eine Forfaitierung oder einen Bestellerkredit) absichern.

Soweit die risikotheoretischen Überlegungen dazu: In der Praxis des Außenhandels sind **solche mathematischen Überlegungen aber im Gegensatz zum Wertpapier- und Wechselkursbereich aber noch sehr wenig fortgeschritten**. Wenn aber das Rating von Unternehmen mit der Durchsetzung von Basel-II-Kriterien zur Praxis wird, so werden Aktionäre und Kreditgeber solche Überlegungen einfordern, um insbesondere die insgesamt eingegangenen Auslandsrisiken besser abschätzen zu können.

3.9.3   Teil B: Fall „Klassische Exportfinanzierung":

Auch bei einer Hermesversicherung auf der Basis eines Herstellerkredits besteht noch ein durchaus merkliches Restrisiko. Als Alternativen stehen nun ein **Bestellerkredit** – ebenfalls mit Hermesdeckung- zur Verfügung, ggf. auch auf US $ -Basis und eine

---

[62] Vgl. Heinrich, Matthias: Die MaK aus der Sicht einer Geschäftsbank, Frankfurt 2004, S. 390 f. (380-419), in: Hofmann, G.: Basel II und MaK, (2004). (Hinweis: MaK = Mindestanforderungen an das Kreditgeschäft)

Forfaitierung. Bei einem Bestellerkredit muss die Bank bei Hermes einen Selbstbehalt von 5% tragen, der Exporteur ist vom Risiko der Rückzahlung befreit. Deshalb werden an einen Bestellerkredit erhöhte Anforderungen gestellt und die Bank ist oft erst bereit, diesen zu gewähren, wenn es im Ausland ebenfalls eine Bank gibt, die den Kredit unter eigenem Risiko oder unter Teilung des Risikos an den „corporate"-Kunden weiterleitet. Eine solche Aktion wird sehr häufig mit einem Risikozuschlag (meist) auf „flat-fee" Basis durch den Exporteur zu honorieren sein, während die Zinsen vom Importeur zu tragen sind. Wir wollen im vorliegenden Fall annehmen, dass die Hausbank des Exporteurs beim Bestellerkredit eine solche Konstruktion anstrebt. Zur Wahl stehen:

I. Ein Bestellerkredit (wahlweise auf US $ -Basis), der neben der oben erwähnten 2% „flat-fee" und der Festschreibung der Zinsen ebenfalls 4,5% p.a. kostet. Aus- und Rückzahlung sind zeitlich ebenfalls genauso eingeteilt, allerdings trägt jetzt der Importeur die Zinsen: Deshalb wird der Preis auf **€ 5,6 Mio.** gesenkt, der Kredit sinkt ebenfalls auf € 4,6 Mio., die Anzahlung bleibt bei € 1 Mio. (Die Reduktion entspricht in der Größenordnung dem Bartwert der diskontierten Zinsen). Die Hermesdeckung ist ebenfalls verlangt, sie kostet nun insgesamt (siehe Anlage 3-1 zum Nachrechnen) € 169 610). Der Selbstbehalt von 5% während der Fabrikationszeit bleibt für Citopack bestehen. Der Kredit wird etwa pro rata Lieferung zu 40% (1,84 Mio) bei Verschiffung, zu 60% (2,76 Mio) bei Fertigstellung nach 12 Monaten ausbezahlt.

II. Eine Forfaitierung: Eine Schweizer Bank bietet für die (aus dem Herstellerkredit) bestehende Forderung an den Besteller (also den gesamten noch ausstehenden Betrag in Höhe von € 5 Mio.) einen regresslosen Ankauf zu einem Diskont von 6 % und eine Provision von insgesamt 7/8% (0,875%).

Beantworten Sie nun die folgenden Fragen:

a.) Welchen Barwert (wiederum zu 10% abdiskontiert) erbringt der Bestellerkredit und welche Risikovorteile bestehen hier? Hilfsblatt: Tabelle 3-15, aus der auch die Kreditauszahlung hervorgeht. Da der Importeur Zinsen und Tilgung an die Bank bezahlt, kann die Betrachtung des Bestellerkredits mit der vollständigen Auszahlung des Kredits in Monat 12 aufhören.

b.) Wäre ein Bestellerkredit auf US $ -Basis vorzuziehen?

c.) Errechnen Sie den Wert, den die Forfaitierung für Citopack (korrigiert um Aufwendungen und Anzahlung) erbringt. (Hilfsblatt: Tabelle 3-16)

d.) Hat die Forfaitierung Risikovorteile gegenüber dem Bestellerkredit?

e.) Die Regeln der Firma Citopack sehen eine Verzinsung von 10% für eingesetztes Kapital bei Projekten dieser Art vor: Wie hoch ist der Barwert bei der Forfaitierung unter diesen Bedingungen? (Hinweis: Bei der Forfaitierung wird ein Wert ausbezahlt, der bereits einen Barwert darstellt.) Wenn man das gesamte Projekt betrachtet, dann kommen aber noch die Anzahlung und die Selbstkosten dazu. Nehmen Sie deshalb am besten Tabelle 3-16 und Tabelle 3-17 zur Grundlage und diskontieren Sie die Werte.

f.) Kommentieren Sie das Ergebnis der Forfaitierung. Warum ist es jetzt besser geworden?

g.) Geben Sie nun dem Management von Citopack einen Rat: Stellen Sie eine Reihenfolge der drei Alternativen (a) Herstellerkredit, (b) Bestellerkredit und (c) Forfaitierung hinsichtlich Risiko, Ertrag und ggf. sonstiger relevant erscheinender Kriterien auf und geben Sie ein begründetes Votum ab.

Tabelle 3-15: Hilfsblatt zum Bestellerkredit

Monate/ Jahre		Aufwendungen 1.000 €	Exporterlöse 1.000 €	=Nettoeingänge 1.000 €	Kreditauszahlung 1.000 €	Risikozuschlag 1.000 €	Cash-Flow 1.000 €	Diskontierter Cash Flow
A	B	C	D	E C+D	F	G 2,00%	H E+F+G	I 10,0%
0	0,00	-260		-260				
3	0,25	-1560	1000	-560				
6	0,50	-1560		-1560	1840	-36,8		
9	0,75	-1300		-1300				
12	1,00	-520		-520	2760	-55,2		
Summe								

Tabelle 3-16: Hilfsblatt zur Berechnung der Forfaitierung

Zeit		Zahlungsreihe Kredit 1.000 €	Forfaitierungswert 1.000 € 6,00%
A	B	C a	D a*(1-(i*n))
0	0		
3	0,25		
6	0,50		
9	0,75		
12	1,00		
18	1,50	625	
24	2,00	625	
30	2,5	625	
36	3,0	625	
42	3,5	625	
48	4,0	625	
54	4,5	625	
60	5,0	625	
		5.000,0	

Übertrag: ....

Barwert Forfaitierung....................

Provision   0,8750% ....

Barwert Forfaitierung/netto................

 plus Anzahlung..............................

Selbstkosten....................................

Verbleibt.......................................

Tabelle 3-17: Hilfsblatt zur Errechnung des Barwerts bei der Forfaitierung

Zeit		Aufwen-dungen	Forfaitierungs-wert netto plus Anzahlung	Cash Flow For-faitierung	Cash Flow Forfaitie-rung diskontiert
		1.000 €	1.000 €	1.000 €	1.000 €
Mon/Jahre					10%
0	0	-260			
3	0,25	-1560			
6	0,5	-1560			
9	0,75	-1300			
12	1	-520			
		5200			

3.9.3.1 Lösungshinweise zum Teil B

Zu a.) Welchen Barwert erbringt der Bestellerkredit und welche Risikovorteile bestehen hier

Die Werte gehen aus Tabelle 3-18 hervor. Da die Rückzahlungen des Importeurs wie auch dessen Zinszahlungen direkt an die Bank gehen, kann (wie im Hilfsblatt angegeben) der Betrachtungszeitraum ab dem Ende der Montage, also dem Monat 12 geschlossen werden.

Der Barwert ist (mit genau € 31 323) zwar deutlich geringer als beim Herstellerkredit, erfüllt aber immer noch das 10%-Verzinsungs-Kriterium, d.h. er liegt noch darüber (Der interne Zins liegt bei 13,4%).

Tabelle 3-18: Bestellerkredit (abgezinst)

Monate/ Jahre		Aufwen-dungen	Export-erlöse	=Netto-eingänge	Kreditaus-zahlung	Risikozu-schlag	Cash-Flow	Diskontier-ter Cash Flow
		1.000 €	1.000 €	1.000 €	1.000 €	1.000 €	1.000 €	1.000 €
A	B	C	D	E	F	G	H	I
				C+D		2,00%	E+F+G	10,0%
0	0,00	-260		-260			-260	-260,0
3	0,25	-1560	1000	-560			-560	-546,8
6	0,50	-1560		-1560	1840	-36,8	243,2	231,9
9	0,75	-1300		-1300			-1300	-1.210,3
12	1,00	-520		-520	2760	-55,2	2184,8	1.986,2
		-5200	1000	-4200	4600	-92	308	200,9

Summe Hermes (1000 €)   **169,6**

Wert (unabgezinst) nach Hermes: (1000 €)   138,4

Barwert nach Hermes (1000 €)	**31,3**

Die Risikominderung ist beträchtlich, weil der Exporteur alle Risiken bis auf die Risiken aus der Lieferung und Montage selbst (Mängelrügen, mangelnde Vertragserfüllung) an die Bank und Hermes abgegeben hat. Es gibt allerdings noch einen Risikorestwert, und zwar das Risiko während der Fabrikationszeit: Hier muss der Selbstbehalt von 5% (der Selbstkosten) noch vom Exporteur getragen werden, d.h. dieses Risiko beträgt ähnlich wie bei der Herstellerfinanzierung 5% des offenen Betrages, also 260 000 plus die Hermesgebühren von € 169 610, also insgesamt € 429 610. Nach Eingang der Anzahlung reduziert sich das Risiko um € 50 000. Das maximale Risiko hat sich damit aber von 929 560 € bei der Herstellerfinanzierung auf 429 610 € reduziert, wobei die Wahrscheinlichkeit eines Zahlungsausfalls ebenfalls deutlich zurückgegangen ist: Das durchschnittliche Risiko beim Herstellerkredit war mit 5% (Erwartungswert € 527 900) über den Zeitraum von fünf Jahren angenommen worden, während das Fabrikationsrisiko nur ein halbes Jahr dauert und damit rechnerisch nur 0,5% beträgt. Das heißt, dass eher die Maximalrisiken verglichen werden müssen: Bei € 929 560 mit 1% Wahrscheinlichkeit gegenüber 0,5% Wahrscheinlichkeit für einen Zahlungsausfall von € 429 610 schneidet der Bestellerkredit deutlich günstiger ab.[63] Da nur die Selbstkosten erstattet werden, wäre übrigens auch noch zu diskutieren, inwieweit ein entgangener Gewinn noch mit einbezogen werden sollte. Dies ist hier nicht geschehen, obwohl einige Argumente dafür sprechen (z.B. der Vergleich mit der Forfaitierung). Andererseits handelt es sich bei einem entgangenen Gewinn eben nicht um einen echten Verlust. Bei der Herstellerfinanzierung trifft dieses Argument ebenfalls zu. Diese Überlegungen eignen sich sehr gut für eine weiterführende Diskussion, inwieweit (und wenn, wie) entgangene Gewinne in die Risikobetrachtung ebenso einbezogen werden sollen wie die bereits bezahlten Hermesgebühren. Diese Diskussion soll aber hier nicht vertieft werden.

Zu b.) Wäre ein Bestellerkredit auf US $ -Basis vorzuziehen?

Da LAT-Trans seine Einnahmen vorwiegend auf US $ -Basis erzielt, ist diese Lösung (eigentlich vor allem für den Herstellerkredit) grundsätzlich vorzuziehen, sofern der Liefervertrag auf US $ umgestellt wird. Zwar könnte man den Standpunkt vertreten, dass das für Citopack gleichgültig ist, weil der Vertrag auf € lautet und beim Bestellerkredit ohnehin die Bank das Risiko übernimmt. Aber die Bank wird dies vermutlich vorziehen, sich damit aber ein Wechselkursrisiko einhandeln, das sie aber durch eine entsprechende Refinanzierung in US $ beheben kann. Allerdings ist es in diesem Fall fraglich, ob (bzw. zu welchem Preis) die Zinsen noch fest vereinbart werden können. Dies wiederum kann Auswirkungen auf den Vertragspreis haben. Das Problem kann hier nicht gelöst werden und hängt auch vom jeweiligen Zinsunterschied zwischen US $ und € ab, aber es stellt auf jeden Fall einen wichtigen Verhandlungspunkt zwischen den Beteiligten dar.

zu c.) Errechnen Sie den Wert, den die Forfaitierung für Citopack abzüglich der Kosten und zuzüglich der Anzahlung erbringt?

---

[63] Ganz sauber müsste jetzt noch der Erwartungswert vor und nach Eingang der Anzahlung getrennt werden: Jeweils p= 0,25% = € 469 610 bzw. € 419 610.

Tabelle 3-19: Errechnung des Forfaitierungswertes

Zeit		Zahlungs-reihe Kredit 1.000 €	Forfai-tierungs-wert 1.000 €
A	B	C	6,00% D
		a	a*(1-(i*n))
0	0		
3	0,25		
6	0,50		
9	0,75		
12	1,00		
18	1,50	625	568,8
24	2,00	625	550,0
30	2,5	625	531,3
36	3,0	625	512,5
42	3,5	625	493,8
48	4,0	625	475,0
54	4,5	625	456,3
60	5,0	625	437,5
		5.000,0	4.025,0

Übertrag:

Barwert Forfaitierung		**4.025,0**
Provision	0,8750%	-43,8
Barwert Forfaitierung/netto		**3.981,3**
plus Anzahlung		1.000,0
		4.981,3
Selbstkosten		-5.200,0
Verbleibt		**-218,8**

Der Wert ist negativ und deckt nicht die Selbstkosten.

zu d.) Welche Risikovorteile hat die Forfaitierung?

Grundsätzlich wird ja hier der volle Betrag (abzüglich der Anzahlung) forfaitiert, im Prinzip könnte man auch die Anzahlung forfaitieren, was hier aber nicht geschehen ist. Die Forderung ist vollständig aus den Büchern verschwunden, bis auf eine eventuelle Mithaftung bei Nichterfüllung oder Mängelrügen. Die Forfaitierung ist hier mit dem Bestellerkredit vergleichbar, wobei allerdings das Fabrikationsrisiko nicht mehr besteht, dafür aber das Risiko, dass vielleicht die Anzahlung innerhalb der ersten drei Monate nicht eingeht. Schätzt man dieses Risiko als zu hoch ein, kann auch die Anzahlung mit in die Forfaitierung einbezogen werden. Dies wäre allerdings wegen der Provision (1,5% für einen relativ kurzen Zeitraum) geringfügig teurer als die Variante, die Anzahlung - auch abdiskontiert zu 10%- erst nach drei Monaten zu erhalten.

Grundsätzlich stellt es einen **Risikovorteil der Forfaitierung** dar, dass man alle ausstehenden Zahlungen, auch die Anzahlung, einbeziehen kann und damit stärker noch als beim Bestellerkredit **alle Risiken abgewälzt hat**. Wenn die Anzahlung hier nicht einbezogen worden ist, dann vermutlich, weil man das Risiko als sehr gering einschätzt, dass sie nicht eingeht. De facto besteht aber auch bei der Forfaitierung immer ein minimales Risiko, dass innerhalb des relativ kurzen Zeitraums, bis alle Verträge rechtswirksam unterzeichnet sind, noch etwas schief geht. Forfaitierungen sind meist auch administrativ einfacher: Es gibt –jedenfalls im Normalfall- einen zwei bis dreiseitigen Vertrag, was wesentlich weniger Aufwand erfordert als ein Bestellerkredit mit Hermesdeckung.

zu e.) Die Regeln der Firma Citopack sehen eine Verzinsung von 10% für eingesetztes Kapital bei Projekten dieser Art vor: Wie hoch ist der Barwert bei der Forfaitierung unter diesen Bedingungen?

Tabelle 3-20: Das Projekt mit Forfaitierung in diskontierter Form

Zeit		Aufwendungen	Forfaitierungs-wert netto plus Anzahlung	Cash Flow Forfaitierung	Cash Flow Forfaitierung diskontiert
		1.000 €	**1.000 €**	**1.000 €**	**1.000 €**
Mon/Jahre					**10%**
	t			**cf**	**cf/(1+0,1)^t**
0	0	-260	3.981,3	3.721,3	3.721,3
3	0,25	-1560	1.000,0	-560,0	-546,8
6	0,5	-1560		-1.560,0	-1.487,4
9	0,75	-1300		-1.300,0	-1.210,3
12	1	-520		-520,0	-472,7
Summe		**-5200**	**4981**	**-219**	**4,0**

Auch bei der Forfaitierung ergibt sich ein Cashflow, nur dass der volle bzw. der abdiskontierte Betrag früher eingeht. Ansonsten besteht die selbe Zahlungsreihe wie auch beim Bestellerkredit: Es geht im Monat 3 die Anzahlung ein, außerdem entstehen die Projektkosten. Tatsächlich ist nun der Barwert positiv und beträgt € 4 Tausend (genau € 3 990). Eine Verzinsung von 10% wird also erreicht bzw. geringfügig überschritten (die interne Verzinsung liegt bei 9,8%)

zu f.) Kommentieren Sie das Ergebnis der Forfaitierung. Warum ist es jetzt besser geworden?

Das Ergebnis in Tabelle 3-20 überrascht zunächst, denn es kommt ein positiver Barwert heraus. Dieser positive Barwert charakterisiert aber ganz deutlich den Vorteil der Forfaitierung, nämlich „Cash jetzt und sofort", d.h. keine Auszahlung Prorata Lieferung oder nach Projektfortschritt. Das Geld kommt zu Projektbeginn und bei einer unternehmensspezifischen Verzinsung von 10% verbessert sich dadurch das Gesamtergebnis. Wenn allerdings das Unternehmen gar keinen Kapitalbedarf hat und das Geld vielleicht nur mit wenig Zins auf einem Termingeldkonto kurzfristig anlegen kann, sieht die Rechnung anders aus: Unter 9,8% Diskontfaktor (interner Zins) wird der Wert bei der Forfaitierung negativ, bei 10,9% sind Bestellerkredit und Forfaitierung exakt gleich und darüber ist die Forfaitierung überlegen. Eine Forfaitierung wird also immer dann sinnvoll sein, wenn Liquidität knapp und teuer ist. Der Verlauf der Barwerte in Abhängigkeit vom Wert des Geldes im Unternehmen (Diskontfaktor) ist in Abbildung 3-11 skizziert. Der Herstellerkredit würde ähnlich wie der Bestellerkredit verlaufen, wegen des etwas höheren Barwerts etwas rechts oben von diesem.

Abbildung 3-11: Barwert der Forfaitierung und des Kredits und Diskontfaktor

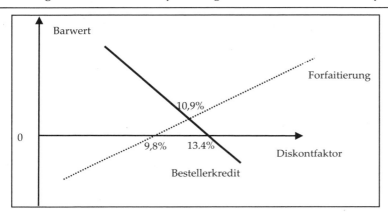

zu g.) Wenn Sie nun dem Management von Citopack einen Rat geben dürften: Stellen Sie eine Reihenfolge der drei Alternativen (a) Herstellerkredit, (b) Bestellerkredit und (c) Forfaitierung hinsichtlich Risiko, Ertrag und ggf. sonstiger relevant erscheinender Kriterien auf und geben Sie ein begründetes Votum ab.

Der (a) Herstellerkredit liegt von der **Risikoeinschätzung** her an letzter Stelle, (b) Bestellerkredit und (c) Forfaitierung stellen annähernd „Null-Risiko" für Citopack dar und wären etwa gleich einzuschätzen, auch wenn der Forfaitierung wegen der Möglichkeit, wirklich alle Forderungen abzugeben, der erste Platz gebührt. (Tabelle 3-21)

Tabelle 3-21: Risiko- und Gewinnvergleich von drei Alternativen

	Risiko (max. in 1000 Euro)	Wert bei 10% Abzinsung	
Herstellerfinanzierung	3. Rang: Max. VaR (1%): 929 600	(1)	41 640 €
Bestellerkredit	2. Rang: Max. VaR (0,5%): 429 610	(2)	31 323 €
Forfaitierung	1. Rang: Max, VaR: de facto 0	(3)	3 990 €

Wie oben schon erwähnt wurde, verbessert sich die Forfaitierung aber bei einem höheren und verschlechtert sich bei einem niedrigeren Kalkulationszinssatz, so dass die Frage nach der Profitabilität von der Liquiditätssituation der Firma Citopack abhängt. Der interne Zins beträgt übrigens bei (a) 21,4%, bei (b) 13,4% und bei (c) 9,8%: Hier ist der Unterschied zwischen (a) und (b) sehr viel deutlicher, allerdings haben wir hier den internen Zins wegen seiner Mängel insbesondere bei hohen Werten bewusst nicht als Entscheidungskriterium zugrunde gelegt. In Abbildung 3-12, wo Risiko und Gewinnerwartung der drei Alternativen graphisch skizziert sind, werden die Abstände noch deutlicher sichtbar.

Abbildung 3-12: Risiko- und Gewinneinschätzung der drei Alternativen

---

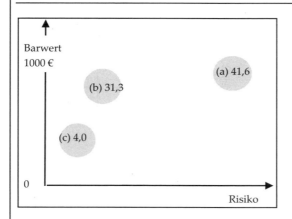

Auch wenn die Lage keinen hundertprozentigen Beweis für die absolute Richtigkeit einer einzigen Lösung erbringt, so wird man in dieser speziellen Situation wohl wegen des **nur minimalen Risikounterschieds, aber des doch sichtbaren Gewinnunterschieds den Bestellkredit wählen.** Eine Bevorzugung der nach Diskont um rd. 27 000 € teureren Forfaitierung gegenüber (b) würde nur dann sinnvoll sein, wenn man entweder der Firma LAT-Trans (oder dem Land Südafrika) nicht zutraut, bis zum Eingang der Anzahlung in drei Monaten zahlungsfähig zu bleiben oder wenn der Wert von Kapital deutlich höher als 10% p.a. eingeschätzt wird, weil Citopack eine sehr hohe Rendite erwirtschaftet. Im letzteren Fall wird aufgrund eines dann höheren Diskontfaktors die Forfaitierung ohnehin einen höheren Barwert aufweisen.

Die oben diskutierte Reihenfolge gilt nicht generell, sie kann anders gelagerten Fällen auch anders aussehen. Beispielsweise mag ein Bestellerkredit von einer Bank aufgrund zweifelhafter Bonität gar nicht oder nur mit hohem Risikoaufschlag angeboten werden. Ob dann eine Forfaitierung möglich ist, hängt auch vom Markt für Forfaitierungen im Land des Importeurs ab: Ist dieser sehr liquide, wie es beispielsweise im Jahre 2005 die Finanzmärkte in China sind, oder gibt es Banken, die Verbindlichkeiten gegenüber dem Importeur aufweisen, wird eine Forfaitierung eher leicht und günstig sein. Das Ergebnis ist sicherlich typisch: Es gibt aber keine generelle Regel, welche Alternative besser ist, denn sonst wäre sie längst vom Markt verschwunden.

3.9.3.2 Risikomanagement: Abschließende Überlegungen

Lernziel des Falles Citopack war es, die an sich immer gleichen **Gewinn- und Risikoüberlegungen** anzuwenden, die bei der Finanzierung von Auslandsprojekten üblich sind. Je nach Dauer und Volumen des Projekts, sicherlich auch abhängig vom Engagement im Lande selbst und vom insgesamt herrschenden Risiko mögen diese Überlegungen andere Schwerpunkte bekommen, im Prinzip werden sie aber immer in derselben Reihenfolge durchzuführen sein: Finanzierungsbedarf des Käufers ⇨ Kreditrisiko ⇨ Finanzierungs- und ⇨ Absicherungsmöglichkeiten ⇨ Kosten und Gewinn nach Abdiskontierung ⇨ verbleibendes Restrisiko. Ergebnisse sind selten eindeutig, die Darstellung der Alternativen und das Ausrechnen der Ergebnisse ist lediglich die **Voraussetzung für eine Entscheidung**: Hier ist das Management gefragt, entweder über Einzelentscheidungen oder über generell anzuwendende Regeln eine Entscheidung zu treffen, die mit der Unternehmensstrategie im Einklang steht.

Hier betreten wir ein Gebiet, in dem die Finanzierung eines Geschäfts zu einer Frage wird, welche in das gesamte Management hineinstrahlt und sogar vor allem bei längerfristigen Geschäften sogar zum Kernpunkt des Ganzen wird. Ohne Finanzierung ist etwa bei Anlageexporten kaum ein Auftrag zu gewinnen, gleichzeitig kann durch intelligente Finanzierung eines Auftrags nicht nur das Risiko minimiert werden, sondern es können auch Kosten gespart werden.

Sicherlich sollte ein Unternehmen jedes Projekt im Einzelnen auf seine finanzielle Tragfähigkeit hin untersuchen, aber dennoch ist auch das Gesamtrisiko **der Geschäfte in einem bestimmten Zeitraum** zu berücksichtigen. Hier kann einerseits auch einmal ein riskanteres Geschäft ins Portfolio hinein genommen werden, wenn wichtige Gründe wie z.B. Markterschließung dafür sprechen. So etwas ist eine typische Entscheidung für das Top-Management, das auch letztlich dann die Verantwortung dafür tragen muss. Auf der anderen Seite muss das Top-Management aber dafür sorgen, dass langfristig keine zu einseitige Belastung etwa in einem sehr risikoreichen Land oder einer bestimmten Branche entstehen. Auch viele kleine, **im Einzelnen vielleicht wenig riskante Projekte** können in ihrer Gesamtheit zum Risiko werden, wenn sie alle in einem Land, einer Region oder (vielleicht sogar und) in einer Branche durchgeführt werden. Sicherlich kann das nicht immer vermieden werden, denn ein Autozulieferer ist eben an die Automobilindustrie gebunden und außerdem gibt es wahrscheinlich nicht so viele Aufträge, dass man ohne weiteres auswählen kann. Hier kann aber ein rechtzeitiges strategisches Agieren im Vorfeld wichtig sein, d.h. beispielsweise bei der Erschließung neuer Märkte die Berücksichtigung bestimmter einseitiger Ausrichtungen in der Geschäftspolitik.

Anlage 3-1: Hermes-Berechnung für Hersteller- und Bestellerkredit

Exportkreditgarantien des Bundes

Prämienberechnung für eine Fabrikations- und Ausfuhrrisikodeckung

Folgende Angaben liegen der Beispielrechnung zugrunde:

1.) Länderkategorie:	3	
2.) Käuferkategorie:	Privater Besteller ohne Bankgarantie (35% Zuschlag)	
3.) Zu deckende Selbstkosten:	EUR 5.200.000,00	
4.) Gedeckte Fabrikationsrisiken:	Politische und wirtschaftliche Risiken	
5.) Länge des Fabrikationszeitraumes:	Kleiner oder gleich 12 Monate	
6.) Auftragswert:	EUR 6.000.000,00	
7.) Anzahlung (nicht gedeckt):	EUR 1.000.000,00	(17% des Auftragswertes)
8.) Zwischenzahlungen:	Keine	
9.) Forderung (Kredit):	EUR 5.000.000,00	(83% des Auftragswertes)
10.) Rückzahlungsprofil:	In 8 gleichhohen Halbjahresraten	
11.) Risikolaufzeit:	4,25 Jahre	
12.) Vorlaufzeit:	6 Monate	

Ausfertigungsgebühr	EUR	1.500,00
Entgelt für Fabrikationsrisikodeckung (0,78% der Selbstkosten)	EUR	40.560,00
Entgelt für Ausfuhrdeckung (2,75% der zu deckenden Forderung)	EUR	137.500,00
	EUR	**179.560,00**

(Angaben ohne Gewähr)

Bitte beachten Sie die bei Antragsstellung fällige Bearbeitungsgebühr i.H.v.   EUR 2.500,00

**Prämienberechnung für eine Fabrikations- und Ausfuhrrisikodeckung
kombiniert mit Finanzkreditdeckung**

Folgende Angaben liegen der Beispielrechnung zugrunde:

1.) Länderkategorie:	3	
2.) Käuferkategorie:	Privater Besteller ohne Bankgarantie (35% Zuschlag)	
3.) Zu deckende Selbstkosten:	EUR 5.200.000,00	
4.) Gedeckte Fabrikationsrisiken:	Politische und wirtschaftliche Risiken	
5.) Länge des Fabrikationszeitraumes:	Kleiner oder gleich 12 Monate	
6.) Auftragswert:	EUR 5.600.000,00	
7.) Anzahlung (nicht gedeckt):	EUR 1.000.000,00	(18% des Auftragswertes)
8.) Zwischenzahlungen:	Keine	
9.) Forderung (Kredit):	EUR 4.600.000,00	(82% des Auftragswertes)
10.) Rückzahlungsprofil:	In 8 gleichhohen Halbjahresraten	
11.) Risikolaufzeit:	4,25 Jahre	
12.) Vorlaufzeit:	6 Monate	

Ausfertigungsgebühr für Exporteur	EUR	1.400,00
Ausfertigungsgebühr für Bank	EUR	1.150,00
Entgelt für Fabrikationsrisikodeckung (0,78% der Selbstkosten)	EUR	40.560,00
Entgelt für Ausfuhrdeckung (2,75% der zu deckenden Forderung)	EUR	126.500,00
	EUR	**169.610,00**

(Angaben ohne Gewähr)

143

3.10   Fragen zum Kapitel 3

1. Welches ist das dominierende Risiko bei Außenhandelsgeschäften? Wie hängt es mit anderen Risiken zusammen? (S. 64f.)

2. Welche drei Ebenen kann man bei einem klassischen Exportgeschäft identifizieren? Wie hängen sie zusammen?(S. 65)

3. Warum sind Vorauszahlungen im internationalen Geschäft nicht weit verbreitet? (S. 67 f)

4. Wie funktioniert ein Dokumentenakkreditiv und welcher wesentliche Unterschied besteht zum Dokumenteninkasso? (S. 68f.)

5. Welcher Risikounterschied besteht bei einem bestätigten Akkreditiv zum normalen Akkreditiv? (S. 71)

6. Welche klassischen Grenzen bestehen für ein exportierendes Unternehmen hinsichtlich des Kreditspielraums? (S. 72f.) Durch welche Kredite bzw. Konstruktionen kann dieser Spielraum erweitert werden. (S. 79)

7. Welcher Zusammenhang besteht zwischen einem Hersteller- und einem Lieferantenkredit? (S. 76f.) Wie unterscheidet sich demgegenüber ein Bestellerkredit? (S. 78)

8. Stellen Sie einen typischen „bankfähigen" Finanzierungsplan für ein längerfristiges Auslandsgeschäft auf. Wie hoch sollte die Eigenbeteiligung des Kreditnehmers sein? (S. 83f.)

9. Welche Kriterien charakterisieren ein Projekt und was bedeutet „non-recourse"? (86 f.)

10. Erklären Sie die Begriffe „strukturierte Finanzierung" (structured finance) und „asset backed securities"(S. 88f.)

11. Nennen Sie Beispiele für „BOT-Modelle". (S. 89f.)

12. Was ist der „OECD-Konsensus" und was bedeutet in diesem Zusammenhang „matching"? (S.95)

13. Welche Deckungs- und Risikoformen gibt es bei Euler-Hermes? (S.96f.)

14. Welcher Anteil des deutschen Außenhandelsvolumens wird von Hermes gedeckt und was ist zu dieser Zahl zu sagen: Stimmt es tatsächlich, dass dieser Prozentsatz vergleichsweise bedeutungslos ist. (S.93)

15. Wie hoch ist der Selbstbehalt bei einer Fabrikationsrisikodeckung? (S. 97f.)

16. Wie haben die Grundsätze von Basel-II in die Prämienberechnung von Hermes Eingang gefunden? (S.101)

17. Laden Sie sich die deutschen ECA (Hermes)- Länderkategorien aus dem Internet herunter und vergleichen Sie die Einordnung verschiedener Länder. (http://www.agaportal.de/pages/aga/)

18. Welchen Vorteil hat die Ausfuhrpauschalgewährleistung für den Exporteur, welche für Hermes? (S. 106)

19. Sehen Sie sich typische aktuelle Projektbeispiele für größere Exportprojekte an, die sie ebenfalls auf der Homepage von Hermes (http://www.agaportal.de/pages/aga/) sowie der KfW (http://www.kfw-bankengruppe.de unter dem Link „ipex") finden. Vgl. dazu auch S. 107f.

20. Welche Phasen durchläuft ein längerfristiges Exportgeschäft? (S. 104)

21. Welche Funktionen hat eine Forfaitierung (S. 108) und welche wesentlichen Unterschiede bestehen gegenüber einer „ECA-Finanzierung"? S. 110ff.)

22. Warum eignen sich „gezogene Wechsel" (drafts) nach deutschem Recht nicht für eine Forfaitierung? (S.109)

23. Welchen Barwert ergibt die Forfaitierung einer Forderung über € 10 Mio., die in 10 Halbjahresraten zu jeweils 1 Mio. über die nächsten 5 Jahre fällig ist, bei einem Diskont von 8% sowie einer Gesamtprovision (Aval plus Provision) von 1,125%? (Das Ergebnis finden Sie in Tabelle 3-9 auf Seite 110 sowie mit der Formel gerechnet in Beispiel 3-9 auf Seite 111)

24. Welche Vor-/ und Nachteileteile weisen Forfaitierungen auf? (S. 115f.) Sind Forfaitierungen grundsätzlich teurer als ECA-gedeckte Exportkredite? (S. 115)

25. Welche Funktionen übernimmt normalerweise eine Factoringgesellschaft? Was ist der wesentliche Unterschied zur Forfaitierung? (S. 116f.)

26. Nach welchen Kriterien würden Sie die Kosten für die Übernahme von Auslandsforderungen durch eine Factoring- Gesellschaft beurteilen? Für welche Firmen könnte man dies empfehlen? (S. 117)

27. Wie funktioniert Cross Border Leasing und welche Formen gibt es? (S. 118f.) Welche Vorteile können dabei in Erscheinung treten? (S. 120f.)

28. Warum ist Cross Border Leasing auch kritisch zu sehen? Kennen Sie Fälle, in denen es eher in betrügerischer Absicht angewandt wurde? (S. 120)

29. Können Cross-Border Leasingverträge durch eine Ausfuhrrisikoversicherung gedeckt werden? (S. 118)

4 Das internationale Währungssystem als Risikoquelle

Selbst wenn die Aktivitäten eines Unternehmens auf den Euroraum beschränkt blieben, so kann es sich dennoch vor den Auswirkungen von Kursschwankungen nicht zurückziehen, dazu ist die Verflechtung der Weltwirtschaft zu groß. Über Zulieferungen anderer Firmen, über Zinsen und über Preisschwankungen, die durch Kursschwankungen verursacht sind, ist auch ein solches Unternehmen den Unbilden des €-Kurses ausgeliefert. Umso mehr trifft das für Unternehmen zu, die starke Handelsverflechtungen nach außen haben, die dort auch investieren, Kredite aufnehmen oder deren Aktien an den internationalen Börsen notiert sind: Seit Einführung des Euro sind die Schwankungen gegenüber den wichtigsten Handelswährungen wie dem US$, dem Yen oder dem britischen Pfund keineswegs geringer geworden als zu Zeiten der DM. Geschicktes Wechselkursmanagement stellt daher einen wichtigen Aufgabenbereich des Managements in einer so stark verflochtenen Weltwirtschaft dar. Es ist ein wichtiges Segment des „financial engineering", das einem Unternehmen nicht nur Kostenvorteile ermöglicht, sondern auch die Sicherheit vor plötzlichen Kurseinbrüchen erhöht.

Obwohl auf den ersten Blick die Existenz unterschiedlicher Wechselkurse zwischen zwei Ländern eine sehr einfache Sache zu sein scheint, hat sich hier eine schier endlose Zahl an verschiedenen Kombinationsmöglichkeiten von Absicherung, Spekulation und Gegenspekulation herausgebildet. Es handelt sich in weiten Bereichen um einen "perfekten Markt": Keine Präferenzen der Nachfrager, eine extrem schnelle Reaktionsgeschwindigkeit und geringe - zwischen Banken fast keine – Transaktions- oder Transportkosten, so dass die Entfernung kaum noch eine Rolle spielt. Der Markt ist erstaunlich effizient, die Preise - in den gängigen Währungen - im Verhältnis zum damit bewegten Betrag relativ niedrig. Auf den Devisenterminmärkten können durch Risikoabsicherung bei einem Handelsgeschäft auch Gewinne entstehen, wenn die Partnerwährung auf Termin entsprechend günstiger notiert ist als per Kasse.

4.1 Währungtechnische Grundlagen

Bei der Betrachtung des Währungsrisikos betreten wir ein Gebiet mit zahlreichen Phänomenen und Begriffen, die auch dem wirtschaftlich geschulten Manager oft nicht richtig geläufig sind. Bevor wir uns zu den Details der Risikoabsicherung begeben, sollten deshalb die technischen Begriffe geklärt sein. Wer glaubt, diese schon zu beherrschen, kann in Kapitel 4.2 weiter lesen.

4.1.1 Devisenhandel

Unter **Devisen** versteht man auf ausländischen Plätzen zahlbare Zahlungsanweisungen in fremder Währung, also Schecks, Wechsel, Überweisungen und ähnliches "Buchgeld". Demgegenüber stehen die so genannten **Sorten,** das sind ausländische gesetzliche Zahlungsmittel (Banknoten).

Im Devisenhandel ist der Sortenhandel eingeschlossen, wobei der letztere vom Volumen her vollkommen unbedeutend und an der Preisbildung nicht beteiligt ist. Der Devisenhandel entsteht durch:

* Ausgleich von Forderungen und Verbindlichkeiten aus Warengeschäften und Dienstleistungen in fremder Währung.
* Grenzüberschreitende Zahlungen aufgrund von Kreditauszahlungen und Tilgungen, Zinszahlungen, Dividenden und Gewinntransfers.
* Spekulationsgeschäfte mit Devisen, also Kauf und Verkauf von Devisen in Erwartung einer entsprechenden Kursentwicklung.
* Arbitragegeschäfte, d.h. Ausnutzung unterschiedlicher Kurse an verschiedenen Orten.

Der Devisenhandel findet unter Banken bzw. speziell dazu lizenzierten Devisenmaklern statt. Auch die Zentralbanken greifen - meist mit dem Ziel der Kursbeeinflussung - als Käufer oder Verkäufer in den Markt ein. Nur ein relativ kleiner Teil des Devisenhandels ist spekulativ motiviert, ein Großteil dient der Absicherung bereits eingegangener Devisenforderungen etwa aus einem Exportgeschäft.

4.1.2 Konvertibilität und Wechselkursschwankungen

Konvertibilität oder auch Konvertierbarkeit bedeutet das Recht, Währungsguthaben in andere Währungen umzutauschen; die Realisierung der Konvertibilität ist eines der Ziele des Internationalen Währungsfonds (IWF). Nicht alle Währungen sind frei handel- bzw. konvertierbar, es gibt auch Währungen mit - unterschiedlichst - beschränkter Konvertierbarkeit, z.B.:

* Ausländerkonvertierbarkeit, d.h. nur Ausländer dürfen - meist in beschränkter Menge und für definierte Gründe - lokale Währung gegen Devisen tauschen.

- Inländerkonvertierbarkeit: Der sehr seltene Fall, dass nur Inländer die eigene Währung tauschen dürfen.

- Lizenzierte Konvertierbarkeit, die auf den Verwendungszweck bezogen ist, z.B. Importe von Nahrungsmitteln oder wichtigen Investitionsgütern.

- Quantitativ beschränkte Konvertierbarkeit: Reisende dürfen nur in beschränkter Höhe Geld oder Devisen ausführen (in Frankreich und Großbritannien vor etlichen Jahren, in Malaysia 1999 nach der Asienkrise eingeführt). Transfers, welche die zulässige Höhe überschreiten, bedürfen hierbei der Genehmigung.

- Gespaltener Wechselkurs (z.B. der Finanz-Franc zu Beginn der Mitterand-Ära): Für verschiedene "Sphären" wie Finanztransfers, Exporte usw. werden unterschiedliche Wechselkurse in Rechnung gestellt. Dies ist auch heute noch in Entwicklungsländern mit Zahlungsbilanzproblemen oft der Fall.

In allen Fällen eingeschränkter Konvertierbarkeit besteht die Tendenz, dass ein Schwarzmarkt entsteht.

Die Währung eines Landes kann nur dann **frei konvertierbar** sein, wenn die Zentralbank des Landes bereit und in der Lage ist, die eigene Währung in beliebiger Höhe zu jedem Zeitpunkt gegen eine gewünschte Währung einzutauschen. Dazu bedarf es ausreichender Reserven, ausreichender internationaler Kreditfähigkeit und (oder) einer ausgeglichenen Zahlungs- bzw. Devisenbilanz. Abbildung 4-1 gibt diesen Zusammenhang wieder.

Für die Devisensituation des Landes ist es letztlich gleichgültig, ob der Importeur seine Rechnung in Landeswährung (hier: Pesos) oder in Fremdwährung (hier: US $ oder €) begleicht: Wird in Pesos bezahlt, so wird der Exporteur seiner Bank normalerweise den Auftrag geben, ihm den Peso-Betrag in seiner Heimatwährung gutzuschreiben (wenn sie dies nicht automatisch macht): Die Pesos wandern dann über die Zentralbank in Europa oder USA zur Zentralbank des Peso-Landes und von ihr wird der Gegenwert in $ oder € eingefordert. Zahlt der Importeur direkt in US $,oder € so muss er sich vorher die Devisen bei seiner Bank besorgen, die diese wiederum nur bereitstellen kann, wenn sie genügend Devisen vorrätig oder genügend Kredit bei ausländischen Banken hat (Abbildung 4-1).

In der Praxis geschieht diese Wanderungsbewegung der Währungen nicht für jede Transaktion einzeln, sondern per Saldoausgleich ("Clearing") meist am Ende des Handelstages. Besteht ein starker Überhang an Importen, so wird die Zentralbank eine wesentlich stärkere Nachfrage nach €, US $ und anderen ausländischen Währungen verspüren und dies wird bei flexiblen Wechselkursen zu einem Fall der Peso-Kurses führen, wenn nicht andere ökonomische Variablen (wie etwa hohe Zinsen) zu einem Kapitalzufluss in den Peso-Bereich führen. Dies würde wiederum im klassischen Lehrbuchfall zu einer Verteuerung der Importe und einer Verbilligung der Exporte führen, bis eine Art Gleichgewicht erreicht ist. Wirken diese Maßnahmen nicht, wie dies bei krisengeschüttelten Entwicklungsländern häufig der Fall war, so wird spätestens nach Ausnutzung der letzten IWF-Notkredittranche der Zeitpunkt erreicht sein, wo die Fähigkeit der Zentralbank erschöpft ist, ihre eigene Währung mit Devisen zurückzukaufen. Dann hilft nur noch ein Moratorium mit nachfolgender partieller oder völliger Einstellung der Zahlungen in Devisen und anderen, meist einschneidenden wirtschaftlichen Maßnahmen.

Abbildung 4-1: Zwischenstaatliche Zahlungsströme bei einem Import oder Export

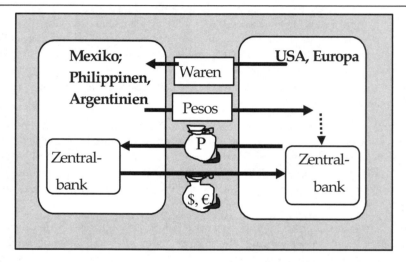

Ein dadurch einsetzender Vertrauensentzug der globalen Finanzwelt verstärkt diese Effekte, weil in einer Zeit weitgehend freien Kapitalverkehrs kaum Möglichkeiten bestehen, Anleger am Abzug ihrer meist kurzfristigen Gelder zu hindern: Bis etwa eine Abwertung die Handelsbilanz verbessern kann, sind Finanzmittel längst abgezogen und es wird nicht selten dadurch ein „overshooting-Effekt"[1] verursacht, d.h. ein über das Ziel hinausschießendes des Abwertungseffekts. Eine solche „Achterbahnfahrt" einer Währung mag für Ökonomen ein interessantes Forschungsobjekt sein, aber der Gesundung der Wirtschaft ist sie kaum dienlich, weil wichtige Importe stark verteuert werden und weil dadurch auch noch das letzte Vertrauen ausländischer Investoren in eine Währung zerstört wird. Nicht zuletzt wegen dieser destruktiven Effekte auf junge, aufstrebende Volkswirtschaften ist der vollkommen freie Kapitalverkehr auch

---

[1]   Vgl. Krugman, Paul, Obstfeld, Maurice: International Economics, 5th edition, New York 2000, pp.413

immer wieder in die öffentliche Kritik geraten.[2] "Sustainability", also vor allem das Erreichen eines nachhaltig ausgeglichenen binnen- und außenwirtschaftlichen Gleichgewichts, ist in der Regel das oberste Ziel der in diesen Fällen eingreifenden Institutionen um IWF und Weltbank.

Starke Wechselkursschwankungen aufgrund plötzlicher Angebots- oder Nachfrageüberhänge schränken die Konvertierbarkeit nicht ein, es hat sich jedoch seit der Abschaffung des Bretton-Woods Systems bei den Marktteilnehmern ein Gespür dafür entwickelt, wann eine Währung als international "salonfähig" gilt: Allzu häufige und drastische Kurssprünge gelten nicht als Zeichen besonderer Vertrauenswürdigkeit einer Währung; auch beim Euro hat es eine Weile gedauert, bis er sich ein gewisses Vertrauen auf dem internationalen Parkett erringen konnte. Der US $ spielt immer noch die erste Leitfunktion und in ihm spiegeln sich auch Stärken und Schwächen anderer Währungen wieder. Es wird normalerweise gemäß den IWF-Regeln von den Zentralbanken versucht, genau diese plötzlichen Kurssprünge durch entsprechende Gegengeschäfte zu vermeiden. Treten sie trotzdem auf, ist dies oft ein Zeichen, dass die Zentralbank des Landes nicht mehr in der Lage ist, dagegen zu steuern. Manchmal sind sie aber auch ein Zeichen dafür, dass es zu einem "Dammbruch" gekommen ist; d. h. dass die Zentralbank des Landes den Versuch, gegen ein fundamentales Ungleichgewicht anzukämpfen, aufgegeben hat. Dies kann im Falle eines schwächeren Landes zu weiteren spekulativen Angriffen führen, so dass die Zentralbank letztlich ein Moratorium erklären, d.h. die Konvertibilität der eigenen Währung aufheben oder einschränken muss. "The currency markets trade more than $ 1 trillion a day - central banks are powerless to defend exchange rates against a firm consensus in the markets".[3] Diese Einsicht schien sich zumindest in Europa inzwischen durchgesetzt zu haben, denn beim Abgleiten des Euro schon bald nach seinem Start im Jahre 1999 widerstand die Europäische Zentralbank den Versuchungen und auch den damaligen Appellen vieler Politiker nach einer Intervention, und dies mit Erfolg, wie die spätere Kurserholung zeigte.

4.1.3 Kursnotierungen

4.1.3.1 Der Wechsel zur Mengennotierung

Der Kurs des Euro wird in der so genannten Mengennotierung (indirect quotation) angegeben, nämlich US $ pro Euro („Menge" Auslandswährung für eine Einheit Euro), nicht in der früher und in den meisten anderen Ländern üblichen Preisnotie-

---

2 Vgl. dazu u.a. C. Fred Bergsten: Reforming the International Financial Institutions, A Dissenting View, Washington 2000
3 Ebenda. Es sei in diesem Zusammenhang auf die angloamerikanische Zählweise erinnert: 1 Milliarde = 1 Billion; 1 Billion= 1 Trillion

rung (direct quotation), d.h. DM/$, die den Preis der Auslandswährung (US $) in DM angibt. Hierdurch ändern sich auch die klassischen Begriffen des Geld- und des Briefkurses (Siehe Abbildung 4-2):

Abbildung 4-2:Geld und Briefkurs bei der Mengennotierung

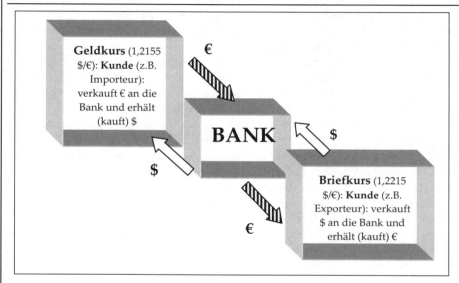

- Der **Geldkurs** (bid rate) ist bei der Mengennotierung der Preis, den die Bank dem Kunden bezahlt, wenn sie heimische Währung (€) von ihm gegen Fremdwährung (z.B. U$) ankauft. Es ist bei der Mengennotierung für das Verständnis leichter, sich nicht wie bisher vorzustellen, dass man Fremdwährung kauft oder verkauft, sondern Heimatwährung, also im europäischen Fall Euro. Zur Kontrolle sollte man sich noch merken, dass der Geldkurs der (gegenüber dem Briefkurs) zahlenmäßig ausgedrückt niedrigere Wert ist, zu dem ein Devisengeschäft abgeschlossen wird.

- Der **Briefkurs** (offer oder ask rate) ist bei der Mengennotierung der Kurs, den die Bank vom Kunden verlangt, wenn sie ihm Heimatwährung (€) verkauft und von ihm dafür Fremdwährung ankauft. Auch hier ist man auf der sicheren Seite, wenn man sich merkt, dass der Briefkurs immer der numerisch höhere der beiden Kurse ist Abbildung 4-2 gibt die Transaktionen (Kauf und Verkauf)aus der Sicht des Bankkunden wieder.

- Der Mittelwert zwischen Geld- und Briefkurs heißt "**Mittelkurs**"(Midpoint-rate). Die „Spanne" zwischen Geld- und Briefkurs wird im englischen Sprachgebrauch „bid-offer-spread" genannt. Der einfachste Weg, die Klippen der Geld-/Briefproblematik zu vermeiden, ist die Rechnung zum Mittelkurs und, wenn man es genau haben will, die nachträgliche Einbeziehung der Geld-Briefspanne am besten in prozentualen Werten. Dabei darf nicht vergessen werden, dass ein „bid-offer-spread" von 0,60 beim Euro 0,60 US-Cents pro € und nicht (!) €-Cents ausmacht.

Abbildung 4-2 gibt die Transaktionen (Kauf und Verkauf)aus der Sicht des Bankkunden wieder. Man kann sie auch nur aus Bankensicht sehen, dann drehen sich die Termini Kauf und Verkauf um. Demjenigen, der nicht täglich damit zu tun hat, sei aber empfohlen, sich auf eine konstante Sicht der Dinge festzulegen, beim Lesen anderer Quellen aber unbedingt festzustellen, welche Sicht diese Quelle einnimmt. Banken, die ja mit Devisen sowohl gegenüber Kunden als auch anderen Banken handeln, sehen in der Regel Kauf und Verkauf aus ihrer Sicht, nicht von der Warte des Kunden. Bei Derivaten (insbesondere Devisenoptionen) sieht es wiederum anders aus: Ein Call ist grundsätzlich eine Kaufoption aus der Sicht des Erwerbers, ein Put eine Verkaufsoption.

4.1.3.2 Devisenkursnotierungen in der Zeitung und im Internet

Die klassische Notierung der Wechselkurse in der Zeitung (Tabelle 4-1) ist in der Regel am übersichtlichsten, hat aber den Nachteil, dass sie nur die Wechselkurse vom Vortag wiedergibt. Sie eignet aber sich wie hier gut dazu, erst einmal eine Übersicht über die verschiedenen Wechselkursnotierungen herzustellen: In Tabelle 4-1 sind zunächst einmal die **Devisenkurse** in Geld- und Briefnotierung angegeben, und zwar in den beiden linken Spalten die so genannte Euro-FX-Notierung, die in Deutschland von den öffentlich rechtliche Banken (Sparkassen/ Landesbanken) und genossenschaftlicher Banken täglich um 13.00 durchgeführt wird. Sie wird bislang in Deutschland am häufigsten verwendet, obwohl es auch andere Notierungen gibt (siehe Kapitel 4.1.4): So hat sich interessanterweise die in der drittletzten Spalte von Tabelle 4-1 um 14.15 börsentäglich ermittelte Notierung der Europäischen Zentralbank im Geschäftsleben nicht durchgesetzt. Dazwischen sind noch die Devisenterminkurse genannt, für die es ebenfalls einen Geld- und einen Briefkurs gibt und die höher oder niedriger sein können als der Kassakurs. Doch davon später.

In den beiden letzten Spalten sind noch die Notierungen für die so genannten Sorten aufgelistet, d.h. Bargeld: Der Tourist bekommt, wie sichtbar ist, einen deutlich schlechteren Kurs (für den US $ um mehr als 3 Cents) sowohl für Käufe wie auch Verkäufe von Bargeld, verliert also beim Zurückwechseln von nicht verbrauchten US $ immerhin 7 US-Cents pro Euro. Im Jahr 2000 waren das übrigens noch 5,5 Cents. Wer längere oder häufige Aufenthalte im Ausland plant, für den lohnt sich die Eröffnung eines Kontos im Zielland, weil dadurch der deutlich günstigere Devisenkurs berechnet wird. Auch Reiseschecks sind meist etwas günstiger, lohnen sich wegen der im Ausland anfallenden Gebühren aber meist nur dann, wenn man damit (wie etwa in den USA) direkt in den Restaurants und Geschäften bezahlen kann.

Tabelle 4-1: Devisenkurse in der Zeitung

▌DEVISEN- UND SORTENKURSE FÜR 1 EURO

01.09.2004		Referenzkurse Euro FX1)		3 Monate		6 Monate		Referenz-kurse EZB	Preise am Bankschalter2)	
		Geld	Brief	Geld	Brief	Geld	Brief		Verkauf	Ankauf
USA	US $	1,2155	1,2215	1,2145	1,2205	1,2143	1,2203	1,2168	1,183	1,253
Japan	Yen	132,8600	133,3400	132,1500	132,6300	131,4400	131,9200	133,0900	128,6400	137,6400
Großbrit.	£	0,6755	0,6795	0,6801	0,6841	0,6848	0,6888	0,67775	0,6556	0,7006
Schweiz	Str	1,5376	1,5416	1,5318	1,5358	1,5265	1,5305	1,5386	1,5049	1,5699
Kanada	kan-$	1,5927	1,6047	1,5934	1,6054	1,5952	1,6072	1,5966	1,5205	1,6705
Schweden	skr	9,1164	9,1644	9,1169	9,1649	9,1198	9,1678	9,1370	8,6588	9,6088
Norwegen	nkr	8,3438	8,3918	8,3396	8,3876	8,3347	8,3821	8,3695	7,9396	8,7896
Dänemark	dkr	7,4176	7,4576	7,4187	7,4587	7,4195	7,4595	7,4877	7,0097	7,8591
Australien	A-$	1,7215	1,7375							
Neuseeland	NZ-$	1,8500	1,8660							
Tschechien	Krone	31,6180	32,0180							
Polen	n. Zloty	4,3414	4,5414							
Südafrika	Rand	7,9874	8,1874							
Hongkong	HK-$	9,4493	9,5493							
Singapur	S-$	2,0752	2,0872							

1)Mitgeteilt von der WestLB AG, Düsseldorf; 2) Frankfurter Sortenkurse aus Sicht des Bankkunden, die Bezeichnungen Verkauf und Ankauf entsprechen dem Geld und Brief bei anderen Instituten; mitgeteilt von Reisebank; Freiverkehr.

Quelle: Handelsblatt vom 2.9.04

Kurse aus der Zeitung sind einen Tag alt, sie haben nach wie vor eine wichtige dokumentäre Funktion, die aber mehr und mehr auch vom Internet abgelöst wird, denn auch auf den meisten homepages kann man inzwischen historische Werte finden, und das einfacher als in den Archiven der Tageszeitungen. Das jetzt übliche System gibt letztlich das wieder, was auch bisher schon gängige Praxis unter den Banken war, nämlich nicht die tägliche, sondern die simultane und praktisch minütliche Notierung und Veränderung von Kursen am Bildschirm (**Tabelle 4-2**).

In **Tabelle 4-2** werden die offiziellen dreistelligen ISO-Kürzel für die jeweilige Währung verwendet, d.h. EUR (Euro), USD (US $), JPY (Yen) oder GBP (£). Hier sieht man, dass ein Kurs, der um 13.52 gültig war, sich eine Viertelstunde später geändert hat, die oben angeklickte Notierung ändert sich sogar jede Minute. Eine solche „just in time" Notierung ist aber nur dann für den Empfänger wirklich wichtig, wenn er oder sie auch Zugang zu diesen Kursen hat bzw. wenn der verwendete Kurs auch wirklich angewandt wird, was meist nicht der Fall ist. Jemanden, der gerade an der Kalkulation eines Vertragspreises arbeitet, würde ein solch ständiger Wechsel vermutlich eher nervös machen, so dass in diesem Fall zu raten ist, den Kurs aus der Zeitung oder der Internet-Tagesnotierung zu nehmen und ihn am Ende mit dem aktuellen Kurs zu ersetzen. Viele Firmen nehmen in so einem Fall ohnehin einen runden Kalkulationskurs. Auch in Buchhaltungen finden solche schnell wechselnde Kurse keinen Eingang:

Ein bei der Bank gutgeschriebener Währungsbetrag wird zu dem Kurs gebucht, den die Hausbank bei Eingang verwendet.

Tabelle 4-2: Internet Notierung von Kassakursen (spot rates)

Spot Rate			
CCY Pairs	Bid	Ask	Time
EURUSD	1.2247	1.2249	13:52 GMT
GBPUSD	1.7857	1.786	13:52 GMT
USDJPY	110.01	110.03	13:51 GMT
EURJPY	134.76	134.78	13:51 GMT
EURGBP	0.6858	0.686	13:51 GMT
Spot Rate			
CCY Pairs	Bid	Ask	Time
EURUSD	1.2253	1.2255	14:11 GMT
GBPUSD	1.7865	1.7868	14:11 GMT
USDJPY	109.95	109.97	14:11 GMT
EURJPY	134.74	134.76	14:11 GMT
EURGBP	0.6858	0.686	14:10 GMT

Quelle: Deutsche Bank http://www.deutsche-bank.de/pbc [4]

Abbildung 4-3 gibt die wichtigsten Kursleitpunkte graphisch wieder. Allerdings würde das Blatt für eine maßstabsgetreue Darstellung nicht ausreichen, denn beispielsweise liegen zwischen dem offiziellen Interbanken- Geld- und Briefkurs nur 1/100 - US-cents (und de facto weniger), zwischen dem Devisengeld- und Briefkurs bereits 0,6 US-cents (also das 60-fache). Die Geld-Briefdifferenz liegt bei den Sorten mit 7 US-Cents beim 700-fachen (!) des Interbankensatzes.

Abbildung 4-3 Wechselkursnotierungen in US $/€ (am 1.9.2004

GELDKURSE						BRIEFKURSE
1,1830	**1,2155**	1,2180	**1, 2185**	1,2190	**1,2215**	1,2530
Sorten	**Geldkurs**	Interbanken	**Mittelkurs**	Interbanken	**Briefkurs**	Sorten
(Geld/Ankauf)	(Devisen)	Geldkurs	**(FX)**	Briefkurs	(Devisen)	(Brief/Verkauf)

---

[4] Die hier gezeigte Notierung stammt aus einer nicht öffentlich zugänglichen Quelle. Der Benutzer wird sich in der Regel bei seiner Hausbank einklicken oder öffentlich zugängliche Quellen wie etwa die EZB benutzen.

4

4.1.4   Referenzpreissysteme im Euro-System

Unter Fixing verstand man früher die amtliche Festlegung eines Wechselkurses, der für 24 Stunden Gültigkeit hatte. Dieses amtliche Kursfixing, wie es bis zum 30.12.1998 in Deutschland in einem Nebenraum der Frankfurter Wertpapierbörse durchgeführt wurde, gibt es seit Einführung des Euro nicht mehr. Ein vergleichbares System für den Euro wurde nicht übernommen, wohl nicht zuletzt, weil ohnehin in den letzten Jahren nur noch rd. 5% des Devisenvolumens amtlich gehandelt worden waren, weil es ein vergleichbares System nur in Deutschland, Österreich und Griechenland überhaupt noch gegeben hatte und vielleicht auch, weil es der Philosophie der Zeit entspricht, bürokratische Institutionen abzubauen. Inzwischen gibt es mehrere Systeme.

- **EuroFX:** „...ist der Kurzname für die tägliche Ermittlung von Referenz-kursen der wichtigsten internationalen Währungen gegenüber dem Euro. Es steht in unmittelbarer Nachfolge zum amtlichen Devisenkursfixing. Zur Sicherstellung eines weitgehenden Verbraucher-schutzes entschlossen sich Ende 1998 Spitzeninstitute der deutschen Sparkassenorganisation und der genossenschaftlich organisierten Banken, gemeinsam mit der Nachrichtenagentur REUTERS täglich auf e-lektronischer Basis Referenzkurse wichtiger internationaler Währungen zu ermitteln. Der Kreis der teilnehmenden Banken ist erweiterbar und nicht auf deutsche Institute beschränkt. Voraussetzung für die Teilnah-meberechtigung sind klar definierte Qualitäts- und Bonitätsanforderun-gen. Alle Teilnehmer haben sich auf freiwilliger Basis verpflichtet, so genannte Fixingorders von Kunden auf der Grundlage der ermittelten Kurse abzurechnen [5].Mitglieder waren ursprünglich die **öffentlich rechtlichen Banken** (Sparkassen/ Landesbanken) und **genossenschaftli-cher Banken**. Der Kreis wurde erweitert um die Postbank sowie einige private Banken wie etwa die ABN AMRO Bank oder die UBS AG, Zü-rich. "Die teilnehmenden Banken geben täglich ab 13.00 Uhr Frankfurter Zeit ihre aktuellen Quotierungen nach einem fest vorgegebenen Verfah-ren in das von REUTERS zur Verfügung gestellte Informationssystem ein. Marktabweichende Kurse werden automatisch gestrichen, so dass keine Manipulationsmöglichkeiten gegeben sind. Das System errechnet die Durchschnittskurse vollautomatisch. Reuters gewährleistet dessen technische Sicherheit und Verfügbarkeit. Erfahrungsgemäß ist die Kurs-ermittlung nach wenigen Minuten abgeschlossen."[6] Die ermittelten Werte werden auf der Reuters-Seite "Eurofx/1" der Öffentlichkeit zur Verfügung gestellt. Direkt sind sie unter   http://www.eurofx.de/cgi-bin/index.pl zu erhalten, auf dieser Homepage gibt es auch historische

---

[5]   Reuters,   Frankfurt   2004,   Internet   Beschreibung   des   „Euro-Fixing" (http://www.eurofx.de/mitglieder/index.html)
[6]   Ebenda

Informationen, die auch zur Weiterverarbeitung im excel-Format erhältlich sind. Notiert werden US $, ¥ , £, schwedische, norwegische und dä-
nische Krone, SFr und kanadischer Dollar.

- Das Referenzpreissystem des **Europäischen Zentralbankensystems:**
  Diese Kurse werden zwischen 14.00 und 14.15 in einer Telefonkonferenz
  zwischen den Zentralbanken der Währungsunionsstaaten sowie der
  USA, Kanadas und einiger weiterer wichtiger Industrieländer ermittelt.
  Aufgrund der späteren Notierung ergeben sich auch meist die oben bereits festgestellten Unterschiede zu den Referenzpreisen des öffentlichen
  Bankensystems. Neben den oben genannten Währungen finden sich der
  neuseeländische Dollar, das zypriotische Pfund, die tschechische Krone,
  der ungarische Forint, der polnische Zloty, der slowenische Tolar und
  die estnische Krone in dieser Notierung wieder. Warum neben den
  Währungen der EU-Neumitglieder ausgerechnet Neuseeland und Aust-
  ralien und weniger die wesentlich dynamischeren Wirtschaftsregionen
  Asiens oder auch Südamerikas notiert werden, mag mehr politische als
  wirtschaftliche Gründe haben. Die Notierungen sind im Internet abzurufen[7]. „Da diese Referenzkurse nicht zeitnah genug ermittelt werden
  und zudem kein Handel unter Geschäftsbanken stattgefunden hat,
  kommen sie nicht für die Abrechnung von Kundenaufträgen in Frage.
  Sie werden eher dort Verwendung finden, wo ein Devisenkurs mit
  „amtlichem" Charakter erforderlich ist, also etwa für Jahresabschlüsse,
  Steuererklärungen, statistische Meldungen oder volkswirtschaftliche
  Analysen."[8]

- **Orientierungspreise der privaten Banken:** Die großen Geschäftsbanken
  veröffentlichen ebenfalls um 13.00 ihr internes „Fixing", allerdings bankenindividuell. Jede Bank ermittelt dieses aus Devisengeschäften, die sie
  - resultierend aus den Aufträgen ihrer Kunden - am freien Markt tätigt.
  Die Unterschiede zwischen den Banken wie auch zum „EuroFX" der öffentlichen Banken sind minimal. Die Kurse sind im Internet meist unter
  den jeweiligen Banknamen erhältlich, meist mit 15-minütiger oder sogar
  minütlicher Aktualisierung.

- **Interbankenhandel:** Um 18.00 werden nochmals die aus dem Interbankenhandel stammenden Werte, die auch die Devisentermin- und Opti-
  onsgeschäfte umfassen, veröffentlicht, und zwar sowohl vom

---

[7] Zu finden unter http://www.ecb.int/stats/exchange/eurofxref/html/index.en.html (10.1.2006).
Diese „Link-Adressen" werden aber häufig im Rahmen einer Neugestaltung der Homepage
geändert, so dass es zu empfehlen ist, sich nur die Homepageadresse einer Institution wie
(hier) der europäischen Zentralbank anzuwählen und dann den dort angegebenen links zu
folgen. Dies gilt auch für andere Internetadressen, so dass hier meist nur die Homepage der
jeweiligen Institution angegeben wird, die sich erfahrungsgemäß selten ändert

[8] Commerzbank, Markt und Referenzkurse ersetzen amtliche Fixingkurse, Frankfurt 2000, S. 2

öffentlichen Bankensystem wie auch von den privaten Banken. Diese Werte stimmen nicht mehr mit den mittäglichen Notierungen überein, sind aber ein Hinweis auf die Kursentwicklung während des Tages.

Auch im Zeitalter des Online Banking gibt es keine seriöse Institution, die einen Kunden ohne „Kleingedrucktes" zu Transaktionen zulässt, und eben dort muss dann beispielsweise auch geregelt sein, welcher der zahlreichen Kurse zur Abrechnung etwa eines Aktienverkaufs zugrunde gelegt wird. Wenn also der US $ Kurs gegen Mitternacht MEZ um 2 Cents gestiegen ist und der „Internet-Trader" daraufhin erfreut seine Coca Cola Aktien verkauft, so wird es ein enttäuschtes Erwachen geben, wenn dieser am nächsten Tag feststellt, dass in seinen Geschäftsbedingungen der Euro-FX - Kurs vom Mittag als Basis für die Umrechnung genannt ist. Auch für Verträge aller Art, in denen Währungsbeträge zu einem bestimmten Zeitpunkt geschuldet (und umgerechnet) werden, empfiehlt sich ein Hinweis auf die zugrunde zu legende Notierung: Ein exakt minutengerechter Kurs eignet sich nur dann, wenn sich dieser anhand des Geschäfts auch unstrittig ermitteln lässt , ansonsten ist es sicherlich sinnvoller, zum jeweiligen Tageskurs überzugehen, zu dem dann aber das Referenzpreissystem genannt werden muss.

4.2   Das Weltwährungssystem

4.2.1   Die Entwicklung seit Bretton-Woods

Das nach dem Zweiten Weltkrieg ins Leben gerufene Währungssystem von Bretton Woods war auf den US $ als Leit- und Ankerwährung fixiert, wobei eine gleichzeitige Bindung des US $ an das Gold bestand (**Abbildung 4-4**).

Die angeschlossenen Währungen konnten maximal um ±0,75% gegenüber dem US $ schwanken, der Dollar behielt seine Goldbindung von 35 $ pro Feinunze Gold und es bestand die Verpflichtung, jeden Dollar auch in Gold einzulösen. Das System funktionierte relativ gut in der Zeit von 1945 bis 1973, aber es beruhte eigentlich auf einem grundsätzlichen Fehler: Diesen Fehler hatte einer der Mitgründungsväter in Bretton-Woods, J. M. Keynes, damals sehr deutlich erkannt, als er anstelle des Dollars damals schon den "Bancor" als eine Kunstwährung einführen wollte.

Es besteht nämlich in einer Welt, in der noch der Handel und nicht die Kapitalströme dominierten, folgendes Dilemma: Ist das Leitwährungsland ein "starkes" Land mit einem Leistungsbilanzüberschuß, so bedeutet dies, dass die Währung eben dieses Landes gar nicht in internationalen Umlauf gerät. Nur die Währung eines Landes mit Defizit kann letztlich Reservewährung sein. Auf der anderen Seite eignet sich eigentlich ein "schwaches" Land mit einem Zahlungsbilanzdefizit auch wieder nicht als Reservewährungsland, weil eine schwache Währung von den anderen Ländern nicht gerne gehalten wird.

Abbildung 4-4: Dollar Goldbindung im System von Bretton-Woods

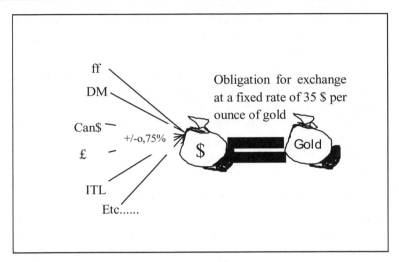

Dieses Dilemma wurde durch die USA dadurch gelöst, dass das Land bis weit in die 70er Jahre hinein (und auch danach noch) in der Tat von erheblichen Leistungsbilanzdefiziten geplagt war und die Überschwemmung der Welt mit US $ ermöglichte es, seine Rolle als Reservewährung zu spielen.[9] Gleichzeitig war das Land groß genug, um Reserveland zu sein und trotz des Defizits eine angesehene Währung zu besitzen. Allerdings wurde dies während des Vietnamkrieges zunehmend kritisch, weil der US $ zunehmend unter Abwertungsdruck geriet und damit die anderen Länder unruhig wurden. Zunächst (1971) wurde zwar im Rahmen des „Smithsonian Agreement"[10] durch eine Abwertung der Goldparität auf 38 $ pro Feinunze versucht, das System zu retten, aber nach weiteren Turbulenzen und der Abkopplung des britischen Pfundes und des Schweizer Franken musste schließlich die Goldeinlösepflicht abgeschafft werden und der Wechselkurs wurde freigegeben. Die Rolle des US $ als offizielle Reservewährung war beendet.

Auch wenn man den Bancor in Gestalt der Sonderziehungsrechte (special drawing rights) noch einführte, konnten die festen Wechselkurse nicht mehr gehalten werden, das System brach zusammen. Man ging in ein System flexibler Wechselkurse über, bei

---

9   Vgl. Siebert (1994), S. 381

10   Vgl. Eiteman, Stonehill (2000), S. 35

dem lediglich der IWF zunächst eine Art "Feuerwehrfunktion" spielte, um die Währungen schwacher Länder nicht inkonvertibel werden zu lassen, sie damit zwangsweise vom internationalen Handel abzukoppeln und ihre Lage noch weiter zu verschlimmern.[11]

Die Entwicklung zu flexiblen Wechselkursen wurde in Europa durch die europäische „Währungsschlange" gebremst, die durch den ehemaligen Bundeskanzler Helmut Schmidt zusammen mit dem damaligen französischen Staatspräsidenten Giscard d' Estaing Mitte der 70er Jahre forciert wurde, 1979 zum europäischen Währungssystem mit der synthetischen Vorläuferwährung ECU wurde und die letztlich zur Generierung des Euro geführt hat.

Die Wechselkurse des Weltwährungssystems sind seit dem Kollaps des Bretton-Woods Systems prinzipiell frei. Es zeichnet sich aber dennoch eine gewisse Tendenz für kleinere Länder ab, sich einer der großen Währungen US $, Euro oder auch einer lokal bedeutenden Währung oder einem Währungskorb entweder offiziell oder unverbindlich anzuschließen (siehe Kapitel 4.2.4).

4.2.2   Der weltweite Devisenhandel

Der weltweite Devisenhandel stellt vor allem größenordnungsmäßig ein Phänomen dar, das von der Dimension her kaum noch vorstellbar ist: Der tägliche Handel mit Fremdwährungen macht derzeit weltweit 1,88 Billionen US $ täglich (!)aus, das sind in Zahlen 1 880 000 000 000 oder US $ 475 Billionen (bei rd. 250 Handelstagen) im Jahr.

Dieser Handel (Tabelle 4-3) hat sich in den letzten 10 Jahren nach vorher bereits explosivem Wachstum nochmals verdoppelt und macht im Vergleich zum weltweiten Handelsvolumen von rund 6,4 Billionen US $ p.a. das mehr als 75-fache des Welthandels aus[12]. Nach Schätzungen der Bundesbank liegt der durch den Handel verursachte Teil der Devisengeschäfte etwas höher, nämlich bei etwa 10%.[13] Der Rest ist durch die monetäre Sphäre und die Motive bedingt, die bereits in Kapitel 2 besprochen wurden: Käufe und Verkäufe von Wertpapieren, Zinszahlen-, Kreditaufnahmen und -tilgungen, Arbitrage, sowie Spekulation insbesondere durch Hedge-Fonds, wobei der Zuwachs der letzten Jahre wohl auch stark auf spekulative Elemente zurückzuführen sein dürfte: „Investoren betrachten Währungen zunehmend als eigene Anlageklasse neben Aktien und festverzinslichen Wertpapieren. Asset Manager spielen eine zunehmend aktive Rolle am Devisenmarkt[14]" Etwa die Hälfte wird unter Banken gehandelt, wobei die Union Bank of Switzerland (UBS), die Deutsche Bank und die Citigroup die mit

---

11   Vgl. IMF, Ten Misconceptions about the IMF, Washington 1988
12   BIZ (2004), S. 1ff (und statistischer Anhang:)   sowie IMF, International Financial Statistics Yearbook, 2003, pp.81
13   Süddeutsche Zeitung: Devisenhandel in zehn Jahren verdoppelt, 11.10.2004
14   Ebenda

Abstand größten Devisenhändler sind: Auf sie entfallen rund 36% des Handels. Ein weiteres Drittel entfällt auf Finanzgesellschaften wie Versicherungen Investment- und Pensionsfonds und auch Zentralbanken. Lediglich etwa 14% wird von Unternehmen verursacht, die nicht der finanziellen Sphäre angehören[15].

Tabelle 4-3: Weltweiter Devisenhandel[16]

Global foreign exchange market turnover[1]

Daily averages in April, in billions of US dollars

Instrument	1989	1992	1995	1998	2001	2004
Spot transactions	317	394	494	568	387	621
Outright forwards	27	58	97	128	131	208
Foreign exchange swaps	190	324	546	734	656	944
Estimated gaps in reporting	56	44	53	60	26	107
Total "traditional" turnover	590	820	1,190	1,490	1,200	1,880
Memorandum item:						
Turnover at April 2004 exchange rates[2]	650	840	1,120	1,590	1,380	1,880

[1] Adjusted for local and cross-border double-counting. [2] Non-US dollar legs of foreign currency transactions were converted into original currency amounts at average exchange rates for April of each survey year and then reconverted into US dollar amounts at average April 2004 exchange rates.

Tabelle 4-4 zeigt, dass nach wie vor der US $ mit knapp 90% die bedeutendste Währung ist. Allerdings muss man ein wenig Grundkenntnisse in einfacher Mathematik mitbringen, um diese Zahlen interpretieren zu können: Da jede Währung ja nur in einem Paar (also €/US $ oder €/ £ usw.) gehandelt wird, addieren sich die Werte in Tabelle 4-4 zu 200% und nicht zu 100%, so dass ein Anteil von 90% eigentlich nur einem Anteil von 45% entspricht, ein Anteil von 37% (Euro) nur einem Handelsanteil von knapp 19%. Und noch etwas, das auch oft missverstanden wird, muss zurechtgerückt werden: Der Anteil der DM am Devisenhandel wird beispielsweise für 1992 mit 39,6% angegeben (also de facto knapp 20%). Der Schluss, die DM wäre bedeutender gewesen als der Euro, ist aber ebenfalls voreilig, weil ja nach 2001 der gesamte Handel im heutigen Euro Raum, also zwischen DM und Franc, Gulden und Lira, Peseta und Escudo weggefallen ist. Es bleibt die Feststellung, dass die Position des US $ als Devisenhandelswährung nach wie vor dominant ist, dass der Euro deutlich dahinter -wie weiland die DM- die zweite Stelle einnimmt, der Yen die dritte und das britische Pfund die vierte Position. Wie aber schon erwähnt, ist wegen des weggefallenen Inter-Währungshandels im europäischen Raum die Position des Euro im Weltvergleich doch bedeutender, als es früher die DM war, aber noch keineswegs so wichtig, dass

---

15 BIZ (2004), S. 1 und S.14 (Statistischer Teil)
16 Quelle: Bank für Internationalen Zahlungsausgleich (BIZ), Triennial Bank Survey, Basel 2004, S. 13

der Euro dem US $ den ersten Rang streitig machen würde. Ob sich dies ändert, bleibt dahingestellt.

Tabelle 4-4: Wichtige Handelswährungen (Auszug)[17]

Currency distribution of reported foreign exchange market turnover[1]

Percentage shares of average daily turnover in April

Currency	1989	1992	1995	1998	2001	2004
US dollar	90	82.0	83.3	87.3	90.3	88.7
Euro	.	.	.	.	37.6	37.2
Deutsche mark[2]	27	39.6	36.1	30.1	.	.
French franc	2	3.8	7.9	5.1	.	.
ECU and other EMS currencies	4	11.8	15.7	17.3		
Japanese yen	27	23.4	24.1	20.2	22.7	20.3
Pound sterling	15	13.6	9.4	11.0	13.2	16.9
Swiss franc	10	8.4	7.3	7.1	6.1	6.1
Australian dollar	2	2.5	2.7	3.1	4.2	5.5
Canadian dollar	1	3.3	3.4	3.6	4.5	4.2

Es bleibt ebenfalls die Feststellung, dass das Volumen von dreieinhalb Tagen Devisenhandel dem wertmäßigen Export aller Länder in einem ganzen Jahr entspricht. Dies wirft die Frage auf, inwieweit das Weltfinanzsystem nicht inzwischen eine unkontrollierbare Quelle der Instabilität für die Weltwirtschaft und letztlich auch die Politik darstellt. Krisen hat es in der jüngsten Vergangenheit von Lateinamerika über Russland bis Asien genug gegeben, bisher wurden sie aber ohne die gefürchteten destabilisierenden Wirkungen etwa eines schwarzen Freitags des Jahres 1928 überstanden. Nicht zuletzt hat dazu die Koordinierung des Internationalen Währungsfonds (IWF) beigetragen, dem einige allerdings vorwerfen, er verschleudere das Geld der Steuerzahler, um die internationalen Spekulanten vor Verlusten zu schützen.

---

[17] Quelle: BIZ (2004) S. 1 und S.11 (Statistischer Teil). Fußnote (2) zur DM bedeutet: 1989 ohne „innerdeutschen" Handel

4.2.3   Die Rolle des IWF in der internationalen Finanzarchitektur

4.2.3.1   Aufgaben und Programme des IWF

"The IMF was conceived in July 1944 at an international conference held at Bretton Woods, New Hampshire, U.S.A., when delegates from 44 governments agreed on a framework for economic cooperation partly designed to avoid a repetition of the disastrous economic policies that had contributed to the Great Depression of the 1930s."[18]

Die Gründung des IWF war letztlich eine der Lehren, die man aus dem 2. Weltkrieg und den ihn begünstigenden politischem Entwicklungen gezogen hat. Bei aller Kritik, auf die weiter unten noch eingegangen wird: Ohne den IWF hätten sich vermutlich die wirtschaftlichen Krisenszenarios von der ersten großen Schuldenkrise in Lateinamerika im Jahre 1983 über den Börsencrash des Jahres 1987 und die danach immer schneller folgenden Krisen in Osteuropa, Mexiko, Asien, nochmals Russland und nochmals Südamerika ebenso wie in den 30er Jahren zu Weltwirtschaftskrisen mit allen denkbaren Folgen entwickelt. Der IWF ist im Zeitalter der globalen Verknüpfung der Weltwirtschaft eine für das Funktionieren dieser Wirtschaft lebensnotwendige Institution geworden.

Die Basisversorgung des Weltfinanzsystems wird über die so genannten Quoten abgewickelt. An diesen Quoten sind 184 Länder mit einer Gesamtsumme von US $ 311 Mrd beteiligt. Daraus sind (Stand 2004) US $ 97 Mrd. an 84 Länder tatsächlich ausgeliehen.[19] . Die Stimmrechte der Länder bemessen sich nach den eingezahlten Quoten.

Die Quotenhöhe wie auch die Stimmrechte werden maßgeblich von der finanziellen Stärke bestimmt, weniger von der Einwohnerzahl. So haben beispielsweise Belgien oder die Niederlande Quoten, die mehr als doppelt so hoch sind wie die Indonesiens. Die Europäische Union besitzt einen Beobachterstatus und kann Stimmrechte nur über die Mitgliedsstaaten ausüben. Die USA, Japan, Deutschland, Frankreich, England, China, Russland und Saudi-Arabien stellen je einen der "executive directors", die anderen 16 Direktoriumssitze werden alternierend unter den übrigen Ländern aufgeteilt. Der Kurs der Sonderziehungsrechte wird nicht auf dem freien Markt bestimmt, sondern bestimmt sich nach einem Korb aus den vier Währungen US $, Euro, Yen und britischem Pfund.

---

18 IMF: The IMF at a glance", Washington Stand Okt. 2004:
    (http://www.imf.org/external/np/exr/facts/glance.htm). Auf dieser Homepage sind Fakten über den IWF, die Quoten, die Organisation usw. abrufbar und es werden auch Beispiele für IWF-Aktionen und Strategien gegeben
19 IMF Fact sheet, Washington 2004 (http://www.imf.org/external/np/exr/facts/glance.htm)

Tabelle 4-5: IWF-Quoten einiger großer Länder[20]

	Quote Mn SDR	Voting Percentage
Brasil	3 036,1	1,41
Canada	6 369,2	2,95
China	6 369,2	2,95
France	10 738,5	4,96
Germany	13 008,2	6,01
India	4 158,2	1,93
Indonesia	2 079,3	0,97
Japan	13 312,8	6,15
Russia	5 945,4	2,75
United Kingdom	10 738,5	4,96
USA	37 149,3	17,14

SDRs= (Special Drawing Rights oder Sonderziehungsrechte)

Die Quoten muss man sich wie eine Art Dispositionskredit vorstellen, bei der sich der Dispositionsrahmen nach der eingezahlten Höhe der Quote bemisst, und zwar folgendermaßen:

- Die Quote (vom IWF auch als „subscription" bezeichnet) muss zu 25% in akzeptierter konvertibler Währung (nicht mehr wie früher in Gold) eingezahlt werden, zu 75% kann sie in der Währung des jeweiligen Landes aufgebracht werden. Diese Einlagen werden verzinst, und zwar mit dem gewichteten kurzfristigen Marktzins aus Frankreich, Deutschland, Japan, England und USA.
- Der Kreditrahmen bemisst sich auf 300% der Quote,
- Es muss für in Anspruch genommene Kredits ebenfalls ein Zins bezahlt werden, der um ca. 0,5 Prozentpunkte höher liegt als der Einlagenzins.

Bei diesem System soll ein vorübergehender Liquiditätsengpass beseitigt werden können, wenn etwa die Ernte eines landwirtschaftlichen Exportlandes schlecht ausgefallen ist oder wenn ein rohstoffreiches Land gerade einmal einem Verfall der Rohstoffpreise ausgesetzt ist, das war jedenfalls die Grundidee. Der IWF gibt, anders als die Weltbank, kein Geld für einzelne Projekte. Inzwischen gibt es aber eine Reihe von Sonderprogrammen außerhalb der regulären Quoten:„The IMF can borrow to supplement its quota resources."[21] Dazu zählen u.a. die folgenden Programme:

- General Agreement to Borrow (GAB) aus dem Jahre 1962: Hier haben sich 11 Industrieländer verpflichtet, US $ 23 Mrd. zur Verfügung zu stellen, dazu kommt eine zusätzliche Einlage Saudi Arabiens über US $ 2 Mrd.

---

[20] IMF Finances, Washington 2004 (http://www.imf.org/external/np/sec/memdir/members.htm)
[21] IMF: IMF Lending, Washington 2004 (http://www.imf.org/external/fin.htm 12.10.04),

- Ein neueres „New Arrangement to Borrow"(NAB), bei dem sich (im Nachgang zur Mexiko- oder „Tequila"- Krise) 25 Mitgliedsländer bereit erklärt haben, US $ 34 Mrd. zur Verfügung zu stellen. Beide Programme (GAB und NAB sind aber als Notprogramme zu sehen, bei dem die Mitgliedsländer im Bedarfsfall Geld einzuschießen haben. Dazu der IWF: *"A proposal for calls on the GAB or the NAB by the IMF's Managing Director can become effective only if it is accepted by their participants, and the proposal is then approved by the IMF's Executive Board. The NAB have been activated once—to finance a Stand-by Arrangement for Brazil in December 1998, when the IMF called on funding of SDR 9.1 billion, of which SDR 2.9 billion was used. The GAB have been activated ten times. The last time was in July 1998 for an amount of SDR 6.3 billion in connection with the financing of an Extended Arrangement for Russia. Of that amount, SDR 1.4 billion was used. The activations for both Russia and Brazil were cancelled in March 1999, when the Fund repaid the outstanding amounts following payments of quota increases under the Eleventh General Review of Quotas."*[22]

- Debt Initiative for Heavily Indebted Poor Countries (HIPCs): „The IMF and World Bank have designed a framework for heavily indebted poor countries that pursue IMF- and World Bank supported adjustments and reform programs."[23] Bei dieser Initiative erwartet der IWF zusätzliche monetäre Inputs von anderen Gebern auf jeweils individueller Basis, der IWF Anteil beträgt ca. US $ 2,3 Mrd., es gibt hier gegenwärtig 40 Empfängerländer.

- Poverty Reduction and Growth Facility (PRGF), das früher den Namen „Enhanced Structural Adjustment Facility"(ESAF) getragen hatte. Hier sind 80 Nehmerländer eingeschlossen (die Zahl kann sich aber immer wieder einmal ändern). Es herrscht ein ähnliches Kofinanzierungsprinzip wie beim o.a. „HIPCs", der vom IWF zur Verfügung gestellte Betrag lautet auf US $ 1,2 Mrd., die Laufzeiten gehen bis zu 10 Jahren und der Zins beträgt nur 0,5% p.a. Das Programm wurde 1999 aufgelegt.

- Ein IMF „Emergency Assistance Related to Natural Disasters and Postconflict Situations" für die Hilfe nach Naturkatastrophen und Kriegen, die auf 25% der Quote des Landes begrenzt ist. Die Höhe ist nicht exakt festgelegt, sie liegt etwa bei US $ 1 Mrd.

Im Rahmen der Sonderprogramme werden in der Regel an das kreditnehmende Land Devisen gegen Landeswährung ausbezahlt, und das Land muss diese Kredite wieder in Devisen zurückzahlen und erhält Landeswährung dafür. Es gibt eine Reihe von

---

[22] IMF Borrowing Arrangements: GAB and NAB, A Factsheet – Washington, September 2004
[23] IMF, Debt Initiative for Heavily Indebted Countries, Washington, April 2000, S. 1

Modalitäten, wie und wie lange das Geld ausgeliehen wird, beispielsweise als „Stand by Arrangement", als „Extended Fund Facility", „Supplemental Reserve Facility" oder als (inzwischen ausgelaufene) „Contingent Credit Line", die meist historischen Charakter haben und auf die hier nicht näher eingegangen werden soll. Jedes Land, das den Beistand des IWF einfordert, muss im Rahmen von so genannten Konsultationen („Article IV Consultations") Informationen bereitstellen und bestimmte Standards insbesondere hinsichtlich des Staatshaushaltes einhalten, die dann auch häufig zu den gefürchteten Auswirkungen hinsichtlich der sozialen Transferzahlungen führen oder staatliche Leistungen und Subventionen einschränken. Auch Umweltgesichtspunkte werden inzwischen berücksichtigt, auch wenn die meisten offiziellen Statements sich noch sehr unverbindlich lesen.[24]

Einschließlich der Zusatzprogramme stehen dem IWF rund US $ 360 Mrd. zur Verfügung, die im Bedarfsfall auch durch Kofinanzierungsfazilitäten der Mitgliedsländer, der bilateralen Entwicklungsbanken oder etwa der Bank für Internationalen Zahlungsausgleich (BIZ) in Basel aufgestockt werden können. Das ist sicherlich viel im Vergleich etwa zu den Bruttosozialprodukten selbst größerer Entwicklungsländer, aber wenig im Vergleich zu dem über fünffachen täglichen weltweiten Devisenhandelsvolumen.

Die grundsätzlichen Aufgaben des IWF sind in Artikel I des Abkommens über den IWF festgelegt. Bevor wir zu einer kurzen Würdigung verschiedener kritischer Stellungnahmen übergehen, sollte zusammengefasst werden, welche Rolle er in diesem Rahmen spielen kann und welche nicht:

- "The IMF is not an aid agency or a development bank"[25] : Diese Rolle spielt die Weltbank, der IWF ist für Zahlungsbilanzprobleme und die makroökonomische Stabilität zuständig. Der IWF ist auch nicht nur für die Entwicklungsländer zuständig, auch Industrieländer haben die Fazilitäten des IWF schon als Schuldner in Anspruch genommen.

- Im Interesse der Wirtschaft und der Bevölkerung des kreditnehmenden Landes, aber sicherlich auch im Sinne des Steuerzahlers aus den Geberländern sind die Kredite "conditional", d.h. das kreditnehmende Land muss sich verpflichten, die Bedingungen zu ändern, die zu den Problemen geführt haben. Ebenso ist der Beistand zeitlich begrenzt oder zumindest darauf angelegt, zeitlich begrenzt zu sein.

- Der finanzielle Beitrag des IWF ist oft bei weitem nicht so groß, wie er vermutet wird. Da aber ein Kredit des IWF eine positive Signalwirkung hat (eine Nichtvergabe setzt entsprechend ein negatives

---

24 IMF: The IMF and Environmental Issues, Washington April 2000; S. 4
25 IMF, Key features of IMF-lending, Washington 2004

Signal): "… the approval of IMF lending signals that a country's economic policies are on the right track, it reassures investors and the official community and helps generate additional financing from these sources."[26]

4.2.3.2 Die Weltfinanzarchitektur in der Kritik

Man muss dem internationalen "Weltfinanzmanagement" in Gestalt des IWF, der Weltbank, den Regierungen der führenden Industrieländer und den großen internationalen Banken zugestehen, dass sie bereits mehrmals eine schwere Finanz- und Wirtschaftskrise wie 1929 verhindert haben, die beginnend mit dem "Crash" von 1987 und dann in immer schnellerer Folge vor allem in den 90er Jahren (Zusammenbruch der Sowjetunion, Mexiko, Asien, Südamerika, Russland) durchaus in der Luft gelegen hatte. Die Meinungen darüber gehen allerdings auseinander. Die vom US - Kongress eingesetzte Kommission unter A.H. Meltzer wirft dem IWF und den anderen Bretton Woods Institutionen im wesentlichen Versagen vor: Kritisiert werden die kostspieligen Rettungsaktionen (Mexiko, Thailand, Korea, Indonesien) in der zweiten Hälfte der 90er Jahre und die damit verbundene kurzfristige Politik, während längerfristige Verbesserungsmaßnahmen der Finanzstruktur in den Entwicklungsländern vom IWF dagegen außer acht gelassen wurden. Die Kommission fordert eine Rückkehr des IWF als „lender of last resort", der sich auch nicht um fortgeschrittenere Entwicklungsländer kümmern soll, die selbst Zugang zu Finanzmitteln haben.[27] Ein vom US-Senat beauftragter Gegenbericht des Institute of International Economics kommt zu einem wesentlich positiveren Schluss: „The economic record of that period is a success unparalleled in human history...The severe monetary crises of recent years have been overcome quickly.....The International Financial Institutions have contributed sharply to this record", und "Almost all of the crisis countries of the past few years, ranging from Mexico through East Asia to Brazil, have experienced rapid V-shaped recoveries."[28] Einer der als ehemaliger Weltbank-Chefökonom, Clinton-Berater und Nobelpreisträger qualifiziertesten Kritiker des IWF ist Joseph Stiglitz[29], der dem IWF Versagen auf der ganzen Linie vorwirft: „Perhaps of the greatest concern has been the role of governments, including the American government, in pushing nations to live up to agreements that were vastly unfair to the developing countries, and often signed by corrupt governments in these countries"[30] Ein aus Sicht des Finanzbereiches sehr fundamentaler Kritikpunkt, inzwischen auch von vielen anderen Ökonomen über-

---

[26] Ebenda

[27] Vgl. A.H. Meltzer, (chairman): Report on the International Financial Institution Advisory Commission (IFIAC), Washington 2000, S. 6ff. (htpp://www.ids.ac.uk/eldis/ifac.htm)

[28] C. Fred Bergsten: Reforming the International Financial Institutions, A Dissenting View, Washington 2000 (http://www.207.238.152.36/testimony/reform.htm)

[29] Josef Stiglitz: Globalization and its Discontent, Washington, London 2002

[30] Ebenda S. 71

167

nommen[31], ist die vom IWF geradezu mit religiösem Eifer verfolgte Liberalisierung von Finanz- und Kapitalmärkten in Ländern, die kaum ein funktionierendes Bankensystem besitzen: "European countries banned the free flow of capital until the seventies.....the influx of hot money into and out of the country that so frequently follows capital market liberalization leaves havoc in its wake."[32]. Er kritisiert außerdem, dass Standardrezepte überall angewandt werden, auch wenn sie nicht zum Land passen und auch sehr schwerwiegend ist der Vorwurf, der IWF kümmere sich zuerst um die Interessen der „financial community": „The billions of dollars which it provides are used to maintain exchange rates at unsustainable levels for a short period, at which foreigners and the rich are able to get their money out of the country at more favourable terms."[33]

Dies sollte ein kleiner Ausflug in die Welt der Kritiker und Befürworter des so genannten „Washington Consensus" sein, ein Terminus, der nicht ganz klar definiert ist, aber der im wesentlichen die Position der in Washington vertretenen Institutionen einschließlich der US-Regierung wiedergeben soll, die nach der ersten größeren Schuldenkrise in Lateinamerika Ende der 80er Jahre formuliert wurden: Es handelt sich beim Washington Consensus grob gesprochen um eine Umkehr von einer früher eher keynesianisch orientierten zu einer stärker neoliberalen Wirtschaftspolitik, in der Fiskaldisziplin, Wirtschaftsliberalisierung, Privatisierung und Deregulation eine größere Rolle spielen sollten als Verteilungsfragen.[34] Diese interessante Diskussion kann hier weder vertieft noch die Probleme gelöst werden, da sie vor allem auf unterschiedlichen wirtschaftspolitischen Konzepten und (partei)politischen Positionen beruhen, die nicht unbedingt miteinander vereinbar sind.

4.2.3.3 Der IWF: Feuerwehr oder Architekt des Weltfinanzsystems?

Bei aller Kritik muss berücksichtigt werden, dass der IWF eine UN-Institution ist, die wie auch die UNO den politischen Interessen vieler Ländergruppen gerecht werden soll: Ähnlich wie bei der UNO unterbleiben auch hier oft Maßnahmen, die zwar von allen Beteiligten als sinnvoll erachtet werden, die aber an machtpolitischen Realitäten scheitern. Es ist nicht zu verkennen, dass das in Fußwegentfernung zum IWF liegende Weiße Haus wie auch das US-Finanzministerium, aber sicherlich auch die G7- bzw G9- Staaten dabei einen stärkeren Einfluss ausüben als alle anderen Länder zusam-

---

31 Jagdish Bhagwati: The Wind of the hundred Days, how Washington mismanaged Globalization, Cambridge, London 2000, pp.14

32 Stiglitz,(2002), S. 17

33 Ebenda S. 209

34 Der Autor dieses Begriffs sieht dies allerdings inzwischen sehr skeptisch und meint: „There is no longer any agreement on the main lines of economic policy between the current US-administration and the international financial institutions" (John Williamson, From Reform Agenda to Damaged Brand Name, in Finance and Development, pp. 10-14, Washington, Sept. 2003)

men. So wurden auch die wichtigsten Reformschritte der letzten zehn Jahre im wesentlich auf den G7- Gipfeltreffen zwischen den Finanzministern in die Wege geleitet bzw. abgesegnet. Bei allen ideologischen Diskussionen sollte jedoch die Frage nicht vergessen werden, zu welchen „Herkulesaufgaben" der IWF denn bestenfalls fähig ist: Reicht ein IWF- Budget von US $ 360 Mrd. oder selbst eine zwei bis dreifache Summe überhaupt aus, um gegen die täglich auf der Welt vagabundierende Summe von über eine Billion an Devisen einigermaßen sinnvoll gegenzusteuern? Ist er also tatsächlich zu all den Aufgaben überhaupt in der Lage, die viele ihm wünschen? Stimmt es, dass der Fonds die Feuerwehr, nicht das Architekturbüro für die Weltwirtschaft ist?[35]

Diese vor einigen Jahren sicherlich richtige Aussage muss inzwischen relativiert werden. Die Kritik, der IWF betreibe zu sehr „Feuerwehrfunktion" und zu wenig „Architekturfunktion", wurde sehr ernst genommen und dies führte zu einem Reformprozess, der als „architecture exercise" bekannt geworden ist und der im wesentlichen eine Stabilisierung der Weltfinanzarchitektur da anstrebt, wo der IWF langfristig Einfluss ausüben kann, nämlich bei den Strukturen der Kreditvergabe, den Bankstandards und der Informationspflicht der betroffenen Länder. Die Bedeutung dieser Maßnahmen zeigt sich schon darin, dass sie regelmäßig Thema der G-7 Gipfel der Regierungschefs der wichtigsten Industrieländer und ihrer Finanzminister waren. Dort wurden die wesentlichen Reformentscheidungen getroffen, denn die Finanzminister stellen ja die Mitglieder des „boards of governors", also das höchste Entscheidungsgremium von IWF wie Weltbank dar. Einige der wichtigeren Themen wurden auch im G10-Rahmen und auf Initiative des damaligen US-Präsidenten Clinton einer G-22 Gruppe vorbereitet. Im Rahmen dieser Diskussionen wurde wohl deutlich, dass „mehr Geld" alleine lediglich die Feuerwehrfunktion stärken würde und dass der Fonds sich tatsächlich stärker in Richtung „Architekt" bewegen muss, was auch tatsächlich vor allem in den folgenden Reformenschritten geschehen ist:[36]

- Der so genannten Rey-Report (1996) wurde etwas später (1999) in wesentlichen Punkten vom IWF übernommen: Hier wurden vor allem die Prozeduren zwischen Kreditnehmern und Kreditgebern gestrafft und auch die Blockierung von Einigungen durch einzelne private Kreditgeber erschwert. [37] Mit der Supplemental Reserve Facility wurde auch ein

---

[35] Siebert, Horst:Der IWF ist nicht das Architekturbüro für die Weltwirtschaft, in: Handelsblatt 18.4.2000; vgl. auch Horst Köhler, IMF-News Brief, 02/18, 23.10.2002

[36] Einen sehr guten chronologischen Überblick dazu gibt Peter B. Kenen: The International Financial Architecture, what's new, what's missing?, Washington 2001 (Peter Kenen gehört dem Institute for International Economics an, dessen Direktor Fred Bergsten ist. Sein Bericht über den IWF (s.o.) war zwar nicht unkritisch, aber insgesamt doch unterstützend für die bisherige IWF-Politik)

[37] Group of 10: The Resolution of Sovereign Liquidity Crises, a Report to Ministers and Governors, Washington 1996

Instrument geschaffen, das ein Eingreifen des IWF bei Krisen auch mit hohen Summen in geregelte Bahnen lenkt.

- Stärkung bzw. Vertiefung der bereits von der Bank für Internationalen Zahlungsausgleich in Basel (BIZ) betriebenen Bemühungen um striktere und weltweit einheitlicheren Standards für Banken. [38] Der inzwischen bei „Basel II" angelangte Akkord beruht auf den drei Säulen (1) Mindestkapitalanforderungen, (2) Aufsichtliches Prüfverfahren und (3) erweiterte Offenlegung und greift vor allem in die Definition von Bilanzposition bei Banken ein, z.B. die Relation (und Definition) von Eigenkapital, Rückstellungen für zweifelhafte Kredite und legt Risikokennzahlen fest. Nicht zuletzt führte dies auch in Europa zu heftigen Diskussionen in der Wirtschaft, ob und inwieweit beispielsweise mittelständische Unternehmen bei der Kreditvergabe wegen der höheren Risikoklassifizierung benachteiligt würden.

- Ähnliche Standards wurden auch für die Versicherungswirtschaft sowie den Handel mit Rentenpapieren entwickelt. Die weltweit einheitliche Verbreitung eines Standards für das Rechnungswesen wurde eingeleitet und dazu wurde vor allem das IAS (International Accounting Standard) auserkoren. Das IASC (International Accounting Standards Committee) wurde beauftragt, seine Standards zu verbessern und zu präzisieren.

- 1999 wurde das Financial Sector Assessment Program (FSAP) eingeführt: "Fundamentally, the FSAP was initially conceived as a diagnostic and policy advice tool. In this connection, it was designed to work at two levels: (i) confidential advice to country authorities and (ii) peer review. The FSAP's role in linking policy recommendations to effecting policy and institutional changes so as to reduce vulnerabilities was limited to follow-up work intended to assess and inform on progress[39]. FSAP's nehmen den Finanzsektor eines Landes in Augenschein und machen Verbesserungsvorschläge. Die Teilnahme ist freiwillig, allerdings ist wohl kaum auszuschließen, dass kritische Ergebnissen in eine mögliche Kreditentscheidung bzw. die generelle Haltung des IWF zu dem jeweiligen Land bei den „Article IV consultations" beeinflussen. Auch eine Nichtteilnahme dürfte nicht vollkommen folgenlos sein. Wie

---

[38] Basel Committee on Effective Banking: Core Principles for Effective Banking Supervision, Basel 1997; Die Arbeit des Basler Komitees geht bis 1975 zurück (Basler Konkordat). Einen wesentlichen Schub erhielt dieses Komitee aber vom Auftrag der G-7 Finanzminister, sich der Sicherheit des weltweiten Bankensystems anzunehmen, vgl. u.a. : Basle/IOSCO joint statement for the Lyon summit, Basle, May 1996. Eine Übersicht über die wichtigen Dokumente der BIZ zum Thema „Basle" ist auf der Homepage der BIZ abrufbar (http://www.bis.org/publ/bcbs.htm)

[39] IMF (Issues paper): Evaluation of the Financial Sector Assessment Program (FSAP) Issues Paper, Prepared by the Independent Evaluation Office, October 20, 2004, S. 3, (ieo@imf.org).

Tabelle 4-6 zeigt, haben von 2000 bis 2004 immerhin 73 Länder bzw. Währungsregionen teilgenommen, darunter so unterschiedliche wie Kirgistan, Frankreich, Senegal, Deutschland oder auch die Schweiz. Eine Nebengruppe dieser Risikoberichte stellen die „Reports on the Observance of Standards and Codes" dar.

Tabelle 4-6: Länder, in denen Financial Sector Assessment Programme (FSAP) durchgeführt wurden

---

FSAP: Completed and Ongoing/planned (*in italics*) per Fiscal Year [1]
(As of September 2004)

2000	2001	2002	2003	2004	2005
Colombia	Ghana	Gabon	Kyrgyz Republic	Macedonia	*Belarus*
Lebanon	Guatemala	Switzerland	Japan	*Kenya*	*Sudan*
Canada	Poland	Lithuania	Bangladesh	Jordan	*Norway*
South Africa	Armenia	Luxembourg	Hong Kong	*ECCU* [2]	*Italy*
El Salvador	Israel	Sweden	Honduras	Kuwait	*Belgium*
Hungary	Peru	Philippines	Malta	*Ecuador*	*Mauritania*
Iran	Yemen	Korea	Mauritius	*Azerbaijan*	*Rwanda*
Kazakhstan	Senegal	Costa Rica	Singapore	*Austria*	*Albania*
Ireland	Slovenia	Bulgaria	*Bolivia*	New Zealand	*Serbia*
Cameroon	Iceland	Sri Lanka	Oman	Netherlands	*Jamaica*
Estonia	Czech Republic	Morocco	Germany	*Nicaragua*	*Trinidad and Tobago*
India	Uganda	Nigeria	Mozambique	*Chile*	*Bahrain*
	Dominican Republic	United Kingdom	Tanzania	*Saudi Arabia*	*Paraguay*
	United Arab Emirates	Slovak Republic	Romania	*France*	*Spain*
	Latvia	Barbados	Algeria	Pakistan	
	Tunisia	Brazil		*Moldova*	
	Finland	Ukraine			
	Mexico	Russia			
	Croatia	Egypt			
	Georgia	Zambia			

1/The fiscal year runs from May to the end of April.
2/ ECCU stands for the Eastern Caribbean Currency Union.

- Der IWF kümmert sich erstmals um die Themen Geldwäsche und „Offshore Financial Centers", wobei die dazu erschienenen Berichte nach dem 11.9.2001 auffallend zugenommen haben. Auch hier wird ähnlich den FSAP's versucht, Risiken aufzudecken und die Steueroasen zu Minimalstandards hinsichtlich der Transparenz zu bewegen.[40]

---

[40] Vgl. IMF, Offshore Financial Centers. A Progress Report and the Future of the Program, Washington, 31st of July, 2003

- Das Thema „good governance" und damit verbunden "Korruption" wurde entdeckt: "The IMF was urged in 1996 by its Board of Governors to "promote good governance in all its aspects, including by ensuring the rule of law, improving the efficiency and accountability of the public sector, and tackling corruption, as essential elements of a framework within which economies can prosper." Since then, the IMF's role in promoting good governance has expanded considerably ...".[41] Der Begriff "governance" ist bewußt weiter gefasst als nur Korruption und umfasst alle Aspekte, wie ein Land regiert wird sowie sein wirtschafts- politisches und politisches Regelwerk

- Informationspflichten und Informationstiefe der am IWF beteiligten Länder mit besonderer Schwerpunktsetzung Schwellenländer wurden erweitert. Ein „Data Dissemination Standard" wurde erarbeitet.

4.2.3.4 Wie kann der IWF drohende Krisen erkennen?

Ein nach wie vor offenes Problem stellt vor allem die Frage des Zeitpunkts dar, in dem Krisen entdeckt werden können. Um bei der Feuerwehranalogie zu bleiben: Es macht wenig Sinn, wenn die Krise erst dann sichtbar wird, wenn die Alarmglocken nur noch zum fluchtartigen Verlassen des Gebäudes auffordern können (also zur Kapitalflucht aus dem betroffenen Land), es wäre besser, Indikatoren zu finden, die bereits in einer Frühphase warnen können[42]. Hier sind wiederum zwei Probleme angesprochen, nämlich zum einen die Frage, welche Indikatoren dafür wirklich brauchbar sind und zum zweiten die Frage, ob der IWF offiziell warnen soll oder darf. Beide Probleme sind noch nicht wirklich gelöst.

Die erste Frage ist die Entwicklung von **verlässlichen Indikatoren** zum möglichst frühen Erkennen einer Krise. Dies ist keineswegs so einfach und auf der Hand liegend, wie sich das Außenstehende vorstellen. Grundsätzlich sind Krisen erkennbar durch abnormal große Abwertungen oder bzw. und große Verluste von Währungsreserven, oft auch durch zunächst erfolglose Angriffe auf die Währung des Landes durch spekulative Aktionen wie Termin- oder Leerverkäufe der Landeswährung. Wenn dies eintritt, ist es aber schon zu spät: Diese Indikatoren, wie meist auch das „downgra- ding" eines Landes durch internationalen Rating-Agenturen reflektieren nur die Krise, sie sagen sie nicht voraus. [43] Es gibt mehrere Ansätze,[44] allerdings haben alle auch ihre Schwächen, weil dazu die Volkswirtschaften zu unterschiedlich sind. Ein Handelsbi-

---

[41] IMF: The IMF and Good Governance, A Factsheet, Washington April 2003

[42] Vgl. Kenen (2001), S. 107

[43] Vgl. Reisen, Helmut und Maltzan: Julia von, Boom and Bust and Sovereign Ratings, Interna- tional Finance 2/1999, p. 273-293

[44] Eine Übersicht über traditionelle und empirische Ansätze dazu findet sich in: Kaminsky, Graciela, Lizundo, Saul und Reinhart, Carmen: Leading Indicators of Currency Crises, IMF Staff papers, Washington March 1998

lanzdefizit, wie es sich die USA über Jahrzehnte hinweg erlauben, könnte sich ein Schwellenland sicherlich nicht leisten, auch haben beispielsweise die vergleichsweise hohen Währungsreserven Malaysias das Land nicht vor der Krise bewahrt.

Mit der Frage, „wie führend sind die führenden Indikatoren"analysieren Kaminsky und Reinhart[45] die bisher verwendeten Indikatoren und kommen zum so genannten „signal approach", indem sie über 70 Währungskrisen und die dazu ermittelten wirtschaftlichen Kennwerte (Indikatoren) analysieren. Die „noise to signal"-ratio gibt die Relation zwischen der Zahl der Fälle wieder, in dem die ein Indikator zu falschem Alarm geführt hat (noise), zu der Zahl der Fälle, in dem er richtigerweise eine Krise vorausgesagt hat (signal). Je niedriger der Wert, desto besser geeignet ist der Indikator als Warnhinweis. In einem Test der gefundenen Indikatoren, die gleichzeitig mit Gewichten versehen wurden, konnte eine hohe Voraussagekraft bei den Krisen in Thailand, Malaysia und Philippinen, aber eine niedrige bei Indonesien gefunden werden. Relativ hohe Vorhersagekraft haben Indikatoren wie die Änderung der Währungsreserven, reale Wechselkursveränderungen, Inflationsrate, Kreditvergabe im Inland und an den öffentlichen Sektor. Auch der Handelsbilanzsaldo, Entwicklung der Exporte, Geldmengenwachstum und Staatsdefizit stellen brauchbare Indikatoren dar.[46]. Generell gilt aber, dass man eine möglichst breite Auswahl von „guten" Indikatoren in ihrem Zusammenhang analysieren muss, um zu einem verlässlichen Frühwarnsystem zu gelangen.[47]

Dieser kleine Rundblick über die Arbeit an Prognosemodellen sollte zeigen, dass es keine Art „Kontrollstand" beim IWF oder einer anderen Institution gibt, wo wie in einem Flugzeug aus den Instrumenten klar erkennbar ist, wann Probleme drohen. Diese Wirklichkeit ist komplexer und man ist versucht zu sagen, dass sie weniger einem Flugzeugcockpit als dem Leitstand des Kapitäns zu Zeiten der Titanic ähnelt. Die Asienkrise war prinzipiell vorhersagbar, in Mexiko haben politische Eruptionen wie ein Mord an einem Präsidentschaftskandidaten und ein Bauernaufstand dazu geführt, dass die internationale Finanzwelt nervös reagierte. Der IWF sowie zahlreiche Experten in seinem Umfeld arbeiten sicherlich daran, die Vorhersagekraft von Indikatorenmodellen zu verbessern, nur liegt die Verlässlichkeit solcher Modelle in der Größenordnung zwischen 60 und 80%, das sind Werte, die nicht verlässlich und die vor allem aus nachträglicher Sicht dann immer angreifbar sind, wenn der IWF das Falsche getan hat. In der empirischen Forschung arbeitet man mit Signifikanzniveaus von 95 bis 99% und kein Ingenieur würde eine Brücke dem Verkehr übergeben, bei der die Gefahr des Einsturzes zwischen 20 und 40% liegen würde. Damit muss man aber im Bereich der Weltwirtschaft wie auch der internationalen Finanzrisiken vermutlich

---

[45] Ebenda, S. 21, sowie in: Kaminsky, Graciela und Reinhart, Carmen: On Crises, Contagion and Confusion, Journal of International Economics, 51, p. 149-168
[46] Vgl. Kaminsky 1998, S. 24
[47] Ebenda, S. 23

noch über eine sehr lange Zeit auskommen, denn bessere Verfahren zur Beurteilung solcher Risiken gibt es nicht.

Bei der Frage der **Warnung** ist der IWF in einem klassischen Dilemma: Warnt er nicht, obwohl die Krise sichtbar wird, könnten ihn Investoren hinterher beschuldigen oder gar verklagen. Warnt er, so könnte er gerade durch seine Warnung erst eine Krise auslösen, die vielleicht sonst gar nicht ausgebrochen wäre; so werden zumindest viele argumentieren, die in der Krise ihr Geld verloren haben. Es wird auch vorgeschlagen, der Fonds könne dem betroffenen Land androhen, öffentlich zu warnen, wenn es keine Maßnahmen ergreift.[48] Aber wenn er droht, muss er auch Ernst machen können. Das Problem tauchte zumindest offiziell zum ersten Mal in Thailand auf, wo die Asienkrise 1997 ihren Ausgang nahm und wo offensichtlich auch der IWF mit falschen Daten getäuscht worden war. Hier war die thailändische Regierung zum Zeitpunkt der ersten Krisenanzeichen gar nicht willens, trotz angeblicher Warnungen des IWF zu reagieren, zumal sie das Problem unterschätzte. Was wäre gewesen, wenn der IWF öffentlich gewarnt hätte? Die Krise wäre trotzdem ausgebrochen und jeder hätte hinterher mit dem IWF einen bequemen Sündenbock gehabt. Dieses Problem lässt sich nur in enger Kooperation mit einem kritischen Land lösen und wenn das Land nicht kooperiert, bleibt dem Fonds letztlich nur, Feuerwehr zu spielen, wenn die Krise ausbricht. Hier ist allerdings auch Glaubwürdigkeit gefragt, die sich sicherlich nicht dadurch steigern lässt, dass der IWF den Eindruck hinterlässt, es ginge ihm primär um die Rettung der investierten spekulativen Gelder.

Trotz aller Vorwürfe und auch der politischen Fesseln, denen der IWF und die mit ihm verbundenen Finanzinstitutionen unterliegen, ist er gerade in den letzten Jahren ein gutes Stück von der Feuerwehr- zur Architektenrolle vorangekommen. Auch wenn der Vorwurf weiterhin im Raum steht, der IWF setze das Geld des Steuerzahlers ein, um Spekulanten das Risiko abzunehmen („Bailout for speculators"), muss dennoch die Frage nach den Alternativen gestellt werden: „No sensible government will knowingly court the risk of a currency crisis in the belief that it will obtain large scale official financing. The economic and social cost of the Asian crisis were enormous, despite the financing provided."[49] Wenn die Frage nach den Kosten für den Steuerzahler gestellt wird, muss auch die Frage nach den Kosten eines Nicht-Eingreifen gestellt werden: „The denial of large scale financing in the Mexican case would have imposed huge losses on the innocent victims of the crisis in order to impose rather moderate losses on imprudent investors"[50] : „Damals wäre Mexikos Wirtschaft wohl zusammengebrochen, hätte Bill Clinton nicht das richtige getan. Die Reformhoffnungen des leidgeprüften Landes wären wohl für immer begraben worden"[51] Und auch eines soll nicht vergessen werden: Die mexikanische Regierung konnte in den Folgejahren dank

---

[48] Vgl. Kenen, Peter B.: The New International Financial Architecture, Reconstruction, Renovation or minor Repair, in: International Journal of Finance and Economics, 5/2000 (1-14)

[49] Keenen, (2001), p. 112

[50] Keenen, (2001), p. 113

[51] Paul Krugman: Schmalspurökonomie, Frankfurt 1998, S. 169

wirtschaftlicher Erholung den Notkredit sogar vorzeitig zurückzahlen.[52] Dies soll kein Freibrief für ein unkontrolliertes „Bailout for speculators" sein, da möglicherweise durch dieses Verhalten während der Mexikokrise das, was zunächst einmal eine außergewöhnliche Situation war, in den Folgejahren zur Routine wurde. Es muss auch gesehen werden, dass die Erwartung auf eine Rettung durch den IWF einige Regierungen auch oft zu unvernünftigem Verhalten treibt.

Sicher ist auch, dass umgekehrt Malaysia, das gegen den Rat des IWF seine Währung an den US $ gekoppelt hat, Devisenkontrollen auf Furcht vor unkontrollierter Spekulation eingeführt hat und auch keinerlei Unterstützung von außen angenommen hat, damit nicht schlecht gefahren ist.[53] IWF-Ratschläge sind also kein Dogma und kein Allheilmittel, auch wenn der IWF es manchmal so darstellt, dass ein Land, das sich seiner Unterstützung verweigert, quasi der „Exkommunizierung" anheim fällt. („...dire warnings that Malaysia would pay for its sins- that it would be cut off indefinitely from international capital markets"[54]).

Leider ist auch die Umstrukturierung des IWF und der übrigen Institutionen in einen politischen Kampf geraten, dessen Fronten nicht nur zwischen Industrie- und Entwicklungsländern, sondern auch zwischen Monetaristen und Keynesianern, Marktliberalen und Staatsgläubigen verlaufen. Schließen wir dieses Kapitel mit der Feststellung ab, dass der IWF und die anderen internationalen Finanzinstitutionen für das Funktionieren des Weltfinanzsystems und in der Konsequenz der Verhütung globaler Krisen bis hin zu Kriegen unverzichtbar sind, aber trotzdem nicht unfehlbar und letztlich nur so gut wie die sie tragenden Politiker.

4.2.4   Wichtige Währungsregionen

4.2.4.1   Die Euro-Region

Die so genannte dritte Stufe der Wirtschafts- und Währungsunion begann am 1.1.1999, nachdem in einer Konferenz im Mai 1998 bereits die Teilnehmerländer bestimmt worden waren. Dänemark hat es nach einer Volksabstimmung abgelehnt, einzutreten, Schweden hegt trotz Erfüllung der Konvergenzkriterien ebenfalls Vorbehalte und die ablehnende Position Englands dürfte hinreichend bekannt sein. Schweden stellt einen Sonderfall dar, weil es anders als Dänemark und England keine „opting out-Klausel" vereinbart hatte, so dass es formell gegen den EU-Vertrag verstößt.[55] Einzig Griechenland verfehlte die Konvergenzkriterien so deutlich, dass es erst mit Verspätung zum

---

52 Ebenda, S. 173
53 Torsten Engelhardt: Tigerstaaten zeigen wieder Krallen, in: Financial Times Deutschland, 1.3.2000
54 Keenen, (2001), p. 44

Januar 2001 als zwölftes Mitglied aufgenommen wurde. Die italienische Lira wurde erst nach lebhaften Diskussionen in den Euroverbund aufgenommen, obwohl Italien das Kriterium Staatsverschuldung um mehr als das Doppelte verfehlte. Auch Belgien erfüllte das Kriterium der Staatsverschuldung nicht und wurde nur mit Bemerkungen der Besorgnis aufgenommen.[56]

Die von allen Beitrittskandidaten zu erfüllenden Konvergenzkriterien sind in Artikel 109/1 des EG-Vertrages und in Protokoll 6 festgelegt: Die Inflationsrate darf nicht mehr als +1,5% über den drei preisstabilsten Ländern liegen; beim Zins gilt sinngemäß +2%; die Neuverschuldung darf 3%, die gesamte Staatsverschuldung 60% des Bruttoin- landsproduktes (BIP) nicht übersteigen, außerdem muss der Wechselkurs des Landes in den letzten Jahren innerhalb der festgelegten Bandbreite gelegen haben. Diese Kriterien, die (außer dem Wechselkurs) auch für die bereits beigetretenen Länder gelten, werden sinngemäß im Rahmen des Stabilitäts- und Wachstumspakts[57] auch auf die künftigen Beitrittskandidaten angewandt.

Über das Funktionieren des Euro, die Rolle der europäischen Zentralbank (EZB), die Problematik der Konvergenzkriterien und der Rolle des Euro gibt es inzwischen hinreichend Literatur[58]. Hier geht es in erster Linie um den Euro als Währung. Der Euro hat nach seinem Start und den wohl unvermeidlichen Kritiken bis hin zu einer (erfolglosen) Klage vor dem Bundesverfassungsgericht erst einmal eine Phase des Wertverlustes von 1,16 US $/€ auf nur noch 0,85 US $/€ durchgemacht, aber dank einer doch recht bemerkenswerten Stabilität hinsichtlich der Inflation und der Zinsen im Euroraum konnte er sich schließlich stabilisieren, er stieg Ende 2004 auf 1,34 $/€ an und befand sich im Jahr 2005 überwiegend im Bereich um 1,20 $/€, also über dem Einführungskurs von 1999. (Abbildug 4-5).

Die Schwankungen der Währungen vor allem gegenüber dem US $ waren von jeher beträchtlich, dies ist keine neue Erfahrung seit der Euro-Einführung: Mitte der 80-er Jahre wurde es nicht als ein Stabilitätsproblem der DM interpretiert, dass der Dollar während der Amtszeit Präsident Reagans auf 3,46 anstieg (das wären 0,565 US $/€), danach dann innerhalb von zwei Jahren auf 1,80 fiel, Anfang 1996 ein historisches Tief von 1,37 (1,43 US $/€) erreichte, um –trotz zahlreicher negativer Prognosen- danach wieder graduell auf 1,80 anzusteigen. Auch der ehemalige ECU (und damit die

---

[55] Vgl. Görgens, K.H. Ruckriegel, F. Seitz: Europäische Geldpolitik, Düsseldorf 2001, S. 41 f.

[56] Vgl. ebenda

[57] Der Stabilitäts- und Wachstumspakt besteht aus der Verordnung des EU-Rats Nr. 1266/97 über den Ausbau der haushaltspolitischen Überwachung und Koordinierung der Wirt schaftspolitiken und 1467/97 (beide vom 7.Juli 1997/ über das Verfahren bei übermäßigem Defizit).

[58] Vgl. Görgens, Ruckriegel, Seitz, Europäische Geldpolitik, 4. Auflage, Düsseldorf 2004, S. 61 ff.; Stocker, Klaus, Wechselkursmanagement auf Euro Basis, Wiesbaden 2001, S. 21 ff. Die EZB selbst stellt unter der Homepage http://www.ecb.int viele historische, rechtliche und statisti- sche Dokumente zur Verfügung

wichtigsten Partnerwährungen) fielen gegenüber der DM von einst 3,05 (1975 auf den „Euro-Eintrittskurs" 1,95583 DM/ECU bzw. Euro.

Abbildug 4-5:Wechselkurs US $, Yen und £ zum Euro (seit 1999)

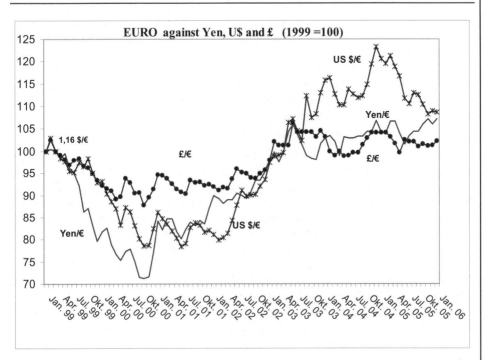

In Zeiten eines entweder sehr niedrigen oder sehr hohen Wechselkurses flammt immer wieder die Forderung auf, die EZB solle intervenieren. Die Erfahrungen mit Interventionen von Zentralbanken gegen fundamentale Markttrends sind aber nicht die besten und tatsächlich ist ja nach Artikel 105 des Maastrichter Vertrages die Hauptaufgabe der EZB die Wahrung der Preisstabilität. Es wäre auch nach den Erfahrungen der vergangenen Dekade wenig sinnvoll, etwa als Ziel einer Wirtschafts- und Währungsunion die Erhaltung eines bestimmten Wechselkurses als Zielsetzung festzulegen. Interventionen der Zentralbanken an den Devisenmärkten dienen in der Regel eher einer Glättung allzu abrupter Kurssprünge.

Der Euro nimmt hinter dem US $ (vgl. Abschnitt 4.1.1) die zweite Position beim Handelsvolumen der Weltwährungen ein, allerdings doch immer noch mit klarem Abstand. Auf den Kapitalmärkten zeigt sich aber bereits ein geringerer Abstand zum

US $: Der Anteil des Dollar ist hier von ca. 50% im Jahre 1994 auf 44 % zurückgegangen, der Anteil des Euro von ca. 20%(1999) auf leicht über 30 % (2003) angestiegen.[59]

Dazu die EZB: "The euro has consolidated its role as second international currency, exhibiting both specific features and characteristics shared with the leading international currency, the US dollar. Among non-residents of the euro area, the main users of the euro include large financial institutions and corporations from industrialised countries. The role of the euro has developed in particular in regions close to the euro area, including the City of London as regards financial markets and the countries of central and south-eastern Europe where the euro's legacy currencies were in circulation before the start of Monetary Union. These developments are essentially market-driven and highlight the degree of confidence of non-euro area residents in the euro.[60] Übrigens werden 50% der Exporte und 45% der Importe der Euro-Länder in Euro abgewickelt, das ist vor allem für die Importe ein relativ hoher Wert.[61]

Damit hat der Euro in den wenigen Jahren seiner Existenz bereits eine respektable Position erreicht, das ist wesentlich mehr, als ihm vor einigen Jahren von seinen zahlreichen Kritikern vorhergesagt worden ist: Von einer Besteigung der Eiger-Nordwand war die Rede, von einer Gefährdung durch eine lockere Haushaltsdisziplin, weil die Länder jetzt nicht mehr darauf achten müssen, den Wechselkurs in einem gewissen Rahmen zu halten.[62] Es gab ein Manifest von 62 Professoren gegen die währungspolitischen Beschlüsse von Maastricht[63], und - wie sollte es anders sein - auch Klagen bis vor das Bundesverfassungsgericht, die aber erfolglos blieben. Sicherlich muss eingeräumt werden, dass die Probleme der Einhaltung des Stabilitäts- und Wachstumspakts inzwischen sichtbarer werden, was an der jährlich wiederkehrenden Diskussion um die Budgetdefizite einzelnen Länder deutlich wird. Hier steht die Frage offen, ob man im Sinne der Glaubwürdigkeit des Pakts entweder zu einer rigideren Einhaltung oder einer Flexibilisierung des Paktes kommt. Unzweifelhaft ist aber dennoch, dass es in den Jahren seit Einführung des Euro zu einer insgesamt stabilen Wirtschaftspolitik in Europa gekommen ist, die auch zum internationalen Ansehen des Euro beigetragen hat.

4.2.4.2   Der Wechselkursmechanismus II und die EU-Beitrittsländer

Am 1.Mai 2004 traten die Tschechische Republik, Estland, Zypern (griechischer Teil), Lettland, Litauen, Umgarn, Malta, Polen, die Slowakei und Slowenien der EU bei. Sie sollen dem Euro beitreten, wenn sie die Maastricht Kriterien erfüllen. Es gibt keine so

---

[59]   Vgl. EZB, Monatsbericht November 2003, The international role of the euro: main developments since the inception of Stage Three of Economic and Monetary Union, p.. 71-79

[60]   EZB, Monatsbericht November 2003, S. 71f.

[61]   Ebenda, S.73

[62]   Vgl. Ohr, Renate: Eine Alternative zum Maastricht Fahrplan, in: Wirtschaftsdienst 1/1996, S. 25

[63]   Vgl. FAZ vom 11.6.1992

genannte „opting out-Klausel", d.h. bei Erfüllung der Kriterien müssen sie eigentlich beitreten. De facto wird aber der Hinweis auf die gegen EU-Recht verstoßende Haltung Schwedens ausreichen, um einen von Seiten eines Landes unerwünschten Beitritt zu verzögern oder zu verhindern und es wäre sicherlich kaum sinnvoll, ein Land zu einem Beitritt zu zwingen. Diese Länder gehören dem europäischen System der Zentralbanken (EZBS) an, in denen neben den Euro-Staaten auch die anderen Staaten der Europäischen Union einen Sitz haben. Diese Institution ist aber nicht gleichzusetzen mit dem EZB-Rat, in dem nur die am Euro teilnehmenden Staaten vertreten sind und der das oberste geldpolitische Beschlussorgan des Euroraumes ist. Von den Beitrittsländern sind zunächst –neben Dänemark- nur Estland (Krone), Litauen (Litas) und Slowenien (Tolar) dem „Wechselkursmechanismus II" (WKM II) beigetreten: Der WKM II ist ein System mit dem Euro als Ankerwährung, bei dem die angeschlossenen Währungen mit einer relativ großen Schwankungsbreite von ± 15% schwanken dürfen: „Participation in ERM II for at least two years prior to the convergence assessment is one of the criteria to be met for adopting the euro."[64] Andere Beitrittsländer werden folgen, sobald gewisse wirtschaftliche Grundvoraussetzungen erfüllt sind. Auch Zypern und Ungarn, halten die Schwenkungsbreite von 15% gegenüber dem Euro ein, ohne allerdings Mitglied im WKM II zu sein.[65]

4.2.4.3 Sonstige europäische Währungen

Klassische und solide Währungen in Europa, die außerhalb des Eurosystems stehen, sind vor allem der Schweizer Franken (CHF) und das britische £ (GBP), aber auch die schwedische Krone (SEK). Die Schweiz wird aufgrund eines Ergebnisses einer Volksabstimmung in der näheren Zukunft nicht dem Euro beitreten, aber wohl den Kurs ziemlich eng an den Euro binden, bei England kann man wohl prognostizieren, dass sich wie beim EU- Beitritt eine politische Mehrheit für den Euro- Anschluss nur schwierig finden wird. Ähnliches gilt für Schweden, das sich als kleines Land wohl insbesondere die Freiheit einer Währungsanpassung nicht nehmen lassen will. Während die schwedische Krone seit 2001 eng am Euro liegt, fluktuiert das britische Pfund vollkommen frei. Alle drei Währungen liegen wohl aufgrund ihrer Handelsbeziehungen enger am Euro als am Dollar: Die Volatilitäten der drei Währungen im Jahresablauf 2003/04 liegen gegenüber dem US $ zwischen 9,4 (£) und 11,3% (SEK), gegenüber dem Euro nur zwischen 4% (CHF) und 7,3% (GBP)[66].

---

64 Europäische Zentralbank: Policy position of the Governing Council of the ECB on exchange rate issues relating to the acceding countries, 18 December 2003.
65 Deutsche Bundesbank: Devisenkursstatistik, Oktober 2004, S. 77f.
66 Deutsche Bank: Implied Versus Actuals, Risk Reversal Analysis, Frankfurt, 9.Sept. 2004, S 1. Bei den Abkürzungen SEK (schwed. Krone)., CHF (SFr) und GBP (£) handelt es sich um die im Devisenhandel üblichen dreistelligen ISO-Kürzel.

4.2.4.4 Einseitig an den Euro gebundene Währungen

Neben den EU-Beitrittsländern und den Ländern im WKM II gibt es noch eine Reihe von Ländern, die meist ihre Währungen früher an eine Euro-Währung wie der DM oder dem französischen Franc gebunden hatten und die dies jetzt für den Euro übernommen haben. Dazu gehören einige Balkanstaaten von denen Kosovo und Montenegro den Euro als Zahlungsmittel nutzen, während Bosnien die eigene Währung an den Euro in Form eines „currency boards" (s.u.) übernommen hat. Auch die Kleinstaaten Andorra, Vatikanstadt und Monaco haben den Euro ohne formales Abkommen eingeführt, ferner einige an Frankreich gebundene Inseln in der Südsee. Aus einer Bindung mit dem Franc erwuchs die geographisch sehr bedeutende CFA[67]-Franc Zone (Zentralafrikanische Wirtschafts- und Währungsunion), die aus acht afrikanischen Ländern besteht und an die wiederum die Zentralafrikanische Wirtschafts- und Währungsgemeinschaft mit sechs Ländern angeschlossen ist. Der dort verbreitete CFA ist an den Euro mit einem festen Verhältnis gebunden.

4.2.4.5 Der US $

Der US $ nimmt als frühere Leitwährung auch heute noch eine Sonderstellung ein. Zum einen ist er nach wie vor die wichtigste Reservewährung, außerhalb der EU die wichtigste internationale Recheneinheit, zum anderen zirkulieren wegen des ungebrochenen amerikanischen Leistungsbilanzdefizits immer noch sehr viele US $ um die Welt und zum dritten sind die größten Märkte und Börsen für die so genannten "Finanztransaktionen" in den USA zu finden: Sie werden überwiegend in $ abgerechnet. Seine Kursentwicklung beschäftigt die Finanzwelt und selbst der Wert des Euro wird ja letztlich am Dollar gemessen. Den Dollar, der seinen Namen vom Taler bekommen hat, gibt es seit 1792 und er dürfte damit eine der ältesten noch bestehenden Währungen der Welt sein. Dies unterscheidet ihn vor allem auch vom Euro.

Der US $ ist der wohl mächtigste Beweis, dass der Wechselkurs eines Landes nur bedingt von der Leistungsbilanz abhängt. Stark defizitäre Leistungsbilanzen von 1992 bis 2004 und in den meisten Jahren seit 1945[68] haben dem Dollar jedenfalls nicht geschadet, weil vor allem Kapitalzuflüsse in Form von Porfolioinvestitionen letztlich die Zahlungsbilanz wieder ausgeglichen haben. So konnte z.B. im Dreijahresdurchschnitt (2000-02) ein Leistungsbilanzdefizit von US $ 429 Mrd. durch „Equity Securities" in Höhe von US $ 123 Mrd. und „Debt Securities" in Höhe von US $ 300 Mrd ziemlich exakt ausgeglichen werden[69] . Viele der Rentenpapiere werden vor allem von asiatischen Zentralbanken (vor allem Chinas) angekauft, die hiermit angeblich ihren Wechselkurs gegenüber dem Dollar niedrig halten und damit ebenfalls zur Stützung

---

[67] Früher "Colonies francaises en Afrique", heute "Communautè de franc (francaise) en Afrique
[68] Vgl. IMF Financial Statistics 2003, Washington 2004, p.601
[69] Ebenda, eigene Berechnungen

des US $ -Kurses beitragen.[70] Es gab schon vor vielen Jahren immer wieder Spekulationen, wie lange der US $ das durchhält, die aber häufig in die eine oder andere Richtung von der realen Entwicklung ad absurdum geführt wurden, so gibt es sie auch jetzt. Prognostiker eines drastischen US $- Rückgangs stehen sich wie üblich denjenigen gegenüber, die das noch weitere Jahre für durchhaltbar halten.[71] Auch wenn der Dollar einbrechen sollte: Er hat zusammen mit der US-Wirtschaft vor allem nach der Aufhebung der Goldbindung, aber in der Reagan-Ära als auch Mitte der 90er Jahre einige wilde „Achterbahnfahrten" überstanden, ohne letztlich Schaden zu nehmen, weil ein großer und starker Wirtschaftsraum dahinter steht und weil die US-Regierung es Spekulanten schwer macht, indem sie nicht an einem bestimmten Wechselkurs klebt.[72]

An den US $ sind eine ganze Reihe von Währungen vor allem in Mittel- und Südamerika gebunden, z.B. El Salvador, Venezuela oder Ecuador sowie viele kleine Länder (z.B. Panama, Bahamas, Grenada), Taiwan, Vietnam und einige arabische Länder (Saudi Arabien, Kuwait, Katar, Libanon, Syrien) haben den Dollar als Leitwährung erwählt, zu dem sie ein mehr oder minder festes Austauschverhältnis einhalten. Auch China hielt lange Zeit ein relativ konstantes Verhältnis zum US $: Auch hier wird mehr und mehr eine Tendenz zu einer Bildung von einer Art kleiner und etwas flexiblerer „Bretton Woods" Systeme sichtbar, bei dem sich bestimmte Regionen zunehmend wieder an eine Leitwährung anhängen, wobei die Stärke der Bindung vom engen „currency board" bis zum unverbindlichen Floating um einen selbst gewählten Leitkurs herum geht, die Leitwährung ist dabei meist der Dollar oder der Euro.

4.2.4.6 Japanischer Yen

Der japanische Yen wird als internationale Reserve- und Anlagewährung noch immer sehr zurückhaltend behandelt, insbesondere von den Japanern selbst. Er spielt zwar die drittwichtigste Rolle als Handels- wie als Anlagewährung. Trotzdem hat er gerade in Asien, wo ja sehr viel Handel mit Japan betrieben wird, eine meist geringere Bedeutung als der US $.

4.2.4.7 Außereuropäische konvertible Währungen

Die asiatischen Währungen, allen voran der Singapur-$ und der immer noch existierende Hongkong-$, haben sich im Laufe der Zeit einen durchaus respektablen Ruf erworben. Auch Baht, Rand, und Ringgit (malaysischer Dollar) gehören dazu, wobei letzterer im Zuge der Asienkrise und der Abkehr Malaysias vom IWF an den US $ und später an einen Währungskorb gebunden wurde. Die südamerikanischen Währungen

---

70 Vgl. The Economist: The wolf at the door, June 26, 2005, pp. 83-84
71 Ebenda
72 Vgl. Krugman, Obstfeld, (2000), S. 179

wie etwa der argentinische Peso oder der brasilianische Real sind trotz überstandener Schwierigkeiten voll konvertibel.

4.2.4.8 Nichtkonvertible und beschränkt konvertible Währungen

Viele Währungen der Welt sind nach wie vor nicht oder beschränkt konvertibel: Bei einigen Ländern liegt meist eine so genannte Ausländerkonvertibilität vor, d.h. Touristen können in touristenüblichen Mengen, niedergelassene ausländische Unternehmen können weitgehend unbeschränkt umtauschen, die Inländer dagegen nicht oder nur unter bestimmten Voraussetzungen. Das Damoklesschwert einer völligen Inkonvertibilität hängt aber immer über diesen Währungen, so dass ausländische Besitzer solchen Geldes in der Regel immer versuchen werden, die Kassenhaltung auf ein Minimum zu beschränken und alles sofort umzutauschen, so lange es noch geht. Gerade das ist ein Verhalten, was diese Währungen meist zusätzlich unter Druck bringt. Beschränkte Konvertibilität oder Nichtkonvertibilität war zur Zeit der sowjetischen Herrschaft ein Dauerzustand und ist heute noch ein Relikt in Ländern wie Kuba, es stellt aber heute eher einen Ausnahmezustand dar, wie etwa in einigen fernöstlichen Ländern nach der Asienkrise. Aus diesem Grund ist es auch nicht sinnvoll, hier einzelne Länder zu nennen, die vielleicht morgen schon diese Beschränkungen einführen, während andere sie aufheben.

4.2.5   Arten von Währungsbindungen

Es gibt mehrere Arten, die eigene Währung an eine größere Währung oder einen Währungsverbund zu binden, die sich vor allem im Grad der Festigkeit dieser Bindung äußern:[73]

- Die **Währung eines anderen Landes als gesetzliches Zahlungsmittel**: Dies stellt die absolut festeste Bindung dar. Hier sind zu nennen der ostkaribische gemeinsame Markt (US $), der Kosovo und Montenegro (€). Wenn die eigene Währung eines Landes als sehr unsolide angesehen wird, wie dies vor einigen Jahren in Brasilien und auf dem Balkan und heute noch einigen osteuropäischen Ländern der Fall ist bzw. war, so setzt sich oft eine inoffizielle Transaktionswährung und Recheneinheit für die Beschaffung wichtiger Güter und auch als Anlagewährung durch.

---

[73] Eine regelmäßige Übersicht über diese Währungsvereinbarungen gibt die vierteljährlich erscheinende „Devisenkursstatistik der Deutschen Bundesbank", Hier Okt. 2004, April 2004, S. 74 f. Auch unter: http://www.bundesbank.de

- Ein **Currency Board** ist „ein Währungssystem, aus dessen gesetzlicher Grundlage sich die Verpflichtung ergibt, Inlandswährung gegen eine bestimmte Auslandswährung zu einem festen Kurs zu umtauschen, wobei die Emissionsstelle Beschränkungen unterliegt, um die Erfüllung ihrer gesetzlichen Verpflichtung zu gewährleisten."[74] Ein Currency Board ist ein sehr hartes Instrument und schwer durchführbar, weil die Zentralbank mehr oder minder an die Bank des „Mutterlandes" der Währung gebunden ist. Nach dem letztlich gescheiterten Versuch Argentinien (US $) ist neben Bosnien-Herzegowina (€), Brunei (Sin-$), der CFA-Zone in Westafrika (€), Hongkong (Renmimbi Yuan) und einigen Mini-Staaten die Zahl der Currency Boards klein geworden; das Instrument gilt als zu rigide.[75] Eine etwas abgemilderte Form des currency board (aber noch kein crawling peg) stellt die Bindung innerhalb einer Bandbreite dar, wie dies etwa innerhalb des „EWS II" geschieht.

- Der **Crawling Peg** stellt die etwas lockerere Alternative zum Currency Board dar: Hier wird die Währung regelmäßig in kleinen Schritten und vorher angekündigt oder als Reaktion auf vorher ausgewählte Indikatoren gegenüber der Leitwährung verändert. Bekanntester Kandidat war Brasilien, bis 2001 auch die Türkei, Chile (1980-99) und Israel hielten Crawling Pegs jeweils zum US $. Ungarn gab seinen crawling peg zum Euro mit dem Eintritt in die EU zugunsten eines dem WKM II entsprechenden Schwankungsband auf.[76] Ende 2004 halten Bolivien, Costa Rica, Honduras, Nicaragua, Solomon Islands und Tunesien einen Crawling peg ein.[77] Auch dieses Instrument gilt inzwischen als zu rigide: "Each of the major international capital market-related crises since 1994—Mexico, in 1995, Thailand, Indonesia and Korea in 1997, Russia and Brazil in 1998, and Argentina and Turkey in 2000—has in some way involved a fixed or pegged exchange rate regime. At the same time, countries that did not have pegged rates—among them South Africa, Israel in 1998, Mexico in 1998, and Turkey in 1998—avoided crises of the type that afflicted emerging market countries with pegged rates"[78]

- **Kontrolliertes Floating** (Managed Floating): Diese stellt die unverfänglichste Alternative dar. Hier wird durch die Zentralbank zwar interve-

---

74 Ebenda, S. 39
75 Vgl. Fischer, Stanley: Exchange Rate regimes, Is the bipolar view correct?, In: Journal of Economic Perspectives, 15/2001, pp. 3-24
76 Rupa Duttagupta, Gilda Fernandez, Cem Karacadag: From Fixed to Float: Operational Aspects of Moving Toward Exchange Rate Flexibility, IMF Occasional Working Paper, Washington 2004, p.18
77 Classification of Exchange Rate Arrangements and Monetary Policy Frameworks, Washington, June 2004
78 Fischer, Stanley (2001), S.2.

niert, um allzu kräftige Kurssprünge zu vermeiden, aber wenn es nicht mehr „geht", wird eben stärker abgewertet. Gegenüber dem crawling peg unterscheidet sich dieses Floating vor allem dadurch, dass es keinerlei nach außen geäußerte Verpflichtung gibt, einen bestimmten Kurspfad einzuhalten. Nicht selten wird auch ein Währungskorb als Orientierungspunkt für das Floating zugrunde gelegt, in dem meist die wichtigsten Handelswährungen des Landes vertreten sind. Offiziell halten Ende 2004 Bangladesch, Kambodscha, Ägypten, Ghana, Indonesien, Iran, Sudan und Sambia sich an ein solches System.[79]

- **Freies Floating** (independent floating): Dies stellt eigentlich keine Währungsbindung mehr dar, die Zentralbank interveniert nur, um kurzfristig oder allzu rapide Schwankungen abzufedern.

Nach Einführung des Euro haben bereits die ASEAN- Gemeinschaft wie auch das südamerikanische Gegenstück Mercosur laut über Formen der Währungszusammenarbeit nachgedacht. Es steht anzunehmen, dass –ähnlich wie bei der EU- ein Erfolg des Euro weltweit viele Nachahmer finden wird. Auch das südamerikanische Beispiel Brasilien und Argentinien hat in der Region trotz der sichtbar gewordenen Probleme viel Beifall gefunden, weil es eine jahrzehntelange Hyperinflation beendet hat. Ein Währungsverbund stellt einen gewissen Schutz gegen weltweite Spekulationsgelder dar, weil dann zumindest der Einsatz für die Spekulanten deutlich erhöht werden muss. Insgesamt dürfte daher in den nächsten Jahren eher mit einer Zunahme verschiedener Formen der Währungsbindung zu rechnen sein.

4.3   Beurteilung und Prognose von Wechselkursen

4.3.1   Die Kaufkraftparität

4.3.1.1   Der Kaufkraftwechselkurs

Die nächstliegende Theorie über die Bewegung der Wechselkurse zweier Länder zueinander leitet sich aus dem Vergleich der Güterpreise ab. Stellen Sie sich vor, Sie würden an einem Spiel teilnehmen, bei dem Ihre Gruppe die Aufgabe hätte, in einem fremden Land ohne weitere Information etwas über den Wechselkurs herauszufinden, ohne zu einer Bank oder einer Wechselstube zu gehen. Ihre vermutlich erste Idee wäre, einen Supermarkt oder ein größeres Geschäft aufzusuchen und dort an einer Auswahl

---

[79] Fischer, Stanley (2001), S.2

von Waren festzustellen, wie die Preise im Vergleich zu denen zu Hause sind. Vorausgesetzt, Sie haben Informationen mitgebracht, was bestimmte Güter zu Haus kosten, würden Sie vielleicht zu dem Ergebnis kommen, dass das, was sie für 500 Peseten oder 120 Dollar eingekauft haben, zu Hause 100 Euro kostet und vermutlich lägen Sie mit der Schätzung von 1 Euro = 5 Peseta oder auch 1,20 Dollar nicht vollkommen falsch. Zur Verbesserung des Wertes müsste man nun auch noch die Kosten für größere Gebrauchsgüter wie Autos oder Kühlschränke, für Mieten, den Friseur, Gesundheit und Bildung einbeziehen und dann schätzen, welchen Anteil die verschiedenen Produkte und Dienstleistungen an einem durchschnittlichen Haushaltswarenkorb denn haben.

Etwas professioneller und mathematisch formuliert sieht das dann im Zweiländermodell (USA/Europa) folgendermaßen aus:[80]

$$E_{PP(\$/€)} = \frac{p^* = \text{Preis der (international) gehandelten Güter in \$}}{p = \text{Preis der (international) gehandelten Güter in €}} \qquad \begin{array}{l} E_{PP\,\$/€} = \text{Kaufkraft-} \\ \text{wechselkurs €/\$} \end{array}$$

Für eine präzise Errechnung der Kaufkraftparität muss noch eine Gewichtung der Güter $p_1 \ldots p_n$ nach ihrem Anteil q (1..n) am Handel vorgenommen werden, also etwa:

$$E_{PP(\$/€)} = \frac{p^*_{1\$}}{p_{1€}} \cdot q_1 + \frac{p^*_{2\$}}{p_{2€}} \cdot q_2 + \ldots + \frac{p^*_{n\$}}{p_{n€}} \cdot q_n; \quad wobei \ gilt : \sum_{i=1}^{n} q_i = 1$$

E_{PP} (\$/€) steht hier in der Mengennotierung, also im obigen Beispiel der beiden 100-€ Körbe, die im Ausland 500 Pt bzw. 120 Dollar kosten (unter der Voraussetzung, dass schon eine Gewichtung der Waren vorgenommen wurde):

$$E_{PP(\$/€)} = \frac{\sum_{i=1}^{n} p_i^* \cdot q_i \cdot}{\sum_{i=1}^{n} p_i \cdot q_i \cdot} = \frac{120 \ \$}{100 \ €} = 1,20 \ /€ \ bzw. \ \cdot E_{PP-(Pt/€)} = \frac{500 \ Pt}{100 \ €} = 5 \ Pt \ / €$$

Der kaufkraftmäßige Wechselkurs der Fremdwährung erklärt sich aus dem gewichteten Mittel aller Preise in US \$ (=Fremdwährung)[81] zu allen Preisen in €, wobei der "klassische Index" durch die Preise von Import- und Exportgütern ermittelt wird. Inzwischen ist man von der reinen Lehre der Außenhandelspreise aber abgekommen

---

80 Vgl. Krugman, Obstfeld (2000), pp. 396; In den USA wird aus US Sicht (Preisnotierung) die gleiche Formel angegeben. Beim Euro handelt es sich um die Mengennotierung, d.h. die Formel ist prinzipiell die gleiche wie im amerikanischen Lehrbuch, aber man muss sie als Europäer aus der spiegelverkehrten Sicht interpretieren.

81 Um den Text nicht zu umständlich werden zu lassen: Überall, wo hier US \$ steht, ist die Währung des Auslandes gemeint (der Leser mag dies durch Peseta, Rupien, Pfund usw. ersetzen), während € die Heimatwährung symbolisiert.

und ermittelt Warenkörbe von typischen Konsumgütern, Investitionsgütern oder sogar Lohnstückkosten[82].

Es ist wichtig, zu verstehen, dass der Kaufkraftwechselkurs E_{PP} formelmäßig keinen Hinweis auf den „wirklichen", den so genannten nominalen Wechselkurs enthält, rein theoretisch also auch stark davon abweichen kann. In der Regel wird man zwar durch einen Warenkorbvergleich einen Kurs erhalten, der irgendwie in der Nähe des nominalen Kurses am Devisenmarkt liegt, aber vor allem bei Ländern, die keine freie Kursbindung zulassen oder die stark intervenieren, können sich erhebliche Abweichungen zeigen. Den Zusammenhang mit dem nominalen Kurs stellt der weiter unten beschriebene reale Wechselkurs her.

Es handelt sich hier zunächst einmal um den Index der **"absoluten Kaufkraftparität"**.[83] Wegen der Schwierigkeiten der Ermittlung der absoluten Kaufkraftparität (s.u.) begnügt man aber in der Praxis meist mit dem Index der **relativen Kaufkraftparität**, bei dem nur die **Änderungen** erfasst werden. Meist rechnet man hier mit Indices und nicht mit wirklichen Preisen, wobei natürlich der Statistiker, der diese Indices errechnet, sowohl mit den wirklichen Preisen als auch mit den jeweiligen Handelsgewichten rechnen muss.[84] In diesem Fall verkürzt sich die Formel auf:

$$E_{PP\,rel} = \frac{1 + \prod * (Ausland)}{1 + \prod (Inland)} \quad wobei: \prod = \frac{\sum p_t - p_{t-1}}{\sum p_{t-1}}$$

$\prod$ ist die Inflationsrate in den beiden Ländern, die in der Formel als $1+\prod$ wie auch als $100+\prod$ geschrieben werden kann.

Beispiel 4-1: Inflation und Kaufkraftwechselkurs

Wenn die Inflationsrate in den USA 5% beträgt, in Europa 2,5%, so ist $E_{PP\text{-}rel}$ = 1,05:1,025 = 1,024 (oder 102,4 mit to = 100). Die Inflation in den USA war also um 2,4% höher war als in Europa. Der Kurs ist hier in Mengennotierung geschrieben, also ist der Kaufkraftwechselkurs des € gegenüber der Vorperiode von 100 % auf 102,4 % (Indexwert) angestiegen. Der € ist mehr wert, weil in den USA die Geldentwertung höher war und man mit einem US $ nur noch weniger Güter kaufen kann.

Die Indexierung hat dabei auch den Vorteil, dass man unterschiedliche Währungen auf einen Blick miteinander vergleichen kann und auch den so genannten „realen effektiven Wechselkurs errechnen kann (siehe Abschnitt 4.3.1.2.), der einen Vergleich

---

[82] Vgl. EZB, The update of the Euro-effective exchange rate indices, Frankfurt, Sept. 2004, p.6
[83] Vgl. P. Krugman, et al.(2000) pp.. 401
[84] Vgl. Dazu: Luca Buldorini,, Stelios Makrydakis, Christian Thimann, The effective exchange rates of the euro, occasional working paper der EZB No. 2, Feb. 2002: Dieses Papier wird als Grundlage der Berechnungen der EZB wie auch der Bundesbank benutzt und erklärt sehr ausführlich die Gewichtungen

mit mehreren Ländern gleichzeitig ermöglicht. Dieser Index der "relativen Kaufkraft" wird in internationalen Statistiken fast immer verwendet, aber es ist nicht sichergestellt, dass der Index zum Zeitpunkt 0 auch den wirklichen Kaufkraftverhältnissen entspricht.

4.3.1.2 Der reale Wechselkurs

Eine wichtige Bestimmungsgröße zum Erkennen eines möglichen Kaufkraftungleichgewichts stellt der reale Wechselkurs dar. Er stellt die Beziehung zwischen Kaufkraft und dem nominalen Wechselkurs E bzw. hier $E_{\$/\epsilon}$ her: Für den realen Wechselkurs $E_r =$ $= E_{\$/\epsilon}$: E_{pp} gilt folgende Formel:[85]

$$E_r = E_{\$/\epsilon} \cdot \frac{p \text{ Güterkorb Inland } (\epsilon)}{p^* \text{ Güterkorb Ausland } (\$)} = E_{\$/\epsilon} \cdot \frac{\sum_1^i p_i}{\sum_1^i p^*} \quad \text{da} \quad \text{aber:} \quad \frac{\sum_1^i p_i}{\sum_1^i p^*} = \frac{1}{E_{pp}}$$

vereinfacht sich die Formel zu:

$$E_r = E_{\$/\epsilon} \cdot \frac{1}{E_{pp}} \text{ bzw. } E_r = \frac{E_{\$/\epsilon}}{E_{pp}}$$

> Π / Π^* = Inflation Inland/Ausland
> $E_{\$/\epsilon t}$ = Wechselkurs (\$/€) Zeitpunkt t
> $E_{\$/\epsilon}$ = Wechselkurs (\$/€) Zeitpunkt o
> E_r / realer Wechselkurs
> E_{pp} = Kaufkraftwechselkurs
> „d" steht für Änderung

Realer Wechselkurs = Nominaler Wechselkurs : Kaufkraftwechselkurs.

Dies bedeutet, dass der (absolute) reale Wechselkurs = 1 ist, wenn der Kaufkraftwechselkurs identisch mit dem nominalen Kurs ist (Gleichung I unten). Wäre, jeweils bei einem E_{pp} von 1,20 US \$/€, der nominale Kurs $E_{\$/\epsilon}$ aber bei 1,10, so würde sich ein E_r von 0,9166 ergeben, der Euro wäre also in Relation zu seiner Kaufkraft unterbewertet (Gleichung II unten), bei 1,30 würde sich eine Überbewertung des nominalen Kurses des € im Verhältnis zu seiner Kaufkraft dadurch zeigen, dass der reale Wechselkurs auf 1,083 ansteigt (Gleichung III):

$$(I) \quad E_r = \frac{1,20}{1,20} = 1 \qquad (II) \quad E_r = \frac{1,10}{1,20} = 0,9166 \qquad (III) \quad E_r = \frac{1,30}{1,20} = 1,083$$

Auch hier wird übrigens in der Praxis der **relative reale Wechselkurs** als Index bevorzugt, wobei man wiederum von einem „Nulldatum" ausgeht, das nicht zwingend einen Zeitpunkt absoluter Kaufkraftparität voraussetzt. Der relative reale Wechselkurs dE_r errechnet sich aus der Änderung des Wechselkurses vom Zeitpunkt 0 zum Zeitpunkt t und dem Quotienten der (indexierten) Inflationsraten beider Länder:

---

85 Vgl. Stocker (2001), S. 64; zur Ableitung der Formeln (die hier auf die Mengennotierung umgeformt sind), siehe auch Krugman et al. (2000), pp. 397;und Buldorini et al. (2002), pp. 12

$$dE_r = \frac{dE_{\$/€}}{dE_{pp}} = \frac{E_{\$/€_t}}{E_{\$/€_o}} \cdot \frac{1+\Pi}{1+\Pi^*}$$

Wenn also, wie im obigen Beispiel 4-1 die Inflationsrate in den USA 5%, In Europa 2,5% beträgt, so wird der Ausdruck $1+\Pi/1+\Pi^*$ = 1,025/1,05 = 0,976, dies ließe ohne Änderung des nominalen Kurses den realen Wechselkurs ebenfalls (auf 0,976 oder 97,6%) sinken, d.h. der € wäre unterbewertet. Soll der reale Wechselkurs dE_r bei 1 bleiben, so müsste der nominale Kurs des Euro (dE_t) steigen, und zwar um 2,4%, weil 1,024 ·0,976 = 1 ist. Sinngemäß gilt also genau das gleiche wie beim absoluten realen Wechselkurs.

In Abbildung 4-6 wird dieser Zusammenhang graphisch in indexierter Form darge-stellt, wobei der Ausgangskurs zum Zeitpunkt 0 beim relativen realen Kurs bei 100 liegen soll. Die leicht gekrümmte Diagonale von links oben nach rechts unten gibt einen realen Wechselkurs von 1 wieder, wobei die Graphik sich prinzipiell sowohl für die Darstellung des absoluten wie auch des relativen realen Wechselkurses in indexier-ter Form eignet.

Abbildung 4-6: Realer Wechselkurs, Inflationsraten und nominaler Wechselkurs

---

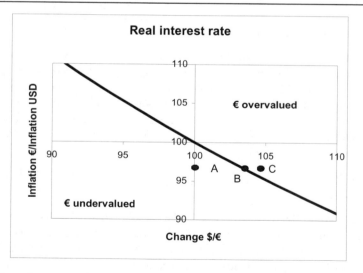

Der Fall, dass der nominale Kurs trotz einer Inflationsdifferenz von 2,5% gleich bleibt, würde in Abbildung 4-6 einen realen Wechselkurs ergeben, der zum Zeitpunkt t auf Punkt A (97,6%des Wertes zum Zeitpunkt 0) liegt, also eine Unterbewertung des Euro bzw. eine Überbewertung des US $. Soll der reale Wechselkurs bei 1 bzw. 100%bleiben, so müsste dE_t durch eine nominale Kurserhöhung um 2,4% auf Punkt B kommen. Würde bei derselben Inflationsdifferenz etwa der Euro-Kurs um 5% (auf 105%)

steigen, so wäre wiederum der Euro überbewertet, weil er über seine kaufkraftmäßige Aufwertung hinausgeschossen ist (Punkt C).

Der reale Wechselkurs hat also einen gewissen prognostischen Wert, denn weicht er über einen längeren Zeitraum zu stark von einem Gleichgewicht ab (ist er also stark unter oder über 1), ist das ein Anzeichen, dass sich möglicherweise irgendwann auch eine nominale Kursänderung einstellt.

Der reale Wechselkurs wird zum **realen effektiven Wechselkurs**, wenn nicht nur **eine Währung** mit der Heimatwährung verglichen wird, sondern der handelsgewichtete Wechselkurs mehrerer Währungen, meistens der wichtigsten Handelswährungen eines Landes. Nach der klassischen Theorie der Kaufkraftparität wäre es eigentlich nur zulässig, Exportgüter in diese Berechnung einzubeziehen, nicht die sogenannten „**non-tradables**", also die Binnengüter. Nur bei einem so ermittelten Index ist ein Schluss auf die Wechselkursentwicklung zulässig. Inzwischen ist diese Praxis aber aufgeweicht.

Der **nominale effektive Wechselkurs** ist der mit der gleichen Ländergewichtung errechnete nominale Wechselkurs der Heimatwährung zu den wichtigsten Handelswährungen, also ohne Inflationsbereinigung („trade weighted exchange rate"). Da es nicht möglich ist, Wechselkurse unterschiedlicher Währungen zusammenzuzählen, werden die effektiven Wechselkurse nur in Indexform angegeben, wobei ein beliebiges Jahr als Ausgangswert genommen wird. Bei mehreren Ländern lässt es sich nicht vermeiden, dass dabei ein relativ willkürlicher Ausgangspunkt gewählt wird.

Abbildung 4-7: Realer effektiver Wechselkurs des Euro gegen 42 Länder[86]

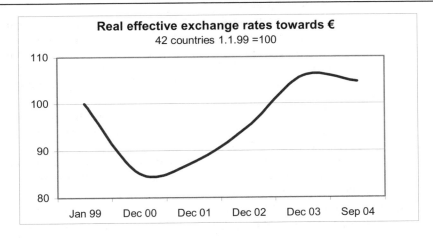

86 Aufbereitet nach Daten aus : EZB (2004), S. 4ff

Die EZB erstellt einen Wechselkurskorb auf der Basis verschiedener Preisindices mit mehreren Ländergruppen: 23 Länder, die als Haupthandelspartner der EU ca. 60% des Außenhandels repräsentieren sowie 42 Länder, die 90% des Handels repräsentieren.[87] Aus diesen Indices (Abbildung 4-7) geht ziemlich deutlich hervor, dass der Euro – zumindest gegen den Startermin 1999- in den Jahren nach 1999 erst einmal unterbewertet gewesen ist, während er seit 2002 eher überbewertet erscheint. Die Problematik der Übereinstimmung des Ausgangswertes (hier: 1,16 US \$/€) wurde bereits erwähnt. Aber unabhängig von der Stimmigkeit dieses Ausgangswertes kann man aus der Änderung des realen Wechselkurses durchaus prognostische Schlüsse ziehen.

Eine Anpassung müsste in der Theorie eine verstärkte Nachfrage nach Gütern im Land mit der geringeren Inflation aus dem Ausland bewirken, die zu einer größeren Nachfrage nach der Währung dieses Landes und zu einer Aufwertung führen müsste. Dies funktioniert aber nur unter ceteris paribus- Bedingungen, denn abgesehen von Einflüssen unterschiedlicher Zinsen (siehe Abschnitt 4.3.2) gibt es eine ganze Reihe von Gründen, warum ein an sich nicht mit der Kaufkraftparität vereinbarer Wechselkurs eine ganze Weile existieren kann. Zunächst einmal setzt ein Funktionieren der Kaufkraftparität voraus, dass:

- Keine Zölle oder sonstigen Handelshindernisse den Austausch behindern.

- Eine gewisse Homogenität der Nachfrage herrscht, es also etwa keine ausgeprägten Präferenzen nach Gütern eines bestimmten Landes gibt.

- Die Zentralbanken nicht durch US \$-Käufe den realen Verhältnissen entsprechend entgegen agieren.

- Transportkosten, Zölle oder auch Gewinnspannen der Händler nicht einen überproportionalen Teil des Preises ausmachen: Kostet eine japanische Kamera in New York im Laden US \$ 600 und betragen die Kosten ab Werk nur 200 Dollar, so wird eine 10%-ige Preiserhöhung in Japan nur mir 20 US \$ oder 3% auf den Ladenpreis durchschlagen.

- Die Güterkörbe zwischen beiden Ländern vergleichbar sind, was nicht immer der Fall ist: Eine Preiserhöhung für Reis wird den japanischen Güterkorb stärker beeinflussen als den deutschen. In den USA spielen durchaus spürbaren Kosten für Hochschulbildung eine stärkere Rolle als in Deutschland, wo der Zugang zu Hochschulen bisher überwiegend frei war.

Im Übrigen kann in den beiden Ländern bei den Binnenpreisen („Non Tradables") ein durchaus unterschiedliches Verhältnis existieren. Solange die Preise der international gehandelten Güter davon nicht berührt werden, wird ein Anpassungsprozeß nicht

---

[87] Vgl. EZB (2004), S. 4ff: Hier werden auch noch zwei Gruppen von 12 und 38 Ländern errechnet, die allerdings seltener veröffentlicht werden

eingeleitet. Gerade die typischen Dienstleistungen, die der Reisende in Anspruch nimmt, gehören überwiegend zu den „Non Tradables", deshalb ist sein Bild von den Preisen im Lande oft getrübt. Es wäre voreilig, aus dem Vergleich von Restaurantpreisen, Mieten, Hotelrechnungen oder Werkstattkosten im Ausland mit den Preisen zu Hause bereits auf eine Über- oder Unterbewertung einer Währung schließen zu wollen. Dieser Vergleich klappt noch nicht einmal zwischen Ost- und Westdeutschland oder zwischen Groß- und Kleinstadt. Nicht zuletzt sollte man sich erinnern, dass heute nur noch ca. 2% des täglichen Devisenmarktumsatzes durch Handel erklärt werden kann, also spielen Kapitalbewegungen zumindest kurzfristig eine größere Rolle.

Wenn man sich aber der Beschränkungen und Unzulänglichkeiten der Kaufkraftparitätentheorie bewusst ist und vor allem sieht, dass es sich hier um ein **langfristiges Gleichgewicht** handelt, dann steht damit durchaus ein grobes "Navigationsinstrument" zur Verfügung, das allzu große Abweichungen erkennbar macht. Ähnlich wie bei der Bewertung des Substanzwertes einer Aktiengesellschaft mit stark überbewerteten Aktien ist es zwar auch nicht möglich zu prognostizieren, wann und ab welchem Wert ein Zusammenbruch des Kurses eintritt, aber eine Warnfunktion für denjenigen, der nicht bewusst das Spekulationsrisiko sucht, ist eindeutig gegeben. Die Theorie der Kaufkraftparität hat Ökonomen zu allen Zeiten enorm interessiert. So schließt Buckley nach einer Querschnittanalyse von empirischen Studien zu den Wechselkurstheorien: "Purchasing power parity (PPP) is found to hold well in the medium to longer term but there are very substantial deviations from it in the short term....It is also found that deviations from PPP are greater for developing countries than for industrialised nations."[88] Auch die Asienkrise wird hier erwähnt: "..one of the major causes of the Asian financial crisis ...was the fact that so many countries in South East Asia were pegging their currencies to the US-Dollar at a time of substantial local inflation and at a time when PPP was suggesting significant devaluation.[89]

Für die Beurteilung des Transaktionsrisikos ist die Kaufkraftparitätentheorie ohnehin zu träge, weil es hier meist um kürzere Fristen geht, aber beim Operationsrisiko ist es auf jeden Fall sehr wertvoll, einen Blick darauf zu werfen, ob eine Währung tendenziell stark über- oder unterbewertet ist. Ein Blick auf diese Einschätzung hätte z.B. vor der Asienkrise zumindest die Überbewertung dieser Währungen angesichts der herrschenden Inflationsraten deutlich machen können, auch konnte man aus den Inflationsraten bereits im Jahr 1997 sehen, dass die an den Dollar gebundenen Währungen Argentiniens und Brasiliens überbewertet waren.[90]

Es sollte an dieser Stelle noch daran erinnert werden, dass in älteren deutschen wie auch in amerikanischen Lehrbüchern die Preisnotierung verwendet wird, die sich

---

88 Buckley, (2000), p. 123
89 Ebenda, p. 76
90 Vgl. Stocker, Klaus: Entwicklungswichtige Beiträge der deutschen Wirtschaft im MERCOSUR, Köln 1997

formelmäßig –nicht von der Aussage her- auch auf den realen Wechselkurs auswirkt, er wird genau invers notiert. Dies ergibt den etwas verwirrenden Effekt, dass der reale Wechselkurs genau invers zur Über- oder Unterbewertung reagiert, was uns bei der Mengennotierung erspart bleibt.

4.3.2   Zinsparität und Portfoliogleichgewicht

Neben den durch Kaufkraftdifferenzen ausgelösten Wechselkursbewegungen spielen auch noch die monetären Einflüsse eine große Rolle, die vor allem durch unterschiedliche Geldmengen- und Zinsbewegungen im In- und im Ausland ausgelöst werden. Grundgedanke der Zinsparitäten- bzw. Portfoliotheorie ist zunächst einmal ein Zinsgleichgewicht auf den Finanzmärkten, der vom Grundgedanken des so genannten „Fisher Effekts" ausgeht. Fisher postulierte, dass sich Unterschiede in den Zinsen durch Unterschiede bei den Inflationserwartungen erklären lassen. Es kommt also nicht auf den nominalen, sondern auf den realen Zins an. Bei 40% Inflation muss der Zins mindestens 40 % betragen, wenn nicht eine Entwertung des Sparvermögens stattfinden soll. Die als Fisher's closed hypothesis bekannte Aussage über die Realzinsen gilt zunächst auf den Binnenmärkten, wurde aber durch die internationale Variante (Fisher open) dadurch ergänzt, dass man die Inflation durch die entsprechenden Wechselkurserwartungen ersetzte. Will das Land womöglich noch ausländische Gelder anziehen, so muss der Zins mindestens die Abwertungserwartung kompensieren: Unterschiedliche Zinsen werden also durch unterschiedliche Wechselkurserwartungen so kompensiert, dass weltweit auch wiederum nur eine Rendite entstehen kann: "The foreign exchange market is in equilibrium when deposits of all currencies offer the same rate of return...(**interest parity condition**)"[91] Es gilt folgender Zusammenhang:

(I) $r^* - r = (E'_t - E_0)/E_0$

r^*/r = Jetziger Zins Ausland/Inland
E'_t = Erwarteter Wechselkurs (am Ende der Investition)
E_0 = Jetziger Wechselkurs

Löst man Gleichung (I) nach E_t auf, so ergibt sich als erwarteter Wechselkurs:

$$(II) \ E_t = E_0 \cdot (r^* - r) + E_0$$

das hieße beispielsweise, wenn die Zinsen in den USA 4%, in Europa 2% betragen, dass sich die Finanzmärkte nur deshalb und dann im Gleichgewicht befinden, wenn eine Abwertung des US $ bzw. eine Aufwertung des Euro erwartet wird, und zwar (wenn E_0 =100 ist) um: E_t= 100(0,04-0,02)+100 = 102: Es wird also vom Markt erwartet, dass der Euro Kurs um genau die Zinsdifferenz (2%) steigt.

---

91   Krugman, Obstfeld M. (2000), S. 352; Vgl. Fisher, L. und Lorie, J.H., Rates of Return on Investments in Common Stock, the year by year record 1926-65, Journal of Business 41/1968, p. 291-316

Die dahinter stehende Überlegung ist die, dass es eigentlich keinen anderen Grund geben kann, warum sich die Zinsen in Ländern –zumindest mit vergleichbarer Risiko-einschätzung- unterscheiden sollten, was dem reinen Ökonomen sicherlich einleuch-tet, was allerdings durch die Realität vor allem dadurch widerlegt ist, dass es solche Zinsdifferenzen auch sehr dauerhaft geben kann. Wie anders wäre es sonst erklärbar, dass eine Anlage auf einem Konto in Euro 2 %, in US $ nur 1,5%, in Yen 0,8% und in Pfund 4,8% erbringt (Stand 1.9.2004)? Das sind alles Länder mit vergleichbaren Risikoeinschätzungen.

Insgesamt ist dann auch tatsächlich die empirische Beweislage eher dürftig: In einer allerdings schon älteren empirischen Studie wird sogar nachgewiesen, dass der heutige Wechselkurs sich als Prognosewert für künftige Wechselkurse besser eignet als Modelle, die klassische Variablen wie Zinsen und Geldmengenänderungen einbezie-hen.[92] Allerdings schneiden auch hier wiederum längerfristige Studien besser ab[93] und Krugman ergänzt die obige Formel (I) durch eine „Risikoprämie" p[94]:

(III) r^*- r = (E'$_t$ - E$_0$)/E$_0$ +p damit ergibt sich für Et: E$_t$ = E$_0$ ·(r^*-r-p) +E$_0$ (IV),

d.h. der künftige Wechselkurs würde sich nicht nur aus den Zinsunterschieden, sondern auch noch aus einer besonderen Risikoprämie erklären, die nicht nur das jeweilige Länderrisiko enthält, sondern auch die Unsicherheit, die sich durch den Mangel an Information bei einer Anlage in Fremdwährung einfach ganz allgemein ergibt.

Grundsätzlich können aber höhere Zinsen auch durchaus dazu führen, dass entgegen den Abwertungserwartungen durch das dadurch angelockte Kapital zunächst einmal der Wechselkurs eher steigt oder gleich, als den Erwartungen nach einem Fallen zu folgen. Dies kann auch einer der Gründe für die mangelnde Zuverlässigkeit von Prognosen dieser Art sein.

4.3.2.1 Mittelfristiges Gleichgewicht

Auch bei der Zinsparitätentheorie handelt es sich also wieder um ein **längerfristiges** Vorhersagemodell, das grundsätzliche Ungleichgewichte aufzeigen kann. **Mittelfristig** können Zinsdifferenzen durchaus auch Kaufkraftunterschiede kompensieren, was ja vor allem deshalb logisch erscheint, weil eine höhere Inflation in der Regel auch mit höherem Zins einhergehen muss, wenn der Realzins gleich bleiben soll: Wenn in den USA eine höhere Inflation herrscht als Europa, so müsste nach der Kaufkrafttheorie der Dollar eine Tendenz zur Abwertung aufweisen. Bei ohnehin höherer Inflation in

---

92 Vgl. dazu: Richard Meese, Kenneth Rogoff: The Empirical Exchange Rate Models of the Seventies: Do they fit out of Sample?, Journal of International Economics, 14, Feb, 1983, pp.3-24

93 Vgl. Krugman, Obstfeld, (2000), p. 674

94 Ebenda

den USA wird bzw. muss die US-Zentralbank die Zinsen erhöhen, was tendenziell zu einem Kapitalzufluss führt und –entgegen der eigentlichen Modellprognose- den Wechselkurs in einer Höhe stabilisiert, der eigentlich kaufkraftmäßig nicht erklärbar ist. Das, heißt, dass die Portfoliotheorie auch als Erklärung dienen kann, warum sich mittelfristig auch ein kaufkraftmäßig nicht erklärbarer Wechselkurs halten kann. Ein zusätzliches Element, das erst weiter unten noch näher verständlich werden wird, stellt die Existenz eines Devisenterminmarktes dar, der möglicherweise dennoch einen längerfristig eigentlich unmöglichen Zustand einmal auch über einen gewissen Zeitraum stabilisieren kann.

4.3.2.2 Längerfristiges Gleichgewicht

Bei einer **längerfristigen Betrachtung** allerdings muss neben dem monetären Aspekt auch die "reale Welt" der Kaufkraftparität betrachtet werden: Beide Seiten müssen – langfristig - im Gleichgewicht sein, d.h. eine hohe Inflation und hohe Zinsen können nicht dauerhaft zu einem konstanten oder gar steigenden Wechselkurs führen, weil ja auch die (über die Inflation vermehrte) Geldmenge des betroffenen Landes tendenziell sowohl zu einer Abwertung wie auch einer Zinssenkung führt. Bis die Gütermärkte auf die Abwertung der Währung dann durch erhöhte Exportnachfrage reagieren können, ist vielleicht das wirtschaftliche und in der Folge das politische Desaster bereits eingetreten. Je länger eine Zentralbank und eine Regierung ein solches Ungleichgewicht künstlich aufrecht erhalten, weil sie vielleicht einen nicht mehr den ökonomischen Grunddaten entsprechenden Wechselkurs halten wollen (Beispiele Thailand, Argentinien, Brasilien), desto heftiger wird möglicherweise die Reaktion der Finanzmärkte ausfallen, wenn es dann einmal zum Dammbruch gekommen ist (overshooting).

Die monetäre Erklärung des langfristigen Gleichgewichts stellt insgesamt einen deutlichen Fortschritt gegenüber der reinen Kaufkraftparität dar. Beide Ansätze müssen aber zusammen gesehen werden. Für die Beurteilung einer Wechselkursentwicklung ist es sinnvoll, die monetären Indikatoren der **Inflationsdifferenz,** die damit einher gehenden **Zinsdifferenzen** sowie **Wechselkursbewegungen** (auch des Terminkurses) genau zu beobachten und diese ggf. auch in Beziehung zu realen Wechselkursgrößen zu bringen. Bleiben diese Indikatoren über längere Zeit gleich oder in gleichem Abstand, so kann man daraus schließen, dass ein Gleichgewichtspunkt mit einer Situation der Zinsparität erreicht ist. Ändern sich diese, so ist - insbesondere im Zusammenhang mit dem Studium aktueller finanzieller Nachrichten - ein eindeutiges **Warnzeichen** gegeben. Finanzielle Daten wie Zinsen und Inflation sind im übrigen im Gegensatz zu den Handelszahlen relativ kurzfristig zu erhalten: Man muss dazu keinen teuren finanziellen Dienst beziehen, für den "Hausgebrauch" reicht oft schon das Studium der jeweils drei letzten Seiten der Zeitschrift "Economist" oder auch der Finanzdaten der Financial Times aus.

4.3.3 Chart-Analyse

Eine Methode, die denjenigen etwas dubios erscheint, die sich mit vermeintlich wissenschaftlichen Methoden von Wechselkursprognose befassen, stellt die so genannte **Chartanalyse** dar, auch **technische Analyse** genannt. Es handelt sich hierbei um rein heuristische Verfahren, die versuchen, ohne bzw. ohne empirisch belegte Erklärungsversuche aus den Devisenkursbewegungen graphische Rückschlüsse zu ziehen: "Chartists attempt to predict share price movements by assuming that past price patterns will be repeated. There is no theoretical justification for this."[95] Die Erfolgsbilanz dieser Technik ist nicht bekannt, aber es steht zu vermuten, dass sie nicht viel schlechter als die der volkswirtschaftlich fundierten Wechselkursprognosen ist. Die Methodik ähnelt den aus den Sozialwissenschaften bekannten "black box"-Theorien, in denen versucht wird, ohne weitere Erklärungsversuche der inneren Zusammenhänge einfache "Wenn-Dann" Beziehungen zu verifizieren.[96] Dies ist vor allem dann sinnvoll, wenn die dazwischen liegenden Ursache-Wirkungsbeziehungen zu vielfältig und komplex sind, als dass sie einen prognostischen Wert hätten. Solche „Black-Box-Theorien" werden in den Sozialwissenschaften häufig angewandt, weil man nicht wie in der Physik in einem Labor arbeiten kann, in dem eine Variable isoliert betrachtet wird. Es ist häufig auch bei makroökonomischen Zusammenhängen der Fall, dass die „ceteris-paribus" Bedingung nicht so ohne weiteres auf reale Situationen übertragen werden kann. Aber auch die Chartanalyse verwendet deduktive Erklärungsmuster, z.B. warum sich bei einem bestimmten Kurs eine Widerstandslinie einstellt. Allerdings sind diese Erklärungsversuche eben meist sehr „technisch", d.h. es wird rein zahlenmäßig erläutert, warum bei einem bestimmten Kurs bestimmte Marktteilnehmer kaufen oder verkaufen.[97]

Die technische Analyse geht auf die beiden Herren Charles Dow und Edward Jones zurück, nach denen auch der Dow-Jones Index benannt ist. Dow hat seine Erkenntnisse beim Wertpapierhandel an der Wall Street in mehreren Artikeln des Wall Street Journals bereits um 1900 niedergelegt. Diese einfachen Grundsätze wurden dann 20 Jahre später von William Hamilton und Robert Rhea aufgegriffen und systematisiert.[98] Grundphilosophie des Chartismus ist: "There is no need to add to the averages, as some statisticians do, elaborate compilations of commodity price index numbers, bank clearings....or anything else. Wall Street considers all these things."[99] Da es zu dieser Zeit noch keine flexiblen Wechselkurse gab, wurden die Prinzipien des Chartismus erst in den siebziger Jahren auch auf Wechselkursanalyse angewandt.

---

[95] Buckley, (2000), S. 110
[96] Vgl. u. a. Maslow: Psychologie des Seins, München 1968, S. 30ff
[97] Vgl. Murphy, John J. :Technical Analysis of The Financial Markets, New York 1999, pp. 59
[98] Hamilton, William Peter: The Stock Market Barometer, New York 1922; Rhea, Robert, Dow Theory, New York 1932
[99] Hamilton (1922), p. 40-41

Die Chart-Analyse bezieht sich schwerpunktmäßig auf kurz- oder mittelfristige Kursbewegungen. Auch hier kann man eigentlich keinem Manager empfehlen, auf eine Absicherung der Wechselkursforderungen zu verzichten, weil die "Charts" nach oben zeigen. Aber es stellt ein zusätzliches Mosaiksteinchen in der Informationsbeschaffung dar, das man zumindest kennen sollte. Tatsächlich gibt es ja zwischen den „Chartisten" und den „Fundamentalisten", wie die volkswirtschaftlich orientierten Analysten gerne genannt werden, durchaus Überschneidungen. Beide „Lager" kennen in der Regel die Prinzipien der jeweils anderen Seite zumindest grundlegend und wenden sie zur Absicherung der eigenen Analyse auch meist an.[100] In den folgenden Kapiteln werden die wichtigsten Grundsätze dieser Technik vorgestellt, für eine selbständige Analyse von Wechselkursentwicklungen reichen diese Kenntnisse allerdings nicht aus, hierfür wird auf Spezialliteratur verwiesen.[101]

4.3.3.1 Arten von Charts

Abbildung 4-8: Liniendiagramm mit täglichen Kursen[102]

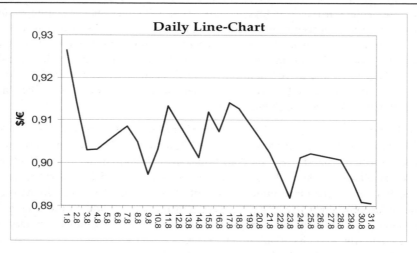

Auch für den, der die Chartanalyse nicht anwenden will, stellen die verschiedenen Arten der Darstellung einer Wechselkursentwicklung eine wertvolle visuelle Hilfe dar,

---

[100] Vgl. Murphy, (1999), S. 5

[101] Vgl. Murphy (1999), John P., Dorsey, Thomas, Point and Figure Charting, New York 1993; Nison, Steve, Beyond Candlesticks, New York (Wiley) 1994; Rick Bensignor, New Thinking in Technical Analysis, Princeton 2000

[102] Die hier gezeigten Kurse stammen alle aus dem Monat August 2000, in dem der US $/€ -Kurs mit rd. 0,90 relativ niedrig war. Abgesehen davon, dass ein solcher Kurs auch in Zukunft nicht vollkommen undenkbar ist, gehr es hier aber um die Darstellungsweise und weniger um die Aktualität des Kurses. Die Darstellung gilt prinzipiell auch für andere Währungen.

die bestimmte Entwicklungen mit Sicherheit besser sichtbar machen als eine bloße Zahlenkolumne. Ausgangspunkt ist zunächst ein **Liniendiagram** mit täglichen Kursen, die bei Bedarf natürlich auch wöchentlich oder monatlich aufgetragen werden können (Abbildung 4-8).

Mehr Informationen stellt das **Balkenchart (Bar-Chart)** dar **Abbildung 4-9**: Den höchsten, niedrigsten und den Endkurs des jeweiligen Tages oder Monats (gelegentlich auch noch den Eröffnungskurs).

Abbildung 4-9: Balkenchart ($/€)

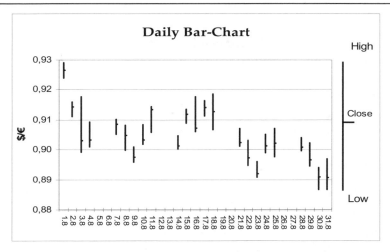

Das Balkenchart gibt damit die Bandbreite der täglichen Kursänderungen wieder und es ist wahrscheinlich, dass die Kursentwicklung des Nachmittags mehr über den Kurs des nächsten Tages aussagt als nur der jeweilige Kurs etwa des Euro-Fixing. Sehr breite Tageskursspannen signalisieren, vor allem wenn sie zunehmend breiter werden, eine zunehmende Unsicherheit und können als Signal für eine bevorstehende starke Kursänderung gedeutet werden. Eine solche Darstellung wird man in der Regel bei sehr kurzfristigen Prognosen wählen.

Eine in den letzten Jahren in Mode gekommene Version stellt das **Candlestick Chart** dar (Abbildung 4-10), aufgrund seiner Herkunft auch als "Japanese Candlestick" bezeichnet. Wie das Balkenchart zeigt es den höchsten, niedrigsten und den Schlusskurs, aber auch noch den Eröffnungskurs des jeweiligen Tages (oder der jeweils gewählten Periode) an. Unterstes und oberstes Ende des jeweiligen „Sticks" stellen – wie beim Balkenchart- den niedrigsten und den höchsten Kurs der jeweils gewählten Zeitperiode.

Die eigentliche "Kerze" in der Mitte symbolisiert Eröffnungs- und Schlusskurs der gewählten Zeitperiode. Der Leser wird bemerken, dass diese „Kerze" einmal weiß und einmal schwarz ist, und dies hat folgende Bewandtnis: Liegt der Schlusskurs über dem Eröffnungskurs (steigende Tagestendenz), so ist die Kerzenfarbe weiß, liegt dagegen der Schlusskurs unter dem Eröffnungskurs (fallende Tendenz), so wird dies als Zeichen der Trauer durch eine schwarze Kerze symbolisiert. Auch hier kann man auf einen Blick eine steigende oder fallende Tagestendenz erkennen, was beim Balkenchart nicht möglich ist. Längerfristigen Entwicklungen kann durch eine entsprechend längere Periode Rechnung getragen werden, also etwa die Kurse einer Woche oder eines Monats.

Abbildung 4-10: Candlestick Chart

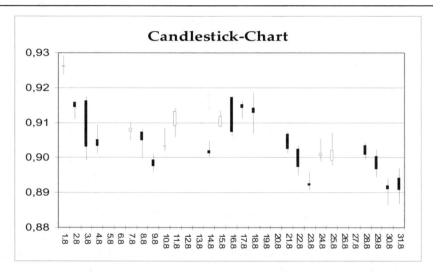

Eine sehr ausführliche Übersicht über die dabei verwendeten sehr verschiedenartigen Symbole findet sich in dem Werk von Murphy [103], der diese Art der Darstellungsweise sehr lobt: "Once you become used to seeing your price charts using candlesticks, you may not want to use bar charts again. Japanese candle patterns, used in conjunction with other technical indicators in the filtering concept, will almost always offer a trading signal prior to using other price based indicators."[104]

Eine weitere Variante (Abbildung 4-11) sind **Charts mit gleitenden Durchschnittswerten**. Hier wird ein etwas längerfristiges Linienchart wiedergegeben, in das neben den täglichen Schwankungen (dicke gezackte Linie) jeweils ein gleitender Durchschnitt für 10-Tage sowie für 30-Tage eingezeichnet ist. Je länger der Zeitraum der Durchschnittskurve, desto weniger stark wird sie vom jeweiligen Tagesgeschehen beeinflusst. Wie

---

[103] Murphy, J.P., (1999) p. 308ff
[104] Ebenda

sehr deutlich erkennbar ist, schwankt die 30-Tagesdurchschnittskurve weniger stark als die 10-Tagesdurchschnittskurve. Sinn solcher gleitender Durchschnitte ist es, eine etwas längerfristige Trendinformation zu liefern, und damit das Tagesgeschehen etwas auszublenden.

Abbildung 4-11: Linienchart und gleitender Durchschnitt

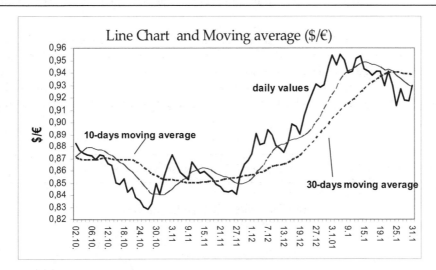

Abgesehen von der Möglichkeit zum Erkennen eines Trends kann die Verwendung eines gleitenden Durchschnitts auch für Manager von Interesse sein, die ihre in Fremdwährung quotierten Angebote nicht den Zufälligkeiten des jeweiligen Tages-kurses aussetzen wollen und eine etwas längere Kalkulationsbasis nutzen wollen.

Eine noch andere Schwerpunktsetzung erlaubt das "Point and Figure-Chart", bei dem Abwärts- und Aufwärtsbewegungen durch Kästchen und Kreuze dargestellt werden und durch entsprechende Interpretation Kauf- und Verkaufssignale abgeleitet werden. Unabhängig von Zeiten wird in diesen Charts immer dann ein Kreuz notiert, wenn der Kurs um eine bestimmte Einheit nach oben geht und immer dann ein Kreis, wenn er sich entsprechend nach unten bewegt.

4.3.3.2 Unterstützungs-, Widerstands- und Trendlinien

In der Chartanalyse selbst werden trotz der Vielfalt der möglichen Darstellungsarten fast ausschließlich die Liniencharts verwendet. Versierte Chartisten benutzen aber andere Darstellungsarten als zusätzliche Information zur Absicherung eines erkannten Trends. Außerdem –das darf nicht vergessen werden- zählt zur technischen Analyse immer auch die Kenntnis des am jeweiligen Tag gehandelten Volumens dazu. Einem Aufwärtstrend bei hohem und womöglich noch zunehmenden Handelsvolumen wird mit Sicherheit eine größere Bedeutung eingeräumt als bei kleinem und rückläufigen Volumen.

Nehmen wir noch einmal das Linienchart des Zeitraums zwischen Oktober 2000 und Ende Januar 2001. Diese Kursbewegung ist insofern sehr interessant, als es im Oktober 2000 nach langer Abwärtsbewegung tatsächlich eine Trendumkehr gegeben hatte, die dann auch längerfristig wieder zu einer Erholung des Euro geführt hat. (Abbildung 4-12).

Sehr häufig werden **Widerstandslinien** (oberhalb der Tageskurslinie) und **Unterstützungslinien** (unterhalb) erkennbar. Das sind Werte, die ein Kurs für längere Zeit nicht durchbricht, weil die jeweiligen Widerstandskräfte zu Kauf- bzw. Kauf so groß werden, dass der Trend zum Anhalten kommt. Oft sind dies auch runde Zahlen, wie beispielsweise (oben erkennbar) nach oben 0,90 und 0,95 oder nach unten 0,84 und 0,83.

Abbildung 4-12: Verschiedene Linien und Trendumkehr beim US $/€ -Kurs

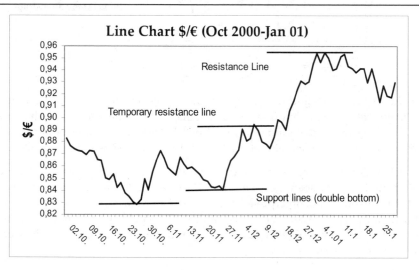

Ebenso werden Trendlinien eingezeichnet, die eine Bewegung nach oben oder unten charakterisieren. Man weiß nicht von vorne herein, wann eine Unterstützungs- oder Widerstandslinie nur temporär ist, dazu dient ja die eigentliche Analyse. Eine gewisse empirische Validität und damit auch einen prognostischen Wert weisen Widerstands- und Unterstützungslinien dann auf[105], wenn sie häufig vom Markt getestet und nicht durchbrochen worden sind. Je länger eine solche Linie gehalten hat, desto schwieriger

---

[105] Vgl. John P. Murphy, J.P., (1999), pp.45

ist sie zu durchbrechen. Dies hängt mit dem Kauf- und Verkaufsverhalten von Markt-teilnehmern zusammen, die zu einer Art „self fulfilling prophecy" wird: Wenn gerade mal wieder eine runde oder schon häufig vom Markt getestete Widerstandslinie erreicht worden ist, wird verkauft, was dann auch tatsächlich zum erwarteten Kurs-rückgang beim Erreichen der Linie führt. Umgekehrt tendieren Marktteilnehmer dazu, bei Erreichen einer bewährten Unterstützungslinie zu kaufen, weil auch sie glauben, dass es jetzt erst mal nicht mehr tiefer geht. Erst wenn ein "Dammbruch" erreicht worden ist und eine Widerstands- oder Unterstützungslinie gebrochen worden ist (z.B. die 0,90 \$/€- Linie im November 2000), justiert sich der Markt neu und es werden neue Barrieren errichtet.

4.3.3.3 Formationen

Hier sollen nur zwei häufig vorkommende Formationen kurz gestreift werden, weil eine wirklich professionelle Behandlung sehr viel mehr Raum erfordern würde. Ähnlich wie bei den Trendlinien gibt es auch hier hohe Ansprüche von Voraussetzun-gen, Nebenbedingungen und Beobachtungswerten zu beachten, d.h. es geht nicht so ohne weiteres an, einfach in ein Chart ein paar mutige Figuren einzuzeichnen. Gerade weil hier die „hohe Schule" der technischen Analyse erst so richtig anfängt, sollte der Laie der Versuchung widerstehen, ohne Hilfe eines erfahrenen Chartisten analytisch tätig zu werden.

So genannte „**Double-oder triple bottoms**"(ein double bottom ist in Abbildung 4-12 zu sehen) signalisieren zusammen mit einer Widerstandslinie nach unten eine Trend-umkehr. Auch hier findet ein „Test" eines unteren Niveaus statt, und auch hier wartet der Markt darauf, dass nach unten ab einem gewissen Tiefstand Widerstandkräfte sichtbar werden, das heißt Käufer, die daran glauben, dass es ab jetzt wieder aufwärts geht.

Eine der am häufigsten genannten Trendumkehrformationen ist die sogenannte "**Kopf- Schulterformation**", die am Ende einer längeren Trendauf- oder auch Ab-wärtsbewegung eine wichtige Trendumkehrinformation wiedergeben soll (Abbildung 4-13). Für eine solche Formation spricht die theoretisch plausible Erklärung, dass beim plötzlichen Einbruch einer längeren Entwicklung der Markt nach ein oder zwei Tagen zunächst einmal erst wieder invers reagiert, bevor es "ernst" wird: Fällt etwa der € nach einem längeren Anstieg ab, so gibt es sehr schnell auch Marktteilnehmer, die gerade dann kaufen, sei es, dass sie gegenläufig spekulieren oder dass sie seit langem auf die Chance warten, etwas günstiger zu kaufen.

Sie wird nicht nur als die häufigste Formation, sondern auch als das verlässlichste Trendumkehrsignal gesehen. Sie ist in ihrer Normalform, wenn sie also nicht invers ist, immer ein Signal, das nach einem längeren Aufstieg einen Gipfelpunkt mit nachfolgendem Abstieg signalisiert.[106]

Abbildung 4-13:Klassische Kopf- und Schulterformation

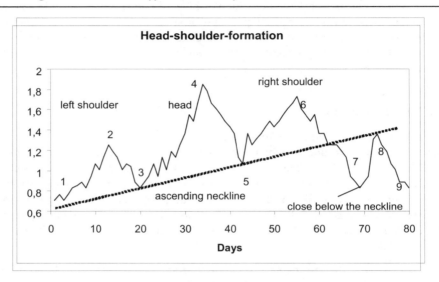

Auch hier gibt es nicht viel Raum für Interpretationskünstler, sondern strenge Bedingungen, damit eine solche Formation auch wirklich als eine echte Kopf-Schulterformation durchgeht: Bei einem normalen, also nicht inversen Kopf-Schulter Bild ein vorheriger Trend nach oben (1), eine erste Spitze (2) und ein erster Trendbruch mit (3) nachfolgendem Tal und wieder einem Ausbruch nach oben, der nun (4) zu einer deutlichen mittleren Spitze führt, ein zweiter Rückgang (5), dessen Tal leicht über dem vorherigen Tiefpunkt liegen sollte, eine weitere unten der „Kopfspitze" liegende rechte Schulter (6) und –sehr wichtig – beim Abschluss der Formation (7) ein Kurs unterhalb der Nackenlinie („close below the neckline"). Die Nackenlinie ist die Fortsetzung der Linie, mit denen die beiden vorherigen Tiefs verbunden sind. Danach beginnt nach einem nicht zwingenden, aber häufigen nochmaligen „return move"(8) ein Abstieg (9) des Kurswertes und eine Trendumkehr ist eingeleitet. Auch das Handelsvolumen sollte bei den beiden rechten Spitzen etwas tiefer liegen als bei der ersten, linken Schulter.[107]

Genau umgekehrt liegen die Verhältnisse bei der **inversen Kopf-Schulter Formation**, die nach einem nach unten weisenden Trend eine Umkehr nach oben signalisiert. Hier

---

[106] Vgl. Murphy J.P., (1999), S. 103
[107] Ebenda, S. 107

weist die Nackenlinie nach unten und auch hier gibt es nach der rechten, hier auf dem Kopf stehenden Schulter genau invers noch einmal ein Ausbrechen („close above the neckline") nach oben.

4.3.3.4   Finanzanalytische Modelle bei Charts

Es wird häufig versucht, Charts durch statistische Methoden zu analysieren und ihnen damit die Aura der Magie zu nehmen. Die Meinungen zur technischen Analyse von dieser Seite gehen von der Feststellung, dass „der Grundgedanke der Formationsanalyse….recht gut zu den modernen Ansätzen der Finanzanalyse passt", bis zur Ablehnung als „Unterstellung ohne zufrieden stellende theoretische Begründung"[108]. Es werden klassische statistische Verfahren von der Regressions-, Diskriminanz-, Faktoranalyse sowie neuere Ansätze wie nichtlineare Optimierungsverfahren, künstliche neuronale Netzwerke und vieles mehr angewandt.[109] Abgesehen davon, dass diese Modelle überwiegend für den Wertpapierbereich entwickelt und getestet wurden, ist ihre bisherige Erfolgsbilanz eher ernüchternd. Aufwändige Modelle zur Prognose etwa des Dollarkurses führen beispielsweise zu Ergebnissen, die nur geringfügig besser sind als eine reine Zufallsentwicklung („random walk") und am Ende dann doch „aus dem Ruder laufen".[110] Das Hauptproblem dieser Verfahren scheint zu sein, dass sie nur so weit theoretisch abgesichert sind, als es die interne Logik des jeweiligen Verfahrens betrifft, aber hinsichtlich der externen Einflussfaktoren des Wechselkurses sehr vereinfachende Annahmen treffen. Die Frage entsteht, ob es überhaupt jemals möglich sein wir, nur aus Zahlenwerten, und seien sie noch so gründlich analysiert, eine Kursprognose abzuleiten. Immerhin räumen die Chartisten dieses Defizit freimütig ein, bei den analytischen Methoden scheint die Erkenntnis, dass es sich (bisher) vor allem um Modelle aus der akademischen Welt handelt, nur teilweise vorhanden zu sein. [111]

Hier wollen wir die Chartanalyse verlassen, wohl wissend, dass für eine tiefere Analyse eine intensivere Beschäftigung, aber auch Erfahrung notwendig ist: Es bestehen Zweifel, ob die Technik durch Beschäftigung mit Literatur alleine überhaupt erlernt werden kann. Man sollte aber auch noch sehen, dass die Charttechnik vorwiegend aus der Aktienkursanalyse stammt. Bei aller Ähnlichkeit sind aber Wechselkurse nicht in jeder Hinsicht mit Aktien vergleichbar, so dass vor allem bei der Übertragung von sehr ausgefeilten Techniken Vorsicht angebracht ist. Insbesondere dient die Chartanalyse ja auch meist der **kurzfristigen Spekulation** und dort kann sie durchaus

---

[108] Verschiedene Meinungen dazu werden diskutiert in: Thorsten Poddig, Handbuch Kursprognose, Bad Soden 1999, S. 103f

[109] Darstellung der Verfahren bei: Poddig (1999), S. 32-374

[110] Ebenda, S. 527

[111] Vgl. Rehkugler, H., Poddig, Th.: Kurzfristige Wechselkursprognosen mit künstlichen neuronalen Netzwerken, in: Finanzmarktanwendungen neuronaler Netze und ökonometrischer Verfahren, (Hrsg. G.Bol et al.) Heidelberg S. 1-24

sinnvoll sein, denn für den Spekulanten reicht eine Prognosesicherheit von etwas über 50%.

Was aber jeder ohne Anspruch auf Anwendung bestimmter Techniken kann, ist das Zeichnen von Linien, Balken oder auch „Candlestick-Charts", gleitender Durchschnitte auf kurz- oder längerfristige Sicht, um **bestimmte Trends** wenigstens andeutungsweise zu erkennen. Vor allem hat aber die Chartanalyse gegenüber der Fundamentalanalyse einen Zeitvorteil, der nicht zu unterschätzen ist: Viele Daten etwa zur Inflation oder zur Geldmenge finden sich in den öffentlichen Statistiken oft erst mit beträchtlicher, mindestens einmonatiger Verspätung. Inflationsdaten müssen erst erhoben werden und sind daher für viele Länder erst nach einiger Zeit überhaupt verfügbar. Wechselkursentwicklungen sind aber viel zu schnell, als dass man auf Daten warten könnte, die erst nach einem Monat oder später überhaupt erscheinen. Möglicherweise gibt es sogar ein bestimmtes Interesse von Zentralbanken und Regierungen, für eine wichtige Währung negative Daten nicht allzu schnell an die Öffentlichkeit zu bringen, um erst einmal gegensteuern zu können. Wechselkurse dagegen sind für jeden zugänglich, und im Internet sind aktuellste Kurswerte mit maximal einer Viertelstunde Verspätung zu bekommen. Daraus kann sich jeder selbst sein Chart zeichnen und seine eigene Chartanalyse nach Wunsch monatlich, täglich oder sogar stündlich durchführen und damit zumindest gewisse Trends sehen.

4.3.4 Wechselkursprognose bei Transaktions- und Operationsrisiko

Eine unkritische Übernahme von Wechselkursprognosen von öffentlichen Quellen ist nicht zu empfehlen. Um die prognostische Qualität der so genannten seriösen Analyse einzuschätzen, brauchen wir uns ja nur an die Diskussion offizieller und selbst ernannter volkswirtschaftlicher Experten angesichts des Tiefstandes des Euro von rd. 85 US-Cents im Jahre 2000 zu erinnern, wo alle Meinungen von Unterbewertung bis hin zu einem schlimmen Ende für den Euro zu hören waren.[112] Auch im Jahre 2004 – bei einem Stand von 1,30 US $/€- fand eine ähnliche Diskussion unter umgekehrtem Vorzeichen statt, mit Prognosen, die von langfristig 1,05 und kurzfristig 1,20 (Bank of America) bis 1,40 (Deutsche Bank) gingen.[113]

Was soll nun ein Exporteur, Importeur oder Investor damit anfangen? Er kann diesen „Prognosen" letztlich nur entnehmen, dass der $/€- Kurs eine hohe Volatilität aufzuweisen scheint, also stark schwanken wird und wird richtigerweise das **Transaktionsrisiko** auf dem Devisenterminmarkt absichern. Er bräuchte ja, wenn er einigermaßen solide kalkulieren will, eine Prognoseverlässlichkeit von mindestens 90%. Maximale Unsicherheit besteht bei jeweils 50% Wahrscheinlichkeit für das Fallen und 50% für

---

[112] Vgl. Stocker (2001), S. 86ff.
[113] Vgl. Einecke, Helga: Szenarien für den Eurokurs, Süddeutsche Zeitung 10.11.2004

das Steigen einer Währung und wenn eine Prognose diese Unsicherheit auf eine 60:40%-Wahrscheinlichkeit verbessern kann, mag das dem Spekulanten ausreichen, nicht aber dem Exporteur. Wesentlich höhere Werte erreichen weder Chartanalyse noch Analyse der Fundamentaldaten, zumindest nicht im kurz- oder mittelfristigen Bereich. Allerdings ist eine höhere Sicherheit möglich, wenn man den Blickwinkel ändert: Eine 90-95%-ige Prognosesicherheit etwa im Dreimonatsbereich kann durchaus erreicht werden, wenn man die Prognose nicht auf ein Steigen oder Fallen der Fremdwährung abstellt, sondern eine Bandbreite von vielleicht 5 Cents (±2,5%) nimmt, innerhalb derer ein Risiko für einen Exporteur tragbar ist.

Damit kann die Frage nach der Absicherung anders gestellt werden, der Exporteur kann beispielsweise über eine (€/$-Call) Währungsoption auf niedrigem Niveau absichern, die billiger ist als eine Vollabsicherung und die zudem sogar noch eine Gewinnchance bei Steigen des US $ enthält. (vgl. Kapitel 5 und 6). Ganz nutzlos ist also eine Prognose im Bereich des Transaktionsrisikos nicht: Sie kann (1) etwas über die Volatilität einer Währung aussagen und damit die Frage beantworten, ob eine Währung grundsätzlich abgesichert werden soll und sie kann (2) die Wahl der der Absicherungsstrategie beeinflussen, d.h. die Frage beantworten, wie eng man absichern sollte, um Kosten zu senken und Gewinnmöglichkeiten zu erhalten, die man bei einer Vollabsicherung mit einem Devisentermingeschäft vergeben würde. (vgl. dazu Beispiel 4-2 unten).

Wie schon erwähnt, kann die gründliche Analyse einer Währung für **längerfristige Risiken** beim **Operationsrisiko** durchaus einen wichtigen Baustein für eine Entscheidung darstellen, weil es hier oft nicht um eine Kursänderung von einigen Cents geht, sondern um grundsätzliche Trends. Auch können Charts sehr hilfreich sein, weil man auf diese Weise vielleicht gewisse Zyklen erkennt, die einem bei der Erstellung von „worst-case" Szenarien und bei der Beurteilung kritischer Währungen sehr hilfreich sein können. Für den kurzfristigen Horizont ist eine solche fundamentale Überbewertung lediglich ein Zeichen, sich abzusichern, da man nicht weiß, wann eine Korrektur kommt. Für einen Investor kann dies in beiderlei Richtung eine wichtige Entscheidungshilfe sein: Der reine Portfolioinvestor (z.B. Kauf brasilianischer Aktien) wird in so einem Fall vor einem Kauf zurückschrecken, für den Direktinvestor, der im Lande produzieren und vielleicht von dort aus exportieren will, wird diese eher eine gute Nachricht sein. Strategien dazu werden in Kapitel 8 noch dargestellt.

Beispiel 4-2: Kursanalyse und Absicherungsstrategie beim Transaktionsrisiko

---

Ein vorwiegend in US $ fakturierender Exporteur steht am 1. Oktober 2004 vor der Frage, ob er seine Ende Oktober bis Mitte November fälligen Rechnungen in US $ absichern soll. Er sieht sich dazu die Entwicklung der Wechselkurse in den letzten beiden Monaten an.

In Abbildung 4-14 sind die Tageskurse des Euro gegen den US $ eingetragen sowie der obere Teil der Bandbreite von ±2,5%, bezogen auf den Ausgangskurs am 2.August. Der Kurs ist vom 2. August von 1,2055 auf 1,2413 $/€ am 1. Oktober angestiegen. Darauf basierend wurde eine Trendlinie ermittelt, die mit einer Steigung von 1,1% nach oben zeigt[114]*. Ein Candlestick-Chart (nur Septemberwerte) gibt zusätzliche Information: Hier stellt man beim US $/€ -Kurs nicht nur sehr hohe tägliche Schwankungen fest, sondern sieht auch, dass in den letzten acht Börsentagen durchgehend weiße Kerzen zu sehen sind, also ein deutlicher Hinweis auf starke Aufstiegstendenzen für den Euro.*[115] *Er könnte sich noch zusätzlich über die Volatilität informieren (höher für den US $ als z.B. für den Yen) sowie gleitende Durchschnittswerte errechnen, Charts über längere Zeiträume studieren und natürlich auch einige Grunddaten wie Verschuldung, Zahlungsbilanz und Zinsniveaus mit in die Betrachtung einbeziehen.*

Als Konsequenz müsste er eigentlich ziemlich klar feststellen, dass eine Absicherung unumgänglich ist. Das könnte, wie in den folgenden Kapiteln noch näher erläutert wird, auf verschiedene Weise geschehen:

(1) *Durch ein Devisentermingeschäft, womit er den gerade existierenden Kurs sichert. Er würde sogar einen um rd. 0,3% günstigeren Kurs bekommen (siehe Kapitel 5).*

(2) *Durch eine Währungsoption, durch die er den Kurs sichern kann und sich gleichzeitig eine Gewinnmöglichkeit offen hält, wenn der €- Kurs etwa fallen sollte. Diese Alternative ist aber mit ca. 2% des Vertragswertes deutlich teurer (siehe Kapitel 6).*

(3) *Durch eine Option zu einem höheren Basiskurs, mit der er beispielsweise eine Aufwertungsmarge von +2,5% absichern kann. Diese Option ist (ca. 0,8% des Vertragswertes) billiger und lässt ihm eine Gewinnmöglichkeit offen (siehe Kapitel 6).*

Wie eng er sich absichert, wird von dem Bild abhängen, das er sich von der Aufwertungstendenz der Währung gemacht hat. Hier liegt eigentlich eine ziemlich deutliche Aufwertungstendenz vor, so dass vermutlich am ehesten Alternative (1) infrage kommt, vor allem auf kurzfristigere Sichtweite etwa bis Jahresende.

---

[114] Relatives Steigungsmaß der Trendlinie ($y = 0{,}0003x + 1{,}2127$ USD/EUR), bei 44 Tageswerten ergibt sich eine prozentuale Steigerung von 1,09%

[115] Quelle der jeweiligen Tageskurse: Deutsche Bundesbank, Devisenkursstatistik, Okt. 2004, S.16f

Abbildung 4-14: Trendlinien und Candlestick-Chart Euro gegen US $

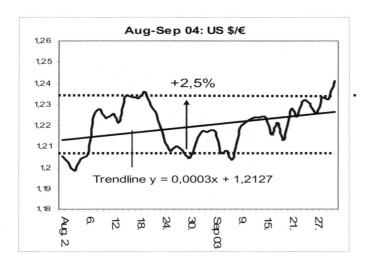

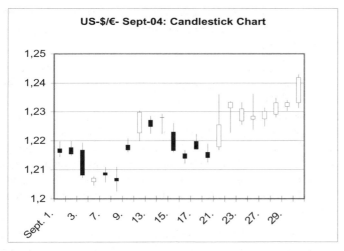

Wie Abbildung 4-15 zeigt, wäre dies nicht die schlechteste Entscheidung: Hier sehen wir die zweite Hälfte des Charts: Tatsächlich steigt der Euro gegenüber dem US $ weiter und erreicht Mitte November die 1,30 Marke. Die Vorzeichen waren also korrekt. Die Entscheidung für die Absicherung war richtig und hat dem Exporteur einen hohen Verlust erspart. Der € steigt bis Jahresende sogar noch weiter auf einen Rekordwert von 1,34 $/€. Ein noch etwas ausführlicheres Beispiel dazu findet sich in Kapitel 8, wo die Strategien noch etwas näher erläutert werden.

Abbildung 4-15: Weiterentwicklung des $/€- Kurses

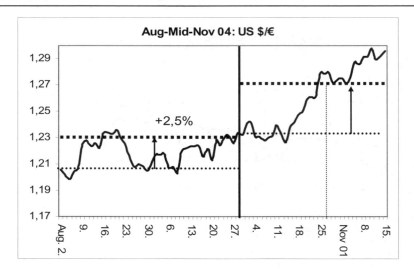

Eine ähnliche Analyse kann für andere Währungen gemacht werden. So wäre etwa dem Yen gegenüber ebenfalls eine leichte, aber doch deutlich schwächere Aufwertungstendenz (+0,5%- Trendlinie) und eine deutlich geringere Volatilität festzustellen

Der Exporteur, Investor oder Importeur hat durch eine Analyse der Wechselkursent-wicklung auch beim Transaktionsrisiko also durchaus die Möglichkeit, seine Strategie gegenüber einer Situation totaler Unsicherheit zu verbessern. Es sollte damit auch deutlich gemacht werden, dass eine Beschäftigung mit Wechselkursprognosen nicht nur eine unnötige akademische Übung sein kann, sondern durchaus zu positiven Ergebnissen führen kann wie in der Analyse von Wertpapieren auch. Die Frage ist natürlich, ob ein Exporteur sich der Mühe unterziehen will, dafür entsprechend qualifiziertes Personal vorzuhalten oder ob er sich nicht lieber auf die Absicherung des Wechselkursrisikos verlässt oder darauf, dass sich im kurzfristigeren Bereich langfris-tig Gewinne oder Verluste ausgleichen.

Beim Operationsrisiko kann sich die Mühe wie erwähnt noch mehr lohnen, denn hier geht es zum einen meist um höhere Werte und zum andern auch mehr um generelle Trends. Allerdings eignet sich hier Beispiel 4-2 nicht, weil es auf eine zu kurzfristige Perspektive angelegt ist, wie auch die Instrumente des Candlestick Charts und des täglichen Liniendiagramms. Beim Operationsrisiko würde man längerfristige Trendli-nien verwenden und sicherlich auch Fundamentaldaten analysieren, also etwa Kauf-kraftparität, Zinsniveaus, Inflation und Zahlungsbilanzsituation (siehe Abschnitte 4.3.1und 4.3.2.). Man muss sich allerdings darüber klar sein, dass der US $ wegen seiner Sonderrolle ein sehr schwieriger Fall für Prognosen ist und hier schon sehr viele auch qualifizierte Experten trotz eindeutiger Fundamentaldaten schief gelegen haben (vgl. Abschnitt 4.2.4.5).

4.4 Fragen zu Kapitel 4

Die Seitenzahlen bzw. Abbildungsnummern in Klammern beziehen sich jeweils auf die Seiten, auf denen Sie eine Antwort zur Frage finden. Die Hinweise beziehen sich bei allgemeinen Fragestellungen gelegentlich auch auf die nächstliegende Überschrift, deshalb steht die relevante Textstelle auch einmal ein oder zwei Seiten danach.

1. Wodurch entsteht der Devisenhandel? (148) Wie hoch ist sein jährliches weltweites Volumen (Tabelle 4-3 und S. 160) im Vergleich zum Welthandel? (S. 160). Welches sind die drei wichtigsten Währungen? (Tabelle 4-4)

2. Welcher von den beiden Kursen 1,2155 und 1,2215 ist der Geld und der Briefkurs? Was bedeutet Geld und Brief in der Mengennotierung und wie dreht sich diese Bedeutung bei der Preisnotierung um?(Tabelle 4-1, S. 152 154)

3. Was bedeutet Euro FX? Welche anderen Notierungen gibt es? (S. 156f.)

4. Was ist eine „Quote" beim IWF? In welcher Zahlungseinheit werden diese Quoten bemessen und wie hoch ist der Kreditrahmen im Verhältnis zu dieser Quote? Wie hoch sind die Quoten Deutschlands, Frankreichs oder der USA? (S. 164 ff.)

5. Erklären Sie die Begriffe „Debt Initiative for Heavily Indebted Countries", „Poverty Reduction and Growth Facility" und "New Arrangement to Borrow"(S. 165)

6. Was bedeutet „lender of last resort"? Welche Aussagen treffen die Autoren Meltzer, Stiglitz und Bergsten hinsichtlich der Rolle des IWF? (S. 167ff.). Wie ist Ihre persönliche Meinung dazu?

7. Wurde der im Rahmen der so genannten „Tequila-Krise" ausbezahlte Kredit zurückbezahlt? (S. 175)

8. Wie hoch ist der dem IWF zur Verfügung stehende Finanzrahmen? (S. 166)

9. Was versteht man unter dem „Washington Consensus"?(S. 168)

10. Wie kümmert sich der IWF um die Einbeziehung von Steueroasen in das internationale Finanzsystem? (S. 171 f.)

11. Was bedeutet „noise to signal-ratio" und wozu dient das zugrunde liegende Verfahren (S.173)

12. Was ist der Unterschied zwischen einem „Crawling peg" und einem „Currency Board"? Haben sich diese Verfahren bewährt? (S. 182 f.)

13. Was ist der Wechselkursmechanismus II? (S. 178)Welche Länder gehören ihm an? Die auf S. 178 angegebene Liste beschreibt den Zustand Anfang 2005: Überprüfen Sie auf der homepage der EZB , http://www.ecb.int/ ob sie noch aktuell ist.

14. Nehmen Sie an, der US $ weist eine Inflationsrate von 5% auf, der Euro nur 2,5%. Um wie viel müsste sich der Kurs US $/€ ändern, damit die Kaufkraftparität erhalten bleibt? (S.188)

15. Die Zinsen in den USA mögen bei 4% p.a. liegen, in Europa bei 2%. Normalerweise würde dies zu einem Geldzufluss in die USA mit Aufwertung des US $ führen. Erklären Sie mit Hilfe der Zinsparitätentheorie, warum das u.U. nicht der Fall ist.(S. 192f.)

16. Sie entnehmen dem Internet die folgenden Kurswerte (jeweils US $/€) :

	Open	High	Low	Close
01. Aug	0,9259	0,9291	0,9238	0,9264
02. Aug	0,9159	0,916	0,9111	0,9142
03. Aug	0,9164	0,9176	0,8991	0,9028
04. Aug	0,9052	0,9093	0,901	0,9031
07. Aug	0,9074	0,9102	0,905	0,9084
08. Aug	0,9073	0,9082	0,8998	0,9047
09. Aug	0,8993	0,901	0,8959	0,8973
10. Aug	0,9032	0,9085	0,9018	0,9031
11. Aug	0,9089	0,9143	0,9058	0,9132
14. Aug	0,902	0,9047	0,9002	0,9011
15. Aug	0,9088	0,9134	0,9088	0,9118
16. Aug	0,9173	0,9176	0,906	0,9072
17. Aug	0,9154	0,9164	0,9113	0,914
18. Aug	0,9143	0,9185	0,9067	0,9127
21. Aug	0,9067	0,9072	0,9012	0,9023
22. Aug	0,9025	0,9032	0,8948	0,8972
23. Aug	0,8926	0,896	0,8907	0,8918
24. Aug	0,9004	0,9051	0,899	0,9012
25. Aug	0,899	0,9072	0,8977	0,9021
28. Aug	0,9034	0,9041	0,8995	0,9007
29. Aug	0,9005	0,9022	0,8945	0,8965
30. Aug	0,892	0,8941	0,8865	0,8909
31. Aug	0,8942	0,897	0,8867	0,8906

Zeichnen Sie daraus ein Linienchart, ein daily bar-chart und ein candlestick chart. Interpretieren Sie die Aussagekraft der Darstellungen. Sie finden die Charts in Abbildung 4-8, Abbildung 4-9 und Abbildung 4-10 und die Kommentare auf den entsprechenden Seiten.

17. Zeichnen Sie ein Linienchart mit Wechselkurswerten z.B. zum $/€ Kurs, zum £ /€ Kurs und zum Yen/Euro-Kurs in zwei beliebigen Monaten (Sie können diese Kurse z.B. von der Europäischen Zentralbank http://www.ecb.int/stats/exchange/eurofxref/html/index.en.html bekommen).

18. Was ist hinsichtlich der Aussagekraft der Chartanalyse im Vergleich zu finanzanalytischen Methoden zur Chartauswertung zu sagen? (S. 203)

19. Welche Unterschiede bestehen hinsichtlich der Verwertbarkeit von Wechselkursprognosen beim Transaktions- bzw. Operationsrisiko? (S. 204 f.)

5 Klassische Instrumente zur Absicherung von Wechselkursrisiken

5.1 Devisentermingeschäfte

5.1.1 Unterschiede zum Kassamarkt

Auf dem Devisenterminmarkt werden Devisen gehandelt, bei denen zum heutigen Zeitpunkt ein Wechselkurs vereinbart wird, aber erst zu einem späteren Zeitpunkt der Umtausch erfolgen soll.[1] Bei einem einfachen Kauf oder Verkauf einer Währung auf Termin, wie sie Importeur oder Exporteur durchführen, spricht man von einem „**Outright- Geschäft**", auch **Sologeschäft** genannt, während ein „**Swap-Geschäft**" die Verbindung von zwei Geschäften darstellt, d.h. der Kunde einer Bank kauft (verkauft) Devisen per Kasse und verkauft (kauft) sie per Termin zu einem festen Kurs wieder zurück (Spot-Forward-Swap). Möglich ist hier auch eine Verbindung von zwei Termingeschäften zu verschiedenen Zeitpunkten.[2] (Forward/Forward Swap) Neben den **Devisenterminswaps** („Outright- oder foreign exchange swaps") gibt es auch noch die **Währungsswaps** („Currency swaps"), bei denen im Zusammenhang mit einer Kreditaufnahme die Währung des Kredits vorübergehend getauscht wird. Dieses Instrument gehört zu den derivativen Instrumenten, von denen später die Rede sein wird. Eine dritte Bedeutung umfasst die Swapgeschäfte der Zentralbanken, durch die über die Festlegung von Devisentermin-Swapsätzen der Zu- und Abfluss von Devisen und damit der Geldmarkt beeinflusst werden soll.

Das hier gemeinte "**Swap-Geschäft**" im Devisensinne auf privater Ebene wird in der Regel von Banken durchgeführt, die ihre eigenen offenen Positionen auf dem Terminmarkt genauso absichern ("hedgen") wie auf dem Kassamarkt. Ist also eine Bank zu viele Zahlungsverpflichtungen in 3-Monatsdollar gegenüber Exporteuren eingegangen und fürchtet sie das dadurch entstandene Risiko, so kauft sie gleichzeitig die entspre-

---

[1] Vgl. Büschgen, H.E., Internationales Finanzmanagement, Frankfurt 1997, S. 103
[2] Vgl. Grill, W., Perczynski, H. Wirtschaftslehre des Kreditwesens, Bad Homburg, 1999, S. 502

chende Menge an US $ auf Kasse. Obwohl für den Exporteur oder Importeur das Outright- Geschäft als das sinnhaltigere erscheint, sieht das weltweite Handelsvolumen eher umgekehrt aus: 2004 wurden 944 Mrd. US $ in Swaps, dagegen 208 Mrd. US $ an Outright - Geschäften täglich (!) notiert (Abbildung 5-1).

Aus Abbildung 5-1 wird deutlich, dass es sich bei Devisentermingeschäften nicht um Nebensächlichkeiten, sondern um einen erheblichen Teil der täglich um den Erdball wandernden Geldern handelt, mit insgesamt US $ 1 152 Mrd. pro Tag ist dies fast doppelt so viel wie an Kassageschäften (621 Mrd.) abgewickelt wird. Die reinen Outright Geschäfte haben dabei von 12% Anteil in 1989 auf 18% (2004) zugenommen.

Abbildung 5-1: Der Devisenterminmarkt

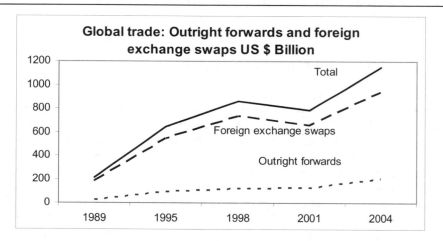

Quelle: Bank for International Settlement, Triennial Central Bank, Survey of Foreign Exchange and Derivatives Market, Basel 2004, S. 12

Auf dem Devisenterminmarkt wird von denselben Händlern und Banken gehandelt wie auch auf dem Kassamarkt, es gibt auch hier einen Geld - und einen Briefkurs. Allerdings bestehen folgende wesentliche Unterschiede:

- An ein und derselben Börse werden deutlich weniger Währungen gehandelt als auf den Kassamärkten, weniger gängige Währungen müssen über "cross-rates" und mehrere Börsen oder Banken gehandelt werden, also etwa Singapur-$ über US $.

- Devisentermingeschäfte sind sogenannte „OTC"-(„Over the Counter")- Geschäfte, d.h. sie werden zwischen zwei Vertragspartnern (meist Bank und Kunde) individuell vereinbart und sind auch individuell zu erfüllen. Eine vorzeitige „Glattstellung" eines Termingeschäfts kann nicht (wie bei den derivativen Instrumenten) einfach durch Verkauf dieser

Verpflichtung geschehen, sondern muss durch ein gegenläufiges Geschäft erfolgen.

- Öffentlich notiert werden 1, 2 ,3 ,6 ,12 Monate, individuell sind auch so genannte **broken dates** möglich, zum Beispiel nach 45 oder 80 Tagen, wenn jemand etwa am 1. Februar einen Vertrag über eine US $-Zahlung am 23. März abschließt. Von den Laufzeiten her wird es ab 12 Monaten je nach Währung schwieriger, nur der US $ ist bis zu fünf Jahren zu haben. Durch fortgesetzte Leerverkäufe können aber auch längere Zeiträume überbrückt werden.

Der Devisenterminmarkt ist aufgrund der vielen verschiedenen Notierungen und Fälligkeiten wesentlich komplexer als der Kassamarkt. Eine "Schieflage" ist hier auch schwieriger zu erkennen.

5.1.2   Die Notierungen des Devisenterminmarktes

Der Wechselkurs für den jeweils geltenden Tageskurs wird als **Kassakurs, Spot-Rate** oder einfach nur als **Tageskurs** bezeichnet. Auch auf dem Terminmarkt gibt es einen Preis, der sich gegenüber dem Tageskurs folgendermaßen äußert :

- ◆ entweder in einem Abschlag (Discount, Deport) oder

- ◆ in einem Aufschlag (Report, Prämie, Premium)

Tabelle 5-1: Devisenterminkurse am 1. Sep. 2004 (für jeweils 1 Euro)

Referenzkurse Euro FX			3 Monate		6 Monate	
1.09.2004	Kasse Geld	Kasse Brief	Geld	Brief	Geld	Brief
USA	1,2155	1,2215	1,2145	1,2205	1,2143	1,2203
Japan	132,86	133,34	132,15	132,63	131,44	131,92
Großbritannien	0,6755	0,6795	0,6801	0,6841	0,6848	0,6888
Schweiz	1,5376	1,5416	1,5318	1,5358	1,5265	1,5305
Kanada	1,5927	1,6047	1,5934	1,6054	1,5952	1,6072
Schweden	9,1164	9,1644	9,1169	9,1649	9,1198	9,1678
Norwegen	8,3438	8,3918	8,3396	8,3876	8,3347	8,3821
Dänemark	7,4176	7,4576	7,4187	7,4587	7,4195	7,4595

Quelle: Handelsblatt vom 2.9.04

Der Oberbegriff für Auf- oder Abschlag, Prämie oder Discount, Deport oder Report wird als **Swap oder Swapsatz** bezeichnet, dieser Swap basiert auf Angebot und Nachfrage und kann durchaus von Bank zu Bank abweichen. Wie beim Kassakurs gibt es auch beim Terminkurs Geld- und Briefnotierung mit derselben Bedeutung: Geld bedeutet Verkauf, Brief bedeutet Kauf von Euro auf Termin gegen die jeweilige Währung. Der US-$ (Tabelle 5-1) ist in 3 Monaten mit 1,2145 Geld/ 1,2205 $/€ Brief notiert, per Kasse mit 1,2155 Geld/ 1,2215 Brief, der Euro hat also gegenüber dem US $ einen Abschlag von 0,1 (US)-Cents, der US $ gegenüber dem Euro einen Aufschlag.

Gegenüber dem £, dem kanadischen $, der schwedischen und der dänischen Krone hat der Euro einen Aufschlag und die jeweilige Währung einen Abschlag. Gegen alle anderen notierten Währungen weist der Euro einen Discount auf, die jeweilige Währung also eine Prämie.

5.1.3   Geschäftsablauf und Kosten

Zur Sprachvereinfachung wird im Folgenden von „Exporteur" und „Importeur" gesprochen. Gemeint sind analog Unternehmen, die wie ein Exporteur eine Währungsforderung (Kredit-, Dividenden- oder Zinsforderung) oder eine Währungsverbindlichkeit (Kredit-, Dividenden- oder Zinsverbindlichkeit) haben.

5.1.3.1   Absicherung einer Währungsforderung

Ein Exporteur, der in 3 Monaten einen Dollarbetrag erwartet, hat eine „**offene Devisenposition**", weil sein Gewinn durch die Unwägbarkeiten der Kursentwicklung vermindert oder sogar zu einem Verlust werden kann. Er kann diese Position dadurch schließen, dass er diesen US $-Betrag auf Termin gegen Euro an die Bank verkauft. Die Bank kauft also US $ von ihm, er kauft € (Abbildung 5-2).

Abbildung 5-2: Devisentermingeschäft eines Exporteurs US $ gegen €

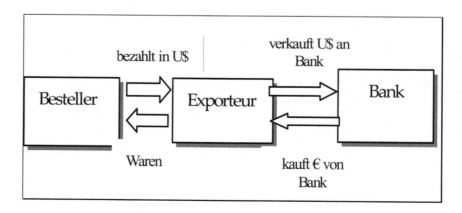

Wie schon bei den Kassakursen besprochen, ist es auch hier sinnvoll, Kauf und Verkaufswährung genau zu benennen und die Preisfestsetzung an der **Heimatwährung, also Euro** zu orientieren. Es ist sehr hilfreich, wenn man sich dabei beide Währungen vorstellt, also z.B.: der Exporteur verkauft US $ an die Bank und kauft € von der Bank.

Welches sind nun die **Kosten**, die der Exporteur für die Sicherheit eines kalkulierbaren Kurses bezahlen muss? Normalerweise wird ein Exporteur oder Importeur ja mit dem jeweiligen Kassakurs am Tag des Angebots (e_0) oder der Lieferung kalkulieren und diesen Wert mit dem Wert vergleichen, den er erhält, wenn er ein Termingeschäft abschließt (f). Hier ist genau genommen der Briefkurs zugrunde zu legen, weil der Kunde € kauft. (Falls die Preisnotierung verwendet wird, z.B. aus amerikanischer Sicht, wäre der Geldkurs zu nehmen).

Im Beispiel unten (Tabelle 5-2) gewinnt der Exporteur 671 € zum Briefkurs gerechnet bzw. 674 € zum Mittelkurs, weil der Dollar auf Termin mehr Euro einbringt als gegen Kasse oder anders herum gesagt, weil der Euro auf Termin billiger zu kaufen ist als gegen Kasse. Das Ergebnis dieser Rechnung kann aber je nach Währung und je nach Situation ein Gewinn oder ein Verlust sein, es soll im folgenden als „**Absicherungsdifferenz" „D_a"** bezeichnet werden.

Tabelle 5-2: Exportabsicherung[3]

Export in die USA 3 Monate				
Vertragssumme (V) = $1.000.000 Der Exporteur verkauft $ und kauft €	**Briefkurse** (offer)	**€-Wert**	**Mittelkurse** (mid-point)	**€-Wert**
	A	V :A	B	V :B
Exporteur kalkuliert zum Kassakurs e_0 ($/€)	1,2215	818.666 €	1,2185	820.681 €
Exporteur bekommt € zum Terminkurs (f) 3 Monate	1,2205	819.336 €	1,2175	821.355 €
zur Information: f-e_0 = Abschlag auf € ($/€)	-0,0010		-0,0010	
Absicherungsdifferenz Termin/Kasse=V/f -V/e_0		671 €		674 €

Es ist für den Anfänger sehr zu empfehlen, **mit den Gesamtsummen zu rechnen**, d.h. den US $-Vertragswert jeweils mit dem Terminkurs und mit dem Kassakurs in € umzurechnen (Spalte: €-Wert). Wer nicht jeden Tag damit umgeht, sollte unbedingt die Währungsbezeichnungen mit in die Berechnung einbeziehen:

$$(I)D_a = \frac{V(\$)}{f(\$/€)} - \frac{V(\$)}{e_0(\$/€)} = 1\,000\,000 \cdot \left(\frac{1}{1,2205} - \frac{1}{1.2215}\right)\left[\frac{\$ \cdot €}{\$}\right] = 819\,336€ - 818\,666€ = 671€$$

Die Mengennotierung hat ihre Tücken, weil der Preis der Heimatwährung in Fremdwährung ausgedrückt wird. Daher vergisst der Anfänger leicht, dass er ja in US-Cents (oder Pence oder Kronen usw.) und nicht in Euro- Cents gerechnet hat. Auf keinen Fall darf etwa die Swap-Differenz von 0,001 $/€ (Zeile „zur Information" in Tabelle 5-2) zur

---

3   Zahlen sind gerundet, es kann also vorkommen, dass sich Einzelwerte nicht exakt addieren

Umrechnung verwendet werden, denn auch sie muss erst von einer US \$/€ in eine €/\$ Notierung invertiert werden.[4]

Wie man aus der Rechnung in Tabelle 5-2 in den beiden rechten Spalten sehen kann, sind die Unterschiede zwischen dem korrekt gerechneten **Briefpaar** und den Mittelkursen marginal; sie werden in der Praxis ohnehin jeweils bankenindividuell festgelegt und es entstehen meist auch noch Provisionsgebühren. Daher wird analog zur angelsächsischen Praxis hier im weiteren Verlauf überwiegend mit **Mittelkursen** gerechnet, was in vielen Fällen die Überlegungen wie auch die Rechnung erheblich vereinfacht. Allerdings gilt dies nur für die Differenz der Beträge, also die Kosten oder Erlöse des Geschäfts, bei den absoluten Summen bestehen etwas größere Unterschiede. So besteht z.B. in Tabelle 5-2 zwischen Geld und Briefkassakurs eine Differenz von 2 015 €, (820 681- 818 666€) während die Differenz der Absicherungsdifferenzen (zwischen Brief- und Mittelkurs) nur 3 Euro (674-671 €) beträgt. Bei der Umrechnung absoluter Summen sollte also auf jeden Fall genau gerechnet werden.

In der Praxis verwendet man oft nicht den Kassakurs an einem bestimmten Tag, sondern einen längerfristig ermittelten und meist runden Kalkulationskurs. Warum rechnen wir hier mit dem relativ willkürlich ausgewählten Tageskurs vom 1.9.2004, der am nächsten Tag vielleicht schon wieder einen halben oder einen ganzen Cent anders ist? Es geht hier aber nicht um die absolute Summe, sondern um die Differenz, d.h. den Swap: Die Abstände von Kassa- zu Terminkurs sind meist wesentlich stabiler als die Kassakurse und sie ändern sich nur, wenn die Zinsdifferenzen zwischen beiden Ländern sich ändern.[5] Wenn also am nächsten Tag der Kassakurs einen halben Cent unter dem Kurs des Vortags liegt, sinkt auch der Terminkurs entsprechend, die Kosten oder Erlöse des Termingeschäfts bleiben also gleich, und darauf kommt es hier an.

5.1.3.2   Absicherung einer Währungsverbindlichkeit

Ein **Importeur** hat ebenfalls eine offene Devisenposition, sofern er Bezahlung in Fremdwährung vereinbart hat. In Abbildung 5-3 ist am Beispiel eines Imports aus Japan der Ablauf eines Devisentermingeschäfts gezeigt. Auch hier ist es wieder sinnvoll, wenn man in beiden Währungen denkt und die Berechnung von Prämie oder Discount auf die Heimatwährung, also den € bezieht. Der Importeur muss in Yen (¥) für seine Lieferung bezahlen, sich von der Bank diese ¥ beschaffen und € an die Bank verkaufen. Für ihn ist es also günstig, wenn der € einen Aufschlag hat und ungünstig,

---

[4] Die beiden Brüche in Formel (I) oben stellen nichts anderes als den \$-Kurs in der Preisnotierung dar, wer also daran festhalten will, kann schreiben:

$$a = 1\ 000\ 000 \cdot (\frac{1}{1,2205} - \frac{1}{1.2215}) \left[\frac{\$ \cdot €}{\$}\right] = 1\ Mio. \cdot (0,819\ 336 - 0,818\ 666)\left[\frac{\$ \cdot €}{\$}\right] = 1\ Mio. \cdot 0,000671(€) = 671€$$

[5]   Vgl. Kapitel 5.2

wenn er (wie hier) gegenüber dem Yen einen Discount aufweist. In Tabelle 5-3 ist dabei ein Betrag von ¥ 100 Mio. angenommen, der in sechs Monaten fällig ist:

Abbildung 5-3: Devisentermingeschäft eines Importeurs

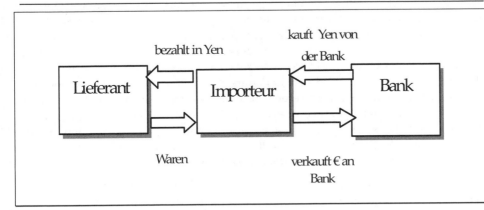

Tabelle 5-3: Devisentermingeschäft bei einem Importeur (Yen, 6 Monate)

Vertragssumme (V) =Y 100.000.000 Der Importeur kauft Yen und verkauft €	Geldkurse (bid)	€-Wert	Mittelkurse (mid-point)	€-Wert
	A	V :A	B	V :B
Der Importeur kalkuliert zum Kassakurs Geld (e$_o$)	132,86	752.672 €	133,10	751.315 €
Importeur bekommt Terminkurs Yen/€ (f) in Rechnung gestellt	131,44	760.803 €	131,68	759.417 €
zur Information f-e $_0$ =Abschlag auf € (Yen/€)	-1,42		-1,42	
Absicherungsdifferenz Termin/Kasse=V/eo -V/f		**-8.131 €**		**-8.102 €**

Bei einem Verkauf von Euro sind Geldkurse anzusetzen. Auch hier ist aber die Differenz zu Mittelkursen marginal. Formelmäßig sieht die Rechnung so aus:

$$(I) D_a = \frac{V(Yen)}{e_o(Yen/€)} - \frac{V(Yen)}{f(Yen/€)} = 100\,000\,000 \cdot \left(\frac{1}{133,10} - \frac{1}{131,68}\right)\left[\frac{Yen \cdot €}{Yen}\right] = 751315€ - 759417 € = -8102€$$

Im obigen Fall haben beide Währungen einen Aufschlag, d.h. der Euro hat jeweils einen Deport. Der Exporteur gewinnt (weil er Euro kauft), der Importeur verliert (weil er Euro verkauft) gegenüber der Kalkulation zum Kassakurs, wenn er ein Devisentermingeschäft abschließt. Der Abschlag des Euro ist gegenüber dem US $ mit nur 0,08% wesentlicher geringer als der gegenüber dem Yen mit rd. 1,1%. Bei einem Export nach Japan würde ein Exporteur erheblich mehr durch ein Termingeschäft profitieren. Am

Ende des Kapitels (im Fragenteil) finden sich noch Beispiele mit Exportabsicherungen nach Japan, Großbritannien und in die USA.

5.1.3.3 Effektiver und prozentualer Swapsatz

Ein sehr wichtiger Kennwert ist der so genannte **„effektive Swap"**. Er wird normalerweise gar nicht den Devisentermingeschäften zugeordnet, sondern den Kreditgeschäften, weil er (siehe Kapitel 5.2) den Zinsdifferenzen entspricht. Genau genommen wird auch der Swapsatz (also Auf- oder Abschlag) von den Banken aus eben diesen Zinsdifferenzen errechnet. Der Wert kann zur Rechnungsvereinfachung genutzt werden, vor allem wenn verschiedenen Notierungen von Drei-Monats $, Sechs-Monats £ oder 12 Monats-Yen verglichen werden sollen. Außerdem refinanzieren Banken ihre offenen Devisenterminpositionen über den Kapitalmarkt und hier spielen Zinsdifferenzen eine Rolle, so dass die effektiven Werte sofort mit diesen Differenzen vergleichbar sind. Wenn die Zeit keine Rolle spielt und man nur einen relativen Wert errechnen will, verwendet man den **prozentualen Swap**.

Der **prozentuale Swap** stellt die Relation zwischen Termin/Kassakursdifferenz und dem Terminkurs dar, der effektive Swap stellt denselben Wert dar, der als Zinswert auf einen Zeitraum von einem Jahr normiert ist.

$S_{eff}=$	effektiver Swap
$S =$	prozentualer Swap
$f =$	Terminkurs
$e_0 =$	Kassakurs
$t =$	Laufzeit des Devisentermingeschäfts (Monate), ggf. bei täglicher Berechng. Tage

$$S = \frac{f - eo}{f} \cdot 100 \ (I)$$

$$S_{eff} = \frac{f - eo}{f} \cdot \frac{12}{t} \cdot 100 \ (II)$$

Für die wichtigsten Wechselkurse am 1.9.05 (Tabelle 5-1) werden die beiden „Swaps" (Mittelkurse) folgendermaßen errechnet:

Tabelle 5-4: Verschiedene prozentuale und effektive Swapsätze (zu Mittelkursen)

31.09.2004	Differenz et-eo 3 Monate	% Swap	effekt. Swap	Differenz et-eo 6 Monate	% Swap	effekt. Swap
USA	-0,001	-0,08%	-0,33%	-0,001	-0,10%	-0,20%
Japan	-0,710	-0,54%	-2,15%	-1,420	-1,08%	-2,16%
Großbrit.	0,005	0,67%	2,70%	0,009	1,35%	2,71%
Schweiz	-0,006	-0,38%	-1,51%	-0,011	-0,73%	-1,45%
Kanada	0,001	0,04%	0,18%	0,002	0,16%	0,31%

Minuszeichen bedeuten einen Abschlag des Euro, wenn man bei den obigen Formeln I und II die Vorzeichen beachtet, so errechnet sich bei Euro-Abschlägen ebenfalls ein negativer, bei Euro-Aufschlägen (z.B. beim britischen £) ein positiver Swap. Vorteil der prozentualen Darstellung ist die größere Übersichtlichkeit und Vergleichbarkeit. Man sieht sofort, dass der Unterschied beim US $ relativ marginal ist, während er bei ¥ und £ deutlich höher ist.

5.1.3.4 Verschiedene Notierungen bei Devisentermingeschäften

Neben den bisher gezeigten Notierungen der Brutto-, der effektiven und der prozentualen Notierung können Devisentermingeschäfte auch als isolierte Werte notiert sein: Im englischen Sprachgebrauch nennt man dies „quotation on a point basis"[6], (Punktnotierung). Die Punktnotierung basiert auf der Nettonotierung, d.h. der Differenz zwischen Termin- und Kassakurs. In den Abschnitten 5.1.3.1 und 5.1.3.2 wurde die Bruttonotierung verwendet, bei der Kassa- und Terminkurs getrennt notiert und die Vertragssumme durch die beiden Kurse geteilt wird. Bei der Nettonotierung wird nur die Differenz (wie eine Versicherungsprämie) zwischen Kassa- und Terminkurs betrachtet (Tabelle 5-5).

Tabelle 5-5: Brutto- und Nettonotierung von Devisentermingeschäften

		US $/€	Yen/€	£/€
Bruttonotierung (Kassa- und Terminkurs getrennt notiert)	Kassakurs e_0	1,2185	133,10	0,6775
	Terminkurs f(Mittelwert)	1,2175	131,68	0,6821
Nettonotierung (f-e_0)	Swap (Differenz f-e_0)	-0,0010	-1,42	0,0046
Punktnotierung		100	142	460

Auf dem –inzwischen überwiegend virtuellen- Börsenparkett wird meist die Punktnotierung verwendet, d.h. beim US $ als „100", beim britischen Pfund „460", wobei unter Profis noch feinere Unterschiede zwischen Geld- und Briefnotierung dazukommen, z.B. wäre 98/102 eine Geld/ Briefnotierung für den US $. Diese Geld-/Briefdifferenzen kommen meist erst ab der fünften Stelle zum Tragen, so dass sie bei der üblichen vierstelligen Notierung etwa von US $ und £ gar nicht erscheinen. Üblicherweise wird ganzzahlig bis zur fünften Stelle hinter dem Komma notiert, bei Währungen wie dem Yen passt man sich entsprechend pragmatisch an die Wertigkeit an.

Seit Einführung der Mengennotierung ist außerhalb der Börse die Bruttobetrachtung üblicher. Dies liegt daran, dass die Nettonotierung in Fremdwährung pro € quotiert ist und daher eine direkte Anwendung (also Multiplikation mit einer Vertragssumme in

---

6   Vgl. Eiteman, D. et al. (2004), p. 83

Fremdwährung) komplizierter ist: Eine Quotierung 0,001 $/€ muss erst in €/$ umgerechnet werden, was mathematisch Ungeübte meist vor erhebliche Probleme stellt. So schwierig ist es aber keineswegs, wie folgendes Rechenbeispiel zeigt:

Beispiel 5-1: Umrechnung der Swapdifferenz von Mengennotierung in Preisnotierung

Der Kassakurs (Mittelwert) e_0 von 1,2185 $/€ kann durch Invertierung in die Preisnotierung umgerechnet werden: $1/e_0$= 0,82068 €/$. Beim Swapsatz kann man natürlich auch rechnen: S_P=1/f-1/e_0= 0,82135-0,82068 =0,00067. Etwas direkter geht es mit folgender Formel:

$$\frac{f - eo}{f \cdot eo} = \frac{1}{eo} - \frac{1}{f} \quad \text{oder kurz:} \quad \frac{Sm}{f \cdot eo} = Sp$$

S_m = Swapsatz (Mengennotierung)
S_P= Swapsatz (Preisnotierung)
f-e_0= Swapsatz (Mengennotierung)
$1/e_0$-1/f = Swapsatz (Preisnotierung)

zum Beispiel:

$$\frac{f - eo}{f \cdot eo} = \frac{0,0010}{1,2185 \cdot 1,2175} = 0,000674 \quad \text{oder} \quad \frac{f - eo}{f \cdot eo} = \frac{1,42}{131,68 \cdot 133,1} = 0,00008102$$

(also jeweils 674 € beim Exporteur in Tabelle 5-2 und 8102 € beim Importeur in Tabelle 5-3)

Exkurs: Die Formel leitet sich folgendermaßen ab:

(1)   Der Swapsatz in der Preisnotierung lautet: $Sp = \frac{1}{eo} - \frac{1}{f}$, wenn beide Brüche durch

Erweiterung auf den gleichen Nenner gebracht werden, so kann man schreiben:

(2)c $Sp = \frac{1}{eo} \cdot \frac{f}{f} - \frac{1}{f} \cdot \frac{eo}{eo} = \frac{f}{eo \cdot f} - \frac{eo}{eo \cdot f} = \frac{f - eo}{eo \cdot f}$ .also: $Sp = \frac{f - eo}{eo \cdot f} \left[\frac{€}{\$}\right]$

Auf diese Weise hat man einen vergleichsweise einfachen Umrechnungsfaktor, um mengennotierte Swaps in die Preisnotierung konvertieren zu können und dann eine Vertragswährung in Dollar oder Yen in € umrechnen zu können, also beispielsweise bei den Beispielen aus Tabelle 5-2 und Tabelle 5-3:

D_a =$Sp_{€/\$} \cdot$ V= 0,000674 €/$ · 1 Mio $ = 674 € oder

D_a= $Sp_{€/¥}$ V= 0,00008102· €/¥ · 100Mio ¥ = 8 102 €

5.1.3.5   Gewinne und Verluste bei Devisentermingeschäften

Eigentlich ist das Verhalten des Exporteurs, der in Fremdwährung fakturiert, nicht Handelsusance. In allen größeren Industrieländern werden Exporte zu etwa 60-80% in der eigenen Währung fakturiert: Üblich wäre ein Export in € und ein Import in ¥ oder £. Trotzdem wäre es von einem verhandelnden Team im Ausland wenig klug, würde es grundsätzlich auf einem Vertragsabschluß in seiner Heimatwährung bestehen, obwohl durch ein Termingeschäft sogar ein günstigeres Ergebnis erzielt werden kann: Beim Exporteur nach Japan entsteht durch den Geschäftsabschluss in Yen und ein Devisentermingeschäft immerhin ein Gewinn von € 8 102. Die Vertragswährung ist bei Vertragsverhandlungen in der Regel ein Verhandlungsgegenstand wie der Preis, die Lieferzeit, die Zahlungstermine, die Bereitstellung von Garantien und anderes mehr. Es kann aber durchaus passieren, dass ein Verhandlungsteam durch ein Zugeständnis bei der Vertragswährung Zugeständnisse bei anderen, vielleicht wichtigeren Punkten erreichen kann. Immerhin ist ein Währungsrisiko, das man durch ein Devisentermingeschäft absichern kann, ein kalkulierbares Risiko und man kann den Preis (oder den Ertrag) genau beziffern.

Tabelle 5-6 macht sichtbar, wann die Absicherung einer Fremdwährungsforderung und /-verbindlichkeit zu Gewinnen und Verlusten führt: Es hängt nicht nur vom Vorhandensein eines Auf- oder Abschlags ab, sondern auch davon, ab eine Forderung oder Verbindlichkeit vorliegt.

Tabelle 5-6: Gewinn und Verlust bei Aufschlag und Abschlag

	Prämie Euro (+) (= Abschlag $, £, usw)	Discount Euro (-) (= Aufschlag $, £ usw.)
EXPORTEUR (Währungsforderung) ⇨ Kauft € (verkauft $, £,¥...)	**-**	**+**
IMPORTEUR (Währungsverbindlichkeit) ⇨(verkauft € ,kauft $, £,¥..)	**+**	**-**

Wie teuer sind Devisentermingeschäfte? Bei den „großen" Währungen, in denen zumindest aus dem Euroraum 80-90% aller Außenhandelsgeschäfte abgeschlossen werden, lagen die effektiven Swaps in den meisten Zeiträumen im Bereich unter 2-3% p.a. Daraus wird deutlich, dass es meist billiger ist, sich gegen das Wechselkursrisiko abzusichern, als etwa eine Vorauszahlung zu leisten oder zu fordern.

5.1.4 Risikoüberlegungen bei der Terminabsicherung

Es gibt in der Praxis durchaus Stimmen, die eine Absicherung ablehnen, weil sie davon ausgehen, dass zum einen die Schwankungen bei den „großen Währungen" auf kürzere Sicht nur einige Prozentpunkte betragen und sich zum anderen Kursgewinne und -verluste langfristig ausgleichen.[7] Oft wird das Argument niedriger Gewinnspan-

---

7   Vgl. Eiteman, K, et al.,(2001), S. 188; siehe auch Kapitel 8

nen ins Feld geführt, aber entscheidend ist nicht die Gewinnspanne, sondern die Frage, ob eine Nichtabsicherung (1) auf Dauer billiger ist und –vor allem- ob nicht (2) trotz langfristig hervorragender Gewinnchancen kurzfristig das Unternehmen in die Illiquidität treibt. Zu der hier vertretenen Philosophie des tragbaren Risikos steht ein Absicherungsverzicht gerade deshalb im Widerspruch, weil dadurch eine nicht abschätzbare offene Position entsteht. Wenn die betreffende Währung dann auch noch in eine Krise gerät und kurzfristig deutlich abgewertet wird, kann dies sehr schnell auch eine Unternehmenskrise herbeiführen. Dies ist auch schon einigen nicht ganz unbekannten Großunternehmen widerfahren.

Andererseits sind von Unternehmen mit nicht vollkommen zweifelsfreier Bonität unter Umständen Vorauszahlungen in Heimatwährung an die Bank zu leisten sowie Garantien oder eine Hermesdeckung zu erbringen, denn eine Bank möchte sich ungern dem Risiko aussetzen, dass ein termingerecht durch Gegengeschäfte abgedeckter Betrag dann nicht eingeht.[8] Dies stößt unter Umständen bei kleineren Exporteuren mit einem hohen Auslandsumsatz auf Probleme, da sie weder über die nötige Bonität noch über das entsprechende Kapital verfügen.

Abbildung 5-4: Relevante Kurse bei einem Devisentermingeschäft

---

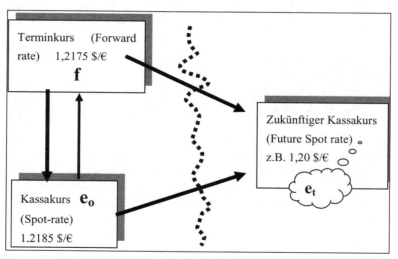

Es gibt drei Kurse, die miteinander verglichen werden können, von denen allerdings zum Zeitpunkt der Entscheidung nur zwei bekannt sind, nämlich die linken beiden Kurse e_0 (Kassakurs) und f (Terminkurs) in Abbildung 5-1. Die Differenz zwischen f und e_0 bestimmt die Kosten des Devisentermingeschäfts, die Differenz zwischen e_0 und e_t bestimmt (später) den entgangenen Gewinn oder den vermiedenen Verlust.

---

[8]   Vgl. Rösler P. ,Mackenthun Th., Pohl R. , (2002), S. 423

Wenn ein Devisentermingeschäft abgeschlossen wird, ist die Differenz zwischen e_0 und e_t ein rein theoretischer Wert, der nicht in der Buchhaltung auftaucht. Das bedeutet, dass Manager eher zur Verantwortung gezogen werden, wenn sie ein Risiko nicht abgesichert haben, als wenn sie durch Absicherung einen entgangenen Gewinn verursacht haben. Lediglich bei spektakulären Großgeschäften kommt es vor, dass Aktionäre aufmerksam genug sind, so etwas zu hinterfragen.

Einen Vergleich mit dem **zukünftigen Kassakurs** e_t (rechte Seite) kann das Management erst nachträglich durchführen, vergleichbar mit der Frage, ob sich die Versicherung eines Risikos gelohnt hat, wenn „nichts passiert" ist: Soll ein Autobesitzer sich über die Kosten seiner Vollkaskoversicherung ärgern, weil er keinen Unfall hatte oder soll der Exporteur den Kosten einer Versicherung des Exportrisikos bei Hermes nachweinen, weil sein Geschäftspartner pünktlich bezahlt hat?

Genau wie bei der Frage, ob sich eine Versicherung lohnt, kann das Management grundsätzliche Überlegungen dazu anstellen, inwieweit sich eine Terminabsicherung generell oder für eine bestimmte Währung lohnt; dies wird hier auch in Kapitel 8 noch ausführlicher erörtert werden. Aber man sollte diese Überlegung zunächst einmal trennen von der Frage, was eine bestimmte Absicherungsmaßnahme kostet oder einbringt. Diese Kosten (oder auch Erlöse) können dann sowohl mit den potentiellen Kosten oder Erträgen einer Nichtabsicherung wie auch mit Absicherungsalternativen wie Optionsmodellen oder Futures verglichen werden. Auch kann die Frage gestellt werden, ob eventuelle Kosten in der Angebotskalkulation untergebracht werden kann.

Eine Währungsforderung etwa eines Exporteurs (Grundgeschäft) stellt zunächst eine „offene Position," dar, die durch das Devisentermingeschäft (Gegengeschäft) „geschlossen" wird. Kommt der Währungsbetrag nicht oder später als vereinbart, so ist die Position plötzlich nach der anderen Seite offen: Das Devisentermingeschäft muss ja unabhängig vom Eingang des Devisenbetrags erfüllt werden (**Erfüllungsrisiko).** Der Exporteur (oder Kreditgeber) kann zwar auf Erstattung hoffen, wenn eine Ausfuhrversicherung etwa über Hermes besteht. Diese trägt aber nicht das Währungsrisiko, d.h. er muss die US $ dann auf dem Kassamarkt beschaffen und den vereinbarten Eurobetrag von der Bank zum Terminkurs kaufen. Ist der Kassakurs des Euro höher als der Terminkurs, so kann er sich mit einem kleinen Gewinn über den Zahlungsausfall trösten, ist er niedriger, so kommt zum Zahlungsausfall noch der Währungsverlust hinzu. (siehe Beispiel 5-2)

Beispiel 5-2: Offene Position bei einem Devisentermingeschäft

---

Auch hier können Sie Ihr Wissen überprüfen. Nehmen Sie den Fall eines Exporteurs (aus Tabelle 5-2), wo zu einem Terminkurs von 1,2175 ein Devisentermingeschäft über 1 000 000 US $ für drei Monate abgeschlossen wurde. Angenommen, das Geld kommt nicht. Was muss der Exporteur nun machen? Mit welchen Verlust bzw. Gewinn muss der

Exporteur aus dem Devisentermingeschäftrechnen, wenn der Kassakurs bei Fälligkeit entweder 1,23 oder 1,19 $/€ beträgt?

Durch das Termingeschäft hat sich der Exporteur verpflichtet, bei Fälligkeit der Bank 1 Mio US $ zur Verfügung zu stellen und dafür von der Bank –zum Terminkurs von 1,2175- genau - 821 355 € gutgeschrieben zu bekommen. (wie in Tabelle 5-2 auf Seite 215). Gehen die US-Dollars **nicht ein, muss er sie auf dem Markt kaufen,** wofür er Euro verkaufen muss. Steigt der Kassakurs des Euro (et) auf 1,23, so muss er dafür nur 813 008 Euro bezahlen und gewinnt 8 347 €. Fällt der Kassakurs des Euro z.B. auf 1,19, so muss er für den Dollarbetrag 840 336 € bezahlen und verliert damit 18 981 € (**Tabelle 5-7**). Man kann auch umgekehrt argumentieren: Steigt der Euro, dann fällt der Dollar und der US $ ist billiger auf dem Kassamarkt zu haben und der Exporteur gewinnt. Fällt der Euro, so steigt der Dollar und er muss auf dem Kassamarkt teurer eingekauft werden (Verlust).

Tabelle 5-7: Gewinn und Verlust bei Erfüllung eines offenen Termingeschäfts

	Kurse	1 Mio $ in €	Kurse	1 Mio $ in €
Terminkurs f	1,2175	821.355 €	1,2175	821.355 €
Kassakurs e_t	1,2300	813.008 €	1,1900	840.336 €
Ergebnis (Geinn/Verlust)		8.347 €		-18.981 €

Gegen dieses **Erfüllungsrisiko** gibt es keine Absicherungsmöglichkeit innerhalb der Devisentermingeschäfte, hier wäre eine allerdings wesentlich teurere Devisenoption zu wählen, weil dann das Wahlrecht der Ausübung besteht. Wenn man während der Laufzeit eines Devisentermingeschäfts bereits absieht, dass der Betrag nicht eingehen wird, ist es noch Zeit, die Notbremse zu ziehen und die Verpflichtung durch ein gegenläufiges Devisentermingeschäft zu kompensieren. Bereits bis dahin entstandene Kursverluste sind dann nicht mehr zu retten, es sei denn, das Management möchte spekulativ abwarten, ob sich bis Ende der Laufzeit das Blatt noch wendet.

Weiß man nicht, wann der Betrag genau eingeht, kann eine zusätzliche "**Fälligkeitsoption**" gewählt werden, die nicht mit einer Währungsoption verwechselt werden darf: Gegen eine entsprechende Gebühr kann das Devisentermingeschäft etwa zwischen 60 und 70 Tagen fällig gestellt werden. Der Swap wird aber dann auf jeden Fall mit 70 Tagen berechnet, auch wenn der Betrag früher eingelöst wird.[9]

---

[9]   Vgl. Deutsche Bank, Devisenmarkt, Frankfurt 1986, S.25

5.1.5   Teilabsicherung („Partial Cover")

Mit einem Devisentermingeschäft ist es auch möglich, nur einen Teil einer Position abzusichern. Der Exporteur (oder Importeur) sichert nur die Hälfte (oder einen bestimmten Prozentsatz) seiner offenen Position ab und nicht den Gesamtbetrag („Partial forward cover").

Abbildung 5-5: Teilabsicherung durch ein Devisentermingeschäft[10]

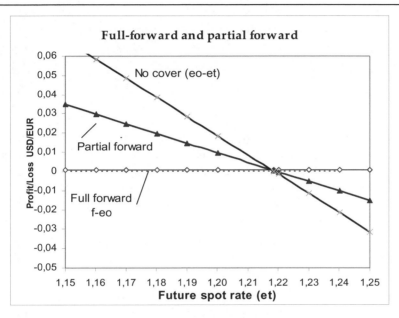

Full-forward and partial forward

No cover (eo-et)

Partial forward

Full forward
f-eo

Profit/Loss USD/EUR

Future spot rate (et)

Abbildung 5-5 zeigt graphisch, wie die Risikoprofile aussehen: Das Profil einer offenen Position des Exporteurs (no cover), geht von links oben nach rechts unten, d.h. bei Fallen des Euro ($e_t < e_o$) entsteht ein Gewinn, bei Steigen ($e_t > e_o$) ein Verlust. Die Terminabsicherung (full cover) wird durch eine Parallele zur Null-Linie symbolisiert, die je nach Auf- oder Abschlag oberhalb oder unterhalb verläuft. Der „Partial Cover" liegt, wenn die Hälfte des Betrags abgesichert wird, genau in der Mitte zwischen „full cover" und „no cover", kann also auch Gewinnchancen ermöglichen.

Aus Tabelle 5-1 geht ein Rechenbeispiel hervor, das eine Exportabsicherung in die USA zu einem Kassakurs von 1,2185 und einem Devisenterminkurs von 1,2175 unterstellt (3 Monate). Hier wie auch in Abbildung 5-5 wird nicht mit Gesamtbeträgen, sondern mit US $ /Euro gerechnet, also in Kursnotierung. Diese Notierung werden wir später bei den Devisenoptionen noch sehr häufig verwenden, denn sie hat den Vorteil, dass

---

[10] e_o = Kassakurs; e_t = zukünftiger Kurs; f = Terminkurs (forward rate)

sie ohne Bezug auf einen bestimmten Vertragswert universell einsetzbar ist. Bei der Umrechnung in Beträge muss man allerdings Vorsicht walten lassen und daran denken, dass man ja in Fremdwährung rechnet, hier also in \$/€.

Tabelle 5-8: Partial Cover (jeweils in \$/€)

Kassakurs e_0=1,2185	Terminkurs f= 1,2175		
e_t	Differenz: $e_0 - f$[11]	$e_0 - e_t$	$e_0 - 0,5 \cdot (f + e_t)$
	Termingeschäft	**ohne Deckung**	**Partial Cover**
1,1500	0,001	0,0685	0,03475
1,2185	0,001	0	0,0005
1,2500	0,001	-0,0315	-0,01525

Wenn der € auf e_t =1,15 fällt, so entsteht beim Partial Cover für die nicht abgesicherte Hälfte ein Gewinn von $(e_0 - e_t)/2$= 0,0685/2= 0,03425 \$/€. Bei der anderen Hälfte war ja wegen des €-Abschlags ein Gewinn von 0,001 \$/€ entstanden, also 0,001/2 = 0,0005 \$/€, also insgesamt 0,03475 \$/€. Umgekehrt entstünde bei einem zukünftigen Kurs e_t von 1,25 \$/€ ohne jegliche Deckung ein Verlust von 3,15 \$-Cents, der beim Partial Cover halbiert wird (-1,575 Cent) und dazu durch den Gewinn beim Termingeschäft (0,05 Cents) auf 1,525 Cents reduziert wird.

Das Risiko kann auch zu 75% oder 25% oder einem beliebigen Wert abgesichert werden. Allerdings stellt das Instrument trotz des halbierten Risikos in allen Fällen eine nach oben wie unten offene Position dar.

Man wird es nutzen, wenn man von einem Währungsgewinn profitieren will (also eher an eine günstige Entwicklung glaubt), während man gleichzeitig nicht so ganz sicher ist und deshalb einen denkbaren Verlust nicht so groß ausfallen lassen möchte. Sicherlich wird man es auch nur nutzen, wenn man nicht an allzu große Währungsausschläge glaubt. Ob es Sinn macht oder ob es eher eine Position der Unentschlossenheit wiedergibt, muss das Management entscheiden.

---

[11]   Bitte beachten: Der Swap ist = f-e_0, da aber beim Exporteur bei einem Aufschlag ein Verlust, bei einem Abschlag ein Gewinn entsteht, wird hier die Reihenfolge in e_0-f umgedreht

5.2 Finanzhedging (money market hedge)

5.2.1 Geschäftsablauf und Ziel

Beim Finanzhedging erfolgt die Kurssicherung dadurch, dass eine offene Devisenposition in Währung, Höhe und Fälligkeit genau durch die Aufnahme eines gegenläufigen Kredits kompensiert wird. Der **Exporteur**, der in drei Monaten einen Betrag von 1 Mio US $ erwartet, kann sich in Dollar verschulden, dieses Geld - sofort - in € umwechseln, es entweder auf einem zinsbringenden Konto anlegen oder es für seinen eigenen Finanzierungsbedarf verwenden. Er wird ja meist ohnehin einen Finanzierungsbedarf haben. Dieses Geschäft, auch Zinsarbitrage, Geldmarktgeschäft oder „money market hedge" genannt, wird aus Euro-Sicht in folgenden Stufen abgewickelt:

- Kreditaufnahme in Fremdwährung $, die sofort in Euro transferiert werden muss.

- Der korrespondierende Eurobetrag kann entweder auf einem Konto angelegt oder zur Finanzierung im eigenen Betrieb (Beschaffung, Löhne) eingesetzt werden. Dies ist besonders dann günstig, wenn ohnehin ein externer Finanzbedarf besteht.

- Am vereinbarten Zahlungstermin wird der eingehende US $ -Betrag direkt zur Tilgung verwendet. Zinszahlungen in Dollar können entweder durch vorschüssige Zahlung oder durch eine entsprechend geringere Kredithöhe vom Wechselkursrisiko befreit werden .

Beim **Importeur** läuft der Vorgang spiegelbildlich ab:

- Kreditaufnahme in €. Der Betrag muss sofort in die Auslandswährung umgewechselt werden und auf einem ausländischen Konto bis zur Fälligkeit angelegt werden.

- Am vereinbarten Zahlungstermin wird der $-Betrag direkt zur Bezahlung des Imports verwendet.

Aus Tabelle 5-9 gehen die Notierungen unterschiedlicher Zinsen auf dem Euromarkt hervor. Es gibt auch hier einen "Geld- und Briefkurs", auch wenn er offiziell nicht so bezeichnet wird: Die linke (niedrigere) Notierung signalisiert den Anlagezinssatz ("Habenzinsen"), die rechte (höhere) Notierung den Sollzinssatz, also den Zins für Darlehen in der entsprechenden Laufzeit. Dies gilt unter Banken und die Margen nehmen zu, je kleiner ein Kredit und ein Unternehmen ist.

Tabelle 5-9: Eurogeldmarktsätze

EUROGELDMARKTSÄTZE UNTER BANKEN in % p.a.								
1.9.04	1 Monat		3 Monate		6 Monate		12 Monate	
Euro	2,0200	2,1000	2,0600	2,1400	2,0800	2,1800	2,2200	2,2700
US	1,6000	1,6800	1,6900	1,7900	1,8700	1,9700	2,1600	2,2600
Pfund	4,7300	4,8200	4,8400	4,9600	4,900	5,0000	5,0700	5,1500
str	0,4200	0,5200	0,5600	0,6400	0,6600	0,7400	0,8700	0,9500
YEN	-0,0800	0,0300	-0,0500	0,0200	-0,0200	0,0500	-0,0100	0,0800

Quelle: Handelsblatt vom 2.9.03 (West LB)

Beispiel 5-3: *Finanzhedging* eines Exporteurs

Was macht also ein Exporteur, der in 3 Monaten 1 Mio. US $ erwartet, wenn er statt einem Devisentermingeschäft einen "money market hedge" durchführen will?

Der Exporteur nimmt zunächst einen Kredit über 1 Mio US $ auf, dies kostet ihn 1,79% p.a. (Sollzins), wechselt den Betrag sofort zum Kassakurs (Mittelkurs 1,2185) in € um, legt ihn für 2,06%p.a. (Habenzins) auf einem €-Konto an. Damit er allerdings das Wechselkursrisiko auf die Zinsen vermeiden kann, diskontiert er den Betrag von US $ 1 Mio so, dass seine Rückzahlung genau 1 Mio US $ beträgt. Damit kann er den Kredit inklusive der nach drei Monaten angelaufenen Zinsen mit dem Zahlungseingang aus dem Exportgeschäft zurückzahlen:

(1)Kredit: $\dfrac{1\,000\,000\,\$}{1+(0,0179/4)} = 995\,545\,\$$

(Diskontierung)

In der Buchhaltung wird die Position neutralisiert:

Forderung	Verbindlichkeit
US $ 1 000 000	Kredit US $ 995 545
	Zinsen US $ 4 455

(2) Der $-Betrag wird sofort in € zum Kassakurs gewechselt: 995 545$: 1,2185 $/€= **817 025 €**

(3) Diesen €-Betrag legt er zu 2,06 % p.a. (das sind 0,515% für drei Monate)[12], z.B. bei seiner Hausbank an, und erhält dafür:

(4) 817 025€ · 1,00515 = 821 233 € . Das ist der Betrag, über den er nach drei Monaten verfügen kann, er hat also 4 208 € an Zinsen verdient.

---

[12] Da die Zinsen spezifisch für den jeweiligen Zeitraum (1,2,3,6,12 Monate), wenn auch pro Jahr, angegeben sind, ist eine Teilung durch den Zeitraum auf statische Weise angemessen. Bei jährlicher Zinsbasis würde man den Wert auf den Zeitraum (hier 3 Monate = ¼ Jahr) diskontieren und nicht teilen, d.h. d.h. $1,0206^{(1/4)} = 1,00511$, also 0,511% beim Euro-Zins und $1,079^{1/4}= 1,00444$ beim US –Zins.

(5) Nun vergleicht er –analog zum Devisentermingeschäft- diesen Betrag mit dem Ursprungsbetrag, d.h. 1 Mio US $ zum Kassakurs umgewechselt:

Kreditbetrag in €:		817 025 €
Zinsen auf €-Guthaben	817 025 € · 0,005150=	4 208 €
Endbetrag nach 3 Monaten		821.233 €
zum Vergleich: Vertragswert am 1.9. $1.000.000	$1,2185	820.681 €
Differenz		551 €

Wer stattdessen lieber mit einer Formel rechnet:

> Da=Absicherungsergebnis
> ie=Zins Euro
> i\$=Zins USA (Ausland)
> V\$=Vertragssumme $
> m=Zeit in Monaten
> eo = Kassakurs

$$(Ia)\, D_a = (\frac{V_s}{e_o} \cdot \frac{1}{1+(i_{us}/(12/m))}) \cdot (1+\frac{i_e}{12/m}) - \frac{V_s}{eo} = \frac{V_s}{e_o} \cdot \frac{1+\frac{i_e}{(12/m)}}{1+\frac{i_s}{(12/m)}} - 1 =$$

$$= \frac{1\,000\,000€}{1,2185\$/€_i} \cdot \frac{1+0,0206/4}{1+0,0179/4} - 1 = 820\,681€ \cdot (\frac{1,00515}{1,004475} - 1) = \quad 820\,681\,€ \cdot 1,0006712 = 551€$$

Man kann die Formel etwas weniger komplex formulieren: $(IIa)\, D_a = \frac{V_s}{e_o} \cdot (\frac{1+ie/t}{1+is/t} - 1)$,

wenn man t = 12:m setzt (bei monatlicher Betrachtung, d.h. bei 3 Monaten ist t=4, bei 6 Monaten ist t=2)

Der Vorteil des Finanzhedging liegt zunächst einmal darin, dass abgesehen von Zinsänderungen -im Gegensatz zum Devisentermingeschäft- eine solche Absicherung auch längerfristig und bei selteneren Währungen möglich ist. Der Preis bzw. hier der Ertrag liegt mit +551 € in der Größenordnung des Devisentermingeschäfts (+674 €).

Genau genommen ist der Ertrag des Finanzhedging aber höher, weil der Exporteur hier über den Betrag sofort verfügen kann, während er beim Devisentermingeschäft noch drei Monate warten muss. Hier liegt auch einer der operationalen Vorteile des money market hedge, wobei dieser Vorteil vor allem davon abhängt, was der Exporteur mit dem Geld anfangen kann. Hier gibt es im Prinzip folgende Möglichkeiten:

(1) Der Exporteur nimmt den Kredit und legt das Geld wie oben angegeben an, weil er es nicht besser verwenden kann, wobei er **Interbank- oder vergleichbare Konditionen** erhält. Das Geschäft lohnt sich selten und hat nur dann Vorteile, wenn auf diese Weise ein Zeitraum überbrückt werden kann, an den ein Devisentermingeschäft in dieser Währung nicht herankommt.

(2) Gelegentlich kommt es vor, dass der Exporteur an individuell besonders **günstige Ausleih- oder Anlagekonditionen** herankommt, weil vielleicht seine Bank gerade in einer bestimmten Währung besonders liquide ist oder eine Tochtergesellschaft den Betrag günstig zur Verfügung stellen oder ausleihen kann. Auch gibt es hin und wieder gesamtwirtschaftliche Zinsanomalien, bei

denen über Finanzhedging kurzfristig bessere Bedingungen erzielt werden können als über ein Devisentermingeschäft. In diesem Fall kann der Exporteur vielleicht einen wesentlich höheren Ertrag als die angegebenen 551 Euro erwirtschaften.

(3) Der Exporteur hat ohnehin einen Kapitalbedarf, so dass er anstatt mit den niedrigeren Anlagezinsen mit höheren **vermiedenen Kreditzinsen** in Euro rechnen kann. Selbst wenn er beispielsweise für den Kredit in den USA einen ungünstigeren Zinssatz von 2% p.a. zahlen muss, dafür aber Kreditkosten in Höhe von 4% p.a. vermeidet, so erhöht sich sein Ertrag auf:

$$(Ib)D_a = \frac{1MioUS\$}{1,2185_0} \cdot (\frac{1+0,04/4}{1+0,02/4} - 1) = 4\,083€$$

Bei der Berechnung eines Finanzhedging-Geschäfts kann man auch mit Mittelwerten rechnen und dann ggf. einen entsprechenden Prozentsatz (z.B. ein Prozent) als Bankenmarge zwischen Soll- und Habenzinsen anzusetzen, da ein „normales" Unternehmen meist an die Sätze unter Banken nicht herankommt. Aber es hängt ohnehin von der jeweiligen Liquiditätssituation des Unternehmens ab, mit welchen konkreten Zinssätzen gerechnet wird

---

Beispiel 5-4: Finanzhedging eines Importeurs

(1)Der Importeur, der einen Import in sechs Monaten aus Japan über ¥ 100 Mio bezahlen muss (Tabelle 5-3), geht spiegelverkehrt vor:

(2)Kreditaufnahme in Euro, wobei er zunächst einmal für den benötigten Betrag errechnen muss: 100 000 000 ¥/133 (¥/€)= 751 315 €. Hierfür sind 2,18% p.a. Zinsen fällig.

*(3) Er wechselt diesen Betrag in € zum Kassakurs in Yen um und legt ihn dort für sechs Monate an, bis die Bezahlung fällig ist. Wegen der **Besonderheit**, dass es hier in Japan einen **negativen Zins** gibt, erhält er allerdings in Japan keine Zinsen, sondern muss Strafzinsen (0,02%) zahlen, so dass er sogar geringfügig mehr anlegen muss, und zwar 751315 · (1+ (0,02%/(12/6)) = 751 390 (€).*

(4) Nun vergleicht er –analog zum Devisentermingeschäft- diesen Betrag mit dem Ursprungsbetrag, d.h. 100 Mio Yen zum Kassakurs umgewechselt:

1.Vertragswert am 1.9.	*Yen 100 Mio*	*:133,10 ¥/€=*	*751 315 €*
2.in Japan zu zahlende Strafzinsen	*751 315€ ·(0,02%/2)=*		*75 €*
3.= Benötigter Kredit in €	*Zeile 1+2*		*751 390 €*
4.Zinsen in €	*751 390 · (2,18%/2)*		*8 190 €*
5.= Endbetrag Betrag incl. Zinsen	*Zeile 3+4 =*		*759 580 €*
6.Zum Vergleich: Vertragswert zum Kassakurs		*Zeile 1*	*751 315 €*
Differenz (Zeile 5-6)			**-8 265 €**

Analog zu Formel IIa (beim Exporteur) ergibt sich hier:

$$(IIb)\, D_a = \frac{V_{yen}}{e_o} \cdot (1 - \frac{1 + ie/t}{1 + i_{yen}/t}) = \frac{100\, MioYen}{133,1} \cdot (1 - \frac{1 + 0,0218/2}{1 + (-0,0002/2)}) =$$

$$= 751315 \cdot €(1 - \frac{1,0109}{0,9999}) = 751316\, € \cdot (-0,011) = -8265\, €$$

Beim Devisentermingeschäft entstand ein vergleichbarer und leicht geringerer Verlust von 8 102 €. Abgesehen von der erwähnten Besonderheit der Strafzinsen gelten die Überlegungen des Exporteurs analog. Bevor dieses Ergebnis interpretiert wird, soll zunächst noch ein anderes Beispiel mit etwas normaleren Bedingungen ohne negative Anlagezinsen kalkuliert werden, das aber prinzipiell genauso gerechnet wird.

Beispiel 5-5: Import aus Großbritannien

Hier können Sie wiederum Ihr Wissen überprüfen, indem Sie zunächst einmal versuchen, die Aufgabenstellung selbst zu lösen:

Aufgabe: Eine Antiquitätenhändlerin in Paris erwartet eine Lieferung von wertvollen Empire Möbeln aus London, die aber erst noch aufgearbeitet werden müssen, was 6 Monate in Anspruch nimmt, d.h. die Zahlung der Vertragspreises von £ 500 000 ist bei Lieferung in sechs Monaten fällig, gerechnet vom 1.9. 2004 an. Sie möchte den Kurs vom September absichern, weil sie einen Großteil der Möbel bereits Kunden zu Festpreisen zugesichert hat. Vergleichen Sie die Kosten/Erträge eines Devisentermingeschäftes mit einem Finanzhedging auf der Basis der Interbankenkurse. (Kurse vgl. Tabelle 5-1, Zinsen Tabelle 5-9). Interpretieren Sie das Ergebnis.

(1) Bei einem Devisentermingeschäft würde folgender Ertrag entstehen

Vertragssumme (V) = £500.000	**Mittelkurse**	**€-Wert**
Terminkurs (f) 6 Monate	0,6868	728.014 €
Kassakurs e_o (£/€)	0,6775	738.007 €
Absicherungsdifferenz Termin/Kasse=V/e_o -V/f		**9.993 €**

(2) Beim Finanzhedge nimmt die Antiquitätenhändlerin den Betrag von 500 000 £ /0,6775 £/€ = 738 007€ bei einer französischen Bank als Kredit (für 2,18% p.a.) auf, legt die zum Kassakurs transferierten 500 000 £ dann bei einer britischen Bank (für 4,9%) an, bis die Bezahlung fällig ist. Da sie in England –im Gegensatz zu Japan- Zinsen bekommt, die sogar höher als im Euroraum sind, braucht sie nur den um die Zinsen diskontierten Betrag auf die britische Bank zu überweisen. Insgesamt ergibt sich folgende Rechnung:

1.Vertragswert am 1.9.	*£ 500 000: 0,6775 £ /€=*	*738 007 €*
2.Abzüglich der in UK erwarteten Zinsen	*738 007/(1+0,049/2) =*	*720 358€*
*3. nimmt also einen Kredit in Höhe von_*		*720 358 €*
4.Zinsen in €	*720 358€· 2,18% /2) =*	*7 852 €*
5.Sie zahlt also insgesamt	*Zeile 3 +4*	*728 210 €*
6. Der Vertragswert zum Kassakurs beträgt (Zeile 1)		*738 007 €*
also hat sie gespart	*Zeile 6 -5*	**9 797 €**

Mit Formel IIb:

$$(IIb)\,D_a = \frac{V_\pounds}{e_o} \cdot (1 - \frac{1+ie/t}{1+i_\pounds/t}) = \frac{500000\pounds}{0,6775} \cdot (1 - \frac{1+0,0218/2}{1-0,049/2}) = 738\,007\,€ \cdot 0,013275 = 9\,797€$$

Die Ersparnis ist etwas geringer als beim Devisentermingeschäft. Aber auch hier gelten die Überlegungen des Exporteurs vice versa: Wenn sie beispielsweise von den Käufern eine zinslose Anzahlung erhalten hat oder sie vielleicht auch ohnehin sehr liquide ist. So reduziert sich ihr Kreditzins zum „entgangenen Geldanlagezins" und das Beispiel sieht individuell günstiger aus.

Wie soll nun das Ergebnis der beiden Beispiele aus Japan und Großbritannien **interpretiert** werden?

Auch hier wiederum sorgt die Effizienz des internationalen Geldmarktes dafür, dass es kaum Unterschiede zwischen Devisentermingeschäft und Finanzhedging gibt. Die früher üblichen Überlegungen, aus einer „Zinsarbitrage"[13] einen Gewinn zu erzielen, machen heute allenfalls im hochspekulativen Bereich einen Sinn.[14] Auch hier hängt die Entscheidung davon ab, ob ein Importeur sehr liquide ist und zudem vielleicht noch an günstige individuelle Zinsbedingungen herankommt. Vielleicht gibt es eine Tochtergesellschaft in England oder Japan, die den Betrag zur Finanzierung einsetzen kann, dann kann analog zum Beispiel des Exporteurs auf der Anlagenseite mit günstigeren vermiedenen Kreditzinsen gerechnet werden. Vielleicht ist das Unternehmen in Europa gerade sehr liquide und könnte einen überschüssigen Betrag zu Hause nur sehr ungünstig zum Tageszins anlegen: Wenn beispielsweise die Antiquitätenhändlerin aus obigem Beispiel in Paris nur 1,5% Zinsen auf Geld für 6 Monate erhält, in London aber ein Angebot einer seriösen Bank für 4,9% erhält, so würde bei einer Zinsdifferenz von 3,4% folgender Ertrag herauskommen: (738 007€· [1-(1+0,015/2)/ (1+0,049/2)]= € 12 246.

Übrigens kann auch überschlägig verglichen werden: 0,034/2 ·738 007= 12 546 € oder mit den Interbankzinsen € 738 007 · (0,049-0,0218)/2 = € 738 007 · 0,0136= € 10 036. Diese Rechnung ist nicht ganz genau, weil sie nicht die Tatsache berücksichtigt, dass

---

13   Vgl. Jahrmann, Außenwirtschaft, 9. Auflage, Ludwigshafen 1998, S. 322
14   Vgl. Deutsche Bank, Forward Rate Bias, What is it?, Frankfurt 2004, http://www.db-rbf.de/ 29.11.04

der anzulegende Betrag um die Zinsen diskontiert werden kann. Die Methode eignet sich aber als Schnellmethode insbesondere beim Vergleich mit den effektiven Swapsätzen. Wenn man die jährliche Zinsdifferenz (3,4% bzw. 2,72%) mit dem effektiven Swapsatz vergleicht, der für das £ gegenüber dem € 2,698% beträgt (vgl. Tabelle 5-4), so sieht man auf den ersten Blick, was man ohnehin ahnt, dass sich nämlich ein Finanzhedge zu reinen Interbankzinsen nicht lohnt, weil keine Anomalien auf diesem Markt herrschen, während aufgrund eines individuellen Angebots oder des Bedarfs an Finanzmitteln ein solches Geschäft eher als sinnvoll erweist.

Noch interessanter werden diese Überlegungen im Rahmen einer globalen Strategie eines Unternehmens, das nicht nur ein einziges Geschäft absichert, sondern das mehrere Zahlungstermine zu größeren Beträgen bündeln kann. Dann werden nicht nur die Bankzinsen günstiger, es lohnt sich auch der operative Aufwand, auch bei kleinen Zinsmargen die Geschäfte sorgfältig zu prüfen und zu betreiben. Davon wird in Kapitel 8 noch ausführlicher die Rede sein.

5.2.2   Parallelität von Swapsatz und Zinsdifferenz

Es ist kein Zufall, dass die im obigen Abschnitt gezeigten Unternehmen bei Devisentermingeschäften und Finanzhedging zu sehr ähnlich Ergebnissen kommen: Zinssatzdifferenzen und Swapsätze hängen eng zusammen, so dass unter normalen Umständen dabei auftretende Gewinne hauchdünn sein werden. Generell gilt:

> **Ein Land mit einem Aufschlag (=Euro-Abschlag) hat ein niedrigeres, ein Land mit einem Abschlag (= Euro-Aufschlag) ein höheres Zinsniveau.**

Man kann nun versuchen, dies anhand der Zinsparitätentheorie zu erklären und damit, dass Aufwertungs- und Abwertungserwartungen durch unterschiedliche Zinsen korrigiert werden. Dies würde aber nur die unterschiedlichen Zinsen, nicht die unterschiedlichen Auf- und Abschläge erklären. Zum Vergleich von Zinsniveaus und Swaps eignen sich sehr gut die effektiven Swaps, die ja nichts anderes sind als die prozentualen Auf- oder Abschläge der Währungen jeweils auf das Jahr gerechnet. In Abbildung 5-6 werden die Werte vom 31.3.2000 und nochmals vom 1.9.2004 gezeigt, bezogen auf Euro (d.h. ein Euro- Aufschlag ist ein US $ -Abschlag usw.): Wie man leicht sehen kann, liegen die Zinsdifferenzen und die effektiven Swaps alle fast genau auf einer 45-Grad Linie, d.h. sie sind annähernd gleich, obwohl sich die Werte einiger Währungen in den vier Jahren durchaus verschoben haben.

Abbildung 5-6: Zinsdifferenzen und effektive Swaps bei wichtigen Weltwährungen

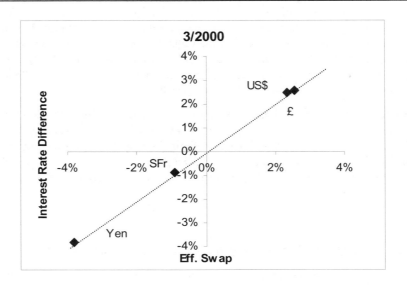

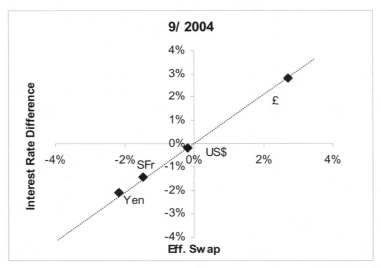

Während der Zusammenhang zwischen Zins und Aufwertungserwartung zwar theoretisch nachvollziehbar ist, in der Praxis aber nicht exakt gemessen werden kann, ist der Zusammenhang zwischen Swapsatz und Zinsdifferenzen nicht nur empirisch, sondern auch logisch nachvollziehbar. Am besten lässt dieser mit einem Beispiel erklären:

Beispiel 5-6: Was passiert, wenn Zinsdifferenz und Swap divergieren?

Es sei angenommen, das £ hätte (Basis 1.9.2004) bei einem Zinsniveau von 4,9% in England gegenüber einem Zinsniveau von etwas über 2% im Euroland dem € gegenüber keinen Abschlag, sondern einen Aufschlag von vielleicht 1%, der € weist also einen Abschlag auf. Weiter nehmen wir an, die Zinssätze für institutionelle Anleger im €-Bereich liegen bei 2,5% für Euro-Kredite und 4,5% für £-Anlagen.

Investoren würden sofort sehen, dass man im Eurobereich Geld für 2,5% p.a. als Kredit aufnehmen kann und in England für 4,5% anlegen und damit Geld verdienen kann. Wo liegt der Haken? Nun, normalerweise trägt diese Geldanlage das Risiko in sich, dass das £ fällt (Abwertungserwartung), d.h. der Investor muss damit rechnen, dass ein sinkender £-Kurs den Wert seiner Geldanlage letztlich wieder zunichte macht. Da in so einer Situation normalerweise der Euro einen Aufschlag und das Pfund einen Abschlag haben müsste (siehe Abbildung 5-6), kann so ein Geschäft nur mit Verlust abgesichert werden, weil der Euro nur mit Aufschlag wieder zurück gekauft werden kann.

Hat aber nun der Euro einen Abschlag und damit das Pfund einen Aufschlag, so kann der Investor am Ende des Anlagezeitraums Euro zum heute schon abgesicherten Terminkurs und sogar noch mit Discount, also billiger zurückkaufen. Zu den 2% Zinsgewinn würde auch noch 1% Gewinn durch den billigeren Rückkauf des Euro-Betrages kommen. Dies wären paradiesische Verhältnisse für jeden Anleger, der einigermaßen kreditwürdig ist.

Was würde in so einem Fall geschehen?

Die **Nachfrage** *nach £ (Einlagen auf Bankkonten in £) würde angesichts dieser risikolosen Verdienstmöglichkeit enorm steigen und in der Folge würde angesichts des plötzlichen Angebots der Zinssatz in England sinken.*

Gleichzeitig würde die **Nachfrage nach £-Verkäufen auf Termin** *steigen, da ja alle Interessenten ihre Anlage nicht nur möglichst risikolos, sondern sogar noch mit Aufschlag wieder in ihre Heimatwährung umtauschen wollen. Einem Überangebot an Terminverkäufen würde ein Defizit an Terminkäufen gegenüberstehen und die Banken würden sehr schnell den £-Aufschlag reduzieren und möglicherweise sogar in einen £-Abschlag verwandeln, bis Angebot und Nachfrage wieder im Gleichgewicht sind. Wo sich hier zwischen fallenden Zinsen und Umkehrung des Aufschlages (oder Reduzierung des Aufschlages) die Mitte einpendeln wird, mag dahingestellt sein. Übrigens kann der Ausgleich auch über den Anstieg des Kassakurses erfolgen, was bei großer Nachfrage nach britischen £ auch durchaus plausibel wäre.*

Am Ende wird eine Situation hergestellt sein, bei der sich Zinsdifferenz und Swapsatz so weit angeglichen haben, dass keine oder nur noch minimale Zinsarbitragegewinne möglich sind. Vermutlich kann aber in der Realität eine solche Anomalie durchaus innerhalb eines Tages oder weniger Stunden existieren. Sie kann auch in Einzelfällen durch den Versuch der Zentralbank ausgelöst werden, einen bestimmten Wechselkurs über höhere Zinsen oder eine Swapsatzmanipulation erreichen zu wollen.

Der Terminkurs einer Währung ist hauptsächlich von der **Zinsdifferenz** zwischen den betreffenden Ländern abhängig. Die Zinsdifferenz ist wiederum nicht unabhängig von der allgemeinen Handels-, Inflations- und Währungspolitik eines Landes. Eine solide Wirtschaftspolitik wird im allgemeinen zu niedriger Inflation und niedrigen Zinsen führen, d. h. das Land würde gegenüber den meisten Nachbarländern einen Aufschlag auf seine Währung aufweisen. Andererseits kann ein niedriger Zinssatz auch durch den Versuch verursacht werden, die Konjunktur des Landes zu beleben oder ein hoher Zins durch den Versuch, einen Wechselkurs zu verteidigen: Wenn eine solche Politik nicht glaubwürdig im Einklang mit der realen wirtschaftlichen Situation des Landes steht, treten Spekulanten auf, die gegenläufige Geschäfte (meistens Leer-verkäufe oder –käufe der jeweiligen Währung) ausführen. Dies wiederum führt zu einem Druck auf den Swap oder den Kurs der Währung selbst sowie auf die Zinsen, dem die Zentralbank vielleicht noch eine Weile widerstehen kann, aber meistens nicht lange. Irgendwann mag die Zentralbank die IWF-Weisheit zur Kenntnis nehmen, dass es nicht möglich ist, gegen ein fundamentales Marktungleichgewicht anzukämpfen.

5.3   Fragen zu Kapitel 5

Die Seitenzahlen bzw. Abbildungsnummern in Klammern beziehen sich jeweils auf die Seiten, auf denen Sie eine Antwort zur Frage finden. Die Hinweise beziehen sich bei allgemeinen Fragestellungen gelegentlich auch auf die nächstliegende Überschrift, deshalb steht die relevante Textstelle auch einmal ein oder zwei Seiten danach.

1. Wie heißt bei einem Devisentermingeschäft die Differenz zwischen Terminkurs und Kassakurs und was bedeutet diese Differenz? (213) Was bedeuten die Begriffe Auf-, Abschlag, Prämie, Discount, Deport? Was ist ein „broken date"? (213)

2. Warum werden Manager eher zur Verantwortung gezogen, wenn sie bei einem Verlust einen Währungsbetrag nicht abgesichert haben als wenn sie durch Absicherung einen entgangenen Gewinn verursacht haben? (S.223)

3. Erklären Sie den Unterschied zwischen „Outright"- und „Swap"-Geschäften. Welche der beiden Geschäftsarten sind volumenmäßig stärker vertreten? (211f.)

4. Was ist eine „offene Position"? Wie kann diese Position durch ein Devisentermingeschäft geschlossen werden? (S. 214) Welche Gefahr besteht, wenn bei Abschluss eines Devisentermingeschäfts der erwartete Betrag aus einem Exportgeschäft ausbleibt?(S. 223) Sie sollten hierzu auch Beispiel 5-2 auf Seite 223 noch einmal durchgehen.

5. Welchen Sinn hat eine Fälligkeitsoption?(S. 224)

6. Nehmen Sie die Kurse die Tabelle 5-1 (S. 213) als Grundlage,, beschreiben Sie den Geschäftsablauf einer Devisenterminabsicherung und errechnen Sie die Absicherungsdifferenz (auf der Basis der Mittelkurse) bei folgenden Geschäften:

    a.) Fall 1: Export (100 000 000 Yen) nach Japan mit 6 Monaten Zahlungsziel

    b.) Fall 2: Export nach Großbritannien (£ 500 000) mit drei Monaten Zahlungsziel

    (Lösungshinweise am Ende des Fragenteils)

7. Am 31.3.2000 wurden die u.a. Wechselkurse notiert. Errechnen Sie das Absicherungsergebnis (a) eines Exporteurs, der in 3 Monaten einen Betrag von US $ 1 Mio. erwartet und (b) eines Importeurs, der in 6 Monaten 500 000 £ für eine Lieferung aus Großbritannien bezahlen muss

DEVISEN- UND DEVISENTERMINKURSE- 31.3.2000, Düsseldorf (Handelsblatt)

Euro FX[1]   Referenzkurse

EZB 31.03.00	Euro FX[1] Geld	Brief	3 Monate Geld	Brief	6 Monate Geld	Brief
USA	0,9505	0,9565	0,9564	0,9625	0,9626	0,9687
Japan	98,591	99,071	97,68	98,16	96,71	97,19
Großbrit.	0,5958	0,5998	0,5993	0,6033	0,6028	0,6068

Das Ergebnis finden Sie am Ende dieses Fragenkapitels

8. Welche drei Kurse sind bei der Absicherung eines Export- oder Importgeschäftes durch ein Devisentermingeschäft relevant? (S. 222)

9. Nehmen Sie an, bei dem Exporteur in Frage 7 fällt der Euro gegenüber dem US $ nach drei Monaten auf 0,92 (e_t). Was bedeutet die Differenz zwischen dem Kurs bei Vertragsabschluß (e_0) und e_t für den Exporteur? (S. 222) Taucht diese Differenz in der Buchhaltung des Exporteurs auf? (S. 223)

10. Errechnen Sie aus den Wechselkursangaben in Tabelle 5-1 die effektiven und prozentualen Swapsätze für die Währungen US $, £ , Yen, SFr und Can$ jeweils für drei und sechs Monate. (Die Resultate finden Sie in Tabelle 5-4)

11. Zeichnen Sie das Risikoprofil eines „Partial Cover" gegenüber einem „Full Cover". Welchen Sinn hat diese Technik? (S. 225)

12. Die Firma Dupont & Schmidt hat am 1.9.2004 einen Exportauftrag für Elektrogeräte in die USA zum Wert von US $ 1,2 Mio erhalten. 200 000 US $ werden als sofortige Anzahlung geleistet, US $ 1 Mio. bei Lieferung nach drei Monaten. Die Firma will den offenen Betrag evtl. über einen US $-Kredit finanzieren, da sie ohnehin Finanzierungsbedarf hat. Die Kreditkosten in Europa liegen für sie bei 4% p.a., in den USA kann sie einen Kredit für 2% erhalten. Vergleichen Sie die Kosten dieses Finanzhedging-Geschäfts mit einem Devisentermingeschäft (Kurse Tabelle 5-1, S. 213). Was würden Sie der Firma raten? (Antwort in Tabelle 5-2, Seite 215 und auf S. 230 in Absatz (3).

Antworthinweise ausgewählten Fragen

Zu Frage 6:

Fall 1:

Export nach Japan 6 Monate		
Vertragssumme (V) =Yen 100.000.000	**Mittelkurse**	**€-Wert**
Der Exporteur verkauft Yen und bekommt €	Mittelkurs	
Exporteur kalkuliert zum Kassakurs e_0 ($/€)	133,10	751.315 €
Exporteur bekommt Terminkurs (f) 6 Monate	131,68	759.417 €
zur Information: f -e_0 = Abschlag auf € ($/€)	*-1,42*	
Absicherungsdifferenz Termin/Kasse=V/f -V/eo		**8.102 €**

Ablauf: Kauf von Euro gegen Yen auf Termin, Bezahlung mit Yen in sechs Monaten

Fall 2:

Export nach Großbritannien 3 Monate		
Vertragssumme (V) = £ 500.000	**Mittelkurse**	**€-Wert**
Der Exporteur verkauft £ und bekommt €	(mid-point)	
Exporteur kalkuliert zum Kassakurs e_0 (£/€)	0,6775	738.007 €
Exporteur bekommt Terminkurs (e_t) 3 Monate	0,6821	733.030 €
zur Information: f -e_0	*0,0046*	
Absicherungsdifferenz Termin/Kasse=V/f -V/eo		**-4.977 €**

Ablauf: Kauf von Euro gegen £ auf Termin, Bezahlung mit £ in drei Monaten

Rechnung zu Frage 7:

Exporteur US $		
Vertragssumme (V) = US $ 1 Mio.	Mittelkurse	V in €
Kassakurs eo ($/€)	0,9535	1.048.768 €
Terminkurs (f) 3 Monate	0,95945	1.042.264 €
Absicherungsdifferenz Termin/Kasse		**-6.504 €**
Importeur £		
Vertragssumme (V) =£500.000	Mittelkurse	€-Wert
Kassakurs (eo)	0,5978	836.400 €
Terminkurs £/€ (f)	0,6048	826.720 €
Absicherungsdifferenz Termin/Kasse		9.681 €

6 Derivate als Instrumente der Kursabsicherung

Derivate werden oft auch als „Instrumente der zweiten" Generation bezeichnet, weil sie nicht nur wesentlich neueren Datums sind, sondern auch grundsätzlich anders funktionieren als die klassischen Instrumente. Es sind, wie der Name sagt, „abgeleitete" Instrumente, die den Anspruch des Käufers auf Bereitstellung eines Wertpapiers (einer Währung) zum vorher vereinbarten Preis begründen: Obwohl de jure zumeist von Seiten des Käufers zwar ein Anspruch auf Beschaffung des zugrunde liegenden Wertpapiers besteht, wird de facto oft nur eine Kompensation bezahlt, die sich danach bemisst, als ob das Geschäft stattgefunden hatte. Inzwischen gibt es auch Instrumente der „dritten Generation", auch „hybride Instrumente" genannt, das sind „Optionen auf Termingeschäfte oder auf Optionen". Bevor man die Wirkungsweise dieser „exotischen Optionen" verstehen kann, muss man erst einmal die einfacheren Instrumente kennen lernen, im neudeutsch englischen Börsenslang „plain vanilla options" genannt.

6.1 Was sind Devisenoptionen?

Der Markt für Devisenoptionen hat sich in seiner heutigen Ausprägung Anfang der 80er Jahre entwickelt. Nachdem es bereits kundenspezifische (OTC)- Optionen gegeben hatte, führte die Philadelphia Stock Exchange (PHLX) 1982 börsennotierte Devisenoptionen ein.[1] Es gibt inzwischen die folgenden internationalen Börsen, an denen Devisenoptionen notiert und gehandelt werden:

- LIFFE"(London International Financial Futures Exchange)
- SOFFEX (Swiss Options and Financial Futures Exchange), inzwischen mit der „Deutschen Terminbörse" zur Eurex fusioniert
- MATIF (Marché à Terme d'Instruments Financiers) in Paris
- Philadelphia Stock Exchange (PHLX)
- Financial Instruments Exchange, (FINEX) New York
- Chicago Board Options Exchange (CBOE)
- Chicago Mercantile Exchange (CME)

---

[1] Vgl. Hull, John C., Options, Futures and other Derivative Securities, Englewood Cliffs 1993, S.225

- ♦ Europäische Optionsbörse (EOE bzw. EURONEXT), Amsterdam
- ♦ Irish Futures and Options Exchange (IFOX), Dublin
- ♦ Singapore International Monetary Exchange (SIMEX)

Eine Währungsoption räumt dem **Käufer** („buyer") das Recht ein, eine bestimmte Währung zu einem bestimmten Datum zu einem vereinbarten Preis (Basispreis) zu kaufen oder zu verkaufen. Der **Stillhalter** („writer"), der die Option „schreibt" bzw. ausstellt, muss dem Wunsch des Käufers Folge leisten, hat also die Pflicht, den entsprechenden Gegenwert zur Verfügung zu stellen. Zwischen beiden Parteien besteht also eine asymmetrische Verpflichtung, denn für den Käufer besteht eine **Wahlmöglichkeit**, einen Kauf bei Fälligkeit der Option dann zu tätigen oder nicht. Die Option nach europäischer Regel kann nur am Tag des Ablaufs ausgeübt werden, eine Option nach amerikanischer Art dagegen jederzeit bis zum Ablauf.[2]

6.1.1 Grundbegriffe: Calls, Puts, Basis und Prämien

Der Preis für eine Option bezieht sich auf die Möglichkeit, einen **Währungsbetrag für einen bestimmten Preis zu einem vorbestimmten Kurs** zu kaufen (Call-Option) oder zu verkaufen (Put-Option). Dabei sind folgende Begriffe von Bedeutung:

- ♦ **Basiswert** (nicht zu verwechseln mit Basispreis) ist die Währung, die beschafft werden soll, im englischen Sprachraum treffender als **Underlying** oder **Underlying Currency**[3] bezeichnet, sofern es sich um eine „plain vanilla"-Option handelt. Bei komplexeren Optionsvarianten kann der Begriff underlying auch die Art des mit der Option ausübbaren Geschäfts bezeichnen, also ein Termingeschäft oder eine Option auf eine bestimmte Währung.

- ♦ **Ausübungspreis, Basispreis, „strike price" oder „exercise price"** ist der Preis[4], zu dem das Geschäft zu erfüllen ist, zu dem also die Währung bei Fälligkeit angekauft oder verkauft werden soll. Anders als beim Devisentermingeschäft gibt es hier viele Möglichkeiten, einen Kurs zu wählen: Dies kann, aber muss nicht der Kassakurs sein. Häufig weicht auch der Basispreis schon deshalb etwas vom Kassakurs ab, weil er die Option nicht an derselben Börse notiert wird wie die Währung selbst, gelegentlich werden runde Kurse angeboten und ein wesentlicher Unterschied zum Termingeschäft ist die Möglichkeit, auch Basispreise unterhalb oder oberhalb des Kassakurses zu wählen.

- ♦ **Verfalltermin /Expiration Date** ist der Tag, an dem die Option ausgeübt werden kann (Bereitstellung i.d.R. zwei Werktage danach) oder bei der **ame-**

---

2   Vgl. Andersen, T.J., Currency and Interest Rate Hedging, New York 1987, S.127
3   Vgl. Brian Eales, Financial Engineering, London 2000, S. 44 ff.
4   Vgl. Robin G. Brown, Foreign Currency Options, London 1989, S. 11

rikanischen Version (vgl. Kapitel 6.2.3) spätestens ausgeübt werden muss. Danach ist die Option wertlos.

♦ **Optionsprämie (Premium)** ist der Betrag, der für das Geschäft bezahlt werden muss. Es gibt auch hier eine Geld- und eine Briefprämie, je nachdem, ob eine Option gekauft oder verkauft wird. Diese **Optionsprämie** kann immer nur eine „Prämie" sein, niemals - wie beim Terminmarkt - ein Abschlag. Dies ergibt sich konsequent aus der Tatsache, dass eine Option ja nicht wahrgenommen werden muss, d. h. bei einem Abschlag die Möglichkeit eines risikolosen Gewinns entstünde.

♦ **Call** bedeutet Kauf, **Put** umgekehrt Verkauf der zugrunde liegenden Währung (underlying"). Die **zugrunde liegende Währung** ist bei der Mengennotierung immer die Heimatwährung, also im Euroraum der Euro. Call -€ heißt also Kauf(option) von Euro (z.B. gegen US $), Put entsprechend Verkauf(option) von Euro gegen Dollar oder eine andere Fremdwährung. Da die Mengennotierung außerhalb des Euroraums vorwiegend nur in Großbritannien verwandt wird, nicht etwa in den USA, sollte bei Nennung der Begriffe **Call und Put unbedingt die zugrunde liegende Währung genannt** werden, z.B. C-€/£-3M = eine dreimonatige Call Option auf Euro gegen britische £ oder P-€/¥ -6-M eine sechsmonatige Verkaufsoption von Euro gegen Yen. Ein Geschäft „C-€/£-3M" ist aber identisch mit einem Geschäft „P-£/€-3M", denn eine Kaufoption von Euro gegen Pfund bedeutet ja, dass der Erwerber der Option bei Fälligkeit Euro kauft und Pfund verkauft. Eine Kaufoption auf Euro gegen Fremdwährung ist also dasselbe wie eine Verkaufsoption Fremdwährung gegen Euro und vice versa.

6.1.2 Die vier Grundstrategien bei Optionen

Partner eines Optionsgeschäfts sind der **Aussteller** der Option (**Stillhalter oder Schreiber**) und der **Käufer.** Der Käufer hat ein Wahlrecht, die Option bei Fälligkeit auszuüben oder nicht, der Stillhalter ist vom Willen des Käufers abhängig. Der Käufer wird die Option nur ausüben, wenn ihm dadurch ein Gewinn entsteht und dem Stillhalter ein Verlust. Der Stillhalter muss mit den eingenommenen Prämien nach Möglichkeit seinen eigenen potentiellen Verlust abdecken, deshalb ist der Stillhalter normalerweise eine Bank, die aus den Optionsprämien die anfallenden Verluste ausgleicht bzw. einen Gewinn erzielt. Wird die Option weiterverkauft, bleibt der ursprüngliche Aussteller in der Pflicht.

Es gibt sechs grundlegende Möglichkeiten, ein Optionsgeschäft zu tätigen:

- **Kauf einer Kaufoption (Long-Call-Position)**: Der Käufer erwirbt das Recht, Euro gegen Fremdwährung zum "Basispreis" X kaufen zu können.

- **Verkauf einer Kaufoption (Short Call Position)**: Eine Kaufoption kann jederzeit auch wieder zu der dann gerade geltenden Prämie verkauft werden.

- **Schreiben einer Kaufoption** (ebenfalls **Short Call**): als Stillhalter geht er die Verpflichtung ein, Euro zum Basispreis zur Verfügung zu stellen und Fremdwährung anzukaufen.

- **Kauf einer Verkaufsoption (Long Put Position)** : Der Käufer erwirbt das Recht, Euro auf Termin zum Basispreis X verkaufen zu können.

- **Verkauf einer Verkaufsoption (Short Put Position)**: Eine Verkaufsoption kann wie eine Kaufoption jederzeit auch wieder zu der dann gerade geltenden Prämie verkauft werden.

- **Schreiben einer Verkaufsoption** (ebenfalls **Short Put):** als Stillhalter geht er die Verpflichtung ein, Euro zum Basispreis anzukaufen und Fremdwährung zur Verfügung zu stellen.

6.1.3   Die Optionsprämie

Optionsprämien werden wie in Tabelle 6-1 offiziell meist in Prozent vom Eurobetrag quotiert, es gibt auch hier eine (höhere) Kauf- und eine (niedrigere) Verkaufsprämie. In manchen Quellen z.B. CME[5] werden nur Mittelkurse quotiert. Meist werden Optionsprämien aber individuell festgelegt, wobei zwischen Bank und Kunde oft die „PIPS-Notierung" üblich ist: Ein PIPS („point") ist ein Punkt auf der letzten Stelle einer Quotierung, also z.B. beim Dollar 0,0001 \$/€ = 1 US \$-PIPS. Nicht unüblich ist auch (speziell für den Kunden) die „Euro-Dollar-PIPS" Notierung, also Euro-Cents pro Dollar, was auf die Preisnotierung hinausläuft. Hier soll überwiegend die prozentuale Notierung verwendet werden, weil sie am flexibelsten ist und weil sich die Währungen auch so besser vergleichen lassen. Die Prozentnotierung –hier auf Heimatwährung (€) bezogen- gibt es auch auf Fremdwährungsbasis. Vorsicht ist angebracht, denn es kann in der Praxis durchaus einen Unterschied machen, ob der Basiswert in €, US \$ oder Yen quotiert ist, weil die Abrechnung erst zwei Tage später fakturiert wird. Auch für den Käufer einer Option ist es von grundsätzlicher Bedeutung, welche Währung er sichern will. Ein Exporteur will in der Regel einen Fremdwährungsbetrag absichern,

---

[5]   Chicago Mercantile Exchange (CME): http://www.cme.com/html.wrap/wrappedpages/ end_of_day/daily_settlement_prices/zc.html (16.1.06)

ein Spekulant setzt einen Betrag in seiner eigenen Währung aufs Spiel. Wie wir noch sehen werden, spielt bei der Gewinnermittlung auch eine Rolle, ob der Käufer im In- oder Ausland sitzt.

Die unten angegebenen Prämien gehen bei der angegeben Notierung vom Kassakurs am 1.9.04 (1,2185) aus, aber wie schon oben erwähnt wurde, können mit Währungsoptionen verschiedene Kursniveaus abgesichert werden. Für €/US $ Optionen waren für verschiedene Basiskurse am 1.9.2004 folgende Prämien (in % des Eurobetrages) zu bezahlen:

Tabelle 6-1: Optionsprämien Euro/-US $ (in % vom Euro-Betrag)

1.9.04	3 Monate		6 Monate		12 Monate	
	„short"[6]	„long"	„short"	„long"	„short"	„long"
Euro Call: (Kauf € /Verkauf US $)						
Basispreis: 1,1585	6,29	6,49	7,01	7,21	8,25	8,45
1,1785	4,73	4,93	5,63	5,83	7,01	7,21
1,1985	3,39	3,59	4,46	4,66	5,89	6,09
1,2185	2,30	2,50	3,37	3,57	4,90	5,10
1,2385	1,46	1,66	2,50	2,70	4,02	4,22
1,2585	0,86	1,06	1,81	2,01	3,27	3,47
Euro Put (Verkauf €/ Kauf US $)						
Basispreis 1,1585	0,42	0,62	1,17	1,37	2,43	2,63
1,1785	0,85	1,05	1,77	1,97	3,15	3,35
1,1985	1,50	1,70	2,53	2,73	3,99	4,19
1,2185	2,40	2,60	3,47	3,67	4,55	4,75
1,2385	3,55	3,75	5,38	5,58	6,03	6,23
1,2585	4,95	5,15	5,87	6,07	7,23	7,43

Prämien in % vom Eurobetrag   Quelle: Handelsblatt vom 2.9.04

Die Call-Prämien fallen mit steigendem Basiswert, die Put-Prämien steigen dagegen an (Abbildung 6-1). Die Prämienkosten für einen Exporteur, der am 1.9.04 seine Währungsforderung von 1 Mio US $ auf drei Monate zum Kassakurs von 1,2185 am 1.9.04 absichern will (Call €/= Put US $), können folgendermaßen errechnet werden.

- 2,5% von 1 Mio US $ sind 25 000 US $, d.h. 25 000 $/ 1,2185 $/€ = 20 517 €. Da es sich um einen Prozentwert handelt, kann man auch den Betrag von 1Mio US $ vorher in Euro umrechnen (820 681 €), daraus dann 2,5% ergibt ebenfalls 20 517 €.

- Der Exporteur könnte auch ein niedrigeres Absicherungsniveau wählen, weil er sich nur gegen wirklich drastische Kurseinbrüche absichern will.

---

6   "Long" und "short" entsprechen der Brief- (Kauf) und Geldnotierung (Verkauf). Man kann sowohl Put- wie auch Call Optionen kaufen wie auch verkaufen (vgl. Kapitel 6.1.2)

Wenn ihm beispielsweise ein Kurs von 1,2585 ausreicht, so wäre die Prämie nur 1,06% (Tabelle 6-1), also US $ 10 600 oder € 8 699.

- Ein Importeur würde € verkaufen bzw. US $ kaufen (Put-€/$-3M, 1,2185), die Prämienkosten beliefen sich bei 3 Monaten bei einer Summe von 1 Mio US $ zum Basiskurs 1,2185 auf 2,6%. Hier könnte man eine Reduzierung des Absicherungsniveaus über eine Senkung des Basispreises –beispielsweise auf 1,1585- erreichen und damit die Prämie auf 0,62% senken.

Abbildung 6-1: Prämien mit verschiedenen Basiskursen zu verschiedenen Terminen

---

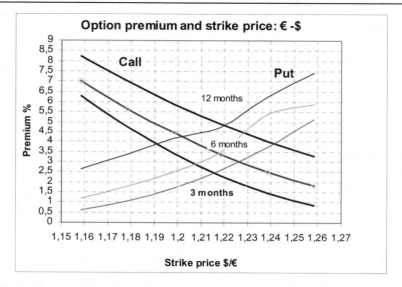

Optionen gibt es auch für andere Währungen, auch wenn sie nicht so ausführlich in den Zeitungen oder im Internet notiert werden. Wie aus Tabelle 6-2 zu sehen ist, stimmen hier auch die notierten Basiskurse nicht exakt mit den Kassakursen überein, was eher die Regel als die Ausnahme ist. Ein Exporteur kann ja ohnehin nicht davon ausgehen, dass ein Kurs von 0,6775 £/€, den er am Vormittag für die Kalkulation eines Angebots verwendet hat, auch noch am Nachmittag gilt.

Bei den Notierungen in Tabelle 6-1 und Tabelle 6-2 handelt es sich streng genommen um „OTC-(over the counter) - Optionen", die allerdings durch die offiziell notierten Ausübungspreise bereits den Charakter von standardisierten Optionen haben. Bei reinen OTC - Optionen sind die Termine nicht und die Beträge wenig standardisiert, d.h. bei einer 10 000 -US $-Option zum Basispreis von 1,2199 $/€, die vom 26. September bis 31.Mai gelten soll, handelt es sich um eine Extremform einer maßgeschneiderten OTC-Option.

Tabelle 6-2: Optionen für Pfund und Yen

1.9.04	3 Monate		6 Monate		12 Monate	
Euro/£ Call: (Kauf € /Verkauf £) Ref.Kurs 0,6775/ Basispreis: 0,6737	1,08	1,17	1,08	1,17	1,08	1,17
Euro/£ PUT: (Verkauf € /Kauf £) Basispreis: 0,6737	0,62	0,71	0,84	0,97	1,04	1,18
Euro/¥ Call: (Kauf € /Verkauf ¥) Ref.Kurs 133,1/ Basispreis 133,03	2,13	2,24	2,83	2,94	3,58	3,77
Euro Put (Verkauf €/ Kauf ¥) Basis- preis 133,03	2,83	2,94	4,25	4,39	6,55	6,73

Prämien in % vom Eurobetrag   Quelle: Handelsblatt vom 2.9.04

Es gibt auch standardisierte Optionen, so genannte „traded options", die entweder von den handelnden Börsen herausgegeben (bzw. gebündelt und gehandelt) werden oder auch von einzelnen Banken. Standardisierte Optionen sind –ursprünglich einmal zu 50 000 US $-Portionen- zu sehr festen Werten fällig: Sie werden beispielsweise am 1.9.2004 an der CME zu Basispreisen von 1,20/1,21/1,22 und 1,23 $/€ Optionen mit Fälligkeit jeweils am 15. März, Juni, September und Dezember notiert. Die Prämien sind geringfügig (um ca. 0,1-0,2%) günstiger als die oben angegebenen Prämien.[7] Zwischentermine werden über gegenläufige Geschäfte glattgestellt. Es gibt auch noch stärker standardisierte Werte, die so genannten **"Optionsscheine"**: Diese werden wie Wertpapiere von Banken ausgegeben und börsenmäßig gehandelt. Durch standardisierte Basispreise und Termine werden die Märkte liquider, der Vorteil der „traded options" liegt weniger im (geringfügig) günstigeren Preis als vielmehr in der oft besseren Weiterverkäuflichkeit. Andererseits besteht das Problem, dass sie durch die standardisierten Betragsgrößen meist nicht genau in die Vertragssumme etwa eines Exporteurs passen („Basisrisiko") und sich daher eher zu spekulativen Zwecken eignen.

Vorsicht ist aber bei der Prämiennotierung geboten, denn wie schon oben vermerkt wird die Prämie meist (aber nicht immer!) **in % des €-Betrages** notiert, also nicht in US-Cents oder €-Cents. Natürlich wird eine amerikanische Börse die Notierung in der in den USA gewohnten Form vornehmen, also der Preisnotierung aus US- Sicht, was wiederum exakt der Mengennotierung aus Eurosicht entspricht, nicht aber eine britische Börse, die ebenfalls die Mengennotierung verwendet.

Wenn es nur um die Prämie ginge, hätten Optionen niemals die Bedeutung erlangt, die sie heute haben, denn dafür sind sie viel zu teuer. Die Optionsprämien in Tabelle 6-3 weisen beispielsweise eine (absolute) Bandbreite von etwa dem dreifachen (beim Yen) bis zum dreißigfachen (beim US $) im Vergleich zu Devisenterminswaps auf. Ob drei- oder dreißig Mal hängt aber nicht von der Währung ab, hier sind viele Faktoren im Spiel: Relatives Zinsniveau, Liquidität des jeweiligen Marktes und vor allem die Volatilität der jeweiligen Währung. All dies kann sich im Zeitablauf ändern.

---

7   Vgl. Financial Times (Frankfurt/London) vom 2.9.04

Tabelle 6-3: Prämienkosten für Optionen und (prozentuale) Swaps im Vergleich

	Devisenterminswap (%)	Option Call (%)	Option Put (%)
US $ 3 Monate	-0,082%	2,40%	2,50%
Yen 6 Monate	-1,078%	2,90%	4,32%
£ 3 Monate	0,067%	1,12%	0,64%

Alle Werte basieren auf Mittelwerten; Kurse am 1.9.2004

Die wohl wichtigste Eigenschaft einer Option ist **die freie Wahl der Ausübung**, so dass möglicherweise bei entsprechender Kursentwicklung ein Spekulationsgewinn möglich ist. Dies gilt sowohl für den spekulativen Einsatz wie auch für die Absicherung einer Forderung oder Verbindlichkeit.

6.2 „Plain-vanilla" Optionen

6.2.1 Call Positionen

6.2.1.1 Offene Call Position

Man begreift die Wirkungsweise von Optionen besser, wenn man erst einmal das Grundmodell der offenen Spekulation mit Devisenoptionen verstanden hat. Diese Geschäfte sind nicht risikolos, aber das Risiko ist sehr klar kalkulierbar, weil ein möglicher Verlust für den Optionskäufer sich auf die gezahlte Prämie beschränkt.

Bei einer reinen Spekulation hat der Käufer einer Option die jederzeitige Möglichkeit, diese weiterzuverkaufen oder ggf. auch gegenläufig abzusichern. Die Prämie ist dabei weniger ein Kostenfaktor, sondern der "Spieleinsatz" oder die Investition.

Beispiel 6-1: Spekulativer Optionshandel

"Mister (oder Mrs.) X" erwirbt eine 3 Monats- €/$-Kaufoption (Call) über 100 000 € zum Basiskurs (e_b) von 1,20 $/€, der auch dem Kassakurs e_o entspricht. (Die Option liegt „am Geld") Das bedeutet das Recht, in drei Monaten 100 000 € ankaufen zu

e_o= Kassakurs zu t_o (1,20 $/€)
e_b = Basiskurs (1,20 $/€)
e_t = Kassakurs in 3 Monaten
$V_€$ =100 000 € (Vertragswert)
$V_\$$= Vertragswert in US $
p = Prämie =2,5%
c= Gewinn/Verlust
c_1 = Gewinn/Verlust vor Prämie

können, und zwar exakt gegen einen jetzt schon feststehenden Betrag von (100 000 €·1,20 $/€=) US $ 120 000. X hat die US $ noch nicht in Besitz und erwartet auch keine

Zahlung wie etwa ein Exporteur, die Position ist also „offen": Bei Ausübung der Option in 3 Monaten muss X den Dollarbetrag auf dem Kassamarkt kaufen. [8]

Die Prämie beträgt analog zu Tabelle 6-1 (S.245) 2,5%, also 2500 € oder 3000 US $ (oder auch 250 €-PIPS bzw. 300 US $-PIPS). Prämien sind sofort fällig, Käufer und Verkäufer sind frei, eine der beiden Währungen als Prämienwährung zu wählen:

Sie, lieber Leser, sollten eigentlich jetzt in der Lage sein, die möglichen Szenarios bei Fallen oder Steigen des € schon durchzuspielen, bevor Sie weiter lesen. Was passiert nun, wenn der Euro z.B. auf 1,15 fällt oder auf 1,25 steigt, oder wenn er vielleicht nur um ± 1-2 Cents steigt oder fällt?

In drei Monaten gibt es dazu folgende Alternativen:

a.) **Der € fällt (US $ steigt), z.B. auf 1,15 $/€**: X hat ja das Recht, Euro für 1,20 zu kaufen. Warum soll er Euro für 1,20 kaufen, wenn sie auf dem Markt für 1,15 $/€ zu haben sind? Das wird hier schon deshalb nicht attraktiv sein, weil Mr./Mrs. X ja die US $ auf dem Kassamarkt zum höheren Kurs erst anschaffen müsste. "X" lässt die Option verfallen, verliert damit allerdings den "Spieleinsatz" von 2 500 €, aber auch niemals mehr. Wenn immer der € fällt, auch um einen ganz kleinen Betrag, wird die Option verfallen.

b.) **Der Euro steigt (US $ fällt)**, zum Beispiel auf 1,25: "X" kann € vom Stillhalter für 1,20 $/€ erhalten, die auf dem Kassamarkt für 1,25 gegen US $ verkauft werden können, d.h. um 5 US-Cents teurer. Oder anders herum: Die US $ können auf dem Kassamarkt billiger eingekauft werden, als sie dem Optionsstillhalter verkauft werden können. Der Gewinn errechnet sich wie folgt:

Kassakurs e_0= 1,20 = Basiskurs (e_b) e_t =1,25; p=2,5%	**Beträge:**	**Formel:**
Die Option gibt X das Recht, für 120 000 US $ ⇨ 100 000 € zu kaufen	100.000 € 120.000 $	V_ϵ (Vertragswert) $V_\epsilon \cdot e_b (= V_\$)$
120 000 US $ bekommt X aber auf dem Markt bereits für:120 000 $/1,25 $/€=	96.000 €	$\dfrac{V_\epsilon \cdot e_b}{e_t}$
also verdient X:	4.000 €	$V_\epsilon \cdot (1 - \dfrac{e_b}{e_t})$
abzüglich Prämie (2,5%):	- 2.500 €	$-p \cdot V_\epsilon$
	1 500 €	$V_\epsilon \cdot (1 - \dfrac{e_b}{e_t} - p)$

Schematisch sieht dieses Geschäft – bei Ausübung- folgendermaßen aus:

---

8   Die Werte sind hier und in den folgenden Beispielen an Tabelle 6-1 angepasst, aber gerundet: Statt 1,2185 ist ein Kassakurs von 1,20 angenommen und auch die Basispreise sind gerundet, um dem Anfänger das Rechnen leichter zu machen. Wer etwas mehr Übung hat, kann die Beispiele mit den realen Werten aus Tabelle 6-1 oder auch aus einer Tageskurnotierung nachrechnen.

Abbildung 6-2: Ausübung einer Call Option bei Gewinn

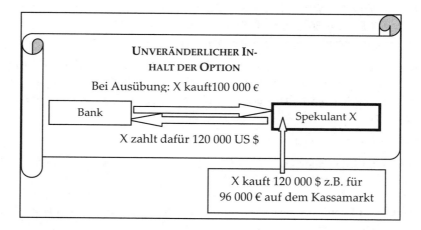

Der Gewinn macht auf den Einsatz von 2500 € für die Prämie 60% (240 % p.a.) aus, man erreicht also eine beträchtliche Hebelwirkung. In der Praxis sind davon noch geringe Bankspesen sowie Geld-/Briefdifferenzen abzuziehen, beim Vergleich mit verschiedenen Anlagemöglichkeiten müssten die Werte auch entsprechend abgezinst werden, da je der Gewinn erst in drei Monaten zahlungswirksam wird, die Prämie aber sofort.

c.) Auch wenn der € nur um weniger als die Optionskosten steigt, also zum Beispiel auf 1,23 wird "X" die Option wahrnehmen und per Kasse in 3 Monaten die 120 000 US $ kaufen, um die Option erfüllen zu können:

120 000$/1,23 $/€=	97 560 €
für 120 000 USD bekommt X aus der Option:	100 000 €
Erlös	2 440 €
Abzüglich Prämie:	2 500 €
VERLUST	**- 60 €**

und kann damit wenigstens einen Teil der Prämie wieder gewinnen. Der break-even point liegt bei: $\dfrac{\text{Basispreis}}{1-\text{Prämie}} = \dfrac{1{,}20(\$/€)}{1-0{,}025} = 1{,}2308\ \$/€$

d.) X besitzt noch eine weitere Möglichkeit, nämlich den Zwischenverkauf (short call): Wenn sichtbar wird, dass der Markt sich ungünstig entwickelt, kann ja jede Option mit einer Restlaufzeit wieder auf den Markt gebracht und der Verlust verringert werden. Nach der amerikanischen Version hätte X auch noch die Möglichkeit, eine Option an einem beliebigen Zeitpunkt innerhalb der Laufzeit auszuüben. Diese Möglichkeit hängt vom „inneren Wert" und dem Zeitwert der Option ab, aber davon wird weiter unten noch die Rede sein.

Abbildung 6-3 stellt die graphische Darstellung des Gewinn-/Verlustprofils einer spekulativen Call-Option dar. Aufgetragen sind der Gewinn bzw. Verlust (in %) aus dem Spekulationsgeschäft in Abhängigkeit vom zu erwartenden Wechselkurs bei Fälligkeit (e_t). Die obere Linie Kurve (c_1) stellt den Gewinnverlauf ohne Berücksichtigung der Prämie, die untere (c) abzüglich der Prämie dar.

Abbildung 6-3: Offener Call

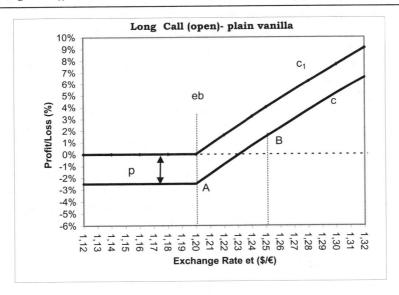

Die beiden Kurven beginnen auf der linken Seite (unter e_t =1,20) zunächst einmal als waagrechte Linie. Diese Linie stellt den Fall der Nichtausübung der Option dar, also den Verlust der Prämie: Tiefer geht es nicht. Die untere Kurve (c) berücksichtigt dabei, dass der Euro mindestens um die gezahlte Prämie steigen muss, damit das Geschäft per Saldo einen Gewinn abwirft. Ab dort, wo die Kurven nach oben knicken ($e_t > e_b$), liegt die Option „im Geld", im linken Bereich ($e_t < e_b$) liegt sie „aus dem Geld"[9]. Hier kann man auf den ersten Blick sehen, wie das Geschäft verläuft und ab wann es einen Gewinn abwirft. Die prozentuale Sichtweise des Gewinns (anstelle einer Wiedergabe in der Einheit $/€) hat den Vorteil, dass man aus der Graphik sehr schnell auch auf absolute Zahlen schließen kann, auch wenn die rechnerische Wiedergabe erst einmal etwas komplizierter ist.

---

9 „Im Geld" heißt, dass die Ausübung der Option (vor Berücksichtigung der Prämie) Gewinn erbringt, „aus dem Geld" bedeutet, die Ausübung erbringt keinen Gewinn (s. Abschnitt 6.2.7)

Gewinn oder Verlust c bei Ausübung sind:[10] $c = V_{\epsilon} \cdot (1 - \frac{eb}{et} - p)$ Dividiert man diesen Ausdruck durch den Vertragswert in €, so erhält man den prozentualen Wert, der in der Graphik aufgezeichnet ist. Hier soll aber nicht nur das Ergebnis bei Ausübung, sondern auch bei Nichtausübung (-p) festgehalten werden:

$$wenn\ (e_t > e_b : c_\% = (\frac{e_t - e_b}{e_t} - p); sonst\ c_\% = -p$$

(I). Aus dem Ausdruck (I) kann man auch sehr leicht wieder in einen absoluten Betrag zurückrechnen: $c_\epsilon = c_\% \cdot V_\epsilon$ **(Ia)**, oder (Vertragswert in US $ oder Ausgangswährung): $c_s = c_\% \cdot V_s$ **.(Ib)** Für die Graphik benötigt man normalerweise eine Wertetabelle (siehe Tabelle 6-4), für eine schnelle Zeichnung braucht man aber nur zwei Werte, nämlich den Wert beim Basispreis, wo die Kurve c knickt und einen beliebigen Wert auf der rechten nach oben laufenden Kurve. Der Wert, an dem die Kurve „c" knickt, ist durch den rechten Teil der Formel I gegeben: Es ist die Prämie (–p), also hier -2,5% im Schnittpunkt mit dem Basispreis (1,20 $/€). Ab hier zeichnet man eine Waagrechte von Punkt A nach links. Von Punkt A nach rechts kann man einen beliebigen Wert mit dem linken Teil der Formel errechnen, z.B. bei e_t = 1,25 $/€: $c_\%$ = (1,25-1,20)/1,25-0,025 =0,04-0,025= 0,015 bzw. 1,5% (wertemäßig: 100 000 € · 1,5% = 1500 €). Diesen Punkt (B) verbindet man mit Punkt A und verlängert ihn nach oben (wem das zu ungenau ist, der möge einen Wert e_t =1,30 nehmen). Ein kleiner Schönheitsfehler ist zwar, dass die Linie nicht exakt linear verläuft, so dass man für genauere Analysen und absolute Werte doch eine Wertetabelle benötigt, aber der Fehler in Bereich um ±10 Cents ist auf der Graphik gar nicht zu sehen. Natürlich muss man sich bei nur zwei Wertepaaren vor der Zeichnung klar machen, wie die Kurve grundsätzlich aussieht, auf welcher Seite also die Horizontale verläuft.

6.2.1.2 Quantitative Aspekte des offenen Calls

Wem die obigen Ausführungen ausreichen, der kann jetzt beim nächsten Kapitel weiter lesen. Für eine genauere Analyse sind in Tabelle 6-4 die Werte des spekulativen Calls („Call-Ergebnisse" c_1 und c) wie in Abbildung 6-3 zahlenmäßig angegeben.

In Spalte D stehen die prozentualen Beträge vor der Prämie (c_1), in Spalte E die prozentualen Beträge nach Abzug der Prämie (c), in Spalte F die absoluten Werte in €. In der letzten Spalte sind –der Vollständigkeit halber- auch die Beträge in US $/€ angeben, die der Notierung des Euro entsprechen, die aber eigentlich sehr unpraktisch zu handhaben sind, weil ein Dollarbetrag ja je nach Wechselkurs in Euro gerechnet auch wieder fluktuiert. Doch davon wird weiter unten noch die Rede sein.

In den letzten beiden Zeilen von Tabelle 6-4 ist für Benutzer von Programmen wie Excel oder Lotus eine praktische „Wenn-Funktion" aufgezeigt, mit der sich auf dem PC schnell der jeweils anfallende Gewinn ermitteln lässt: „WENN" (am Beispiel der

---

10 Die Abkürzungen stehen auf Seite 248

Zeile 30): B30 >c30 (also $e_t > e_0$), „DANN" fällt (in Spalte D) ein Gewinn (c_1) in Höhe der beschriebenen Formel an, „WENN" dies (bis Zeile 34) nicht der Fall ist, dann ist das Ergebnis wie in Zeile 30 erst einmal 0. Vom Wert in Spalte D wird dann unabhängig von den Differenzen zwischen e_t und e_0 in Spalte E die Prämie abgezogen.

Tabelle 6-4: Long Call (spekulativ) in Zahlen

	e_t	e_b	wenn et>eb: c_1=(et-eb)/et wenn et<eb: c_1=0	Spalte D - Prämie in %	in €	
	$/€	$/€	%	%	%	$/€
B	**C**	**D**		**E**	**F**	**G**
30	1,12	1,2000	0,00%	-2,50%	- 2.500 €	-0,0300
31	1,14	1,2000	0,00%	-2,50%	- 2.500 €	-0,0300
32	1,16	1,2000	0,00%	-2,50%	- 2.500 €	-0,0300
33	1,18	1,2000	0,00%	-2,50%	- 2.500 €	-0,0300
34	1,2	1,2000	0,00%	-2,50%	- 2.500 €	-0,0300
35	1,22	1,2000	1,64%	-0,86%	- 861 €	-0,0105
36	1,24	1,2000	3,23%	0,73%	726 €	0,0090
37	1,25	1,2000	4,00%	1,50%	1.500 €	0,0188
38	1,28	1,2000	6,25%	3,75%	3.750 €	0,0480
39	1,3	1,2000	7,69%	5,19%	5.192 €	0,0675
40	1,32	1,2000	9,09%	6,59%	6.591 €	0,0870

2,50% = Prämie

Zeile 30D: WENN(B30>C30;(B30-C30)/B30;0)
Zeile 31D: WENN(B31>C31;(B31-C31)/B31;0) usw.

Wenn wir der Allgemeingültigkeit halber V=1 (Euro) setzen, dann gilt aus amerikanischer Sicht (bzw. aus der Sicht des Auslandes bei anderen Währungen):

$$c = (\frac{et - eb}{et} - p) \cdot et = \quad et - eb \quad - p \cdot et$$

allgemein: **wenn $e_t > e_b$: $c_{$/€}$ = e_t –e_b -p · e_t; sonst $c_{$/€}$ =-p · e_b** **(II).**

Wird die Option nicht ausgeübt, so entsteht auch kein Gewinn und der erste Teil der Formel ist 0. In diesem Fall muss die Prämie mit eb oder eo umgerechnet werden.

Für schnelle Vergleiche und auch für allgemeinere Überlegungen eignet sich diese einfache Formel II ganz gut. Für konkrete Rechnungen ist das Ergebnis in $/€ eher weniger geeignet, weil sich dort auch sofort die Frage auftut, zu welchem US $ -Kurs denn das nun in einen Eurobetrag umzurechnen sei. Hier gelingt es mit Formel (Ia) schneller, zu einem konkreten Betrag zu kommen, außerdem eignet sich auch der prozentuale Vergleich bei verschiedenen Währungen besser als eine Angabe in ¥ oder US $ pro Euro. Rechnungen in $/€ führen sehr leicht in die Irre und hier sollen sich auch schon Devisenhändler verrechnet haben. Warum diese einfache Formel in der Mengennotierung zu Verwirrungen führen kann, zeigt das folgende Beispiel 6-2:

Beispiel 6-2: Call Optionen in der Preisnotierung

---

*Die Mengennotierung hat bei der Optionsquotierung einen entscheidenden Nachteil. In den amerikanischen Lehrbüchern, die aber die Preisnotierung verwenden, findet man –für die Ausübung der Option- die sehr einfache Formel c = e_t-e_b – p, das wären im Beispiel 6-1 etwa bei e_t =1,23 einfach c= 1,23-1,20-0,03= 0,00 ($/€). (die Prämie muss natürlich hier noch umgerechnet werden, weil sie ja auf Euro bezogen ist: 1,20 ·0,025=0,03 US $). Das wäre aus amerikanischer Sicht genau der Break-Even-Point. Aber reicht das wirklich aus, um die Prämie zu decken? Für den Amerikaner: ja. Aber (!) **nicht für den Europäer**, denn der hat 0,025 € (= 2500 €) bezahlt und wenn er jetzt die 3 US $ -Cents in €-Cents umrechnet, dann bedeutet das 3:1,25= nur noch 2,44 €-Cents bzw. 2 440 €, also 60 € weniger als die Prämie gekostet hat, der Break-Even Point wäre noch nicht erreicht.*

Hier noch einmal die genaue Rechnung:

Aus europäischer Sicht:	*Aus US-Sicht:*
Wenn e_t = 1,23 $/€, ist der Gewinn: $$V_€ \cdot (1 - \frac{eb}{et} - p)$$ $$= 100000 \cdot (1 - \frac{1,20}{1,23} - 0,025) = -60,97€$$	*Aus der Option bekommt X für 120 000 US $ ⇨ 100 000 €. Auf dem Markt bekommt X bei e_t = 1,23 $/€ für 100 000 € aber 123 000 US $, der Gewinn ist also 3000 US $, also genau die gezahlte Prämie von 3000 $* $$V_€ \cdot (1 - \frac{eb}{et} - p \cdot \frac{eb}{et}) = 100000 \cdot (1 - \frac{1,20}{1,23} - 0,025 \cdot \frac{1,20}{1,23}) = 0 \quad ^{11}$$

Zieht man beide Beträge voneinander ab, so erhält man als Differenz

$$100000 \cdot (0,025 - 0,025 \cdot \frac{1,20}{1,23}) = 60,97 \; [€]$$

Aber wie ist das ökonomisch zu erklären, dass X in den USA ein anderes Ergebnis erzielt? Das Problem aus europäischer Sicht ist zunächst einmal, dass die Notierung ($/€) bedauerlicherweise eine Notierung in Fremdwährung ist, d.h. 3 US-Cents sind am Ende der Laufzeit nicht mehr das in Euro wert, was sie am Anfang wert waren. Der Unterschied kommt im Prinzip durch den Zeitpunkt zustande, an dem die Prämie bezahlt wird: Für den Europäer ist dieser Zeitpunkt bei Ausübung relativ ungünstiger, für den Amerikaner ist er günstiger. Wenn ausgeübt wird (und ausgeübt wird nur, wenn e_t >e_b,) dann ist der

---

11 Der Ausdruck kann auch zu 1-(e_b /e_t) ·(1+p) gekürzt werden, hier wurde er ausführlich geschrieben, um den Unterschied zur linken Seite klar zu machen

Korrekturfaktor e_b/e_t <1, d.h. die amerikanische Prämie in Euro gerechnet geringer als die europäische.

6.2.1.3 Gedeckte Positionen der Call-Option

Der Halter einer Währungsforderung (also z.B. ein Exporteur) hat in seinem Portfolio eine offene und damit riskante Währungsposition. Diese kann er durch eine Call Option auf Euro schließen, d.h. er kauft eine €-Call Option, die ihm die Möglichkeit bietet, zum Zeitpunkt t einen entsprechenden Eurobetrag gegen einen festen Fremdwährungsbetrag einzutauschen, den er vom Kunden bekommt. Damit sichert er den €-Kurs nach oben (den Fremdwährungskurs nach unten) ab, kann aber gleichzeitig Gewinne durch sinkenden Euro mitnehmen, indem er die Option verfallen lässt und die aus dem Exportgeschäft erhaltenen Dollar, Yen oder Pfund auf dem Kassamarkt verkauft.

Anders als der Spekulant ist ein Exporteur immer gezwungen zu handeln, weil ja der Währungsbetrag wirklich kommt, d.h. entweder verkauft er diesen Betrag auf dem Kassamarkt oder händigt ihn vereinbarungsgemäß dem Stillhalter aus. Sollte übrigens ein Betrag einmal nicht kommen, kann die Option einfach verfallen oder der Exporteur kann sich bei günstiger Entwicklung wie ein Spekulant verhalten.

Beispiel 6-3 : Long Call beim Exporteur

Ein Exporteur erwartet bei einem Kassakurs ($e_0=e_b$)von 1,20 \$/€ einen Betrag von US \$ 1 Mio in drei Monaten und sichert den Kurs über einen entsprechenden Call (p=2,5%) ab. Der Ausgangsbetrag steht jetzt in US \$, nicht in Euro: Während ein Spekulant in der Regel einen Eurobetrag einsetzt, ergibt bei einem Exporteur eine Währungsoption nur dann einen Sinn, wenn die Forderung auf Fremdwährung lautet, auch wenn er sie vielleicht aus Kalkulationsgründen in Euro (=833 333 €) umrechnet. Es bestehen bei Fälligkeit der Option und des Betrages aus dem Grundgeschäft folgende Möglichkeiten:

a. *Der € ist über 1,20 gestiegen (der \$ ist gefallen). Die Option wird zu 1,20 wahrgenommen, der Exporteur kauft mit seinem US \$-Exporterlös zum Optionsbasispreis von 1,20 den korrespondierenden €-Betrag (833 333 €). Er hat also den Kurs von 1,20 gesichert, allerdings abzüglich der gezahlten Prämie, in diesem Fall 25 000 US \$ bzw. 2,5% · 833 333 € = 20 833 €, (Ein Devisentermingeschäft hätte im Gegensatz dazu einen leichten Gewinn von 674 € erbracht, vgl. Kapitel 5) Anders als bei der offenen Position, wo der Spekulant die US \$ billig auf dem Markt kaufen kann, entsteht hier **bei Ausübung der Option kein Gewinn**, weil die Position nicht offen ist: Man könnte dann die beiden Geschäfte auch getrennt ausführen: Bei Steigen des Euro entstünde aus der spekulativen Position ein Gewinn (wie auch im Beispiel 6-1), aus dem*

255

ungedeckten Exportgeschäft ein gleich hoher Verlust. Beides gleicht sich aus und es bleibt die Prämie.

b. *Der € fällt, z.B. auf 1,16: Die Option verfällt, der Exporteur kauft die € zu 1,16 aus dem Exporterlös, damit günstiger als zum Basiskurs. Es ergibt sich folgende Differenz:*

			Formel
1.Vertragssumme $V_\$$ [12]		1.000.000 US $	
2.Exporteur kann mit 1 Mio $ per Kasse € kaufen:	$e_t = 1,16$	862.069 €	$V_\$/e_t$
3. Kassakurs = Basiskurs =Kalkulationsbasis	$e_b = e_o = 1,20$	833.333 €	$V_\$/e_b$
4. Gewinn (c_1) (Pos. 2 – Pos. 3)		28.736 €	$V_\$/e_t - V_\$/e_b$
5. abzüglich Prämie	$p = 2,50\%$	20.833 €	$V_\$ \cdot (p/e_b)$
= (Call-Ergebnis c (Pos. 4-Pos. 5)	C	**7.902 €**	$\boxed{V_\$ \cdot (\frac{1}{e_t} - \frac{1}{e_b} - \frac{p}{e_b})}$ **(III)**

c. *Auch wenn der € um weniger als die Prämienkosten fällt (z.B. auf 1,18), entsteht durch Nichtwahrnehmung der Option ein Gewinn, der die Prämienkosten reduziert. Der Break-Even point(I) errechnet sich analog aus $e_t = e_b/(1+p) = 1,20$ $/€:/1,025 = 1,1707$ $/€, unterhalb dieses Kurses entsteht ein Gewinn, der aus dem Handelsgeschäft und nicht aus der Option stammt.*

Das **obere Bild in** Abbildung 6-4 stellt die offene Position des Spekulanten abzüglich Prämie[13] dar, die von links oben nach rechts unten fallende Linie („open export position") stellt die **offene** Position des Exporteurs dar, der einen umso größeren Verlust erleidet, je höher der Eurokurs e_t steigt. Beide Positionen zusammen ergeben das **untere Bild.** Unterhalb des „strike price" von 1,20 $/€ wird die Option nicht ausgeübt, denn bis dahin ist das Umwechseln des Exporterlöses auf dem Kassamarkt günstiger. Dies ist der eigentliche Vorteil gegenüber dem Devisentermingeschäft. Ab 1,20 wird die Option ausgeübt und er hat sich dadurch den Basiskurs von 1,20 gesichert. Der spiegelverkehrte Verlauf der Kurven bei Exporteur und Spekulant mag verwundern, dies liegt aber in der Natur des Geschäfts. Beide – Exporteur wie Spekulant- üben die Option bei steigendem Euro-Kurs aus, aber mit unterschiedlichem Ergebnis. Der Spekulant hat vorher die benötigten Dollar günstiger auf dem Markt gekauft, der Exporteur bekommt den Dollarbetrag von seinem Kunden und sichert durch die Option lediglich seinen Kurs von 1,20.

---

12 Der Wert $V_\$$ steht auch für eine beliebige andere Fremdwährung
13 Das entspricht der Kurve „c" in den vorherigen Abbildungen (z.B. Abbildung 6-3 auf S.251)

Abbildung 6-4: Long Call beim Exporteur

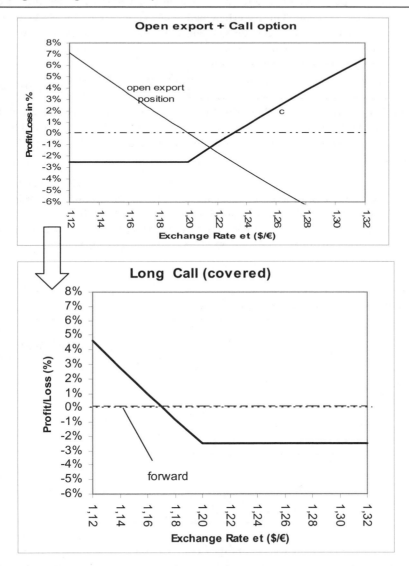

Das untere Bild in Abbildung 6-4 zeigt die Situation des Exporteurs, der bei Steigen des Euro die Option wahrnimmt, bei Fallen die Option verfallen lässt und aus der Nichtausübung einen Gewinn - abzüglich der Prämie- erzielt. Auch hier ist die nach oben weisende „Linie" nicht exakt linear, was sich aber graphisch erst ab Werten bemerkbar macht, die weit über die Grenzwerte der obigen Graphik hinausgehen.

Bei Fallen des Euro ist das Geschäft für den Spekulanten ein Fehlschlag und er verliert die Prämie, während der **Exporteur gerade durch das Verfallen lassen** die Gelegenheit gewinnt, mit den vom Kunden erhaltenen Dollars auf dem freien Markt **zu einem niedrigeren Kurs** Euro einkaufen zu können. Für Prozentbeträge (wie in Abbildung 6-4 dargestellt) gilt die folgende Formel:

$$\boxed{(wenn = e_b > e_t : c_\% = (\frac{e_b - e_t}{e_t} - p); sonst\, c_\% = -p)} \textbf{IV;}\ \text{z.B.}\quad c_\% = (\frac{1,20 - 1,16}{1,16} - 0,025) \Rightarrow 0,948\%$$

auch hier lässt sich eine einfachere Rückrechnung in einen absoluten Betrag vornehmen: $c_€ = c_\% \cdot (V_\$/e_0)$ **(IVa)** oder $c_\$ = c_\% \cdot V_\$$ **(IVb)**, wobei die Formeln sich sowohl bei Ausübung als auch bei Nichtausübung anwenden lassen (z.B. :0,9483% · 833 333€ =7 902€ oder auch US $ 1 Mio. ·0,9483% = 9 483 US $).

Auch die Exporteursposition (Abbildung 6-4 unten) kann aus zwei Wertepaaren gezeichnet werden (Abbildung 6-5): Wertepaar (1) ist der Schnittpunkt des Basispreises mit der Prämie (1,20;-2,5%), die man als Horizontale von 1,20 nach rechts ziehen kann, Wertepaar (2) kann ein beliebiger Wert im Ausübungsbereich sein, wozu man Formel IV bemühen muss, also z.B. für e_t= 1,16 ⇨ (1,20-1,16)/1,16-0,025 =0,0095, also Wertepaar (2)= (1,16;0,948%).

Abbildung 6-5: Erstellung einer einfachen Skizze

1,16/0,95% $bei\ e_t = 116 : c_\% = (\frac{e_b - e_t}{e_t} - p) = \frac{1,20 - 1,16}{1,16} - 0,025 = 0,00948 \Rightarrow 0,95\%$

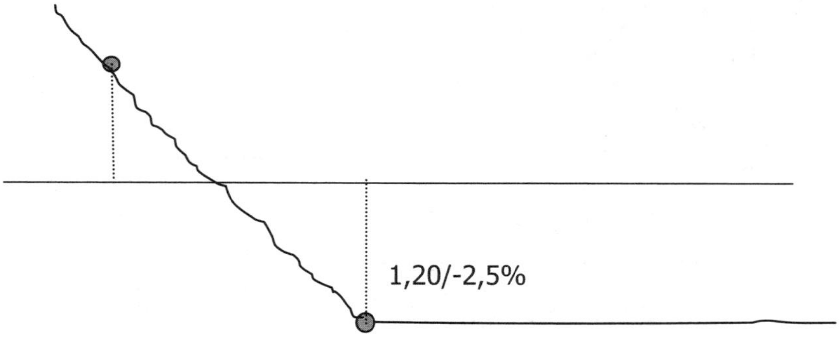

1,20/-2,5%

Was ist jetzt das **Fazit dieses Geschäfts für den Exporteur**? Die Option enthält ein spekulatives Element, denn sie wäre viel zu teuer als bloßes Absicherungsinstrument. Erst durch die Gewinnchance wird sie interessant. Rechnet also der Exporteur mit einem Fallen des €, würde er mit einer Option unter Umständen besser fahren als mit dem Devisentermingeschäft, wenn seine Erwartung eintritt. Er hält sich die Chance auf einen Gewinn wie bei der Nichtabsicherung offen. Auf der anderen Seite dürfte das Risiko tragbar bleiben, weil der Verlust auf die Prämie begrenzt ist.

6.2.1.4 Quantitative Aspekte des gedeckten Calls

Dieses Kapitel bringt noch ein wenig Vertiefung, was die Zahlenwerte und alternative Berechnungsmethoden betrifft. Wessen Hunger nach Formeln und Zahlenreihen bereits hier gestillt ist, der müsste ohne Verständnisschwierigkeiten im nächsten Kapitel weiter lesen können.

Tabelle 6-5: Long Call beim Exporteur

	et	eb	wenn eb>eb: $c_1=(eb/et)-1$ wenn eb<eb: $c_1=0$	Spalte D minus Prämie	Betrag	Grundgeschäft ohne Option (eo-et)/et
	\$/€	\$/€	%	%	in 1000 €	%
	B	C	D	E	F	G
33	1,12	1,20	7,14%	**4,64%**	38,69	7,14%
34	1,14	1,20	5,26%	**2,76%**	23,03	5,26%
35	1,16	1,20	3,45%	**0,95%**	7,90	3,45%
36	1,17	1,20	2,56%	**0,06%**	0,53	2,56%
37	1,18	1,20	1,69%	**-0,81%**	-6,71	1,69%
38	1,2	1,20	0,00%	**-2,50%**	-20,83	0,00%
39	1,22	1,20	0,00%	**-2,50%**	-20,83	-1,64%
40	1,24	1,20	0,00%	**-2,50%**	-20,83	-3,23%
41	1,26	1,20	0,00%	**-2,50%**	-20,83	-4,76%
42	1,28	1,20	0,00%	**-2,50%**	-20,83	-6,25%
43	1,3	1,20	0,00%	**-2,50%**	-20,83	-7,69%
44	1,32	1,20	0,00%	-0,025	-20,83	-9,09%
45		2,50%	= Prämie			

Spalte 33D   WENN(C33>B33;(C33/B33-1);0)   usw.
Spalte 33 E: WENN(C33>B33;(C33/B33-1-C$45);-C$45)   C45=Prämie

Aus Tabelle 6-5 geht die Position des Exporteurs in Zahlen hervor. In den Spalten D, E sowie G wurde wieder auf Prozentwerte (des Vertragswertes sowohl in US \$ als auch in €) abgestellt. Zeile 35 liest sich beispielsweise wie folgt: Es entsteht ein Gewinn von 4 US-Cents (1,20-1,16), der prozentual zum Kurs 0,04/1,16= 3,45% ausmacht (Spalte D), abzüglich Prämie = 3,45-2,5% =0,95%% des Vertragswertes zum Basiskurs (Spalte E). In Spalte F steht das Ergebnis c in Euro, das man entweder nach Formel III (S.256) oder einfach durch Multiplikation von $c_\%$ ·$V_\$/e_b$ (Formel IV a) errechnen kann. Unten in der Tabelle 6-5 steht wieder ein Hinweis auf die Formel, die man verwenden kann, wenn man die Rechnung in einer Excel Tabelle automatisch errechnen lassen will. Genannt ist die erste Zeile (die in die nächsten Zeilen kopiert werden kann), und zwar in Spalte D für den Prozentwert, in Spalte F für den Betrag. In Spalte F wurde dieses Mal auch die Prämie in die Formel einbezogen, was man natürlich auch in Spalte E machen könnte.

In der letzten Spalte G sind zum Vergleich die Prozentzahlen des **offenen Exportgeschäfts** angegeben, hier sieht man, wo dies besser ist als die Option und wo es schlechter ist. Bei Kursen, die höher als $e_t = e_o/(1-p) = 1{,}2307$ sind, ist das Offenlassen der Forderung schlechter, unterhalb ist es besser, weil ja keine Prämie bezahlt wurde. Im unteren Teil der Abbildung 6-4 ist übrigens diese Exportposition nicht eingezeichnet: Sie schneidet sich mit der gedeckten Call-Kurve im waagrechten Bereich bei 1,2307. Dieser Punkt sollte nicht mit dem „Break-Even"-Point verwechselt werden (1,1707), welches der Punkt ist, bei dem der Gewinn (in diesem Fall aus der Nichtausübung der Option) gerade die Prämie deckt

6.2.2   Put-Positionen

6.2.2.1   Offene Put-Position

Eine spiegelbildliche Überlegung wäre bei einer Verkaufsoption durchzuführen. Spekulant(in) X würde dieses Mal für 100 000 € z.B. einen €-/Yen-Put erwerben. Wenn wir die Werte aus Tabelle 6-2 (S.247) vereinfacht mit e_o = Basiskurs von 133 ¥/€ bei einer Put Prämie von 2,94% zugrunde legen, so würde das bedeuten, dass X in drei Monaten 100 000 € zum Kurs von 133 verkaufen kann, d.h. ¥ 13,3 Mio erhält. Diese Yen-Summe wird X bei Ausübung auf dem Markt verkaufen können, was nur dann interessant sein wird, wenn der Yen gestiegen bzw. der Euro gefallen ist. Tabelle 6-6 zeigt die Ausübung einer Put Option (P-€/¥-3M), wenn der Euro Kurs e_t zum Ausübungszeitpunkt auf 128 ¥/€ gefallen ist:

Tabelle 6-6: Spekulativer Long Put in absoluten Beträgen (bei Ausübung)

Kassakurs e_o= 133 = Basiskurs (e_b); p=2,94%	**Beträge:**	**Formel:**
Die Option gibt X das Recht, 100 000 € ($V_€$)an die Bank zum Kurs von 133 =13,3 Mio ¥ ($V_¥$) zu verkaufen:	100.000 €	$V_€$
	¥ 13,3 Mio	$V_€ \cdot e_b$
X erhält also ¥ 13,1 Mio. und kann diesen Betrag auf dem Kassamarkt verkaufen für ¥ 13,3Mio :128:	103 906 €	$\dfrac{V_€ \cdot eb}{et}$
also verdient X:	3.906 €	$\dfrac{V_€ \cdot eb}{et} - V_€ = V_€ \cdot (\dfrac{eb}{et} - 1)$
abz. Prämie (2,94%):	− 2.940 €	-p · $V_€$
	966 €	$V_€ \cdot (\dfrac{eb - et}{et} - p)$

Wenn e_t gleich oder über dem Basiskurs liegt, verfällt die Option und X verliert wiederum die Prämie. Allgemein lautet die Formel bei der offenen Put- Option (sie ist übrigens identisch mit dem gedeckten Call): u%: (Ergebnis Put in %):

$$\boxed{wenn = eb > et, u_\% = (\frac{eb - et}{e_t} - p); sonst\ u_\% = -p)}\ (VI)\ \text{z.B.}\ u_\% = \frac{133 - 128}{128} - 0{,}0294 = 0{,}00966 \Rightarrow 0{,}966\%$$

Auch hier ist die Rückrechnung des prozentualen Ergebnisses in einen absoluten Wert „u" einfach durchzuführen: **u= u**% · **V**€. **(IVa).** (z.B. 0,966% x 100 000 € = 966 €). Die spekulative Put-Option wird genau dann ausgeübt, wenn die spekulative Call Option verfallen würde und vice versa. Abbildung 6-7 gibt den Verlauf des Gewinns beim spekulativen Put wieder. Sie sieht vom Profil her genauso aus wie eine gedeckte Call Option.

Abbildung 6-6: Spekulative Put Option

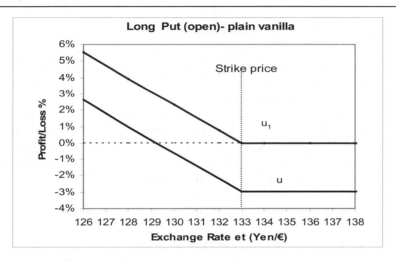

Tabelle 6-7: Spekulativer Put: Zahlentabelle

Long Put offen (Verkauf Euro)					
e't	eb	wenn eb>et: u₁=(eb-et)/et wenn eb<et: u₁=0	wenn eb>et: p=(eb/et)-1-p wenn eb<et: p= - p		
Yen/€	Yen/€	u1 in %	u in %	u in €	u in Yen/€
A	B	C	E	F	G	H
31	126	133	5,556%	2,616%	2.616 €	3,2956
32	128	133	3,906%	0,966%	966 €	1,2368
33	130	133	2,308%	-0,632% -	632 €	-0,8220
34	132	133	0,758%	-2,182% -	2.182 €	-2,8808
35	133	133	0%	-2,940% -	2.940 €	-3,9102
36	134	133	0%	-2,940% -	2.940 €	-3,9102
37	136	133	0%	-2,940% -	2.940 €	-3,9102
38	138	133	0%	-2,940% -	2.940 €	-3,9102
39	140	133	0%	-2,940% -	2.940 €	-3,9102
40		Prämie :	2,94%			
41	Zeile 31 E: WENN(C31>B31;(C31-B31)/B31;0)					

Tabelle 6-7 zeigt eine vollständige Wertetabelle einschließlich einer Hilfestellung für ein Tabellenprogramm.

Auch die Graphik in Abbildung 6-7 kann man „für den Hausgebrauch" aus zwei Wertepaaren erstellen: Der Schnittpunkt von Basispreis und Prämie (133;-2,94%) ist wiederum der Punkt, an dem die Kurve –diesmal nach links oben- knickt. Die horizontale Linie muss man dieses Mal von hier nach rechts ziehen. Das zweite Wertepaar errechnet man mit Formel VI etwa für e_t =128 ¥ aus (128/0,966%) und verbindet beide Wertepaare.

6.2.2.2   Gedeckte Put-Positionen

Wie sieht es nun bei einem Importeur aus? Um den Vergleich einfach zu gestalten, nehmen wir hier die gleichen Werte wie beim obigen spekulativen Beispiel:

Beispiel 6-4: Long Put des Importeurs

Der Importeur „Asia-AG" hat einen Vertrag über die Lieferung von japanischen Kameras in Höhe von Yen 13,3 Mio abgeschlossen, die bei Lieferung c.i.f. in drei Monaten zahlbar sind. Der Betrag von 13,3 Mio ¥ beträgt zum Zeitpunkt des Vertragsabschlusses genau 13,3 Mio. ¥ :133 ¥ /€ = 100 000 €. Dies ist auch die Kalkulationsbasis des Importeurs, auf der er seine Verkaufspreise berechnet und vielleicht schon jetzt Werbung betreibt, Kataloge druckt oder sogar Weiterverkäufe zum Festpreis tätigt. Ein Devisentermingeschäft würde bei einem prozentualen Swap (Abschlag Euro) von 0,54% (2,14% p.a., vgl. Kapitel 5) für drei Monate etwas über 500 Euro kosten. Die Option kostet 2,94%, d.h. 2 940 €, aber falls der Euro steigen sollte, lockt eine Gewinnmitnahme. Die Beispielsrechnung sieht folgendermaßen aus:

	Beträge:	**Formel:**
Kurs e_0= 133 = Basiskurs (e_b); p=2,94% $V_€$ und $V_¥$ (Vertragswert in € bzw. ¥)		
Die Option gibt Asia AG das Recht, 100 000 € an die Bank zu 133 ¥ /€ zu verkaufen, sie bekommt 13,3 Mio ¥, um den Import zu bezahlen	¥ 13,3 Mio 100 000€	$V_¥$ $V_€= V_¥/e_b$
Asia AG wird diese Option ausüben, wenn der Euro fällt und damit die Prämie verlieren	- 2.940 €	$p \cdot V_€$
Wenn der € steigt, z.B. auf 138, sind ¥ 13,3, Mio zu haben für 13,3 Mio:138= (Option wird nicht ausgeübt)	96 377 €	$\dfrac{V_¥}{e_t}$
also verdient die Asia AG :	3 623 €	$u_1 = \dfrac{V_¥}{e_b} - \dfrac{V_¥ \cdot}{e_t}$
abz. Prämie (2,94%):	- 2.940 €	
Ergebnis (u):	683 €	$u = V_¥ \cdot (\dfrac{1}{e_b} - \dfrac{1 \cdot}{e_t} - \dfrac{p}{e_b})$ **VII**

Prozentual lautet die Formel hier wie bei der offenen Call-Position:

$$wenn = et > eb : u_{\%} = (\frac{e_t - e_b}{e_t} - p); sonst\ u_{\%} = -p)\ \textbf{(VIII)}.$$

Auch hier gilt die einfache Art der Rückrechnung: $\textbf{u} = \textbf{u}_{\%} \cdot \textbf{V}_{\epsilon}$ **(VIII a)** (also u= 0,683% · 100 000 € = 683 €). Normalerweise rechnet ein Importeur in seiner Heimatwährung, aber wenn es notwendig erscheint, kann die Rechnung auch in Yen gemacht werden: $u_{\yen} = u_{\%} \cdot V_{\yen} = 0,683\% \cdot 13{,}3$ Mio ¥ = 90 839 Yen.

Die Situation des Importeurs ist in Abbildung 6-7 dargestellt. Die untere Kurve schneidet die Null-Linie beim Break Even point $e_t = e_b/(1-p) = 137{,}02$ ¥/€.[14] Steigt der Euro über diesen Wert, so macht der Importeur –verglichen mit der Kalkulationsbasis von 133 ¥/€ einen Gewinn, der wiederum wie beim Exporteur durch die Nichtausübung und die Gelegenheit entsteht, Euro gegen Yen auf dem Kassamarkt zu verkaufen.

Abbildung 6-7: Long Put beim Importeur

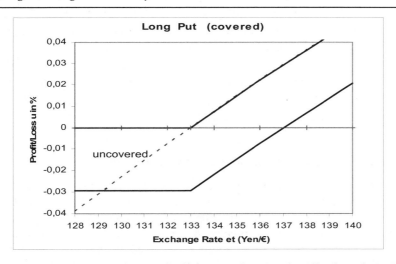

Auch die Put- Option beinhaltet ein spekulatives Element, das allerdings beim Importeur sehr schnell durchaus einen realen Hintergrund erhalten kann, wenn die Waren zu bereits vereinbarten Preisen weiterverkauft werden sollen. (Beispiel 6-5)

---

14 Auch hier sollte der Break Even point nicht mit dem Wert verwechselt werden, ab dem sich eine Nichtabsicherung des Importgeschäfts im Vergleich zur Option lohnt. Dieser liegt bei $e_o/(1+p) = 129{,}2$ (links unten in Abbildung 6-7)

Beispiel 6-5: Reiseveranstalter und Weinimporteur: Absichern oder nicht?

Ein Weinhändler, der im Herbst kalifornischen und australischen Wein bestellen will oder auch ein Reiseveranstalter, der im kommenden Sommer Flugreisen verkaufen will, die in US $ bezahlt werden müssen, stehen vor demselben Problem: Sie müssen im Herbst einen Katalog mit Preisen drucken, die auch dann noch gelten, wenn der Euro im nächsten Jahr vielleicht gefallen ist und die Bezahlung des Weins wie auch der Flüge teurer geworden ist. Ließe sich das Problem mit einem Devisentermingeschäft aus der Welt schaffen? Im Prinzip schon, aber es könnte geschehen, was einen deutschen Reiseveranstalter vor einigen Jahren fast in den Ruin getrieben hat: Der Dollar sinkt über die Jahreswende stark und die Konkurrenz bietet plötzlich lastminute Billigpreise für Flüge (und Sonderangebote für Wein) an. Der kluge Reiseveranstalter, der vorsorglich seine Positionen mit Devisentermingeschäften gehedgt hat, muss diese nun honorieren und kann Preisnachlässe nicht weitergeben. Anders als der Exporteur, der ja einen Festpreis hat, den er auch absichern kann[15], steht ein Importeur häufig in Konkurrenz mit anderen Importeuren, deren Geschäftsprinzip der Import von gerade auf dem Weltmarkt billig erhältlichen Waren und Dienstleistungen ist. Da also die Situation ohnehin ein bisschen spekulativ ist, gäbe es gute Argumente für eine Devisenoption: Zwar ist diese teurer, erhält aber die Möglichkeit, sie verfallen zu lassen. Für besonders gelagerte Fälle gibt es hier noch die Alternative von Compound Optionen, das sind „Optionen auf Optionen" oder „Optionen auf Devisentermingeschäfte". Davon wird weiter unten noch die Rede sein.

6.2.2.3 Quantitative Aspekte des gedeckten Put

In Tabelle 6-8 sind die Werte aus Abbildung 6-7 wieder zahlenmäßig erfasst. In Spalte D steht die Bedingung „wenn $e_t > e_b$, dann: $u_1 = (e_t-e_b)/e_t$; sonst $u_1 = 0$". Die Werte u in % und in Euro (jeweils u minus Prämie) finden sich in den Spalten E und F. In den letzten beiden Zeilen ist wiederum ein Hinweis darauf gegeben, wie diese Rechnung mit Hilfe einer „Wenn-Dann" Funktion eines Tabellenkalkulationsprogramms durchgeführt werden kann. Hier ist an Zeile 15 F gezeigt, wie sich die Spalte F (absoluter Betrag) direkt mit dieser Funktion errechnen lässt. Auch der gedeckte Put lässt sich mit der „klassischen Formel" wenn $e_b > e_t$: $u_{(¥/€)} = e_t - e_b -p \cdot e_t$; sonst $u = -p \cdot e_b$ in Yen/€ errechnen (Spalte H).

---

[15] Auch hier kommt es aber gelegentlich vor, dass ein Kunde einen nachträglichen Abschlag verlangt, wenn etwa der Euro stark gefallen ist. Der Exporteur muss dem nicht nachgeben, aber es gibt durchaus Gründe für einen Preisnachlass: Zum einen, um gute Geschäftsbeziehungen zu pflegen, zum anderen, wenn es sich um eine Tochtergesellschaft handelt, die möglicherweise überteuerte Waren gar nicht weiterverkaufen kann.

Tabelle 6-8: Put-Option eines Importeurs

			Long Put des Importeurs (Verkauf Euro)				
A	et	eb	wenn et>eb: u_1=(et-eb)/et; sonst u1=0	Spalte D - Prämie	Betrag in €	Import ohne Option (eo-et)/et	
	Yen/€	Yen/€	u1 in %	u in %	u in €	et)/et	in Yen/€
A	B	C	D	E	F	G	H
15	128	133	0,00%	-2,94% -	2.940 €	-3,91%	- 3,91
16	130	133	0,00%	-2,94% -	2.940 €	-2,31%	- 3,91
17	132	133	0,00%	-2,94% -	2.940 €	-0,76%	- 3,91
18	133	133	0,00%	-2,94% -	2.940 €	0,00%	- 3,91
19	134	133	0,75%	-2,19% -	2.194 €	0,75%	- 2,94
20	136	133	2,21%	-0,73% -	734 €	2,21%	- 1,00
21	138	133	3,62%	0,68%	683 €	3,62%	0,94
22	140	133	5,00%	2,06%	2.060 €	5,00%	2,88
23	Prämie Put =		2,94%				

Zeile D 15 : WENN(B15>C15;(B15-C15)/B15;0) usw

Zeile F 15:WENN(B15>C15;13300000*(1/C15-1/B15-D$23/C15);-D$23*100000)

Übrigens könnte der Importeur die Situation auch mit einem Devisentermingeschäft vergleichen: Der Euro hat gegenüber dem Yen einen Abschlag in Höhe von 0,53% auf das Vierteljahr gerechnet (effektiver Swap = -2,14% p.a.), die Kosten einer Terminabsicherung symbolisiert die gestrichelte waagrechte Linie („forward") in Abbildung 6-7. Rechnerisch lässt sich dies durch Gleichsetzung der Formel VIII mit dem prozentualen Swap errechnen:

Aus $u_{\%} = \dfrac{e_t - e_b}{e_t} - p = -0,0053$ ergibt sich: $e_t = \dfrac{e_b}{1 - p + 0,0053} = 136,28 \, Yen/€$

Der break-even point im Vergleich zum Devisentermingeschäft wird also bereits beim Kurs von 136,33 erreicht. Hätte der Euro gegenüber dem Yen einen Aufschlag, so würde die Option den break-even point erst später erreichen. Welchen Kurs ein Importeur als Vergleichsmaßstab zugrunde legen soll, hängt von seinen realistischen Alternativen ab: Steht das Devisentermingeschäft gar nicht zur Debatte, sondern nur die Nichtabsicherung, dann sollte damit auch nicht verglichen werden. Ebenso könnte auch mit einem firmeninternen Kalkulationskurs verglichen werden und es muss daran erinnert werden, dass hier auch der Kurs von 133 ein „runder" Kurs ist, der nicht genau dem Tageskurs entspricht, außerdem wurden auch Geld- und Briefdifferenzen hier vernachlässigt.

6.2.3 Die Positionen des Stillhalters

Die Position des Stillhalters ist immer spekulativ und hinsichtlich des Verlustes nach unten offen, wie Abbildung 6-8 zeigt.

Abbildung 6-8:Risikoprofil des Stillhalters

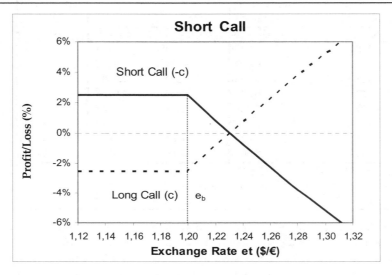

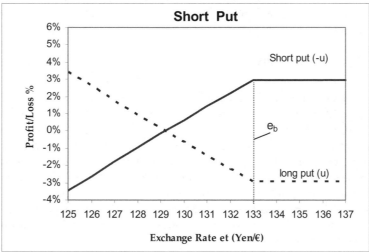

Die Positionen des Käufers (long) mit der **offenen Position** und die des Stillhalters (short) verlaufen spiegelbildlich, von möglicherweise auftretenden geringen Geld-

Briefdifferenzen abgesehen. Was der begrenzte Verlust des (offenen) Käufers ist, stellt die begrenzte Prämie des Stillhalters dar, der nach unten offene Verlust des Stillhalters (short call oder put) findet sich in dem nach oben offenen Gewinn des Käufers (long call oder put) wieder. Für den Stillhalter ist es gleichgültig, ob der Optionskäufer seinerseits eine Position aus einem Handelsgeschäft abdeckt oder ob er spekuliert.

Gewinne und Verluste verlaufen invers zum Optionskäufer, der Stillhalter kann maximal die Prämie gewinnen, aber unendlich viel verlieren. Das Ergebnis der Stillhalters c' bzw u' entspricht formelmäßig genau dem Betrag (–c) bzw. (– u) des Käufers:

Call: Put:

$$\text{wenn } et > eb:\ c_{\%}' = \left(\frac{e_b - e_t}{e_t} + p\right);\ sonst\ c_{\%}' = +p$$

$$\text{wenn } eb > et:\ u_{\%}' = \left(\frac{e_t - e_b}{e_t} + p\right);\ sonst\ c_{\%}' = +p$$

Die Positionen von langen und kurzen Positionen sind invers, im Gegensatz zu den Gewinnen bei der „langen" Position sind beim Stillhalter unbegrenzte Verluste möglich. Anders als beim Devisentermingeschäft kann der Stillhalter nicht Calls und Puts gegeneinander aufrechnen, weil ja nur immer eine Seite die Option ausgeübt wird, er kann Verluste nur durch die Prämieneinnahmen kompensieren. Der Stillhalter –in der Regel eine Bank oder eine Institution, die sich auf Optionen spezialisiert- versucht dieses Risiko durch den Gebrauch der Wahrscheinlichkeitsrechnung in der Prämie zu erfassen, wobei in der Regel mit einem Modell aus Volatilität und Zinsniveaus der beteiligten Währungen die Prämie („fair value") einer Option berechnet wird.[16] Dies erfordert ähnlich wie bei einer Versicherung ein bestimmtes Handelsvolumen des Stillhalters und zum anderen ist es auch von der Qualität des Berechnungsmodells abhängig, inwiefern die Gewinne durch Prämieneinnahmen die Verluste aus der Ausübung von Optionen kompensieren. Schließlich kann der Stillhalter eine gegenläufige Option oder ein Devisentermingeschäft abschließen, wenn ihm das Risiko während der Laufzeit zu hoch erscheint.

Wegen des unbegrenzten Risikos eignet sich das Schreiben von Optionen auch nur dann für eine Einzelperson oder ein Handelsunternehmen, wenn wirklich eine kompensierende Position vorliegt, wie bei der später noch zu besprechenden Zylinderoption. Ein Handelsgeschäft stellt dabei keine kompensierende Position dar. Zwar kann etwa ein Exporteur, der gleichzeitig einen Put schreibt, mit der erhaltenen Prämie einen Verlust bis zur Höhe der Prämie decken und wenn der Euro fällt, den Verlust aus dem Put mit dem Gewinn aus dem Export kompensieren. Wenn der € aber stärker

---

16   Optionsprämien für Währungen werden auf der Basis des Modells von Gahrmann/Kohlenhagen berechnet: Gahrmann, Mark B., Kohlenhagen, Steven, W., Foreign Currency Option Values, in: Journal of International Money and Finance, Dec. 1983, pp. 231-238. Diese Erkenntnisse stellen eine Variation des Berechnungsmodells für Aktienoptionen dar, das von Black, und Scholes entwickelt worden ist (Black, Fischer, Scholes, Myron, The valuation of option contracts and a test of market efficiency, in: Journal of Finance, May 1972, pp.319-418. Parameter der Rechnungen sind vor allem Laufzeit, Volatilität und Zinsen der beteiligten Währungen. Leicht unterschiedliche Berechnungsmethoden zwischen Banken werden als Geheimnis sorgsam gehütet und empirisch immer wieder überprüft.

als die Prämie steigt, dann treten unbegrenzte Verluste aus der Handelsposition auf. Einzige Ausnahme stellt das so genannte „covered call writing" dar, d.h. jemand bietet beispielsweise eine Dollarposition (gegen Euro) zum Kauf an die er schon besitzt. In diesem Fall gewinnt er (wenn der Dollar fällt) die Prämie und kann das Spiel so lange wiederholen, bis der Dollar steigt und der Käufer die Option wahrnimmt. Dann hat er lediglich einen entgangenen Gewinn erlitten, denn er hätte die Dollars auf dem Markt zum höheren Kurs verkaufen können.

6.2.4 Unterschiede zwischen Basispreis und Kalkulationskurs

Normalerweise kann man nicht davon ausgehen, dass der Kassakurs zu Beginn des Geschäfts (e_0) identisch mit dem Basiskurs (e_b) ist. Das können kleine Unterschiede sein, die durch Rundungsdifferenzen verursacht sind (etwa ein Call mit Basis 1,20 bei einem Kassakurs von 1,2185), es können aber auch bewusste Differenzen sein, weil ein Optionskäufer von vorneherein einen anderen Kurs „hedgen" möchte, vielleicht weil die Prämie niedriger ist oder weil es einem Exporteur ausreicht, wenn er einen höheren Euro-Kurs absichert. Wie ändert sich dann die Kalkulation?

Bei der **Spekulation** ändert sich nichts, hier ist der Tageskurs e_0 lediglich eine nützliche Information, die den Wert der Option „im Geld" oder „aus dem Geld" bestimmt. Bei einer „plain-vanilla"- Option bestimmt sich der Gewinn aber lediglich aus der Differenz zwischen Basiskurs e_b und Kassakurs (e_t) bei Ausübung.

Für **Exporteur oder Importeur** sieht die Sache anders aus. Für beide stellt der Kassakurs die Basis ihrer Geschäfte dar. Das Angebot des Exporteurs beruht darauf, er hat seine Produktionskosten und seine Einkäufe damit berechnet. Der Importeur kalkuliert seine Weiterverkaufspreise danach, ist vielleicht schon Lieferverpflichtungen eingegangen oder hat Kataloge gedruckt. Der Kassakurs e_0 spielt also eine wichtige Rolle bei der Absicherung von Handelsgeschäften. Es ist dabei gleichgültig, ob es sich um einen **realen Kurs** handelt oder um einen abgerundeten **Kalkulationskurs**, es muss nur bei der Endabrechnung der gleiche Kurs zugrunde gelegt werden. Anders als im Lehrbuch entstehen in der Praxis immer wieder kleinere Differenzen dadurch, dass der Kurs um 16 Uhr nachmittags nicht mehr genau dem Kurs um 10 Uhr vormittags entspricht, als das Geschäft erstmals berechnet wurde. Bei größeren Aufträgen liegen vielleicht zwischen Angebot und eigentlichem Vertragsabschluß ein paar Wochen und es muss noch einmal nachkalkuliert werden. Wir wollen im folgenden vom **Kassakurs** e_0 sprechen, wohl wissend, dass dieser vielleicht unternehmensintern durch einen **Kalkulationskurs** e_c ersetzt wird, der aber an der Gültigkeit der Rechnung nichts ändert.

Es soll zunächst ein **Exporteur** angenommen werden, der bewusst eine andere Basis wählt, beispielsweise einen höheren Basiskurs, um bei der Prämie Geld zu sparen:

Beispiel 6-6: Option „B" (Basiskurs liegt über dem Kassakurs)

In Tabelle 6-1 (S.245) liegen die Prämien für einen Basiskurs von 1,2585 \$/€ in drei Monaten bei 1,06%. Aus Gründen der Rechnungsvereinfachung –und der Vergleichbarkeit mit den früheren Rechnungen- wollen wir wieder etwas rundere Zahlen nehmen und bei einem Kassa- und gleichzeitig Kalkulationskurs e_0= 1,20 annehmen, dass der Exporteur einen Basiskurs von 1,25 zu einer Prämie von 1% von seiner Bank angeboten bekommt. (Option B im Vergleich zur klassischen Option A mit e_b = e_0). Vorteil ist der niedrigere Preis (bei 1 Mio US \$ Vertragswert sind das statt 25 000 nur 10 000 US \$), aber diesen niedrigeren Preis muss der Exporteur mit einem niedrigeren Absicherungsniveau bezahlen, denn wenn der Euro steigt, wird er erst ab 1,25 die Option wahrnehmen können. Bis dahin, könnte er, wenn es schlecht läuft, bereits maximal die Differenz von 5 \$-Cents/Euro verlieren, das wären: US \$ 1 Mio · (1/1,25- 1/1,20)= 33 333 €. Dazu kommt noch die Prämie von 1%, d.h. zum Kassakurs umgerechnet: 10 000 US \$ /1,20 = 8 333 €.

> Eine sehr **wichtige Annahme dabei und im folgenden** lautet: **Die Prämie auf den Euro-Betrag wird hier bewusst auf den Vertragswert zum Kassakurs bezogen.** Normalerweise würde, wenn keine abweichende Vereinbarung getroffen wird, die Prämie auf den jeweiligen Basiskurs bezogen bzw. der Fremdwährungsbetrag zum jeweiligen Basiskurs umgerechnet. Der Bezug auf den Kassakurs trägt aber **erheblich zur Vereinfachung der ohnehin komplizierten Formellandschaft bei.** Abgesehen davon, dass es bei den obigen Werten nur einen Unterschied von 0,04% (333 Euro bei 1 Mio US \$ Vertragswert) ausmacht, ist es ist keineswegs unüblich, dass man sich anstelle einer Prämienquotierung auf € von der Bank eine Quotierung auf Fremdwährungsbasis geben lässt, die dann zum Kassakurs umgerechnet wird. Diese Quotierung weicht dann ein klein wenig von der offiziellen Notierung ab.

Rechnerisch sieht das Beispiel wie folgt aus:

Fall 1: Ausübung: Wenn e_t >e_b (e_t>1,25)		$V_€$		
Vertragswert zum Kalkulationskurs e_0	1,20		833.333 €	V\$ / e_0
Vertragswert zum Basiskurs e_b =1,25	1,25		800.000 €	V\$ / e_b
Ergebnis c_1 :	-0,05	-	33.333 €	V\$/e_b-V\$ / e_0
Prämie	1,00%	-	8.333 €	-p·V $_{\$/e_0}$
Ergebnis c =		-	**41.667 €**	$V_\$ \cdot (\frac{1}{e_b} - \frac{1}{e_0} - \frac{p}{e_0})$
Ergebnis $c_\%$ =			-5,0%	$c_\% = \frac{e_0 - e_b}{e_b} - p$

Dieses Ergebnis bleibt bei Ausübung bei zukünftigen Kursen über dem Basispreis e_b = 1,25 immer gleich. Bei Ausübung verliert der Exporteur jetzt nicht nur die Prämie, sondern auch noch die **Differenz zu seinem Kalkulationskurs**.

Zwischen 1,20 und 1,25 (also z.B. bei 1,22 wie im Fall 2a unten) macht der Exporteur einen Verlust, weil e_t niedriger ist als sein Kalkulationskurs, er aber noch nicht ausüben kann.

Fall 2a: Nichtausübung, et< eb, aber et (1,22) >eo			
Vertragswert zum Kalkulationskurs e_o	1,20	833.333 €	V\$ / eo
Vertragswert zu e_t = 1,22	1,22	819.672 €	V\$ / et
Ergebnis c_1 :		- 13.661 €	V\$ / et - V\$-eo
abzüglich Prämie	1,0%	- 8.333 €	- p·V $_{\$/eo}$
Ergebnis c:		**- 21.994 €**	$V_\$ \cdot (\frac{1}{e_t} - \frac{1}{e_o} - \frac{p}{e_o})$
Ergebnis c: in %		-2,64%	$c\% = \frac{e_o - e_t}{e_t} - p$

Erst wenn der € weiter sinkt, also z.B. bei 1,16, entsteht durch die Nichtausübung ein Gewinn. Der Rechenweg ist der gleiche wie im Fall (2a), aber hier zeigt sich jetzt die Überlegenheit der Option mit der niedrigeren Prämie:

Fall 2b: Nichtausübung, et< eo			
Vertragswert zum Kalkulationskurs e_o	1,20	833.333 €	V\$ / eo
Vertragswert zu e_t =1,16 :	1,16	862.069 €	V\$ / et
Ergebnis c1	0,04	28.736 €	V\$ / et – V\$-eo
abzüglich Prämie	1,0%	- 8.333 €	- p·V \$ / eo
Ergebnis c:		**+20.403 €**	$V_\$ \cdot (\frac{1}{e_t} - \frac{1}{e_o} - \frac{p}{e_o})$
Ergebnis c% (gleiche Formel wie bei 2a,	c/		$c\% = \frac{e_o - e_t}{e_t} - p$
so lange et < eo)	V*eo	2,45%	

Wenn also Basiskurs und Kassakurs auseinander fallen, so gilt (beim Exporteur):

$$(wenn = e_t < e_b : c\% = (\frac{e_o - e_t}{e_t} - p); sonst\ c\% = \frac{e_o - e_b}{e_b} - p)\ \text{(IX)}.$$

Die Anhebung des Basispreises ist zunächst ein Nachteil und vermindert den Schutz: Die Plain-Vanilla -Option A (e_b= 1,20 \$/€) fängt den Exporteur bereits bei einem Kurs e_t =1,20 auf und er verliert dort die Prämie von 2,5%, Option B (e_b=1,25) setzt wesentlich später ein, der Exporteur verliert also bei Ansteigen des Euro mehr, da er ja bis 1,25 nicht abgesichert ist (Abbildung 6-9).

Aus Abbildung 6-9 wird sichtbar, wo die Option B der Option A überlegen ist: Sie erreicht bei Fallen des € früher die Gewinnzone (bei 1,1881 statt erst bei 1,1707) und erzielt unterhalb eines zukünftigen Kurses 1,2183 $/€ ein besseres Ergebnis[17] als A. Wenn also der Kurs unter den Kassakurs von 1,20 $/€ fällt, ist B auf jeden Fall besser und sogar wenn der Kurs noch bis 1,2183 steigt, ist sie auch besser gewesen. Darüber ist B schlechter und man kann diese Option folgendermaßen charakterisieren: **Niedrigeres Absicherungsniveau, aber auch billiger.**

Abbildung 6-9: Unterschiedliche Basispreise bei der Deckung eines Exportgeschäfts

---

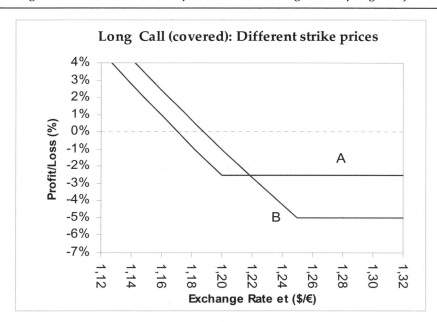

Auch die Kurve B lässt sich aus zwei Wertepaaren zeichnen: Sie knickt von oben nach rechts in die Waagrechte beim Basispreis von 1,25 und beim prozentualen Verlust von $c_{\%} = (e_0 - e_b)/e_b - p \Rightarrow -5\%$, also bei (1,25;5%). Ein zweiter Wert lässt sich bei einem Kurs unter 1,25 errechnen, beispielsweise bei 1,16 mit Hilfe des linken Teils von Formel IX $(e_0 - e_t)/e_t - p \Rightarrow 2,45\%$, also (1,16;2,45%). Auch hier gilt: Innerhalb eines normalen Bereichs von ± 10 Cents kann man die Kurve als linear annehmen, da Unterschiede grafisch gar nicht erkennbar sind, sollte aber der Euro einmal auf 1,60 steigen oder auf 0,80 fallen, verwendet man besser eine Wertetabelle.

Die Minimalabsicherung bei 1,25 (oder noch höher) wäre als Alternative zu einer völligen Nichtabsicherung zu sehen, denn hier ist der Exporteur immerhin gegen eine Kurskatastrophe abgesichert. Wenn der Exporteur außerdem damit rechnet, dass der Euro eher fallen als steigen wird, ist er mit Alternative B besser bedient, weil sie ihm

---

[17]   Zur Berechnung der break-even-points siehe Abschnitt 6.2.1.4

eigentlich bei allen Kursen unterhalb seines Kalkulationskurses ein besseres Ergebnis beschert als die Alternative A.

Aus diesen Überlegungen wird einer der wichtigsten **Vorteile der Option** sichtbar, nämlich die bessere Anpassbarkeit an die Bedürfnisse von Exporteur oder Importeur. Es kann damit eine Art „worst case" abgesichert werden und gleichzeitig kann anders als beim Devisentermingeschäft ein Gewinn mitgenommen werden, wenn sich die Fremdwährung in eine günstigere Richtung entwickeln sollte. Weiter unten werden noch weitere Variationsmöglichkeiten dieser Technik vorgestellt werden.

Es gibt auch noch die Möglichkeit, zu einem **niedrigeren** Basiskurs abzusichern, was einem **besseren** Absicherungslevel entspricht. Dies bedeutet aber eine höhere Prämie, die beispielsweise für einen Basiskurs von 1,18 bei 3% liegt (C- €/$-1,18-3M). Diese Alternative ist vor allem wegen der höheren Prämienkosten weniger üblich, sie ist aber –wegen des niedrigeren Ausübungskurses- weniger verlustreich, wenn der € etwas stärker steigt. Fällt der Euro, so muss er um die relativ hohen Prämienkosten fallen, damit sich diese Alternative lohnt.

6.2.5 Unterschiedliche Kurse bei Long-Puts

Dieselbe Möglichkeit besteht umgekehrt auch für Long Puts. Der Importeur aus Beispiel 6-4 könnte auf die Idee kommen, aus Kostengründen seinen €-Verkauf gegen Yen statt bei einem Basiskurs von 133 nur bei 130 ¥/€ abzusichern.

Abbildung 6-10: Höherer und niedrigerer Basispreis bei einem Importgeschäft

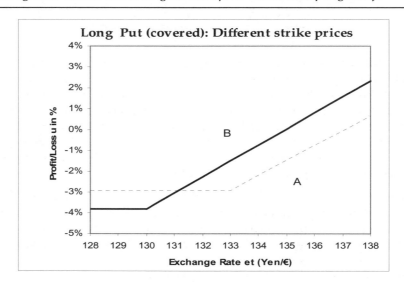

Die Prämie reduziert sich (auf 1,5%)., die entsprechende Formel dafür ist:

$$wenn \ e_t > e_b : u_\% = \frac{e_t - e_o}{e_t} - p; \quad sonst: u_\% = \frac{e_b - e_o}{e_b} - p$$ und bildlich sieht das aus wie in

Abbildung 6-10. Auch hier bietet die Optionsvariante B bis zu einem Kurs e_t von 131 ¥/€ eine durchaus überlegenswerte Alternative, wenn der Importeur nur eine Mindestabsicherung gegen fallenden Eurokurs haben möchte und vielleicht zusätzlich ohnehin an ein Steigen des Euro gegen den Yen glaubt. Auch der Importeur besitzt bei der Option mehr Variationsmöglichkeiten, um die Absicherung an seine Bedürfnisse und ggf. auch seine Erwartungen anzupassen, als dies beim Devisentermingeschäft möglich ist.

Für die Leser, die es genau wissen wollen, findet sich hier unten noch die dazugehörende Wertetabelle:

Tabelle 6-9: Long Put (Importeur) mit abweichendem Basiskurs (Auszug)

Long Put des Importeurs (Option B)			
et =Yen/€	u in %		Betrag u in €
A	B	C	D
12	128	-3,808%	- 3.808
14	130	-3,808%	- 3.808
16	132	-2,269%	- 2.269
18	134	-0,731%	- 731
20	136	0,808%	808
22	138	2,346%	2.346
Kassakurs Yen	**133** = Kasse Yen		Put-Basiskurs
= Prämie Put	1,5%		= pp

Put= Put Basispreis (130)
pp = Prämie Put (1,5%)
Kasse Yen: Kassakurs e_o Yen/€
(133)

Zeile C12:WENN(B12>Put;(B12-KasseYen)/Put-pp;(Put-KasseYen)/Put-pp)

6.2.6 Übersicht über wichtige Formeln bei den klassischen Optionsgeschäften

Die Mengennotierung hat es leider mit sich gebracht, dass die klassischen und einfacheren Formeln „Kassakurs minus zukünftiger Kurs minus Prämie" oder „zukünftiger Kurs minus Kassakurs minus Prämie" nicht mehr ohne weiteres verwendbar sind. Die wahre Ursache liegt ganz einfach darin, dass man früher immer die eigene Währung benutzte, d.h. wenn der Dollar von 1,70 auf 1,80 DM/$ gestiegen ist, dann war das Ergebnis ein Ansteigen von 10 Pfennigen und die Frage tauchte gar nicht auf, zu welchem Kurs dies umzurechnen ist. Ein Ansteigen des Euro von 1,20 auf 1,30 $/€ heißt, dass der Euro um 10 US$ -cents gestiegen ist und sofort taucht die unangenehme Frage auf, wie denn jetzt die 10 Cents umzurechnen seien, zum alten oder zum neuen Kurs? Daher ist die prozentuale Berechnung oder gleich die Berechnung in Euro sinnvoller und auch am Ende benutzerfreundlicher, auch wenn sie am Anfang etwas komplizierter ist. Tabelle 6-10 stellt eine Übersicht über die wichtigsten der in Kapitel 6.2 verwendeten Formeln her:

Tabelle 6-10: Übersicht über wichtige Formeln bei den „plain-vanilla"-Optionen

---

Call	Put
Gedeckte Positionen (z.B. Exporteur)	**Gedeckte Positionen (z.B. Importeur)**
$(wenn = e_b > e_t : c_\% = (\frac{e_b - e_t}{e_t} - p); sonst \; c_\% = -p)$	$(wenn = e_t > e_b : u_\% = (\frac{e_t - e_b}{e_t} - p); sonst \; u_\% = -p)$
(= Long Put offen, auch Rückrechnung und break-even-point) Wenn Basiskurs $e_b \neq$ Kassakurs e_0:	**(= Long Call** offen, auch Rückrechnung und break-even-point) Wenn Basiskurs $e_b \neq$ Kassakurs e_0:
$(wenn = e_t < e_b : c_\% = (\frac{e_0 - e_t}{e_t} - p); sonst \; c_\% = \frac{e_0 - e_b}{e_b} - p)$	$wenn \; e_t > e_b : u_\% = \frac{e_t - e_0}{e_t} - p; \quad sonst : u_\% = \frac{e_b - e_0}{e_b} - p$
Rückrechnung in absolute Werte: $c_€ = c_\% \cdot (V_\$/e_0)$ oder $c_\$ = c_\% \cdot V_\$$.($V_\$$ steht in Fremdwährung)	Rückrechnung in absolute Werte: $u = u_\% \cdot V_€$ ($V_€$ steht in Euro und wird i.d.R. zum Kassakurs bei Vertragsabschluß umgerechnet)
in $ /€: wenn $e_b > e_t$: $c_{\$/€} = e_b - e_t - e_t \cdot p$, sonst $c_{\$/€} = -p \cdot e_b$)	**in $/€:** $e_b > e_t$: $u_{(\$/€)} = e_t - e_b - p \cdot e_t$; sonst $u = -p \cdot e_b$
Break Even Point: $e_t = e_b/(1+p)$ (gedeckt)	**Break Even Point**: $e_t = e_b/(1-p)$ (gedeckt)
Stillhalter: $c' = -c$ (offene Position)	**Stillhalter:** $u' = -u$ (offene Position)
$wenn \; e_t > e_b : c_\%' = (\frac{e_b - e_t}{e_t} + p); sonst \; c_\%' = +p$	$wenn \; e_b > e_t : u_\%' = (\frac{e_t - e_b}{e_t} + p); sonst \; c_\%' = +p$
Long Call offen (Spekulativ): (= Long put gedeckt, s.o.)	**Long Put offen (Spekulativ):** (= Long Call gedeckt, s.o.)
$wenn \; (e_t > e_b : c_\% = (\frac{e_t - e_b}{e_t} - p); sonst \; c_\% = -p$	$wenn = e_b > e_t, u_\% = (\frac{e_b - e_t}{e_t} - p); sonst \; u_\% = -p)$
Absoluter Betrag: $c_€ = c_\% \cdot V_€$ ($V_€ = V_\$/e_0$)	Absoluter Betrag $u_€ = u_\% \; V_€$ ($V_€ = V_\$ /e_0$)
in $/€: *wenn* $e_t > e_b$: $c_{\$/€} = e_t - e_b - p \; e_t$; *sonst* $c_{\$/€} = -p \; e_b$	In $/€$ $u = e_b - e_t - p \cdot e_t$ bzw. bzw. $c = -p \cdot e_b$
Break Even Point: $e_t = e_b/(1-p)$ (offen)	Break Even Point: $e_t = e_b/(1+p)$ (offen)
e_0 = Kassakurs zum Zeitpunkt t_0 e_t = Kassakurs zum Ausübungszeitpunkt V = Vertragswert($V_\$$, $V_€$, $V_¥$, in der jeweiligen Währung) p = Prämie in % c = Gewinn/Verlust aus der Call /PutOption c_1 = Gewinn/Verlust der Call- Option vor Prämie $c`$ = Gewinn/Verlust des Stillhalters (Call)	e_b = Basiskurs u = Gewinn/Verlust aus der Put -Option u_1 = Gewinn/Verlust der Put Option vor Prämie u' = Gewinn/Verlust des Stillhalters (Put)

6.2.7 Wert von Optionen „im Geld" und „aus dem Geld"

Eine Option ist im Geld („in the money", kurz ITM), wenn der Käufer und nunmehr Besitzer der Option mit ihrer augenblicklichen Ausübung Geld verdienen könnte. Eine Option ist „aus dem Geld" („out of the money", OTM), wenn dies nicht der Fall ist und eine Option ist „am Geld („at the money", ATM), wenn der jeweilige Tageskurs mit dem Basispreis genau übereinstimmt.

Tabelle 6-11: Wann sind folgenden Call-Optionen im Geld?

Kassakurs e_0	Basispreis e_b	Status
1,2185	1,1585	im Geld
1,2185	1,1785	im Geld
1,2185	1,1985	im Geld
1,2185	1,2185	am Geld
1,2185	1,2385	aus dem Geld
1,2185	1,2585	aus dem Geld

In Tabelle 6-10 sind die Basispreise von €-$-Call Optionen und der Kassakurs vom 1.9.2004 wiedergegeben. Welche Optionen liegen „im Geld"? Mit welchen könnte man, wenn man ausüben könnte, Geld verdienen? Das sind die obersten drei Basiswerte, denn mit diesen könnte man Euro billiger kaufen, als sie auf dem Markt zu haben sind. Auch wenn sie noch nicht ausübbar ist, so spielt die Frage, ob die Option momentan im Geld liegt, für den Weiterverkauf eine große Rolle. Andererseits haben auch Optionen, die aus dem Geld liegen, durchaus noch einen Wert, den so genannten Zeitwert. Wie sich diese Werte zusammensetzen, zeigt Tabelle 6-12. Wenn wir annehmen, die Optionen vom 1.9.2004 –hier einmal zur Abwechslung auf 6 Monate- wären genau an diesem Tag ausübbar oder in sechs Monaten würde sich genau wieder derselbe Kassakurs einstellen, so können wir den Kassakurs e_0 (1,2185 $/€) als zukünftigen Kassakurs annehmen. Wie sich dann der Wert der Optionen zusammensetzt, ist in den Spalten G, H und I zu sehen.

In Spalte G steht die Differenz zwischen dem Basispreis und dem Kassakurs, sofern sie positiv ist. Dies stellt den Gewinn in US-Cents pro € dar. Ist $e_b > e_t$, so wird die Option nicht ausgeübt. Früher gezahlte Prämien spielen bei dieser Betrachtung übrigens keine Rolle, denn die Ausübung ist ja nur von der Differenz zwischen e_b und e_t abhängig, nicht von der gezahlten Prämie. In Spalte H stehen dieselben Werte wie in Spalte G in % gerechnet. [$(c_I = (e_t - e_b)/e_b)$, wenn $e_t > e_b$; sonst $= 0$]. Diesen Wert nennt man den **intrinsischen Wert**, das ist der Wert, den die Option bei Ausübung erbringen würde. Dieser Wert ist durchgängig kleiner als die Prämie, d.h. würde der Optionsbesitzer sie verkaufen, würde sie mehr Geld erbringen, als wenn er sie ausüben würde. Ein Kauf und ein gleichzeitiger Verkauf am selben Tag würde also einen Verlust erbringen.

Tabelle 6-12: Zusammensetzung der Optionsprämien

01.09.2004	6 Monate			Mittel-wert Prämie in %	Intrinsischer Wert (c_1)		Zeitwert
	Euro Call: (C-€/US$)				$e_t - e_b$ (wenn $e_t > e_b$)		$p - c_1$
Kassa-kurs	Basis-preis	Call prämie	Call prämie		in US cts/€	in % $\frac{e_t - e_b}{e_b} \cdot 100$	
= "e_t"	e_b	Geld	Brief	p			F-H
B	C	D	E	F	G	H	I
1,2185	1,1585	7,01%	7,21%	**7,11%**	6,00	5,18%	1,93%
1,2185	1,1785	5,63%	5,83%	**5,73%**	4,00	3,39%	2,34%
1,2185	1,1985	4,46%	4,66%	**4,56%**	2,00	1,67%	2,89%
1,2185	1,2185	3,37%	3,57%	**3,47%**	-	0%	3,47%
1,2185	1,2385	2,50%	2,70%	**2,60%**	-	0%	2,60%
1,2185	1,2585	1,81%	2,01%	**1,91%**	-	0%	1,91%

Die Differenz zwischen dem intrinsischen Wert und der Prämie nennt man **Zeitwert** (Spalte I). Der Zeitwert ist auch dann noch positiv, wenn der intrinsische Wert schon Null ist. Warum ? Weil der Markt der Option noch eine Chance zubilligt: Sie könnte ja noch einmal ins Geld zurückkehren und damit einen Wert für deren Besitzer annehmen. Diese Chance schwindet, je näher die Ausübung der Option liegt: Optionen mit gleichem Basiswert, aber kürzeren Restlaufzeiten haben niedrigere Zeitwerte.

In Abbildung 6-11 ist die Situation aus Tabelle 6-12 visuell dargestellt. Man sieht, wie sich im Ausübungsbereich (im Geld) der intrinsische Wert und der Zeitwert zum Prämienwert addieren. Ist die Option „am Geld" (also genau beim Kassakurs von 1,2185), hat sie immer noch einen relativ hohen Zeitwert, der aber immer kleiner wird, je mehr die Option „aus dem Geld" liegt.

Die Steigung dieser Kurven in Relation zum Basispreis, aber auch alle anderen denkbaren Relationen zwischen Zeitwert, intrinsischem Wert, Restlaufzeit, Basiskurs, Kassakurs, Volatilität usw. haben zur Bildung zahlreicher Kennwerte geführt, die der Analyse und Prognose von Kursen dienen. Diese Kennwerte, die inzwischen nahezu das griechische Alphabet erschöpfen, sollen hier aber nicht vertieft werden.[18]

---

[18] Vgl. Stocker (2001), S. 211 ff.

Abbildung 6-11: Prämie, Intrinsischer Wert und Zeitwert einer Call Option

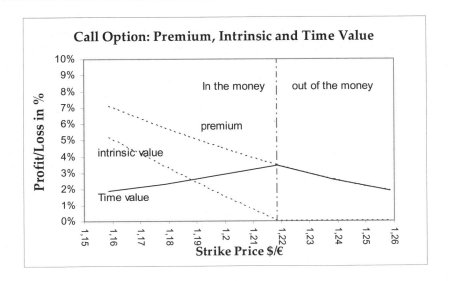

6.2.8 Amerikanische und europäische Optionen

Europäische Optionen können nur zum Fälligkeitsdatum, amerikanische jederzeit ausgeübt werden. Letzteres ist nicht unbedingt ein Vorteil, wie die folgende Überlegung zeigt: Beide Optionsformen werden zunächst einmal nur dann ausgeübt, wenn sie "im Geld" liegen, also können Unterschiede nur für "im Geld" liegende Optionen wirksam werden. Was kann der „Amerikaner" tun und was der „Europäer", wenn beispielsweise wie oben in Tabelle 6-12 bei einem Basispreis von 1,1785 und einem Kassakurs von 1,2185 die Call Option aber noch eine Restlaufzeit von sechs Monaten aufweist? Die amerikanische Option kann ausgeübt werden und sie ergibt einen Gewinn von 4 US-cents/€ (3,39% in Relation zum Basispreis). Die europäische Option kann dagegen noch nicht ausgeübt werden, aber sie kann verkauft werden. Zu welchem Preis? Da sie einen intrinsischen Wert von 3,39% aufweist, wird ihre Prämie mindestens bei 3,39% liegen, vermutlich aber darüber, da sie noch zusätzlich einen Zeitwert besitzt. Im obigen Beispiel liegt die Prämie bei 5,73 % (ganz genau liegt die Geldprämie bei 5,63%). Natürlich kann auch die amerikanische Option verkauft werden, aber wer würde eine Option mit 3,39% Gewinn ausüben, wenn sie mit 5,63% verkauft werden kann? Was folgt daraus? Auch amerikanische Optionen werden in der Regel weiter verkauft und nicht ausgeübt, so lange sie noch nicht fällig sind. Eine Ausnahme stellen wenig liquide Märkte dar, etwa bei nicht standardisierten Währungsoptionen oder bei seltenen Währungen oder Wertpapieren.

6.3   Hedging mit Devisenoptionen

Die vier Grundstrategien Long und Short Call sowie Long und Short Put (vgl. Kapitel 6.1.2) lassen sich sowohl zu spekulativen Zwecken, aber auch zur Eingrenzung eines Risikos (Hedging) oder auch zur Verbilligung einer Absicherung für den Exporteur oder den Importeur verwenden. Die spekulativen Instrumente sollen hier nicht besprochen werden, aber diejenigen Kombinationen, die sich zur Eingrenzung eines Risikos anwenden lassen, verdienen vor allem deshalb der Beachtung, weil sie die Flexibilität einer Absicherung erhöhen und damit Risikomanagement im eigentlichen Sinne ermöglichen.

Diese Optionen gehören zur Familie der so genannten „Spreads", das ist ein Begriff, der zunächst einmal die Differenz zwischen Kauf- und Verkaufskursen bezeichnet, der im Laufe der Zeit auf den Options- wie auch auf den Futures- und Zinsderivatemärkten für Strategien übernommen wurde, bei denen zwei unterschiedliche Derivatgeschäfte betroffen sind. Meist sind dies ein Kauf- und ein Verkaufsgeschäft, wobei sich die Unterschiede hinsichtlich Kurs („vertical spread"), Zeit („horizontal spread) sowie Call und Put (diagonal spread)[19] definieren lassen. Leider herrscht auch auf diesem Gebiet wieder eine babylonische Sprachverwirrung, man hört Begriffe wie Collar-Option, Zylinder(option) und -Strategie"[20] sowie risk reversal. Im englischen Sprachraum wird dieses Instrument auch als „range forward", als „cylinder option"„collar", „flexible forward", „fence", „option fence" oder „mini-max" bezeichnet.[21] „In options trading spread is the generic term that embraces a variety of strategies whose common characteristic is that the potential profit and maximum loss is known at the outset of the transaction."[22]

Ziel der hier behandelten Instrumente soll vor allem das Hedging einer Waren- oder Finanzposition sein, d.h. das Eingrenzen eines Risikos aus einer Forderung oder einer Verbindlichkeit in ausländischer Währung. Dazu dient eine Kombination aus einer „long" und einer „short position", d.h. den Kauf und gleichzeitigen Verkauf (also das Schreiben) einer Option oder auch eines Futures. Dies betrifft in der Regel eine Call-/Put Kombination.

---

[19] Vgl. dazu Krumnow, Jürgen, Gramlich Ludwig, Lange Thomas, Dewner Thomas, (Hrsg.) Gabler Banklexikon, Wiesbaden 2002, S. 1194
[20] Vgl. Preyer, H. P., Währungsmanagement durch Finanzinnovationen, in: Börsig, C., et al: Neue Finanzierungsinstrumente für Unternehmen, Stuttgart 1996, S. 51 (36-59); vgl. auch Hypovereinsbank, Devisenoptionen, Produktinformation, S. 36 f.; Pelz, Anke: Ausgewählte Finanzprodukte des Devisenhandels, Frankfurt 2000P, S. 127 ff., Börsig, C. et.al, Neue Finanzierungsinstrumente für Unternehmen, in: Bock, Fremdwährungsfakturierung und Netting, Stuttgart 1996, S. 111-
[21] Vgl. Eiteman, Stonehill, (2004),, S. 758; Brown, Robin, Foreign Currency Options, London 1989, pp.80
[22] Philip Ryland, The Pocket Investor, London 2000, p. 186

6.3.1 Zylinderoption bei einer Forderung in Devisen

Der ursprünglich übliche Begriff des „vertical spread" wird heute kaum noch verwendet, vermutlich, weil er zu unpräzise ist. Hier soll der Begriff der **Zylinderoption** benutzt werden, vor allem, weil er sowohl im Deutschen wie im Englischen abgesehen von der Schreibweise gleich ist. Allerdings sei daran erinnert, dass der Begriff (wie fast alle Begriffe aus dem Optionshandel) auch bei Zinsderivaten und Futures verwendet wird.

Eine Zylinderoption ist der **gleichzeitige Kauf eines €/$- Calls und das Schreiben eines €/$- Puts** (für den Halter einer Forderung in US $) oder (für den Halter einer Verbindlichkeit in Fremdwährung) der **gleichzeitige Kauf eines €/$- Puts und das Schreiben eines €/$- Calls.**

Bei der Wahl verschiedener Basiskurse gab es für Exporteur wie Importeur erstmals die Möglichkeit, verschiedene Absicherungsniveaus zu wählen, indem er entweder ganz nah an seinem Kalkulationskurs oder etwas weiter entfernt absichert und damit die Prämie bei gleichzeitiger Erhöhung des Risikos vermindert. Mit einer Zylinderoption kann er nun noch weiter die Prämie reduzieren und sich die Bandbreite des Risikos aussuchen, die ihm als tragbar und sinnvoll erscheint. Gehen wir zunächst von dem bereits oben besprochenen Beispiel eines Exporteurs aus, der in drei Monaten auf einen Zahlungseingang von US $ 1 Mio. wartet und nehmen –wiederum bei etwas gerundeten Zahlenwerten- folgende Beispieldaten an:

Beispiel 6-7: Grunddaten für eine Zylinderoption (3 Monate)

Kassakurs eo (Kasse)	*1,20*	*Vertragswert (V)*	*US $1.000.000*
Basispreis Put ("put")	*1,16*	*Prämie Put ("pp")*	*+1,00%*
Basispreis Call ("call")	*1,24*	*Prämie Call ("pc")*	*- 1,50%*

Der Exporteur sichert bei einem Kassa- und Kalkulationskurs von 1,20 den Export durch einen Call in Höhe von 1,24 nach oben ab und schreibt gleichzeitig –in symmetrischem Abstand nach unten einen Put zum Basiskurs von 1,16. Der erste Effekt dieser Operation ist eine Prämienersparnis, denn der Exporteur:

Zahlt eine Call Prämie : 1,5% · 1 Mio US $ = 15 000 US $ = 12 500 €
Erhält eine Put Prämie: 1,0% · 1 Mio US $ = 10 000 US $ = 8 333 €
*Also kostet ihn das Geschäft: **5 000 US $ = 4 167 €**[23]*

Die Zylinderoption weist in ihrem Risikoprofil zum Zeitpunkt der Ausübung nicht wie die „Plain-Vanilla"-Option zwei, sondern **drei Zonen** auf (Abbildung 6-12): Un-

---

23 Die Prämien entsprechen nicht den in Tabelle 6-1 angegebenen Prämien, sie wurden aus Vereinfachungsgründen preislich auf US $ -Basis berechnet und gerundet.

terhalb des Put-Basispreises (Zone 1) wird nur die Put-Option, zwischen den beiden Basispreisen (Zone 2) wird keine der Optionen ausgeübt und oberhalb des Call-Basispreises (Zone 3) wird nur die Call Option ausgeübt. Der offensichtlichste Unterschied zu einfacheren Optionsmodellen wird in der **ersten Zone** sichtbar (e_t < Put), denn hier geht der Exporteur als Schreiber eines Puts eine Stillhalterverpflichtung ein, die ihm prinzipiell ein unbegrenztes Risiko beschert.

Abbildung 6-12: Drei Zonen einer Zylinderoption

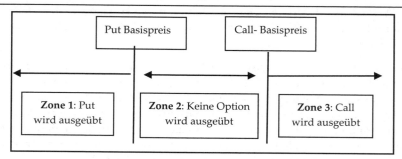

Mit jeden ($)-Cent, den der Euro unter die Put-Basis von 1,16 sinkt, verliert er einen ($)-Cent, weil der Put-Käufer die Option ausübt. Wenn der € etwa bei e_t =1,14 steht, verliert der Exporteur hier zwei $-cents oder € 15 124, abzüglich der erhaltenen Prämie sind das -6 791 € (linke Seite von Tabelle 6-13). Es sei übrigens nochmals daran erinnert, dass der Verlust oder auch Gewinn eines Dollar-Cents in Euro umgerechnet nicht linear verläuft, weil der korrespondierende €-Wert sich durch die Kursänderung ebenfalls verändert: Während beim Fallen von 1,16 auf 1,15 diese Differenz 7 496 € beträgt, steigt sie beim Fallen von 1,14 auf 1,13 bereits auf 7 763 €.

Tabelle 6-13: Zylinderoption unterhalb des Put-Basispreises („Zone 1")

ZONE 1: Put wird ausgeübt, Call verfällt (et<put)			hier: et<1,16	**Zone 1**	
Der Put Schreiber;		Formel	**Der Call Käufer/Exporteur:**		Formel
bei et =	**1,14**	$/€ et	bei et =	**1,14**	$/€ et
Ausgangssumme	1.000.000 $	V	V	1.000.000 $	V
in € zum Basispreis	862.069 €	V/put (1,16)	in €(kalkuliert)	833.333 €	V/Kasse
muss $ gegen € am			kauft € mit		
Markt kaufen*)	877.193 €	V/et (1,14)	Exporterlös	877.193 €	V/et (1,14)
Verlust V/eb-V/et	- 15.124 €	V/put-V/et	Gewinn V/et-V/eo	43.860 €	V/et-V/Kasse
Prämie	8.333 €	(pp*V)/Kasse	Prämie	- 12.500 €	-pc*(V/Kasse)
		V*(1/Put-1/et+pp/			V*(1/et-1/Kasse-
u' =	- 6.791 €	Kasse)	c=	31.360 €	pc/Kasse)
*) bzw.bekommt $ aus dem Exportgeschäft zu diesem Kurs			ERGEBNIS	24.569	c-u'

Aber seine Position ist ja nicht offen und er gewinnt aus seinem Exportgeschäft (rechte Seite von Tabelle 6-13) für jeden Cent, den der Euro sinkt, ebenfalls einen ($)-Cent. Ganz symmetrisch sind die Positionen hier nicht, denn bei einem Stand von 1,16 hat er gegenüber seinem Kalkulationskurs von 1,20 bereits 4 \$-cents gewonnen, bei einem Stand von 1,14 sogar 6 Cents. Wegen dieser Asymmetrie gewinnt er bei einem Kurs e_t von 1,14 also sogar insgesamt € 24 569, weil er mehr aus dem Exportgeschäft gewinnt als er aus dem Put verliert.

Dieser Gesamtgewinn bleibt unterhalb des Put-Basispreises immer gleich hoch, weil sich jeweils Gewinn aus dem Exportgeschäft und Verlust aus dem Put neutralisieren, und zwar in %: $u' + c(\%) = z_\% = \dfrac{e_o}{put} + p_p - p_c - 1$ **(X)**. Da in dieser Formel kein zukünftiger Kurs e_t mehr enthalten ist, sondern nur noch e_o (als Kalkulationskurs) und die Prämien, bleibt der Wert immer gleich: $z_\% = 1{,}20/1{,}16 + 0{,}01 - 0{,}015 - 1 = 0{,}02948 = 2{,}948\%$. Aus Formel X kann man auch den Betrag errechnen: $Z = z_\% \cdot V_\$/e_o = 2{,}948\% \cdot US\$ \ 1 \ Mio/1{,}20 = 24\,567$ €.[24] Technisch kann dies übrigens einfacher geschehen als hier dargestellt: Der Exporteur leitet einfach die **aus seiner Forderung eingehenden US \$ an den Put Käufer weiter** und erhält von diesem Euro zum Basispreis. Er verliert die Kursdifferenz von Basispreis (Put) zu seinem Kalkulationskurs. Ob dies in der Praxis wirklich so oder anders abläuft, hängt davon ab, ob wirkliche Werte gehandelt werden oder ob der Exporteur von seiner Bank nur so gestellt wird, als hätte er das Geschäft so abgewickelt.

Tabelle 6-14: Zylinderoption zwischen Put und Call –Basispreis („Zone 2")

Der Put Schreiber;			Formel	**Der Call Käufer/Exporteur:**			Formel
bei et =	**1,22**	\$/€	et	**bei et =**	**1,22**	\$/€	et
		\$	V	V	1.000.000	\$	V
		€		in €	833.333	€	V/Kasse
Put verfällt	**X**	€	**X**	kauft € mit Exporterlös	819.672	€	V/et
		€		V/et-V/eo	- 13.661	€	V/et-V/eo
Prämie	8.333	€	V *pp/Kasse	Prämie	- 12.500	€	-pc*(V/Kasse) 1/Kasse-
u' =	8.333	€	V *pp/Kasse	c=	- 26.161	€	pc/Kasse)
							V(1/et-1/Kasse-
				ERGEBNIS	- **17.828**		(pp-pc)/Kasse)

Tabelle 6-14 zeigt die Situation **in Zone 2**: In dieser Zone ist die Situation wie bei einem nicht abgesicherten Exportgeschäft, weil weder Put noch Call ausgeübt werden. Der einzige Unterschied dazu ist, dass ja die Differenz der gezahlten Prämien zu Buche schlägt, so dass in diesem nicht abgesicherten Bereich der Gewinn etwas geringer und der Verlust etwas höher ist als bei einer völligen Nichtabsicherung. Diese Prämiendif-

---

24 Wie schon mehrfach erwähnt: Alle Rechnungen basieren hier auf einer Umrechnung der Prämien zum Kassakurs (Kalkulationskurs). Dies hat den Vorteil, dass man Prozentwerte auch jederzeit mit dem ursprünglichen Kassakurs wieder zurückrechnen kann. Der Unterschied von 2 € zum Ergebnis in Tabelle 6-13 beruht auf Rundungsdifferenzen.

ferenz hängt aber von den gewählten Basispreisen ab, sie könnte auch positiv sein oder der Exporteur könne etwa eine „Zero-Cost-Option" wählen (siehe Abschnitt 6.3.3), d.h. die Basispreise genau so wählen, dass sich die Prämien neutralisieren. Beim Put (linke Seite von Tabelle 6-14) passiert nichts, der Exporteur und Stillhalter hat lediglich die Prämie von 8 333 € kassiert und bleibt ansonsten unbehelligt, weil der Käufer des Put die Euro günstiger auf dem Markt verkaufen kann. Das Ergebnis seines jetzt offenen Exportgeschäfts hängt davon ab, wo sich e_t befindet. Bei $e_t = 1,22$ macht er einen Verlust, weil der Kurs schlechter ist als er (mit 1,20) kalkuliert hat. Dazu kommt noch die negative Prämie von 12 500 €: Wenn er also nur einen „Plain Vanilla-Call" zu 1,24 gehalten hätte, wäre der Verlust 26 161 €, durch die Put Prämie reduziert sich sein Verlust auf die auf der rechten Seite von Tabelle 6-14 ausgewiesenen 17 828 €.

Gewinn und Verlust in "Zone 2" verlaufen aber wie eine nicht abgesicherte Forderung graphisch von links oben nach rechts unten (vgl. Abbildung 6-13), und zwar (in %):

$$c + u'(\%) = z_\% = \frac{e_o}{e_t} + p_p - p_c - 1 \text{ (XI)}.$$

Der Break-Even Point liegt bei $e_t = e_o/(p_c - p_p + 1) = 1,19403$ \$/€. Darunter macht der Exporteur einen Gewinn, darüber einen Verlust.

Wenn wir uns nun weiter nach oben vortasten, wird der Verlust zunächst immer größer, kommt dann aber zum Halten, weil ab 1,24 der Call ausgeübt wird (Tabelle 6-15).

Tabelle 6-15:Zylinderoption oberhalb des Basispreises („Zone 3")

Fall 3: Call wird ausgeübt, Put verfällt (et>call)			hier: et>1,24	Zone 3		
Der Put Schreiber;			Formel	Der Call Käufer/Exporteur:		Formel
bei et =	**1,27**	\$/€	et	bei et =	**1,27** \$/€	et
		\$	V	V	1.000.000 \$	V
		€	V/put	in €	833.333 €	V/Kasse
Put verfällt	**X**	€	**X**	nimmt Option wahr	806.452 €	V/eb
		€		Gewinn V/et-V/e₀ -	26.882 €	V/eb-V/Kasse
Prämie	8.333	€	V *(pp/Kasse)	Prämie -	12.500 €	-pc*V\$/Kasse
u' =	8.333	€	V *(pp/Kasse)	c= -	39.382 €	V*(1/Call-1/Kasse-pc/Kasse)
				ERGEBNIS -	**31.048** €	V*(1/Call+(pp-pc-1)/Kasse)

Der Put wird hier schon längst nicht mehr ausgeübt (es bleibt bei der Einnahme der Prämie), aber ab 1,24 kommt nun mit „Zone 3" der Bereich, in dem der Exporteur den Call ausüben und damit seinen Verlust eingrenzen kann. Die Prämien bleiben bei 8 333 € für den Put und bei -12 500 € für den Call, ansonsten tritt anstelle des Kurses e_t der Basiskurs „Call", d.h. der Verlust ist $V/e_o - V/e_t$ minus Prämiendifferenz, also 31 048 €. Dieser Wert wird nun nicht mehr unterschritten.

Auch in Prozentwerten gerechnet wird „in Zone 3" der Kurs e_t aus Formel XI durch den Call Basiskurs ersetzt:

$$z_\% = c + u'(\%) = \frac{e_o}{call} + p_p - p_c - 1 \ \textbf{(XII)}, \quad \text{bleibt also konstant.}$$

In Abbildung 6-13 wird der Verlauf einer Zylinderoption graphisch gezeigt. Nach oben und nach unten ist der Kurs abgesichert und lediglich im mittleren Bereich – zwischen den beiden Basiskursen- bleibt das Risiko offen. Es ist dem Exporteur überlassen, wie breit er diesen Bereich wählt. Auch die Call und Put-Kurven sind isoliert eingezeichnet und daraus kann man sehen, wie das Risikoprofil entsteht. **Unterhalb des Put-Basispreises (Zone 1)** entsteht ein Gewinn aus dem Export (Kurve „long call") und ein Verlust aus dem (short) put, die Kurven gehen also nach unten und oben auseinander. Beides neutralisiert sich und führt im Ergebnis zu einer waagrechten Linie (in Höhe der Prämiendifferenz plus Gewinn aus dem Export). Es besteht hier einzig die Gefahr, dass der Geldeingang aus dem Export ausbleibt, dann steht der Exporteur ähnlich im Risiko wie bei einem Devisentermingeschäft, wenn die Devisen aus der Grundposition nicht eingehen.

Abbildung 6-13: Zylinderoption

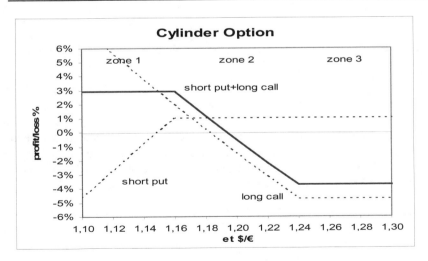

In **Zone 2 wird keine Option ausgeübt**. Die gestrichelte Call-Kurve verläuft wie die Position des Exporteurs von links oben nach rechts unten, bis sie (bei 1,24) ausgeübt wird. Im Ergebnis entsteht eine fallende Linie in Höhe der Call-Kurve plus Put Prämie (oder anders ausgedrückt: Exporteursposition ± Prämiendifferenz). Erst ab **Zone 3** wird der Verlust durch Ausübung des Calls gestoppt. Man kann auch sehen, dass der „plain-vanilla"-call hier ungünstiger ist als die Zylinderoption, weil bei letzterer die

Put-Prämie als Einnahme anfällt. Trotzdem hat die reine Call Option natürlich den Vorteil, dass sie in Zone 1 einen unbegrenzten Gewinn ergibt, während bei der Zylinderoption unterhalb des Put-Basispreises eine Obergrenze existiert. Diese Grenze ist nach unten verschiebbar, damit stiege der potentielle Gewinn, allerdings fallen dann auch die Prämieneinnahmen aus der Put-Option geringer aus.

Die **Graphik** dazu lässt sich sehr einfach aus zwei Punkten erstellen (Abbildung 6-14).

Abbildung 6-14: Zeichnen einer Zylinderoption mit zwei Eckpunkten

---

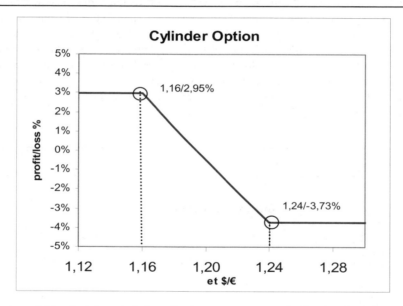

Wie schon früher bei den einfachen Optionen muss man die Punkte finden, an denen die Kurve knickt. Das sind jeweils Put- und Call-Basispreis, also hier 1,16 und 1,24. Die dazugehörenden Prozentwerte („y-Achse") findet man am einfachsten durch Einsetzen dieser beiden Werte in die obigen drei Formeln, d.h. Beim Put (e_b =1,16) gilt:

$z_\% = \dfrac{e_o}{put} + p_p - p_c - 1$ (Formel XI), also $z_\% = \dfrac{1{,}20}{1{,}16} + 0{,}01 - 0015 - 1 = 0{,}295 = 2{,}95\%$ Beim

Call (e_b=1,24) gilt analog: $z_\% = \dfrac{e_o}{call} + p_p - p_c - 1$ (Formel XII), also $z_\%$ =(1,20/1,24+0,01-

0,015-1)= -0,0373, also ergeben sich für die Zeichnung in Abbildung 6-14 die Wertepaare (1.16/2,95%) und (1,24/-3,73%).

6.3.2 Quantitative Aspekte der Zylinderoption

Eine Zusammenfassung dieser auf den ersten Blick etwas kompliziert anmutenden Formellandschaft findet sich in Tabelle 6-16. Die Formeln sind einfacher, als dies auf den ersten Blick erscheint. Die Grundformel lautet:

$$z_\% = \frac{e_o}{Kurs\ x} - \text{Prämiendifferenz} - 1$$

e_o = Kassakurs zu t_0 (1,20 \$/€)
e_t = Kassakurs in der Zukunft
put = Basispreis Put
call =Basispreis Call
z= Gewinn/Verlust
p_p = Prämie Put
p_c = Prämie Call

Der „Kurs X" wird je nach Zone eingesetzt: Put-Basispreis unterhalb der Put Basis, der Kurs e_t zwischen beiden Basispreisen und der Call-Basispreis oberhalb der Call Basis. Aus der Formel in Zone 2 (die anderen beiden schneiden die Null-Linie nicht), lässt sich auch der break-even-point errechnen: $e_t = e_o/(p_c-p_p+1)$, also hier: 1,20/(0,0015-0,001+1)= 1,1994. Die absoluten Beträge können durch Multiplikation mit der Vertragssumme errechnet werden. Da die Vertragssumme V beim Exporteur ein Fremdwährungsbetrag ist (V\$), muss sie durch den Kassakurs dividiert werden, wenn Euro als Ergebnis gewünscht wird.

Tabelle 6-16: Übersicht und Erläuterungen der Formeln zur Zylinderoption

Zone 1: $z(\%) = \dfrac{e_o}{put} + p_p - p_c - 1$ **(X)**	**Konstant**: Kassakurs/ Put-Basis-preis minus Prämiendifferenz minus 1
Zone 2: $z_\% = \dfrac{e_o}{e_t} + p_p - p_c - 1$ **(XI)**	**Fallend**: Kassakurs/zukünftiger Kurs minus Prämiendifferenz minus 1
Zone 3: $z(\%) = \dfrac{e_o}{call} + p_p - p_c - 1$ **(XII)**	**Konstant**: Kassakurs/Call
Grundformel: $z(\%) = \dfrac{Kasse}{x} + p_p - p_c - 1$	Grundformel lautet: Kassakurs/ Kurs X minus Prämiendifferenz -1: Kurs X ist unterhalb von „Put"=Put, zwischen Put und Call = e_t und oberhalb von „Call" = Call.
Absoluter Betrag: Jeweils $z \cdot V_\$/e_o$ bzw. $z \cdot V_€$	

Die **vollständige Wertetabelle** für die Graphik und die das gerechnete Beispiel sehen wir in Tabelle 6-17. In Spalten C und D die Ergebnisse des Short Put, in Spalten E und F die des Long Call und in Spalten G und H die Gesamtergebnisse der Zylinderoption jeweils in %-Werten der Vertragssumme (US \$ 1 Mio).

Tabelle 6-17: Wertetabelle für die Zylinderoption

			Short Put offen (Verkauf Euro)		Long Call Exporteur		= Zylinderoption	
1,20 = Kasse			Short put		Long Call		Short put + long call=	
1,16 =Basis Put			Wenn et<PUT: (eo/put) -		Wenn eb_{call}>et: c=(eb-		Zylinderoption	
1,24 =Basis Call			(eo/et) -pp; sonst u =-pp		et)/et-p_c; sonst: c=-(eo-			
		et		in €		i €	Short put + long call	
		$/€	u in %	u% *V/eo	c in %	c% *V/eo	Sp. C+E in %	Sp. D+F in €
A	B		C	D	E	F	G	H
14	Zone 1	1,10	-4,643%	- 38.689 €	7,591%	63.258 €	2,95%	24.569 €
15		1,12	-2,695%	- 22.455 €	5,643%	47.024 €	2,95%	24.569 €
16		1,14	-0,815%	- 6.791 €	3,763%	31.360 €	2,95%	24.569 €
17	Zone 2	1,16	1,00%	8.333 €	1,948%	16.236 €	2,95%	24.569 €
18		1,18	1,00%	8.333 €	0,195%	1.624 €	1,19%	9.958 €
19		1,20	1,00%	8.333 €	-1,500%	- 12.500 €	-0,50% -	4.167 €
20		1,22	1,00%	8.333 €	-3,139%	- 26.161 €	-2,14% -	17.828 €
21		1,24	1,00%	8.333 €	-4,726%	- 39.382 €	-3,73% -	31.048 €
22	Zone 3	1,25	1,00%	8.333 €	-4,73%	- 39.382 €	-3,73% -	31.048 €
23		1,27	1,00%	8.333 €	-4,73%	- 39.382 €	-3,73% -	31.048 €
		1,29	1,00%	8.333 €	-4,73%	- 39.382 €	-3,73% -	31.048 €
25		1,31	1,00%	8.333 €	-4,73%	- 39.382 €	-3,73% -	31.048 €
	Prämie:p_p		1,50%		Prämie pc	1,00%		

Zeile 17 c (short put):   WENN(B17<Put;+Kasse/Put-Kasse/B17+pp;pp)
Zeile 17 E: (long call)::   WENN(B17<Call;(Kasse/B17-pc-1);Kasse/Call-1-pc)

Unterhalb der Tabelle finden sich auch wieder die Hinweise, wie der Short Put (als Beispiel Zeile 17C) und der Long Call (Zeile 17 E) in einem Tabellenkalkulationsprogramm automatisch errechnen lassen kann, ohne dass man jeweils die Call- und Put-Basispreise neu eingeben muss, wenn sie verändert werden. Man kann dies auch für das Gesamtergebnis der Zylinderoption in Spalte G bzw. H machen, allerdings wird die Formel dann mit drei Wenn/Dann- Beziehungen so komplex, dass wegen der hohen Fehlergefahr davon eher abgeraten wird. Generell gilt, dass man bei der Errechnung komplexerer Optionsmodelle immer wieder die Ergebnisse auf Plausibilität überprüfen sollte, weil sich eingeschlichene Fehler durch das Neutralisieren von Einzelergebnissen leicht verbergen können. Wer übrigens genau nachrechnet, wird feststellen, dass sich die Formel für den Stillhalter insofern verändert hat, als die Differenz zum Kassakurs e_0 bei der prozentualen Rechnung doch eine Rolle spielt. Dies liegt hier daran, dass die gesamte Kalkulationsbasis der Zylinderoption" auf dem Kassakurs e_0 beruht und dies auch der Put-Schreiber dies in seine Rechnung einbeziehen muss (vgl. dazu auch die Formeln in 6.2.6).

6.3.3 Variationen der Zylinderoptionen

Für eine maßgeschneiderte Risikoabsicherung ist die Zylinderoption ein ideales Instrument, weil er sich sehr gut anpassen lässt. Will das Management nur "Kurskatastrophen" absichern, die das Unternehmen in eine bedrohliche Lage bringen können, bietet sich eine große Bandbreite zu niedrigen Kosten an. Will es dagegen auch kleinere Kursänderungen vermeiden, weil vielleicht knapp kalkuliert wurde oder weil das entsprechende Geschäft verhältnismäßig groß ist, steht eine engere Bandbreite oder dann eben ein Devisentermingeschäft zur Verfügung. Das früher gehörte Argument, die Absicherung koste Geld, zählt nicht mehr, weil eine Absicherung zum „Nulltarif" durch eine so genannte „Zero-Cost-Option" möglich ist, bei der die Absicherungsgrenzen so gewählt werden, dass sich Call und Put Prämie genau aufheben.

Abbildung 6-15: Zero-Cost Option

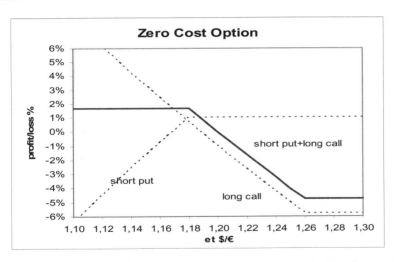

Eine solche Zero-Cost-Option (oder auch ein „Zero-Cost- Zylinder") würde beispielsweise im obigen Fall entstehen, wenn der Exporteur mit dem Call-Basispreis auf 1,26 und mit dem Put-Basispreis auf 1,18 gehen würde (Prämie jeweils 1%), auch bei der Kombination 1,20 (Put) und 1,24 (Call) wäre die Prämie für beide Optionen bei 1,6% und würden sich neutralisieren.[25]

---

[25] Die Werte sind aus Tabelle 6-1 auf S. 245 extrapoliert und gerundet. Bei relativ geringen Differenzen spielen die Geld- Briefunterschiede eine Rolle. Will der Käufer der Zylinderoption exakt eine Zero-Cost-Option, so müssen die Basispreise entsprechend genau justiert werden und es kommen keine runden Beträge mehr heraus. So würden in Tabelle 6-1 unter Berücksichtigung von Geld-/Briefdifferenzen beispielsweise eine Put-Basis von 1,1851 und eine Call-Basis von 1,2538 (bei e_0 =1,2185) genau 1% Prämie kosten.

Die erste Variante (1,18/1,26) ist in Abbildung 6-15 gezeigt: Diese Alternative ist vom Risiko her nicht mehr symmetrisch, denn das Risiko nach unten ist etwas größer (Call bis 1,26) als der Gewinn nach oben, denn die Put-Option setzt bereits bei 1,18 ein und damit endet auch hier die Gewinnchance.

Die Zero-Cost-Option hat ihren Preis in einer Veränderung des Absicherungslevels, darüber muss der Käufer sich im Klaren sein. Es sollte aber bei allem Starren auf die „Nulltarifslösung" bedacht werden, dass ein Unternehmen sicherlich besser beraten ist, die Ober- und Untergrenzen der jeweiligen Calls und Puts seinen Absicherungsbedürfnissen unterzuordnen und nicht der zufälligen Tatsache, dass sich gerade die Erträge und Kosten bei der Prämie neutralisieren.

Um die Variationsmöglichkeiten zu demonstrieren, ist in Abbildung 6-16 noch eine „Zero-**Risk**-Option" gezeigt, die praktisch durch zwei Optionen ein Devisentermingeschäft nachbildet.

Abbildung 6-16: Devisenterminähnliche Zylinderoption („Zero-.Risk")

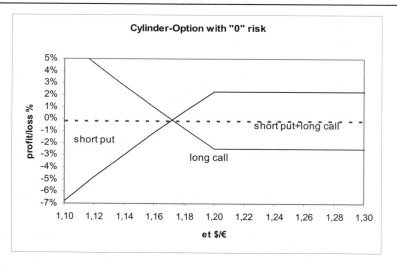

Wenn beide Basiskurse zum Kassakurs (hier 1,20) gesetzt werden, dann reduziert sich die Risikozone (Zone 2) auf Null, weil bei jedem Abweichen sofort eine der beiden Optionen ausgeübt wird. Es entsteht als Resultat eine Linie in Höhe der Prämiendifferenz, in Abbildung 6-16 beträgt diese Differenz (2,3%/Put-2,5%/Call)= - 0,2%. Diese Alternative wird hier nur gezeigt, um die vielfältigen theoretischen Möglichkeiten einer Zylinderoption aufzuzeigen. Abgesehen von dem seltenen Fall, dass diese Prämiendifferenz einmal günstiger ausfällt als ein Devisentermingeschäft, hat diese Optionskombination sonst wenig Sinn. Allerdings bieten Banken durchaus inzwischen vollständige „Servicepakete" an, bei denen der Käufer gar nicht mehr gewahr wird, wie das Geschäft eigentlich „drunter" aussieht. So kann es also durchaus einmal sein, dass eine Bank so eine "Zero-Risk-Option" als Alternative zum Devisentermingeschäft anbietet.

Es wird sich am Jahresende sicherlich die Frage stellen, wie es mit den effektiven Kosten nun wirklich steht, denn auch bei den Zylinderoptionen werden ja je nach Konstruktion Gewinne und Verluste anfallen, auch wenn sie begrenzt sind. Sind die Kosten höher als die einer Devisenterminabsicherung, so wird es sicherlich genügend Kritiker geben, die fragen werden, warum man nicht Devisentermingeschäfte für die Exporte abgeschlossen hat. Ist der € gefallen, werden die gleichen Kritiker wiederum fragen, warum man sich überhaupt abgesichert hat. Hier muss das Management entsprechend der Kostensituation und der Unternehmenskultur entscheiden, ob man dieses begrenzte Risiko in Kauf nehmen will. Diese Diskussion werden wir in Kapitel 8 vertiefen.

6.3.4 Zylinderoption des Importeurs

Die Zylinderoption des Importeurs verläuft genau spiegelverkehrt: Der Importeur kauft zunächst wie bei der ganz normalen gedeckten Option einen Put, den er nach unten absichert, d.h. gegen fallenden Euro bzw. steigende Fremdwährung, denn er will bei Fälligkeit nicht mehr zahlen, als er kalkuliert hat. Will der Importeur nun eine Zylinderoption, so schreibt er dazu noch eine Call Option, die nach oben abgesichert wird. Die Put Option wird also wie beim Exporteur nach unten, die Call-Option nach oben gelegt, allerdings mit dem Unterschied, dass nun eine Put Option gekauft (Long Put) und eine Call-Option (Short Call) geschrieben wird.

Das **Risikoprofil** der Option geht aus Abbildung 6-17 hervor. Es handelt sich hier um eine „Zero-Cost-Option", deren Call-Basispreis bei 1,25 \$/€ und deren Put Basis bei 1,18 \$/€ mit einer Prämie von jeweils 1% liegt. Unter 1,18 (Zone 1) übt der Importeur den Put aus, der Call verfällt, so dass wiederum ein konstanter Verlust in Höhe der Prämiendifferenz minus der Differenz der Put-Basis vom Kassakurs (der Kalkulationsbasis des Imports) entsteht. Da die Prämiendifferenz hier Null ist, entsteht nur ein Verlust in Höhe des Kursunterschiedes von -2 \$-Cents oder -1,69%.[26] Zwischen dem Put- und dem Call-Basispreis (Zone 2) wird keine der Optionen ausgeübt und weil die Prämiendifferenz Null ist, entsteht hier genau derselbe Gewinn oder Verlust, als ob der Importeur gar nicht abgesichert wäre. Aus diesem Grund liegt –bei der Zero-Cost-Option- der break-even-point genau beim Kassakurs von 1,20 und wenn der zukünftige Kurs e_t darüber steigt, ergibt sich ein Gewinn (=V/e_0 -V/e_t), der allerdings dann endet, wenn der Call Käufer (ab 1,25) seine Rechte wahrnimmt: Erreicht e_t den Call-

---

[26] Die Linie der Zylinderoption muss in Zone 1 graphisch nicht in der Mitte liegen, denn sie entsteht aus der Differenz zwischen +1% und -2,69% und dies ergibt -1,69%. (siehe Tabelle 6-18). Abbildung 6-17 gibt diese Distanz korrekt wieder

Basispreis von 1,25 \$/€ (Zone 3), neutralisiert sich der weitere Gewinn mit dem Verlust aus dem Call und der Gewinn bleibt bei 5 \$-cents stehen, das sind genau 4% des Wertes.

Abbildung 6-17: Zylinderoption des Importeurs

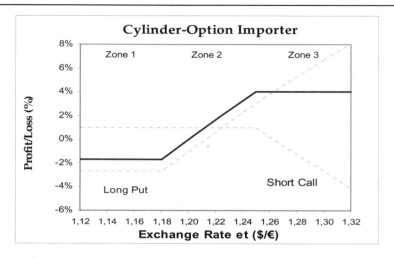

Tabelle 6-18: Zylinderoption des Importeurs

Kassakurs eo (Kasse)	1,20	Pämie Put ("pshort")	1,00%
Basispreis Put ("putlong")	1,18	Prämie Call ("plong")	1,00%
Basispreis Call ("callshort")	1,25	Vertragswert (V) in US\$	\$1.000.000

	Short Call (Kauf Euro)			Long Put Importeur		Zylinderoption	
	et	short position in %		long position		short call +long put	
	\$/€	%	in €	in %	in €	in %	in €
9	B	C	D	E	F	G	H
10	1,12	1,00%	8.333 €	-2,69% -	22.458 €	-1,69% -	14.124 €
11	1,14	1,00%	8.333 €	-2,69% -	22.458 €	-1,69% -	14.124 €
12	1,16	1,00%	8.333 €	-2,69% -	22.458 €	-1,69% -	14.124 €
13	1,18	1,00%	8.333 €	-2,69% -	22.458 €	-1,69% -	14.124 €
14	1,2	1,00%	8.333 €	-1,00% -	8.333 €	0,00%	- €
15	1,22	1,00%	8.333 €	0,64%	5.328 €	1,64%	13.661 €
16	1,24	1,00%	8.333 €	2,23%	18.548 €	3,23%	26.882 €
17	1,25	1,00%	8.333 €	3,00%	25.000 €	4,00%	33.333 €
18	1,27	-0,51% -	4.265 €	4,51%	37.598 €	4,00%	33.333 €
19	1,3	-2,69% -	22.436 €	6,69%	55.769 €	4,00%	33.333 €
20	1,32	-4,09% -	34.091 €	8,09%	67.424 €	4,00%	33.333 €

Zeile 10 c: WENN(B10>callshort;(Kasse/B10-Kasse/callshort)+pshort;+pshort)
Zeile 10 e: WENN(B9>putlong;(B9-Kasse)/B9-plong;(putlong-Kasse)/putlong-plong)
Spalte G = Spalte C + Spalte E

Die Graphik kann ebenso wie die Zylinderoption aus zwei Punkten erstellt werden und wer es genau wissen möchte, kann in Tabelle 6-18 die Wertetabelle dazu nachlesen. Um Verwechslungen mit der Zylinderoption des Exporteurs zu vermeiden, wurden bei der Formel für das Tabellenprogramm andere Abkürzungen verwendet.

6.4 Kombinationsformen von Optionsgeschäften

6.4.1 Fall: Währungsrisiko einer Ausschreibung

Einen klassischen Fall eines **Absicherungsdilemmas** stellen **Ausschreibungen** dar, bei denen eine an einer Ausschreibung teilnehmende Firma nicht weiß, ob sie den Zuschlag erhält. EU-weite Ausschreibungen müssen immer im EU-Gebiet von öffentlichen Verwaltungen bei Aufträgen von in der Regel über eine Million € durchgeführt werden, dabei besteht beispielsweise gegenüber England und Schweden ein Wechselkursrisiko. Im internationalen Bereich werden Ausschreibungen in der Regel ebenfalls bei größeren öffentlichen Aufträgen, bei Projekten internationaler Geber wie Weltbank oder Osteuropabank, häufig aber auch bei privaten Großaufträgen durchgeführt, von denen man sich durch internationale Konkurrenz ein besseres Angebot erhofft. Solche Ausschreibungen sind bestimmten Regeln unterworfen, vor allem aber muss ein verbindliches Angebot bereits zu einem frühen Zeitpunkt abgegeben werden.

Meist werden diese Angebote in einer internationalen Währung quotiert. Geschieht dies in €, ist für den europäischen Anbieter kein Wechselkursrisiko damit verbunden, allerdings können auch hier (bei Fallen des €) Probleme auftreten, wenn viele Zulieferungen von außerhalb des Euroraums kommen. Wird das Angebot in US $, £ oder Yen abgegeben und kalkuliert, unterliegt es einem Wechselkursrisiko. Ein Anbieter kann zwar den Zuschlag ablehnen, wenn sich der Wechselkurs ungünstig entwickelt hat, aber häufig sind dann Strafgebühren („Penalties") fällig und was viel schwerer wiegt, ist der Schaden, den er auf dem internationalen Parkett seinem Ruf als zuverlässiger Anbieter zufügt.

Beispiel 6-8: Wechselkursrisiko bei einer internationalen Ausschreibung

---

Es ist im Grunde gleichgültig, um welches Produkt oder welche Dienstleistung es sich bei einer internationalen Ausschreibung handelt. Es kann sich um einen Containerkran im Hafen von Conakry, den Bau einer Seilbahn auf den Montblanc, die Errichtung eines Freizeitparks in den englischen Midlands , die Rehabilitierung des Instrumentenlandesystems am Flughafen San Francisco oder den Erhalt eines Ingenieurauftrages für den

Bau eines Mobilfunknetzes in Südafrika handeln. Es sei hier ein Betrag von US $ 10 Mio angenommen, zu dem die Firma das Angebot gegen harte Konkurrenz unterbreitet.

Das Angebot (Abbildung 6-18) wird am 1. September 2004 bei einem Kalkulationskurs von 1,20 US $ /€ vorgelegt, die Selbstkosten betragen 7,5 Mio €, der Gewinn –beim kalkulierten Kurs 1 Mio US $ - ist mit 10% des Auftragswertes nicht üppig kalkuliert und daher sehr wechselkurssensibel: Ein Fallen des Dollars auf einen Kurs von 1,33 würde den Gewinn zunichte machen. Die Auswertung der Angebote ist bis Anfang Dezember zugesagt, der Zuschlag soll auf jeden Fall noch vor Weihnachten erfolgen und wenn alles glatt geht, kann die Vertragsunterzeichnung Ende Dezember stattfinden. Wie üblich ist nach Vertragsunterzeichnung eine Anzahlung (hier US $ 2 Mio) fällig, eine erste Schlusszahlung bei Abnahme (US $ 6 Mio) ist im August 2005 und eine zweite Schlusszahlung im Dezember 2005 (US $2 Mio) vorgesehen. Bei längerfristigeren Projekten kann sich die Bauphase auch über mehrere Jahre hinziehen (übrigens war im Jahre 2004 der Euro bis zum Jahresende tatsächlich auf 1,34 US $ angestiegen).

Abbildung 6-18: Zeitlicher Ablauf: Ausschreibung, Lieferung und Zahlungsterminen

---

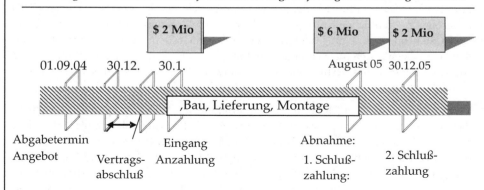

Bei einem Dienstleistungsgeschäft hätte man wohl einen ähnlichen Ablauf, allerdings wären wohl die Zahlungstermine häufiger und etwas dichter analog zu den Personalausgaben gestaffelt.

Aus der Sicht des internationalen Finanzmanagements müssen zwei Forderungen erhoben werden:

    1. Der kalkulierte Preis muss gegen Währungsschwankungen der Fremdwährung nach unten abgesichert werden

2. Die Absicherung muss flexibel genug sein, um das Unternehmen auch
   bei Nichterhalten des Auftrags nicht in ein kostenmäßiges Risiko zu
   bringen.

Forderung (1) ist sowohl durch eine Währungsoption wie auch durch ein Devisentermingeschäft erfüllbar. Der Anbieter muss spätestens am 1.9. jeweils auf drei Termine jeweils den Gegenwert von 2 Mio, 6 Mio und wiederum 2 Mio € gegen US $ entweder auf Termin kaufen oder drei Call Optionen-€/$ erwerben.

Die beiden Alternativen sind deutlich unterschiedlich in ihren Kosten: Ein Devisentermingeschäftwürde einen leichten Gewinn erbringen, weil der Euro im September einen Abschlag aufwies, drei Optionen mit bis zu 16 Monaten Laufzeit würden den nicht ganz unbedeutenden Betrag von knapp 500 000 € kosten und damit den Gewinn mehr als halbieren.

Andererseits: Forderung (2) kann nur durch die Option, nicht durch das billigere Devisentermingeschäft erfüllt werden. Während man bei Nichterhalt des Auftrags die Option verfallen lassen, vielleicht auch günstig verkaufen kann oder sich bei günstiger Kursentwicklung mit einem kleinen Spekulationsgewinn über den Verlust des Auftrags hinwegtrösten kann, steht man **beim Devisentermingeschäft** genau dort, **wo man eigentlich nicht stehen wollte**: Mit einer jetzt auf einmal offenen Währungsposition in einem nicht unerheblichen Risiko. Der Exporteur muss die US $, die er sich gegen € zu verkaufen verpflichtet hat, auf dem Kassamarkt besorgen, weil er sie ja nun nicht vom Vertragspartner bekommt.

Entscheidend für die **Nichteignung des Devisentermingeschäfts** ist aber folgendes: Ein Unternehmen, das häufig an internationalen Ausschreibungen teilnimmt, gewinnt naturgemäß nur einen kleinen Teil davon. Würde es alle diese "Flops" über Devisentermingeschäfte absichern, so hätte es schließlich Währungspositionen in einer Höhe offen, die zwangsläufig den eigenen Auslandsumsatz um ein mehrfaches übersteigen müssten. Nun kann der Anbieter notfalls auf gut die Hälfte seines Gewinns verzichten und die €/$ -Call Lösung wählen, aber hier tritt im Grunde ein ähnliches Problem auf. Wenn er den Auftrag nicht erhält und wenn etwa der € im Wert absinken sollte, wird eine Call Option zu 1,20 auch immer weniger wert. Natürlich kann es auch umgekehrt laufen, aber damit kann er nicht rechnen, so dass er vielleicht für Aufträge, die er gar nicht erhält, Verluste bis zur Höhe der gezahlten Prämie einfahren würde. Zwar weiß er schon im Dezember, ob der Auftrag kommt, aber auch da kann es schon zu spät sein. Wenn überhaupt, sollte er mit einer Devisenoption absichern, denn mit dem Devisentermingeschäft wird das Gesamtrisiko unkalkulierbar. Es gibt aber noch bessere Alternativen.

6.4.2   Compound Optionen

Compound-Optionen sind Optionen auf Optionen oder auch andere, beliebige „underlyings", wie etwa Futures oder Devisentermingeschäfte. Der Erwerber kauft eine Option (die Compound-Option) auf eine andere Option, die so genannte Eventualoption. Diese speziellen Instrumente werden jeweils individuell kalkuliert und damit hängt auch ihr Name zusammen: Das zugrunde liegende Wertpapier, sei es eine andere Option oder ein Termingeschäft wird zu dem Gegenwartswert kalkuliert, den es für den Aussteller einer solchen Option heute vermutlich hat (englisch „compounded"). Beim Kauf einer Compound-Option werden fixiert:

(1)   Die Prämie („Frontprämie")für die Compound Option (die Option auf die „Option"),

(2)   der Basispreis für die Eventualoption,

(3)   die Prämie für die Eventualoption („Endprämie"),

(4)   die Laufzeiten für Compound-Option und Eventualoption.

Mit der Compound-Option meint man zunächst die Gesamtkonstruktion beider Geschäfte, aber auch im engeren Sinne den ersten Teil der Option. Sie verleiht dem Erwerber gegen die Prämienzahlung (Frontprämie) das Recht, aber nicht die Pflicht, am vorgegeben Termin eine vereinbarte Call- oder Put-Option auf eine vereinbarte Währung, einen vereinbarten Basispreis und einer vereinbarten Laufzeit zu einer wiederum vorher vereinbarten „Endprämie" zu erwerben. Erwirbt er dann die Eventualoption (oder das vereinbarte Papier), so besitzt er die entsprechenden Rechte aus der dann erworbenen Option, d.h. er kann sie verkaufen, ausüben oder verfallen lassen. Erwirbt er z.B. ein Devisentermingeschäft zum ebenfalls vorher vereinbarten Auf- oder Abschlag, so hat er dann, wenn er die Option auf das Geschäft ausgeübt hat, die vollen Rechte und Pflichten eines Käufers eines Währungsbetrages auf Termin. Übt er die Compound Option nicht aus, wird die Eventualoption verfallen. Er wird sie verfallen lassen, wenn er eine Ausschreibung nicht gewonnen hat oder sich der Kurs so entwickelt hat, dass er jetzt eine gleichgerichtete Option billiger auf dem Markt bekommen kann. Im Prinzip kann eine Compound Option auch weiterverkauft werden, aufgrund der spezielleren Bedingungen hat sie aber nicht den Markt, den eine normale Plain-Vanilla Option hat. Compound Optionen zählen zu den Optionen der „dritten Generation." Der Aussteller garantiert für die Eventualoption nicht nur einen entsprechenden Basispreis, sondern eine feste Prämie. Dadurch entstehen ihm zwei Risiken, nämlich zum einen das **Basispreisrisiko** und zum andern das Risiko, zu einem Zeitpunkt eine **Prämie** zu erhalten, die gegenüber dem dann bestehenden Wechselkurs vollkommen inadäquat ist. Dem Käufer der Option entsteht dieses Risiko nicht, weil er ja die Eventualoption verfallen lassen kann und bei für ihn günstigeren Marktverhältnissen eine andere Option erwerben kann. Erwirbt er z.B. eine Compound Option für einen Call-€-$- 1,20 US $/€ und ist der Wechselkurs zum Fälligkeitszeitpunkt auf 1,15 abgesunken, so hindert ihn nichts, dann eine neue Option zu einem nun besseren Kurs oder einer günstigeren Prämie zu erwerben, wenn er den Auftrag erhalten hat.

Deshalb gibt es zunächst keine wesentlichen Prämienersparnisse gegenüber einer „plain vanilla-option", d.h. die gesamte Compound Option wird auf der Basis dessen kalkuliert, was eine Option mit der vollen Laufzeit zu dem entsprechenden Basispreis kosten würde. Grundsätzlich kann der Käufer sich etwa bei einer 1+4 Monate Compound Option an der Prämie einer 1-Monats plus einer 4-Monatsoption orientieren. Der obige Ausschreibungsteilnehmer würde also Anfang September 2005 drei Compound Optionen mit Basispreis 1,20 US $/€-Call kaufen, die jeweils im Dezember (wenn er das Ausschreibungsergebnis kennt) in der Weise ausgeübt werden, dass die dann in drei Eventualoptionen von einem Monat, acht Monaten und zwölf Monaten übergehen oder –bei Nichterhalt des Auftrags- verfallen würden. Die Gesamtlaufzeit wäre, vom 1.9 aus gerechnet, fünf Monate, 12 Monate und 16 Monate und die Prämien würden sich etwa wie in Tabelle 6-19 zusammensetzen.

Zwar wird die Gesamtprämie dadurch nicht billiger, sie verteilt sich aber flexibel auf **„Front- und Endprämie"**. Die Prämien sind auch in gewissen Grenzen zwischen Front- und Endprämie anpassbar: Die Gesamtprämie wird teurer, wenn die Frontprämie sinkt und billiger, wenn die Frontprämie erhöht wird. Der Exporteur wird sicherlich daran interessiert sein, möglichst wenig „Frontprämie" zu bezahlen, denn wenn er den Auftrag nicht erhält, braucht er die Endprämie nicht mehr zu bezahlen. Die Prämien werden individuell kalkuliert, es gibt (noch?) keinen Markt und keine offizielle Quotierung dafür, so dass letztlich die Prämienfestsetzung Verhandlungssache mit der Ausstellerbank sein wird. Erwartet der Aussteller einen fallenden €, wird er eher bereit sein, Prämienzugeständnisse zu machen, weil die Wahrscheinlichkeit der Ausübung des Compound- Teiles der Option dann eher gering ist. Bei einer Reduzierung der Frontprämie würde sich allerdings die Endprämie verteuern.

Tabelle 6-19: Kosten einer Compound Option (jeweils €/$-Call / nahe Kassakurs)

	Frontprämie (Com-poundoption)	Endprämie (Eventualoption)	Gesamt
Option 1 :4+1 Monate (US $ 2 Mio)	1,5 % (30 000 $)	1,2% (24 000 $)	2,7% (54 000 $)
Option 2: 4 +8 Monate (US $ 6 Mio)	1,5% (90 000 $)	3,7% (222 000 $)	5,2% (312 000 $)
Option 3: 4+12 Monate (US $ 2 Mio)	2% (40 000 $)	5% (100 000 $)	7% (140 000 $)
	160 000 US $ (1,6%)	346 000 US $ (3,46%)	506 000 US $ (5,06%)

Insgesamt würde sich das Geschäft auf 506 000 US $ (rd. € 422 000 zum Kassakurs) belaufen, eine beträchtliche Summe, die aber immerhin noch einen Gesamtgewinn aus dem Geschäft ermöglichen würde. Wesentlich ist aber, dass **die Frontprämie deutlich niedriger geworden** ist und das Unternehmen für 1,6% der Vertragssumme die Möglichkeit gewinnt, das Geschäft abzusichern, wenn der Zuschlag kommt. Die 1,6% Prämie sind verloren, wenn der Auftrag an einen Konkurrenten geht, aber 1,6% der Vertragssumme sind eher tragbar als 5,06%. Übrigens kann auch eine Compound Option auf ein Devisentermingeschäft abgeschlossen werden, denn wenn der Auftrag wirklich kommt, braucht der Exporteur ja im Grunde die Wahlmöglichkeit nicht mehr, wenn er nur an einer Sicherung des kalkulierten Kurses und nicht an einem eventuellen Gewinn interessiert ist. Hier bliebe es bei den Werten für die Compound-Option und dann für das Devisentermingeschäft, was billiger wäre. Eine Verbilligung der Prämien –vor allem bei der Frontprämie- ließe sich auch durch eine Erhöhung des Basispreises beispielsweise auf 1,25 erreichen, was eine „Kurskatastrophe" absichern würde, die ja mit 1,34 $/€ Ende des Jahres bereits eingetreten war.

Dazu kommt noch die bereits oben gestellte Frage, wie wahrscheinlich der Auftragserhalt ist und bei wie vielen Ausschreibungen letztlich ein „Flop" mitversichert wird. Wird nur jedes zehnte Angebot zum Auftrag, so lägen die Kosten für die Eventualoption pro effektiv erhaltenem Auftrag bei 16% plus die Kosten für die Endprämie für den jeweils erhaltenen Auftrag. Selbst wenn man beim Absicherungslevel Zugeständnisse machen würde, z.B. auf 1,25 $/€, lägen diese Kosten noch bei 6-8% pro erhaltenem Auftrag. Die Frage stellt sich, ob nicht ein Offenlassen der Positionen letztlich billiger ist und es wird deutlich, dass Compound-Optionen auch bei Ausschreibungen nur in eng begrenzten Einzelfällen und nicht als generelle Absicherungsmethode zum Einsatz kommen können.

Insgesamt wird das Management dabei die folgenden Punkte berücksichtigen müssen:

(1) Gesamtkosten und Sensibilität der Kalkulation hinsichtlich Wechselkursschwankungen

(2) Wahrscheinlichkeit des Auftragserhalts

(3) Kosten der Frontprämie und Tragbarkeit im Gesamtrahmen

(4) Gesamtkosten und dadurch verursachte Gewinneinbuße im Vergleich zu den Zielvorgaben des Unternehmens

(5) Bedeutung des Auftrags für das Unternehmen

6.4.3 Andere exotische Optionsformen

Die relativ rapide Entwicklung bei den Devisenoptionen hat die Banken veranlasst, maßgeschneiderte Optionen und teilweise auch Optionen mit Spielcharakter anzubieten. Hierzu zählen beispielsweise **„log-in" oder „log-out"-Optionen**, die bei bzw. ab einem bestimmten Wechselkurs entweder nicht mehr gültig sind oder gerade gültig werden. Damit können Prämien verbilligt werden, allerdings muss sich der Käufer klar machen, welches Risiko ggf. nicht mehr gedeckt wäre, wenn etwa das „log-out" level erreicht wird und er eine Zahlung aus einem Exportgeschäft damit abdecken will. Des weiteren werden Kombinationen mit Devisentermingeschäften, Futures oder Compound Optionen angeboten. Es gibt noch **„average rate options"**, deren Basis sich nicht auf einen festen Kurs, sondern auf einen Durchschnittskurs über eine vereinbarte Periode bezieht. Sogar **„chooser options"** existieren, bei denen der Käufer während der Laufzeit noch wählen kann, ob es eine Call- oder eine Put Option sein soll. Dies sind sicherlich noch nicht alle Varianten und es wird in den nächsten Jahren noch eine Reihe von neuen Produkten geben, die immer stärker auf kundenspezifische Bedürfnisse zugeschnitten sein werden.

6.5 Devisenfutures

Devisenfutures oder Fremdwährungsfutures sind Teile des Marktes der "financial futures", die auch Zins- oder Wertpapierfutures beinhalten.[27]

Futures haben zwar mit den Optionen die Eigenschaft gemeinsam, dass es sich um ein derivatives Instrument handelt, das im Gegensatz zum Termingeschäft frei auf den jeweiligen Märkten handelbar ist. Ansonsten sind sie vom Charakter her eher Termingeschäfte: Mit dem Termingeschäft haben sie vor allem gemeinsam, dass ihre Konstruktion einer **Einlösepflicht** am Ende der Laufzeit entspricht, also kein Wahlrecht wie bei Optionen besteht. Diese Einlösepflicht ist, dem Derivatcharakter entsprechend, auf eine Zahlung der Gewinn- oder Verlustdifferenzen beschränkt. Wegen der geringen Nebenkosten und der hohen Marktliquidität ist ihre Handhabung unkomplizierter, wenn man die etwas gewöhnungsbedürftige Ausübungsweise einmal verstanden hat, die auf alle Arten von Futures zutrifft.

Futures werden vorwiegend in den USA gehandelt: Eingeführt wurden sie in den siebziger Jahren an der IMM (International Money Market Division) der Chicago Mercantile Exchange (CME)[28], wo auch heute noch das größte Handelvolumen besteht. In Europa wurden sie ursprünglich nur an der London International Financial Futures Exchange (LIFFE), die den Handel allerdings mangels Volumens zwischendurch schon einmal eingestellt hatte: Inzwischen werden sie in Zusammenarbeit mit LIFFE bei EURONEXT in Amsterdam gehandelt[29]. In Tabelle 6-20 ist die Notierung der Financial

---

[27] Büschgen (1997), S. 96
[28] Vgl. Shapiro, Alan C., Multinational Financial Management, Boston usw. 1992, S. 58
[29] EURONEXT: http://www.euronext.com.

Times übernommen, ansonsten findet man sie noch im Wall Street Journal und auf den Homepages der größeren Wirtschaftsinformationsdienste wie etwa Reuters. Die Notierungen sind in Europa eher dünn, weil das Instrument nicht weit verbreitet ist[30].

Tabelle 6-20: Futures-Notierung

FUTURES	1.09.2004				
Euro FX-(CME) $ per Euro					
€-US$	**Open**	**Latest**	**High**	**Low**	**Change**
SEPT	1,2175	1,2178			+0,0007
DEC	1,2169	1,2179	1,2186	1,2147	+0,0018
€-Yen					
SEPT	132,60	133,10	133,10	133,02	+0,19

Quelle: Financial Times vom 2.9.04

Die amerikanische Notierungsweise zeigt, auch bei vielen anderen Kursnotierungen, nicht nur den Endwert, sondern auch Eröffnungswert sowie den tiefsten und höchsten Wert während des Handelstages. Die Schlusswerte („latest")für den US $ betrugen 1,2178 für September und 1,2179 $/€ für Dezember, dies gilt immer für den jeweils dritten Mittwoch des Monats und nur für die Monate März, Juni, September und Dezember. Kontraktgröße, also Mindestvolumen ist beim US $ jeweils 200 000 €, beim Yen 100 000 €, bei Euronext gibt es €-US $-Futures bereits ab € 20 000. Die Laufzeit beträgt maximal ein Jahr. Der wesentliche Unterschied zum Devisentermingeschäft ist der, dass dieser Kurs (also etwa 1,2178 als Endkurs für September) nicht etwa einen vereinbarten Kurs in der Zukunft darstellt, zu dem ein Kauf oder Verkauf von € möglich ist, sondern dass dieser Kurs jeden Tag entsprechend der Kursentwicklung neu festgelegt wird und dem Käufer Gewinne und Verluste auf sein Konto gutgeschrieben werden. Es ist nicht der Gesamtbetrag fällig, aber die Börse nimmt als Sicherheitsleistung eine "initial margin" von einigen Prozent des Wertes, je nach Währung und Laufzeit bei gängigen Werten zwischen 2 und 3%, insgesamt kann sie zwischen 0,1% und 6% variieren. Dieser Wert stellt eine Art Einlage dar, die am Ende der Laufzeit zusammen mit Gewinn- oder Verlust abgerechnet wird, wobei hier nur die Differenzbeträge abgerechnet werden und keinesfalls etwa der Grundbetrag von € 1 Mio. in irgendeiner Weise „bewegt wird". Entscheidend ist, dass es an der Futures -Börse anders als bei einem Devisentermingeschäft noch keinen Verkaufskurs gibt, dieser wird täglich neu ermittelt und entspricht am Ende der Laufzeit dem dann herrschenden Kassakurs.

---

[30] Die aktuellsten Notierungen findet man bei der Chicago Mercantile Exchange (CME): http://www.cme.com/ CME: Devisenoptionen (Kurse): bei http://www.cme.com/html.wrap/wrappedpages/ end_of_day/daily_settlement_prices/zc.html /16.1.06

6.5.1 Spekulation mit Futures

Beispiel 6-9: Spekulativer Handel mit Futures

Mr. oder Mrs. X erwerben am 1. September fünf €-Verkaufskontrakte á 200 000 € = 1 Mio € an der CME zu einem Kurs von 1,2179 $/€. Für die Fälligkeit im Dezember muss X 1 217 900 US $ bezahlen. „Verkauf" ist aus amerikanischer Sicht zu sehen, d.h. die Futures werden in Fremdwährung erworben und diese heißt Euro, der Wert lautet also auf € und es handelt sich um einen €- Verkauf auf Termin. Das Geschäft läuft dann folgendermaßen ab:

Am nächsten Tag steigt der Kurs des € auf z.B. 1,2189 $/€, d.h. die Futures sind nun 1 218 900 US $ wert, um 1000 US $ mehr als am Vortag. Diesen Betrag schreibt die Börse dem Käufer gut und damit erlischt nun der ursprüngliche Kaufpreis: Er hat keine Bedeutung mehr, stattdessen tritt jetzt der neue Preis von 1,2189. Am übernächsten Tag, wenn etwa der Kurs auf 1,2150 fällt, sind die Futures noch 1 215 000 US $ wert, die Börse zieht nun den Differenzbetrag zum gestrigen Wert (1 218 900- 1 215 000 = -3 900 US $) dem Konto von X wieder ab. Endstand am zweiten Tag ist nun ein Minus von 1000-3900 = -2900 US $. Derselbe Wert ergäbe sich auch, wenn man 1 215 000- 1 217 900= -2900 (Kaufpreis) rechnen würde. So geht es weiter bis zur Fälligkeit, wobei der Future Käufer eine Nachschusspflicht („variation margin") hat, wenn der Verlust seine "initial margin" übersteigt. Hat er 2%, also US $ 24 358 einbezahlt, so muss er nachschießen, wenn sich sein Verlust auf mehr als diesen Betrag akkumuliert haben sollte. Am Ende der Laufzeit, also am dritten Mittwoch im Dezember kommt die Endabrechnung. Liegt dann der Kurs etwa bei 1,20, so war der Futures Kauf leider ein „Flop", denn jetzt ist insgesamt ein Verlust von 1 217 900- 1 200 000= -17 900 US $ entstanden. Steigt der € auf 1,30 (was ja etwa der Fall war) bekommt X einen Gewinn von 1 300 000 – 1 217 9000 = 82 100 US $ für den Verkauf der € gutgeschrieben. Beide Beträge werden mit der „initial margin" addiert. Das wäre in Relation zu seinem Einsatz (der „initial margin") ein Gewinn von 82 100: 24 358 ⇨ 337% für drei Monate. (jeweils noch abzüglich geringer Provisionen). Genau wird übrigens in so genannten „ticks" abgerechnet, d.as sind bei Euronext beispielsweise jeweils runde 10 US $ pro Kontrakt

Der Kurs am Ende der Laufzeit entspricht dem dann gültigen Kassakurs (e_t) und je näher es ans Ende der Laufzeit geht, desto näher liegt der Future-Wert am Kassakurs. Der Einsatz für das Geschäft ist sehr gering, Mr. oder Mrs. X kann direkt an der CME oder einer anderen Börse ohne teure Banken als Zwischenstationen handeln, sobald die initial margin bezahlt ist. Ein „round trip", d.h. im CME-Jargon „one buy and one sell" kostet um 0,05% des Wertes, das wären bei 1 Mio € lediglich 500 €, dazu kommen noch minimale Geld-/Briefdifferenzen. Es muss lediglich Kapital für die Sicherheitsleistung aufgebracht werden, die Hebelwirkung ist hoch und damit können positive wie negative Rendite traumhafte wie alptraumhafte Ausmaße annehmen. Was die

Futures ganz wesentlich von Optionen unterscheidet, ist die Verlustgefahr, die nicht begrenzt, sondern offen ist. Mit dem Erwerb von Futures ist man, das kann nicht deutlich genug gesagt werden, in den **Kernbereich der Spekulation** eingedrungen, risikoreicher ist eigentlich nur noch der Erwerb von „junk bond"-Papieren oder exotischen Währungen. Investmentfonds, die Futures (auch Aktien- oder Rohstoff- Futures) in ihrem Portfolio aufweisen, sind entsprechend auch als risikoreich einzuordnen. Verluste können rein theoretisch bis zur vollen Kontraktsumme gehen, wenn man etwa einen Verkaufskontrakt auf eine exotische Währung gekauft hat, deren Wert sich während der Laufzeit vielleicht auf ein Zehntel oder gar ein Hundertstel vermindert.

Übrigens kann die Position jederzeit durch ein **gegenläufiges Geschäft**, also einen US $- Futures-Verkauf zum jeweiligen Tageskurs glattgestellt werden. Hätte „X" also etwa bereits zu einem Zeitpunkt die Nerven verloren, als der € vielleicht gerade mal auf 1,19 abgesackt war, kann das Engagement durch eine gegenläufige Position zu 1,19 (US $-Verkauf gegen €-Kauf) neutralisiert werden. Der Verlust betrüge dann 2,79 Cents, also 27 900 US $. Diese jederzeitige Glattstellungsmöglichkeit bedeutet aber nicht nur, dass zwischendurch die „Notbremse" gezogen werden kann, sondern sie übt eine andere wichtige Funktion aus: Dadurch und auch aufgrund sehr niedriger Transaktionskosten können mit Futures nicht nur die vier Mittwoche der Fälligkeit pro Jahr, sondern de facto jeder beliebige Termin dazwischen abgesichert werden. Allerdings wird aus Gründen der Vereinfachung an einer Börse meist nur in einer Richtung gehandelt, also verkauft: Will jemand etwa € (gegen US $) kaufen statt verkaufen, so erwirbt er keinen €-Kaufkontrakt, sondern einen US $ (gegen €) -Verkaufskontrakt.

6.5.2 Die Absicherung einer Handelsposition mit Devisenfutures

Futures sind aber durchaus auch wie Devisentermingeschäfte zur Absicherung einer offenen Position aus einem Handelsgeschäft zu gebrauchen. Auch hier ist entsprechend der etwas gewöhnungsbedürftigen Funktionsweise der Futures der Ablauf wieder etwas stärker erklärungsbedürftig als bei einem Devisentermingeschäft oder einer Option. Im Grunde muss sich etwa ein Exporteur nur gegenläufig zu seiner Währungsforderung absichern, d.h. so, dass seine wertmäßige Position aus den Futures steigt, wenn seine Exportforderung sinkt und vice versa (Hedging- Prinzip).

Wenn nun ein Exporteur wieder einmal eine Summe von 1 Mio. US $ absichern will, die er im Dezember 2004 bekommt (€-Kauf), so erwirbt er die entsprechende Menge an €- **Verkaufsfutures** (gegen US $): Es entspricht ja auch der in diesem und im vorigen Kapitel angewandten Terminologie, dass der Exporteur seine Heimatwährung kauft.

Es taucht hier das Problem auf, dass er meist durch die große Stückelung von 200 000 € (oder auch € 20 000 wie bei Euronext)[31] die Summe nicht exakt dividiert bekommt und dadurch ein Rest bleibt, den er entweder offen stehen lassen oder anderweitig absichern muss (Basisrisiko). Bei einem Kurs von -gerundet- 1,2180 im September für Dezember 2004[32] beträgt der Gegenwert also zu diesem Zeitpunkt exakt:

US $ 1 Mio /1,2180 ($/€) = € 821 018, durch 200 000 geteilt:

= 4 Kontrakte, also 4 ··€ 200 000 = € 800 000 (ungedeckt bleiben: € 21 018)

Er kauft also 4 "Futures" á € 200 000, er könnte auch 5 Futures-Kontrakte zu € 1 Mio. kaufen und sich höher absichern, als es der Notwendigkeit entspricht. Ob er dies tun wird, hängt von der Größe des jeweiligen Restbetrages ab und sicherlich auch von seinen Kurserwartungen. Für kleinere Beträge stehen Börsen wie Euronext zur Verfügung. Es gibt aber auch Broker, die kleinere Aufträge bündeln, aber damit ist eine wesentliche Eigenschaft, nämlich die hohe Marktliquidität und die jederzeitige Möglichkeit eines passenden Glattstellungsgeschäfts eingeschränkt. Es ergibt sich nun folgende Ausgangskalkulation:

Ausgangswerte:	01.09.2004
Vertragswert	$1.000.000
Kassakurs 1.9*)	1,2185
Futures-Kurs 1.9	1,2180

*) in Frankfurt (Kalkulationskurs des Exporteurs)

Dabei ist angenommen, dass der Exporteur den am 1.9.04 herrschenden Euro-FX Kurs in Frankfurt als Kalkulationsbasis verwendet. Ein amerikanischer Importeur würde natürlich den sechs Stunden später notierten Kurs an der Wall Street verwenden.[33]

Um das Funktionieren dieses Geschäfts zu verstehen, teilen wir nun die Ausgangsposition in eine „Handelsposition" (also den Export) und ein Futures-Position:

Handelsposition:		Futures-Position	
Kalkulierter Erlös:		821.018 € theoretische Futures Position	
Vertragswert (1Mio $):	$1.000.000	800.000 € **Verkauf von Euro per Future**	
1 Mio. US$ / 1,2185=	**820.681 €**	$974.400 Gegenwert in US $	

---

31 Da die amerikanischen Börsen liquider sind als die europäischen und ein Kontraktbetrag von 20 000 € die Ausnahme ist, soll hier von 200 000 € Kontraktgröße ausgegangen werden

32 In Frankfurt war der Euro-FX-Referenzkurs 1,2185 hier wird aber ca. 6 Stunden früher notiert.

33 Deshalb sind hier die „Kosten" auch nicht exakt mit einem Devisentermingeschäft zu vergleichen. Allerdings kann man davon ausgehen, dass die Differenzen zwischen Futures und Kassakurs ähnlich sind wie zwischen Devisentermin- und Kassakurs.

Ein Betrag von 800 000 € wird per Future verkauft, der Gegenwert am Tag des Erwerbs des Futures beträgt dafür US $ 974 400: Dies ist der Wert, an dem der tägliche Gewinn und Verlust des Futures gemessen wird. Dieser Wert ist am Futures-Kurs von 1,2180 orientiert und nicht identisch mit dem Kalkulationskurs des Handelsgeschäfts.

Nun wollen wir annehmen, dass der Kurs von im Dezember (Fall A) bei 1,27 $/€ und in Fall B bei 1,15 $/€ steht.

Fall A (Tabelle 6-21): Bei der Handelsposition entsteht ein kräftiger Verlust, der durch das Fallen des US $ bedingt ist. Der Vertragspreis von US $ 1 Mio. erbringt nun bei Kurs von 1,27 nur noch € 787 402 statt kalkulierter € 820 681, also einen Verlust von € 33 280 (Zahlen sind gerundet). Beim Future dagegen werden Euro verkauft, die ja im Wert angestiegen sind. Einem ursprünglichen Gegenwert der 800 000 € von US $ 974 400 steht nun ein Wert von US $ 1 016 000 gegenüber. Daraus wird dem Future Käufer ein Wert von US $ 41 600 gutgeschrieben, das sind € 32 756 zum Kurs von 1,27 $/€. Diesen Gewinn kann der Exporteur mit dem Verlust aus dem Handelsgeschäft verrechnen: Der gesamte Verlust beträgt dann noch € 524. Dass sich dieser Wert nicht zu Null addiert, entsteht zum einen daraus, dass Kalkulationskurs und Future-Kurs nicht identisch sind, zum andern aus der Tatsache, dass nicht der volle Exportwert abgesichert werden kann (so genanntes Basisrisiko).

Tabelle 6-21: Handels und Future-Position bei Steigen des Euro (Fall A)

Fall A: Euro steigt im Dezember auf 1,27 $/€	
Handelsposition 1 Mio U$:	**Futures-Position 800 000 €:**
Erlös bei 1,27:	Verkauf der 4 Future-Kontrakte zum Kassakurs:
787.402 €	$1.016.000 Wert des Future Verkaufs
820.681 € Kalkulierter Betrag	$974.400 Betrag zum anfänglichen Kurs
-33.280 € Verlust aus Handelsgeschäft	$41.600 Gewinn aus Futures- Verkauf
	32.756 € = Gewinn in Euro (bei 1,27 $/€)
32.756 € Übertrag Gewinn Futures	
-524 € leichter Verlust	

Was nun bei Fallen des Euro auf 1,15 $/€ passiert (Fall B), zeigt Tabelle 6-22: Hier gewinnt der Exporteur aus seinem Exportgeschäft € 48 884 aus der Differenz von kalkuliertem Betrag und dem Betrag, den die US $ 1 Mio. im Dezember bei einem Kurs von 1,15 $/€ wert sind, denn der Dollar ist ja gestiegen. Leider trifft ihn das bei den Futures in entgegengesetzter Richtung: Dem anfänglichen Future-Wert von 974 000 US $ steht jetzt ein geringerer Wert von US $ 920 000 gegenüber, so dass ihn die Futures-Börse mit einem Verlust von US $ 54 400 belastet, das sind beim Kurs von 1,15 noch 47 304 € (den Verlust musste er bereits während des Sinkens des Euro über die variation margin an die Börse begleichen). Insgesamt entsteht ein leichter Gewinn von 1 580 €, der wiederum auf die Differenz zwischen den Grundbeträgen (Basisrisiko) und zwischen Kalkulationskurs und Futures-Kurs zurückgeht.

Tabelle 6-22: Handels und Future-Position bei Fallen des Euro(Fall B)

Fall B: Euro sinkt im Dezember auf 1,15 $/€: Handelsposition 1 Mio U$:	Futures-Position 800 000 €: Verkauf der 4 Future-Kontrakte zum Kassakurs:
869.565 € Erlös bei 1,15: (Vertragswert: 1,15) 820.681 € =kalkulierter Betrag 48.884 € Gewinn aus Handelsgeschäft -47.304 € Übertrag Verlust Futures **1.580 € leichter Gewinn**	$920.000 Wert des Future Verkaufs $974.400 Betrag zum anfänglichen Kurs -$54.400 Verlust aus Futures- Verkauf -47.304 € = Verlust in Euro

Ein **Importeur bzw. ein Schuldner** eines Fremdwährungsbetrages würde sich ebenfalls gegenläufig absichern und per Future- Kontrakt US $ (oder eine andere Währung) gegen € verkaufen. Werden Außenhandelsgeschäfte abgesichert, so muss die Futures-Position immer gegenläufig zum Grundgeschäft laufen, wie dies in Tabelle 6-23 für das Währungspaar €/ US $ und einen im Euroraum beheimateten Exporteur oder Importeur dargestellt ist.

Tabelle 6-23: Absicherung von Außenhandelsgeschäften mit Futures

	Export	**Import**
Handelsposition	Kauft € gegen US $	Verkauft € gegen US $
Futures-Position	Verkauft € gegen US $	Verkauft US $ gegen €

6.5.3 Vor- und Nachteile von Devisenfutures

Der ursprüngliche Entstehungsgrund der Währungsfutures war die Tatsache, dass sich kleinere und mittlere Privatfirmen an den relativ großen Stückelungen des Interbankenmarktes (rund 1 Mio. US $) nicht beteiligen konnten und daher ein direkter Zugang zur Börse gesucht wurde, der mit geringeren Handelsmargen und einer größeren Flexibilität ausgestattet ist. Futures kommen eigentlich traditionell aus dem Roh- und Grundstoffgeschäft, um eine Preisentwicklung bei Kaffee, Zucker, Kupfer, Kautschuk und ähnlichem zu kompensieren. Im Warentermingeschäft wurden sie auch entwickelt. Auch hier wird mit einem Gewinn aus dem späteren Verkauf ein Verlust aus dem Terminkauf (und umgekehrt) "gehedgt".

Eigenständige Kursnotierungen für Futures mit unterschiedlichem Kaufkurs (wie bei Optionen) gibt es nicht, weil ja Gewinne und Verluste jeden Tag abgerechnet werden

und damit der jeweilige Future den Kassakurs des jeweiligen Tages zum Ausgangspunkt hat. Der Tageskurs des zu einem bestimmten Zeitpunkt fälligen Future muss
sich sehr eng am Devisenterminkurs orientieren, denn sonst würden wiederum Arbitragegeschäfte zwischen Futures- und Devisenterminmarkt für eine Nivellierung sorgen.

Auch wenn ein Futures-Kontrakt prinzipiell weiterverkauft werden könnte, so gehört
es doch zu den Usancen dieses Marktes, dass er, wenn vor Fälligkeit ausgeübt werden
soll, durch ein gegenläufiges Geschäft "glattgestellt" wird. Durch die niedrigen Trans-
aktionskosten der Börsen ist dies auch ohne die relativ teuren Geld-/Briefdifferenzen
und Provisionen möglich, die etwa bei einem Devisentermingeschäft entstehen würden.

Charakteristisch für die Absicherung mit Hedging-Techniken, zu denen Futures-
Geschäfte dann gehören, wenn sie zur Absicherung eines Grundgeschäfts dienen, ist
das "Basis-Risiko": Dieses äußert sich dadurch, dass insbesondere bei starken Kursbewegungen oder Änderungen fundamentaler Art der jeweilige Verkaufskurs des erworbenen Futures durchaus kräftig von seiner "Basis", dem Kassakurs, abweichen
kann und dass auch unter Umständen eine zeitliche Synchronisierung nicht immer
exakt möglich ist . Durch die standardisierte Kontraktgröße sind auch Abweichungen
vom benötigten Betrag wahrscheinlich, so dass der oben beschriebene Effekt einer
zufälligen Abweichung bei Gewinn oder Verlusten entsteht.

Bei einer offenen Spekulation mit Futures sind - im Gegensatz zur Option - die **Gewinn**-, aber auch die **Verlustmöglichkeiten** bei entsprechender Kursentwicklung
unbegrenzt. Gefährlich ist die relativ geringe Sicherheitsleistung, durch welche Beträge bis zum ca. 50-fachen, ja teilweise bis zum 1000-fachen des Einsatzes bewegt werden können, also etwa für 20 000 € ein Volumen von rd. € 1 Mio, in Extremfällen bis zu
20 Mio. Bei einem Kursverfall von 10% (rd. 12 US-Cents/€ beim Kurs von 1,20 $/€)
ergibt sich damit ein Verlust von 120 000 US $ bei einem Einsatz von einem Fünftel
dieses Betrages, bei den ganz geringen Sicherheitsleistungen wären das sogar € 2 Mio,
also das Hundertfache. Das Instrument hat eine beträchtliche **Hebelwirkung**, die für
einen Spekulanten auch nach unten sehr gefährlich sein kann. Durch die "initial margin" und die Nachschusspflicht soll verhindert werden, dass sich allzu sorglose Spekulanten an dem Geschäft beteiligen: Da jeder Futures-Kontrakt auf zwei Seiten beruht,
würden häufige Zahlungsausfälle - obwohl das Clearing Haus dieses Risiko trägt - das
Funktionieren dieses Marktes beeinträchtigen.

Was also macht die Futures dennoch interessant? Von der Idee her wohl die unkom-
pliziertere und direktere Handhabung: Es sind weniger Stationen eingeschaltet, der
Kunde kann sich direkt an die Börse oder einen dort zugelassenen Broker wenden und
die Sicherheitsleistungen sind wesentlich geringer. Beim Termingeschäft muss meist,
wenn nicht eine Firma mit besonderem Standing dahinter steht, ein entsprechendes
Guthaben oder eine anderweitige Sicherheit (auch Hermes) aufgeboten werden). Auch
wenn seine Abwicklung komplizierter anmuten mag, die Handhabung ist an sich,

wenn der Kontakt zur Devisenbörse einmal etabliert ist, einfacher und von den Ne-
benkosten (Provisionen, Geld-/Briefdifferenzen) her billiger als ein Devisentermingeschäft. Trotzdem haben sich die Währungsfutures im Gegensatz zu den Zinsfutures oder den Währungsoptionen in Europa noch sehr wenig durchsetzen können. Ihr Haupteinsatzgebiet liegt vor allem in den USA. Es ist nicht ganz von der Hand zu weisen, dass dies auch an den Banken liegt, die wenig Interesse daran zu haben scheinen, den Interessenten einen direkten und unproblematischen Zugang zum Handel an einer Devisenbörse zu ermöglichen. In den USA mag dieses Interesse bei den Banken auch nicht vorhanden sein, aber das „Know-how" der Firmen und der Einzelpersonen über den Umgang mit einer Börse ist wesentlich höher als in Europa, die Berührungsängste mit diesen Institutionen scheinen entsprechend geringer zu sein.

Selbstverständlich werden die wichtigsten Weltwährungen auch in Futures-Version angeboten. Allerdings gibt es aufgrund der hohen Marktliquidität bei US $-Notierungen für die meisten Währungen nur Futures/$-Notierungen, so dass andere Währungskombinationen mit doppelten Futures-Kontrakten gesichert werden müssen (Cross-Hedging). Wegen der ungleichen Währungsstückelungen entsteht hier ein zusätzliches Basisrisiko.

6.6 Fragen zu Kapitel 6

1. Erklären Sie den Unterschied zwischen den Begriffen „Basiswert" und „Basispreis". Wie heißen die entsprechenden englischsprachigen Begriffe? (S. 242)

2. Erklären Sie die vier Grundstrategien bei Devisenoptionen. Was bedeutet dabei long und short? (S. 243 f)

3. Was kostet die Absicherung einer in drei Monaten fälligen Exportforderung mit einer Option von 1 Mio US $ am 1.9.05 (a) zum Kassakurs und (b) zum Kurs von 1,2585. Warum ist sie zu 1,2585 billiger? (S. 246) (Kurse auf S. 245)

4. Wie deckt ein Stillhalter mögliche Verluste aus dem Schreiben einer Option? Wie sieht sein Risikoprofil beim Call aus? (S. 266 f.)

5. Was ist eine offene Position? Nennen Sie Beispiele. (S. 248)

6. Zeichnen Sie das Risikoprofil eines long call und eines long put bei einer offenen Position. (S. 251, Abbildung 6-3 und 261, Abbildung 6-6)

7. Stellen Sie graphisch dar, wie das Risikoprofil einer gedeckten Position aus der Grundposition (Handelsposition) und der Optionsposition entsteht. Warum verlaufen die beiden Profile invers?(S. 257, Abbildung 6-4)

8. Ein Exporteur aus dem Euro Raum möchte einen Betrag von 500 000 £ absichern, die in sechs Monaten fällig werden. Gehen Sie bei der Ermittlung der Werte von u.a. Tabelle aus und beantworten Sie folgende Fragen:

    a.) Wie teuer ist diese Option.
    b.) Wann wird Sie wahrgenommen und wo ist der break-even point?
    c.) Welches Absicherungsergebnis (Gewinn oder Verlust) ergibt sich bei Ausübung und bei Nichtausübung z.B. einem Kurs e_t von 0,65 £ /€?
    d.) Zeichnen Sie eine einfache Graphik mit dem Risikoprofil
    e.) In der u.a. Tabelle stimmen Basispreis und Kassakurs nicht überein. Unter welchen Umständen muss die Differenz zwischen Basispreis und Kassakurs berücksichtigt werden und wie groß ist diese Differenz?

1.9.04		6 Monate
Euro/£ Call: (Kauf € /Verkauf £) Ref.Kurs 0,6775/ Basispreis: 0,6737	1,08 %	1,17 %
Euro/£ PUT: (Verkauf € /kauf £) Basispreis: 0,6737	0,84 %	0,97 %

(Lösung am Ende des Fragenteils)

9. Normalerweise kann man nicht davon ausgehen, dass der Basispreis einer Option gleich dem Kassakurs bei Kauf der Option ist:

    a.) Welcher Unterschied besteht hier zwischen Exporteur (Importeur) und Spekulant? (S. 269)

    b.) Welche Vor- und Nachteile bringt es mit sich, wenn ein Exporteur eine Option zu einem höheren Basiskurs abschließt, als der Kassa- bzw. Kalkulationskurs? (S.271), graphisch in Abbildung 6-9, S. 271)

    c.) Errechnen Sie das Ergebnis bei einer Option mit einem Basispreis von 1,25 $/€ (Kassakurs 1,20) und einer Prämie 1% bei einem Exportwert von US $ 1Mio, wenn der Kurs bei Ausübung bei 1,25, bei 1,22 oder bei 1,16 liegt? (siehe Beispiel 6-6 auf S. 269ff.)

10. Was bedeutet, wenn eine Option „im Geld" ist? Welche der folgenden Call-Optionen sind „im Geld"? (275, Tabelle 6-11). Wie hoch sind intrinsischer Wert und Basiswert bei einem Basiskurs von 1,1985, wenn die Prämie (Mittelwert) 4,56% beträgt.(Antwort auf S. 276, Tabelle 6-12)

Kassakurs e_0	Basispreis e_b	Status
1,2185	1,1585	
1,2185	1,1785	
1,2185	1,1985	
1,2185	1,2185	
1,2185	1,2385	
1,2185	1,2585	

11. Warum werden auch „amerikanische Optionen", wenn sie „im Geld" sind, vor Fälligkeit verkauft und nicht ausgeübt? (S.277)

12. Was bedeuten die Begriffe: vertical spread, horizontal spread, diagonal spread, Collar-Option, risk reversal sowie . „range forward", „cylinder option"„collar", „flexible forward", „fence", „option fence" oder „mini-max" ?(S. 278 f.)

13. Erläutern Sie die Vor- und Nachteile einer Zylinderoption? Wie kann man diese Optionsform variieren und welche Absicherungsbedürfnisse eines Unternehmens können damit im Vergleich zur normalen Option oder zum Devisentermingeschäft besser erreicht werden? (S. 287 f.)

14. Stellen Sie eine Zylinderoption Option mit den Werten €-$-C-1,26-3M (long) und €-$-P-1,18-3M (short) graphisch dar. Die Prämien für Call wie Put belaufen sich jeweils auf 1%.

    a.) Wie nennt man diese Option (S. 287)

b.) Welcher maximale Gewinn und welcher maximale Verlust würde einem Exporteur entstehen, der eine Exportsumme von 1 Mio US $ absichert? Gehen Sie dabei von einer Prämienabrechnung bzw. Kalkulation zum Kassakurs von 1,20 $/€ aus. (Wertetabelle am Ende des Fragenteils)

c.) Welchen Nachteil hat diese Option gegenüber einer Option mit symmetrischen Basispreisen? (S. 287f.)

Sie finden die Zeichnung in Abbildung 6-15. Eine Wertetabelle ist am Ende des Fragenteils beigefügt.

15. Zeichnen Sie eine Zylinderoption eines Importeurs mit den Werten €-$-C-1,25-3M (short) und €-$-P-1,18-3M (long). Auch hier liegt die Prämie für beide Optionen jeweils bei 1%. (Zeichnung: Abbildung 6-17 S. 290)

16. Für welchen Einsatzzweck benötigt man Compound Optionen? Welche Größen werden beim Abschluss einer Compound Option fixiert? Erklären Sie die Begriffe „Front und Endprämie" sowie „Compound- und Eventualoption" und den Ablauf bei einer (möglichen) Ausübung. (S. 294)

17. Ein Spekulant erwirbt einen fünf Kontrakte à € 200 000 eines Devisen-Futures (€-Verkauf gegen US $) zu einem Kurs von 1,2179. Errechnen Sie den Gewinn oder Verlust, wenn der Kassakurs bei Ausübung (a) bei 1,20 und (b) bei 1,30 steht. (S. 299 f., Beispiel 6-9)

Lösungshinweise zu ausgewählten Fragen:

AUFGABE 8

a.) Wie teuer ist diese Option

1,17 %, das sind 500 000 £ ·1,17%=5 850 £ , zum Basiskurs umgerechnet 8 683 €, zum Kassakurs umgerechnet 8 635 € (vgl. dazu Kap. 6.1.4.9.). Der **Betrag** wird natürlich zum Basiskurs in € umgerechnet (dies gilt vor allem bei Ausübung), bei der **Umrechnung der Prämie** kommt es darauf an, wo die fakturierende Bank sitzt: Rechnet sie in £ ab, kommt quasi automatisch der Kassakurs zur Abrechnung, rechnet sie in € ab, kommt bei prozentualer Betrachtung automatisch der Basiskurs zum Tragen.

b.) Wann wird die Option wahrgenommen und wo ist der break-even point?

Sie wird wahrgenommen oberhalb des Basiskurses von 0,6737. Der break even liegt bei: (£ /€):

$$Break \ even: et = \frac{eb}{1+p} = \frac{0,6737}{1,0117} = \ 0,66590886 \ = 0,6659$$

(ab da nach unten =Gewinn, siehe Grafik zu Frage d))

c.) Welches Absicherungsergebnis (Gewinn oder Verlust) ergibt sich bei Ausübung und bei Nichtausübung z.B. einem Kurs e_t von 0,65 £ /€?

Bei Nichtausübung (wenn $e_t < e_b$): z. B. bei et=0,65:

$$c = V\$ \cdot \frac{1}{e_t} - \frac{1}{e_b} - \frac{p}{e_b} = 500000£ \cdot \frac{1}{0,65} - \frac{1}{0,6737} - \frac{0,0117}{0,6737} = 18\ 377€ \left[£ \cdot \frac{1}{£/€} = € \right]$$

Bei Ausübung wenn $e_t > e_b$: Kosten/Verlust bei £ 5 850 bzw. 8 683 € (zum Basiskurs gerechnet), siehe Antwort zu (a). Dies berücksichtigt noch nicht die Differenz zwischen Basis- und Kassakurs: Siehe dazu Frage d.

d.) Zeichnen Sie eine einfache Graphik mit dem Risikoprofil

Aus zwei bzw. drei Punkten:

Punkt A: Basispreis /Prämie, d.h. 0,6737/ -1,17%: von da waagrechte Linie nach rechts z.B. zu einem dritten Punkt mit 0,71/-1,17

Punkt B: z.B. bei $e_t = 0,65$, d.h. im Bereich $e_b > e_t$:

$$c\% = \frac{eb - et}{et} - p = \frac{0,6737 - 0,65}{0,65} = 0,0247 = 2,48\%, \text{ also } 0,65/2,48\% :$$

Wertetabelle:

0,65	2,48%	B
0,6737	-1,17%	A
0,71	-1,17%	C

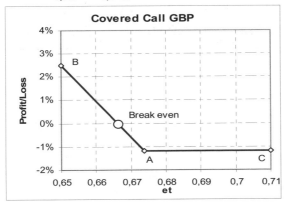

e.) In der o.a. Tabelle stimmen Basispreis und Kassakurs nicht überein. Unter welchen Umständen muss die Differenz zwischen Basispreis und Kassakurs berücksichtigt werden /wie groß ist diese Differenz?

Dies muss dann berücksichtigt werden, wenn der Kassakurs der Kalkulationskurs ist:

Abgesichert wurde:	0,6737	£ 500.000 =	742.170 €
Kalkulation Kassakurs	0,6775	£ 500.000 =	738.007 €
= Gewinn gegenüber kalkuliertem Kurs:			4.163 €

Wenn also tatsächlich mit dem Kassakurs kalkuliert wurde, beträgt der Verlust bei Ausübung lediglich 4 163-8 683 €= -4 520€ bzw. der Gewinn z.B. bei e_t=0,65 ⇨ 18 377+4 163= 22 540 €.

Wertetabelle zu Frage 14 (€-Werte beziehen sich auf einen Exportwert von US $ 1 Mio.): Maximaler Gewinn ist 14 124 €, maximaler Verlust € 39 683.

	Short Put offen (Verkauf Euro)				**Long Call Exporteur**			
		Short put		**Long Call**		**Short put + long call= Risk reversal**		
	e_t	Wenn et<PUT: (eo/put) - (eo/et) -pp; sonst u =-pp		Wenn eb$_{call}$>et: c=(eb-et)/et-p$_c$; sonst: c=-(eo-eb)/eb-p$_c$				
	e_t $/€	u in %	in € u% *V/eo	c in %	i € c% *V/eo	**Short put + long call** Sp. C+E in %	Sp. D+F in €	
A	B	C	D	E	F	G	H	
14	1,10	**-6,396%**	- 53.300 €	8,091%	67.424 €	1,69%	14.124 €	
15	1,12	**-4,448%**	- 37.066 €	6,143%	51.190 €	1,69%	14.124 €	
16	1,14	**-2,568%**	- 21.402 €	4,263%	35.526 €	1,69%	14.124 €	
17	1,16	**-0,753%**	- 6.278 €	2,448%	20.402 €	1,69%	14.124 €	
18	1,18	**1,000%**	8.333 €	0,695%	5.791 €	1,69%	14.124 €	
19	1,20	**1,000%**	8.333 €	-1,000%	- 8.333 €	0,00% -	0 €	
20	1,22	**1,000%**	8.333 €	-2,639%	- 21.995 €	-1,64% -	13.661 €	
21	1,24	**1,000%**	8.333 €	-4,226%	- 35.215 €	**-3,23%** -	26.882 €	
22	1,25	**1,000%**	8.333 €	-5,000%	- 41.667 €	**-4,00%** -	33.333 €	
23	1,26	**1,000%**	8.333 €	-5,762%	- 48.016 €	**-4,76%** -	39.683 €	
24	1,28	**1,000%**	8.333 €	-5,762%	- 48.016 €	**-4,76%** -	39.683 €	
25	1,30	**1,000%**	8.333 €	-5,762%	- 48.016 €	**-4,76%** -	39.683 €	
	Prämie:p$_p$	**1,00%**		Prämie pp	**1,00%**			

7 Internationale Zinsrisiken

Zinsrisiken wurde ursprünglich hauptsächlich im Bankenbereich Aufmerksamkeit gewidmet, wo Aktiv- und Passivseite der Bilanz zum großen Teil aus Zins tragenden Forderungen und Verbindlichkeiten bestehen und daher den hauptsächlichen Kosten- und Ertragsfaktor darstellen. Industrie- oder Dienstleistungsunternehmen werden von Zinsrisiken weniger stark und im klassischen Fall überwiegend auf der Passivseite betroffen. Durch das Auftauchen derivativer Instrumente zur Steuerung von Zinsrisiken sowie durch die Globalisierung der Finanzmärkte ist es aber auch für „normale" Unternehmen interessant geworden, sich Fragen des Zinsmanagements zu widmen. Dennoch spielt das Zinsrisiko bei Unternehmen außerhalb des Finanzbereichs eine wesentlich geringere Rolle als die bereits genannten Risiken. Deshalb wird es auch hier nur kurz behandelt.

Unter Zinsrisiko, manchmal auch Zinsänderungsrisiko genannt, versteht man das Risiko, dass **Zinssätze für ein Darlehen oder eine Anlage während der Laufzeit sich ändern**. Bei Zinsänderungen für Forderungen spricht man von einem aktiven (auch: aktivischen) Zinsrisiko, bei Zinsänderungen für Verbindlichkeiten von einem passiven (auch "passivischen") Zinsrisiko.[1] Ein Zinsrisiko besteht auch, wenn die Zinsen der eigenen Darlehen und Forderungen zu Festsätzen abgeschlossen sind, während sich die Marktkonditionen verbessern.

Aus den Parametern (1) Zinsfixierung (fester/variabler Zins), (2) Restlaufzeit einer Position und (3) Währung ergeben sich folgende Typen von Zinsrisiken: Das einfache Zinsrisiko einer Änderung der Aktiv- und Passivzinsen sowie das Zins-Strukturrsiko, das auf einer unterschiedlichen Zusammensetzung von Aktiv- und Passivpositionen beruht. Das Strukturrisiko wird sich in einem internationalen Unternehmen ausweiten auf ein **internationales Zinsrisiko**, das darin besteht, dass ein Ungleichgewicht der Währungen der abgeschlossenen Positionen mit unterschiedlicher Zins- und Wechselkursentwicklung hinzukommen kann. Dieses Risiko interessiert hier primär, obwohl zu seinem Verständnis auch die Kenntnis der beiden erst genannten binnenwirtschaftlichen Zinsrisiken erforderlich ist. Beim internationalen Zinsrisiko spielen sowohl unterschiedliche Zinsen als auch Wechselkursbewegungen eine Rolle, denn wie in Kapitel 4 erläutert wurde, hängen Zinsen und Wechselkursentwicklungen zusammen.

Zur Quantifizierung von Zinsrisiken gibt es verschiedene Ansätze, die aber im Wesentlichen darauf beruhen, dass Zins tragende aktive und passive Positionen hinsichtlich der drei o.g. Parameter (Zinsfixierung, Restlaufzeit, Währung) einander gegen-

---

[1] Vgl. Büschgen, Hans E. (1997), S. 359

über gestellt werden. Bei einer Bank bestehen diese Positionen aus Einlagen, Ausleihungen und Wertpapieren, bei einer „Nichtbank" i.d.R. aus Handelsforderungen und Wertpapieren (Aktivseite) sowie langfristigen und kurzfristigen Krediten (Passivseite), wobei bei einem klassischen Produktions- oder Dienstleistungsunternehmen die Passivseite überwiegt. „Dies ist typisch für Unternehmen, die sich überwiegend durch Kredite und Anleiheemissionen finanzieren und die Wertpapiere auf der Aktivseite nur als Liquiditätsreserve halten."[2] Übersteigen die passiven Positionen die aktiven, so wird eine Zinserhöhung eine Gefahr für das Unternehmen darstellen, überwiegen die aktiven Positionen, so wird die Gefahr von einer Zinssenkung ausgehen. Auch von einer ausgeglichenen Bilanz werden Gefahren (wie auch Chancen) ausgehen, wenn Laufzeit und Währungen unterschiedlich sind. Zum Erkennen von Ungleichgewichten stehen folgende Instrumente zur Verfügung: Die **Zinsbindungsbilanz**, welche alle diese Positionen wie eine Bilanz zu einem bestimmten Stichtag aufstellt und die **Durationsanalyse**, bei der die Positionen in einer Stromgrößenbetrachtung hinsichtlich ihrer Bindungsdauer (insbesondere Restlaufzeit) und der daraus resultierenden Zinsreagibilität betrachtet. Mit einer **Zinselastizitätenanalyse** können bei beiden Verfahren Zins- und Währungsszenarios simuliert werden, um beispielsweise in einer Value at Risk Betrachtung einen maximal zulässigen Verlust zu ermitteln und dem Management eine Gegensteuerung zu empfehlen, bevor dieser Punkt erreicht ist. Hierzu können auch Verfahren der Prognose eingesetzt werden, die insbesondere auf längerfristigen volkswirtschaftlichen Überlegungen basieren und die dementsprechend mit Unsicherheit behaftet sind.

Die Steuerung bzw. das Management des Zinsrisikos im engeren Sinne muss sich wie beim Wechselkursrisiko in das Zielsystem des Unternehmens einordnen, d.h. es muss entschieden werden, ob grundsätzlich jedes Risiko vermieden werden soll, ob Risiken nur partiell (z.B. bei längeren Fristen oder bestimmten Währungen) abgesichert werden sollen oder ob das Unternehmen etwa durch aktives Zinsmanagement bestehende Chancen aus Zinsänderungen wahrnehmen möchte. Die klassische Vermeidungsstrategie stellt zunächst einmal ein Ausgleich von aktiven wie passiven Positionen hinsichtlich Volumen und Laufzeit dar. Dies wird zum großen Teil bei Banken angestrebt und durch das Kreditwesengesetz bzw. die Mindestanforderungen für das Kapital der Banken (MAK) in Verbindung mit „Basel-II" auch weitgehend gefordert. Bei Nichtbanken werden aber andere Zwecke im Vordergrund stehen, so dass ein Risikomeider darauf angewiesen ist, für aktive und passive Positionen Festzinsen abzuschließen. Hier ist das Management lediglich dem Risiko eines entgangenen Gewinns bei sich verbessernden Marktkonditionen ausgesetzt. Heute stehen mit den derivativen Instrumenten aber modernere Instrumente zur Verfügung, bei denen Zinsrisiken nicht nur partiell, sondern auch nach Wunsch innerhalb einer bestimmten Bandbreite abgesichert bzw. „gehedgt" werden können. Diese Instrumente gibt es sowohl im Binnenmarkt als auch auf den internationalen Finanzmärkten; sie haben aber durch ihre Ori-

---

[2] Wiedemann, Arndt; Hager, Peter, Zinsrisiko in Unternehmen: Die Entdeckung einer neuen Risikokategorie? In: Der Finanzbetrieb 11/04 S. 727

entierung an internationalen Zinssätzen (wie dem Libor, Euribor etc.) meist einen globalen Charakter, auch wenn es sich um reine Euro-Finanzierungen handelt. Diese Instrumente kann man dem Kassamarkt, dem Terminmarkt und dem Optionsmarkt zuordnen. Soweit es sich dabei um derivative Instrumente handelt, erwirbt man damit meist nur einen Anspruch bzw. eine Verpflichtung auf eine kompensatorische Zahlung bei Zinsänderungen und sie können isoliert vom jeweiligen Grundgeschäft gekauft und gehandelt werden. Im folgenden werden aber nur diejenigen Instrumente besprochen, die der Sicherung eines **Zinsrisikos im internationalen Kontext** dienen, d.h. der jeweils an die Bedürfnisse des global agierenden Unternehmens angepassten Absicherung eines Zins- oder eines damit verbundenen Währungsrisikos.

7.1 Instrumente der Absicherung von Zins und Währungsrisiken

7.1.1 Swaps

Die meisten Instrumente in diesem Bereich gehören zur Familie der „Swaps", auch wenn sie nicht immer so heißen, d.h. es werden Zahlungen oder Zahlungsverpflichtungen getauscht. Hier sind wir bei einem Namensvetter der Swaps aus dem Devisenterminbereich angelangt, der aber ein anderes Geschäft zur Grundlage hat, nämlich statt einem Tausch von Terminen bei Währungsfälligkeiten einen Tausch von Zinsen und ggf. auch der zugrunde liegenden Kapitalbeträge. Der Grundgedanke dabei ist der, „dass durch Swaps die relativen Vorteile, die den jeweiligen Geschäftspartnern in bestimmten Kredit- oder Kapitalmärkten bezüglich der Konditionengestaltung zustehen, im beiderseitigen Interesse (Arbitrage) durch Tausch nutzbar gemacht werden."[3] Zinsswaps kann es auch im Inland geben, wo vor allem feste gegen variable Zinssätze getauscht werden, aber ein sehr großer Anwendungsbereich tut sich naturgemäß bei der Ausnutzung unterschiedlicher Währungen und deren jeweiligen Zinssätzen auf. Neben dem Argument der Ausnutzung von relativen Vorteilen des Geschäftspartners zählt aber auch noch das Argument, dass es möglicherweise unterschiedliche Einschätzungen von Zinsentwicklungen zwischen den Geschäftpartnern gibt, die durch diesen Markt zum Ausgleich gebracht werden. Teilweise treten die Banken nur als Vermittler („Arranger") zwischen zwei Partnern auf, häufig ist es aber genau umgekehrt, d.h. die Bank schließt als Intermediär („Intermediary") separate Verträge mit mehreren Partnern ab, die keinerlei Rechtsbeziehung haben und die sich vielleicht

---

3   Rösler, P., Mackenthun Th., Pohl, R., (2002), S. 359

auch gar nicht kennen. Letzteres ist häufiger, da es seltener vorkommt, dass sich zwei Partner treffen, die gerade ein sich ergänzendes Interesse haben. [4]

7.1.2 Währungsswaps

Der Währungsswap basiert auf den „plain-vanilla"- Zinsswaps und stellt die Erweiterung auf die Ebene verschiedener Währungen dar. „In seiner einfachsten Form beinhaltet er den Austausch von Nominalbetrag und Zinszahlungen in einer anderen Währung."[5]

Abbildung 7-1: Ablauf eines Währungsswaps in drei Phasen

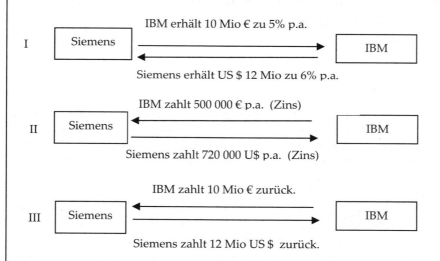

In Abbildung 7-1 ist der Ablauf eines „fixed for fixed"-Währungsswaps dargestellt. Angenommen, die Firma Siemens möchte einen US $ Kredit, an den vielleicht IBM als amerikanisches „Blue-Chip"-Unternehmen günstiger herankommt, während umgekehrt Siemens einen € Kredit weitergeben kann. Dabei haben vermutlich beide Firmen bei ihrer Hausbank jeweils einen €-Kredit (Siemens) bzw. einen US $ -Kredit (IBM) zu den erwähnten Konditionen aufgenommen, der Betrag könnte aber auch aus Liquiditätsüberschüssen oder Anleihen stammen. Siemens erhält in Phase I US $ 12 Mio. und überweist im Gegenzug an IBM € 10 Mio. Diese Beträge werden in Phase III wieder zurückgetauscht und damit ist der Wechselkurs von 1,20 $/€ gesichert. In der Zwi-

---

4   Vgl. Hull, John C.: Optionen, Futures und andere Derivate, München 2006, S. 196
5   Hull, J.C., (2006), S. 209

schenzeit (Phase II) erhält Siemens von IBM € 500 000 pro Jahr (5%) und IBM von Siemens US $ 750 000 (6% p.a.) und beide können damit ggf. ihre Kreditgeber bedienen. Damit sind die Zinsen und der Wechselkurs für den Kreditbetrag fixiert, bezüglich der Zinsen besteht noch ein Wechselkursrisiko. Neben dem obigen „fixed for fixed"- Währungsswap gibt es auch noch die Möglichkeit, variable Zinssätze zu tauschen (variabel/variabel) oder die weitere Alternative, dass eine Seite einen variablen und die andere Seite einen fixen Zinssatz bezahlt (fix-varabel).

Es gibt drei Gründe für Währungsswaps: (1) Unterschiedliche Zinserwartungen und das Bestreben, die Zinsen in der anderen Währung zu fixieren, (2) die Sicherung des Wechselkurses für den Rückzahlungsbetrag und (3) die so genannten „komparativen Vorteile", d.h. die häufig auftretende Tatsache, dass eine im Ausland ansässige Firma dort günstigere Konditionen erhält als die jeweils ausländische Firma. Beide Firmen leihen sich dann sozusagen gegenseitig ihr „Kredit- Standing". Oft kann man das Geschäft auch nur aus dem Grundgeschäft verstehen, das zum Beispiel auch darin bestehen kann, dass man einer Tochterfirma im Ausland einen US $ (oder SFr, Yen)-Kredit gewähren möchte, den man später selbst in Euro an die "Hausbank" zurückzahlen möchte.

Währungsswaps sind relativ langfristige Instrumente, die vorwiegend im Bereich über zwei Jahre (bis zehn Jahre) zu Hause sind. Es gibt sie auch als „asset-swaps" für Anleger.

7.1.3 Zins-Währungs Swaps

Der Zins- Währungsswap (Cross Currency Swap oder auch Cross Currency Interest Rate Swap) basiert ebenfalls auf dem Zinsswap, allerdings wird nicht das zugrunde liegende Kapital ausgetauscht, sondern nur die Zinszahlungen. Es werden feste gegen variable Zinsbedingungen oder umgekehrt getauscht, wobei die variablen Zinsbedingungen in der Regel an offiziellen Notierungen wie etwa LIBOR/EURIBOR (für die zugrunde liegende Währung) orientiert sind. Fallen die Zinstermine der beiden Verpflichtungen zusammen, so werden sie nur saldiert, d.h. der Differenzbetrag wird ausgeglichen. Ein „Cross Currency Swap" ist im Prinzip ein Zinsswap auf internationaler Ebene, d.h. der Tausch zweier verschiedener variabler Zinsverpflichtungen in zwei verschiedenen, etwa auf der Basis Libor gegen Euribor ohne Tausch der zugrunde liegenden Kapitalbeträge.

Feste Zinsswaps werden offiziell notiert und wie man sieht (Tabelle 7-1), unterscheiden sich die Kosten nicht sehr stark vom normalen (hier als Libor/Euribor) notierten Zins. Sie sind bis zu zehn Jahren erhältlich, werden dann allerdings doch schon wesentlich teurer, allerdings gibt es auch hier (beim £) Ausnahmen: Das Pfund ist auf zehnjähriger Basis billiger zu haben als für ein Jahr. Die in Tabelle 7-1 angegebenen Kurse sind wiederum in Geld und Brief notiert, die Marge behält die Bank für die

Vermittlung. Dazu kommen noch die Differenzen zwischen Swap und Libor, die sich der jeweils unterschiedlichen Marktlage anpassen, wie man auch an den unterschiedlichen Differenzwerten bei den verschiedenen Währungen sieht.

Tabelle 7-1: Swapsätze am 1.9.04 (in % p.a.)- Festzins

	Euro Swap	Euribor	US $-Swap	US-Libor	Yen	Yen-Libor	£-Swap	£-Libor
1 Jahr	2,31-2,33	2,27	2,24-2,27	2,26	0,11-0,13	0,0925	5,11-5,14	5,1587
10 Jahre	4,78-4,80		5,26-5,30		1,61-1,62		4,96-5,09	

Quelle: Financial Times 2.9.04

Ein solcher Tausch bietet sich auch hier beispielsweise dann an, wenn ein Unternehmen mangels Bonität auf dem jeweils anderen Markt nicht an einen Kredit mit landesüblichen Konditionen herankommt. Auch bei einer durch ein Grundgeschäft gedeckten Transaktion, etwa einem Exporteur, der am Ende der Laufzeit einen Währungsbetrag erhält, ist ein Tausch der zugrunde liegenden Beträge nicht notwendig. Aufgrund der Weiterverkäuflichkeit dieses Instruments ist es außerdem flexibler als ein bloßer Festzins und ein Unternehmen, das eine Zinsentwicklung unterschiedlich einschätzt, kann auch nach Gewährung eines Kredits durch Kauf eines Zins-Währungsswaps die Zinsbasis wechseln, aber auch die Währung wechseln, wenn es beispielsweise feststellt, dass es aufgrund von Zahlungseingängen in Yen besser mehr Zahlungsverpflichtungen in Yen aufnimmt.

Ein Zins-Währungsswap ist auch bei einer Geldanlage möglich ("Asset-Swap"). Eine Terminvariante des Zinsswaps bzw. Cross currency swap stellt der Forward Swap dar, bei dem prinzipiell ein Zinsswap für einen in der Zukunft liegenden Zeitpunkt vereinbart wird.

7.1.4 Forward-Rate Agreements

Hier beginnen die Instrumente des Terminmarktes: Ein Forward Rate Agreement (FRA) stellt eine Vereinbarung zwischen zwei Marktteilnehmern dar, einen Zinssatz für einen in der Zukunft liegenden Zeitraum zu fixieren, also ein Zinstermingeschäft. Auch ein FRA ist ein Swap, aber hier müssen sich im Gegensatz zu vielen anderen Instrumenten, wo sich von der Konzeption her zwei Kreditnehmer oder zwei Anleger zusammentun, zumindest theoretisch ein Kapitalanleger und ein Kreditnachfrager treffen. De facto handelt es sich auch hier um ein Derivat, die Bank wird ein solches Instrument auch ohne einen direkten Gegenpartner anbieten und sie wird sich bei Ungleichgewichten absichern, wenn sie dies als notwendig erachtet. Auch hier finden keine effektiven Kapitalbewegungen statt, es ist auch möglich, einen FRA ohne entsprechende Grundposition rein spekulativ zu erwerben. Der **Anleger** ist dabei der **Verkäufer**, der **Kreditnehmer** der **Käufer**.

Ein Forward Rate Agreement wird als ein Instrument des Terminmarktes erst mit einer **Vorlaufzeit** wirksam: 6 gegen 12 FRA: 5,5% - 5,6% bedeutet: Der Zeitraum der Zinsabsicherung beginnt nach 6 Monaten und endet nach 12 Monaten. 5,5 und 5,6% sind "Geld und Briefsatz". Der Kreditnachfrager (Käufer des FRA) muss dem Anleger (Verkäufer des FRA) einen Ausgleich bezahlen, wenn der Zinssatz unter 5,5% sinkt, der Verkäufer dem Käufer, wenn der Zinssatz über 5,6% steigt. Beide sichern sich also einen Zinssatz im Bereich zwischen 5,5-5,6%, verzichten auf einen möglichen Gewinn, sichern aber auch einen Verlust ab. Kapitalbeträge werden in diesem Fall lediglich als Berechnungsbasis der Zinskompensation zugrunde gelegt.

FRA´s eignen sich zum Ausgleich der Risiken, die auf eine offene Zinsposition auf Aktiv- oder Passivseite entstehen können. Dieses Instrument kann für den Binnenmarkt, aber mit einer Fixierung auf einen beliebigen internationalen Referenzzinssatz sehr gut zur Absicherung einer entsprechenden offenen Währungsposition etwa in Kombination mit einer Zinsarbitrage auf den internationalen Finanzmärkten benutzt werden.

Im Gegensatz zu den bisher genannten Instrumenten, die bis 10 Jahre Laufzeit zu haben sind, handelt es sich beim FRA um ein kurzfristiges Instrument, d.h. bis maximal 24 Monate einschließlich der Vorlaufzeit. Die langfristige Variante gibt es allerdings doch, sie hat allerdings einen anderen Namen und ein geringfügig anderes Aussehen: Caps, Floors und Collars (s.u.).

7.1.5   Caps, Floors und Collars

Diese Instrumente stellen die Weiterentwicklung der "Forward rate agreements" auf den längerfristigen Bereich dar. Während "FRA´s" ursprünglich nur zwischen Banken üblich waren, wurden diese Instrumente wohl von vorneherein für das "breitere Publikum" konzipiert. Beim Abschluss eines Caps oder Floors vereinbaren die Marktteilnehmer den Betrag, die Laufzeit, den Referenzzinssatz, die Zinsobergrenze (beim Cap), oder die Zinsuntergrenze (beim Floor)

Die Quotierung eines Caps könnte beispielsweise lauten:

Cap:	5,00%	6,50%
2 Jahre	68/74	32/38

Zu lesen: Der Käufer eines Caps kann sich für eine Prämie von 0,74% gegen eine Zinssteigerung von über 5% p. a. absichern. Er kann sich auch großzügiger absichern: Bei Überschreiten von 6,5% p. a. muss er nur 0,38% zahlen. Ein **Cap** wird von einem **Kreditnehmer** nachgefragt werden, der ein Steigen seiner Zinsbelastung verhindern will.

Analog lautet die Quotierung eines Floors:

Floor	5,00%	6,50%
2 Jahre	40/46	62/68

Der Käufer eines Floors mit einer Laufzeit von 2 Jahren und einer Zinsuntergrenze von 6,5 % p. a. müsste also 0,68% zahlen, wenn er seinen "Boden" auf 5 % herabsenkt, reduziert sich die Prämie auf 0,46%. Ein **Floor** wird von einem **Anleger** nachgefragt werden, der ein Fallen seiner Zinserträge unter ein bestimmtes Niveau verhindern will. Die Werte auf der linken Seite der Quotierungen (40 bei 5% und 62 bei 6,5%) sind Geldkurse für den Wiederverkauf eines Caps oder Floors.

Abbildung 7-2: Wirkung eines Caps/Floors

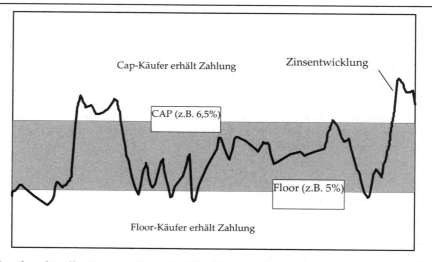

Steigt der aktuelle Zinssatz über den "Cap" oder fällt er unter den "Floor", bekommt der Käufer eine Ausgleichszahlung in Höhe des Differenzzinsbetrages. Caps und Floors können ohne das Grundgeschäft gekauft oder verkauft werden, aber der entsprechende Betrag muss genannt werden. Auch hier läuft der Handel über eine Bank.

Der Nachfrager kann ähnlich wie bei der (Devisen)-Zylinderoption ein "Hedging-Geschäft" durch **gleichzeitigen Kauf eines Caps und Weiterverkauf eines Floors** tätigen ("Collar"). Damit kann er die Prämie reduzieren, begibt sich aber - beispielsweise beim Kredit- der Chancen einer Zinssenkung: Steigt der Zins, bekommt er aus dem Cap eine Ausgleichszahlung, fällt der Zins unter den Floor, muss er zwar eine Ausgleichszahlung (an den Käufer des Floors) leisten, die er aber aus seinem verbilligten Kredit aber wieder gewinnt.

Beispiel 7-1: Risikoabsicherung durch einen Collar

Ein Kreditnehmer kauft bei 5,75%-igem Zinsniveau einen Cap zu 6,5% für 0,5% Prämie. Gleichzeitig verkauft er einen Floor zu 5% für 0,45%. Er hat damit die Kosten seiner Absicherung auf 0,05% reduziert. Gelingt es ihm aufgrund der Marktverhältnisse, den Floor zum selben Preis zu verkaufen (0,5%), so spricht man von einem "Zero-Cost-Collar." Diese Hedging -Methode ergibt aber -wie die Zylinderoption- nur Sinn, wenn eine Grundposition vorhanden ist, also ein Kredit oder eine Geldanlage.

Steigen die Zinsen auf über 6,5%, so bekommt er eine Ausgleichszahlung. Fallen sie auf beispielsweise 4%, so muss er an den Käufer seines Floors 1% p. a. Zahlung leisten, erhält aber auch seinen Kredit - etwa - um 1% billiger: Er hat sich damit insgesamt fast zum "Nulltarif" gegen sein Zinsrisiko versichert. Collars werden gelegentlich auch als „Zylinder" bezeichnet, da sie im Zinsbereich ähnlich wirken wie Zylinderoptionen im Währungsbereich.

Caps und Floors eignen sich, da sie ohnehin meist an internationalen Zinsen (LIBOR etc.) orientiert sind, auch in besonderem Maße zur **Absicherung eines ausländischen Zinsrisikos.** Wenn also ein Kredit besonders billig in US $ aufgenommen werden kann, lässt sich damit das Zinsänderungsrisiko neutralisieren. Im Prinzip kann natürlich auch ein Festzins vereinbart werden, aber mit Caps und Floors kann man unterschiedliche Bandbreiten absichern und man kann sie auch vorzeitig weiterverkaufen, wenn man der Meinung ist, sie hätten ihren Zweck erfüllt.

Das **Wechselkursrisiko** ist allerdings durch einen Cap oder Floor weder auf Zins noch auf Tilgung ausgeschaltet.

Es gibt sie auch in der Produktvariante "Forward-Cap" und "Forward-Floor", d.h. als Terminvereinbarungen, die erst ab einem bestimmten Zeitpunkt wirksam werden.

7.1.6 Zinsoptionen oder Swaptions

Eine Zinsoption (Swaption oder "Swap-Option") ist eine Mischung aus (Zins-)swap und Option, d.h. der Kauf eines Rechts (ohne Pflicht), in einen vorher festgelegten Zinsswap (s.o.) innerhalb eines ebenfalls definierten Zeitraums einzutreten. Die Option kann nach "europäischer Art" nur am Ende der Laufzeit, nach "amerikanischer Art" jederzeit ausgeübt werden. Es gibt auch "extendable swaptions", die -ebenfalls optional- am Ende ihrer Laufzeit verlängert werden können.

Die normale Version entspricht der Call-Option ("Payer-Swaption"), also die Option, darauf, innerhalb eines bestimmten Zeitraums bzw. am Ende der Laufzeit den festgelegten Tausch zu vollziehen, also von variabel auf fest, von fest auf variabel oder von Libor auf Euribor oder was immer eben vereinbart wurde. Daneben gibt es eine "Put-

Version" ("Receiver-Swaption"), die das Recht beinhaltet, bei einem bereits vollzogenen Swap diesen Tausch wieder rückgängig zu machen.

Zinsoptionen sind "Forward-Geschäfte", müssen also mit "Forward-Zinsswaps" verglichen werden, die ja den Termingeschäften ähnlich eine bindende Vereinbarung darstellen. Da sie teurer sind, muss auch eine erhebliche Unsicherheit bestehen, die dieses Instrument rechtfertigt. Die Wirkung ist ähnlich wie der eines Caps.

7.1.7 Zins-Futures

Vom Prinzip her funktionieren Zins-Futures ähnlich wie Devisen-Futures. Sie eignen sich zur gegenläufigen Absicherung einer Risikoposition, allerdings nicht für Wechselkurs-, sondern für **Zinsschwankungen**. Sie sind keine Optionen, sondern beiderseitig bindende Termingeschäfte. Zins-Futures gehören zu den börsengehandelten Derivaten, für die es auch in Deutschland an der Deutschen Terminbörse (Eurex) einen regen Markt gibt: Die Instrumente sind stark standardisiert und es gibt meist monatliche Erfüllungszeitpunkte (settlement dates). Kontraktgröße ist bei der Eurex eine Million Euro, es gibt andere Börsen mit kleineren handelbaren Kontrakten.[6] Wie bei den Devisenfutures müssen auch hier gewisse Sicherheitsleistungen erbracht werden, von einer "initial margin" zu Beginn bis zu "variation margins" bei entsprechender Kursänderung während der Laufzeit.

Tabelle 7-2. Notierung von Geldmarkt-Futures am 1.9.2004

	Settlement price Euribor (EUREX)	Settlement price Euro-$ (CME)	Settlement price Euro-Yen (Simex)	Settlement price Euro-£ (Liffe)
Sep	97,88	98,15	99,95	95,05

Quelle: Financial Times Deutschland vom 2.9.04

Das Instrument wird in Prozentwerten von 100 als diskontierter Wert notiert (Tabelle 7-2). Bei Zins Futures steigt wie bei Rentenpapieren der Kurswert, wenn das Zinsniveau sinkt und umgekehrt. Wird ein Zinsfuture zu "95" gekauft und sinkt der Zins, so steigt der Kurs beispielsweise auf "97". Damit kann ein Geldanleger, der einen sinkenden Zins befürchtet, seine Rendite sichern: durch die zwei Punkte Gewinn kann der Verlust kompensiert werden, der aus der schlechteren Anlagemöglichkeit am Ende der Laufzeit aufgrund der gesunkenen Zinsen resultiert. Wenn der Zins dagegen steigt, verliert er aus der Futures-Position, gewinnt aber aus dem Anlagegeschäft.

Das Risiko steigender Zinsen (**passives Zinsrisiko)** kann durch Verkauf von Futures-Kontrakten abgesichert werden (Aufbau einer zukünftigen Verkaufsposition: "short

---

[6] http://www.eurexchange.com

hedge"). Man verkauft Futures zum heutigen Kurs und kauft sie zum aktuellen Kurs am Fälligkeitstag. Ein Future-Wert von 95,05 für das £ würde einem Zins von rund 5,2% p.a. entsprechen. Steigt der Zins auf 6%, so müsste sich normalerweise der zukünftige Wert dieses Futures auf 94,3 (auf Jahresbasis gerechnet) reduzieren, was beim Verkauf des Futures in einem Jahr einen entsprechenden Gewinn einbringen würde, weil der Verkäufer diesen Future zu 95,05 verkaufen und auf dem Markt zu 94,3 kaufen kann. Abbildung 7-3 zeigt den idealtypischen Verlauf einer Zinssenkung und eines steigenden Kurswertes.

Abbildung 7-3:   *Idealtypischer Verlauf einer Kompensation von Kurs und Zins*

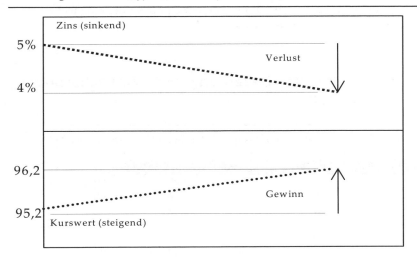

Ein Zins von 5% bei einjähriger Fälligkeit entspräche einem Kurswert von (1:1,05)*100 = 95,2%, d.h. wenn man einen Betrag von 95,2 (genau: 0,952381) für ein Jahr zu 5% anlegt, so ergeben sich am Ende genau 100. Bei 4% wäre der Kurswert zu Beginn der Periode entsprechend 96,2. Wenn also die Zinsen von 5% auf 4% sinken würden, so würde der Kurs eines 5%igen Papiers steigen, und zwar idealerweise auf 96,2. Würde sich das Future -Papier genau so verhalten, wäre dies ein "perfect hedge". Meist gibt es bei Zins- und Kursentwicklung aber nur eine Näherungslösung, da bei den Zins-Futures kein wirkliches Papier, sondern ein synthetisches Konstrukt zugrunde liegt.

Für die Absicherung eines Zinsrisikos in Fremdwährung gibt es, allerdings auch nur im relativ kurzfristigen Bereich, eine ganze Reihe von Möglichkeiten durch die verschiedensten Papiere auf verschiedenen Börsen. Es stehen also durchaus mit den Zins-Futures Instrumente zur Verfügung, die durch Hedging eine Wirkung wie bei Caps, Floors oder Zinsswaps erreichen, allerdings in der Regel kurzfristiger. Zins-Futures scheinen auch insgesamt mehr im Kapitalanlagebereich und als Spekulationsinstrument eingesetzt zu werden, als dies bei den Swaps, Caps und Floors der Fall ist.

7

Normalerweise werden keine effektiven Stücke geliefert, sondern es wird die entsprechende Ausgleichszahlung erbracht. Da allerdings im Prinzip der Future ein Anrecht auf den Kauf oder Verkauf der Wertpapiere beinhaltet, muss ein Erwerber auch damit rechnen, zur Beschaffung oder Abnahme der effektiven Stücke verpflichtet zu werden. Da es sich aber in Wirklichkeit um einen synthetischen Wert handelt, wird von der jeweiligen Börse ein Korb lieferbarer Anleihen definiert. Ein Kontrahent, der die Stücke liefen muss, kann und wird sich daraus die für ihn am günstigsten aussuchen: Sie heißen "cheapest to deliver bond" (CTD).

Auch hier gibt es auch hier noch Weiterentwicklungen wie Optionen auf Zins-Futures. Diese bieten wie Optionen die Möglichkeit, dass sie nicht ausgeübt werden müssen. Damit besteht im Gegensatz zu den Futures bei den Optionen die Möglichkeit einer Gewinnmitnahme bei günstiger Zinsentwicklung.

7.1.8 Die weltweite Bedeutung von Zinssicherungsinstrumenten

Tabelle 7-3: Täglicher OTC-Umsatz an ausgewählten Zinsderivaten (in Mrd US $)[7]

	1995	1998	2001	2004
FRAs	66	74	129	233
US dollar	18	23	39	59
Euro	.	.	48	116
Deutsche Mark....	9	9 .	.	
Japanese yen	10	3	9	0
Pound sterling..... ...		8	12	25
Other.Currencies	30	31	21	33
Currency Swaps	63	155	331	621
US dollar	17	36	100	195
Euro	.	.	173	288
Deutsche mark....	7	47 .	.	
Japanese yen	17	14	16	35
Pound sterling..... ...		8	23	59
Other.Currencies	22	50	19	43
Options (Total)	21	36	29	171
TOTAL	150	265	489	1025

Es liegen nicht zu allen Instrumenten statistische Daten vor. Dort, wo sie vorliegen (Währungsswaps, FRA's und Zinsoptionen), sind sie beeindruckend: Es handelt sich

---

[7]   Quelle: BIZ, Triennial Central Bank Survey of Foreign Exchange and Derivatives Market Activity in April 2004, S. 18

hier keineswegs um exotische Instrumente. Wie Tabelle 7-3 zeigt, umfasst der weltweite Markt ein (tägliches) Finanzvolumen von etwas über einer Billion US $ im Jahre 2004 mit beträchtlichen Wachstumsraten, d.h. seit 1995 etwa alle drei Jahre eine Verdoppelung des Handelsvolumens. Im Vergleich zu den US $ 1,9 Billionen an Devisenhandelsvolumen stellt dies eine beachtliche Zahl dar. Interessant ist auch, dass hier der Euro als Handelswährung deutlich vor dem US $ bereits die Stelle der weltweiten Nummer „eins" einnimmt.

7.2 Risikomanagement mit Zinssicherungsinstrumenten

Die Vorhersage von Zinsentwicklungen ist ebenso unsicher wie die Vorhersage von Wechselkursrisiken und das Unternehmen, das nicht spekulieren will, tut gut daran, sich bei seiner Absicherungsstrategie zumindest langfristig nicht allzu sehr auf Prognosen zu verlassen. Bei Produktions- oder Dienstleistungsunternehmen besteht im Gegensatz zu Banken ein passives Zinsrisiko, d.h. das Unternehmen wird von steigenden Zinsen in der Regel negativ, von fallenden Zinsen positiv betroffen. In früheren Zeiten hat man durch Vereinbarung von Festzinsen dieses Risiko eingegrenzt, was aber bei sinkenden Zinsen zu einem entgangenen Gewinn führt. Heute hat sich vor allem zweierlei geändert: Zum einen bietet die mit der Globalisierung einhergegangene Liberalisierung der Kapitalmärkte reichlich Möglichkeiten eines **„global shopping"** bei Zinskonditionen und Währungen. Zum anderen bieten die zahlreichen derivativen Instrumente die vollkommene **Trennung von Kapital und Zins**, d.h. eine feste Zinsbindung kann jederzeit nachträglich mit Hilfe etwa eines Zinsswaps in eine variable Bindung umgewandelt und später wieder vielleicht zurückgetauscht werden. Außerdem bestehen auch Absicherungsmöglichkeiten mit einer Bandbreite. Insgesamt hat sich also die Flexibilität der Instrumente wesentlich erhöht.

Da mit den meisten Instrumenten zunächst Kosten verbunden sind, steht die Frage der Kosten-/Nutzenrelation im Vordergrund, die im Lichte der allgemeinen Risikostrategie des Unternehmens beurteilt werden muss. Eine totale Absicherung aller Risiken wird nicht nur höhere Kosten als eine partielle Absicherung verursachen, sondern auch die Chancen von Gewinnmitnahmen ausschließen. Nach einer Analyse der tatsächlichen "risk exposure" müssen bei der Auswahl des Instrumentariums auch folgende Gesichtspunkte Berücksichtigung finden.

1. Kosten und Nebenkosten
2. Laufzeiten- und Volumenkongruenz mit dem abzusichernden Risiko.
3. Handelbarkeit (Fungibilität oder „marketability") eines Instruments.
4. Haftung bei Ausfallrisiko durch Anbieter oder Clearingstelle.

5.   Liquiditäts- und Bilanzwirksamkeit.

6.   Erhöhung oder Verminderung anderer Risiken (z. B. Wechselkursrisiko).

7.   Flexibilität und Reversibilität eines Instruments (zum Beispiel sind Zins-
       optionen flexibler als Futures, aber auch teurer).

Bei der Zinssicherung wird man nicht nur vom Einzelgeschäft ausgehen, sondern wie beim Währungsmanagement alle Positionen des Unternehmens im Blick behalten: Eine Zinsbindungsbilanz für feste Zinsbindungen oder eine Zinselastizitätenbilanz für variable Zinsbindungen stellen wertvolle Hilfsmittel zum Erkennen von Ungleichgewichten dar. Zinsrisiken können aber im internationalen Bereich kaum von Währungsrisiken getrennt werden, deshalb muss bei der Wahl eines Instruments auch immer das Wechselkursrisiko im Blick behalten werden. Allerdings ist neben dem Risiko steigender Zinsen auch deren Volatilität zu berücksichtigen: Ein Unternehmen, welches sich immer nur sehr kurzfristig absichert, um damit ein möglichst niedriges Zinsniveau zu realisieren, erhöht damit die Volatilität seines Bestandes an Verbindlichkeiten und schneidet möglicherweise beim „Rating" schlechter ab, womit es vielleicht wieder seine Konditionen bei Banken verschlechtert.[8]

---

[8]   Vgl. Wiedemann A., Hager P. (2004), S. 728

7.3   Fragen zu Kapitel 7

1. Erklären Sie den Unterschied zwischen aktivem und passivem Zinsrisiko. Von welchem der beiden Risiken sind internationale aktive Produktions- oder Dienstleistungsunternehmen mehr betroffen? (S. 311)

2. Wie unterscheidet sich die Rolle eines „arrangers" von der eines „intermediary"? (S.313)

3. Erläutern Sie den Ablauf eines Währungsswaps (S. 314, siehe Abbildung 7-1)

4. Nennen Sie drei Gründe für den Abschluss eines Währungsswaps (S. 316)

5. Wann ist ein Zins-Währungsswap sinnvoll? (S. 316)

6. Erläutern Sie, was die folgende Notierung eines „Floors" konkret bedeutet (S. 318).

Floor	5,00%	6,50%
2 Jahre	40/46	62/68

7. Sehen Sie sich unter http://www.eurexchange.com die aktuellen Kurse von Zins-Futures und ähnlichen Instrumenten an.

8. Ein Kreditnehmer verkauft einen Zinsfuture auf Termin in einem Jahr zum heutigen Preis von 95,05. Welchem Zinssatz p.a. entspricht dies und auf welchen Wert müsste der Wert des Futures steigen oder sinken, wenn der Zins in einem Jahr bei 6% liegt. (S. 321).

9. Was bedeutet beim Zinsfuture ein „perfect-hedge"? (S. 321)

10. Kann eine hohe Volatilität der Zinsen bei einem Unternehmen u.U. das Kredit-Standing gefährden? (S.322)

8 Strategien zu Transaktions- und Operationsrisiken

8.1 Strategieoptionen

Schon vor annähernd 20 Jahren wurde festgestellt, dass der Strategiebegriff in den Wirtschaftswissenschaften zum Modebegriff degeneriert und daher unscharf geworden ist[1]. Präzisere Vorstellungen gibt es dagegen in der Spiel- und Entscheidungstheorie, wo „Strategien einen Satz von Regeln darstellen, deren Beachtung die Wahrscheinlichkeit des Eintretens eines gewünschten Ereignisses erhöhen soll."[2] Auch wenn heute oft jedes Nachdenken über das weitere Vorgehen bereits als „Strategie" bezeichnet wird und es gang und gäbe geworden ist, von Anlage-, Finanz-, Hedging- Strategien usw. zu sprechen: Solche Detailstrategien (früher eher als taktische Maßnahmen oder Durchführungsregeln bezeichnet) sind keine eigenständigen Strategien im ursprünglichen Sinne[3], sie müssen sich in die jeweils vorherrschende Unternehmensstrategie einordnen. Ist diese defensiv auf hohe Sicherheit eingerichtet, so wird auch die **„internationale Finanzierungsstrategie"** anders aussehen, als wenn das Unternehmen aggressiv auf schnelle und risikoreiche Expansion ausgerichtet ist. Gibt es allgemeingültige Regeln, welches Ergebnis **erwünscht** ist?

8.1.1 Liquidität, Rentabilität und Sicherheit

In der Praxis des Unternehmensmanagements gibt es zwei wichtige Zielgrößen, nämlich **„Unternehmenserhalt"** und **„Rentabilität"**[4]. Die Erhaltung der **Liquidität** oder Zahlungsfähigkeit ist dabei die wichtigste Nebenbedingung für den Erhalt des Unternehmens, denn Zahlungsunfähigkeit stellt einen zwingenden Grund für den Gang zum Konkursgericht dar.

---

1 Vgl. Kreikebaum, Hartmut, Strategische Unternehmensplanung, Stuttgart 1987, S. 24
2 Vgl. Hahn, Dietger, in: Gabler Wirtschaftslexikon, Wiesbaden 1999, S. 3639
3 Auf die verschiedenen Ansätze, die weit in die betriebswirtschaftliche Grundsatzdiskussion hineinführen, soll hier nicht eingegangen werden. Vgl. hierzu insbesondere Kirsch, Werner, Die Betriebswirtschaftslehre als Führungslehre, München 1977, S. 56 ff.
4 Vgl u.a. Wöhe, Günter, Einführung in die Allgemeine Betriebswirtschaftslehre, München 1986, S. 110 ff; Dressler, Gary, Management Fundamentals, Englewood Cliffs 1984, p.42.

Neben der zentralen Nebenbedingung Liquidität ist aber das **Gewinn-** bzw. **Rendite-ziel** die eigentliche Triebfeder unternehmerischen Handelns. Dies bedeutet, dass das Unternehmen dauerhaft eine angemessene Verzinsung für das eingesetzte Kapital erreichen muss. Angemessen heißt risikoadäquat, also auf jeden Fall höher als der Zinssatz für eine sichere Geldanlage etwa bei staatlichen Rentenpapieren. Da Sicherheit ihren Preis hat und in der Regel die Rendite mindert, stellt die richtige **Balance zwischen Liquidität und Rendite** die zentrale Herausforderung für das internationale Finanzmanagement dar.

Als Rahmenvorgabe für ein Regelwerk kann das generell gültige ökonomische Prinzip etwas abgewandelt werden, wonach entweder ein maximales Absicherungsniveau bei vorgegebener Rendite oder eine vorgegebene Mindestsicherheit bei maximal möglicher Rendite erreicht wird. Aggressivere Unternehmensstrategien werden durch das Maß gekennzeichnet, in dem der Wert auf die maximal mögliche Rendite gelegt wird, sicherheitsbezogene Strategien legen mehr Wert auf ein maximales Absicherungsniveau.

8.1.2 Transaktions- und Operationsrisiko

Das **Transaktionsrisiko** (vgl. Kapitel 2) ist das klassische Risiko, das bestehende Forderungen und Verbindlichkeiten in Auslandswährung bei einer Wechselkursänderung (und deren Folgewirkungen) betrifft, während das **Operationsrisiko**[5] das Risiko darstellt, dass in der Zukunft durch Wechselkursänderungen Verwerfungen entstehen, ohne dass bereits jetzt konkrete Positionen bestehen. Auch hier können noch andere Ursachen als nur Währungsschwankungen verantwortlich sein: Meistens sind politische oder wirtschaftliche Probleme die Ursachen dafür und auch hier können in der Konsequenz andere Risiken (z.B. Geschäftsrisiken) auftreten. Das Operationsrisiko ist langfristiger, weniger konkret quantifizierbar und auch kaum absicherbar. Es betrifft langfristig den Shareholder-Value, d.h. den Nettowert des künftigen Cashflows eines Unternehmens. Das Transaktionsrisiko betrifft die täglichen Zahlungsein- und -ausgänge, die bereits vertraglich vereinbart sind. Die in den vergangenen Kapiteln besprochenen konkreten **Absicherungsinstrumente** betreffen fast nur das Transaktionsrisiko. Während Absicherungsmaßnahmen bei operativen Risiken kaum sinnvoll sind, weil man weder Beträge noch den genauen Zeitpunkt kennt, ist **Information** über Währungsschwankungen im längerfristigen Operationsbereich sinnvoller anzuwenden, ja sogar oft die einzige Möglichkeit, sich auf Probleme zumindest einzustellen.

Die folgenden Ausführungen betreffen zunächst in erster Linie das Transaktionsrisiko, obwohl da nicht immer eine klare Trennung gezogen werden kann, denn einige der genannten Techniken können auch das Operationsrisiko betreffen. Deshalb wird im

---

5 Häufig auch „economic exposure" oder „economic risk" genannt

zweiten Teil dieses Kapitels noch ein Fall die Problematik des schwieriger zu greifenden Operationsrisikos beleuchten.

8.1.3 Beispiel: Risikoprofile beim Transaktionsrisiko

Um die folgenden Überlegungen praktisch greifbar zu machen, sei der Fall des bereits in früheren Kapiteln erwähnten mittelgroßen europäischen „Muster-Unternehmens" Dupont & Schmid (D&S) noch einmal aufgegriffen und hinsichtlich der Zusammensetzung der Vertragswährungen etwas genauer unter die Lupe genommen:

Beispiel 8-1: Klassische Effekte des Transaktionsrisikos

Dupont & Schmid (D&S) hat die Vorjahresdaten analysiert und daraus auf der Basis des Geschäftsklimas, der bereits vorliegenden Aufträge bzw. Anfragen die folgenden Vorschaudaten für die nächsten beiden Geschäftsjahre ermittelt (Zahlen jeweils p.a.):

- *Umsatz € 500 Mio. p.a,*
- *Bilanzsumme € 200 Mio.,*
- *Gewinn vor Steuern € 30 Mio*
- *Eigenkapital (bestehend): € 75 Mio.)*
- *Exportanteil von 50%, also € 250 Mio., davon die Hälfte (€ 125) Mio. mit Zahlungszielen über sechs Monaten*
- *60% des Exports (€ 150 Mio.) gehen in den Raum außerhalb des Euro (vorwiegend US $)*
- *Zulieferungen im Wert von € 80 Mio. kommen aus dem Nicht Euro-Raum (Korea und Japan:(Yen))*

Unter Währungsgesichtspunkten interessieren zunächst einmal die €150 Mio., die in den Nicht-Euro Raum gehen, daneben natürlich auch noch die € 80 Mio. an Nicht-Euro Zulieferungen. Unter den etwas ungünstigen Voraussetzungen des Exports in den US $-Raum und des Imports aus dem Yen-Raum gibt es nur geringe Möglichkeiten einer Kompensation (Netting) zwischen den Währungen.

*Diese Zahlen sollen nun vor dem Hintergrund eines Wechselkursszenarios angenommen werden, wie es sich in der zweiten Jahreshälfte 2004 bis Mitte 2005 ereignet hat, wie es sich aber jederzeit wiederholen kann: Ab Mai/Juni 2004 stieg der € gegenüber dem US $ **von 1,21 im Juni auf über 1,34 zu Ende des Jahres und fiel dann bis Mitte 2005 wieder auf 1,20.** (Abbildung 8-1). Nehmen wir einmal – in einer Art „Worst Case"-Analyse - an, die Exportpositionen des Jahres 2004 wären alle im Mai/Juni 2004 abgeschlossen und im Dezember fällig gewesen, diejenigen des Jahres 2005 alle zum Kurs vom 31.12.04 abgeschlossen und im Juni 2005 fällig geworden. Alle Positionen wären nicht* *abgesichert gewesen. Dies mag eine extrem ungünstige Annahme sein, die einmal getroffen werden soll, um einen Extremfall zu analysieren, wobei in der Praxis wegen unterschiedlicher Abschlusstermine die Auswirkungen im Normalfall einer Verteilung der Ex- und Importe über das Jahr etwas milder gewesen wären. In der Praxis hätte man sicherlich auch nicht alle Geschäfte in Fremdwährung abgeschlossen, aber man sollte sich daran erinnern, dass ein vermiedenes Wechselkursrisiko bei einem dermaßen starken US $ - Verfall auch für einen Partner im Dollarraum bei €- Verträgen eine erhebliche Belastung darstellt, die zum Totalausfall von Forderungen führen kann.*

Im diesem Fall hätten sich in den beiden Halbjahren folgende Werte ergeben:

	Mio. Fremdwährg.	Rechng. in Mio €
2004: *Exportvolumen in den US $ -Raum* **€ Mio** .		150,00
Kalkuliert Juni in **US $** *Mio. (zum Kurs von 1,21 €/ US $)*	181,50	
Wert in € im Dez (zum Kurs von 1,34$/€)		135,45
Differenz (Verlust) in € Mio.		**-14,55**
Importe/ *Yen: kalkuliert Juni (133) 80 Mio € =in* **Yen Mio.**	10.640	80,00
gezahlt im Dez. (zum Kurs von 139 Yen/€) in **Mio €**		76,55
Gewinn aus Importen		**3,45**
Verlust 2004:		**-11,10**
2005: *Exportvolumen in den US $ -Raum € Mio.*		150,00
=Kalkuliert am 31.12.04 bei 1,34 $/€ (in US $ Mio.)	201,00	
gezahlt im Juni (Kurs 1,20 $/€)		167,50
Gewinn € Mio		**17,50**
Importe/ *Yen: kalkuliert Juni (139) 80 Mio € =in Mio. Yen*	11.120	80,00
gezahlt im Juni (Kurs 133 Yen/€) in Mio. €		83,61
Verlust aus Import		**-3,61**
Gewinn 2005		**13,89**
Gesamtgewinn 2004-2005:		**2,79**

*Im zweiten Halbjahr 2004 hätte sich ein Verlust aus den Exporten von € 14,55 Mio ergeben, der durch den Gewinn aus den Yen-Importen um € 3,45 Mio reduziert worden wäre, aber immerhin ein Gesamtverlust von € 11,1 Mio – also ein Drittel des projizierten Gewinns. Im ersten Halbjahr 2005 hätte der wieder steigende Dollar einen Gewinn in Höhe von € 17,5 Mio ermöglicht, der aber durch den ebenfalls wieder sinkenden Yen um € 3,6 Mio. auf € 13,89 Mio. vermindert worden wäre. (Übrigens ist im weiteren Jahresverlauf der € noch etwas weiter gefallen, so dass sich diese Situation auch auf das ganze Jahr bezogen nicht anders dargestellt hätte.) Der geplante Bilanzgewinn vor Steuern für 2004 (€ 30 Mio.) hätte also – ceteris paribus - für Dupont und Schmid € 18,9 (€ 30 Mio. - € 11,1 Mio.). Mio betragen und wäre 2005 auf € 43,89 Mio (€ 30 Mio. + € 13,89 Mio.) geradezu „hochgeschossen" und der Unterschied wäre **allein durch die Wechselkursentwicklung zustande gekommen**. Vielleicht hätte sich das Management von Dupont* *und Schmid im Jahre 2005 sogar feiern lassen für den exorbitanten Gewinnanstieg, an dem es keinen Verdienst hatte, außer dem, sich nicht abzusichern.*

Abbildung 8-1: Entwicklung US $ und Yen gegen € 2004-2005

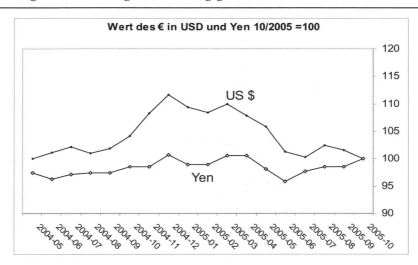

Aus dem Beispiel sieht man, wie stark die Kräfte sein können, die alleine aus Währungsungleichgewichten entstehen. Es ist auch typisch für das Transaktionsrisiko, dass man wenige Möglichkeiten des Gegensteuerns hat, außer sich abzusichern. Aber auch das muss erwähnt werden: Hätte sich das Management von Dupont & Schmid im ersten Halbjahr 2005 abgesichert, hätte man auf einen exorbitanten Gewinn verzichten müssen (!) und es hat durchaus schon Fälle gegeben, in denen das Management deshalb zurücktreten musste.[6] Eine Devisenterminabsicherung in 2004 und 2005 hätte immer noch einen entgangenen Gewinn von insgesamt € 2,8 Mio. Euro verursacht, wenn auch andererseits die Jahresgewinne in beiden Jahren „solide" bei € 30 Mio gelegen hätten.

Es gibt durchaus immer wieder Überlegungen, zumindest bei soliden Währungen überhaupt auf eine Absicherung zu verzichten[7], weil sich längerfristig Gewinne und Verluste beim Wechselkursrisiko die Waage halten. Dies liegt an der anderen Charakteristik des Risikos bei Wechselkursschwankungen: Während eine Auslandsforderung versichert wird, weil sie möglicherweise nicht eingeht, es aber kaum denkbar ist, dass ein solcher Betrag höher als vereinbart eingeht, kann eine Währungsforderung in € gerechnet auch mehr erbringen, können US $-Aufschläge ein Exportgeschäft günstiger machen als zum Tageskurs oder es können aus Optionen Gewinne entstehen.

---

6   Vgl. Beispiel 8-3: Eine schwierige Order auf S. 354
7   Vgl. Buckley,, Adrian, Multinational Finance (2000) pp. 179

Durch Wechselkursschwankungen können auch Gewinne entstehen, wenn Positionen gar nicht abgesichert werden. Durch eine volle Absicherung können nur vermiedene Verluste, keine Gewinne entstehen. Wo ist also der Unterschied bzw. wo liegt dann der Grund, warum sich ein Unternehmen überhaupt absichern soll? Abbildung 8-2 gibt diesen Zusammenhang wieder, der kurz gesprochen darin besteht, dass die offene Position (unabgesicherte Position) eine größere Schwankungsbreite aufweist als die gesicherte Position.

Abbildung 8-2:Abgesicherte und nicht abgesicherte Währungspositionen[8]

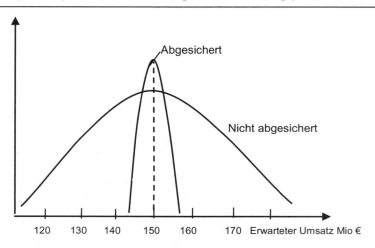

Der gesamte Vertragwert aller im fraglichen Zeitraum abgeschlossenen Nicht-€- Verträge von z.B. € 150 Mio. (zum jeweiligen Kalkulationswechselkurs) wäre als mittlerer Wert bei Dupont & Schmids Exportforderungen zu erwarten. Vermutlich wird der Erwartungswert der „abgesicherten Position" etwas links oder rechts von der ungesicherten Position liegen, aber mit unterschiedlich starken Schwankungen. Dass es noch eine gewisse Unsicherheitsverteilung gibt, liegt an der Art der abgeschlossenen Geschäfte (z.B. Optionen) und auch am Ausfallrisiko. Entscheidender Unterschied zur Nichtabsicherung ist aber, dass der Wert der **nicht abgesicherten Alternative starken Schwankungen** unterliegt. Natürlich können sich auch steigende und sinkende Währungspositionen ausgleichen, das muss aber nicht sein. Ferner besteht bei Nichtabsicherung immer die Gefahr eines kritischen Wertes oder gar eines die Existenz des Unternehmens bedrohenden Wertes, der vielleicht bei einem Wert von € 120 Mio. und einem Verlust aus Währungsschwankungen von € 30 Mio. erreicht ist, weil da der Gewinn von D&S auf Null gebracht worden wäre.

---

8   Angenähert an Eiteman, Stonehill, Moffet, a.a.O., p. 189

Der Unterschied zwischen gesicherter und ungesicherter Position beim Wechselkursrisiko ist also nicht wie bei anderen Risiken ein **kostenmäßiger,** sondern er besteht in einer **unterschiedlichen Wahrscheinlichkeitsverteilung** der zu erwartenden Erlöse. Dies erfordert auch unterschiedliche Strategien im Vergleich zu anderen Risiken.

8.1.4 Vier strategische Positionen zum Transaktionsrisiko

Eine Studie der Bank of America ergab 1996, dass 60% der befragten Kunden das Transaktionsrisiko „identifizieren", 55% ganz oder teilweise absichern (also offensichtlich die große Mehrheit derjenigen, die das Risiko als solches erkennen), 20% das Risiko bewusst nicht absichern. Als Absicherungsinstrumente werden zu 83% Devisentermingeschäfte, zu 17% Devisenoptionen genutzt. Das Operationsrisiko identifizieren 54%, aber nur 5% sichern es ab bzw. können es absichern.[9] Eine britische Untersuchung, bei der sich 189 Firmen beteiligt haben[10], ergibt folgendes Bild:

- 78% benutzen Devisentermingeschäfte, 15% Währungsfutures und immerhin 51% Währungsoptionen, allerdings nicht bei jedem Geschäft, denn nur 39% sichern alle langfristigen Währungsrisiken ab,

- 53% lassen ihr gesamtes Währungsrisiko über ein zentrales „Treasury" managen, bei 9% wiederum ist diese spezielle „Finanzabteilung" als Profit-Center organisiert, eine Methode, über die weiter unten noch gesprochen wird,

- 26% berichten, dass es ihre Politik sein, Gewinne aus Währungspositionen zu machen, wenn dies möglich sei,

- 29% wiederum berichten, dass sie bei Währungsrisiken jedes Risiko grundsätzlich vermeiden und 53% sichern jedes quantifizierbare Risiko im Handelsbereich ab.

Tabelle 8-1: Absicherungsverhalten in Deutschland und USA

	Deutschland 2001	**Deutschland 2003**	**USA**
Devisentermingeschäft	75%	69%	83*)
Währungsoption	5%	8%	17%
Sonstige	20%	23%	k.A.
			*) Incl. Futures

---

[9] o.V. Corporate America: FX Risk Management 1996, Bank of America Monograph 78, Winter 1996-1997; pp.1-3

[10] Edelshain, D.J., British Corporate Currency Exposure and Foreign Exchange Risk Management, PhD Thesis, London Business School 1995.

Eine eigene, wenn auch nicht repräsentative Untersuchung bei zwei deutschen Groß-banken ergab im Vergleich zu der Bank of America-Studie (rechte Spalte in Tabelle 8-1) eine ähnliche Nutzungsstruktur, wenn auch eine geringere, aber immerhin ansteigen-de Nutzung von Optionen[11]. Diese Studie ergab in Deutschland eine deutlich anstei-gende Tendenz zur Absicherung nach Unternehmensgröße: 60% der Exportunterneh-men mit unter € 50 Mio Jahresumsatz sichern sich (ganz oder teilweise) ab, dieser Prozentsatz steigt aber mit der Unternehmensgröße kontinuierlich an und erreicht bei Unternehmen mit über € 500 Mio. Jahresumsatz einen Anteil von 85%. [12]

Es gibt bestimmte Strategiemuster einer vollen oder partiellen Absicherung, aber es sind wenige Gemeinsamkeiten erkennbar. Es gibt branchenübliche Absicherungsmus-ter, es gibt Erkenntnisse, dass Unternehmen mit geringen Gewinnspannen sich absi-chern, es gibt aber auch gegenteilige Beispiele.[13] Insgesamt bleibt leider nur die Fest-stellung: „As many different approaches to exposure management exist as there are firms. A variety of surveys of corporate risk management practices in recent years in the United States, UK, Finland, Australia and Germany indicate no real consensus exists regarding the best approach."[14]

Aus all dem Gesagten werden vier idealtypische strategische Muster erkennbar:

(1) **Absolute Risikovermeidung**: Es wird versucht, alles zu tun, das Wech-selkursrisiko zu vermeiden, indem grundsätzlich in **Heimatwährung** fakturiert wird. Diese Strategie, die alle Risiken auf den Geschäftspart-ner abwälzt, ignoriert die Tatsache, dass eine Abwälzung von Risiken immer einen Preis hat, d.h. der Partner wird bei anderen Punkten eines Vertrages Zugeständnisse verlangen oder er wird sich einen anderen Partner suchen.

(2) Die **Strategie des „Kaufmanns"**: Das Wechselkursrisiko wird als Stör-faktor empfunden, dem aber aktiv „ins Auge geblickt wird", d.h. es wird eine Absicherung meist durch Devisentermingeschäfte oder Zins-arbitrage betrieben oder ein geringes Risiko auch einmal bewusst offen gelassen. Der Kaufmann ist der Ansicht, dass die Hauptaufgabe des Un-ternehmens darin besteht, seine Produkte oder Dienstleistungen zu ver-kaufen und sich nicht auf das „Glatteis" der Währungsspekulation, von der man nichts versteht, zu begeben.

(3) **Laisser-faire-Einstellung**: Das Management ist der Ansicht, dass sich längerfristig die Gewinne und Verluste ausgleichen und deshalb die Be-

---

[11] Lautenschläger, Marcus, Absicherungspolitik von Unternehmen bei Wechselkursrisiken, Nürnberg 2004 (Diplomarbeit an der Georg-Simon-Ohm Fachhochschule Nürnberg)
[12] Lautenschläger , M. (2004), S. 52 f
[13] Vgl. Priermeier, Thomas, Zins- und Währungsmanagement in der Unternehmenspraxis, 2001, S. 101
[14] Eiteman, Stonehill, Moffett (2004), p. 769;

schäftigung mit Währungsabsicherung, die Geld kostet und wertvolle Arbeitskraft bindet, unnötig ist.

(4) **Bewusste Spekulation**: Das Management nimmt die Chancen aus der Währungsunsicherheit bewusst wahr und versucht, mit den offenen Risiken Gewinne zu erzielen, sei es durch offen lassen der Positionen, sei es mit der Absicherung durch Optionen, die einen Gewinn ermöglichen.

Die allererste Einstellung ist wohl nur noch bei Unternehmen anzutreffen, die sich überwiegend im Euroraum bewegen und nur gelegentlich einmal nach außerhalb liefern. Auch bei sehr kleinen Unternehmen wird grundsätzlich Euro fakturiert.[15] Die zweite Einstellung („Kaufmann") dürfte vorherrschend sein, die letzte („Spekulation") eher die Ausnahme. Im Wesentlichen stellen sich vor allem die beiden Gegenpole **„kaufmännisches Management"** oder **„Laisser-faire".** Möglich und üblich sind aber auch **gemischte Strategien** für verschiedene Bereiche: So wird man am ehesten das kurzfristige Exportgeschäft im „Laisser-faire" –Stil betreiben, aber kaum längerfristige Engagements im Investitionsbereich.

8.1.5   Vor- und Nachteile der Absicherung

In Abschnitt 8.1.3 wurde ein relativ extremer Fall simuliert, der aber im Endeffekt für die Firma Dupont und Schmid sogar einen leichten Gewinn erbracht hat. Rechnet man das gleiche Beispiel etwas differenzierter mit monatlichen Abrechnungsterminen, so bleibt das gleiche Bild in abgeschwächter Form: Im Jahr 2004 ergeben sich aufgrund des beständig sinkenden US $ -Kurses im Export Verluste, ab 2005 dann Gewinne. Daraus kann man zweierlei schließen: Erstens scheint die These nicht von der Hand zu weisen zu sein, dass extreme Verluste eher die Ausnahme sind und sich langfristig Währungsgewinne und –verluste ausgleichen, zweitens besteht aber dennoch immer die Gefahr, dass eine einseitige Schieflage in einer Währung bei einer längeren Periode des Kursrückgangs zu einer Liquiditätskrise führt, vor allem wenn noch andere Faktoren dazu kommen. Hätte der Dollarverfall noch ein bisschen länger gedauert, wären die Dollarpositionen noch etwas höher gewesen, wäre vielleicht schon bald eine gefährliche Situation für Dupont und Schmid entstanden, die unnötig gewesen wäre, hätte man sich abgesichert. Im Endeffekt gibt es kein klares Ja oder Nein, zum einen spielt die relative Größe der offenen Positionen eine Rolle, zum anderen aber auch die strategischen Vorstellungen des Managements. Vor und Nachteile sind in Tabelle 8-2 dargestellt.

---

15 Vgl. Stocker, Klaus, Möglichkeiten zur Erschließung vorhandener Exportpotentiale in mittelständischen Betrieben des produzierenden Gewerbes in Bayern, Nürnberg 1998: Von allerdings nur 20 befragten kleinen Unternehmen wird nur in extremen Ausnahmefällen in Fremdwährung fakturiert

Auch wenn es nur einen einzigen negativen Punkt bei der Nichtabsicherung gibt, so kann dieser einzige Punkt eben doch die Existenz eines Unternehmens auf Spiel setzen: Eine vollständige **Laisser-Faire-Strategie** ist daher gefährlich, weil sie bei einer wenn auch nicht sehr wahrscheinlichen Kurskatastrophe das Unternehmen in den Ruin treiben kann, obwohl die Kosten von Devisentermingeschäften in Relation zum bestehenden Risiko marginal sind, wenn überhaupt Kosten entstehen. Wenn die Kosten ein ausschlaggebendes Argument sind, weil die Gewinnmargen zu klein sind, besteht die Möglichkeit, mit Zero-Cost-Optionen wenigstens ein Mindestlevel abzusichern, das gerade eben Kurskatastrophen vermeidet. Auch das Argument der Ressourcenbindung ist nicht schlagkräftig, weil durch eine eingespielte Zusammenarbeit mit einer Bank die Administration durchaus ohne allzu großen Aufwand abgewickelt werden kann.

Tabelle 8-2: **Argumente pro und contra Wechselkursabsicherung**

Absicherung des Transaktionsrisikos	Keine Absicherung
+ Schafft Kalkulierbarkeit	+ Keine Absicherungskosten
+ Sicherheit vor extremen Kurseinbrüchen (Kurskatastrophen)	+ Gewinnmitnahmemöglichkeit
+ Kosten sind in Relation zu möglichen Verlusten gering	+ Geringe Wahrscheinlichkeit hoher Verluste: Vermutlich längerfristiger Ausgleich
+ Kleinere Gewinnmitnahmen durch Fremdwährungsaufschläge sind auch bei Devisentermingeschäften möglich	
(-) Kosten und Ressourcenbindung für administrative Abwicklung	(-) Große einseitige Positionen bedrohen Gewinn und Liquidität („Kurskatastrophen")
(-) Verhindert größere Gewinnmitnahmen	

Offene Positionen im Wechselkursbereich liegen ja meist in einer ganz bestimmten Richtung vor, d.h. ein Exporteur hat sich beispielsweise besonders stark im US $- oder im Yen Bereich engagiert und wird dann von einem Dollar- oder Yen- „Absturz" besonders hart getroffen. So eine Situation war nicht selten Ursache gravierender Krisen von soliden und großen Unternehmen bis hin für zum Konkurs. Grund war meist, dass das Management ab irgendeinem Zeitpunkt an eine konstante Weiterentwicklung eines einmal erkannten Trends geglaubt hat und auf Absicherungsmaßnahmen deshalb verzichtete, weil man an diesem Trend positiv teilhaben wollte. Das Laisser-faire wird dann „spekulativ", ohne dass erkannt wird, dass zu einer aktiven Spekulation mehr gehört als nur die Dinge treiben zu lassen.

8.2 Aktionsparameter bei Währungsrisiken

Da sowohl bei einer Laisser-Faire Politik als auch bei einer absoluten Risikovermeidung Überlegungen im Hinblick auf Aktionsmöglichkeiten überflüssig wären, wird im Folgenden unterstellt, dass das Unternehmen entweder eine bewusste Absicherung oder auch eine bewusste Spekulation bei seinen Währungsrisiken anstrebt. Im globalen Wettbewerb, in dem oft Kostensenkungsmöglichkeiten ausgeschöpft sind und in dem die Unternehmen aus den Industrieländern ohnehin hohe Lohnkosten zu bewältigen haben, stellen dabei gerade die Kostenersparnisse, die durch geschicktes „Financial Engineering" entstehen, wichtige Wettbewerbsvorteile dar.

8.2.1 Informationsmanagement

8.2.1.1 Darstellung des Devisen-Cashflows

Zunächst einmal muss das Management wissen, in welchen Bereichen und zu welchen Zeitpunkten es von einem Währungsrisiko betroffen ist. Wird etwa eine Abwertung des US $ nur das Exportgeschäft beeinträchtigen oder wird diese möglicherweise durch verbilligte Zulieferungen teilweise kompensiert? Erste Voraussetzung für eine aussagefähige Übersicht ist eine Zusammenstellung des **Devisen-Cashflows** mit allen fälligen Ein- und Auszahlungen, etwa nach dem Muster in Tabelle 8-3.

Tabelle 8-3: Grundschema der Darstellung eines Devisen-Cashflows

	1.	2.	3.	4.	5. usw.
Einzahlungen erwartet am					
Auszahlungen erwartet am					
Saldo					
Kalkulationskurs					
Abgesichert zum Kurs					
Offene Position					

Dieses Schema, das für jede relevante Währung geführt werden muss, kann noch weitere Details enthalten, die nach Niederlassungen, Art der Forderungen oder Verbindlichkeit, Dringlichkeit usw. gegliedert werden kann. Am Ende kann daraus dann ein **„Transaction Exposure Information System"** entwickelt werden, das die täglichen, wöchentlichen oder monatlichen Nettopositionen in den verschiedenen Währungen, nach verschiedenen Unternehmensgruppen, Niederlassungen oder auch aufgeteilt nach Art der Forderung zeigt.

Hat ein Unternehmen eine hohe offene Devisenposition, so ändern sich diese Salden täglich, ja fast stündlich, und die Entscheidung, eine bestimmte Position doch noch abzusichern (oder die Absicherung aufzuheben), kann ebenfalls zu jedem Zeitpunkt neu getroffen werden. Wenn eine bestimmte Position im Wert abgerutscht ist, können aber nur zukünftige Verluste, nicht bereits eingetretene vermieden werden.

8.2.1.2 Histogramming

Will das Management neben der Ist-Analyse alternative Szenarios entwickeln, so kommt hier wiederum die Devisenkursprognose ins Spiel (vgl. Kapitel 4). Meistens werden interne oder über ein externes Institut erarbeitete Prognosewerte bestimmten Wahrscheinlichkeiten der Kursentwicklung zugeordnet, es können aber auch Vergangenheitswerte oder einfach die (ebenfalls aus Vergangenheitswerten ermittelte) Volatilität einer Währung zugrunde gelegt werden.

Abbildung 8-3: Beispiel für ein „Histogramming" von drei Währungen

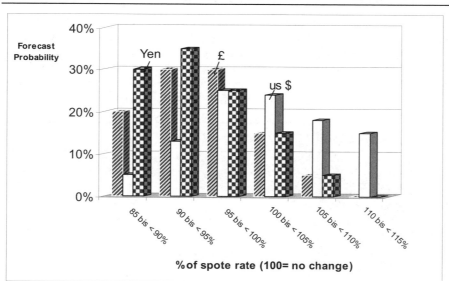

Die Wahrscheinlichkeiten der prognostizierten Kursentwicklung werden in Balkenform (**Histogramming**) dargestellt, was zunächst einmal einen Überblick über die für möglich gehaltenen Kursentwicklungen wiedergibt (Abbildung 8-3). Die Kurse selbst sind hier (wegen der Vergleichbarkeit von US $, £ und Yen) in Prozentintervallen des Ausgangswertes dargestellt: So würde beispielsweise ein US $/€- Wert von 100-105% einem Kursintervall $/€ 1,20-1,26 beim Ausgangswert e_0 von 1,20 bedeuten. In der Abbildung wäre der € gegenüber £ und Yen insgesamt etwas abwertungsverdächtig, gegenüber dem US $ würde der € eine leichte Aufwertungstendenz aufweisen.

In Tabelle 8-4 ist ein Beispiel für die drei obigen Währungen wiedergegeben. Es wurde der Fall Dupont und Schmid aus Beispiel 8-1 (Seite 329) aufgegriffen, wobei zu den Exportforderungen in US $ im Wert von 150 Mio und den Yen Verbindlichkeiten (€ 80 Mio) noch eine dritte Position, nämlich Exportforderungen in britischen £ (€ 20 Mio.) genommen wurde. Diese drei Nettopositionen werden nun auf der Basis einer Wahrscheinlichkeitsverteilung durchgespielt, die tendenziell eher auf einen steigenden Euro setzt. Zur Simulation verschiedener Szenarios kann hier auch die in Kapitel 2 beschriebene Monte-Carlo-Methode dienen.

Tabelle 8-4: Prognosewahrscheinlichkeiten und offene Positionen

Net positions due			Base-€ Value		p =/ €-change in % :					Expected Value:
	eo	Net-position	€- Million	p= de_t=	5% -10%	10% -5%	25% 0	35% +5%	25% +10%	€ Million
U$	1,20	180	150,0		165	157,5	150	142,5	135	145,1
Yen 100	132	-10.560	-80,0		-88	-84	-80	-76	-72	-77,4
£	0,60	20	33,3		36,67	35	33,33	31,67	30,0	32,3
		Total € Mn:	103,3		113,7	108,5	103,3	98,17	93,0	100,0
		Profit/Loss:			10,3	5,2	0,0	-5,2	-10,3	-3,3
Worst Case							p = 25%		93,0	

Die erste Datenzeile (US $) liest sich von links nach rechts folgendermaßen: Es bestehen bei einem Kalkulationskurs e_0 von 1,20 $/€ zum Stichtag € 180 Mio. US $ an Forderungen, das entspricht einem Betrag von € 150 Mio. Mit einer Wahrscheinlichkeit von p= 5% wird eine Abwertung (d e_t) des € um 10% erwartet, das würde den Gegenwert dieser Position auf € 165 Mio. erhöhen. Mit einer Wahrscheinlichkeit p von 10% wird eine Abwertung (d e_t) des € von 5% erwartet usw. Rechts außen steht dann der durchschnittliche Erwartungswert aller dieser Varianten, der hier für die US $ Forderung bei € 145,1 Mio. liegt. Darunter ist dasselbe für die Yen-Importverbindlichkeiten und die £-Forderungen errechnet: Beim Yen sind bei einem Kurs e_0 von 132 Yen/€ die Verbindlichkeiten von ¥ 10 560 Mio. = € 80 Mio. wert. (Das Minuszeichen in der Tabelle signalisiert, dass es sich um Verbindlichkeiten handelt). Dieser Wert steigt auf € 88 Mio., wenn der € gegenüber dem Yen um 10% fällt, was mit einer Wahrscheinlichkeit von p= 5% geschieht, auf € 84 Mio, wenn er um 5% fällt usw. Der gesamte Erwartungswert der Yen Verbindlichkeiten liegt bei dem angenommenen Szenario bei -€ 77,4 Mio. In der Zeile „Total" finden sich die Gesamtwerte für alle drei Währungen in den verschiedenen Szenarios, darunter dann die jeweiligen Währungsgewinne und –verluste. Rechts unten findet sich dann die Summe dieser Erwartungswerte, die bei € 100 Mio. anstatt jeweils € 103,3 Mio. zum Kalkulationskurs liegt, also gegenüber der Status-quo-Situation ein Minus von € -3,3 Mio ergibt. Die Reduzierung des Wertes resultiert daraus, dass insgesamt eine etwas schiefe Wahrscheinlichkeitsverteilung angenommen wurde, d.h. ein Steigen des € wird als wahrscheinlicher gesehen als ein Fallen und gleichzeitig überwiegen die Forderungen gegenüber den Verbindlichkeiten. Der Fall wäre eher typisch für die in Beispiel 8-1 vorliegende Situation des zweiten Halbjahrs 2004. In der letzten Zeile wird der schlimmstmögliche Fall („worst case") wiederholt, der bei einer €- Aufwertung von 10% eintreten würde und der einen Erwartungswert von € 93 Mio erbringt, also einen Verlust von € 10,3 Mio. gegenüber dem kalkulierten Wert. Das Beispiel ist insofern etwas vereinfacht, als für alle drei Währungen die gleiche Prognosewahrscheinlichkeit für die Kursentwicklung angenommen ist: Es handelt sich also mehr um eine €-Prognose als eine US $-, £- oder Yen- Prognose. Außerdem muss so eine Tabelle natürlich nicht nur einmal im Jahr aufgestellt werden, sondern für alle relevanten Zahlungstermine. Beides kann jederzeit durch eine entsprechende Verfeinerung der Annahmen erreicht werden, wobei aber die Voraussetzung ist, dass es auch eine Vorstellung über die Kursentwicklung der verschiedenen Währungen gibt.

Abbildung 8-4: Prognosewahrscheinlichkeiten und offene Positionen

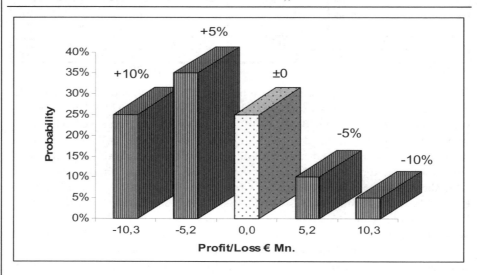

In Abbildung 8-4 sind die (Gewinn)-Erwartungswerte (Zeile „Profit/Loss" aus Tabelle 8-4) mit ihren Wahrscheinlichkeiten graphisch dargestellt. Hier sieht man sofort, wie bestimmte Wechselkursentwicklungen insgesamt auf die Währungsposition des Unternehmens einwirken und kann entsprechend durch Absicherung aller oder einzelner Positionen gegensteuern.

Die ganz linke Säule kann beispielsweise folgendermaßen interpretiert werden: Mit einer Wahrscheinlichkeit von 25% ergibt sich eine Aufwertung des Euro gegenüber den drei Vertragswährungen um 10%, was bei dem bestehenden Währungsmix zu einem Verlust von € 10,3 Mio führen würde. Bei der Säule ganz rechts außen käme es etwa - bei einer Aufwertung des Euro um 10% - zu einem Gewinn von € 10,3 Mio, eine Situation, die aber nur mit 5% Wahrscheinlichkeit eintritt.

Jetzt ist das Management mit der Beurteilung der Tragfähigkeit der sich aus dieser Prognose ergebenden Werte an der Reihe. Sofern Finanzchef oder auch der Geschäftsführer den „worst case" eines Verlustes von € 10,3 Mio., der immerhin mit 25% eintreten wird, als nicht tragbar ansehen, müsste er nun umgehend den augenblicklichen Kurs (Spot rate) absichern.

Meist addieren sich übrigens die Wahrscheinlichkeiten nicht auf 100%, weil man sich mit einem Konfidenzniveau von beispielsweise 95% begnügt, so dass immer noch eine „Restwahrscheinlichkeit" für einen besonders extremen Fall besteht. Man kann das Konfidenzniveau auf 99% erhöhen, aber dann erhöht sich auch die Streubreite: Eine Aussage, dass sich mit 99% Wahrscheinlichkeit der €-Kurs zwischen 1,05 und 1,35 $/€ befinden wird, hilft vermutlich auch nicht weiter. Außerdem ändert sich wegen der meist geringen Wahrscheinlichkeiten dieser Extremwerte am Erwartungswert nicht viel.

8.2.1.3   Value at Risk- Verfahren

Bei Betrachtungen von „Restwahrscheinlichkeiten" hilft dieses Verfahren weiter. Das Value at Risk- Verfahren (VaR) wurde in Kapitel 2 hinsichtlich des Länderrisikos und das verwandte Cashflow at Risk- Verfahren in Kapitel 3 beschrieben: „Value at risk (VaR) is a single number estimate of how much a company can loose due to the price volatility of the instruments it holds."[16] Da sich **Volatilitäten** für die Betrachtung von Wechselkursschwankungen wegen meist reichlich vorhandener Beobachtungswerte sehr gut eignen, liegt die Verwendung des VaR- Verfahrens zur Bestimmung von Risiken bei offenen Währungspositionen sehr nahe. Während das **Value at Risk**- Verfahren Bestandsgrößen bewertet, sind es beim **Cashflow at Risk** Verfahren Flussgrößen, also Cashflows.

Die Volatilität stellt ja nichts anderes als die Standardabweichung einer Währung dar, bei Annahme einer Normalverteilung kann man also bei Kenntnis der Volatilität für jede Währung eine entsprechende Verteilungsglocke zeichnen, welche ähnlich dem Histogramm, aber in kontinuierlicher Form die Wahrscheinlichkeiten für Auf- und Abwertungsprozentsätze wiedergibt. Außerdem werden Grenzwerte sichtbar, also z.B.

---

[16] A. Buckley, (2000), p.204

auf die Frage, welcher Wert beispielsweise mit einer vorbestimmten Wahrscheinlichkeit von beispielsweise 2,5% unterschritten wird. Bei einer Währung mit hoher Volatilität ist die Schwankungsbereitschaft und auch die Wahrscheinlichkeit einer großen Abweichung entsprechend hoch (Abbildung 8-5). Hier sind der stärker schwankende US $ und der stabilere Schweizer Franken (SFr) eingezeichnet (die Werte sind fiktiv). Wir wollen im Moment nur die linke Hälfte der Verteilungen, also die „Risikoseite" betrachten: Hier wäre mit 2,5% Wahrscheinlichkeit eine Dollarabwertung von -20% bis ca. 25% möglich, (das wäre bei einer offenen US $ - Position im Gegenwert von € 150 Mio. ein Verlust von mindestens € 30 Mio.). Beim SFr wäre mit derselben Wahrscheinlichkeit von 2,5% eine Abwertung von -5% und mehr möglich, was bei einer offenen Position von € 150 Mio. nur einen Verlust von (mindestens) € 7,5 Mio bedeuten würde. Die Wahrscheinlichkeit einer Abwertung von mehr als ca. 8% beim SFr wäre praktisch Null, während bei US $ die Wahrscheinlichkeit einer mehr als 10%-igen Abwertung und einem Verlust von mehr als € 15 Mio. immer noch bei ca. 30% läge.[17]

Abbildung 8-5: **Schwankungsbreiten zwei verschiedener Währungen**

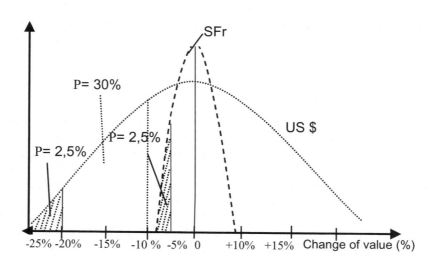

VaR stellt aber genauso wenig wie das „Histogramming" schon eine Strategie dar: Die Strategie kommt erst nach Auswertung der jeweiligen Daten, sofern das Unternehmen überhaupt an Wechselkursprognosen glaubt: Die oben genannte Umfrage bei Unternehmen ergibt, dass immerhin 64% der Befragten nicht daran glauben, dass Wechsel-

---

[17] Die Wahrscheinlichkeit einer Abwertung von mehr als 10% wird durch die Fläche von -10% nach links unter der Kurve wiedergegeben.

kurse akkurat vorhergesagt werden können.[18] Wer aber nicht an Wechselkursprognosen glaubt, kann auch schwerlich den Wert der Volatilität als Prognosekriterium anerkennen. Wer daran – wenigstens teilweise - glaubt, kann solche Rechnungen durchaus als zusätzliche Entscheidungshilfe benutzen. Strategierichtlinie im Sinne eines „Satzes von Regeln" könnte beispielsweise für die Firma Dupont & Schmid sein, dass ein kritischer Wert dann erreicht ist, wenn etwa ein bestimmter Prozentsatz des Gewinns (z.B. ein Drittel, also € 10 Mio.) mit einer Wahrscheinlichkeit von mehr als 5% gefährdet ist. In diesem Fall müsste bei Erreichen eines „value at risk" von € 10 Mio. sofort Kurssicherungsgeschäfte in einer Höhe getätigt werden, die dieses Risiko wieder unter die 10 Millionengrenze drücken. Man hätte also im obigen Beispiel, sofern auch das Value at risk- Verfahren tatsächlich eine Wahrscheinlichkeit von 25% für einen solchen Verlust ergibt, schon früher gegensteuern müssen.

8.2.2 Interne Instrumente der Risikoreduzierung

8.2.2.1 Netting oder Matching von Zahlungsströmen

Normalerweise wird jedes international tätige Unternehmen mehrere Forderungen und Verbindlichkeiten haben und der Gedanke liegt nahe, Fälligkeiten und Währungen zu synchronisieren, damit Forderungs- und Verbindlichkeitsbeträge in Devisen saldiert werden können. Teilweise wird diese Technik als "matching" bezeichnet: "..a company matches its foreign currency inflows with its currency outflows in respect of amount and approximate timing"[19.]

Netting von Währungsbeträgen setzt voraus, dass Forderungen vor (oder spätestens gleichzeitig mit) der Fälligkeit von Verbindlichkeiten eingehen, wenn zum Beispiel mit einem US $-Zahlungseingang auch eine US $- Zulieferung bezahlt werden soll. Dann entfallen - pünktlicher Zahlungseingang vorausgesetzt - jegliche Terminabsicherungskosten, aber auch -erträge. Ein Exporteur wird allerdings immer eine "long position" in seiner Devisensituation haben, ein Importeur eine "short position", so dass diese Politik immer nur Teil der Risikoabsicherungsstrategie sein kann.

Durch eine Reduzierung der Vertragswährungen und auch der Zahlungstermine lässt sich eine erhebliche Reduzierung kostenträchtiger offener Positionen erreichen. Dies hängt einmal von der Unternehmensgröße und der weltweiten Verflechtung des Unternehmens ab, zum anderen aber sicherlich auch von der Bereitschaft der Kunden, eine bestimmte Währung zu akzeptieren. Außerdem ist dazu auch ein zentrales Devisenmanagement (siehe Abschnitt 8.2.2.2) erforderlich, welches die Zahlungsströme lenkt. Dies mag beim klassischen Exporteur kein Problem sein, beim multinational

---

18 Vgl. Edelshain, (1995).
19 Buckley, (2000),p. 114

vertretenen Unternehmen, in dem die Auslandsfilialen selbständig Verträge abschließen und über ihre eigene Kostenverantwortung verfügen, ist eine solche Aufgabe komplexer. Hier kommen dann ja auch nicht nur €/Fremdwährungsrelationen dazu, sondern vielleicht Peso/Real oder Baht/Yen-Positionen.

"Netting" erleichtert und vereinfacht die Liquiditätsplanung insbesondere auch dann, wenn die Zahlungstermine (zum Beispiel einmal im Monat) standardisiert sind. Gegenargumente können sein, dass (1) die zentrale Verrechnung alle Auslandsniederlassungen zur Abrechnung in einer Währung zwingt, die möglicherweise nicht mit den ökonomischen Gegebenheiten im jeweiligen Land harmoniert und natürlich die Tatsache, dass die dadurch notwendige zentrale Verrechnung die Flexibilität der Auslandsmanager bei der Vertragsgestaltung sowie ihre Dispositionsfreiheit einschränkt.

Die Firma Bosch, deren Auslandsumsatz bereits vor vielen Jahren 57% des Gesamtumsatzes entsprach, berichtet über eindrucksvolle Verminderungen der Zahlungstransaktionen durch ein weltweites "Netting Center":

- Reduzierung der Anzahl der Transaktionen um fast 99%.

- Minderung des Zahlungsverkehrsvolumens um 60%.

- Minderung des Devisenhandelsvolumens um 65%[20]

8.2.2.2   Zentrales Währungscontrolling

Konsequenz von weltweiten Netting- oder Matching- Strategien bei globalen Unternehmen ist die Einführung einer eigenen „Währungsfinanz- oder Währungscontrollingabteilung" („Treasury„), die möglicherweise sogar als eigenes Profit- oder Cost-Center operiert. Dies ist vielleicht sogar der Beginn dessen, was man als globales Wechselkursmanagement bezeichnen kann.

Grundsätzlich sind ja Kosten und Erträge aus Wechselkursverlusten und –gewinnen ohnehin eigens zu buchen, denn die Forderung aus einem Exportgeschäft (Verbindlichkeit beim Import) wird bei ihrem Entstehen in Heimatwährung gebucht. Besteht nun bei Bezahlung ein anderer Kurs (oder weicht dieser Kurs als Devisenterminkurs vom Kassakurs ab), so wird die Differenz als Währungsgewinn-/verlust auf einem eigenen Konto gebucht und nicht unbedingt dem einzelnen Handelsgeschäft kalkulatorisch zugeordnet. Die verkaufende Abteilung oder Auslandsniederlassung wird also möglicherweise gar nicht für ein eventuell schlechtes Abschneiden aufgrund ungünstiger Wechselkursentwicklung verantwortlich gemacht. Dies kann zu Fehlsteuerungen führen, wenn Niederlassungen in Ländern mit unter- oder überbewerteten Währungen Scheingewinne oder –verluste ausweisen, die erst bei Durchführung eines Gewinntransfers am Jahresende (oder vielleicht noch später, wenn das Geld im Lande re-

---

20   Vgl. Bock, Fremdwährungsfakturierung und Netting, S.116; in Börsig C. et.al, Neue Finanzierungsinstrumente für Unternehmen, Stuttgart 1996, S. 111-23

investiert wird) zutage treten. Durch ein eigenes weltweites Cost-Center für Währungscontrolling können solche Ungleichgewichte früher aufgedeckt werden. Außerdem hat ein solches Center ein wesentlich stärkeres Interesse daran, in diesem Bereich einen Gewinn zu erzielen.

Bei Firmen mit mehreren Niederlassungen im Ausland oder „echt" globalen Unternehmen, für die es die Unterscheidung In- und Ausland nicht mehr gibt, bieten sich als Cost-Center eigene Verrechnungsgesellschaften an, die nach dem Muster aus Abbildung 8-6 funktionieren („Re-invoicing vehicles[21]" oder auch „cash pooling-center"). Die exportierende (oder importierende) Niederlassung bekommt ihre Forderungen oder Verbindlichkeiten **in ihrer Heimatwährung gutgeschrieben** oder belastet und braucht sich um Währungsabsicherungen nicht zu kümmern. Gleichzeitig können Schieflagen aufgrund fehlbewerteter Verrechnungspreise rechtzeitig erkannt werden.

Abbildung 8-6: Einschaltung einer Verrechnungsgesellschaft („Cash pooling")

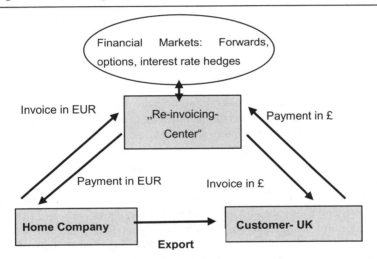

Als Standort für solche Zentralen bieten sich Länder an, die weder Kapitalverkehrskontrollen durchführen noch hohe Steuern auf Unternehmensgewinne erheben. Daneben bieten sich auch im Rahmen gewisser legaler Grenzen Gestaltungsmöglichkeiten bei Gewinnen durch unternehmensinterne Verrechnungspreise an, so dass Gewinne in Ländern mit niedrigen Steuern höher ausfallen können. Der in Abbildung 8-6 gezeigte Ablauf kann auch zwischen Niederlassungen derselben Firma funktionieren und es ist in der Regel ein multipler Kreislauf mit mehreren Währungen und Ländern, bei dem die „Re-invoicing- Niederlassung" entscheidet, ob und in welchem

---

21 Vgl. A. Buckley, (2000), S. 197f.

Umfang dann die Finanzmärkte in Anspruch genommen werden. Eine solche Niederlassung könnte auch Forderungen und Verbindlichkeiten von **Fremdfirmen** annehmen und damit nicht nur als Finanzdienstleister fungieren, sondern auch eigene offene Positionen besser abdecken. Auch hier können am Ende eines „Finanztages" oder einer „Finanzwoche" durchaus bewusst und spekulativ noch Positionen offen gelassen werden.

Diese Frage berührt wiederum die Grundstrategie des Unternehmens, die durch entsprechende Vorgaben des Top-Managements entschieden werden muss. Gilt als Vorgabe die unbedingte Absicherung aller Risiken („kaufmännische Strategie") oder besteht auch die Möglichkeit einer wenn auch begrenzten „spekulativen Strategie"? Darf der Manager der Verrechnungsgesellschaft begrenzt spekulieren? Hier wären dann beispielsweise Modelle der Devisenoptionen auch unter- oder oberhalb des Kalkulationskurses möglich, auch Zylinderoptionen mit variabler Bandbreite oder Partial-Covers. Durch die Ausgliederung des Wechselkursmanagements wird eine „Spielarena" geschaffen, auf der, von Überlegungen des Grundgeschäfts losgelöst, eine sehr bewusste Strategie entsprechend der Vorgaben gefahren werden kann. Diese Vorgaben können variiert werden, vom totalen Verbot jeglicher Spekulation über eine begrenzte Spekulation bis hin zum vollkommen spekulativen Einsatz.

8.2.2.3   Leading and Lagging

Leading and Lagging bedeutet, dass (a) Zahlungen in aufwertungsverdächtigen Währungen vorgezogen (Leading) und (b) Zahlungen in abwertungsverdächtigen Währungen verzögert werden (Lagging). Will das Unternehmen allerdings nicht in schlechten Ruf geraten, kann dieses Instrument eigentlich nur gegenüber ausländischen eigenen Unternehmensteilen angewandt werden. Außerdem setzt es auch wiederum voraus, dass die Einschätzung auch korrekt ist, ob eine Währung steigt oder fällt. Eine Variante des Leading und Lagging gegenüber externen Unternehmen wäre eine entsprechende Gestaltung der Zahlungsbedingungen, also bei Importen aus Hartwährungsländern die Zahlungstermine möglichst früh legen sowie umgekehrt Zahlungseingänge in Fremdwährungen harter Währungen spät legen. Bei „Weichwährungen" wäre die Strategie genau umgekehrt zu halten. Auch hier sind prognostische Fähigkeiten nötig, und die immer wieder geäußerte Regel, Weichwährungen spät, Hartwährungen bald zu bezahlen, erscheint ein wenig naiv, obwohl Evans et. al. (in einer allerdings schon recht alten Studie) berichten, dass das Instrument „lead and lag intra company receivables/payments" an vierter Stelle von 21 genannten Absicherungsinstrumenten liegt und von 71,2% der befragten Firmen benutzt wird.[22] Es scheint aber eher, dass das Instrument zumindest heute mehr intern als extern genutzt

---

[22] Evans, T.G., Folk, W.R., Jilling, M. The Impact of Statements of Financial Accounting Standard No. 8 on the Foreign Exchange Management Practices of American Multinationals, Stamford 1978

wird. Externe Märkte sind meist effizienter als interne, so dass die Inanspruchnahme des Devisenterminmarktes nicht selten günstiger ist. Das Instrument des Leading und Lagging ist deshalb eher als ein internes Zusatzinstrument zu sehen und weniger als ein vollwertiges Absicherungskonzept.

8.2.2.4 Risikoteilung über Währungsgleitklauseln

Eine an sich nahe liegende Alternative, die früher oft verwendet wurde, stellen Währungsgleitklauseln dar, bei denen der vom Vertragswert abweichende Gewinn oder Verlust geteilt wird Eine solche Klausel kann entweder sofort, d.h. bei geringem Abweichen des Wechselkurses, oder ähnlich wie eine Option auch erst bei Erreichen eines bestimmten Abwertungsprozentsatzes wirksam werden.

Nehmen wir als Beispiel einen Exportvertrag über US $ 1,2 Mio ($p_\$$), der bei einem Kassakurs von 1,20 $/€ ($e_o$) genau € 1 Mio. ($p_\euro$) wert ist. Würde sich nun bei Fälligkeit der Kurs ändern, so könnte man den Verlust oder Gewinn folgendermaßen teilen (**Tabelle 8-5**):

Tabelle 8-5: Wirkung einer Währungsgleitklausel

	US$ Vertrags-preis $p_\$$	Kurs e_t $/€	€-Vertragswert $p_\$/e_t$	Revidierter Preis $p_\euro$ in € ($p_{t\euro}$)	Revidierter Preis in US $
				$p_{t\euro} = (\dfrac{P_\$}{e_t} + \dfrac{P_\$}{e_o})/2$	$p_{t\$} = p_{t\euro} * e_t$
Ist-Zustand	$1.200.000	1,20	1.000.000 €		
€ fällt	$1.200.000	1,10	1.090.909 €	1.045.455 €	$1.150.000
€ steigt	$1.200.000	1,30	923.077 €	961.538 €	$1.250.000

Würde beispielsweise der € auf 1,10 absinken (Zeile „€ fällt" in **Tabelle 8-5**), so würde der Exporteur normalerweise 1 090 909 € bekommen, das sind 90 909 € mehr als kalkuliert. Diesen Gewinn würde er nun zur Freude seines Kunden mit diesem teilen, dadurch würde der Preis auf US $ 1 150 000 bzw. € 1 045 455 reduziert: Der Gewinn wäre nur noch die Hälfte, nämlich 45 455 €. Also hat nicht nur der Exporteur etwas davon, sondern auch der Importeur zahlt in US $ gerechnet weniger. Würde der € auf 1,30 erstarken (Zeile „€ steigt"), wäre die Situation umgekehrt: Statt eines €- Betrages von € 923 077 bekäme der Exporteur US $ 1,25 Mio, d.h. zum neuen Kurs 961 538 €, d.h. der US $-Preis würde etwas höher sein, dafür würde sich aber für den Exporteur der Verlust halbieren.

Das Wechselkursrisiko wird für den Exporteur ähnlich wie beim Partial-Cover abgeflacht, andererseits entsteht nun auch für den Importeur ein Wechselkursrisiko: Im Endeffekt werden Währungsgewinne wie Verluste zwischen beiden aufgeteilt. Eine solche Vertragsformel teilt das Risiko zwischen beiden Partnern und kommt vor allem für Geschäftspartner in Frage, die laufende Lieferungen untereinander abwickeln. Dieses Verfahren kann man auch bei verbundenen Unternehmen anwenden. Das System funktioniert auch anders herum, d.h. wenn der Vertragswert in € vereinbart wird. Ebenso gut könnte man übrigens die Kosten (oder Erträge) einer Terminabsicherung untereinander aufteilen. Eine Gleitklausel würde übrigens ähnlich funktionieren wie der in Kapitel 5 vorgestellte Partial-Cover (vgl. auch Abschnitt 8.2.3.2).

Solche Gleitklauseln wurden in den siebziger Jahren – nach Aufhebung der langjährigen festen US $-Bindung über das Bretton-Woods- System zunächst sehr häufig genutzt. Warum sie heute weniger Verwendung finden, bleibt ungeklärt: Vermutlich liegt es auch an der Effizienz der Devisentermin- und Optionsmärkte, die dieses Instrument zumindest im normalen Geschäft obsolet machen: Bei der bereits mehrfach erwähnten Umfrage von Evans, Folk, Jilling wird jedenfalls diese Technik unter 21 Absicherungsinstrumenten nicht genannt, bei der britischen Umfrage nutzen aber immerhin noch 21% der befragten die Indexierung von Ausfuhrverträgen.[23]

8.2.2.5   Preis-/ Währungsgleitklauseln bei Großprojekten

Etwas komplexere Gleitklauseln werden häufig bei der Indexierung von großen **Projektverträgen** mit einer Inlandskomponente angewandt, traditionell bei **Bau- oder Montageverträgen**, die üblicherweise in Landeswährung bezahlt werden. Man findet sie aber auch bei Dienstleistungen, bei denen spätere Einnahmen stark von der Wechselkurs- und Inflationsentwicklung des Landes abhängen, etwa bei Telefongesellschaften oder Hotels. Teilweise geht dies schon in das Operationsrisiko hinein, weil sich nicht alle Risikokomponenten schon identifizieren lassen. Anders als beim Operationsrisiko, bei dem meist noch nicht einmal bekannt ist, an wen und wohin die produzierten Waren verkauft werden, ist aber hier wenigstens schon der Käufer und die Verkaufswährung bekannt.

Beispiel 8-2: Kosten- und Wechselkursentwicklung in **Russland**

Beim Bau einer Düngemittelfabrik erhält eine deutsche Firma einen Zuschlag in Höhe von US $ 150 Mio. in Russland, der Gewinn wird mit rd. US $ 20 Mio. kalkuliert. Schon allein aus Kostengründen werden die Bau- und Montagearbeiten nicht von deutschen Unterlieferanten, sondern von lokalen russischen Firmen ausgeführt, an die je nach Anfall und ggf. nach Ausschreibung der einzelnen Lose Aufträge vergeben werden. Im Vertrag wurden rd. US $ 30 Mio. für diese Arbeiten kalkuliert. Die Erd- und Bauarbeiten („civil works") sollen relativ bald ausgeführt werden, die Montage und die Zulieferung einfacher Blechteile verteilt sich relativ weit auf die geschätzte Bauzeit von drei Jahren, gerechnet ab

---

[23] Vgl. Edelshain (1995), Buckley, (2000)., pp. 700

Vertragsabschluß. Das Problem in Russland ist eine relativ hohe Inflationsrate. Wie in vielen wirtschaftlich kritischen Ländern entwickelt sich aber der Wechselkurs nicht parallel zur Inflationsrate, sondern vielmehr in „Schüben", die manches Mal über das Ziel hinausschießen, die aber auch schon mehrere Monate, ja auch schon einmal anderthalb Jahre auf sich warten ließen. Eine ähnliche Situation gab es in den letzten Jahren auch in Argentinien und Brasilien, wo die Regierung ein Currency Board bzw. einen Crawling Peg mit dem US $ eingegangen war und eine Abwertung verhindern wollte, aber auch in zahlreichen anderen Ländern.

Der deutsche Anlagenexporteur geht hier ein doppeltes Risiko ein:

- *Das Wechselkursrisiko für den Vertragswert in US $*

- *Das Risiko, dass die Inflation nicht zeitgerecht über eine Abwertung des russischen Rubel kompensiert wird: Er erhält sein Geld in US $, er unterliegt aber hinsichtlich der Baukosten und der lokal zu beziehenden Fertigteile voll der russischen Inflation.*

In Russland herrschte im Vergleichsvorjahr der Auftragsvergabe eine Inflationsrate von 15%, die Währung wurde gegenüber dem US $ aber nur um 2% abgewertet. Real ist das Preisniveau in Russland - ohne Einbeziehung der US-Inflation - um   folgenden Wert angestiegen:

$$p_{t\$} = \frac{r_{tr}}{r_{or}} \cdot \frac{e_t}{e_0} = \frac{115}{100} \cdot \frac{98}{100} = 1{,}127 \Rightarrow 12{,}7\%$$

$p_{t\$}$ = Preis des Vertragsteils in Jahr t in US $
r_{tr} = Preisniveau in Russland im Jahr t
r_{or} = Preisniveau im Bezugsjahr (=100)
e_t u. e_0: Wechselkurs \$/Rubel (e_0 =100) zum Zeitpunkt 0 bzw. t

Der Rubel ist also gegenüber dem Vorjahr und gegenüber dem Doller um 12,7% überbewertet. Das entspräche rd. US $ 3,9 Mio Verlust: Geht es auch in den nächsten Jahren der Bauzeit so weiter, so wäre mehr als die Hälfte des kalkulierten Gewinne allein durch diesen Effekt verloren, von etwaigen Wechselkursverschiebungen zwischen US $ und Euro noch gar nicht zu reden. Es kann sicher besser, aber auch noch schlimmer kommen.

Der Exporteur kann hier im Grunde nur eine **Gleitklausel** in seinen Liefervertrag einbauen, die das Wechselkurs- wie auch das offene Inflationsrisiko kompensiert. Er müsste in den Bau- und Montageteil des Vertrags eine Wechselkurs-Preisgleitklausel hinein nehmen, die genauso lautet wie die obige Formel. In diesem Fall würde die Lieferfirma in US $ gerechnet 12,7% (für das erste Jahr) mehr erhalten und dies würde rein rechnerisch einschließlich der leichten Rubelabwertung von 2% zur Bezahlung von 15% Mehrkosten in Rubel ausreichen. Diese Gleitklausel wirkt nach beiden Seiten: Sollte etwa der Rubel stärker abgewertet werden, als es der Inflation entspricht, würde die Lieferfirma in Dollar gerechnet weniger erhalten. Ob dies jeweils dem tatsächlichen realen Gewinn oder Verlust entspricht, d.h. ob der Unterauftragnehmer in Russland jeweils genau so viel mehr oder weniger verlangt wie dies dem offiziellen statistischen Wert entspricht, bleibt dahingestellt. Dies obliegt letztlich dem Verhandlungsgeschick des Managements und außerdem sollte bei so langfristigen Projekten eine gewisse Unsicherheitskomponente auch bereits im Vertragspreis einkalkuliert sein. Ein getrennter Abschluss des Inlandsteils in Rubel mit einer reinen Preisgleitklausel wäre auch denkbar, würde aber das Wechselkursrisiko ausklammern.

Fortgeschrittenere Gleitklauseln können auch noch weitergehen und einzelne Vertragsteile enthalten, die alle unterschiedlich indexiert werden, z.B. durch einen Index der Großhandelspreise, der Rohölpreise, der Lohnkosten oder der Transportpreise, je nach Verwendungszweck. Auch im obigen Beispiel würde es nahe liegen, unterschiedliche Indices für die Erd- und Bauarbeiten und den Montageteil zu verwenden, sofern diese offiziell und zeitnah erhältlich sind, was generell eine wichtige Voraussetzung ist.

Auch können - sofern der Auftraggeber dies akzeptiert - über Währungsgleitklauseln wie im vorherigen Abschnitt 8.2.2.4 die Währungsrisiken geteilt werden. Bei nur zwei Währungen wie im obigen Beispiel wäre es zwar dann wohl sinnvoller, den Vertrag gleich in Euro abzuschließen, wenn es aber noch weitere größere Teillieferungen etwa aus Japan, Korea und Großbritannien geben sollte, sind solche relativ **komplexen Formeln** mit **Preis- und Währungsgleitklauseln** sowie ganze **Währungskörbe** durchaus üblich. Hier werden dann die einzelnen Teile des Lieferpakets einzeln indexiert:

- Projektteil und prozentualer Anteil des Projektteils am Gesamtpreis
- Währung jedes Projektteils und Teilungsfaktor zwischen Exporteur und Importeur.
- Preis- /Währungsgleitklausel(n) einzelner Inlandskomponenten

Ein Beispiel einer solchen gemischten Gleitformel eines Vertrags nach Russland in der Vertragswährung X und drei Unterkomponenten V_1 (US $ mit Währungsgleitklausel), V_2 (Yen, mit Währungsgleitklausel) und V_3 (Inlandsteil mit Preis-/ Währungsgleitklausel) ist unten angegeben:

p_x= Vertragspreis (gesamt) in der Währung X z. B. €;
V_1 bis V_3: Preis der Vertragsteile 1-3
q_1= Anteil von V_1 (US $); q_2 = Anteil von V_2 (Yen) und q_3 = Anteil von V_3= (Rubel)
e_t u. e_0: jeweils Wechselkurse der Währung X gegenüber US $, Yen und Rubel (R) zum Zeitpunkt 0 bzw. t
r_{tr} = Preisnivau in Russland im Jahr t
r_{or} =Preisniveau in Russland im Bezugsjahr (=100)

$$p_x = V_1 \cdot q_1 \cdot \left[\left(\frac{p_\$}{e_{t\$ / X}} + \frac{p_\$}{e_{0\$ / X}} \right) / 2 \right] + V_2 \cdot q_2 \cdot \left[\left(\frac{p_{yen}}{e_{t\,yen\,/\,X}} + \frac{p_{yen}}{e_{0\,yen\,/\,X}} \right) / 2 \right] + V_3 \cdot q_3 \cdot \left[\frac{r_{tr}}{r_{or}} + \frac{e_{tx\,/\,R}}{e_{ox\,/\,R}} \right]$$

Der Preis, der sich in der Regel auch noch in mehrere zeitliche Komponenten bei verschiedenen Zahlungsterminen aufteilt, wird dann in der Währung X (das kann € oder US $ sein) entsprechend der obigen Formel ausbezahlt. Solche Vertragswerke mit relativ komplexen Formeln sind im längerfristigen Anlagenexport durchaus nicht selten.

Eine weitere Frage ist es, inwieweit der Käufer der Anlage mit so einer Gleitformel einverstanden ist. Nun, in Ländern mit hohen Inflationsraten hat man durchaus Verständnis dafür, dass sich niemand einem unübersehbaren Inflationsrisiko durch schlecht formulierte Verträge aussetzen will. Es sei der Vollständigkeit halber noch angemerkt, dass eine solche Formel über das in solchen kritischen Ländern übliche „inflation accounting" hinausgeht, weil sie eine Wechselkurskomponente enthält. In vielen osteuropäischen und einigen lateinamerikanischen Ländern stellt ohnehin der US $ die übliche Verrechnungswährung dar, an deren Wert man sich orientiert. In einigen wenigen Ländern (vor allem Südosteuropas) ist dies auch der Euro.

8.2.3 Externe Instrumente

Die bisher besprochenen Instrumente des Netting oder Matching, ein zentrales Wechselkurscontrolling, Leading and Lagging sowie Währungsgleitklauseln gehören zu den internen Aktionsparametern. Intern deshalb, weil sie zunächst einmal vom Unternehmen selbst ohne fremde Hilfe in die Wege geleitet werden. Man kann diese Instrumente auch „nicht kommerzielle" Instrumente nennen, weil es dafür keinen Markt gibt, auf dem dafür bezahlt werden kann oder muss.[24] Dem gegenüber stehen die kommerziellen oder externen Instrumente, für die es einen ausgeprägten Markt gibt und von denen in den vorausgegangenen Kapiteln ausführlich die Rede war: Devisentermingeschäfte, Zinsarbitrage, Futures und Devisenoptionen in all ihren Kombinationsmöglichkeiten. Es ist sicherlich sinnvoll, vor Inanspruchnahme des externen Instrumentariums erst einmal die internen Aktionsparameter auszuschöpfen, nicht nur aus Kostengründen, sondern weil es einer logischen Handlungsfolge entspricht, sich über bestehende Risiken zu informieren und Währungs-Cashflows zu bündeln und zu saldieren, bevor man sie auf dem Markt absichert. Die externen Instrumente brauchen hier nicht mehr vorgestellt werden, aber es soll kurz darüber gesprochen werden, welche Wechselkursstrategie welchen Instrumenten am besten entspricht.

8.2.3.1 Volles Hedging

Volles Hedging entspricht größtenteils der „Strategie des Kaufmanns". Der „Kaufmann" ist anders als der vollständige Risikomeider, der in Heimatwährung fakturiert, grundsätzlich nicht unbedingt jedem Risiko abgeneigt, er oder sie ist nur der sicherlich nicht ungerechtfertigten Meinung, dass es die Hauptaufgabe des Unternehmens sei, mit dem Verkauf seiner Produkte oder seiner Dienstleistungen Geld zu verdienen und nicht zu spekulieren. **Entgangene Gewinne werden ignoriert**, d.h. es interessiert

---

24 Vgl. Stocker, Internationales Finanzrisikomanagement,(1997). S. 200

nicht, ob sich zum Termin der Bezahlung der Wechselkurs so entwickelt hat, dass vielleicht bei Nichtabsicherung oder bei Wahl einer Option ein Gewinn möglich gewesen wäre. Dies lässt sich bei der „Strategie des Kaufmanns" dadurch rechtfertigen, dass einzig und allein der bei Auftragserhalt kalkulierte Preis eine Rolle bei der Erfolgsbewertung spielt. Lässt dieser Preis auch nach Absicherung der Risiken noch eine angemessene Gewinnspanne zu, so wird das Geschäft wie ein Inlandsgeschäft behandelt, bei dem es ja auch keine Gestaltungsmöglichkeiten bezüglich eventueller Wechselkursgewinne gibt. Es existiert hier lediglich die kleine Unbequemlichkeit der Absicherungserfordernis, deren Kosten bei der Preiskalkulation berücksichtigt werden. Dies lässt Handlungsfreiheiten im Grunde nur hinsichtlich der Wahl der Instrumente zu und hier auch wiederum vorwiegend hinsichtlich eines einzigen dominierenden **Parameters, nämlich der Kosten**. Dies führt meist zu einer zweistufigen Überlegung:

(1) Sind Absicherungskosten in einer bestimmten Währung zu hoch, so wird in Heimatwährung oder in einer anderen, günstigeren Währung fakturiert. Kaufmännischer Vorsicht entspricht es ohnehin, die Anzahl verwendeter Währungen gering zu halten und exotische Währungen zu vermeiden.

(2) Offen bleibende Fremdwährungsbeträge werden abgesichert, und zwar nach der preisgünstigsten Methode. Dies ist in der Regel das Devisentermingeschäft oder die Zinsarbitrage, in Europa weniger der Future. Bei Optionen kommen aus Preisgründen allenfalls Zero-Risk Optionen infrage, sofern diese nicht teurer als Devisentermingeschäfte sind. Optionen werden dann verwendet, wenn es einen sachlichen Grund dafür gibt, wie etwa die Unsicherheit eines Zahlungseingangs (Compound Optionen) oder die begründete Angst, dass die Konkurrenz beispielsweise bei einem Import billiger anbieten kann, wenn die Auslandswährung eingebrochen ist.

8.2.3.2 Die Absicherung einer Bandbreite

Diese Art der Absicherung ist verschiedenen Grundstrategien zuzuordnen: Dem „vorsichtigen Spekulanten" und sicherlich auch dem „Kaufmann", der aus Kostenbewusstsein heraus die Absicherungskosten gering halten will. Auf diesem Feld gibt es eine ganze Bandbreite von Möglichkeiten, zu der eigentlich weniger die Währungsoption als eher spekulatives Instrument, als vielmehr Kombinationsmodelle wie die Zylinderoption in all ihren Ausprägungsformen gehört. Bei der Zylinderoption kann man sich eine Bandbreite heraussuchen, die man absichern will, wobei zwischen Prämienminimierung (Zero-Cost-Option) und Risikominimierung („Zero-Risk-Option) eine ganze Reihe von Zwischenformen möglich sind.

Seit dem Entstehen eines Instruments wie der „Zero-Cost Option" haben die Befürworter einer Nichtabsicherung von Währungspositionen einen schweren Stand. Hier gibt es ein Instrument, das zwar keine Vollabsicherung liefert, aber dafür eine Absicherung gegen Kurskatastrophen zum Nulltarif. Einziges Argument kann es noch sein, dass durch Nichtabsicherung die Währungsgewinne längerfristig höher sind als die Währungsverluste: Eine nicht ganz einfache Beweisführung, zumal ja auch bei der „Zero-Cost Option" innerhalb der gewählten Bandbreite Währungsgewinne und -verluste möglich sind. Wer möchte, kann sich die Bandbreite so weit zurechtlegen, dass sogar ein Gewinn aus der Zylinderoption erzielt wird und ist dann immer noch gegen Kurskatastrophen abgesichert.

Die reine (meist symmetrische) Zylinderoption ist meist deutlich teurer als das klassische Devisentermingeschäft und deshalb auch schwieriger zu rechtfertigen, wenn Verluste oder hohe Prämienkosten auftreten. Auch hier kann eigentlich nur das Argument herhalten, dass man innerhalb der nicht abgesicherten Bandbreite einen Gewinn erzielen kann und etwas flexibler ist, wenn nicht abgesicherte Konkurrenten einen Währungsgewinn ausnutzen. Das Offenlassen einer Bandbreite erfordert dennoch genaue Beobachtung und eventuell auch einmal einen Zwischenverkauf. Dies bedeutet, dass Strategien der Teilabsicherung nur dann sinnvoll sind, wenn es ein zentrales Währungscontrolling gibt, das als Profitcenter geführt wird. Der klassische Exporteur etwa, der neben seinen Hauptaufgaben ein bisschen spekuliert, ist dafür nicht geeignet, weil er nicht die Zeit hat, die Märkte sorgfältig zu beobachten.

Am Jahresende werden dabei nicht nur die Absicherungskosten zu berücksichtigen sein, sondern jetzt muss sich zeigen, ob die Strategie richtig war und ob innerhalb der offen gebliebenen Marge per Saldo Währungsgewinne und nicht und Verluste entstanden sind. Die Betrachtung muss also lauten:

Kosten/Ertrag des Absicherungsinstruments (= Prämiendifferenz)

+ Währungsgewinne innerhalb des offenen Bereichs

- Währungsverluste innerhalb des offenen Bereichs

= Gesamtkosten/-gewinn der Absicherungsstrategie (ggf. im Vergleich zum Devisentermingeschäft)

Vermiedene Verluste und entgangene Gewinne (Opportunitätspositionen) außerhalb der Bandbreite werden in der Regel nicht beachtet, weil sie buchungstechnisch keine Rolle spielen. Will das Management aber eine Gesamtbetrachtung seiner Risikopolitik durchführen, so wird es die Alternativen (1) Volle Absicherung, (2) Absicherung einer Bandbreite, (3) Absicherung mit Optionen und (4) keine Absicherung miteinander ex post vergleichen. Mit der Einbeziehung der Nichtabsicherung würden dann automatisch Opportunitätspositionen einbezogen.

Es gibt bedauerlicherweise keine Untersuchungen darüber, welche Ergebnisse solche Strategien in der Praxis gebracht haben, da Finanzdaten traditionell von Unternehmen sehr verschlossen behandelt werden. Man könnte sie anhand vergangener Kursdaten simulieren, aber die Variationsmöglichkeiten auf diesem Gebiet sind sehr weit, weil die Instrumente sehr verschieden konstruiert werden und auch Zwischenverkäufe denkbar sind, wenn eine Schieflage erkennbar wird. Es steht aber zu vermuten, dass ein geschicktes zentrales Währungsmanagement, das als Profitcenter die gesamten internen Aktionsparameter ausnutzt und das die Zeit hat, den Devisen- und Optionsmarkt mit allen modernen Analyseinstrumenten zu beobachten, hier durchaus einen Gewinn erzielen kann. Nicht zuletzt erzielen Banken mit ihrem Währungsmanagement auch deshalb Gewinn, weil sich dort qualifiziertes Personal voll auf diese Aufgaben konzentrieren kann und im Laufe der Zeit auch genügend Erfahrung und Gefühl für diese Märkte entwickelt, um erfolgreich zu sein. Allerdings sollte man eines nie vergessen: Eine Bank arbeitet in der Regel mit etwa **gleich hohen „long" und „short positions"**, ein exportierendes Unternehmen wird meist einen **Überhang an Fremdwährung** und damit eine prozentual höhere offene Position haben als eine Bank. Diese Einschränkung wird man wohl akzeptieren und daher vielleicht auch die Meßlatte an den Gewinn eines solchen Profitcenters etwas niedriger legen müssen. Vielleicht sollte man in einem Exportunternehmen zufrieden sein, wenn eine solche Abteilung kostendeckend arbeitet, also langfristig eine Absicherung der Währungsrisiken zum „Nulltarif" ermöglicht?

Infrage kommt bei der Absicherung eines Teilrisikos hier auch noch ein in Kapitel 5 erwähntes Instrument der Devisenterminabsicherung, nämlich der **„partial cover"**, d.h. ein ausstehender Währungsbetrag wird nur zum Teil abgesichert. Das Instrument kann analog auch auf der Basis einer Zinsarbitrage genutzt werden, indem nur ein Teil des benötigten Betrages als Kredit aufgenommen wird. Anders als die Zylinderoption in ihren Variationsformen ist hier aber Vorsicht geboten: Das Instrument kreiert trotz seines vielleicht etwas abgefederten Risikos eine offene Position, es ist keine Nichtausübung wie bei den Optionsformen möglich. Deshalb drängt sich die Frage auf, ob es nicht mehr ein Instrument der Unentschlossenheit darstellt als ein sinnvolles Absicherungsinstrument. Sinnvoll kann es jedenfalls nur eingesetzt werden, wenn man nicht an allzu große Kursausschläge glaubt: Aber warum dann nicht gleich eine Nichtabsicherung?

Beispiel 8-3: Eine schwierige Order

Eiteman[25] et al. berichten von der Lufthansa, deren damaliger Chef Ruhnau im Jahr 1985 bei der Bestellung von 20 Boeing 737-Jets über einen Wert von US $ 500 Mio. daran glaubte, dass der US $ bald sinken würde. Der US $ war damals unerwartet auf 3,20 DM/$ hochgegangen, was einem €-Kurs von 0,62 US $/€ entspräche und einem DM-Preis von 1,6 Mrd. entsprach. Auch die Finanzwelt war einhellig der Meinung, dass der Dollar stark überbewertet war. Als Ergebnis der strategischen Überlegungen einigte man sich darauf, die Hälfte des Betrages per Devisentermingeschäft abzusichern und behielt recht, weil der Dollarkurs bei Fälligkeit auf DM 2,30/US $ (das wären 0,85 $/€) gefallen war. Trotzdem geriet Herr Ruhnau in schweres Kreuzfeuer (und musste gehen), weil man ihm vorwarf, dass Lufthansa bei vollkommener Nichtabsicherung einen um DM 225 Mio.

---

25 Vgl. Eiteman, Stonehill, Moffet, a.a.O. pp. 231

(€ 115 Mio) niedrigeren Preis bezahlt hätte (= ½ · 500 ·(3,30-2,30). Was allerdings dabei vergessen wurde: Gegenüber einer Vollabsicherung ist man um ebenfalls € 115 Mio. besser gefahren.

Fazit: Das Instrument „partial cover" ist letztlich eine halbe Sache, die dazu führen kann, dass das Management auf jeden Fall in Argumentationsschwierigkeiten kommt: Steigt die einheimische Währung, wird das Management wie oben beschuldigt, dass Nichtabsicherung billiger gewesen wäre. Fällt die heimische Währung, so ist die Anklage nicht weit, warum man sich denn nicht vollständig abgesichert hat. Was wäre bei dieser sicherlich sehr schwierigen Situation richtig gewesen? Mit Sicherheit angesichts der Vorahnung eines fallenden Dollars keine volle Absicherung, denn dann wäre der entgangene Gewinn mit DM 450 Mio. (€ 230 Mio.) noch schlimmer „ausgefallen". Eine Gleitklausel hätte übrigens zum selben Ergebnis geführt wie der Partial-Cover". Das ideale Instrument wäre eine **Währungsoption** gewesen, denn dann hätte eine Absicherung bei gleichzeitiger Gewinnchance bestanden und man hätte die Option verfallen lassen können. Eine Währungsoption wäre gegenüber der Nichtabsicherung natürlich deutlich teurer gewesen und hätte vielleicht damals angesichts der hohen Volatilität des Dollars so um die 7-9% gekostet[26], also etwa US $ 40 Mio. (DM 128 Mio bzw. € 64 Mio zum damaligen hohen Kurs). Sicherlich ein hoher Betrag, aber im Endeffekt wäre man gegenüber dem Partial-Cover um rund € 50 Mio. besser gefahren. Am Ende - aber das weiß man erst nachträglich - wäre die Nichtabsicherung am besten gewesen. Aus heutiger Sicht würde man eine **Compound Option** vorschlagen, denn man hätte wohl schon relativ bald gesehen, dass die Eventualoption dazu nicht mehr nötig ist. Das Instrument gab es damals leider noch nicht.

Eine vergleichbare Situation ist in den vergangenen Jahren auch im spiegelverkehrten Sinne immer wieder aufgetreten, z.B. im Jahre 1992, als der US $ bei einem historischen Tiefstand von DM 1,37 angelangt war (=1,42 $/€) und sich kurz danach wieder sehr deutlich erholte, sowie auch zu Beginn der Euro-Einführung, als der Euro von 1,16 relativ bald auf 0,85 $/€ absackte und viele ihm bereits ein schlimmes Ende vorhersagten und natürlich auch angesichts des Euro Höhenflugs auf 1,34 $/€ Ende 2004 (siehe Beispiel 8-1 auf S. 329). Solche Situationen extremer mittelfristiger Kursausschläge und entsprechend hoher Volatilitäten werden sowohl gegenüber dem US $ als auch anderen Währungen immer wieder auftreten und Unternehmen vor schwierige Entscheidungen stellen.

8.2.3.3 Offene Strategie mit Währungsoptionen

Erstaunliches Fazit des obigen Lufthansa-Falles ist unter anderem die Erkenntnis, dass die solide „Strategie des Kaufmanns", die entgangene Gewinne ignoriert, nicht unbedingt immer die beste ist. Einen entgangenen Gewinn von einigen Prozent bei regel-

---

[26] 1985 gab es Währungsoptionen nur als OTC-Form, die nicht öffentlich notiert wurden

mäßigen Exporten kann man ignorieren, zumal diese Beträge ja in keiner Buchhaltung ausgewiesen werden und deshalb auch für potentielle Kritiker insbesondere von außen nicht sichtbar sind. Ein entgangener Gewinn in Höhe eines Viertels des Auftragswerts und vor allem in der Dimension des obigen Lufthansa-Beispiels lässt sich vor den Aktionären nicht mehr verstecken. Aber auch nicht so augenfällige Beträge können dem Unternehmen großen Schaden zufügen, wenn die Konkurrenz hier ein besseres Financial Engineering geleistet hat. Es werden auch die Grenzen klassischer, auf binnenwirtschaftliches Denken orientierter Strategie deutlich: Ein international agierendes Unternehmen kann sich gar nicht mehr auf den klassischen Instrumenten der Währungsabsicherung „ausruhen".

Es gibt also durchaus seriöse Gründe, die für den Einsatz von Währungsoptionen sprechen. Das **Hauptargument gegen Währungsoptionen** ist ja auch weniger, dass sie spekulativ sind, sondern dass sie im Vergleich zu den klassischen Instrumenten zu teuer sind. Aber auch hier muss der Exporteur, Importeur oder Investor alle Kosten und Erlöse berücksichtigen:

Kosten der Option (Prämie)

+ Währungsgewinne durch Nichtausübung der Option

- Währungsverluste bis zum Basispreis

= **Gesamtkosten/-gewinn der Option (ggf. im Vergleich mit Devisentermingeschäft)**

Es ist ein Fehler, nur die Prämienkosten der Option zu betrachten, eine ganz einfache Überlegung beweist dies: Nimmt man einmal mangels besseren Wissens an, dass die Wahrscheinlichkeit für Steigen oder Fallen einer Währung gleich groß, nämlich jeweils 50% ist, so dürfte sich langfristig eigentlich nur bei der Hälfte der erworbenen Optionen ein Prämienverlust, bei der anderen Hälfte aber ein Gewinn oder eine Verminderung der Prämie ergeben. Das bedeutet aber, dass sich auf längere Zeit gesehen die Optionskosten zumindest theoretisch gegenüber den reinen Prämienkosten etwa halbieren. Zusätzlich ist es sicherlich möglich, mit dem geschickten Management einer Abteilung, die sich voll auf das Währungsmanagement konzentrieren kann, durch Zwischenverkäufe und –käufe die Wahrscheinlichkeit für Gewinne etwas höher zu halten als die von Prämienverlusten, so dass die reinen Prämienkosten noch weiter gesenkt werden können. Verfechter einer offenen Strategie müssen allerdings die Entwicklung des Marktes verfolgen und sie sollten auch eine Vorstellung davon haben, wohin sich die jeweilige Währung entwickelt. Sollte sich mittelfristig herausstellen, dass trotz des Aufwandes das Ergebnis nicht besser ist, als es mit Devisentermingeschäften gewesen wäre, so sollte man zu diesen klassischen Instrumenten zurückkehren. Es gibt aber durchaus in Einzelfällen Argumente für Optionen unabhängig von den Prämienkosten: Bei Ausschreibungen und in Situationen, in denen man (wie im obigen Lufthansa-Fall) mit großen Unwägbarkeiten der weiteren Entwicklung rechnen muss und in denen eine Währung ganz offensichtlich falsch bewertet ist, dürfte unter Umständen eine Option (je nach Handelsrichtung) vorzuziehen sein. Auch bei der

Wahl einer Option ist es im Übrigen sicherlich sinnvoll, vorher die Möglichkeiten des internen Währungsmanagements auszuschöpfen.

8.2.3.4 Gemischte Strategien

Kaum ein Unternehmen wird für alle Einsatzzwecke und vielleicht auch nicht für alle Währungsräume die gleiche Strategie anwenden. So bieten sich für das kurzfristige Exportgeschäft, nach Netting und anderen internen Instrumenten, das klassische Devisentermingeschäft oder die Zinsarbitrage an. Bei längerfristigen Einzelprojekten, Ausschreibungen oder nicht ganz sicheren Einnahmen wird auch ein vorsichtiges Management zu Währungsoptionen neigen. Kleine Unternehmen werden eher zum bewährten Devisentermingeschäft greifen. Der Ablauf wird wie in Abbildung 8-7 sein, wobei der gestrichelte Pfeil (Offenlassen aller Positionen ohne weitere Information) wohl die eher seltene totale „Laisser-faire-Haltung" repräsentiert.

Abbildung 8-7: Aktionsparameter bei Währungsrisiken

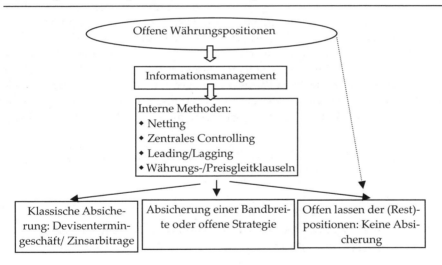

Die Wahl des Instrumentariums hängt von der allgemeinen Unternehmensstrategie ab. Möchte das Management kostbare Ressourcen lieber in die Entwicklung ausgereifter Produkte und in gutes Marketing stecken und vor Währungsproblemen seine „Ruhe haben", wird es zu bewährten Instrumenten greifen; begreift man das Währungsmanagement als einen, unabhängigen Bereich, mit dem man ebenfalls versuchen kann, kostendeckend zu arbeiten oder sogar Geld zu verdienen, wird man eher zu etwas mutigeren Instrumenten greifen. Sinnvoll ist es hier auch, unter Einbeziehung der dargestellten Möglichkeiten („histogramming", „value at risk"-Verfahren) kritische „exposure levels" zu definieren, ab denen Positionen abgesichert werden.

8.3 Aktionsparameter des Managements beim Operationsrisiko

Das Operationsrisiko (Operating Exposure) stellt das Risiko dar, das in der Zukunft durch Kurs- oder Zinsänderungen sowie Makrorisiken entstehen kann, ohne dass bereits jetzt konkrete Positionen entstanden sind. Eine Absicherung über die klassischen externen Instrumente wie Devisentermine oder Optionen ist nicht möglich, weil die Risiken zum einen zu langfristig und zum andern weder zeitlich noch in ihren Auswirkungen vorhersehbar sind. Informationsbeschaffung hinsichtlich längerfristiger Tendenzen ist sicherlich sinnvoll (wenn auch nicht immer verlässlich) und in gewissem Grade können Zahlungsströme synchronisiert werden („Netting"), indem Kredite und Zahlungsverpflichtungen in der Währung aufgenommen bzw. eingegangen werden, in der auch die meisten Einnahmen erwirtschaftet werden. Das Risiko ist jedoch insgesamt komplexer und schwieriger zu fassen, weil weder Beträge noch Zeitpunkte vorher bekannt sind und weil vor allem die Einflussfaktoren variantenreicher sind: Wechselkursänderungen, Inkonvertibilität, Zinsänderungen, Lohnkostenerhöhungen oder Nachfrageeinbrüche (z.B. aufgrund von Abwertungen) sowie Konkurrenz aus anderen Ländern können in einer oft unübersehbaren Weise zusammenwirken. Ein klassisches Beispiel stellt die Firma BMW dar, die in den 90er Jahren die britische Autofirma Rover übernommen und die dort ein ehrgeiziges Kostensenkungsprogramm erfolgreich umgesetzt hatte. Nachdem aber das britische £ damals in Spitzenzeiten gegenüber wichtigen Partnerwährungen um bis zu 35% anstieg, verbilligten sich japanische Importe und verteuerten sich britische Exporte mit dem bekannten Ergebnis, dass BMW sich von dem Engagement mit erheblichen Verlusten wieder zurückzog.

Um die Komplexität des Operationsrisikos besser greifbar zu machen, soll im Folgenden ein Fallbeispiel dazu durchgesprochen werden.

8.3.1 Fall: Operative Währungsrisiken bei einer Auslandsinvestition

8.3.1.1 Eine Investition in Mexiko: Ausgangssituation

Die schon bekannte europäische Firma Dupont und Schmid (D&S), mit einem Umsatz von € 500 Mio. und einem Gewinn vor Steuern von € 30 Mio., hat in den letzten Jahren in besonderem Maße als Zulieferer Autoteile für die Produktion in die USA und nach Mexiko geliefert. Um die Vorteile der NAFTA-Zollerleichterungen und außerdem eine fünfjährige Steuerbefreiung des mexikanischen Staates zu nutzen, hat man im Vorjahr zusammen mit dem mexikanischen Autozulieferer Mex-Car das Joint Venture D&S-

MEX in Mexiko gegründet. Es soll Rohmaterial und Teile aus Mexiko, den USA und von der Mutterfirma in Europa beziehen. Die Investitionskosten betrugen € 400 Mio., finanziert durch eine Mischung aus europäischen, mexikanischen und US-Krediten sowie einer Eigenkapitalbeteiligung von 60: 40 zugunsten von D&S. Die mexikanische Tochterfirma ist eine Aktiengesellschaft, die beiden zunächst einzigen Aktionäre sind die beiden Joint Venture –Partner. Das Werk hat seinen Betrieb zeitgerecht aufgenommen und verkauft wie geplant an die großen Autobauer in den USA und auch in Mexiko. Die Eröffnungsbilanz ist in US $ abgefasst, da die Tochterfirma aber ein mexikanisches Unternehmen ist, wird die Buchhaltung, die Kostenrechnung und auch die Bilanz in mexikanischen Pesos geführt. (Kurs 1 US $ = 10 P) Die Finanzierung des Gesamtvorhabens geht aus Tabelle 8-6 hervor. Der Kurs des US $ betrug zu diesem fiktiven Zeitpunkt[27] 0,90 $/€, die Investitionskosten also US $ 360 Mio. Da Bilanzen und GuV-Rechnung der Firma D&S MEX als international agierendes Unternehmen in Englisch erstellt werden, sind auch im Folgenden die Tabellen in englischer Sprache aufgestellt.

Tabelle 8-6: Finanzierungsstruktur der Investition von D&S

Investitionsvolumen : € 400 Mio. (US $ 360 Mio.) (einschließlich Umlaufvermögen)			
D&S MEX			
Finanzierung:	Mn U$	Mn €	**Financing:**
D&S 60%	86	96	D&S 60%
Mex-Car 40%	58	64	Mex-Car 40%
= Eigenkapital:	144	160	= Equity
Kredit Europ. Bank (6% p.a.)	81	90	Loan European Bank (6% p.a.)
Kredit: Mex. Bank (14% p.a.)	81	90	Loan Mexican Bank (14% p.a.)
Kredit: US-Bank (6% p.a.)	54	60	Loan US-Bank (6% p.a.)
= Langfristige Verbindlichkeiten	216	240	= Long Term Liabilities
Gesamt	**360**	**400**	**Total**

Sie, liebe Leser(innen), können diesen Fall nun entweder langsam als Frage- und Antwortspiel durcharbeiten, indem Sie zunächst versuchen, die Fragen zu beantworten, es steht aber jedem frei, den Fall auch schneller durchzugehen und sich gegebenenfalls einzelne Fragen herauszusuchen. Dem Verständnis des Falls dient es aber mit Sicherheit mehr, wenn Sie von Anfang an versuchen, die Fallfragen zu beantworten. Es geht

---

[27] Der Zeitpunkt, zu dem dieser Kurs bestand, war im Jahre 2000. Zu diesem Zeitpunkt gab es aber keine der nachfolgend beschriebenen Währungskrisen in Mexiko. (Die letzte bekannte Krise dieser Art in Mexiko fand 1995 statt). Das Beispiel ist mit Absicht in die frühe Euro-Zeit gelegt, um auch die Auswirkungen eines im Laufe der Zeit steigenden €-Kurses kennen zu lernen.

hier auch nicht um Detailgenauigkeit etwa bei der Bilanzerstellung, sondern um die prinzipiellen Zusammenhänge.

(1) Ein Teil der Investitionssumme wird für Umlaufvermögen (inventory) = US $ 40 Mio. und für Barmittel und Bankguthaben („Cash")= US $ 20 Mio. bereitgehalten: Erstellen Sie aus den Angaben eine einfache Eröffnungsbilanz. in US $.

(2) Halten Sie die Finanzierungsstruktur und die Währungen der Kredite sowie die relativ hohen Barmittel für angemessen?

Frage 1: Eröffnungsbilanz

Tabelle 8-7: Eröffnungsbilanz der Joint Venture D&S+Mex. (Frage 1)

Assets	Exchange rate $/€	Liabilities	0,90
	Mn. US $		Mn. US $
Cash in bank	20	Accounts receivable	- -
Inventory	40	Short term bank loans	- -
Accounts receivable	-	**Long term loans:**	**216**
Net plant & Equipment	300	European Bank	81
		Mexican Bank	81
		US-Bank	54
		Common Stock (Equity)	**144**
		Retained Earnings	- -
	360		**360**

Frage 2: Ein Cash-Guthaben (inklusive Bankguthaben) von US $ 20 Mio. mag hoch erscheinen, aber man muss berücksichtigen, dass es sich um die Anfangsphase eines relativ großen Projekts handelt, in dem die Anforderungen an die Liquidität und auch unerwartet zu leistende Ausgaben noch sehr hoch sind. Auch müssen Löhne, Gehälter, Mieten, Zulieferungen und vieles mehr vorfinanziert werden, bevor die ersten Einnahmen kommen. Die Eigenkapitalquote beträgt – für Mexiko nicht unüblich - respektable 40%. Die Kreditaufnahme in Euro muss aus der Sicht des Risikomanagements kritisch gesehen werden, weil die Einnahmen aus Mexiko und den USA kommen werden. Es ist zwar durchaus denkbar, dass D&S-MEX als neue Firma in den USA und auch in Mexiko nicht genügend Kreditwürdigkeit besitzt, aber auch bei der Hausbank in Europa hätte man auch einen Kredit in US $ statt auf Euro-Basis bekommen. Außerdem hätte es sicherlich auch die Möglichkeit eines Währungsswaps (vg. Kapitel 7) gegeben.

Nachdem D&S MEX nun bilanzmäßig umschrieben worden ist, sollen einige einfache Annahmen die Verflechtung der Firma erläutern, außerdem soll aus den geplanten Produktionszahlen eine Gewinnvorschau ermittelt werden:

Der Kredit aus Mexiko (14% Zins) ist in Pesos (P 810 Mio) notiert, der US $ Kredit (US $ 54 Mio.) und der europäische Kredit (€ 90 Mio.) kosten jeweils 6% Zinsen p.a. Die lokalen Kosten werden in Pesos bezahlt, die Lieferungen in die USA werden in Pesos quotiert (und zum jeweiligen Kurs in US $ umgerechnet) und Lieferungen aus Europa in Euro. Es ist angenommen, dass die europäische Mutterfirma (jeweils jährlich) Teile im Wert von € 40 Mio liefert, aus den USA kommen Vorlieferungen im Wert von US $ 30 Mio, aus Mexiko P 400 Mio. Bei der Produktion in Mexiko entstehen Kosten (vorwiegend Lohnkosten) von P 200 Mio. Von den Verkäufen sollen P 1000 Mio (US $ 100 Mio.) in die USA und P 1 200 Mio. nach Mexiko gehen.

Das Anlagemögen von US $ 300 Mio. bzw. P 3000 Mio. wird in fünf Jahren abgeschrieben, also P 600 Mio pro Jahr. Es wird angenommen, dass 0,9 Mio Teile nach Mexiko, 1,2 Mio in die USA verkauft werden. Natürlich handelt es sich um einen Mehrproduktbetrieb, aber um die Ausführungen nicht zu sehr zu komplizieren, ist dies einmal unterstellt worden: Man möge sich diese Anzahl als eine Art „Teileeinheiten" vorstellen, die sich in der Praxis auf verschiedene Komponenten verteilen. Das gleiche gilt für die Zulieferungen, auch hier bedeutet die Zahl 2,1 Mio., dass jeweils für 2,1 Mio. Teile Zulieferungen gebraucht werden: Davon kommen jeweils: 1,0 Mio. aus Mexiko, 0,6 Mio. aus Europa und 0,5 Mio. aus den USA. Die Bilanzen und GuV-Rechnungen werden in englischer Sprache und auch nach IAS-Richtlinien erstellt. Es sei angenommen, dass diese Planzahlen bereits im ersten Jahr erreicht seien. Beantworten Sie nun der Reihe nach folgende Fragen:

(3) Stellen Sie die Verflechtung von D&S MEX im Hinblick auf die Herkunft der Mittel, die Schuldenverpflichtungen, die Zulieferungen und Verkäufe in einem Chart dar.

(4) Erstellen Sie aus den angegebenen Werten eine (Plan)-Gewinn- und Verlustrechnung für das anstehende Geschäftsjahr in Pesos und in US $. Die Zinsen werden im ersten Jahr jeweils auf den vollen Kreditbetrag fällig. Eine Zusammenfassung wichtiger Daten finden Sie in Tabelle 8-8:

Tabelle 8-8: Übersicht über wichtige Grunddaten des Falles

Lieferungen aus:		Abschreibung	20% p.a.
Europa	€ 40 Mio	Verkäufe in Mexiko	P 1000 Mio
USA	US$ 30 Mio		1,2 Mio. „Teile"
Mexiko	P 400 Mio	Verkäufe in die USA	P 1 200 Mio
Sonstige direkte Kosten:	P 200 Mio		0,9 Mio „Teile"
Fremdfinanzierung:			
Kredit € (6% p.a.)	€ 90 Mio =	US $ 81 Mio	**Wechselkurse:**
Kredit: Mexiko (14% p.a.)	P 810 Mio=	US $ 81 Mio	1 US $ = 10P
Kredit: US $ (6% p.a.)	US$ 54 Mio		1 € = 0,90 US $

(5). Die Kredite werden in gleicher Höhe in vier Jahren in jährlichen Raten getilgt. Stellen Sie fest, ob der Cashflow des ersten Jahres dazu ausreicht.

Zu Frage 3: Die Verflechtung der neuen Firma geht aus Abbildung 8-8 hervor:

Abbildung 8-8: Die wirtschaftliche Verflechtung der mexikanischen Tochterfirma

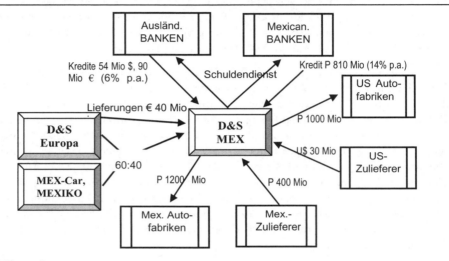

Zu Frage 4:

Tabelle 8-9: Gewinn- und Verlustrechnung und Cashflow (Ausgangssituation)

line		Units Million	Peso Million	in US Million	Existing Loans:		
38	Sales in Mexico	1,2	1.200,0	120,0		**U$-Mn.**	**P-Mn.**
39	Sales to US	0,9	1.000,0	100,0	European Bank	81	**810**
40	**Total Sales (line 38+39)**	**2,1**	**2.200,0**	**220,0**	Mexican Bank	81	**810**
41	**Cost**				US-Bank	54	**540**
42	Local Supplies	1,0	400,0	40,0			
43	Supplies from USA	0,5	300,0	30,0			
44	Supplies from Europe	0,6	360,0	36,0	**Cashflow in Pesos**	**Mn P.**	
45	Other direct cost	2,1	200,0	20,0	Profit	145,6	
46	Depreciation 20% from P. 3000 Mn.	2,1	600,0	60,0	Repayment € (1/4)	-202,5	
47	Total Cost before interest (line 42-46)	2,1	1.860,0	186,0	Repayment P (1/4)	-202,5	
48	EBIT (line 40 /-line 47) [a]		**340,0**	**34,0**	Repayment $ (1/4)	-135,0	
49	Interest Mexico 14%	2,1	113,4	11,3	Depreciation	600,0	
50	Interest US/Eur.6%	2,1	81,0	8,1		**205,6**	
51	**Total Cost (line 47+49+50)**	**2,1**	**2.054,4**	**205,4**			
52	**Profit before/after tax (line 3-14) [b]**	**2,1**	**145,6**	**14,6**			
53	**Return on equity**		**10,1%**	**10,1%**			
54	[a] Earnings before interest and tax [b] Tax holidays						

In Tabelle 8-9 ist die Ausgangssituation gegeben. Das Projekt erreicht einen·Gewinn von P 145,6 Mio und eine Rendite von 10,1%.

Zu Frage 5: Der Cashflow wird errechnet, indem man zum Gewinn noch die Abschreibungen zählt and dafür die Tilgungsraten für die in vier Jahren zurück zu zahlenden Kredite addiert. Die Abschreibung (Depreciation) ist ja nicht liquiditätswirksam, dafür aber die Tilgungen. Wie Tabelle 8-9 (rechte Tabelle) zeigt, ergibt sich ein sehr ansehnlicher Cashflow für das Projekt, die Bedienung der Tilgungen ist also sichergestellt.

Die errechnete Rendite ist übrigens in beiden Währungen (und auch in Euro) gleich, sie ändert sich aber je nach Land sofort, wenn die Wechselkurse sich ändern, weil ja einmal investierte Beträge zu historischen Kursen in die Buchhaltungen der jeweiligen Länder übernommen werden. Bei einer Änderung des Wechselkurses auch nur um einen kleinen Betrag verhindern in der Regel Bilanzvorschriften, dass diese Werte nachträglich geändert werden. Dieses Risiko, das aber hier nicht weiter diskutiert werden soll, nennt man **Bilanz-** oder **Translationsrisiko** bzw. „**Balance-Sheet**" oder „**Accounting Exposure**".

8.3.1.2 Die plötzliche Abwertung des Peso

Nehmen wir nun an, dass nun etwas geschieht, was in Mexiko schon einmal vor einigen Jahren im Rahmen der so genannten „Tequila"-Krise passiert ist, was in den letzten Jahren in Thailand, Brasilien, Malaysia, Indonesien, Russland und vor nicht allzu langer Zeit auch in England, Schweden oder Italien geschah und womit immer zu rechnen ist: **Der Peso wird plötzlich um 30% abgewertet** und ist nun statt 10 US – Cents nur noch 7 US-Cents (1 US $ = 14,3 P) wert. Der US $/€- Kurs soll erst einmal konstant angenommen werden, wobei eine solche Änderung für D&S in Europa noch eine weitere Dimension ins Spiel bringen würde.

> 6. Welche Auswirkungen hätte diese Abwertung auf die in Peso zu erstellende Bilanz, wenn man zunächst einmal vom Status quo ausgeht (Ausgangspunkt Tabelle 8-7)

> 7. Welche Auswirkungen hat dies in unmittelbarer Zukunft auf die Gewinn- und Verlustrechnung und den Cashflow?

Zunächst würde man nun eigentlich glauben, dass eine Abwertung positiv für den Absatz der Produkte in den USA ist, weil die Produkte von D&S-MEX nun in US $ gerechnet billiger werden. Dies mag auch mittelfristig so sein, allerdings sollte man beim Operationsrisiko eines nicht vergessen: Hier sind sehr viele einzelne Bestandteile miteinander verwoben: Kredite, Zinszahlungen, Verkäufe, Abschreibungen, Lohnkosten, Zulieferungen und Verkäufe in verschiedene Regionen, so dass man von dem Gedanken Abschied nehmen muss, es gäbe hier nur eine Änderung der Verkaufspreise und damit sei alles erledigt. Außerdem haben so drastische Abwertungen auch eine ökonomische Vorgeschichte und ein ökonomisches Nachspiel, so dass auch anderweitig mit wirtschaftlich turbulenten Zeiten zu rechnen ist. Meist stimmt auch zum Zeitpunkt der Abwertung bereits die Kaufkraftparität nicht mehr. Es kommt jetzt darauf an, dass das Management – bei an sich eher günstigen Ausgangsbedingungen – diese Entwicklung auch entschlossen für sich nutzt. Dazu der Reihe nach die einzelnen Probleme::

Frage 6: Die Bilanz des Joint Venture D&S MEX wird in Pesos erstellt, das bedeutet, dass auch **die Auslandsverbindlichkeiten um den Abwertungsprozentsatz** angestiegen sind. (grau unterlegt in Tabelle 8-10). Alle anderen Positionen bleiben erst mal gleich, weil ja weder der in Pesos bilanzierte Wert der Anlagen noch das Barvermögen sich verändert haben. Es entsteht allein dadurch ein Bilanzverlust von 579 Mio. Pesos, das sind nach dem neuen Wechselkurs US $ 40,5 Mio. (€ 45 Mio.).

Tabelle 8-10: Bilanz von D&S MEX vor und nach der Abwertung

	Before	After		Before	After
1 Peso =	$0,10	$0,07		$0,10	$0,07
	Mn P	Mn P		Mn P	Mn P
Cash in bank	200	200	Short term bank loans	-	0
Inventory	400	400	**Long term bank loans**		
Accounts receivable	-	-	European Bank	810	**1.157**
Net plant & Equipment	3.000	3.000	Mexican Bank	810	810
			US-Bank	540	**771**
			Common Stock (Equity)	1.440	1.440
			Retained Earnings	-	-
Loss	-	579			
	3.600	4.179		3.600	4.179

Dieser Bilanzverlust würde, bliebe es bis Jahresende bei dieser Kostenstruktur, das Eigenkapital von D&S-MEX am Ende des Bilanzjahres um 40% vermindern. Der Wert der Beteiligung von D&S würde sich dadurch um 60% vermindern, das sind € 27 Mio.[28] D&S müsste früher oder später den Wert dieser Beteiligung auch in seiner eigenen Bilanz korrigieren und damit wäre ein Jahresgewinn von € 30 Mio. bereits annähernd aufgebraucht. Man sieht also, welche Wirkungen solch eine Abwertung bereits in dem Moment hat, in dem noch gar nichts weiter geschehen ist.

Frage 7: Wichtiger ist aber die zweite Frage, denn was den Erträgen, den Kosten und dem Cashflow geschieht, bestimmt mehr noch als die nur „statische" Bilanz die künftige Situation des Joint Venture. Als erstes ändern sich die Kosten für vereinbarte, aber noch nicht gelieferte ausländische Zulieferungen und die Zinsen für ausländische

---

[28] Wäre D&S MEX eine offene AG mit vielen Aktionären, dann hätte der Verlust, so bald er bekannt würde, vermutlich einen entsprechenden negativen Effekt auf den Aktienkurs und der Wert des durch die Mutterfirmen gehaltenen Aktien müsste auch korrigiert werden. Dies geschieht zwar erst mit mindestens einem Jahr Verzögerung, kann aber bereits beim bekanntwerden negative Effekte auf die Situation der Mutterfirmen haben.

Kredite, weil diese in Fremdwährung kontrahiert sind und sich die Wechselkursänderung über Nacht auf den Gegenwert in Peso auswirkt. Dies ist leider (noch) nicht der Fall für die Verkäufe, denn diese sind alle in Pesos vereinbart. Dies wird vor allem die amerikanischen Kunden freuen, denn sie zahlen erst einmal 30% weniger. Das stellt natürlich eine Momentaufnahme dar, die vermutlich nicht länger als vielleicht ein bis zwei Monate andauern wird, aber zunächst einmal stellt die in Tabelle 8-10 gezeigte Gewinn- und Verlustrechnung den Ausgangspunkt dar, wenn sich nichts ändert.

Die Änderungen sind in Tabelle 8-11 grau unterlegt. Durch die Kostenerhöhungen entsteht ein Verlust von P 172 Mio, das sind zum Kurs von nunmehr 7 Cents/Peso immerhin US $ 12 Mio oder € 13,3 Mio. Dieser Verlust käme übrigens noch zu dem in der Bilanz bereits ermittelten Verlust hinzu, der durch die Höherbewertung der Schulden entsteht. Außerdem ist die Liquidität in Gefahr, wie die rechte Seite von Tabelle 8-11 zeigt, denn höhere Tilgungen und Bilanzverlust hinterlassen ihre Spuren. Durch die Wechselkursverschiebung entstehen erst mal unterschiedliche Renditen (returns on equity) in Peso und US $ (und Euro), weil möglicherweise (je nach Bilanzvorschriften) das Eigenkapital nicht gleich umbewertet wird, aber der Verlust dennoch schon auf neuer Kursbasis ermittelt wird. Dies ist aber hier zweitrangig, deshalb wird in Tabelle 8-10 vom Pesowert ausgegangen, der ja auch in Mexiko die ausschlaggebende Größe ist.

Tabelle 8-11: Ertrag-/Liquidität nach 30%-iger Peso Abwertung

	Units Million	Peso Million	in US Million	Existing Loans:		
Sales in Mexico	1,2	1.200,0	84,0	**U$-Mn. P-Mn.**		
Sales to US	0,9	1.000,0	70,0	European Bank	81	**1.157**
Total Sales	**2,1**	**2.200,0**	**154,0**	Mexican Bank	81	**810**
Cost				US-Bank	54	**771**
Local Supplies	1,0	400,0	28,0			
Supplies from USA	0,5	428,6	30,0			
Supplies from Europe	0,6	514,3	36,0	**Cashflow in Pesos**	**Mn P.**	
Other direct cost	2,1	200,0	14,0	Profit		-172,0
Depreciation 20% from P. 3000 Mn.	2,1	600,0	42,0	Repayment € (1/4)		-289,3
Total Cost before interest	2,1	2.142,9	150,0	Repayment P (1/4)		-202,5
EBIT [a]		57,1	4,0	Repayment $ (1/4)		-192,9
Interest Mexico 14%	2,1	113,4	7,9	Depreciation		600,0
Interest US/Eur. 6%	2,1	115,7	8,1			**-256,6**
Total Cost	**2,1**	**2.372,0**	**166,0**			
Profit before/after tax [b]	**2,1**	**-172,0**	**-12,0**			
Return on equity		**-11,9%**				
[a] Earnings before interest and tax	[b] Tax holidays					

Diese Betrachtung ist **zunächst einmal rein statisch**, d.h., es wird erst einmal die Situation untersucht, wie sie sich unmittelbar nach der Abwertung ergibt. Sie stellt aber für das Management eine wichtige Status-Quo-Information dar, d.h. sie zeigt, was passiert, wenn man nichts tut. Sicherlich wird dies bei einem verantwortungsvollen Management nicht der Fall sein.

Wie geht es nun weiter? Wir hatten ja bereits oben vermutet, dass sich sicherlich aufgrund der Preissenkung in US $ ein „Boom" der Nachfrage ergeben kann, wie er auch in der Nachfolge der „Tequila"-Krise in Mexiko zu verspüren war: So wird in der New York Times[29] beschrieben, wie damals die Firma Goodyear mit ebenfalls einer großen Niederlassung in Mexiko zunächst einmal von „damage" (!) sprach, aber nach einiger Zeit feststellen konnte: "The plan got far more help from other markets than managers anticipated." Man erkannte erst mit Zeitverzögerung, dass die Abwertung auch eine große Chance beinhaltete. Werden die Märkte – insbesondere in den USA - auch unserer europäisch/mexikanischen Firma zu Hilfe kommen?

> 8.) Welche Entwicklungen sehen Sie, die in dieser Situation der Firma zu Hilfe kommen können? Wird es aufgrund der Peso-Abwertung zu einer Preiserhöhung oder zu einer Erhöhung der abgesetzten Menge kommen?

> 9.) Wie wird sich die Nachfrage in Mexiko entwickeln?

8.3.1.3 Alternative Szenarios nach der Abwertung

Zu Frage 8: Möglich ist in den USA zweierlei: (1) Die **Nachfrage erhöht sich**, bei einer Preis- Mengen- Elastizität von -1 um 30%, sonst entsprechend geringer, oder (2) D&S-MEX kann die **Preise in Pesos um bis zu 30% erhöhen**, was für die US-Nachfrager noch den alten US $ -Preis bedeuten würde. Wirtschaftlich gesehen ist eine reine Preiserhöhung vorteilhafter, weil bei einer Mengenerhöhung auch erhöhte Kosten für den höheren Output anfallen. Früher oder später wird sich wohl aufgrund der Konkurrenz ein **neues Marktgleichgewicht** zwischen **Preiserhöhung und Mengenerhöhung** einstellen. Wo sich das neue Gleichgewicht einpendelt, ist zunächst offen und hängt von den Gegebenheiten von Angebot und Nachfrage auf den Märkten ab. Auf der anderen Seite kann sich vielleicht aufgrund der der jetzt günstiger gewordenen mexikanischen Preise aus anderen lateinamerikanischen Ländern oder aus Asien, Japan oder Europa eine erhöhte Nachfrage nach Teilen aus Mexiko ergeben. Man kann jetzt mehrere Szenarios durchspielen.

Zu Frage 9: Es ist angesichts der Krise in Mexiko ziemlich sicher damit zu rechnen, dass die Nachfrage dort zumindest kurzfristig zurückgeht. Ob sie sich längerfristig wieder erholt, wird vom Erfolg der eingeleiteten makroökonomischen Maßnahmen (zu denen ja auch die Abwertung gehört) abhängen. Im Folgenden soll angenommen werden, dass die Nachfrage aus Mexiko zunächst 1,2 auf 1 Mio. Stück zurückgeht.

---

[29] Vgl. Allan R. Myerson, „Out of a Crisis", New York Times, 9/26/95, p.1

Im Folgenden ist von einer Stückzahlerhöhung der US-Nachfrage von 0,9 auf 1,1 Mio (das sind 22,2%) und einer Preiserhöhung von 5% in Pesos ausgegangen worden. Das ist eine reine Annahme, um überhaupt einmal ein Szenario quantitativ erfassen zu können. Durch den Rückgang des mexikanischen Absatzes bleibt die Gesamtabsatzmenge konstant. Dies wird in der Praxis sicher differenzierter ablaufen, hat aber in unserem „Lehrbuchbeispiel" den Vorteil, dass durch die Konstanz der Stückzahlen die Produktionskosten und die Zuliefermengen konstant bleiben und daher die reinen Wechselkurseffekte besser erkennbar sind. Man wird möglicherweise in der Realität auch mit höherer Inflation und erhöhten Lohnforderungen konfrontiert werden.

10.) Stellen Sie unter diesen veränderten Bedingungen eine neue Gewinn- und Verlustvorschau auf.

11.) Welche Maßnahmen stehen auf der Marketing- wie der Beschaffungsseite zur Verfügung, um die Firma D&S MEX wieder in den Gewinnbereich zu bringen?

Insgesamt ist folgendes geschehen. Erhöhte Nachfrage aus den USA hat den Rückgang aus Mexiko kompensiert, außerdem konnte in die USA eine Preiserhöhung von 5% durchgesetzt werden. In einem solchen Fall würde man auch alternative (optimistische wie pessimistische) Szenarios durchrechnen, die jeweils von der Preis-/Mengenelastizität insbesondere der US- Nachfrage abhängen. Auch eine Preissenkung in Mexiko als Antwort auf die zurückgehende Nachfrage könnte im Gespräch sein. Es bleibt jedem überlassen, solche Szenarios weiter zu verfolgen, hier soll erst einmal anhand der obigen Zahlen die grundsätzliche Entwicklung weiter analysiert werden

Zu Frage 10:

Diese relativ konservativen Annahmen ändern zunächst einmal noch nicht sehr viel: Der Umsatz erhöht sich bei sonst gleich bleibenden Bedingungen von P 2 200 Mio auf P 2 283 Mio und dadurch wird der **Bilanzverlust um rd. P 83 Mio etwa halbiert.** Allerdings besteht immer noch eine bedrohliche Liquiditätssituation. (Tabelle 8-12). Die Liquidität könnte man aber auch dadurch erhalten, dass man die Tilgungen streckt. Allerdings würde man dadurch die unbefriedigende Situation hoher Fremdwährungszinsen verlängern. Vermutlich wäre D&S MEX aber aufgrund der sich anhäufenden Verluste dennoch in zwei bis drei Jahren konkursreif. Wenn sich allerdings die Nachfrage aus Mexiko wieder auf den ursprünglichen Wert von 1,2 Mio Stück einpendeln würde, käme man wieder auf eine Rendite von etwa 7%. Darauf kann man sich jedoch angesichts der wirtschaftlich ernsten Situation nicht verlassen. Es ist also durchaus angebracht, über weitere Maßnahmen nachzudenken.

Tabelle 8-12: Ertrag-/Liquidität nach Abwertung und Nachfrageänderung

	Units Million	Peso Million	in US Million		
Sales in Mexico	1	1.000,0	70,0	**Cashflow in Pesos**	**Mn P.**
Sales to US	1,1	1.283,3	89,8	Profit	-88,6
Total Sales (line 79+80)	**2,1**	**2.283,3**	**159,8**	Repayment € (1/4)	-289,3
Cost				Repayment P (1/4)	-202,5
Local Supplies	1,0	400,0	28,0	Repayment $ (1/4)	-192,9
Supplies from USA	0,5	428,6	30,0	Depreciation	600,0
Supplies from Europe	0,6	514,3	36,0		**-173,3**
Other direct cost	0,6	200,0	14,0		
Depreciation 20% from P. 3000 Mn.	0,6	600,0	42,0		
Total Cost before interest (line 82-87)	0,6	2.142,9	150,0		
EBIT [a]	0,6	**140,5**	**9,8**		
Interest Mexico 14%	0,6	113,4	7,9		
Interest US/Eur.6%	0,6	115,7	8,1		
Total Cost (line 88+90+91)	0,6	**2.372,0**	**166,0**		
Profit before/after tax [b]	0,6	**-88,6**	**-6,2**		
Return on equity		**-6,2%**			

[a] Earnings before interest and tax   [b] Tax holidays

Frage 11: Auf der **Beschaffungsseite** ist der nahe liegende Weg, die Kosten da zu senken, wo sie entstanden sind: Bei den ausländischen Zulieferungen. Die teuer gewordenen europäischen und amerikanischen Zulieferungen sollten durch mexikanische Produkte ersetzt werden: Solche Teile werden, wenn sie nicht zu hochwertig sind, in der Autoindustrie häufig durch Vergabe von „Blaupausenaufträgen" an qualifizierte Unterlieferanten vergeben. Mexiko hat durchaus den technischen Standard, die meisten dieser Produkte auch herzustellen. Das Management kann die oft kleineren Zulieferfirmen auch durch Schulung und Know-how-Transfer unterstützen, damit ausreichendes Qualitätsniveau und ausreichende Lieferzuverlässigkeit erreicht werden können. Mittelfristig wäre auch eine Erhöhung des Anteils der eigenen Fertigung denkbar, was allerdings wiederum - z.B. bei wieder steigendem Peso - eine Verringerung der Handlungsflexibilität zur Folge hat.

Auf der **Vermarktungsseite** bietet sich an, das Marketing in andere (Nichtabwertungsländer) zu forcieren, um dort noch mehr abzusetzen, also beispielsweise in andere lateinamerikanische Länder, nach Kanada, aber auch nach Europa oder Japan. Die Produkte sind aus Sicht dieser Länder um ca. 30% billiger geworden und damit sind sie dort sehr konkurrenzfähig.

Die möglichen Änderungen auf der **Beschaffungsseite** („Importsubstitution") sind in Tabelle 8-13 wiedergegeben. Die Zulieferungen aus den USA und aus Europa wurden zugunsten der (jetzt um 30% billigeren) mexikanischen Zulieferungen ersetzt: Die Zulieferungen aus Mexiko wurden von 1 auf 1,6 Mio. Teile erhöht, aus den USA wurden sie von 500 000 auf 200 000 und aus Europa von 600 000 auf 300 000 reduziert. Die entsprechenden Kosten wurden linear verändert, also beispielsweise in Mexiko: (400:1,0) ·1,6 = 640 (Mio P) bzw. Europa: (428,6: 0,5) · 0,3 = 257,1 (Mio P). Die Kosten können dadurch um P 274,3 Mio. reduziert werden, was den Gewinn deutlich erhöht und die Rendite auf 12,9% bringt. Dies schließt noch nicht die potentiellen Erhöhungen des Absatzes in andere Länder ein, die weitere Gewinnchancen ermöglicht.

Tabelle 8-13:Ertrag-/Liquidität nach Reduzierung ausländischer Zulieferungen

	Units Million	Peso Million	in US Million		
Sales in Mexico	1,0	1.000,0	70,0	**Cashflow in Pesos**	**Mn P.**
Sales to US	1,1	1.283,3	89,8	Profit	185,6
Total Sales (line 38+39)	**2,1**	**2.283,3**	**159,8**	Repayment € (1/4)	-289,3
Cost				Repayment P (1/4)	-202,5
Local Supplies	1,6	640,0	44,8	Repayment $ (1/4)	-192,9
Supplies from USA	0,2	171,4	12,0	Depreciation	600,0
Supplies from Europe	0,3	257,1	18,0		**101,0**
Other direct cost	2,1	200,0	14,0		
Depreciation 20% from P. 3000 Mn.	2,1	600,0	42,0		
Total Cost before interest	2,1	**1.868,6**	**130,8**		
EBIT [a]	2,1	**414,8**	**29,0**		
Interest Mexico 14%	2,1	113,4	7,9		
Interest US/Eur.6%	2,1	115,7	8,1		
Total Cost	2,1	**2.097,7**	**146,8**		
Profit before/after tax [b]	2,1	**185,6**	**13,0**		
Return on equity		**12,9%**			

[a] Earnings before interest and tax   [b] Tax holidays

Diese Substitution der Zulieferungen mag nicht so schnell direkt wirksam werden, dass sie sich noch in vollem Umfang auf die Gewinn- und Verlustrechnung des laufenden Geschäftsjahres auswirkt, aber Tabelle 8-13 zeigt, wo man hinkommen kann. Die Importsubstitution ist tatsächlich von großer Bedeutung und man kann in Tabelle 8-13 die Sensitivität testen: Können die mexikanischen Zulieferungen etwa nur auf 1,3 Mio. Stück erhöht werden (bei entsprechend geringerer Reduktion der ausländischen Zulieferungen), so erhöht sich die Rendite nur auf 1,4%, bei 1,4 Mio. auf 6,5%. usw. Ein vollkommener Ersatz der ausländischen durch mexikanische Zulieferungen würde die Rendite sogar auf knapp 29% hochschießen lassen. Sicherlich spielen dabei auch noch andere Gesichtspunkte eine Rolle wie die Qualität der Teile und vor allem auch die mexikanische Preisentwicklung. Löst die Abwertung eine **hohe Inflation** aus - was durchaus eine reale Gefahr darstellt - dann kann sich die Situation auch wieder umdrehen, so dass die Beobachtung und Prognose der wirtschaftlichen Kennzahlen und der Wechselkursänderungen mehr oder minder eine ständige Aufgabe für das Management bei so einem Projekt sein wird. Dies gilt auch im Hinblick auf die Erschließung neuer Märkte: Gelingt dies, wird D&S MEX erst einmal eine komfortable Gewinnsituation bevorstehen. Kriselt aber die mexikanische Wirtschaft weiter, so kann es auch weiterhin zu gefährlichen Situationen kommen und die Investition wird sich als Fehlschlag erweisen. In der „Tequila-Krise" Mitte der 90er Jahre erholte sich das Land aber bald, so dass sich die eingeschlagene Strategie der Importsubstitution plus der Erschließung neuer Märkte vermutlich als tragfähig erwiesen hätte. Aus den Überlegungen wird auch deutlich, dass das Operationsrisiko nicht nur den Bereich Wechselkurse alleine betrifft, sondern die volle Breite der wirtschaftlichen Verflechtungen eines Unternehmens im globalen Umfeld betrifft.

Zum Abschluss noch eine Frage zum Verhältnis US $-Euro und eine Frage zur Zusammenfassung der Situation:

> 12) Wie hätte sich die Abwertung des US $ gegenüber dem Euro nach 2002 für das Projekt ausgewirkt?

> 13) Fassen Sie die Gefahren und Chancen der Situation zusammen und stellen Sie die vom Management beeinflussbaren Entwicklungen (Handlungsoptionen) dar.

Zu Frage 12: Grundsätzlich hätte sich die Investition schon alleine wegen der ab 2002 einsetzenden fundamentalen Umbewertung des $/€- Kurses von unter 1:1 auf deutlich darüber (1 € = 1,20 $/€ und höher) gelohnt, und zwar hinsichtlich des Erhalts der amerikanischen und lateinamerikanischen Märkte. Man muss sich ja nur vorstellen, dass ein Teil im Wert von 100 €, das bei einem Kurs von 0,90 nur 90 US $ kostete, bei 1,34 $/€, (zweite Hälfte 2004), preislich auf 134 US $ (knapp 50%) hochgeschossen wäre. Viele Exporteure der Eurozone mussten dies bitter erfahren. Andererseits bedeutet dies natürlich auch, dass eventuelle Gewinntransfers wie auch die Beteiligung nun weniger wert sind. Zum Beispiel wäre der Anteil von Dupont & Schmid von ursprünglich € 96 Mio (= US $ 86 Mio) Ende 2004 nominell nur noch € 64 Mio. wert gewesen. Dies dürfte aber angesichts der guten Marktchancen nicht so gravierend sein, denn in der Zwischenzeit dürfte D&S-MEX gute Gewinne eingefahren haben. Aus Sicht der Wechselkursentwicklung des Euro (wie übrigens auch des Peso) war die Entscheidung für eine Verlagerung der Produktion nach Mexiko sicherlich eine sehr gute Entscheidung.

Zu Frage 13: Das Operationsrisiko ist anders als das Transaktionsrisiko weniger beeinflussbar. Wesentliche Entwicklungen müssen als vorgegeben akzeptiert werden. Daher bleibt dem Management außer einer langfristigen Prognose nur, sozusagen das beste aus der Situation zu machen, d.h. flexibel zu bleiben und neu entstehende Vorteile auszunutzen. Es stellt jedoch grundsätzlich immer eine Gefahr dar, nur wegen vielleicht kurzfristiger Wechselkurs- und Lohnkostenvorteile ein langfristiges Auslandsengagement einzugehen. Gerade durch Wechselkurs- und Inflationsentwicklungen kann sich die Intention der Kostenersparnis auch schnell ins Gegenteil verkehren. Beispiele dafür gibt es in Argentinien und Brasilien, der Türkei und mehreren südost-asiatischen Ländern. Aber Prognosen sind ebenfalls kritisch zu sehen: Die Krise in Mexiko kam nicht aus vollkommen heiterem Himmel, aber es war vollkommen offen, ob sie aus eigenen Kräften zu bewältigen war oder nicht[30]. Das gleiche gilt für die Asienkrise und auch was den $/€- Kurs betrifft, gab es im Jahr 2000 einen vielstimmigen Chor aus Euroskeptikern und Euro-Fanatikern mit unterschiedlichsten Meinungen.[31]

In Tabelle 8-14 sind die Gefahren und Chancen sowie die Aktionsparameter aus dem Projekt nochmals zusammengefasst:

Tabelle 8-14: Übersicht über die Aktionsparameter nach der Abwertung

Gefahren	Chancen	Beeinflussbare Entwicklungen (Handlungsoptionen)
Zulieferkosten aus USA und Europa steigen	Preise in US $ /€ sinken, Nachfrage steigt	Nutzung von Nachfrage aus Nichtabwertungsländern
Schuldendienst nach USA/ Europa steigt	Nachfrage aus Drittländern erhöht sich	Umschichtung der Zulieferungen nach Mexiko/ ggf. andere Abwertungsländer, Erhöhung der eigenen Fertigung
Nachfrage in Mexiko geht zurück		ggf. längerfristig Umschuldung von Krediten/ vorzeitige Rückzahlung von Krediten aus Hartwährungsländern
Evtl. ansteigende Inflation in Mexiko		

Unsicher bleibt die inflationäre Entwicklung in Mexiko, denn Beispiele anderer Länder haben gezeigt, dass Abwertungen – lehrbuchgemäß – Inflationsimporte auslösen und Abwertungseffekte kompensieren können. Wie sich nach der Mexikokrise Mitte der neunziger Jahre gezeigt hat, ist andererseits seit der Gründung der NAFTA das Interesse der USA an der Stabilität des Nachbarlandes groß genug, so dass man in diesem Fall davon ausgehen konnte, dass der große Nachbar dem kleinen unter die Arme greift und dass daraus auch eine Wirtschaftspolitik resultiert, die nach westlichen

---

[30] Vgl. Stiglitz, J., (2002), p. 119
[31] Vgl. Stocker (2001), S. 37 ff.

Standards als „vernünftig" bezeichnet werden kann. Wie sich im Falle von Brasilien und Argentinien gezeigt hat, reicht zwar auch eine solche Wirtschaftspolitik nicht immer aus, Rückschläge zu verhindern, sie vermeidet aber dramatische Verschlechterungen, wie sie in den 80er Jahren in Lateinamerika noch gang und gäbe waren. Hier ist man letztlich der Wirtschaftspolitik des Landes ausgeliefert, aber es ist bereits bei der Entscheidung über die Investition ein wichtiger Punkt, sich über die Vertrauenswürdigkeit einer Regierung hinsichtlich einer stabilen Wirtschaftspolitik Klarheit zu verschaffen.

8.3.2 Zusammenfassung: Optionen beim Operationsrisiko

Das Operationsrisiko betrifft nicht nur eine physisch im Ausland investierende Firma. Auch der Aufbau eines Marktes erfordert Investitionen in Werbung, in Absatzkanäle und vieles andere. Also ist auch ein Unternehmen, das von zu Hause aus auf fremden Märkten operiert, davon betroffen. Da das Operationsrisiko auch alle Bereiche betrifft, ist es auch nicht nur ein Währungsrisiko. Zinsen können ebenso betroffen sein wie etwa die Bonität eines Geschäftspartners (Geschäftsrisiko) und natürlich werden Operationsrisiken häufig durch wirtschaftspolitische Krisen ausgelöst, deren Folgen neben einer Währungskrise auch Inkonvertibilität der gesamten Landeswährung, Inflation. Lohnkostenerhöhung, Nachfrageeinbruch bis hin zu Unruhen sein können. Der obige Fall dürfte klar gemacht haben, dass ein Unternehmen auch hier noch Handlungsmöglichkeiten hat:

(1) Das Operationsrisiko kann durch sorgfältige und jeweils zeitnahe **Information** im Vorfeld zumindest eingegrenzt werden. Auch wenn Prognosen selten punktgenau eintreten, kann oft sehr klar erkennbar werden, wann beispielsweise die **Kaufkraftparität** einer Währung nicht mehr stimmt. Zwar können sich dann Ab- oder Aufwertungen durchaus noch länger hinziehen, aber das Management hat Zeit, sich auf die Entwicklung einzustellen. Auch die Einschätzung der Stabilität eines Landes zählt zu den Informationen, die vor einer Investition eingeschätzt werden sollten.

(2) Es gibt beim Operationsrisiko fast immer **Gegenkräfte**, die sich das Management zunutze machen kann. Im obigen Beispiel werden Zulieferungen teurer, dafür können aber die Verkaufspreise im Ausland gesenkt und damit erhöhte Nachfragemengen initiiert werden.

(3) Es empfiehlt sich, **Güter- und Finanzströme** möglichst zu synchronisieren, d.h. Kredite dort aufzunehmen, wo man auch seine Absatzmärkte hat (im Fall: Mexiko, USA), weniger dort, von wo man Zulieferungen bezieht. Im obigen Fall hätte eine höhere Kreditaufnahme in Mexiko oder in den USA – oder auch ein Währungsswap - das Risiko reduziert. Kreditaufnahmen im Gastland sind immer zu empfehlen, auch wenn vielleicht zu Anfang ein Un-

ternehmen, wenn es nicht zu den großen „Multinationalen" gehört, möglicherweise Probleme bei der Kreditwürdigkeit hat. Aber wenn ein Unternehmen per Kredit an sein Gastland gebunden ist, besteht immer auch ein größeres Interesse von vielleicht einflussreichen Persönlichkeiten dort, dass das Unternehmen keinen Konkurs erleidet.

Eine Reaktion auf eine plötzliche Wechselkursänderung setzt aber auch entsprechende Vorbereitungszeit und -maßnahmen voraus. So erfordert die Vergabe von Aufträgen an mexikanische Zulieferer, dass vorher auch Qualität und Lieferzuverlässigkeit geprüft werden. Ist man unter Zeitdruck, hat man nicht nur eine schlechte Verhandlungsposition, sondern man setzt unter Umständen auch die technische Qualität seines Produkts aufs Spiel. Auch die Gewinnung neuer Absatzmärkte bedarf entsprechender Vorbereitungen, die nicht ohne weiteres von heute auf morgen möglich sind.

Das Kernproblem beim Operationsrisiko liegt in der Entstehung längerfristiger Ungleichgewichte. Daher liegt der Schlüssel zur Bewältigung zum einen im **Erkennen dieser Ungleichgewichte**, z.B. Störungen der Kaufkraftparität oder wirtschaftlicher Instabilität, zum anderen in einer **weltweiten Flexibilität**. Das Erkennen solcher Störungen, sei es durch Länderkenntnis oder auch durch eine sorgfältige Beobachtung makroökonomischer Tendenzen, kann wichtige Warnhinweise auslösen. Flexibilität kann man auf zweierlei Weise erreichen:

1. Durch eine entsprechende Größe und weltweite Präsenz, um in Situationen wie dem obigen Mexiko-Fall Zulieferungen und Märkte umschichten zu können.

2. Flexibilität kann aber auch durch das Gegenteil von Größe erreicht werden, nämlich „Kleinheit" oder besser „Schlankheit" und entsprechend schnellen Auf- und Abbau von Ressourcen. Es gilt zwar nicht als „politisch korrekt", wenn man eine solche Niederlassungspolitik betreibt wie etwa die Textilindustrie, die vor Jahren einmal wegen ihrer schnellen Wanderungsbewegung von Hongkong nach China und dann weiter nach Vietnam und in andere Billigstlohnländer als „Wanderzirkus" bezeichnet wurde. Wer aber zu klein ist, um weltweit präsent zu sein, hat vielleicht keine andere Wahl. Wichtige Bestandteile einer solchen Strategie sind in der Regel geringe eigene Investitionen (hoher Anteil von Fremdlieferungen und geringer eigener Fertigungsanteil) und eine kurze Amortisationszeit von Auslandsinvestitionen: Beides erleichtert einen notwendigen Umzug, vermindert den Kapitalbedarf und erhöht die weltweite Flexibilität.

8.4 Fragen zu Kapitel 8

1. Was versteht man unter einer Strategie? Diskutieren Sie die in der Literatur und Praxis gebräuchlichen Strategiebegriffe. (S. 327)

2. Welcher Unterschied besteht hinsichtlich des Transaktionsrisikos bei einem Unternehmen, das alle Währungsforderungen absichert und einem Unternehmen, das keine einzige Forderung absichert? (S. 332, insbesondere Abbildung 8-2).

3. Erläutern Sie die möglichen „strategischen Positionen" zum Transaktionsrisiko (S. 333 bzw. 334).

4. Gibt es Hinweise darauf, wie bzw. ob Unternehmen das Wechselkursrisiko aus Exporten absichern? (S. 333)

5. Erläutern Sie die Vor- und Nachteile einer Absicherung des Transaktionsrisikos. (S. 336, Übersicht in Tabelle 8-2).

6. Zeichnen Sie ein Histogramm auf der Basis der u.a. Werte. Der Kurs $/€ zum gegenwärtigen Zeitpunkt ist = 100 gesetzt. Die Wahrscheinlichkeiten, dass der Kurs sich nach oben und unten in Intervallen von jeweils ± 5% ändert, sind in der rechten Spalte angegeben. Zeigt der €-Kurs eher fallende oder steigende Tendenz?

Kursentwicklung t_0 = 100	Wahrscheinlichkeit p
85 bis < 90%	5%
90 bis < 95%	13%
95 bis < 100%	25%
100 bis < 105%	24%
105 bis < 110%	18%
110 bis < 115%	15%

Sie finden die Zeichnung in Abbildung 8-3 auf Seite 338 (mittlere Reihe). Der Euro zeigt gegenüber dem US $ eine leicht steigende Tendenz (vgl. S. 338 f.).

7. Wie groß ist in Frage 6 die Wahrscheinlichkeit, dass ein Exporteur, der z.B. Exportverträge in Höhe von US $ 10 Mio. offen hat, einen Verlust von mehr als 500 000 US $ (5%) erleidet? Kann man aus Frage 6 den value-at-risk ermitteln, welcher Betrag des Exporteurs mit mehr als 5% Wahrscheinlichkeit verloren gehen wird? (Antworthinweis am Ende des Fragenteils)

8. Erläutern Sie die Techniken des Netting bzw. Matching (S. 343)

9. Welche Grenzen hat „leading and lagging"? (S. 346 f.)

10. Ein Exporteur und ein Importeur teilen sich bei einem Kurs von 1,20 $/€ und einer Vertragssumme von € 1 Mio bzw. US $ 1,2 Mio über eine Gleitklausel das Währungsrisiko. Welcher Preis in US $ und in € gerechnet würde sich ergeben, wenn der € auf 1,10 sinkt? Welchen Unterschied macht dies für den Importeur bzw. den Exporteur gegenüber einer Situation ohne Gleitklausel. Wann lohnte sich für den Exporteur diese Gleitklausel und welchem anderen Instrument ähnelt diese? (Antworthinweis am Ende des Fragenteils)

11. Welchem Strategiekonzept ist volles Hedging im Gegensatz zur Absicherung einer Bandbreite zuzuordnen? (Antworthinweis am Ende des Fragenteils)

12. Nennen Sie ein Beispiel, aus dem hervorgeht, dass sich auch eine Strategie, die entgangene Gewinne ignoriert, u.U. problematisch sein kann. (Antworthinweis am Ende des Fragenteils)

13. Erläutern Sie zusammenfassend die Aktionsparameter bei Währungsrisiken.(siehe Abbildung 8-7 auf Seite 357).

14. Der Fall: Operative Währungsrisiken bei einer Auslandsinvestition (Abschnitt 8.3.1) bietet eine ganze Reihe von Möglichkeiten beim Durchspielen alternativer Szenarios. Sie können z.B. unterschiedliche Kombinationen aus Mengen- und Preiserhöhungen bei den Exporten in die USA durchspielen oder auch eine längerfristige Erholung des Peso in Betracht ziehen. Machen Sie sich dabei die grundsätzlichen Aktionsparameter beim Operationsrisiko klar (vgl. dazu Tabelle 8-14 auf S. 371).

15. Warum kann eine „kleine Größe" eines Projekts bei der Bewältigung des Operationsrisikos ebenso hilfreich sein wie Größe und weltweite Präsenz? (siehe S. 373).

Antworthinweise auf einzelne Fragen:

Antwort zu Frage 7: Diese Wahrscheinlichkeit beträgt 33%. Sie ist aus den letzten beiden Zeilen ermittelbar: 18+15% ist die Wahrscheinlichkeit, dass der Euro um mehr als 5% steigt, also der US $ fällt. Die 5%-Wahrscheinlichkeit des value-at-risk-Verfahrens wäre nur bei einer feineren Angabe der Prozentwerte zu ermitteln: Aus der Tabelle ist nur der Betrag zu ermitteln, der mit 15% Wahrscheinlichkeit verloren geht (letzte Zeile).

Antwort zu Frage 10: Würde der € auf 1,10 absinken (Zeile „€ fällt in Tabelle 8-5 auf Seite 347), so würde der Exporteur normalerweise 1 090 909 € bekommen, das sind 90 909 € mehr als kalkuliert. Diesen Gewinn würde er nun aber mit seinem Kunden teilen, dadurch würde der Preis auf US $ 1 150 000 bzw. € 1 045 455 reduziert: Der Gewinn wäre nur noch die Hälfte, nämlich 45 455 €. Der Exporteur würde von der

Gleitklausel profitieren, wenn der € steigen würde, denn dann hätte er nur die Hälfte des Verlustes zu tragen(Seite 347f).

Formelmäßig:

$$p_{t\epsilon} = (\frac{P_\$}{e_t} + \frac{P_\$}{e_o})/2 = (\frac{1\ 200\ 000}{1,10} + \frac{1\ 200\ 000}{1,20}) = 1\ 045\ 455\ (\text{€})$$

Das Instrument ähnelt dem „Partial-Cover."

Antwort zu Frage 11: Volles Hedging entspricht größtenteils der „Strategie des Kaufmanns". Der „Kaufmann" ist anders als der vollständige Risikomeider, der in Heimatwährung fakturiert, grundsätzlich nicht unbedingt jedem Risiko abgeneigt. (siehe S. 351). Die Absicherung einer Bandbreite ist verschiedenen Grundstrategien zuzuordnen: Dem „vorsichtigen Spekulanten" und sicherlich auch dem „Kaufmann", der aus Kostenbewusstsein heraus die Absicherungskosten gering halten will. (siehe S. 352)

Antwort zu Frage 12: (vgl. dazu Beispiel 8-3: Eine schwierige Order auf Seite 354): Das Entscheidende in diesem Fall ist der extrem hohe Betrag. Kleinere entgangene Gewinne beim laufenden Exportgeschäft fallen normalerweise niemandem auf und man kann in der Regel davon ausgehen, dass sie sich meist langfristig mit vermiedenen Verlusten ausgleichen. Dies ist im o.a. Lufthansa Fall anders, weil durch die Höhe des Betrages erstens eine gewisse Aufmerksamkeit vorhanden ist (Aktionäre, Öffentlichkeit) und weil zweitens nicht davon ausgegangen werden kann, dass sich dieser entgangene Gewinn wieder durch Währungsgewinne ausgleicht.

LITERATUR

1. Bücher und Zeitschriften in alphabetischer Reihenfolge

AKA: Geschäftsbericht 2004

Andersen, T.J.: Currency and Interest Rate Hedging, New York 1987

Arnold, Glen: Corporate Financial Management, 3rd ed., London, 2005

Bank für Internationalen Zahlungsausgleich (BIZ) bzw. Bank for International Settlements (BIS): Triennial Central Bank Survey of Foreign Exchange and Derivatives Market Activity, Basel 2004 (2004 a)

Bank für Internationalen Zahlungsausgleich (BIZ): Foreign Exchange Markets, Basel 2004 (2004 b)

Barnes M.A., Bercel, A., Rothman S.H.: Global Equities, Do Countries Still Matter?, Journal of Investing, Fall 2001, p. 43-49

Basel Committee on Effective Banking: Core Principles for Effective Banking Supervision, Basel 1997

Basle/IOSCO-Committee: Joint Statement for the Lyon Summit, Basle, May 1996

Bensignor, Rick: New Thinking in Technical Analysis, Princeton 2000

Bergsten, Fred C.:Reforming the International Financial Institutions, A Dissenting View, Washington 2000

Berne Union: Yearbook 2005,

Bhagwati, Jagdish: The Wind of the Hundred Days, How Washington Mismanaged Globalization, Cambridge, London 2000

Birdsall, Nancy, Williamson John: Delivering on Debt Relief; From IMF Gold to a New Aid Architecture, Washington 2002

Black, Fischer, Scholes, Myron: The Valuation of Option Contracts and a Test of Market Efficiency, in: Journal of Finance, May 1972, pp.319-418

Börsig, C. et.al: Neue Finanzierungsinstrumente für Unternehmen, in: Bock, Fremdwährungsfakturierung und Netting, Stuttgart 1996

Bouchet M., Clark E., Groslambert B. :Country risk assessment, London 2003

Brooks, R., Cateo I.: The New Economy and Global Stock Returns, IMF Working Paper 216, Dec. 2000

Brown Robin G.: Foreign Currency Options, London 1989

Buckley, Adrian: Multinational Financing, London, 2nd edition, 2000

Buckley, Adrian: Multinational Financing, 4th edition, New York 2003

Buldorini Luca, Makrydakis Stelios, Thimann Christian: The Effective Exchange Rates of the Euro, occasional working paper der Europäischen Zentralbank No. 2, Feb. 2002:

Büschgen, Hans E.: Internationales Finanzmanagement, Frankfurt 1997

Busse von Colbe, W., Laßmann G.: Betriebswirtschaftstheorie, Band 1 ,Berlin usw. 1988

Commerzbank: Markt und Referenzkurse ersetzen amtliche Fixingkurse, Frankfurt 2000

Deutsche Bank: Devisenmarkt, Frankfurt 1986

Deutsche Bank: Forward Rate Bias, What is it?, Frankfurt 2004

Deutsche Bank: Implied Versus Actuals, Risk Reversal Analysis, Frankfurt, 9.Sept. 2004

Deutsche Bundesbank: Devisenkursstatistik, Okt. 2004, April 2004, Okt. 2005, Dez. 2005 (siehe auch http://www.bundesbank.de/ statistik/statistik_aktuell_ devisenkurs statistik.php)

Deutsche Bundesbank: Zahlungsbilanzstatistik, Sept. 2001, Nov. 2005

Dinkelbach, Werner: Entscheidungsmodelle, Berlin New York 1982

Dorsey Thomas: Point and Figure Charting, New York 1993

Dressler, Gary: Management Fundamentals, Englewood Cliffs 1984

Drosdowski, Günter: Herkunftswörterbuch der deutschen Sprache, Mannheim 1989

Duttagupta, Rupa, Fernandez, Gilda, Karacadag, Cem: From Fixed to Float: Operational Aspects of Moving Toward Exchange Rate Flexibility, IMF Occasional Working Paper, Washington 2004

Eales Brian: Financial Engineering, London 2000

Edelshain, D.J.: British Corporate Currency Exposure and Foreign Exchange Risk Management, PhD Thesis, London Business School 1995.

Einecke, Helga: Szenarien für den Eurokurs, Süddeutsche Zeitung 10.11.2004

Eiteman, David, K. Stonehill, Arthur, Moffet, Michael H.:Multinational Business Finance, Pacific Palisades u.a., 9th ed.,2001

Eiteman, David, K. Stonehill, Arthur, Moffet, Michael H.:Multinational Business Finance, Pacific Palisades u.a., 10th ed., 2004

Engel, Friedrich: Entscheidungsorientierte Finanzierung, Stuttgart 1981

Erben, Roland F.: Enronie des Schicksals, Das Enron Debakel- Lessons Learned, in: Romeike (2005), S. 269-279

Euler Hermes: Hermes-Merkblatt zu „Lieferanten- und Bestellerkredite", Hamburg 2004

Euler-Hermes: (2004) Exportförderung, Hamburg 2002

Euler-Hermes: AGA Report Nr. 71, April 1998

Euler-Hermes: AGA-Report Nr. 122, Juni 2005

Euler-Hermes: Exportförderung mit staatlichen Garantien und Bürgschaften–Hermesdeckungen, Hamburg 2004 (Stand 2002)

Euler-Hermes: Hermesdeckungen Entgelt Stand: 01. Oktober 2003 Merkblatt

Euler-Hermes: Jahresbericht 2004, S. 32

Euler-Hermes: Jahresbericht, 2004, S. 24

Euler-Hermes: Merkblatt zur Fabrikationsrisikodeckung, Stand Okt. 2003

Euromoney, Commodity Prices Boost Emerging Markets, p. 106-122, March 2000

Europäische Zentralbank: Monatsbericht November 2003, November 2005

Europäische Zentralbank: Policy Position of the Governing Council of the ECB on Exchange Rate Issues Relating to The Acceding Countries, 18 December 2003

Europäische Zentralbank:Jahresberichte 2003, 2004

European Central Bank: The of Stage Three of Economic and Monetary Union, in EZB Monatsbericht November 2003, S. 71-79

European Central Bank: The Update of The Euro-Effective Exchange Rate Indices, Frankfurt, Sept. 2004

Evans, T.G., Folk, W.R., Jilling, M.: The Impact of Statements of Financial Accounting Standard No. 8 on the Foreign Exchange Management Practices of American Multinationals, Stamford 1978

Feder, G., Just RE.: A Study of Debt Servicing Capacity Applying Logit Analysis, Journal of Development Analysis, 4 (1977), p. 25-49

Fischer Erlach, Peter: Die Auswirkungen von Wechselkurserwartungen auf die Kassa- und Terminkurse, in: Zeitschrift für das gesamte Kreditwesen, 1997, S. 416-417

Fischer, Stanley: Exchange Rate regimes, Is the Bipolar View Correct?, In: Journal of Economic Perspectives, 15/2001, pp. 3-24

Fisher, L. und Lorie, J.H.: Rates of Return on Investments in Common Stock, the year by year record 1926-65, Journal of Business 41/1968, p. 291-316

Frank CR., Cline WR.: Measurement of Debt Servicing Capacity, An Application of Discriminant Analysis, Journal of International Economics 1 (1971), p.327-344

Gahrmann, Mark B., Kohlenhagen, Steven, W., Foreign Currency Option Values, in: Journal of International Money and Finance, Dec. 1983, pp. 231-238.

Garz, Hendrik; Günther, Stefan; Moriabadi, Cyrus: Portfoliomanagement, Theorie und Anwendung, Frankfurt am Main, 2002

Godfrey S., Espinosa, R.: A Practical Approach to Calculating Costs of Equity for Investments in Emerging Markets, Journal of Applied Corporate Finance, fall 1996, p. 80-89.

Görgens, K.H. Ruckriegel, F. Seitz: Europäische Geldpolitik, 4. Auflage, Düsseldorf 2004

Görgens, K.H. Ruckriegel, F. Seitz: Europäische Geldpolitik, Düsseldorf 2001

Grill, W., Perczynski, H.: Wirtschaftslehre des Kreditwesens, Bad Homburg, 1999

Group of 10: The Resolution of Sovereign Liquidity Crises, a Report to Ministers and Governors, Washington 1996

Haan, Horst de: Die Risikopolitik der internationalen Unternehmung, Gießen 1984

Häberle, Siegfried G.: Handbuch der Außenhandelsfinanzierung, München 2002

Häberle, Siegfried G.:Einführung in die Exportfinanzierung, München 2002

Hager, Peter: Was ist der Cashflow at Risk, in: Risknews 03/04, S. 40-41

Hamilton, William Peter: The Stock Market Barometer, New York 1922; (Nachdruck)

Heinrich, Matthias: Die MaK aus der Sicht einer Geschäftsbank, Frankfurt 2004,, in: Hofmann, G., Basel II und MaK, 2004, S. 380-419

Hertz, DB.: Uncertainty and Investment Selection, in JF Weston and MB Goudzwaard, The Treasurers Handbook, Homewood Il., 1976, p. 376-420

Hofmann (Hrsg.): Basel II und MAK, Regulatorische Vorgaben, bankinterne Verfahren, Bewertungen, 2.Aufl., Frankfurt 2004

Hull, John C.: Optionen, Futures und andere Derivate, München 2006

Hull, John C.: Options, Futures and other Derivative Securities, Englewood Cliffs 1993

IMF (ed.): Classification of Exchange Rate Arrangements and Monetary Policy Frameworks, Washington, June 2004

IMF (Issues paper): Evaluation of the Financial Sector Assessment Program (FSAP) Issues Paper, Prepared by the Independent Evaluation Office, October 20, 2004, S. 3, (ieo@imf.org)

IMF Borrowing Arrangements: GAB and NAB, A Factsheet – Washington, September 2004

IMF Fact sheet: Washington 2004

IMF Finances: Washington 2004

IMF: Debt Initiative for Heavily Indebted Countries, Washington, April 2000

IMF: IMF Lending, Washington 2004

IMF: International Financial Statistics Yearbook 2003

IMF: International Financial Statistics Yearbook, Washington 2004

IMF: Key features of IMF-Lending, Washington 2004

IMF: Offshore Financial Centers, A Progress Report and the Future of the Program, Washington, 31st of July, 2003

IMF: Ten Misconceptions about the IMF, Washington 1988

IMF: The IMF and Environmental Issues, Washington April 2000

IMF: The IMF and Good Governance, A Factsheet, Washington April 2003

IMF: The IMF at a glance", Washington Stand Okt. 2004

Institutional Investor: A Modest Up-tick, p. 98-102, March 1993

Institutional Investor, Transparency Rewarded, p. 89-93, March 2000

International Chamber of Commerce (ICC):- Publikation Nr. 500, 1994

Jahrmann, Fritz Ulrich: Außenwirtschaft, 9. Auflage, Ludwigshafen 1998

Jahrmann, Fritz Ulrich:Außenhandel, 11. Auflage, Ludwigshafen 2004

James, David, Cooperation: Competition an the Science of Pricing in the Political Risk Insurance Marketplace, in: Moran (2001), p. 170-179

Kaminsky, Graciela und Reinhart, Carmen: On Crises, Contagion and Confusion, Journal of International Economics, 51, p. 149-168

Kaminsky, Graciela, Lizundo, Saul und Reinhart, Carmen: Leading Indicators of Currency Crises, IMF Staff papers, Washington March 1998

Kenen, Peter B.: The International Financial Architecture, what's new, what's missing?, Washington 2001

Kenen, Peter B.: The New International Financial Architecture, Reconstruction, Renovation or minor Repair, in: International Journal of Finance and Economics, 5/2000 p. 1-14

KfW: Geschäftsbericht 2004

Kirsch, Werner: Die Betriebswirtschaftslehre als Führungslehre, München 1977

Köhler, Horst: IMF-News Brief, 02/18, 23.10.2002

Korndörfer, Wolfgang: Unternehmensführungslehre, Wiesbaden 1985

Kreikebaum, Hartmut: Strategische Unternehmensplanung, Stuttgart 1987

Krugman, Paul, Obstfeld, Maurice: International Economics, 5th edition, New York 2000

Krugman, Paul, Obstfeld: Maurice, International Economics, 6th edition, New York 2003

Krugman, Paul: Pop Internationalism, Boston 1996

Krugman, Paul: Schmalspurökonomie, Frankfurt 1998

Krumnow Jürgen, Gramlich Ludwig, Lange Thomas, Dewner Thomas, (Hrsg.): Gabler Banklexikon, Wiesbaden 2002

Lautenschläger, Marcus: Absicherungspolitik von Unternehmen bei Wechselkursrisiken, Nürnberg 2004 (Diplomarbeit an der Georg-Simon-Ohm Fachhochschule Nürnberg)

Mann, Jim, Bejing Jeep: The Short, Unhappy Romance of American Business in China, New York 1989

Markowitz, H.: Portfolio Selection, Journal of Finance 7/(1),1952, p. 77-91

Maslow, Abraham H.: Psychologie des Seins, München 1968, S. 30ff

Meese Richard, Rogoff Kenneth: The Empirical Exchange Rate Models of the Seventies: Do they fit out of Sample? Journal of International Economics, 14, Feb, 1983, pp.3-24

Meltzer, A.H. (Chairman): Report on the International Financial Institution Advisory Commission (IFIAC), Washington 2000,

Moran, H. Theodore (ed.): International Political Risk, Washington 2001.

Moran, Theodore H. Moran: Cooperation, Competition and the Science of Pricing in the Political Risk Insurance Marketplace: Overview; in Moran (2001), p. 165-169

Murphy John J: Technical Analysis of the Financial Markets, New York 1999

Myerson, Allan R.: Out of a Crisis", New York Times, 9/26/95

Nison Steve: Beyond Candlesticks, New York (Wiley) 1994

Neale, Bill, McElroy, Trevor: Business Finance, a Value Based Approach, London 2004 o.V. Corporate America: FX Risk Management 1996, Bank of America Monograph 78, Winter 1996-1997; pp.1-3

Ohr, Renate: Eine Alternative zum Maastricht Fahrplan, in: Wirtschaftsdienst 1/1996

Pelz, Anke: Ausgewählte Finanzprodukte des Devisenhandels, Frankfurt 2000

Poddig Thorsten: Handbuch Kursprognose, Bad Soden 1999, S. 103f

Pollio Gerald: International Project Analysis and Financing, London 1999

Preyer, H. P.: Währungsmanagement durch Finanzinnovationen, in: Börsig, C., et al: Neue Finanzierungsinstrumente für Unternehmen, Stuttgart 1996, S. 51 (36-59)

Priermeier, Thomas: Zins- und Währungsmanagement in der Unternehmenspraxis, 2001

Rehkugler, H., Poddig, Th.: Kurzfristige Wechselkursprognosen mit künstlichen neuronalen Netzwerken, in: Finanzmarktanwendungen neuronaler Netze und ökonometrischer Verfahren, (Hrsg. G.Bol, G. Nakhaeizadeh, K.H. Vollmer), Heidelberg S. 1-24

Reisen, Helmut und Maltzan, Julia von: Boom and Bust and Sovereign Ratings, International Finance 2/1999, p. 273-293

Rhea, Robert: Dow Theory, New York 1932 (Nachdruck)

Rieder, Markus A.: Bayesanisches Kredit-Scoring zur Messung des Ausfallrisikos, in: Frank Romeike, Modernes Risikomanagement, Weinheim 2005, S. 185-200

Romeike, Frank: Modernes Risikomanagement, Weinheim 2005

Romeike, Frank: Risikokategorien im Überblick, in: Romeike, (2005), S. 17-32

Rösler, Peter, Mackenthun, Thomas , Pohl, Rudolf: Handbuch Kreditgeschäft, 6. Auflage, Wiesbaden 2002

Ryland, Philip: The Pocket Investor, London 2000

Schill, Jörg: Internationale Wettbewerbsfähigkeit des deutschen Anlagenbaus. Ein Problem verzerrter Exportfinanzierungsstrukturen, in: Die Betriebswirtschaft, 1/1991, S. 7-19

Schmidt, Andreas: Interner Rating Ansatz einer Geschäftsbank, in: Hofmann, Gerhard, Basel II und MAK, Frankfurt 2004, S.94-109

Schneck, Ottmar, Morgenthaler, Paul, Yesilhark, Muhammed: Rating, München 2003

Schumpeter J.: Theorie der wirtschaftlichen Entwicklung (Nachdruck), Berlin 1987

Shapiro, Alan C. :Multinational Financial Management, Boston, London, Sydney, Toronto.1992

1. Bücher und Zeitschriften in alphabetischer Reihenfolge

Siebert, Horst: Außenwirtschaft, Stuttgart 1994

Siebert, Horst: Der IWF ist nicht das Architekturbüro für die Weltwirtschaft, in: Handelsblatt 18.4.2000;

Solnik, B.: An Equilibrium Model of the International Capital Market, Journal of Economic Theory, Aug. 1974, p. 500-524

Stephens, Macolm: The Changing Role of Export Credit Agencies, Washington 1999

Stiglitz, Josef: Globalization and its Discontent, Washington, London 2002

Stocker, Klaus: Wechselkursmanagement auf Euro Basis, Wiesbaden 2001

Stocker, Klaus: Entwicklungswichtige Beiträge der deutschen Wirtschaft im MERCOSUR, Köln 1997

Stocker, Klaus: Internationales Finanzrisikomanagement, Wiesbaden 1997

Stocker, Klaus: Möglichkeiten zur Erschließung vorhandener Exportpotentiale in mittel-ständischen Betrieben des produzierenden Gewerbes in Bayern, Nürnberg 1998:

Süddeutsche Zeitung: Devisenhandel in zehn Jahren verdoppelt, 11.10.2004

Thackeray, P.: OPEC's Future Rests on Asian Tigers Return to Growth, Petroleum Review, July 1998

The Economist, Aug 20-26th, 2005, pp. 72-74

The Economist, The wolf at the door, June 26, 2005, pp. 83-84

Tkacz, G.: Non-parametric an Neural Network Models of Inflation, Bank of Canada Working Paper, 7/2000

Torsten Engelhardt: Tigerstaaten zeigen wieder Krallen, in: Financial Times Deutschland, 1.3.2000

Wiedemann, Arndt und Hager, Peter: Zinsrisiko in Unternehmen: Die Entdeckung einer neuen Risikokategorie? In: Der Finanzbetrieb 11/04 S. 725-729

Williamson, John: From Reform Agenda to Damaged Brand Name, in Finance and Development, pp. 10-14, Washington, Sept. 2003

Witte, Eberhard: Finanzplanung der Unternehmung, Opladen 1983

Wöhe, Günter: Einführung in die Allgemeine Betriebswirtschaftslehre, München 1986

2. Internet Adressen

Das Internet ist schnellebig, deshalb sind vermutlich nicht alle angegebenen Adressen und vor allem nicht die angegebenen Links für immer gültig. Die Adressen gehören überwiegend zu seriösen Institutionen, deshalb kann davon ausgegangen werden, dass die Homepage-Adresse bestehen bleibt und Zugang über eine bestimmte Detailinformation über die verschiedenen Links aus der jeweiligen Homepage auch längerfristig möglich ist.

Ausfuhrkreditanstalt (AKA): http://www.akabank.de

Bank für Internationalen Zahlungsausgleich, Basel (BIS bzw. BIS): http://www.bis.org/ 4.1.2006

Basler Komitee: http://www.bis.org/publ/bcbs.htm (4.10.2005)

Chicago Mercantile Exchange (CME): http://www.cme.com/

CME: Devisenoptionen (Kurse): http://www.cme.com/html.wrap/wrappedpages/ end_of_day/daily_settlement_prices/zc.html

Commerzbank Außenhandel (3.1.06): https://www.companyworld.de/de/auslandsgeschaeft/finanzierung/start.htm

Creditreform: http://www.creditreform-rating.de/ und http://www.firmenwissen.de.

Euler Hermes: http://www.agaportal.de/pages/aga/ grundzuege/projektinformationen, 24.10.05

Deutsche Börse: http://www.deutsche-boerse.com

Deutsche Bank: http://www.deutsche-bank.de/pbc/marktinformationen/ (Devisenkurse)

Deutsche Bank: http://www.db-rbf.de/ (29.11.04)

Deutsche Bundesbank: http://www.bundesbank.de (8.11.2005)

Deutsche Bundesbank Devisenkursstatistik: http://www.bundesbank.de/ statistik/statistik_aktuell_devisenkursstatistik.php

DEG: http://www.deginvest.de/german/frameset_ie_1.html (3.1.06)

Euler Hermes: http://www.agaportal.de/pages/aga/download-center.html/ 15.11.05

Euler Hermes: http://www.agaportal.de/pdf/hermesdeckungenspezial/ entgeltberechnung.pdf (30.10.05)

Euler Hermes: http://www.hermes.de/aga/ pdf/Hermes_infobro.pdf)

EUREX: http://www.eurexchange.com (15.11.05)

EURONEXT: http://www.euronext.com (15.11.05)

Eurofixing (Wechselkurse): http://www.eurofx.de/mitglieder/index.html) und http://www.ecb.int/stats/exchange/eurofxref/html/index.en.html. (15.10.04).

Europäische Zentralbank: http://www.ecb.int/home/html/index.en.html

Europäische Zentralbank (Devisenkurse): http://www.ecb.int/stats/exchange/ eurofxref/html/index.en.html

Euler Hermes: http://www.ausfuhrgewaehrleistungen.de/ 25.10.05

Financial Times: http://news.ft.com/home/europe 3.1.06

Financial Times Deutschland http://www.ftd.de 3.1.06

Hypovereinsbank: http://www.hypovereinsbank.de (Home). Außenhandelsgeschäft: http://www.hypovereinsbank.de/pub/templates/index.jsp?pageurl=%2Fpub%2Fio%2F uebe%2F33804.jsp&id=53&mcontext=menu (3.1.06)

Institutional Investor: http://www.institutionalinvestor.com/

IWF: (Independent Evaluation Office):ieo@imf.org

IWF: IMF Lending, Washington 2004 (http://www.imf.org/external/fin.htm (12.10.04)

IWF : http://www.imf.org/external/np/exr/facts/glance.htm (15.6.2005)

IWF: ieo@imf.org (Independent evaluation office) 15.6.2005

IWF: http://www.imf.org/external/np/sec/memdir/members.htm (15.10.2005)

http://www.creditreform.de (12.9.05)

IWF: http://www.imf.org/external/np/exr/facts/gov.htm, (13.9.2005)

KfW: http://www.kfw-entwicklungsbank.de/ (Entwicklungsbank)/ http://www.kfw-ipex-bank.de/ (Ipex-Bank) und http://www.kfw-foerderbank.de/ (Förderbank) 3.1.06

Kreditversicherungen: http://www.berneunion.org.uk/publications.htm 24.10.05

PRS- Group (Country Risk): http://www.prsgroup.com/academic/handbook.html 3.1.06

Standard and Poors: http://www2.standardandpoors.com

Transparency International, http://www.transparency.org/ (8.9.2005).

Weltbank (IBRD)-Homepage: http://www.worldbank.org/ (3.1.06)

Weltbank (IBRD): Länderinformationen: World Development Indicators database; http://devdata.worldbank.org/data-query (15.9.05)

Wall Street Journal: http://www.wsj.com bzw. http://online.wsj.com/public/us (3.1.06)

Stichwortverzeichnis

G

H

I

Y

Z

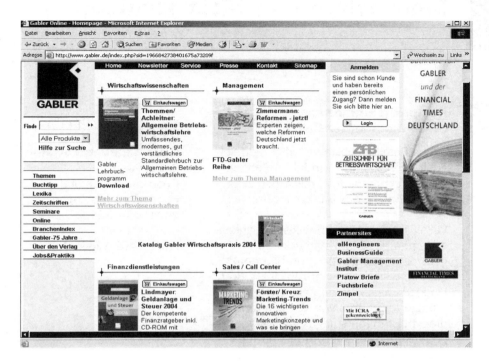

Mehr wissen – weiter kommen

Kompakte Einführung
in die Bankbetriebslehre

„Neue Bankbetriebslehre" trägt dem tief-
greifenden Strukturwandel im Banken-
sektor Rechnung und stellt einen zeitge-
mäßen Ansatz des Bankgeschäftes vor.

Volker Tolkmitt führt zunächst in Banken-
systeme und Finanzmärkte ein und
geht dann systematisch und kompakt
auf alle wichtigen Finanzprodukte und
Finanzdienstleistungen ein. Die gleich-
rangige Aufnahme von Versicherungs-
dienstleistungen spiegelt den Allfinanz-
gedanken wider. Der Autor verknüpft
theoretische Grundlagen mit praktischem
Wissen und fördert dadurch wesentlich
das Verständnis dieses komplexen
Fachgebietes.

Volker Tolkmitt
Neue Bankbetriebslehre
Basiswissen zu
Finanzprodukten und
Finanzdienstleistungen
2004. XVIII, 365 S.
Br. EUR 24,90
ISBN 3-409-12645-7

Änderungen vorbehalten. Stand: Januar 2006.

Gabler Verlag · Abraham-Lincoln-Str. 46 · 65189 Wiesbaden · www.gabler.de